GRAVÁMENES SUCESORIOS

APLICACIÓN EN EL ÁMBITO ESTATAL, AUTONÓMICO Y FORAL

GRAVÁMENES SUCESORIOS

APLICACIÓN EN EL ÁMBITO ESTATAL, AUTONÓMICO Y FORAL

Antonio Aparicio Pérez

Editorial DYKINSON, S.L. Meléndez Valdés, 61 - 28015 Madrid
Teléfono (+34) 91 544 28 46 - (+34) 91 544 28 69
e-mail: info@dykinson.com
http://www.dykinson.es
http://www.dykinson.com
Consejo Editorial véase www.dykinson.com/quienessomos

ISBN: 978-84-9085-015-2
Depósito Legal: M-15384-2014

"La diferencia entre la muerte y los impuestos es que la muerte no empeora cada vez que el Congreso se reúne".

(Will Rogers)

"El impuesto innecesario es un impuesto injusto"

(Abraham S. Hewitt. Democratic Platform, 1884)

"Los solteros ricos deberían pagar más impuestos. No es justo que unos sean más felices que otros".

(Oscar Wilde)

"Reforma fiscal es cuando prometen reducir los impuestos sobre las cosas que se gravan desde hace tiempo y para ello crean nuevos sobre las cosas que aún no estaban gravadas".

(Edgar Faure)

"Misera contribuens plebs" (el pobre pueblo contribuyente)

(Corpus Iuris Hungarici, artículo 37)

"No son iguales las cargas que nos quiebran las espaldas"

(Aforismo medieval. Walther 17807)

"Lo más maravilloso de la Historia es la paciencia con que hombres y mujeres se someten a las cargas innecesarias con que sus gobiernos los abruman"

(W. H. Borah)

"En realidad, una gran fuente de objeciones a una economía libre es precisamente lo bien que hace su trabajo. Le da a la gente lo que quiere en vez de lo que un grupo particular piensa que debería tener. Subyacente a la mayoría de los argumentos contra el mercado libre está la falta de confianza en la libertad misma".

(Milton Friedman)

Dilectis:
Patres, uxor, filia et sorores

A mis amigos; ellos saben quienes son
Sacrum

A quienes aman la justicia y la verdad, siempre pocos, pero hoy más necesarios que nunca.

ÍNDICE

I. INTRODUCCIÓN

Cada cierto tiempo, renace, como Ave Fénix de sus cenizas, la polémica en torno a la oportunidad o no del establecimiento o mantenimiento de un gravamen sobre las Sucesiones y Donaciones, y sobre sus fundamentos de justicia y eficiencia.

Se planteó ya en la antigüedad la cuestión de su conveniencia y de su naturaleza jurídica.

Es cierto, a este respecto, como señaló el profesor Fuentes Quintana, que las exacciones patrimoniales constituyen una de las formas más antiguas de imposición, pero a su vez, el mismo autor describe gráficamente su situación, a finales de la década de los ochenta del pasado siglo, como la "historia de una decadencia"[1].

Ha de tenerse en cuenta, también, que el gravamen de las sucesiones ha ido en muchas ocasiones unido a los gravámenes más amplios de transmisiones de bienes, esto es, enmarcado en figuras impositivas donde el objeto es la traslación dominical con independencia del título o del concepto por el que se hiciera.

Al estudio, pues, de este vidrioso gravamen, vicisitudes, y estado actual dedicamos, esta obra.

[1] Fuentes Quintana, E.: *Hacienda Pública. Principios y estructura de la Imposición*, Edit. Rufino García Blanco, Madrid, 1987, p. 483.

II. ANTECEDENTES HISTÓRICOS

A. INTRODUCCIÓN

En una clasificación primaria en la que cabría hablar de impuestos antiguos e impuestos nuevos, el Impuesto sobre Sucesiones habría de enmarcarse entre los primeros.

En efecto, desde que tenemos conocimiento histórico, desde el momento en que los grupos sociales se van estructurando, va surgiendo la necesidad de hacer frente a las necesidades comunes, y según éstas se van haciendo mayores y más complejas, se pasa de hacer frente a las mismas exclusivamente aportando cada ciudadano su esfuerzo y/o compartiendo sus escasos bienes, a financiarlas no ya a través o al menos no solo, mediante el esfuerzo personal o en la puesta en común de los bienes, sino también mediante diversos medios, siendo los primeros y más antiguos, por ser los más perceptibles, identificables y fáciles de controlar, los gravámenes sobre la tierra, después los que recaían sobre la circulación de los bienes en particular a través de las fronteras, es decir, los distintos y diferentes derechos de paso, tránsito o aduanas y, finalmente, los distintos gravámenes sobre las ventas.

En ese devenir de los impuestos pronto surgen los gravámenes sobre las herencias, de ahí que en esa clasificación básica se encuadre dentro de los llamados impuestos antiguos.

B. ANTIGÜEDAD CLÁSICA

1. Imperio romano

Las referencias más antiguas las encontramos en el impuesto vicesima hereditatium en la época de Octavio Augusto y que pasando por multitud de vicisitudes, derogaciones y restablecimientos, ha llegado a los actuales sistemas fiscales y apenas sin cambios sustanciales.

No poseemos un texto completo de su regulación, pero a través de los fragmentos conservados y de las referencias a él de autores de su época o clásicos podemos darnos una idea bastante completa de su contenido[2].

Respecto a la denominación de este gravamen en algunas fuentes aparece con el término “hereditatum” y en otras con el de “hereditatium”. El profesor Cagnat entendía que éste debe ser el término correcto ya que en aquellos casos en los que no se han empleado abreviaturas para referirse a él se ha utilizado siempre esa última expresión, por lo que es la terminología que debe utilizarse[3].

Sus orígenes tampoco están muy claros.

Algunos autores dicen que su origen está en la Lex Voconia, plebiscito rogado por el tribuno Q. Voconius Saxa del año 169 a. C.[4], apoyándose en un texto de Plinio el Joven en el que partiendo del hecho de que la Lex Voconia se parece a la Lex Julia Vicesimaria atribuye a aquella el origen del impuesto[5].

Lumbroso cree ver un impuesto de esta naturaleza en un edicto de Octavio y Marco Antonio en el que con motivo de la guerra contra Pompeyo ante la necesidad de grandes recursos se ordena que todo aquél que reciba bienes por testamento entregue una parte al tesoro público[6].

Este edicto fue fuertemente contestado por el pueblo y como consecuencia, las sucesiones quedaron aún durante cierto tiempo libres de gravamen[7].

En efecto, ya desde sus orígenes este gravamen fue muy impopular, hasta tal punto que el emperador Octavio tuvo que amenazar con exigir el viejo “Tributum” si no aprobaban este gravamen, fijado por las imperiosas necesidades de hacer frente a las necesidades de las numerosas viudas y huérfanos así como a las de los inválidos, resultado de las violentas guerras civiles a las que tuvo que hacer frente hasta que se consolidó su dominio.

El profesor Rotondi[8] fija su origen en el año 5, Luzzatto[9] lo hace en el año 7 y Cerami estima que la Lex Iulia de Vicesima Hereditatium aun siendo propuesta en el año 6 d. C. no fue definitivamente aprobada hasta el año 13.

---

[2] Las principales fuentes literarias que nos dan cuenta de este impuesto, son: Dión Casio, *Historia de Roma*, LV, 25; LXXVIII, 9, 4-5; LXXIX, 12, 2, edit. Gredos; Plinio Cecilio Segundo, G. (Plinio el Joven): *Panegírico del emperador Trajano*, edición y traducción de Martín, J. C., edit. Cátedra, Madrid, 2007, 37-38.

[3] Cagnat, R.: *Studio storico sulle imposte indirette presso i romani, edit. Imprimerie Nationale*, París, 1882, pp. 174-175, nota 1.

[4] Gide, A.: *Ètude sur la condition privée de la femme*, París, 1867, pp. 165 y ss.

[5] Plinio Cecilio Segundo, G. (Plinio el Joven): *Panegírico del emperador Trajano*, XLII, obra citada. Existe una excelente traducción al francés de Marcel Durry, M., edit. Les Belles Letras, París, 1947.

[6] Lumbroso, G.: *Recherches sur l' economie politique de l' Egipte au temps des Lagides*, edit. Utet, Torino, 1870, in 8º, p. 307.

[7] Cagnat, R.: *Studio storico sulle imposte indirette presso i romani*, obra citada, p. 181.

[8] Rotondi, G.: *Leges publicae populi romani*, Hildesheim, 1966, p. 457.

[9] Luzzatto, G. I.: “Vicessima hereditatium et manumissionum”, *Novissimo Digesto Italiano*, edit. Utet, Torino, 1975, pp. 809-810.

A nuestro juicio, siguiendo el criterio de Cagnat creemos que fue aprobada en el año 6 porque sabemos que los ingresos procedentes de este tributo iban al erario militar y este organismo no fue creado hasta ese año[10].

Así pues, tras larga lucha fue en el año 6 d. C. cuando, por fin, Octavio Augusto consiguió hacer aprobar la vicesima hereditatium, aplicable también en Hispania, como en el resto del Imperio.

El objeto del impuesto es la traslación del dominio como consecuencia del fallecimiento.

El hecho imponible que podemos deducir de las fuentes que conocemos está constituido por la adquisición de bienes mediante sucesión testamentaria, las sucesiones intestadas y la adquisición de bienes y derechos por medio de legado.

Aunque bien es cierto que la generalidad de la doctrina romanista califica como tasa a este gravamen[11] dado que su recaudación está destinada a sufragar las necesidades del ejército justificándose su cobro en el servicio que obtienen los ciudadanos romanos en lo que sería parecido al pago por la pacificación social[12].

No creemos, que este argumento sea válido, por dos razones: primera, porque en el Derecho romano no se establece la diferenciación moderna de tasa e impuesto, y segunda, porque se confunde lo que es un impuesto afectado con una tasa.

En cuanto a los sujetos pasivos en tiempos del emperador Octavio Augusto estaban obligados al pago del impuesto los ciudadanos romanos llamados a suceder por testamento, por ley o en calidad de legatarios. Quedan exentos los parientes cercanos y los pobres.

Veamos, en consecuencia, el alcance de estas exenciones.

El primer problema que surge es el de determinar a qué parientes se extiende la exención.

Dada la indeterminación de la Lex Iulia de Vicesima Hereditatium algunos autores hacen coincidir el grado de parentesco exento con las unde decem personae, es decir, con los parientes más cercanos al causante[13].

Otros autores entienden que la locución empleada por Dión Casio πανυ σνγγενειζ, es decir, parientes cercanos, debe interpretarse de manera más restrictiva, de modo que únicamente quedarían exoneradas del pago a aquéllas personas que formaban el círculo de las economías doméstica y familiar, ampliándose posteriormente a aquellas personas que, aun no estando sometidas a la potestas del de cuius, tuvieran una vinculación próxima de parentes-

---

[10] Vid. Cagnat, R.: *Studio storico sulle imposte indirette presso i romani*, obra citada, p.181.

[11] Vid., por todos, Luzzatto, G. I.: "Vicessima hereditatium et manumissionum", *Novissimo Digesto Italiano*, obra citada, pp. 809-810.

[12] Torres Parra, Mª J.: "Algunos aspectos de la Lex Iulia de Vicesima Hereditatium", *IV Congreso Iberoamericano de Derecho Romano*, tomo II, Servicio de Publicaciones de la Universidad de Vigo, 1998, p. 294.

[13] Luzzatto, G. I.: "Vicessima hereditatium et manumissionum", *Novissimo Digesto Italiano*, obra citada, p. 809.

co con el causante. Es así que quedaban exentos de tributar los patrimonios hereditarios recibidos por aquellos sujetos que entraran en la categoría de sui heredes, según el sistema de las XII Tablas, o los llamados, según el sistema pretorio, unde liberi et unde legitimi[14].

Esta justificación según la profesora Torres Parra[15] está en las palabras de Plinio cuando recuerda que no se quiso quitar a los verdaderos ciudadanos romanos una parte de los bienes que les venían garantizados por sangre. Así, el impuesto es aplicable solo a los herederos que no son de casa, pero no a los que lo son[16].

Nerva, según aparece en los relatos de Plinio, estableció que en el Impuesto sobre Sucesiones cuando heredasen los hijos los bienes de la madre, o la madre los de sus hijos, no tributaran, a pesar de no reconocérseles los derechos de consanguinidad, extendiendo la exención al hijo en los bienes paternos y viceversa quedando de esta forma sin tributar los herederos de primer grado de consanguinidad[17].

Siguiendo también el relato de Plinio, Nerva concedió la exención a los parientes de segundo grado, de forma que los hermanos en las herencias de sus hermanos, o de los abuelos en la de sus nietos, y viceversa, quedaran exentos de tributar[18].

Caracalla fijó como sujetos pasivos a todos los que obtuvieran bienes a título de herencia o legado sin excluir a los parientes cercanos[19] y además, en virtud de la Constitución Antoniniana del año 212 por la que extendió la ciudanía romana a todos los hombres libres que estuvieran dentro de las fronteras del Imperio, quedaron gravados por el impuesto todos los hombres libres del imperio y no solo los ciudadanos romanos.

---

[14] Torres Parra, Mª J.: "Algunos aspectos de la Lex Iulia de Vicesima Hereditatium", *IV Congreso Iberoamericano de Derecho Romano*, artículo citado, p. 295.

[15] Ibídem, p. 295.

[16] Dice asi, Plinio: "Iitaque illis irrogatum est, his remissum, videlicet quod manifestum erat, quanto cun dolore laturi, seu potius non laturi, homines essent destringi aliquid et abradi bonis, quae sanguine, gentilitate, sacrorum denique societate meruissent, quaeque numquam ut aliena et speranda, sed ut sua semperque possessa ac deinceps próximo cuique transmittenda cepissent" (Así pues, se impuso a los primeros y se perdonó a los segundos, pues era evidente con cuánto dolor iban a aceptar los ciudadanos, o más bien, no iban a aceptar, que se les arrebatase y arrancase una parte de unos bienes a los que tenían derecho por vínculos de sangre y de parentesco y por la observancia de un mismo culto familiar, unos bienes, en fin, que nunca habían considerado como pertenecientes a otros ni como algo que tuviesen que desear que la suerte les deparase, sino como algo propio que siempre habían poseído y que, a su muerte, transmitiría cada uno de ellos a sus más allegados), (*Panegírico a Trajano*, XXXVII, 2, obra citada).

[17] Plinio Cecilio Segundo, G. (Plinio el Joven): *Panegírico a Trajano*, obra citada, XXXVII, 6 y XXXVIII, 1-7.

[18] Ibídem, XXXIX, 1-2.

[19] Dión Casio Coceiano: *Historia romana*. Pueden utilizarse la traducción de Domingo Plácido Suárez, libros I-XXXV, y la traducción de Candau Morón, J. Mª y Puertas Castaños, Mª Luisa, libros XXXVI-XLV, edit. Gredos, Madrid, 2004; o bien la edición Loeb Classical Library, transl. E. Cary, 1969; o bien la traducción al francés y comentarios de Freyburger-Galland, M. L. y Roddaz, J. M., edit. Les Belles Lettres, París 1994.

Por otra parte, entre ellos, parece ser que en tiempos de Augusto la exención sólo se concedió a los ciudadanos romanos más antiguos[20].

A los que habían adquirido la ciudadanía recientemente a través del ius latii o por liberalidad del príncipe sino habían obtenido al mismo tiempo el ius cognationis eran considerados a estos efectos como extranjeros[21].

También estaban exentos del pago de este impuesto, como hemos indicado, los pobres. A tal efecto algunos autores consideran que se fijó un mínimo exento cifrado en 100.000 sestercios[22], cantidad que coincidiría con la exigida para ingresar en la primera categoría que formaban los comicios centuriados[23], aunque a decir verdad la legislación de Augusto es a este respecto poco clara e incompleta[24].

Marquardt considera que el mínimo de la herencia sometida a tributación serían los patrimonios superiores a 100.000 áureos, lo que no deja de sorprender por cuánto esa moneda es más propia de la época de Justiniano que de la de Octavio Augusto[25].

El emperador Trajano modificó el mínimo exento aumentando las cuantías de las herencias sujetas a tributación, de modo que solo los grandes patrimonios quedarían sujetos, aunque sin especificar, qué se entendían por tales. Así, leemos en Plinio: “ea lex vicésima dicta est ut ad periculum eius perveniri nisi opibus non possit”[26], esto es, que nadie pueda verse sometido a este gravamen a menos que posea grandes riquezas.

El historiador Mommsen considera, por el contrario, que la cantidad se referiría a los que no tuvieran 100.000 sestercios[27].

En cuanto a la base imponible, esto es, la expresión cuantificada del hecho imponible, estaba constituida por la totalidad de los bienes del de cuius a partir del mínimo exento.

Del valor total de los bienes dejados se descontaban los gastos de funeral y de última enfermedad definidos estos de conformidad con el estatus social del fallecido.

En este sentido, el jurista Macer dice: “Funeris sumtus accipitur, quidquid corporis causa, veluti unguentorum, erogatum est; et pretium loci in quo defunctus humatus est et si qua vectigalia sunt, vel sarcophagi, et vectura, et quidquid corporis causa, antequam sepeliatur, consumptum est, funeris impensam esse existino” (entiéndase como gasto de entierro, todo lo que se gastó por

---

20 Plinio Cecilio Segundo, G. (Plinio el Joven): *Panegírico a Trajano*, obra citada, XXXVII-XXXIX.

21 Naquet, H.: *Des impôts indirets chez les romains sous la Republique et sous l'Empire*, obra citada, pp. 92 y ss.

22 Dureau de la Malle, M.: *Economie politique des Romains*, vol. II, edit. Librairie Hachette, Paris, 1840, p. 472.

23 Arangio Ruiz, V.: *Historia del derecho romano*, traducción de la segunda edición italiana por Pelsmaeker, F., edit. Reus, Madrid, 1980, p. 47.

24 Cagnat, R.: *Studio storico sulle imposte indirette presso i romani*, obra citada, p. 185.

25 Marquardt, J.: *Römische Staatsverwaltung*, Leipzig, 1873-1874, II, p. 259.

26 Plinio Cecilio Segundo, G. (Plinio el Joven): *Panegírico a Trajano*, obra citada, XL, 1 y XL, 2.

27 Mommsen, T.: Die röm. *Tribus*, p. 120, nota 106.

causa del cadáver, por ejemplo, para los ungüentos; también el precio del lugar en que fue inhumado el difunto y otros tributos que haya, o todo lo que se gastó por causa del sarcófago, y de la conducción y del cadáver, antes de que sea enterrado, opino que son gastos de entierro)[28], esto es, pueden deducirse todos ellos, pero nos sigue diciendo Macer: "Monumentum autem sepulchri id ese divus Hadrianus rescripsist quod monumento, id est causa muniendi eius loci factum sit in quo corpus impositum sit. Itaque, si amplum quid aedificari testator iusserit, veluti in circum porticationes, eos sumptus funeris causa non esse" (más el divino Adriano contestó por rescripto, que era monumento de un sepulcro lo que se hubiese hecho por causa del monumento, esto es, para resguardar el lugar en que se haya depositado el cadáver. Y así, que si el testador hubiere dispuesto que se edifique alguna cosa suntuosa, por ejemplo, pórticos alrededor, estos no son gastos hechos por causa del entierro)[29], esto es, estos últimos gastos no pueden imputarse al sepelio.

Asimismo, salvo mención expresa del testador en sentido contrario o renuncia espontánea de los herederos, también los legatarios están obligados al pago por lo que en la cuantificación de la base imponible ha de deducirse la parte correspondiente a los legados[30].

Un texto de la Collatio menciona, como ya indicamos, el impuesto en relación con las sucesiones intestadas, al señalar:

> "Sed imperator noster in hereditatibus quae ab intestato deferuntur eas solas personas voluit admitii, quibus decimae immunitatem ipse tribuit"[31].

El tipo de gravamen se fijó como indica el nombre de la ley en la vicésima o veinteava parte del patrimonio hereditario, es decir, el 5%; más tarde Caracalla elevó el tipo de gravamen al 10%, para posteriormente el emperador Macrino fijarlo de nuevo en el cinco por ciento, según señala Dión Casio, al decir: "Τά τε ωερί τους κληους καταδέιχθευτα νπό τον καρακάλλο ωαυσας"[32].

El devengo se determinó en el momento de la llamada hereditaria para los herederos necesarios y, en su caso, en el de la aceptación para los herederos voluntarios[33].

En cuanto a la forma de gestión este gravamen fue en un primer momento arrendado.

Pero el sistema de obtención del impuesto así como de su gestión fue evolucionando.

---

[28] Macer: *Digesto*, XI, 7, 37 pr (ad. vic.), Instituta, Digesto y Código de Justiniano, publicados por los hermanos Kriegel, Hermann y Osenbrüggen, editados por Lex Nova, Valladolid, 1988, traducción al español y anotaciones por García del Corral I. l.

[29] *Digesto*, XI, 7, 37, pr. (ad. vic.), obra citada.

[30] Torres Parra, Mª. J.: "Algunos aspectos de la Lex Iulia de Vicesima Hereditatium", *IV Congreso Iberoamericano de Derecho Romano*, tomo II, artículo citado, p. 297.

[31] *Collatio* 16.9.3, Mosaicarum et romanarum legum collatio, P. F. Girard & F. Senn, Textes de droit romain, I, París, 1967, pp. 545-590, n. 29.

[32] Dión Casio: *Historia de Roma*, LXXIX, 12, 2, obra citada.

[33] Torres Parra, Mª J.: "Algunos aspectos de la Lex Iulia de Vicesima Hereditatium", IV *Congreso Iberoamericano de Derecho Romano*, tomo II, artículo citado, p. 297.

Después del emperador Trajano la percepción de este impuesto corrió a cargo de un miembro del orden ecuestre con el título de promagister[34].

Parece que hasta la época de Adriano no pasó a ser gestionado directamente.

En relación con la recaudación de este gravamen hasta los tiempos de Claudio la supervisión de los recaudadores, esto es, de los arrendatarios (las societas publicanorum) corrió a cargo en Roma de los praefecti aerarii militaris (prefectos del erario militar) y en las provincias de los procuradores provinciales.

En cuanto a las oficinas encargadas de la administración de este gravamen ha de distinguirse entre Roma y el resto de las provincias.

En Roma existían dos organismos: una oficina encargada de la recaudación del impuesto de la ciudad y una oficina central donde constaban todas las actuaciones de los procuradores italianos y provinciales y que era, a su vez, la sede de la administración general del impuesto[35].

Al frente de cada una de esas oficinas se colocó a un procurador, y se les adscribió, además, todo un numeroso grupo de funcionarios, en su mayor parte esclavos y libertos.

Al parecer en alguna ocasión esas oficinas estuvieron a cargo de un sólo procurador que recibió el nombre de procurator XX hereditatium, convirtiéndose, así en estos casos en el encargado en Roma de todos los asuntos del impuesto[36]. El nombramiento recaía en un ciudadano del orden ecuestre.

Por debajo del procurator XX hereditatium estaba el pro magistro al cual se le solía poner al frente de la oficina central.

Encargado de los libros y de las cuentas de la administración se encontraba el princeps tabularius que además era el jefe de todos los tabularii (funcionarios encargados de llevar los libros y las cuentas de la administración del impuesto). Los tabularii con frecuencia tenían, a su vez, dependientes de ellos a adjutores tabulariorum.

Tanto el princeps tabularius como los tabularii y sus adjutores solían ser libertos.

El segundo emperador de la dinastía de los Severos, Caracalla (años 211-217 d. C.), tomó dos medidas con relación al impuesto sucesorio: en primer lugar, aumentó el tipo de gravamen al 10%, y en segundo lugar, extendió la ciudadanía romana a todos los varones del imperio, con la finalidad, entre otras, de aumentar la recaudación por esta exacción. Corría el año 212 de nuestra era.

No conocemos con exactitud cuando dejó de exigirse este gravamen.

---

[34] De Laet, S. J.: "Note sur l´organisation et la nature juridique de la vicésima hereditatium", *Ant. Class.*, 1947, p. 32, nota 3.

[35] Sobre la administración de este gravamen puede verse Eck, Werner: Die Staatliche Organisation Italiens in der hohen Kaisergeit, traducción al italiano con el título *L'Italia nell'Impero Romano,* por Klaus Fabian y Silvia Strassi, edit. Elipuglia, Bari, 1999, pp. 134 a 149.

[36] Cagnat, R.: *Studio storico sulle imposte indirette presso i romani,* obra citada, p. 181.

Sabemos que aún se exigía en tiempos de Heliogábalo y bajo el reinado de Gordiano III, pero después de este emperador se pierde la pista a este impuesto. Conocemos, con certeza, que no se exigía ya bajo Justiniano[37]. Lo más probable es, entonces, entender que fue abolido en la reforma llevada a cabo por Diocleciano o por sus sucesores inmediatos.

2. Regulación por Teodosio

Ahora bien, siendo esto así, nos encontramos con una situación particular. El emperador Teodosio en el año 384 d. C. establece un gravamen que aparece con las denominaciones de denarismus, unciae, collatio denarismi o collatio lucrativa que grava los bienes inmuebles que por vía de sucesión testamentaria, ab intestato, en virtud de donación "inter vivos" o "mortis causa", pasan de la propiedad de un curial a las de una persona que no pertenece a la curia.

Esta contribución tenía carácter anual y su finalidad no era otra que la compensación por la pérdida sufrida por la curia, a la que estaban adscritos dichos bienes, perpetuando la obnoxietas de los bienes gravados[38].

El sujeto pasivo es el adquirente en virtud del título señalado de los indicados bienes, siempre que no puedan pasar a formar parte de la curia, sea por razones de privilegios nobiliarios o clericales o porque esté sujeto a cualquier otro trabajo o servicio público.

Se declaran exentos del pago de este gravamen a las siguientes personas y bienes:

- A los descendientes que sean mineros, incluso a los no casados con curiales.
- Las donaciones, legados, fideicomisos y disposiciones testamentarias.

Dentro de las donaciones cabe encuadrar todas aquellas aportaciones que constituyen el fenómeno del evergetismo.

Fue frecuente que determinados ciudadanos esencialmente honestiores aportasen dinero para reparar templos, elevar estatuas a los bienes, embellecer jardines públicos, etc.

Este tipo de aportaciones era más frecuente hacerlas a los municipios que al Estado, aunque nunca faltaron también las realizadas a favor de éste.

Las generosidades de los ricos aliviaron en muchas ocasiones los presupuestos municipales.

---

[37] A este respecto en el Código de Justiniano, leemos: "Quia et vicesima hereditatis ex nostra recessit republica" (...introducido con ocasión de la vigésima de las herencias, porque también la vigésima de la herencia ha desaparecido de nuestra república, *Código de Justiniano*, VI, XXXIII, 3, traducción I. L. García del Corral, edit. Lex Nova, Valladolid 1988).

[38] La obnoxietas era la dependencia o adscripción de un ciudadano a una colectividad. Los hombres estaban obnoxii corpori, collegio, curiae (*Código de Teodosio*, XIV, 1, año 389, obra citada). Por otra parte, obnoxio significa expuesto a contingencia o peligro.

Estas aportaciones de la más diversa naturaleza a las ciudades no fueron bien vistas por el poder estatal, lo que explica que hasta el emperador Nerón no se permitieran.

El tipo impositivo se fijó, en un principio, en cuatro silicuas por iugatio[39].

C. IMPERIO BIZANTINO

El Imperio Bizantino, copartícipe primero y luego continuador del Imperio Romano de Occidente mantuvo en su sistema tributario dicho gravamen, si bien, asimismo, con no poca azarosa vida. En efecto, el gravamen se reduce en un primer momento de nuevo al 5%, luego se suprime por Justiniano en torno al año 529, para restablecerse posteriormente.

D. MUNDO VISIGODO

En la época visigoda, teniendo en cuenta que el mundo visigodo es el epígono de la civilización y del mundo romano, la hacienda es similar y reproduce las características y tributos del Bajo Imperio Romano; se mantiene, por tanto, el gravamen de las herencias, aunque la información sobre ello sea insuficiente.

E. EDAD MEDIA

Sin entrar a polemizar cuando puede considerarse el inicio de la Edad Media en España, únicamente a efectos expositivos consideramos como punto de inflexión la invasión musulmana.

A partir de la invasión musulmana y durante toda la larga Edad Media, la fiscalidad no es única, sino muy variada y de titularidades diversas.

En efecto, por una parte, junto a los reyes, la Iglesia y los señores feudales obtienen ingresos que hoy podemos calificar como públicos de naturaleza tributaria; y, por otra, los distintos reinos que van surgiendo y desapareciendo en este período, gozan de sus propias exacciones fiscales.

a) Reino Nazarí[40]

La presión fiscal en este reino fue siempre muy grande, lo que se pone de manifiesto por los numerosos y variados gravámenes establecidos[41].

---

[39] La silicua era una moneda de plata establecida en tiempos de Constantino. La iugatio, palabra que tiene diversas acepciones, significa, en este contexto, la medida agraria de superficie de 240 pies de largo por 120 de ancho.

[40] Se data el nacimiento del reino nazarí el año 1238. En esta fecha entra en Granada por la puerta de Elvira y para ocupar el palacio del Gallo del Viento, Mohamed-ben-Nazar (o Nasr), llamado al-Hamar, fundador de la dinastía Nazarí. Fue el último Estado islámico de la península y se mantendrá hasta el día 2 de enero de 1492 en que los Reyes Católicos vencen y mandan al exilio al último rey nazarí, Abú Abd Alá (Boabdil).

[41] Sobre esta cuestión, vid. Aparicio Pérez, A.: *Historia de la fiscalidad en España (Edad Media, años 476 a 1469)*, edit. Grupo Editorial Universitario, Granada, 2007, pp. 55-56.

Dentro de los gravámenes generales exigidos estaban los derivados de las herencias cuya exacción fue muy minuciosa y en la que se distinguía según el heredero fuese hombre o mujer.

La regulación de este gravamen fue la siguiente:

"Cuando muere algún moro:

— Si el que muere deja hijos o nietos varones (el texto original dice machos) o padre no hereda el rey nada.
— Si dejare una hija sola es la mitad del rey y la otra mitad de la hija.
— Si dejare dos o más hijas, estas recibirán dos tercios y el rey un tercio.
— Si dejare hijas y hermano o hermana o más hermanos o hermanas el rey no hereda nada.
— Si dejare varón hermano del padre o de madre no hereda el rey nada; si deja hermano de madre hereda el hermano la sexta parte y el rey lo restante.
— Si deja dos hermanos o más de madre, heredan los hermanos el tercio y el rey dos tercios.
— Si dejare una hermana, es como la hija, de modo que tendrá la hermana la mitad y el rey la otra mitad. Si deja dos hermanas o más heredan ellas dos tercios y el rey un tercio.
— Si deja madre e hija recibirá la madre un sexto, la hija la mitad y el rey un tercio, y si con la madre deja dos hijas o más, las hijas tendrán dos tercios y la madre la dicha sexta parte y el rey otro sexto.
— Si deja mujer ha de tener la mujer un cuarto además de la dote, el rey tres cuartos y si deja mujer e hijos, la mujer recibirá un octavo, los hijos la mitad y el rey el resto.
— Si deja mujer o madre o hija ha de tener la mujer una octava parte, la madre un sexto, la hija la mitad y el rey el resto.
— Si deja tío hermano de padre o primo hijo del tío hermano del padre no hereda el rey nada.
— Si deja tío hermano de madre y no de padre, el rey hereda todo.
— Si deja abuela o hija heredera al abuelo le corresponde un sexto, a la hija la mitad y al rey un tercio y si no hubiera hijo ni hija y dejare abuela, a la abuela iría un tercio y al rey dos tercios.
— Si deja abuela de parte de padre o de la madre, mujer e hija, ha de tener la abuela la sexta parte, la mujer la octava parte, la hija la mitad, y el rey el resto.
— Si deja abuela solo ha de tener la sexta parte y el rey el resto.
— Si dejare madre y hermana y mujer ha de tener la hermana la mitad, la madre un tercio y la mujer un cuarto.
— Si dejare dos hermanas o más y madre, han de tener las hermanas dos tercios, la madre un sexto y el rey otro sexto.

— Si dejare mujer y hermana ha de tener la mujer un cuarto, la hermana la mitad y el rey otro cuarto.

Cuando muere alguna mora:

— Si deja hijo varón o marido ha de tener el marido un cuarto y el hijo todo lo demás, y si deja nieto y marido, parte según se ha dicho.
— Si deja marido solo ha de tener el marido la mitad y el rey la otra mitad.
— Si deja marido y madre ha de tener la mitad el marido, la mujer un tercio y el rey lo restante.
— Si deja marido y hermana de padre y de madre ha de tener el marido la mitad, la hermana la otra mitad y nada el rey.
— Si deja hija y marido ha de tener la hija la mitad, el marido un cuarto y el rey otro cuarto.
— Si deja tío hermano de padre o hijo de tal tío o hermano de padre o de madre han de heredar todo y el rey nada.
— Si deja hermana del padre o de la madre ha de tener el hermano la sexta parte y el rey lo restante, y si fueren más hermanos de parte de la madre tendrán los hermanos un tercio y el rey dos tercios.
— Si deja abuelo de parte de padre herédalo todo y el rey nada.
— Si deja abuelo de parte de la madre e hija ha de tener el abuelo la sexta parte, la hija la mitad y el rey un tercio.
— Si dejare abuela de parte de padre la abuela ha de tener un sexto y el rey lo restante.
— Si tuviera hermana de padre y de madre e hija, ha de tener la hermana la mitad, la hija la otra mitad y el rey nada.
— Si deja hermana de padre o de madre, hereda la hermana del padre la mitad, la otra hermana un sexto y el rey el resto.
— Si deja dos hermanas o más de madre y una de padre y madre, heredan las hermanas un tercio, la hermana de padre y madre la mitad y el rey el resto.
— Si fuese mujer comprada con dineros, blanca como negra, y el que la compró se hubiese casado con ella, si muriese y dejase vivo al marido o hijos legítimos del marido aunque sean de otra mujer o suyos, herédanlo y el rey no hereda nada.
— Si deja hija, ha de tener la mitad la hija y el rey la otra mitad, y si dejare más de una hija han de tener las hijas dos tercios y el rey un tercio.
— Si deja nietas de la hija es como si dejase hija y aunque no dejase más nietas no han de recibir sino la mitad.
— Si deja hija y nieta hija de hijo ha de tener la hija la mitad, la nieta un sexto y el rey el resto.
— Si deja marido y padre el padre ha de tener la mitad y el marido la otra mitad.
— Si deja hijo y padre, ha de recibir el padre el sexto y el hijo el resto.

Si el que muriese dejase mujer preñada ha de tener el rey un sexto de toda la hacienda, asimismo los oficiales dos maravedís y medio por ciento, y después, cuando pariere, si fuere hijo o hija, hereda en la forma susodicha.

En todas esas herencias en que el rey hereda, antes de que se haga partición ninguna se ha de sacar el diezmo de toda la herencia para el rey, asimismo otros dos maravedís y medio para los oficiales que entienden en esta renta, de manera que antes que se haga la partición se han de sacar doce maravedís y medio por ciento.

No puede ninguno mandar más en su testamento del tercio de su hacienda y si otras mandas hiciere aquellas se han de pagar del tercio. Puede mandar estando sano y doliente si está en su sano juicio y la forma que se tiene para saber si esta manda de cierto es cierta o no, es que quien la de otorgar que firme en ella y después cuando muriere vayan los herederos con aquella carta al cadí y díganle si aquellos testigos son de los abonados para dar fe y si son buenos firman en la carta y si no son tales no firman y no vale la manda.

Si el que muriese tuviese algún hermano de la forma susodicha o estuviere ausente, ahora esté ausente en más allá o en otra cualquier parte, ahora sea mudéjar o de otros reinos que nunca haya entrado en Granada, aunque al rey no pertenezca nada de la hacienda ha de tener el diezmo y los dos maravedís y medio por ciento para los oficiales, y si el tal hermano tuviese aquí su poder bastante para heredar, hereda como si estuviere presente y si no tuviere acá su poder ha de poner la hacienda en poder del alamín, si no tuviese parientes y si los tuviese, ha de embargar en poder del pariente más propincuo y ha de esperar al tal hermano que está ausente desde el tiempo que muriere hasta saber lo cierto si es vivo o muerto.

Cuando estas herencias se hayan de vender para hacer la dicha partición, se haga de la forma siguiente: si es mueble llevan lo que les pertenece a la alcaicería y así todas las otras cosas a la alhóndiga e tráigase todo en almoneda delante de los oficiales que entienden en estas rentas y así a dar al que más diere por ello allí, luego y puede tomar el rey todo lo que de ello quisiere tanto por tanto y de todo lo que se vendiere y han de pagar los derechos al rey lo que le viniere de cada cosa y de lo que al rey le perteneciese no ha de pagar derechos. Y si son heredades de apreciar y dividir y tomar cada uno lo que le perteneciere y que tome el rey primero una pieza y el heredero otra y así hasta que todo se haya decidido.

El recaudo que los moros son obligados a poner en las herencias es que cuando algún moro o mora falleciese en alguna ciudad o villa populosa el alamín de tal ciudad ha de poner recaudo en su hacienda haciendo inventario de todos los bienes y si falleciese en la tierra, en alguna aldea o lugar, los alguaciles de cada lugar son obligados de hacer saber luego en falleciendo la muerte de tal moro al alamín o al recaudador del rey que tiene sus rentas para que pongan recaudo en su hacienda si algo le perteneciese o pena de dos mil maravedís para los dichos recaudadores.

Derechos de los oficiales:

Ha de haber en esta renta dos escribanos moros y un chamarían que es la persona que cata las casas de los que mueren y está sobre todo, y ha de tener cada uno de los escribanos cinco dineros cada día y el chamarían quince o veinte dineros cada día, según fuere la persona que en ello anduviere, los cuales han de pagar de lo que el rey ha de tener.

Los dos y medio por ciento que además han de tener los oficiales se reparten de esta manera: el chamarían dos quintos, y los otros tres quintos llevaban cuando eran cinco escribanos, pero ahora que no son más de dos se debe repartir la mitad para ellos y la otra mitad para el rey"[42].

b) Reinos cristianos

La continua necesidad de ingresos llevó también a los diversos reinos cristianos a gravar en mayor o menor medida las herencias, así como a hacerlo de diversas formas.

a´) Reino de León

Según fecha generalmente aceptada, el 30 de julio del año 1017 el rey leonés Alfonso V otorgó a León tras la reunión de la Curia plena[43] celebrada en la ciudad, Fuero propio en el que se recogía, entre otros aspectos, la exención del pago de la mañería a los habitantes[44], lo que viene a significar que este gravamen estaba arraigado en el reino.

b´) Reino de Castilla

Sin poder precisar con exactitud cuando se establecieron en el reino de Castilla exacciones por causa de muerte, a lo largo de la Edad Media nos encontramos con los gravámenes llamados luctuosa, mañería y marmazgo, supuestos a los que algunos autores añaden el luismo o laudemio[45].

La luctuosa era un gravamen que recaía sobre las sucesiones. No tenía cuota fija y recibió diversos nombres además del indicado, así el de ención, unición o minción, micion o nuncio[46]. A veces se permitía que consistiese en alguna cosa que el propio causante señalaba en su testamento. Se exigía a los vasallos que no tenían herederos naturales para poder deferir su herencia por testamento.

---

[42] Rentas de mudéjares en el obispado de Málaga (A.G.S. Expedientes Hacienda, Legajo 12, folio 30. Trascripción propia al español moderno).

[43] De esta Curia habrían salido las disposiciones generales del Fuero que tendrían validez en todo el Reino, y que posteriormente, en 1020, se habrían añadido los preceptos locales sobre la ciudad y el alfoz de León.

[44] Vid. *Fuero de León*: García de Valdeavellano, L., Hulleras Vasco Leonesas, 1983.

[45] Aparecen también derechos sucesorios en el ámbito de la Hacienda de la Iglesia. Sabemos que existió un derecho llamado abadía detectado en el noroeste peninsular que tenían los párrocos de percibir a la muerte de sus feligreses y solía consistir en una de las alhajas que deja el difunto, en una pieza de su mejor vestido o de ropa de cama, e incluso en alguna cabeza de ganado, según la costumbre del lugar. Este derecho no tiene otro apoyo que la costumbre que derivó en obligatoria (Vid. Escriche, J.: *Diccionario razonado de legislación y jurisprudencia*, Librería de la viuda e hijos de D. Antonio Calleja, 3ª edición corregida y aumentada, Madrid, 1847).

[46] Vid. Colmeiro, M.: *Historia de la economía política española*, tomo II, 1863, Fundación Banco Exterior, Madrid, 1988.

La antigüedad de este tributo se conoce por el Fuero Viejo de Castilla, en cuyo Libro I, Título III, ley 2, se dice: "Por muerte del vasallo, hidalgo u otro, pertenece a sus señor una cabeza de los mejores ganados que hubiere: lo cual se dice minción"[47].

Esta contribución fue considerada enormemente gravosa y por ello en el Concilio de Compostela celebrado el año 1114 en su canon 8 se dispuso que no la pagasen quienes continuaran cultivando las heredades de sus padres y parientes.

La mañería era el derecho a heredar a los vasallos, cuando morían sin herederos, siempre que no fuese contra la disposición testamentaria ni hubiese parientes dentro de un determinado grado.

Se aplicaba, igualmente en las behetrías (territorios en los que los vasallos podían elegir a su señor).

Así, aparece en el Fuero de Sepúlveda concedido por el rey Alfonso VI el 17 de noviembre del año 1076, confirmando los que tenía en tiempos de Sancho el Mayor, y los condes Fernán Gónzalez, García Fernández y Sancho, donde se estableció que "ningún hombre que viva en Sepúlvea esté sujeto a la mañería y si no tuviese descendencia para heredarlo que lo herede el concejo y con ello hagan limosnas por su alma"[48].

Marmazgo era tributo al parecer muy similar a la luctuosa pero del que se tiene escasa referencia. De hecho sólo hay una referencia en el Fuero que Fernando III dio a la ciudad de Tuy en el año 1250 en que se dice que a cambio de una contribución se otorga a todos los moradores libertad de testar y de disponer sus bienes por testamento.

Eluismo o laudemio, que consistía en el derecho que se pagaba al titular del dominio directo cuando se enajenaban fincas dadas a censo perpetuo y enfiteusis. En nuestra opinión no podemos calificarlo como Impuesto sobre Sucesiones, aunque, evidentemente, lo que gravaba era una transmisión de bienes, pero no necesariamente a título mortis.

c´) Reino de Aragón

En Aragón se exigieron, asimismo, gravámenes sucesorios de características similares al castellano.

Así, por ejemplo, en el Fuero de Calatayud dado a esta ciudad el 26 de diciembre de 1131 por el rey de Aragón Alfonso I el Batallador se recoge expresamente que ningún vecino de Calatayud pague mañería[49], lo que, a contrario sensu, implica que en diversos territorios de la Corona de Aragón se exigía.

---

[47] Vid. Extracto de las Leyes del Fuero Viejo de Castilla, con el primitivo Fuero de León, Asturias y Galicia, por el Licenciado D. Juan de la Reguera Valaelomar, Imprenta de la viuda e hijo de Marín, Madrid, 1798.

[48] Sáez, E. y otros, traducción de Alberte, A.: *Fuero de Sepúlveda*, Segovia, 1983, 45-51.

[49] *Fuero de Calatayud*, Algora Hernando, J. I. y Arranz Sacristán, F., Zaragoza, 1982, Centro de Estudios Bilbilitanos, 31-53.

En el condado de Cataluña se exigió la entrega de una cantidad en concepto de exorchia a favor de los señores de una parte de la herencia igual a la legítima que hubiese correspondido al hijo, en el caso en el que el payés hubiese muerto sin descendencia.

Se exigía, también, la intestia consistente en la entrega de una cantidad, en caso de no haber testado el payés, de un tercio de los bienes muebles o semovientes, si sobrevivía el cónyuge y tenía hijos, y si no los tenía de la mitad.

Ambas exacciones constituían uno de los malos usos que pesaban sobre los payeses de remensa, que al final fueron abolidos por el rey Fernando el Católico por la sentencia arbitral de Guadalupe en 1486.

d´) Reino de Valencia

Los datos que conocemos del reino de Valencia nos muestran la ausencia de un gravamen general propio sobre las sucesiones, conociendo únicamente la existencia de ciertas peculiaridades, así los moros de realengo y con posterioridad los moriscos pagaban al rey en sus muertes, pero, creemos que no se pudo establecer un impuesto general sobre sucesiones.

No obstante, encontramos algunos ejemplos en los que con ocasión de la traslación de bienes se otorgan ciertos beneficios fiscales.

Así, en providencia concedida por el rey don Jaime I el Conquistador de Valencia el 26 de junio de 1251 se otorga privilegio para que las translaciones de dominio de los bienes suyos sujetos a censo, tributo, partición de frutos, rédito o pensión que se hicieren por testamento o última voluntad, tanto constituyéndoseles la mujer en dote, o dándoles el padre, la madre o el curador por dote a sus hijos o pupilos, o por donación propter nupcias, estimados o sin estimar, no se tuviera la obligación de conceder la fadiga al rey ni pagarle luismo[50].

e´) Reino de Navarra

En este reino se exigía un derecho sobre las herencias cuando el difunto no dejaba hijos, conocido también, como en Castilla, con el nombre de mañería. Pero como singularidad hay que resaltar que la mañería cuya naturaleza y nombre era igual a la castellana, con frecuencia se incluía en las cuentas de las caloñas (montante en que se incluían los ingresos que la hacienda navarra percibía en concepto de multas y penas pecuniarias o en especie por toda clase de delitos).

f´) Reino de Galicia

Como es conocido el Regnum Gallaecia fue el primero de los reinos independientes de Roma en Europa, aunque su independencia duró poco, pues

---

[50] Vid. *Libro de los Privilegios* concedidos a las Villas y Pobladores de Alicante y Orihuela por el Rey D. Alfonso de Castilla su Conquistador, Archivo Municipal de Alicante, número 76, folio 66.

ya el rey Leovigildo, en el año 585, haría de Gallæcia una provincia Visigoda, y junto a ella, los territorios Asturianos que tenían los Suevos.

Tras diversas vicisitudes posteriores, invasión musulmana, integración en el reino de Asturias, luego en el de León, posteriormente en el Astur-leonés, para finalmente a partir del reinado de Fernando III los Reinos de Asturias, Galicia y Castilla quedan de nuevo unidos, esta vez definitivamente. A partir de aquí, los destinos de Galicia serán los mismos de Castilla.

Su sistema fiscal presenta pues pocas peculiaridades, incluso, en la etapa de su independencia.

De la luctuosa se habla en diferentes documentos.

Así, en el archivo de la catedral de Mondoñedo, en el período comprendido entre los siglos XII-XV, se recogen documentos en los que se habla de que el Cabildo de esa diócesis la dividió en seis administraciones a cuyo frente colocó a idéntico número de administradores, estableciendo además los derechos y cargas a satisfacer.

Entre los derechos se recoge el del Administrador de San Miguel de Vilacha de percibir como luctuosa la mejor cabeza de ganado, ya fuese buey o vaca, cuyo titular era el Cabildo y, de no haberlas, 60 sueldos.

Conocemos, además, que en el año 1581 el Cabildo era titular de un impuesto llamado fros, que significa flores, que tenía que pagar el difunto (obviamente a su cargo los herederos o familiares) al morir.

Ahora bien, ha de resaltarse que estos gravámenes sobre herencias o por causa de muerte no eran estatales, sino locales o eclesiásticos.

F. EDAD MODERNA

Sin entrar en polémicas de cuándo se considera que empieza la Edad moderna, siguiendo la corriente más general, la datamos ya en el reinado de los Reyes Católicos.

Finalizada la reconquista el 2 de enero de 1492 y unificados en la Monarquía Hispánica los diferentes reinos peninsulares, se inicia una nueva etapa caracterizada desde el punto de vista fiscal por la cada vez más acuciante necesidad de recursos y, a su vez, por la permanencia de una fiscalidad fragmentada y desigual en los distintos territorios.

Junto a esto, la Iglesia Católica, los señores y algunos municipios cobraban ciertos derechos de muy desigual cantidad y naturaleza a la muerte de una persona.

Como ingreso general fiscal del Estado, esta imposición fue siempre muy impopular, no apareciendo en España hasta finales del siglo XVIII, aunque con anterioridad hubo muchos intentos para su establecimiento[51].

---

[51] Vid. al respecto: Aparicio Pérez, A.: "Perspectivas del gravamen de las sucesiones en el marco de la financiación autonómica de la Comunidad Autónoma de Castilla y León", *Comunicación al IX Congreso de Economía de Castilla y León*, edit. Junta de Castilla y León, Valladolid, 2004, pp. 2 a 5.

Así, en 1667, bajo el reinado de Carlos II, ante la imperiosa necesidad de encontrar nuevas formas de tributación se piensa, de nuevo, en gravar las herencias, pero el Consejo de Hacienda otra vez rechaza tal propuesta, lo que no deja de sorprender dada la penuria y el vaciamiento de las arcas del Estado; sin duda, esta resistencia hay que buscarla en el rechazo popular a este impuesto mucho mayor que a otros.

Asimismo, en tiempos de Felipe V se habían realizado intentos para que el Consejo de Hacienda aprobase un gravamen sobre las herencias pero fue rechazado por su carácter impopular, y ello, pese a la crisis fiscal en que, entre otras, estaba sumido el Estado.

Pero llegó el día fatídico.

A finales del siglo XVIII, reinando Carlos IV, por Real Cédula de 19 de septiembre de 1792 se estableció como ingreso fiscal del Estado el Impuesto sobre Sucesiones con carácter general y uniforme en toda la Monarquía Hispánica (exceptuado los territorios forales del País Vasco y Navarra) y con una estructura actual y moderna. Este gravamen fue desarrollado y ampliado por Real Decreto de 19 de septiembre de 1798[52]. Gravaba, únicamente, las sucesiones transversales y con tipos impositivos entre el 1,5% y el 6%. Dicho gravamen quedó afectado a la amortización de la Deuda pública[53].

Se trataba de un gravamen autónomo sobre las adquisiciones "mortis causa" cuya exacción se efectuaba completamente al margen de su toma de razón en los registros públicos correspondientes.

Por Real Cédula de 24 de noviembre de 1800, se modifica, ya, este gravamen.

Con carácter general se declaraban exentas las herencias entre ascendientes y descendientes en línea recta, así como cuánto se dejase a favor del alma. De las restantes sucesiones se pagaría un dos por ciento del valor líquido a cargo del heredero reintegrándose en el caso de los legatarios al hacer el pago de los legados.

Cuando la herencia o legado ascendiese a más de once mil reales, siempre que la persona no fuese pariente del testador, el impuesto era del 4%.

En las sucesiones transversales de mayorazgos, vinculaciones, patronatos de legos, fideicomisos o cualquier otra de su clase, se pagaría la mitad de la renta líquida de un año.

Si la herencia o legado era entre cónyuges pagarían el uno por ciento, o la cuarta parte de la renta de un año si fuesen vinculados.

Pero ya antes, se había establecido un nuevo gravamen que puede considerarse como el precedente moderno de la imposición sucesoria.

---

52 Vid. *Novísima Recopilación*, Libro X, Título XXI, p. 1771, notas 4 a 6.

53 Todavía en el año 1793 quedaban algunos residuos de la exacción anterior. Así, según documento de 1793 se declara que es *Real provisión de Hidalguía a favor de D. Vicente de Malvido y su hijo* expedido en la Real Chancillería de Valladolid que cuando moría algún vecino el conde heredaba por luctuosa la capa del difunto y la mejor alhaja de cuatro pies que deja en la cuadra.

Nos estamos refiriendo al derecho de registro de “dos reales por cada escritura que no pase de doce hojas y, en pasando, al respecto de seis maravedís cada una, además del papel, que se exigió por la Pragmática de 5 de febrero de 1768 de Carlos III por la inscripción de un negocio jurídico que tuviera por objeto un inmueble gravado con hipoteca u otro derecho real en el Oficio de Hipotecas, auténtico órgano precursor del Registro de la Propiedad[54].

Puede considerarse, pues, esta fecha, como el punto de inflexión, en la naturaleza jurídica de este gravamen así como en su configuración, sobre lo que más adelante incidiremos.

G. EDAD CONTEMPORÁNEA

1. Entre los albores del siglo y la reforma de 1845

Las Cortes de Cádiz mediante Decreto de 3 de mayo de 1811 crearon un gravamen sobre las sucesiones con el nombre de Manda Pía Forzosa cuya finalidad era contribuir al socorro de las víctimas de la guerra de la Independencia. Consistía en el pago de 12 reales de vellón en España y 60 en los dominios de América y Asia por cada herencia que se defiriese por testamento o ab intestato.

Años más tarde por Decreto de 13 de octubre de 1815, del rey Fernando VII, se procede a reordenar la deuda y entre los tributos que tenían que sostenerla se hallaba la media annata, o mitad de las rentas de un año, sobre las herencias transversales de vínculos o mayorazgos.

Por Decreto de 5 de octubre de 1818 se exigía ese gravamen sobre bienes nobiliarios en su mayoría.

Durante el trienio liberal, por Decreto de Cortes de 29 de junio de 1821 se fijó un Impuesto sobre Transmisiones y Herencias, englobado en un derecho de Registro Público para actos civiles, judiciales y extrajudiciales, de corta vida pues fue abolido en mayo del año siguiente 1822.

Esta disposición enlazaba directamente con la anteriormente citada Pragmática de 5 de febrero de 1768 conforme a la cual los derechos sucesorios se vinculan con los derechos de timbre o registro con ocasión de las transmisiones de bienes o derechos[55].

La misma evolución podemos apreciar en esta figura en los distintos países del entorno europeo.

---

[54] Cfr. Navau Martínez-Val, Mª P.: *El Impuesto de Sucesiones: ¿Un impuesto injusto?*, edit. Dykinson, Madrid, 2009, p. 48.

[55] Así lo hace notar Bücher, R. quien señala que “en los aranceles de sellos y registros por transmisiones de bienes hay que buscar los precursores de estas formas tributarias”, en *Tratado de Finanzas*, tomo II, dirigido por W. Gerloff y F. Neumark, El Ateneo, Buenos Aires, 1961, p. 559.

Así, Bastable se va a referir al gravamen de sucesiones como "una forma de imposición que la legislación actual con frecuencia combina con los derechos sobre transmisiones y de timbre[56].

Se entabla en estos momentos una clara batalla entre un gravamen sucesorio puro y una exacción que va más allá, pues no solo gravará la transmisión sucesoria sino cualquier otra, unida al hecho de intentar incorporar a la nueva exacción elementos propios de las tasas exigibles por derechos de timbre o de registro.

Derechos de timbre y de registro que inicialmente, fueron tasas y que, igualmente, ab initio, tuvieron especial incidencia en los negocios jurídicos que instrumentaban las transmisiones de bienes y derechos, entre los que se encontraban lógicamente, las "mortis causa", de ahí, que en la tributación moderna, prácticamente a partir del siglo XVIII las primeras formas de gravámenes sucesorios fueran tan solo una modalidad dentro de un derecho más amplio de timbre o de registro que, recaía, en general sobre las transmisiones de bienes.

En este sentido ya Adam Smith decía: "En Holanda [...] todos los testamentos se han de escribir en papel timbrado, cuyo precio depende del valor de las propiedades transmitidas, habiendo timbres que cuestan tres peniques, o tres stivers la hoja, y timbres que cuestan trescientos florines, que equivalen a unas veintisiete libras diez chelines. Si el timbre es de valor inferior al que corresponde, se confisca la herencia. Este impuesto es adicional a sus otros impuestos sobre sucesiones"[57].

En el derecho patrio ya el profesor Beltrán Flórez llegó a decir "el primer gravamen sucesorio lo constituyó el impuesto del papel sellado [...]. Cómo los testamentos debían extenderse en papel sellado, las transmisiones hereditarias vinieron a quedar gravadas con este tributo, al que hay que considerar más bien como una tasa que como un impuesto"[58].

Sin embargo, en España poco tiempo duró esta inter-acción impuesto tasa, pues puede decirse que pronto se produjo la conversión a impuesto puro.

El profesor Beltrán Flórez señala que "los derechos [de registro] podían estar destinados a retribuir a los funcionarios correspondientes o a nutrir el Tesoro Real o podrían dedicarse en parte a cada una de estas dos finalidades. Por ello no es siempre fácil calificarlos de impuestos o de tasas; en general puede decirse que empezaron siendo tasas y fueron convirtiéndose en impuestos"[59].

---

[56] En este sentido ya se manifestaba en relación con el gravamen de sucesiones existente en Gran Bretaña en 1892 Bastable, C. F.: *Public Finance*, Mac Millan Company, Londres, 1927, p. 590.

[57] Smith, A.: *Investigación sobre la naturaleza y las causas de la riqueza de las naciones*, tomo II, Oikos-tau, Barcelona, 1987, p. 887.

[58] Beltrán Flórez, L.: *El Impuesto sobre las herencias*, edit. Bosch, Barcelona, 1945, p. 141.

[59] Beltrán Flórez, L.: *El Impuesto sobre las herencias*, obra citada, p. 84.

Este hecho presente en la historia moderna del Impuesto sobre Sucesiones, es decir de su conversión a impuesto desde la categoría de tasa, fue determinada en gran medida según el profesor Ferreiro por un cambio en la forma de cuantificación del mismo, al decir: "si se tiene en cuenta no sólo el artículo 26 de la L. G. T.[60] sino el conjunto del ordenamiento tributario, la diferencia esencial entre tasa y contribuciones especiales de una parte, e impuestos de otra, radica en los elementos de cuantificación del tributo; o, dicho de manera más simple, en la forma en que se regula su cuantía, puesta siempre en relación, en el caso de tasas y contribuciones especiales, con el valor de la actividad estatal que afecta o beneficia al sujeto pasivo"[61].

La restauración absolutista llevó consigo la recuperación del viejo gravamen de la media annata sobre vinculaciones. Además, el Decreto de 4 de febrero de 1824 mencionaba gravámenes por la sucesión directa de grandezas y títulos, fijando los tipos entre 150 y 600 reales o el 10 por ciento sobre los vales que pertenecientes a una vinculación o mayorazgo se transmitan.

El ministro de Hacienda Luis López Ballesteros, bajo el reinado de Fernando VII, por Real Decreto de 31 de diciembre de 1829, desarrollado por la Instrucción de 29 de julio de 1830, bajo el título de Derecho de Hipotecas, acentuó la tributación de las herencias elevando los tipos, y sujetando a tributación a los descendientes naturales, los legítimos seguían exentos, y recargó las sucesiones abintestato. Los grados para todos los casos se consideraban siempre civiles y de consanguinidad.

La tarifa fijada era la siguiente:

VÍNCULOS, MAYORAZGOS Y PATRONATOS	**CONTRIBUCIÓN**
Por cada sucesión en línea recta	½ anualidad del producto anual que se calcule.
Por cada sucesión por los trasversales o cuando recaiga en extraños.	1 anualidad del producto anual que se calcule.
HERENCIAS POR TESTAMENTO	CONTRIBUCIÓN
A los colaterales en segundo grado	2 por ciento
A los colaterales en tercer grado	4 por ciento
A los colaterales en cuarto grado	6 por ciento
A los de grados más distantes, parientes por afinidad, y a los extraños	10 por ciento
Al marido que herede a la mujer o viceversa	2 por ciento
Iguales reglas y grados se observarán con los herederos sustitutos.	———————

[60] Hoy habría de entenderse hecha esta referencia al artículo 2º. 2 de la nueva Ley General Tributaria, Ley 58/2003, de 17 de diciembre.

[61] Ferreiro Lapatza, J. J.: *Curso de Derecho Financiero español*, tomo I, edit. Marcial Pons, Madrid, 2003, p. 194.

MEJORAS Y LEGADOS	CONTRIBUCIÓN
A favor de descendientes	2 por ciento
A favor de ascendientes y de marido o mujer	4 por ciento
A favor de parientes dentro del cuarto grado	6 por ciento
A favor de parientes de grados más remotos o extraños.	10 por ciento
ABINTESTATOS	**CONTRIBUCIÓN**
Los colaterales de segundo grado pagarán	4 por ciento
Los colaterales de tercer grado pagarán	8 por ciento
Los colaterales de cuarto grado pagarán	12 por ciento
Y no habiendo parientes entrará a heredar la Real Hacienda.	————————
HERENCIAS EN HIJOS NATURALES LEGALMENTE DECLARADOS	**CONTRIBUCIÓN**
Si fuese en virtud de testamento	3 por ciento
Si abintestato	4 por ciento
HERENCIAS EN HIJOS NO NATURALES NO DECLARADOS LEGALMENTE.	**CONTRIBUCIÓN**
Si heredan por testamento	4 por ciento
Si abintestato	8 por ciento
USUFRUCTOS	**CONTRIBUCIÓN**
Los ascendientes o descendientes legítimos que lo perciban por mejora o legado, y no por legítima.	3 mensualidades del producto anual que se calcule.
Los hijos o descendientes naturales legalmente declarados, que lo perciban bien por legado o mejora o por legítima.	4 mensualidades del producto anual que se calcule.
Si es de marido o mujer o por la inversa	4 mensualidades del producto anual que se calcule.
Si recae en pariente dentro del cuarto grado	½ anualidad del producto anual que se calcule.
Y en todos los demás casos	1 anualidad del producto anual que se calcule.
DONACIONES ENTRE VIVOS O "MORTIS CAUSA"	**CONTRIBUCIÓN**
Beneficiarios	Lo mismo que legatarios, según grados de parentesco con el donante.
Dotes y donaciones "propter nupcias"	Libres de impuestos

Como hecho anecdótico pero muy expresivo de la impopularidad y rechazo que generaba este gravamen es que cuando el cura Merino, en la convulsa década de los años treinta del siglo XIX, en el marco de las revueltas subsistentes a la Guerra de la Independencia, asalta el 30 de mayo de 1835 el pueblo de Roa, la primera medida que toma para congraciarse con sus habitantes fue suprimir dicho gravamen.

En España ya el economista Canga Argüelles, al criticar el derecho de registro de las Cortes Liberales de 1821 decía: "¿Y cuánto no incomodaba tener que manifestar ante los empleados públicos el estado de las fortunas domésticas: las oscilaciones de éstas y hasta los sucesos interiores de la familia?"[62].

Y el profesor Toledano, argüía al respecto que el Derecho de Hipotecas deberá desaparecer por injusto, desigual y odioso, pues, además, es más bien un medio de sacar dinero que un impuesto[63].

Con fecha 29 de julio de 1830, como indicamos, se publicaron instrucciones para hacer efectivo el impuesto gradual sobre las sucesiones de vínculos, mayorazgos y patronatos de legos, y sobre las herencias, mejoras y legados, así como para la administración y recaudación del Derecho de Hipotecas. Respecto a las sucesiones los tipos impositivos oscilaron entre el 2% entre herencias entre cónyuges y un 12% entre herederos abintestato de cuarto grado.

La Ley de Presupuestos de 26 de mayo de 1835 derogó este gravamen debido al alto grado de impopularidad que arrastraba su exacción.

2. De la Reforma fiscal de 23 de mayo de 1845 de Alejandro Mon a la de la revolución liberal

Con Alejandro Mon se lleva a cabo una de las más grandes reformas fiscales de nuestro país a través de la Ley de 23 de mayo de 1845.

Más aún, para algunos autores con esta Ley se implanta un sistema tributario en nuestro país[64], hasta entonces inexistente, lo que puede considerarse cierto en la medida en que desde la segregación de Hispania del Imperio Romano a principios del siglo V, no puede hablarse de la existencia de un sistema, tanto porque se produce una desmembración de los distintos territorios que constituyeron las Provincias romanas hispanas, como de la existencia de regímenes fiscales en los distintos territorios que van surgiendo en el antiguo territorio romano caracterizados por un conjunto de tributos inconexos y superpuestos[65].

---

[62] Canga Argüelles, J.: voz "registro (contribución)", *Diccionario de la Hacienda para el uso de los encargados de la suprema dirección de ella,* tomo V, Imp. Macintosh, Londres, 1927, p. 20.

[63] Toledano, E.: *Curso de Instituciones de la Hacienda Pública en España,* Instituto de Estudios Políticos, Madrid, 1963, p. 684.

[64] Albiñana García-Quintana, C.: "Evolución histórica del sistema fiscal español y líneas idóneas de su reforma", *Boletín de Estudios Económicos,* nº 99, diciembre de 1976, p. 704).

[65] Vid. Aparicio Pérez, A.: *La fiscalidad en la Historia de España. Época antigua: años 753 a. C. a 476 d. C.,* Instituto de Estudios Fiscales, Madrid, 2008, esencialmente, pp. 182, 303-308; y *La Hacienda Pública en el Bajo Imperio Romano (Años 284 a 476 d. C.),* Dykinson, Madrid, 2012, pp. 435-436.

Por lo que se refiere al gravamen sucesorio esta reforma supuso su integración con la Manda Pía Forzosa y su incorporación al llamado, impropiamente, todavía, Derecho de Hipotecas; en puridad legal, el nuevo Derecho de Hipotecas era el resultado de la fusión de cuatro impuestos preexistentes: derecho de hipotecas, alcabala, manda pía forzosa e impuesto sucesorio[66]. Su regulación fue la siguiente:

BASE 1ª: quedan sujetos al Derecho de Hipotecas toda traslación de bienes inmuebles, ya en propiedad, ya en usufructo, cualquiera que sea el título con que se verifique; todo arriendo o subarriendo de los mismos bienes; toda imposición o redención de censos u otras cargas impuestas sobre los mismos. Se declaran exentas las adquisiciones que se hagan a nombre de y por interés general del Estado, o por la comunidad de uno o más pueblos, con aplicación a un objeto determinado de utilidad común.
BASE 2ª: en las traslaciones de bienes inmuebles sean en propiedad o en usufructo, el derecho será pagado por el adquiridor; en los arriendos por el propietario o usufructuario que arrienda; en los subarriendos por el arrendatario que cede o traspasa sus derechos; en las imposiciones de censos u otras cargas, por las personas a cuyo favor se impongan; en las redenciones, por el propietario que las redime.
BASE 3ª: para exigir el derecho en las traslaciones en propiedad se deducirá del valor total de las fincas el importe de las cargas con que están gravadas, de manera que no exija sino con respecto al precio líquido desembolsado por el adquiridor.
BASE 4ª: en las ventas de bienes inmuebles el derecho será del tres por ciento del valor de la propiedad vendida, aunque el contrato se verifique con la cláusula de retrocesión. Si por efecto de esta condición la propiedad vuelve a poder del vendedor la retrocesión no devengará más derecho que el uno por ciento.
BASE 5ª: en las permutas de bienes inmuebles el derecho de tres por ciento será pagado por los dos contratantes por mitad si las fincas son de igual valor; y no siéndolo, por el que pague en dinero el importe de la diferencia.
BASE 6ª: en las herencias de bienes inmuebles se pagará el derecho con arreglo a la escala siguiente: Uno por ciento en las herencias de colaterales de segundo grado, en las de los hijos naturales legalmente declarados y en las de marido a mujer y de mujer a marido. Cuatro por ciento en las colaterales de tercer grado y en las de hijos naturales no declarados legalmente. Seis por ciento en los colaterales de cuarto grado. Ocho por ciento en las de grados más distantes o en las de extraños. Cuatro por ciento en los legados de propiedades a favor de parientes dentro del cuarto grado, de marido a mujer y de mujer a marido. Ocho por ciento en los legados a favor de parientes en grados más distantes o a favor de extraños.

[66] Beltrán Flórez, L.: *Lecciones de Derecho fiscal*, Valladolid, 1965, edit. Lex Nova, p. 239.

BASE 7ª: en las sustituciones y fideicomisos se pagarán por de pronto el 2 por ciento. Si en término de un año, contando desde la muerte del testador, se declarase el verdadero heredero, se exigirá de este derecho que con arreglo a la escala del artículo anterior le corresponda, según su grado de parentesco, descontándose la cantidad ya satisfecha. Si pasase aquél tiempo sin haberse hecho la declaración de heredero, se exigirá del sustituto el 8 por ciento, con deducción también de la cantidad entregada.
BASE 8ª: en las donaciones por cualquier título se exigirá el derecho señalado a los legados en la base sexta según el grado de parentesco que tenga el donatario con el donante. Exceptuase: 1º Las donaciones "inter vivos" de padres o abuelos a hijos o nietos; 2º.-Las donaciones "propter nupcias"; unas y otras devengarán solo el derecho del medio por ciento.
BASE 9ª: en los usufructos se exigirá la cuarta parte de los derechos fijados, respectivamente, por los legados de propiedad.
BASE 10ª: los grados de parentesco de que se trata en las bases anteriores son todos de consanguinidad y han de ser regulados por la ley civil.
BASE 11ª: en las adjudicaciones de bienes inmuebles por pago de deudas se satisfará como en las ventas el 3 por ciento de la cantidad adjudicada.
BASE 12ª: en las imposiciones y redenciones de censos y de pensiones alimenticias sin tiempo limitado se exigirá el dos por ciento del capital impuesto o redimido; uno por ciento en las vitalicias y en las de más duración de quince años; y medio por ciento en las extinguibles antes de este período. Cuando la duración de la carga no conste expresamente en la escritura de imposición se considerará como sin tiempo limitado.
BASE 13ª: en los arriendos, subarriendos, subrogaciones, cesiones o retrocesiones de arriendos de fincas rústicas, se exigirá un cuartillo por ciento de la cantidad total que haya de pagarse en todo el período de duración del contrato; y si éste no se limitase a un período fijo ½ por ciento del importe de la renta anual.
BASE 14ª: los mismos derechos se pagarán en los contratos de arriendo de los edificios, sea que estén situados en los campos o en las poblaciones; pero deduciendo de la renta que en el contrato aparezca la sexta parte por gastos de reparaciones y vacíos. Si atendidas las condiciones particulares de los arriendos de los precios urbanos de ciertas localidades conviniese a los propietarios ajustarse con la Administración, podrán hacerlo fijando el derecho por tres, cuatro o cinco años, sobre la base del producto de los alquileres del año corriente y rebajando la cuarta parte en lugar de la sexta.
BASE 15ª: los derechos especificados en las bases anteriores se devengarán por todos los contratos sobre los objetos que quedan indicados.

Este Derecho de Hipotecas nacía además con una doble finalidad: recaudatoria y de garantía de la propiedad inmueble[67]. Había también otras dos funciones en el proyecto del gobierno: una, que tributasen los capitales mobiliarios invertidos en la compra de fincas; y otra, proporcionar informa-

[67] Proyectos de ley presentados por el Sr. Ministro de Hacienda, referentes al presupuesto general de gastos y al de ingresos para el año 1845, *DSC*, 61, 8-1-1845, apéndice 2, p. 1092.

ción sobre la riqueza sujeta a la contribución de inmuebles, para reforzar sus rendimientos[68].

Se configuraba este gravamen como un auténtico derecho de registro, manteniéndose así durante un largo período. El Derecho de Hipotecas era un impuesto de ordenación, con una concreta finalidad que era garantizar y proteger la propiedad privada de los ciudadanos. Su fundamento de equidad era el principio del seguro[69].

En este sentido el propio Alejandro Mon daba cuenta del propósito de este tributo en las Cortes al decir: "La necesidad de colocar bajo la protección del Gobierno y de las leyes las propiedades particulares ha llevado a los Gobiernos ilustrados a establecer oficinas públicas de registros e hipotecas. Y al mismo tiempo que con este medio se proporciona a los particulares la seguridad de encontrar garantizados los documentos de su propiedad, se facilita al Gobierno una gran cantidad de datos de la riqueza pública"[70].

Estas funciones pasaron inadvertidas durante la discusión de la reforma tributaria debido a que en las bases presentadas por el Gobierno para el Derecho de Hipotecas sólo se especificaban los hechos imponibles, los sujetos pasivos y los tipos impositivos. El gravamen de las herencias en línea directa motivó la principal queja formulada ante el Gobierno y las Cortes por varias organizaciones de grandes propietarios, que convencieron al gobierno de la improcedencia de la medida. Pero las cosas se agravaron con la publicación del reglamento del impuesto y con la pretensión de la Hacienda de utilizar el impuesto como instrumento comprobatorio de la riqueza inmueble. El rechazo se reflejó en dos aspectos: por un lado, la oposición del Ministerio de Justicia a la creación de una oficina de hipotecas que gestionase a la vez el impuesto y el registro de la propiedad; por otra parte, las resistencias desde el propio Ministerio de Hacienda a utilizar los valores en venta y renta de los documentos de traslación de dominios para fijar las bases tributarias de la Contribución territorial[71].

La negativa tuvo dos momentos: el primero con la anulación de la capacidad comprobatoria del Derecho de Hipotecas; el segundo, al no desarrollarse el Reglamento de Estadística de 1846 en este aspecto y con la renuncia, en 1852, a gravar los arrendamientos[72].

Una Circular de la Dirección general de contribuciones indirectas, de 28 de agosto de 1845, ordenaba a las Contadurías de Hipotecas de cada partido judicial que creasen la nueva oficina de hipotecas.

---

[68] Vid. Estapé, F.: *La reforma tributaria de 1845*, edit. Instituto de Estudios Fiscales, Madrid, 1971, p. 162.

[69] Navau Martínez-Val, M. P.: *El Impuesto de Sucesiones ¿Un impuesto injusto?*, Dykinson, Madrid, 2009, p. 253.

[70] Vid. Estapé, F.: *La reforma tributaria de 1845*, obra citada, pp. 198-199.

[71] Vallejo, R.: "Actores y naturaleza de la Reforma tributaria de 1845", *Revista de Economía Aplicada*, número 21 (vol. VII), 1999, p. 18.

[72] Ibídem, pp. 18-19.

Sin embargo, estas dependencias de Hacienda contaron con la tenaz oposición del Ministerio de Gracia y Justicia. Al renunciar Hacienda a la creación de aquellas oficinas, se frustraba "el pensamiento capital que presidió a la creación del nuevo derecho de hipotecas"[73], reducido ahora a un mero impuesto.

Aún así, la posibilidad de utilizar los documentos de traslación de dominio para calcular las utilidades de la propiedad inmueble no fue descartada. Una Real Orden de 12 de diciembre de 1846 obligaba a los escribanos a remitir a las oficinas de Hacienda datos al respecto, y el Reglamento de estadística de 18 de diciembre de 1846 anunciaba que se dictarían normas en esta misma dirección. Por fin, una instrucción de 27 de marzo de 1847 fijó reglas precisas para que los escribanos remitieran mensualmente a las administraciones de contribuciones directas los documentos relacionados con la propiedad.

En la práctica el sistema no funcionó, pues las Administraciones de Hacienda llegaron a elaborar extractos mensuales de las traslaciones de dominio, pero como en ellos no se consignaba el nombre del poseedor de la finca ni del que la transfería, el instrumento era ineficaz a efectos tributarios. Era una de las caras del fracaso para contar con mecanismos de aproximar con fiabilidad la riqueza imponible en la contribución territorial. Bravo Murillo, en 1852, haría inviable esa posibilidad al excluir los arrendamientos del gravamen por Derecho de Hipotecas[74].

Por Real Orden de 17 de mayo de 1846 se declararon exentas las dotes de padres a hijos por estimarlas como herencias anticipadas.

El Real Decreto de 11 de junio de 1847 modificó los tipos impositivos de las herencias y redujo al 2% el tipo aplicables a las transmisiones onerosas.

La Real Orden de 29 de octubre de 1847 sobre bienes mayorazgos declaraba sujetas las adquisiciones de la mitad reservable a los inmediatos sucesores de los suprimidos mayorazgos y vinculaciones civiles.

La Circular de 20 de febrero de 1850 eximió del pago del impuesto a los legados de ascendientes a favor de los descendientes en línea recta.

Por Real Orden de 30 de abril de 1852 se sujetaron las donaciones "inter vivos" de ascendientes a favor de descendientes en línea recta al 0,5%. Las donaciones "propter nuptias" y el heredamiento universal catalán siguieron exentos, pero estableciéndose que cuando los descendientes recibieran el dominio útil o pleno de los bienes donados, quedarían sujetos al indicado tipo del 0,50 por ciento. Las dotes necesarias siguieron estando exentas pues seguían considerándose un anticipo de la herencia.

A su vez, por Real Decreto de 26 de noviembre de 1852 se modificaron los tipos de gravamen siguiendo el criterio fijado en la reforma de 23 de

[73] Santillán, R.: *Memoria histórica de las reformas hechas en el sistema general de impuestos de España (1888)*, Madrid, FIES, 1997, pp. 128-129.

[74] Vallejo, R.: "Actores y naturaleza de la Reforma tributaria de 1845", *Revista de Economía Aplicada*, artículo citado, p. 19.

mayo de 1845 al dar distinto tratamiento a las herencias que a los legados, estimando los usufructos en el 25% del valor de los bienes. Asimismo, sujetó al tipo del 3 por ciento a las pensiones alimenticias, temporales o vitalicias a título lucrativo

La Ley de 2 de noviembre de 1861 adscribe la liquidación del Impuesto a las Administraciones de Hacienda Provinciales y de los Registros de los partidos.

La Ley de presupuestos de 25 de junio de 1864 sujetó, también, por primera vez, si bien con trato de favor las herencias de bienes muebles.

Por Real Orden de 14 de noviembre de 1865 se declara que la tenuta catalana no estaba sujeta al impuesto[75].

La Real Orden de 14 de junio de 1866 estableció la no sujeción de las cantidades en metálico dejadas en el testamento a favor de los pobres.

Por Real Orden de 15 de enero de 1867 a efectos tributarios los hijos naturales no reconocidos se identifican legalmente con los extraños

En los años sucesivos este impuesto se mantuvo prácticamente sin cambios hasta la Ley de presupuestos de 29 de junio de 1867 donde recibió el nombre de Impuesto sobre Traslaciones de Dominio.

Podemos datar en este momento un nuevo punto de inflexión en la Historia del impuesto, pues ya formalmente se formula el gravamen sucesorio como un impuesto sobre transmisiones de bienes o modificaciones del dominio.

Siendo, pues, ministro Manuel García Barzanallana, se aprobó esa ley de presupuestos en la que no solo se cambió el nombre sino que se subieron las tarifas y se establecieron toda una serie de cautelas y obligaciones para que nadie escapase de su aplicación; así, se establecieron las obligaciones de registradores, notarios e incluso de los curas párrocos y alcaldes de facilitar datos sobre las defunciones así como de otros datos a la Administración.

Las tarifas con referencia a los actos de traslación y a quienes lo otorgan, eran las siguientes:

---

[75] La tenuta era el derecho que tenía la viuda mientras no se le restituyera la dote y se le pagase el excreis, de poseer y usufructuar todos los bienes del marido. El excreis era una donación que el marido hacia a su mujer en contemplación al matrimonio, en atención a las condiciones personales de aquélla y en correspondencia a la dote. Actualmente la tenuta está regulada en el Texto Refundido de la Compilación de 19 de julio de 1984, cuya vigencia permite la Disposición Transitoria Segunda del Código de Familia de 1998.

CONCEPTO	TIPOS
Fideicomisos y sustituciones (Si en el término de un año de la muerte del testador se declarase el verdadero heredero, se le exigirá el derecho con arreglo al grado de parentesco en que se halle, y con el descuento del 2 por ciento ya satisfecho, pagándose el 10 por ciento con el mismo descuento si pasa el año sin haberse hecho la citada declaración).	2 por ciento.
Bienes semovientes y muebles 2 por ciento.	Bienes semovientes y muebles 2 por ciento.
	Bienes semovientes y muebles 0,250 por ciento.
Sucesiones y herencias de los cónyuges e hijos naturales legalmente declarados.	Bienes raíces 1,250 por ciento.
	Bienes semovientes y muebles 0,500 por ciento.
En los colaterales de segundo grado	Bienes raíces 2,500 por ciento.
	Bienes semovientes y muebles 1 por ciento.
En los colaterales de tercer grado e hijos naturales no declarados legalmente.	Bienes raíces 4,500 por ciento.
	Bienes semovientes y muebles 2 por ciento.
En las de los colaterales de cuarto grado	Bienes raíces 7 por ciento.
	Bienes semovientes y muebles 3 por ciento.
En las de los grados más distantes	Bienes raíces 8,500 por ciento.
	Bienes semovientes y muebles 10 por ciento.
En las hechas a favor de extraños	Bienes raíces 10 por ciento.
	Bienes semovientes y muebles 5 por ciento.

Legados, mandas o mejoras en propiedad entre ascendientes y descendientes.	Bienes raíces 2 por ciento.
	Bienes semovientes y muebles 0,500 por ciento.
Legados, mandas o mejoras en propiedad entre colaterales de segundo grado, cónyuges e hijos naturales legalmente declarados.	Bienes raíces 4,500 por ciento.
	Bienes semovientes y muebles 2 por ciento.
Legados, mandas o mejoras en propiedad entre colaterales de tercer grado e hijos naturales no declarados legalmente.	Bienes raíces 7 por ciento.
	Bienes semovientes y muebles 3 por ciento.
Legados, mandas o mejoras en propiedad entre parientes de grados más distantes.	Bienes raíces 8,500 por ciento.
	Bienes semovientes y muebles 4 por ciento.
Legados, mandas o mejoras en propiedad a favor de extraños	Bienes raíces 10 por ciento.
	Bienes semovientes y muebles 5 por ciento.

Se introdujo, además, una nueva regulación que fue desarrollada por el Gobierno mediante Real Decreto de la misma fecha y en la que cabe destacar una nueva novedad para el gravamen sucesorio: con las nuevas tarifas se gravaba por primera vez (si se prescinde de ciertos períodos de la Manda Pía Forzosa) la sucesión en la línea directa legítima.

3. La reforma fiscal de la revolución liberal de 1868

Hemos visto como el Derecho de Hipotecas nacido en la reforma de 1845, fue ampliando su ámbito de aplicación.

En principio el gravamen sujetó a imposición las transmisiones de bienes inmuebles, los arriendos y subarriendos de los mismos, y las imposiciones y redenciones de censos y otras cargas.

Pero por la Ley de Presupuestos de 1864-1865 se extendió a las transmisiones "mortis causa" de bienes muebles o semovientes y tres años más tarde por la ley de 29 de junio de 1867, se gravaba la sucesión en línea directa.

Los hombres de la revolución liberal se mostraron desde el primer momento en contra de un gravamen sobre sucesiones, pues afectaba a la libertad de disposición.

En este sentido recordaban las palabras de Adam Smith: "cuando la propiedad cambia de manos, al transmitirse "inter vivos" o "mortis causa", las contribuciones que frecuentemente se establecen, aminoran necesariamente una parte del valor capital"[76].

Los liberales de la época no podían, pues, asumir tal imposición.

Así, Leandro Rubio, congresista en las Cortes de 1869, llegó a decir: "Yo quisiera que se me dijere en qué principio económico puede fundarse esta contribución ¿Es que el Estado es el heredero universal, es el poseedor o propietario universal de todo el territorio español? A este criterio no ha obedecido seguramente el Sr. Ministro de Hacienda ni ninguno de los individuos de la comisión; sería un criterio comunista y yo creo que no hay nadie en esta Cámara que le acepte. El origen de este tributo no se funda en otra cosa que en la creencia general de que la propiedad del territorio de una nación pertenecía al soberano y que este era el dispensador de la riqueza pública"[77].

Los liberales, pues, deseaban suprimir el Impuesto sobre las Traslaciones de Dominio, pues según ellos éste gravamen estaba fundamentado en la teoría del dominio eminente del príncipe.

Decían: "El origen de este tributo no se funda en otra cosa que en la creencia general de que la propiedad del territorio de una nación pertenecía enteramente al soberano y que este era el dispensador de la riqueza pública..."[78]

Pero, pese a su oposición frontal al gravamen de sucesiones, encuadrado en el de de transmisiones de bienes, por razones recaudatorias tuvieron que aceptarle.

Así, en la Ley de Presupuestos de 1869, Laureano Figuerola se tuvo que contentar con dejar exentas las transmisiones hereditarias en línea recta, pero justificó no ir más allá por necesidades recaudatorias y dejar para más adelante la supresión del Impuesto en su totalidad.

Así, dice en la presentación del Proyecto de Ley en las Cortes: "El Impuesto sobre Traslaciones de Dominio se calcula en 4.500.000 escudos, por haberse eliminado los 400.000 que en el último año produjo el pago de derechos por sucesiones directas de padres a hijos, derechos que tan universal clamoreo causaron en el país, y cuya supresión tiene la honra de proponer a las Cortes el Poder ejecutivo. Ulteriores reformas merece este impuesto; pero ante la magnitud de las que hoy se propone, el Ministro que suscribe, obligado a no menguar sensiblemente los impuestos, confía en el porvenir, que otros más afortunados que él, al ocupar su puesto, podrán proponerlas y llevarlas a cabo"[79].

---

[76] Smith, A.: *Investigación sobre la naturaleza y causas de la riqueza de las naciones*, traducción española de Gabriel Franco, Fondo de Cultura Económica, Méjico 1958, p. 757.

[77] Rubio, L.: *D. S. C. C.* de 1869, número 107, p. 2971.

[78] Discurso del Diputado Sr. Rubio en *Diario de Sesiones de las Cortes*, 1869, nº 107, p. 2971.

[79] Preámbulo del Proyecto de Ley relativo al Presupuesto de ingresos para el año económico 1869-1870, Diario de Sesiones de las Cortes, 1869, apéndice 1º al nº 53, p. 4.

Pero poco duró esa exención pues el ministro José Echegaray en la Ley de Presupuestos de 26 de diciembre de 1872 estableció el Impuesto de Derechos Reales y Transmisión de Bienes en el que se refundieron las disposiciones del antiguo Impuesto sobre Traslaciones de Dominio y volvió a gravar las transmisiones hereditarias en línea directa.

La Real Orden de 14 de enero de 1873 publicó el primer Reglamento del Impuesto de Derechos Reales y Transmisiones de Bienes.

Nuevos cambios sufrieron las transmisiones sucesorias a partir de la Ley de Presupuestos Generales del Estado para el año económico 1872-1873, Ley de 6 de agosto de 1873[80].

La regulación básica quedó establecida en los siguientes términos:

El objeto del Impuesto sobre Derechos Reales y Transmisiones de Bienes, gravaba las traslaciones de dominio de bienes inmuebles y las de derechos reales sobre los mismos; la constitución, reconocimiento, modificación o extinción de derechos reales afectos a los bienes inmuebles; las transmisiones de dominio de bienes muebles que se verifiquen por causa de muerte; y, las de igual naturaleza que se efectúen por consecuencias de actos judiciales o administrativos, o en virtud de contratos otorgados ante escribano.

En cuanto al tipo de gravamen se estableció que en las herencias se devengarían los derechos que a continuación se expresan:

PARENTESCO	GRAVAMEN
Ascendientes y descendientes	1%
Cónyuges y ascendientes y descendientes naturales legalmente declarados.	1,75%
Colaterales de segundo grado y ascendientes y descendientes naturales no declarados legalmente.	3%
Colaterales de tercer grado	4,25%
Colaterales de cuarto grado	5,50%
Colaterales de grados más distantes	6,75%
Extraños	8%

[80] Diario de Sesiones del Congreso, Congreso de los Diputados, legislatura de 1872 a 1873, Apéndice primero al número 12 (27 de septiembre de 1872).

A su vez, para los legados y donaciones se pagarían los derechos siguientes:

PARENTESCO	GRAVAMEN
Ascendientes y descendientes	1,50 %
Cónyuges y ascendientes y descendientes naturales legalmente declarados.	2,50 %
Colaterales de segundo grado y ascendientes y descendientes naturales no declarados legalmente.	4 %
Colaterales de tercer grado	5,50 %
Colaterales de cuarto grado	7 %
Colaterales de grados más distantes	8,50 %
Extraños	10 %

Las herencias y legados a favor del alma del testador o de otras personas pagarán como herencias o legados ordinarios, según el grado de parentesco o relación del testador con el heredero fiduciario o cumplidor de la última voluntad.

Se declararon exentos del pago del impuesto:

— Las aportaciones directas de bienes o derechos reales verificadas por los cónyuges al constituirse la sociedad legal, así como al disolverse legalmente dicha sociedad, las adjudicaciones hechas a los cónyuges de los mismos bienes o derechos reales aportados, o de los que les correspondan en concepto de gananciales.

— Las adquisiciones del ajuar de casa y de las ropas de uso personal cuando se verifiquen en virtud de título hereditario.

La Ley de Presupuestos de 6 de agosto de 1873 suprimió el 1% que gravaba las herencias entre ascendientes y descendientes, otorgando, a la vez, la exención en beneficio del patrimonio familiar.

En el vaivén continuo que sufrió y sufre la tributación por sucesiones, la Ley de 26 de junio de 1874, volvió de nuevo a gravar las herencias directas, con el tipo del 1 por ciento, y esta vez ya con carácter definitivo.

El profesor Martín Niño imputaba este cambio a "la situación extraordinariamente apurada del Tesoro, la existencia del impuesto en la mayor parte de los países de Europa, la proporcionalidad del gravamen y lo reducido de los tipos"[81].

[81] Martín Niño, J.: *La Hacienda española y la Revolución de 1868*, edit. Instituto de Estudios Fiscales, Madrid, 1972, p. 236.

4. Los cambios a partir de la restauración canovista

La Ley de 31 de diciembre de 1881 introdujo ligeras reformas en el impuesto. Por Real Decreto de 10 de marzo de 1981 se crea el Cuerpo de Abogados del Estado, organismo que en un primer momento tendrá entre sus funciones la de gestión del impuesto.

Asimismo, con la misma indicada fecha de 31 de diciembre de 1881 se aprueba el Reglamento Provisional del Impuesto en el que aparecen las competencias de los Abogados del Estado en relación con este gravamen.

El Real Decreto de 16 de marzo de 1886 completó la enumeración de las funciones de los Abogados del Estado en relación con el Impuesto de Derechos Reales y Transmisiones de Bienes. Los Registradores de la Propiedad dejan de liquidar el impuesto en las capitales de provincia.

Las Leyes de Bases 30 de junio de 1892 y de 25 de septiembre de 1892 señalan las reglas básicas del gravamen, que serán modificadas con posterioridad, por las leyes de 5 de agosto de 1893, de Presupuestos del Estado para 1893-1894, de 30 de junio de 1895 y de 30 de agosto de 1896.

La Ley de Presupuestos de 5 de agosto de 1893 inicia la tributación del seguro de vida en el marco del Impuesto de Sucesiones. Consecuencia, además, de esta Ley con fecha 25 de agosto se aprueba una nueva tarifa del impuesto, en la que se introdujeron los siguientes cambios: las herencias de bienes muebles sitos en el extranjero se sujetaron a tipos superiores a los normales, se asimilan los establecimientos de instrucción pública a los de beneficencia, se sujetaron a la escala de las herencias las indemnizaciones por seguros de vida, los usufructos siguieron estimándose en el 25 por ciento del valor de los bienes, pudiéndose aplazar el valor de la nuda propiedad hasta el momento de su consolidación, si careciese el nudo propietario de bienes.

La Ley de Presupuestos del Estado para 1893-1894 siguiendo las pautas señaladas en la Ley anterior introduce cambios en varios aspectos del Impuesto, afectando estos a los tipos de tributación, al aplazamiento del pago del impuesto, y a la tributación de los seguros de vida.

Así, se establece un tipo de gravamen de 1 por 100 con que según la base 4ª de la Ley de 30 de junio de 1892 fueron gravados los legados o herencias a favor del alma del testador que solo será aplicable en aquellos casos en que le sucedan descendientes legítimos, estableciendo para todos los restantes supuestos el tipo de gravamen del 8 por ciento. A las adquisiciones que realicen por cualquier título los establecimientos de beneficencia o instrucción pública sostenidos exclusivamente por fondos del Estado, de la provincia o del Municipio, se les gravará con el 0,10 por ciento y si se trata de establecimiento de igual índole pero privados con el 2 por ciento;

Asimismo, se deroga la base 2ª de la Ley de 30 de junio de de 1891 y el artículo 2º de la Ley de 25 de septiembre siguiente en cuanto al aplazamiento de la liquidación de los derechos correspondientes a la transmisión por título hereditario de la nuda propiedad, y en su consecuencia, el adquirente de este derecho satisfará el impuesto correspondiente en la forma y plazos en que debe hacerlo el usufructuario; esto no obstante, si el nudo propietario fuere incierto o careciere de bienes para realizar el pago el Ministro podrá acordar el aplazamiento de la liquidación hasta que se consolide el usufructo de la nuda propiedad.

Finalmente, se establece que las cantidades que por liquidación de pólizas de seguros sobre la vida entreguen las sociedades aseguradoras a los herederos del asegurado, devenguen además del impuesto que gravan todas las herencias por razón de parentesco, el 3 por 100 sobre la diferencia entre las primas que el finado hubiese satisfecho y el capital que los herederos reciban.

La Ley de 30 de junio de 1895, introduce, también, ligeros cambios en el gravamen referidos especialmente a la tributación de los seguros, al establecer: "Las cantidades que se perciban de las Cias aseguradoras en concepto de herencia o como beneficiarios designados en las pólizas, contribuirán con los derechos reales que correspondan en relación con el parentesco entre ellos y el asegurado, y las compañías de seguros no podrán satisfacer dicha suma, si previamente no se les acredita el pago de dichos derechos reales con la presentación de la carta de pago correspondiente".

La Ley de presupuestos de 30 de agosto de 1896 modificó el impuesto para estimar los derechos de usufructo y nuda propiedad en el 50% y suprimió la duplicidad del gravamen en cuanto a los bienes situados en el extranjero, estableciendo la exención de las transmisiones de los que se encontraban en ultramar, y fija además los derechos sobre las herencias a favor del alma atendiendo al grado de parentesco entre el causante y los adquirentes.

Por Real Decreto de 1 de septiembre de 1896 se aprobó el Reglamento y Tarifas del Impuesto.

Por Ley de 10 de junio de 1897, siendo ministro de Hacienda Joaquín López Puigcerver, el Impuesto de Derechos Reales y Transmisión de Bienes se vio incrementado con un recargo primero del 10% y luego del 20% al año siguiente.

Por Real Decreto de 10 de marzo de 1900 y por la Real Orden de 11 del mismo mes, siendo ministro de Hacienda Raimundo Fernández Villaverde, la administración del impuesto fue encomendada a la Dirección General de lo Contencioso del Estado.

5. La reforma de Raimundo Fernández Villaverde

Un nuevo punto de inflexión en la evolución del impuesto está representado por la presentación por el Ministro de Hacienda Raimundo Fernández Villaverde el 16 de junio de 1899 en el Congreso de los Diputados de su Proyecto de Ley de Presupuestos para el ejercicio económico 1899-1900, así como de una serie de proyectos de leyes complementarios que afectaba a la totalidad de los impuestos.

La Reforma Tributaria de Raimundo Fernández Villaverde en lo referente al Impuesto de Derechos Reales se concretó en la Ley de 2 de abril de 1900.

Se pone de manifiesto en esa Ley y, por primera vez, en la historia del Impuesto de Derechos Reales, el carácter bipartito del tributo, especialmente ante la propuesta de Villaverde de introducir la progresividad en el gravamen de las sucesiones hereditarias. El carácter progresivo del impuesto es incompatible con la naturaleza indirecta del Impuesto de Derechos Reales, lo que lleva a pensar que dentro de este tributo se encuentra otro, el que grava las herencias, de naturaleza directa, perfectamente diferenciable del que recae sobre las transmisiones patrimoniales "inter vivos" y fundamentado en principios de equidad distintos del principio del beneficio[82].

Esta dualidad del Impuesto de Derechos Reales también se pone de manifiesto en la Exposición de Motivos de la Ley de 2 de abril de 1900 donde Villaverde señala que contribuyen a él "los que voluntariamente otorgan relaciones contractuales en las que es dado presumir recíproca utilidad, o aquellos otros que por hechos independientes a la voluntad humana se hacen dueños de fortunas acumuladas por el trabajo y el esfuerzo ajeno"[83]. Y en estas últimas palabras se deja sentir claramente el eco del principio de corrección del resultado distributivo de la herencia[84].

La propuesta de la progresividad, sin embargo, no fue aprobada, pues el Senado vetó su introducción.

Como novedades más resaltables esta norma incluye:

La facultad de comprobar el valor de lo declarado con carácter necesario en las sucesiones, establece cierta progresividad en el impuesto, y fija un mínimo exento para las herencias entre ascendientes, descendientes y cónyuges. Se declararon exentas las transmisiones hereditarias entre ascendientes, descendientes y cónyuges cuya porción individual fuese inferior a 1.000 pesetas.

Asimismo, se dictaron normas de valoración distintas al usufructo según fuese vitalicio o temporal.

También esta Ley gravaba los seguros sobre la vida, al señalar que: "En las entregas de cantidades que, en concepto de herencia o como beneficiarios designados en las pólizas, verifiquen las compañías de seguros, se liquidará el impuesto a los adquirentes, pero serán subsidiariamente responsables las compañías, si no se hubiese exigido previamente la justificación del pago".

Por Orden de 10 de abril de 1900 se aprobaba el Reglamento del Impuesto y el día 25 entraban en vigor conjuntamente Ley y Reglamento.

Por Real Orden de 3 de abril de 1900 se mantuvo el recargo del 20%.

La tarifa establecida fue la siguiente:

---

[82] Navau Martínez-Val, M. P.: *El Impuesto de Sucesiones: ¿Un impuesto injusto?*, obra citada, p. 259.

[83] Vid. Benítez de Lugo, F.: "Evolución histórica de los Impuestos sobre las Sucesiones y sobre las Transmisiones Patrimoniales y Actos Jurídicos Documentados", *Hacienda Pública Española*, nº 2, año 1970, p. 82.

[84] Navau Martínez-Val, M. P.: *El Impuesto de Sucesiones: ¿Un impuesto injusto?*, obra citada, p. 260.

PARENTESCO	%	%
Ascendientes y descendientes legítimos	1	1,40
Ascendientes y descendientes naturales y adopción	2	2,80
Cónyuges por la cuota legítima	1	1,40
Cónyuges por la porción no legítima	3	4,20
Hermanos	4	5,60
Colaterales de tercer grado	5	7
Colaterales de cuarto grado	6	8,40
Colaterales de quinto grado	7	9,80
Colaterales de sexto grado	8	11,20
Colaterales más distantes y extraños	9	12,60
A favor del alma	1	1,40

La reforma tuvo un objetivo esencial: desgravar los actos contractuales para fomentar la riqueza nacional así como las adquisiciones lucrativas de pequeños capitales en interés y beneficio de las pequeñas fortunas.

6. Escarceos posteriores

El ministro Guillermo de Osma introduce en el año 1907, por primera vez, la progresividad en el impuesto sucesorio.

La Ley de 3 de agosto de 1907 limitó la progresividad del gravamen a las herencias de parientes más lejanos o extraños y volvió a una cierta proporcionalidad al establecer los topes de la escala entre sólo un 16% y un 20%, hasta que, en 1910, la escala progresiva se generaliza y se manifiesta plenamente.

Por esta Ley se encargó a la Abogacía del Estado no solo la liquidación del impuesto sino también la investigación e inspección.

La Ley de 29 de diciembre de 1910, siendo ministro de Hacienda Eduardo Cobián extendió el ámbito de aplicación del Impuesto y le dio una nueva estructura.

Cobián presentó un Proyecto de Ley modificando el Impuesto de Derechos reales en las sucesiones hereditarias que consistía en su desdoblamiento en dos gravámenes distintos: un impuesto de conjunto, de carácter progresivo, sobre la totalidad del caudal relicto y un impuesto proporcional sobre las hijuelas que se exigiría de acuerdo con la Ley de 2 de abril de 1900. El impuesto de conjunto sobre el caudal relicto superponía al impuesto tradicional sobre las hijuelas y se exigía sobre herencias líquidas que superasen las 5000 pesetas, con una tarifa progresiva moderada cuyos tipos mínimos y máximos se situaban, respectivamente, en el 0,5 por 100 y el 3 por 100. En cuanto al impuesto sobre las hijuelas, se eliminaba del mismo la progresividad introducida en 1907 y se configuraba como un impuesto proporcional con unos tipos que variaban en función del grado de parentesco[85].

El Proyecto de Cobián pasó a la Comisión de Presupuestos del Congreso la cual presentó su Dictamen el 19 de noviembre de 1910[86].

En este Dictamen se refutaba la propuesta de implantar un Impuesto sobre el caudal relicto progresivo, pero admite extender la progresividad sobre las hijuelas. En la Ley que finalmente resultó aprobada se generalizó la progresividad a todas las herencias deferidas a parientes colaterales en cualquiera de sus grados y a los cónyuges por su porción no legítima, quedando, pues, fuera de la progresividad lo constituido por las herencias entre ascendientes y descendientes y la de los cónyuges por su cuota legal[87].

Se crea, asimismo, un Impuesto sobre los bienes de determinadas personas jurídicas cuya legislación se integra con la del Impuesto de Derechos Reales y Transmisiones de Bienes.

El tipo impositivo que se fijó fue de un 0,25% sobre sus bienes.

Sobre la base de esta Ley se aprobó el Reglamento de 20 de Abril de 1911.

Sobre ese Impuesto sobre los bienes de determinadas personas jurídicas, la Ley de Presupuestos para 1912 estableció lo siguiente: "Por el número 1: estarán sometidos al impuesto, sobre su valor comprobado, los bienes pertenecientes a las asociaciones, corporaciones, fundaciones y demás personas jurídicas de carácter análogo que tengan personalidad propia e independiente y cuya propiedad o derechos no sean susceptibles de transmisión hereditaria ya de una manera directa o ya por medio de transmisión de las acciones o títulos representativos de participación". Por el número 2, se establecían diversas exenciones.

Los Abogados del Estado siguieron encargados de la liquidación de este impuesto en todas las capitales de provincia con la excepción de Sevilla y los Registradores de la Propiedad siguieron al frente de la Inspección de las Oficinas Liquidadoras.

La reforma de Bugallal de 29 de abril de 1920 elevó los tipos de gravamen, estableciendo un tipo del 25% para las sucesiones ab intestato a partir del tercer grado en línea colateral, aceptando íntegramente el sistema progresivo, excepto en el caso de las herencias causadas en favor del alma.

Además, estableció dos liquidaciones, una para la cuota legal y otra por la porción no legítima en los casos que el cónyuge viudo recibiera más bienes y derechos que su cuota legítima.

Por último ha de destacarse que en esta reforma se identificaron las donaciones "inter vivos" y "mortis causa" con las herencias.

La reforma de Bergamín de 26 de julio de 1922 estableció la siguiente regulación:

---

[85] Cfr. Ibídem, p. 263.

[86] Vid. *Diario de Sesiones de las Cortes*, nº 68, 1910, de 19 de noviembre, apéndice 6º.

[87] Vid. *Diario de Sesiones de las Cortes*, nº 15, 1910, de 2 de julio, p. 335.

Fijó un recargo especial sobre las transmisiones de bienes por herencia entre parientes desde el 5º grado colateral inclusive y extraños, de un 5% del capital transmitido.

Se otorgó al Estado para adquirir, con destino a algún servicio público, los bienes inmuebles que hubieran sido objeto de transmisión, siempre que excediese de un 25 por ciento la diferencia entre el valor declarado y el que resultase de la comprobación llevada a cabo por la Administración.

Se fijó la presunción que en los depósitos indistintos la propiedad de los mismos pertenece por igual a los cotitulares.

Se establecieron, asimismo, presunciones legales para la masa hereditaria y presunciones de propiedad para los supuestos de endosos de valores.

Se modificó el Reglamento de 1911 en el punto relativo a las adjudicaciones de bienes inmuebles que al disolverse las sociedades se hagan a sus socios que pasarán a liquidar como transmisiones de dicha clase de bienes si entre el acto de constitución y el de disolución mediare un plazo inferior a tres años y el adjudicatario fuese un socio distinto del que los aportó.

Se elevaron las sanciones al 50 por ciento de las cuotas en el caso de existir un previo requerimiento por parte de la Administración y si por la negativa u obstrucción injustificada del contribuyente a presentar los documentos necesarios para practicar la liquidación, ésta hubiera de realizarse con los elementos que se procurase la Administración, la multa será del cien por cien de las cuotas.

Se crearon agentes ejecutivos especiales a las órdenes de los liquidadores en los partidos judiciales correspondientes.

Se estableció la obligación de elaborar índices trimestrales notariales en los que se recogerían todos los documentos autorizados.

Se fijó una multa del 10 por ciento del importe de la liquidación provisional en el caso de que trascurriese un año desde la fecha de ésta, sin haber presentado los documentos precisos para la práctica de las liquidaciones definitivas.

Por Decreto-Ley de 27 de abril de 1926, con J. Calvo Sotelo en el Ministerio de Hacienda, se estableció el Impuesto sobre el Caudal Relicto que gravaba el total de la masa hereditaria y se superponía al impuesto tradicional que gravaba la parte de herencia adquirida por cada heredero.

Este Impuesto sobre el Caudal Relicto era un impuesto progresivo que recaía sobre todos los bienes y derechos situados en territorio español que dejase a su muerte todo español o extranjero.

Este gravamen, en general, fue bien recibido por la doctrina, al entender que suponía un tanto a favor de un sistema "progresista" de tributos en la medida en que contribuiría a la distribución equitativa de la renta y de la riqueza, la cual sería una de las funciones de los impuestos en las economías de mercado[88].

---

[88] Vid. Albiñana García-Quintana, C.: "Evolución histórica del sistema fiscal español y líneas idóneas de su reforma", *Boletín de Estudios Económicos*, artículo citado, pp. 83-84.

Tras diferentes modificaciones se aprobó el Texto Refundido de 28 de febrero de 1927 y, con anterioridad, su Reglamento el 26 de febrero del mismo año.

7. La Ley de Reforma Tributaria de 11 de marzo de 1932

La Ley de 11 de marzo de 1932, de Reforma Tributaria, entre otras medidas, aprobó una subida en el tipo de las herencias de un 20% y exceptuó del Impuesto sobre el Caudal Relicto los bienes que había de suceder al causante, su cónyuge.

8. De la Reforma de Larraz a la primera Reforma de Mariano Rubio

La Ley de Reforma Tributaria llevada a cabo por José Larraz el 16 de diciembre de 1940 elevó los tipos tributarios de las herencias, declaró exentas las porciones inferiores a 1.000 pesetas en las sucesiones de descendientes y cónyuges por la cuota legítima, fijó de oficio el ajuar doméstico, y creó el Jurado Central de Derechos Reales, para conocer las variaciones de patrimonio a partir de los datos del Registro de Rentas.

La Ley de 31 de diciembre de 1946, aprobada siendo ministro de Hacienda Joaquín Benjumea Burín, introdujo los siguientes cambios esenciales en lo que afecta al Impuesto de Sucesiones que fueron: estableció el período de diez años para la prescripción del derecho de la Administración a liquidar el gravamen, fijó la exención del Impuesto sobre el caudal relicto de las herencias inferiores a 2.000 pesetas y elevó el tipo de gravamen del 0,25 por ciento al 0,30 del Impuesto sobre bienes de las personas jurídicas.

Por Decreto de 7 de noviembre de 1947 se aprobó el Texto Refundido de la Ley, Reglamento y Tarifas del Impuesto de Derechos Reales y sobre Transmisiones de Bienes.

La Ley de 16 de diciembre de 1954, sobre ordenación del seguro privado estableció la exención del Impuesto de Derechos Reales de la percepción de capitales que hubieren de satisfacer las entidades aseguradoras por razón de los contratos de seguros sobre la vida humana.

9. La Ley de Reforma Tributaria de 26 de diciembre de 1957

La Ley de Reforma Tributaria de 26 de diciembre de 1957, aprobada siendo ministro de Hacienda Mariano Navarro Rubio, reguló los siguientes cambios:

Se fijan como sujetos pasivos del Impuesto de Derechos Reales, Caudal Relicto e Impuesto sobre Bienes de las Personas Jurídicas, en las transmisiones hereditarias de depósitos, garantías, o cuentas corrientes, los herederos o legatarios a quienes se adjudiquen.

Se establece la responsabilidad subsidiaria de los Bancos, Sociedades o particulares, si devolviesen el metálico y valores depositados o garantías constituidas sin exigir previamente la justificación del pago de aquél.

Se regularon los supuestos de adición a la herencia, a través de presunciones legales, que son las precedentes de las recogidas en la vigente regulación del impuesto por ley 29/1987, de 18 de diciembre.

Así, se estableció que se incorporarán a la masa hereditaria: los bienes de todas clases que hubiesen pertenecido al causante de la sucesión hasta un período máximo de dos meses anteriores a su fallecimiento, salvo prueba fehaciente de que tales bienes fueron transmitidos por aquél y se hallen en poder de persona distinta de un heredero, legatario, pariente dentro del tercer grado o cónyuge de cualquiera de ellos o del causante, o de que la transmisión se ha realizado a título de permuta y en el inventario de los bienes relictos figuren los recibidos con valor equivalente a los entregados; los bienes que durante los tres años anteriores al fallecimiento hubieran sido adquiridos a título oneroso en usufructo por el causante y en nuda propiedad por un heredero, legatario, pariente dentro del tercer grado o cónyuge de cualquiera de ellos o del causante; y, los bienes que hubieran sido transmitidos por el causante durante un plazo de cinco años anteriores a su fallecimiento reservándose el usufructo de los mismos o de otros del adquirente o cualquier otro derecho vitalicio.

Se establece la obligatoriedad de la comprobación de valores en toda transmisión.

Se modifica la escala del Impuesto sobre el Caudal Relicto y las escalas de las herencias.

Se establece la tributación por el tipo de "beneficencia privada" al 0,50 por ciento las transmisiones "inter vivos" y "mortis causa" de bienes destinados a la fundación de establecimientos o instituciones de beneficencia o instrucción.

Se fija, también, que las donaciones, legados o herencias destinadas a la construcción del edificios del culto católico, de casas religiosas o, en general, a finalidades de culto o religiosas, serán equiparadas a aquellas destinadas a fines benéficos o benéfico-docentes, de conformidad con lo establecido con el Concordato de con la Santa Sede[89].

Se establece en las transmisiones hereditarias la prórroga automática por un plazo igual al legal, con un recargo del 5%.

Se regularon, asimismo, distintos aspectos formales, entre ellos, el facultar a la Abogacía del Estado para otorgar prórrogas extraordinarias por un

---

[89] Vid. artículo IV, 5, C), del Acuerdo entre el Estado español y la Santa Sede sobre Asuntos Económicos de 3 de enero de 1979. En la actualidad el régimen concordatario en España está compuesto por un Acuerdo entre el Estado y la Santa Sede de 1976 y por cuatro Acuerdos, que conforman los Acuerdos entre el Estado y la Santa Sede de 1979: Acuerdo entre el Estado español y la Santa Sede sobre nombramiento de arzobispos, obispos y vicario general castrense y fuero judicial de 28 de julio de 1976; Acuerdo entre el Estado y la Santa Sede sobre Asuntos Jurídicos de 3 de enero de 1979; Acuerdo entre el Estado y la Santa Sede sobre Enseñanza y Asuntos Culturales de 3 de enero de 1979; Acuerdo entre el Estado y la Santa Sede sobre Asuntos Económicos de 3 de enero de 1979; y Acuerdo entre el Estado y la Santa Sede sobre Asistencia religiosa a las Fuerzas Armadas y el servicio militar de los clérigos y religiosos de 3 de enero de 1979.

plazo legal igual al de la automática, con un recargo del 5%, conceder el aplazamiento del pago en las transmisiones "mortis causa" de bienes adjudicados en nuda propiedad, y otorgar la prórroga de un año para elevar a definitivas las liquidaciones provisionales.

Queda sin efecto la exención concedida a los seguros de vida, volviéndose en este punto a la situación fijada en la Reforma de Villaverde, al establecerse que "en las entregas de cantidades en concepto de herencia o como beneficiarios designados en las pólizas que verifiquen las compañías de seguros, se liquidará el impuesto a los adquirentes, pero serán subsidiariamente responsables las compañías, si no hubiesen exigido previamente la justificación del pago".

Por Decreto de 21 de marzo de 1958 se aprobaron los Textos Refundidos de la Ley y Tarifas de los Impuestos de Derechos Reales y sobre Transmisiones de Bienes.

Por Decreto de 15 de enero de 1959 se aprueba el Reglamento del Impuesto sobre Sucesiones y Donaciones.

Por la Ley de 21 de julio de 1960 se crea un recargo que va desde el 8% al 18% para las adquisiciones a título lucrativo que se realicen a partir del 1 de enero de 1961 y en cuánto cada participación individual exceda de diez millones de pesetas.

Se establece la afección de las cantidades recaudadas por el mismo al "Fondo Nacional de Asistencia Social", así como para favorecer las siguientes atenciones: favorecer el mejoramiento y las condiciones de vida de la población española por medio de dotaciones para residencias de menores y ancianos, guarderías infantiles, comedores de madres lactantes y otros fines similares; y para ayudar al sostenimiento de las instituciones de la Beneficencia general y particular.

El Decreto-ley 20/1960, de 15 de diciembre, introdujo las siguientes modificaciones:

Se otorga exención del Impuesto a las cantidades hasta un total de 500.000 pesetas percibidas de las Compañías o Entidades aseguradoras por los beneficiarios de las pólizas de seguros sobre la vida si el parentesco entre el que figura en la propia póliza como contratante y el beneficiario fuere el de cónyuge, ascendiente o descendiente legítimo, natural o adoptivo siempre que en este último caso concurra en la adopción la circunstancia a que se refiere el párrafo primero del número 32 de la Tarifa de la ley reguladora del Impuesto, exigiéndose, además, que para gozar de esta exención en los casos en que el evento se establezca sobre la vida de persona distinta del contratante, el seguro tendrá que haber sido concertado con tres años, al menos, de anterioridad a la fecha en que aquél se produzca, salvo que éste se hubiera concertado en forma colectiva.

Se fijó, también, una bonificación en la base liquidable del 90 por ciento para las cantidades que excedan de 500.000 pesetas, que se perciban de las Compañías o Entidades aseguradoras por los beneficiarios de las pólizas de seguros sobre la vida si el parentesco entre el que figure en la propia póliza como contratante y el beneficiario fuere el de cónyuge, ascendiente o descendiente legítimo, natural o adoptivo siempre que en este último caso concurra en la adopción la circunstancia a que se refiere el párrafo primero del número 32 de la Tarifa de la ley reguladora del Impuesto.

Se establece, igualmente, una bonificación en la base liquidable del 50 por ciento para las cantidades que se perciban de las Compañías o Entidades aseguradoras por los beneficiarlos de las pólizas de seguros sobre la vida si el parentesco entre el que figure en la propia póliza como contratante y el beneficiario fuere de colateral de segundo grado.

Por último, se concede una bonificación del 10 por ciento sobre las cantidades que se perciban de las Compañías o Entidades aseguradoras por los beneficiarios de las pólizas de seguros sobre la vida si el parentesco entre el que figure en la propia póliza como contratante y el beneficiario fuere el de colaterales de tercero o cuarto grado.

Para tener derecho a las bonificaciones indicadas en los casos en que el evento se establezca sobre la vida de persona distinta del contratante, el seguro tendrá que haber estado concertado con tres años de anterioridad a la fecha en que aquél se produzca.

10. La Ley de Reforma Tributaria de 11 de junio de 1964

Desde la fecha anterior, 1960, prácticamente no se da ninguna norma importante sobre este gravamen hasta la Ley de Reforma Tributaria, Ley 41/1964, de 11 de junio.

Consideramos esta reforma la más importante, hasta ese momento, después de la de Alejandro Mon y Ramón de Santillán de 1845.

Los cambios fundamentales introducidos por esta ley en este impuesto se pueden resumir así:

Ante todo ha de resaltarse que la Reforma de 1964 supuso un giro radical en la evolución normativa del gravamen en la medida en que, por primera vez, desde la etapa que precedió a la Reforma de 1845, fija la autonomía del Impuesto sobre las Herencias.

Por lo tanto, si hemos visto como hasta ahora en cierta medida el impuesto hereditario se hallaba regulado en el seno de un impuesto sobre el tráfico patrimonial, al estilo de un derecho de registro, la Reforma Tributaria de 1964 se encarga de dotarlo de una sustantividad propia, y, por ende, autónoma. A su vez, el gravamen de las donaciones, que se asimilaba al de las sucesiones, permanecerá en el seno del Impuesto sobre el tráfico patrimonial que tras esta Reforma sustituye al antiguo Impuesto de Derechos reales: el nuevo Impuesto sobre Transmisiones Patrimoniales y Actos Jurídicos Documentados.

Desaparece formalmente el Impuesto de Derechos Reales y con el viejo gravamen de las herencias incluido en el mismo, se creó el Impuesto General sobre Sucesiones, se suprimió el Impuesto sobre el Caudal Relicto, se convirtió la progresión de las tarifas en progresión por fracciones, se redujo las 12 tarifas de gravamen anterior a siete y se equiparó la tributación del cónyuge viudo a la de los hijos y descendientes legítimos[90].

El Impuesto, además, contempló cuatro supuestos diferenciados de sujeción: las transmisiones "inter vivos" de toda clase de bienes que radiquen en territorio nacional y de derechos, acciones y obligaciones que en él hayan nacido, puedan ejercitarse o hayan de cumplirse y por las que se efectúen de bienes muebles situados fuera de dicho territorio cuando el adquirente y transmitente sean españoles o residentes en España; en segundo lugar, dentro de las transmisiones "inter vivos" se incluyeron las tributaciones de las donaciones; en tercer lugar, se crea el gravamen por el aumento real de valor de las fincas rústicas y urbanas sitas en territorio nacional; y por último, se sujetan a gravamen los bienes de las personas jurídicas no susceptibles de transmisión hereditaria.

Hay que subrayar el cambio que la autonomía con la que se dotó al Impuesto va a suponer para su naturaleza. Así, prima facie, vemos ya que al hablar del objeto imponible así como del hecho imponible, la Ley emplea el término adquisiciones en vez del tradicional de transmisión para referirse a las herencias. Se advierte, pues, un cambio en la terminología empleada por el legislador que pasa de hablar de transmisiones a hablar de adquisiciones, lo que es indicativo de un cambio en el objeto imponible y en la naturaleza del Impuesto General de Sucesiones[91] ya que al delimitar el hecho imponible del impuesto sucesorio, al configurarlo como tributo autónomo, se ha tratado de introducir en este gravamen la personalización que no era posible introducir todavía en la Imposición sobre la Renta, trasladando el acento hacia la persona del adquirente, heredero o legatario, cuya capacidad económica es la que se desea gravar, y, por eso, también, una de las novedades de la Reforma es la configuración del Impuesto de Sucesiones según la modalidad de impuesto sobre las hijuelas, frente a la modalidad anterior, mixta, quedando suprimido el Impuesto sobre el caudal relicto[92].

Se pone de relieve el carácter de impuesto de naturaleza directa y personal, frente a la naturaleza real e indirecta del Impuesto General sobre Transmisiones Patrimoniales[93].

Importante aportación de este gravamen era la inequívoca proclamación de la progresividad del impuesto, que se pretendía reforzar no mediante una elevación de tipos "sino mediante una actuación administrativa intensa

---

[90] Beltrán Flórez, L.: *Lecciones de Derecho Fiscal*, obra citada, edición de 1968, p. 252.

[91] Vid. Albiñana García-Quintana, C.: "Impuesto General sobre las Sucesiones", en *Comentarios a la Ley de Reforma del Sistema Tributario*, Madrid, año 1965, p. 106.

[92] Solchaga Loitegui, J.: "Elementos personales del impuesto sobre sucesiones", en *Impuestos sobre Sucesiones, Transmisiones Patrimoniales y Actos Jurídicos Documentados*, tomo I, Instituto de Estudios Fiscales, Madrid 1977, p. 1153.

[93] Navau Martínez-Val, M. P.: *El Impuesto de Sucesiones: ¿Un impuesto injusto?*, obra citada, p. 272.

que evite la ocultación de los bienes transmitidos y dote al impuesto de toda la eficacia y trascendencia que de la previsión legal se desprende”[94].

Ahora bien, ese objetivo no se logró por su falta de generalidad y porque sobre todo se desconocían sus bases tributarias y, en caso de conocerse se infravaloraban.

Pese, a nuestro juicio, el gran avance técnico que supone la regulación que se dio a la tributación de las herencias, este gravamen fue muy criticado.

En este sentido el profesor Cazorla le achacaba falta de racionalidad interna y externa. La falta de racionalidad interna del Impuesto General de Sucesiones se refiere a las “deficiencias derivadas de su propia configuración, al margen de las exigencias emanadas del conjunto donde ha quedado sucesivamente emplazado”[95]. Por otro lado estaría la falta de racionalidad externa o, lo que, igual “Las exigencias de reformar el Impuesto de Sucesiones [...] como elemento integrante del sistema tributario, como consecuencia de la lógica interna de un sistema tributario que aspirara a una correcta construcción”[96].

También se indicó que las tachas intrínsecas al régimen normativo del Impuesto General de Sucesiones repercutirían en su falta de generalidad y ésta, a su vez, contribuiría a que el sistema tributario siguiera siendo defectuoso y anticuado, anclado en el modelo latino o mediterráneo de imposición[97].

Finalmente, hubo quien achacó que dentro de la imposición sobre sucesiones se encuadrasen también la de las donaciones, al decir que “estamos en presencia de ‘algo’ que necesita una modificación de fondo y un reajuste con los demás tributos de su grupo, separando por completo a los impuestos sucesorios”, puesto que las transmisiones a título oneroso y las transmisiones a título lucrativo ofrecen la base para configurar dos tributos completamente diferentes[98].

El Decreto 2003/1964, de 13 de julio, regula la organización del Ministerio de Hacienda estableciendo que la Dirección General de lo Contencioso del Estado se encargará de la gestión del Impuesto sobre Sucesiones y Donaciones y del Impuesto General sobre Transmisiones Patrimoniales y Actos Jurídicos Documentados.

El Decreto-ley 8/1966, de 3 de octubre, reconoció por primera vez y a efectos fiscales el Patrimonio Familiar Mobiliario y Agrícola, aplicándole di-

---

[94] Vid. Exposición de Motivos de la Ley de Reforma Tributaria de 1964, apartado III. H.

[95] Cazorla Prieto, L. M. y Montejo Velilla, S.: *El Impuesto de Sucesiones y Donaciones*, edit. Civitas, Madrid, 1991, p. 18.

[96] Ibídem, pp. 18-20.

[97] Navau Martínez-Val, M. P.: *El Impuesto de Sucesiones: ¿Un impuesto injusto?*, obra citada, p. 275, nota 695, in fine.

[98] Bas y Rivas, F.: “Impuestos de Derechos reales y sobre transmisiones de bienes” (comentarios), tomo I, *Revista de Derecho Privado*, Madrid, 1960, pp. 53-55.

versos beneficios tributarios, desarrollándose esta disposición por la Orden de 17 de diciembre de 1966.

Por Decreto de 6 de abril de 1967 se aprobó el Texto Refundido de la Ley y Tarifas de los Impuestos Generales de Sucesiones y Transmisiones Patrimoniales y Actos Jurídicos Documentados.

Esta disposición estableció una numerosa relación de exenciones y de reducciones de la base en el caso de las transmisiones "mortis causa", que desvirtuó, en gran medida, al impuesto[99].

Pero si numerosas fueron las exenciones otorgadas en el caso de las transmisiones "mortis causa", más numerosas fueron las concedidas en el ámbito de las transmisiones "inter vivos" que junto, también, con las numerosas reducciones establecidas en la base,[100], acabaron con desnaturalizar el impuesto.

En cuanto a las tarifas se establecieron según grado de parentesco y cuantía, fijándose las siguientes:

ADQUISICIONES "MORTIS CAUSA"	
CONCEPTO	**TIPO**
Sucesión en favor de descendientes legítimos, y entre cónyuges.	Según escala entre 3% y 21%
Sucesión en favor de ascendientes legítimos	Según escala entre 5% y 26%
Sucesión entre descendientes y ascendientes por afinidad.	Según escala entre 23% y 55%
Sucesión entre colaterales de segundo grado	Según escala entre 28 y 58%
Sucesión entre colaterales de tercer grado	Según escala entre 40% y 69%
Sucesión entre colaterales de cuarto grado	Según escala entre 42% y 72%
Sucesión entre colaterales de grados más distantes y personas que no tengan parentesco con el testador.	Según escala entre 58% y 84%

[99] Vid. artículo 19 del Decreto 1.018/1967, de 6 de abril, por el que se aprobó el Texto Refundido de la Ley y Tarifas de los Impuestos Generales sobre las Sucesiones y sobre Transmisiones Patrimoniales y Actos Jurídicos Documentados, en su redacción dada por el Decreto 1.051/1968, de 27 de mayo, donde se recogieron esas numerosas exenciones. Vid., asimismo, el artículo 20 del mismo texto legal en el que se recogieron las reducciones de la base imponible.

[100] Vid. artículos 65 y 66, del citado Texto Refundido de la Ley y Tarifas de los Impuestos Generales sobre las Sucesiones y sobre las Transmisiones Patrimoniales y Actos Jurídicos Documentados, aprobado por Decreto 1.018/1967, de 6 de abril, en su redacción dada por el Decreto 1.051/1968, de 27 de mayo.

ADQUISICIONES SUPERIORES A DIEZ MILLONES DE PESETAS	
CONCEPTO	**TIPO**
A favor de descendientes legítimos y cónyuges	Según escala entre 7% y 10%
A favor de ascendientes legítimos	Según escala entre 10% y 13%
Sucesión entres descendientes y ascendientes por afinidad.	Según escala entre 11% y 14%
Entre colaterales de segundo grado	Según escala entre 12% y 15%
Entre colaterales de tercer grado	Según escala entre 13% y 16%
Entre colaterales de cuarto grado	Según escala entre 14% y 17%
Entre colaterales de grados más distantes y personas que no tengan parentesco con el testador.	Según escala entre 15% y 18%
BIENES DE LAS PERSONAS JURÍDICAS	
CONCEPTO	**TIPO**
Por el dominio de sus bienes y derechos no susceptibles de transmisión hereditaria.	0,50%
AUMENTO REAL DEL VALOR DE LAS FINCAS RÚSTICAS Y URBANAS	
CONCEPTO	**TIPO**
Incremento inferior al cinco por ciento	Según tiempo obtención entre 19% y 17%.
Incremento igual o superior al 50 por ciento e inferior al 100 por 100.	Según tiempo obtención entre 22% y 20%.
Incremento del 100 por 100 en adelante	Según tiempo obtención entre 25% y 23%.

Otro de los supuestos de sujeción a este gravamen fueron los bienes pertenecientes a las personas jurídicas, gravamen sustitutivo de aquél para estas entidades no sujetas a las reglas biológicas.

Se estableció que estarían sujetos al impuesto el dominio de los bienes y los demás derechos reales que recaigan sobre los mismos, pertenecientes a Asociaciones, Corporaciones, Fundaciones y demás personas jurídicas que tengan personalidad propia e independiente y que no sean susceptibles de transmisión hereditaria, ya directamente, ya por medio de las acciones o títulos representativos de participación en el haber social[101].

Sobre esta sujeción se establecieron, también, numerosas exenciones, a saber:

Estarán exentos el dominio de los bienes y los demás derechos reales impuestos sobre los mismos, que pertenezcan: A las personas jurídicas expresadas en el artículo 65, apartado 1, número 1°, letras a) a p), ambas inclusive, siempre que los bienes sobre los que recaigan estén exentos en su adquisición del Impuesto General de Transmisiones Patrimoniales y Actos Jurídicos Documentados, de conformidad con dicho precepto. A los Ayuntamientos, Diputaciones, Cabildos insulares, Entidades locales menores, Agrupaciones y Mancomunidades, cuando, por su naturaleza, tales bienes no fuesen susceptibles de producir renta. Si para la realización de servicios de competencia local la Entidad los hubiere dotado de personalidad jurídica propia, la exención se reconocerá por el Ministerio de Hacienda, previo informe del de Gobernación. A los Municipios adoptados con arreglo a lo dispuesto en la Ley de 13 de julio de 1940. A la Iglesia con sujeción a lo prevenido en el artículo XX del vigente Concordato. A los Estados extranjeros, respecto a sus bienes inmuebles destinados a morada o residencia de sus representantes diplomáticos, siempre que en sus respetivos países se conceda igual exención al Estado español. Asimismo, estará exento el dominio de: Los bienes que de modo directo e inmediato, sin interposición de persona se hallen afectos o adscritos a fines de enseñanza, en cualquiera de sus grados, por parte de los Centros, Colegios o Instituciones reconocidos o autorizados por el Departamento competente. Las colecciones de interés histórico, artístico, científico, literario o arqueológico; los locales destinados exclusivamente a sus instalaciones y conservación y los bienes muebles o inmuebles que constituyan el Tesoro Artístico Nacional.[102]

11. Hacia la reforma fiscal de la democracia

Los cambios operados hasta la reforma democrática iniciada en el ámbito fiscal por la Ley 50/1977, de 14 de noviembre, se refieren mayormente a cuestiones de gestión.

El Decreto de 25 de enero de 1968 establece en la Dirección General de lo Contencioso del Estado la Subdirección de los Impuesto sobre Sucesiones y Donaciones y Transmisiones Patrimoniales y Actos Jurídicos Documentados que se encargará de la gestión de estos impuestos.

---

[101] Vid. artículo 48 Texto Refundido de la Ley y Tarifas de los Impuestos Generales sobre Sucesiones y sobre Transmisiones y Actos Jurídicos Documentados, aprobado por el Decreto 1.018/1967, de 6 de abril, en su redacción dada por el Decreto 1.051/1968, de 27 de mayo.

[102] Vid. artículo 49 del Texto Refundido de la Ley y Tarifas de los Impuestos Generales sobre Sucesiones y sobre Transmisiones y Actos Jurídicos Documentados, redactado conforme al Decreto 1.051/1968, de 27 de mayo.

Por Decreto 2548/1974 de 9 de agosto se mantiene la misma estructura funcional que el Decreto 25 de enero de 1968 que deroga.

Por Orden ministerial se regulan las actas de constancia de hechos en relación con el Impuesto sobre Sucesiones y Donaciones y de Transmisiones Patrimoniales y Acto Jurídicos Documentados.

Por Decreto 2959/1976, de 23 de septiembre se modificó la cifra de comprobación de los expedientes de comprobación de valores que debería serlo por el Abogado del Estado-Jefe de la Delegación de Hacienda cuando excediese de 500.000 pesetas.

12. Momento actual. Ley 29/1987 de 18 de diciembre. Estado de la cuestión

Y así llegamos a la vigente Ley 29/1987 de 18 de diciembre y al Real Decreto 1629/1991, de 8 de noviembre, por el que se aprueba el Reglamento del Impuesto sobre Sucesiones y Donaciones.

Las principales innovaciones introducidas en el Impuesto, son:

1ª.-Considerar al Impuesto como directo, personal y progresivo.

2ª.-Supresión del recargo sobre las herencias superiores a 10.000.000 de pesetas.

3ª.-Supresión del recargo en herencias abintestato a favor de colaterales de tercer y cuarto grado.

4ª.-Supresión del Impuesto sobre los Bienes de las Personas Jurídicas.

5ª.-Influencia de la edad del contribuyente para la fijación del tipo impositivo con el objeto de favorecer a los menores de 21 años.

6ª.-Consideración del patrimonio preexistente del contribuyente a efectos de cuantificar el impuesto.

7ª.-Se establecen mínimos exentos, excepto para los colaterales de cuarto grado, grados más distantes y extraños.

8ª.-Se establece la sujeción de los seguros sobre la vida.

9ª.-Se sustituyen las diversas tarifas existentes en la normativa anterior por una tarifa única a la que se aplican índices correctores.

10ª.-La determinación de la cuota queda vinculada a estos cuatro factores: grado de parentesco, importe de los bienes, edad del sujeto pasivo y patrimonio preexistente de éste.

11ª.-Finalmente, se le da el carácter de impuesto cedido a las Comunidades Autónomas y a partir del 1 de enero de 1997 se cede también una cierta capacidad normativa que las permite dentro de ciertos límites actuar sobre mínimo exento y tarifas.

La cesión de este gravamen se amplía a través de las Leyes Orgánicas 7/2001 y 21/2001, de 27 de diciembre.

Al haberse aprobado por Ley Orgánica 3/2009, de 18 de diciembre un nuevo sistema de financiación autonómica, ha de enmarcarse este gravamen en la nueva estructura, si bien en lo que a él se refiere no se introdujeron reformas importantes, salvo el intento de delimitar el concepto de residencia habitual.

El único compromiso asumido en el Acuerdo 6/2009, del Consejo de Política Fiscal y Financiera en relación con el Impuesto de Sucesiones y Donaciones, luego recogido en la legalidad positiva, "se centraba en revisar los puntos de conexión, esto es, los criterios aplicables para entender en qué territorio se ha generado el rendimiento (y, en consecuencia, a cuál le corresponde), y a qué Comunidad Autónoma compete. Con el nuevo sistema se incide en todo ello, a través, de la redefinición del concepto de residencia habitual a efectos de este impuesto, que se considera que es aquélla en la cual el causante ha residido mayoritariamente durante un plazo de cinco años (hasta ahora un año)"[103].

Lógicamente, se sigue diciendo "esta nueva definición de residencia habitual actúa como criterio para la atribución del producto recaudado, como hasta la fecha, pero también (y aquí reside la novedad) de determinación de la normativa aplicable. Huelga afirmar que con tal modificación se ha perseguido armonizar los intereses de las diferentes CC.AA y evitar conflictos entre ellas"[104].

Completando la aplicación de la citada Ley Orgánica 3/2009, de 18 de diciembre se aprobó la Ley 22/2009, de 18 de diciembre, por la que se regula el Sistema de Financiación de las Comunidades Autónomas de Régimen Común y Ciudades con Estatuto de Autonomía, al amparo de la cual todas las Comunidades Autónomas han legislado en esta materia.

De acuerdo con la normativa vigente se les cede el rendimiento del impuesto y, además, la gestión, liquidación, recaudación e inspección del impuesto.

Las competencias normativas cedidas implican, además, que las Comunidades Autónomas pueden regular los siguientes conceptos:

— Las reducciones en la base imponible, pudiendo mejorar las estatales o establecer reducciones propias (en este caso se aplicarán después de las estatales).
— Tramos y tarifa del impuesto.
— Cuantías y coeficientes del patrimonio preexistente.
— Deducciones y bonificaciones en la cuota (compatibles con las estatales y se aplicarán con posterioridad a éstas).
— La gestión y liquidación del impuesto.

Las Comunidades Autónomas que aplican la regulación del régimen común en el Impuesto sobre Sucesiones y Donaciones han ejercitado su capacidad normativa dentro de sus competencias introduciendo modificaciones respecto de la normativa estatal. Las novedades introducidas por cada una de las Comunidades no son homogéneas en los cambios producidos, ni en el

---

[103] Ribes Ribes, A.: *Poder normativo autonómico y tributos cedidos*, edit. Tirant lo Blanch, Valencia, 2012, nota 527, p. 256.

[104] Ibídem, nota 527, p. 256.

impacto en la carga tributaria derivada de la normativa autonómica, lo que implica la existencia de unas diferencias sustanciales en la tributación por este impuesto en las distintas Comunidades Autónomas.

Siendo entonces esto así, es necesario de partida delimitar el lugar de tributación, para lo cual ha de tenerse en cuenta tres aspectos: la residencia habitual de quien fallece (causante) o de quien recibe una donación (donatario), o la localización del inmueble (en la donación de inmuebles).

CUADRO DELIMITACIÓN NORMATIVA APLICABLE

ADQUISICIONES GRAVADAS IMPUESTO SUCESIONES Y DONACIONES.	NORMATIVA APLICABLE.
Sucesiones y seguros sobre la vida	Residencia habitual del fallecido
Donación inmuebles	Donde radiquen
Donación otros bienes	Residencia habitual donatario

Para terminar este esbozo evolutivo hemos de señalar los tres fundamentos esenciales en que se justifica el Impuesto sobre Sucesiones y Donaciones:

En primer lugar, este gravamen sirve de cierre a la imposición directa.

En efecto, el párrafo primero del apartado 1, de la Exposición de Motivos de la Ley 29/1987, de 18 de diciembre, del Impuesto sobre Sucesiones y Donaciones, dice:

"El Impuesto de Sucesiones y Donaciones cierra el marco de la imposición directa, con el carácter de tributo complementario del Impuesto sobre la. Renta de las Personas Físicas; grava las adquisiciones gratuitas de las personas físicas y su naturaleza directa, que ya se predicaba del hasta ahora vigente Impuesto General sobre las Sucesiones, resulta, asimismo en la configuración de la Ley, al quedar determinada la carga tributaria en el momento de incrementarse la capacidad de pago del contribuyente".

En segundo lugar, el impuesto contribuye al menos, teóricamente, a la redistribución de la riqueza, al detraerse en cada adquisición gratuita un porcentaje de la misma en favor del Tesoro Público; con esta finalidad, y siguiendo la pauta que marca el artículo 31 de la Constitución, se mantienen los dos principios que inspiraban la anterior ordenación del tributo; a saber, la cuantía de la adquisición patrimonial y el grado de parentesco entre transmitente y adquirente, si bien este último se combina para tener en cuenta el patrimonio preexistente del contribuyente, cuando su cuantía exceda de cincuenta millones de pesetas. Además, como luego se indicará, se refuerza la progresividad de las tarifas en las adquisiciones de mayor importancia y se introducen reglas de aplicación, como la que dispone la acumulación de las cantidades percibidas por razón de seguros sobre la vida al resto de los bienes y derechos que integran la porción hereditaria, que refuerzan el carácter redistribuidor del tributo, al mismo tiempo que contribuyen a mantener la justicia del gravamen.

En tercer lugar, se ha procurado la armonía con los demás tributos que integran la imposición directa, especialmente con el Impuesto sobre el Patrimonio al que la Ley se remite en materias como la de presunciones de titularidad, deudas del causante y fijación del valor del ajuar doméstico. En cambio, en la valoración de los bienes y derechos transmitidos, a efectos de la fijación de la base imponible, se sigue el criterio tradicional del valor real, que estimado en principio por los interesados, es comprobado por la Administración.

La regulación que se ha hecho finalmente de este impuesto ha suscitado, también, numerosas críticas, que se podrían resumir en las siguientes:

Se ha dicho que el derecho de la propiedad y el derecho a la herencia, como derechos reconocidos constitucionalmente, deben ser respetados por el sistema tributario, en el sentido de que la persona no se vea abusivamente privada de sus bienes y rentas de tal modo que se lesionen sus derechos fundamentales a poseer y mantener un patrimonio. El sistema tributario debe ser neutral desde un punto de vista económico, de tal manera que no debe dañar, sino promover la eficacia de la economía y su crecimiento, introduciendo en sus mecanismos las menores distorsiones posibles. Ello no debe impedir, sin embargo, que los tributos puedan ser utilizados como instrumentos de política económica coyuntural. Pero, por ello mismo, se considera que el Impuesto sobre Sucesiones, perjudica gravemente determinadas modalidades de propiedad con una especial incidencia en ciertas actividades económicas como es en relación con el mantenimiento de las explotaciones agrarias, pues puede llevar consigo a un fraccionamiento de las mismas con todas las consecuencias que conlleva, productivas y sociales, por lo que en su caso evitar esa situación debe ser apoyada por las normas fiscales, en lugar de producir efectos distorsionantes[105].

La segunda crítica que se ha hecho, viene del hecho de que las Comunidades Autónomas al tener capacidad normativa en este impuesto las permite actuar sobre elementos esenciales del mismo, lo que conduce a profundas desigualdades tributarias entre ellas. También se puede afirmar que la posible vulneración de diferentes principios constitucionales, por el hecho de que los beneficios fiscales, reconocidos a efectos del Impuesto sobre Sucesiones, únicamente se prevean para los residentes en algunas Comunidades autónomas y no para el resto. La cualidad o condición de no residente puede justificar desde la perspectiva del artículo 31.1 CE un trato dispar, pues el tributo, además de un mecanismo de recaudación, es un medio para la consecución de políticas sectoriales. Lo que no es dable al legislador, desde

[105] Feltrer Rambaud, L. y Lamo de Espinosa Rocamora, P.: "El debate sobre el impuesto sobre sucesiones y sus consecuencias sobre las explotaciones agrarias", *Estudios Agrosociales y Pesqueros*, número 201, 2004, p. 27.

el punto de vista de la igualdad como garantía básica del sistema tributario, es localizar en una parte del territorio nacional y, para un sector o grupo de sujetos, un beneficio tributario sin una justificación plausible que haga prevalecer la quiebra del genérico deber de contribuir al sostenimiento de los gastos públicos sobre los objetivos de redistribución de la renta y de solidaridad contenidos en la Constitución. Pues bien, las diferenciaciones existentes parece que carecen de justificación alguna desde el punto de vista tributario, ya que no responden a ninguna clase de política sectorial y, aun cuando pueda ser razonable la finalidad perseguida por la norma, la falta de acceso de los residentes en territorio común a dichos beneficios se muestra desprovista de fundamento alguno, colocando a estos últimos en una situación de desventaja insuperable que degenera en discriminación. Esta sería también la situación de aquellos residentes en dichos territorios que desearan fijar su residencia en otro lugar, lo que implicaría la pérdida del beneficio fiscal[106].

Finalmente, las dudas del legislador sobre la justicia de someter a tributación las transmisiones en las herencias directas, cuya integración en el patrimonio familiar ya ha sido objeto de tributación, primero vía Impuesto sobre las Rentas de las Personas Físicas sobre sus rentas y más tarde durante años en el Impuesto sobre el Patrimonio y en el Impuesto sobre Bienes Inmuebles[107].

---

[106] Ibídem, pp. 40-41.

[107] Ibídem, p. 43.

III. FUNDAMENTOS TEÓRICOS DEL IMPUESTO SOBRE SUCESIONES

Hemos visto en líneas anteriores la evolución jurídica de este gravamen de forma totalmente neutra, es decir, sin atender a los fundamentos sociológicos e ideológicos que impulsaron su establecimiento o su rechazo al mismo, así como, en todo caso, la resistencia a su aplicación.

Además, hemos visto los aspectos esenciales que le han ido configurando conjuntamente y/o con vigencias alternativas; esto es, por una parte, vimos en unos casos como apareció configurado como impuesto independiente y autónomo, en otros como una tasa, que es según algunos autores su forma primera de aparición, o ya en tiempos modernos cuando va unido a los derechos de registro, y por otra parte, vimos cuando se configura bien como un impuesto sobre el capital o la renta o como gravamen sobre el giro patrimonial, sin olvidar tampoco que tradicionalmente, casi continuamente, se han venido tratando juntamente con las donaciones, lo cual también tiene su lógica pues la diferencia entre una donación y una sucesión es que se realice "mortis causa" o no.

Pero ahora es necesario obviando la forma dar un paso más en su análisis e intentar entrar en las entrañas de su existencia.

La primera consideración que ha de tenerse en cuenta es que en un principio los impuestos surgen para hacer frente a las necesidades comunes, puesto que hay gastos es necesario cubrirlos, pero pronto, junto a esta función primigenia de los tributos surgen otras como la función redistribuidora, complementaria o impulsadora de rentas o de actividades.

Si bien es cierto, que en cuanto el tributo se juridifica, es decir, integra un Ordenamiento jurídico, la misión recaudatoria que se le atribuye está sujeta a los cánones y principios del resto de Ordenamiento; así, queda sujeta a los principios de justicia, generalidad, capacidad económica[108], y no es fácil, sin

[108] Estos principios se dieron en todos los Ordenamientos jurídicos, si bien su desarrollo fuera diverso. El Derecho romano también conoció esos principios. Los romanos poco dados a los conceptos generales, sin embargo, pronto se pronunciaron sobre él. Ulpiano dice que "Iustitia est constans et perpetua voluntas ius suum cuique tribuendi" (Justicia es la constante y perpetua voluntad de dar a cada uno lo suyo, *Digesto*, I, I, 10. 2, obra citada). En el ámbito tributario ese dar a cada uno lo suyo se instrumentó en el Derecho romano a través del cumplimiento de otros

embargo, y me atrevería a decir que ni posible, señalar con precisión cuan-

principios, a saber: generalidad, no discriminación, capacidad económica. Muchos son los textos jurídicos de entre los que se puede extraer la idea de justicia. Bástenos, citar una constitución imperial del año 553, en que se lee: "Nullus autem penitus molestetur pro tributis terrarum, quas non possidet" (más ninguno absolutamente sea molestado por tributos de tierras que no posee, Justiniano: *Novelas y Constituciones*, traducción al español a cargo de García del Corral, I., edit. Lex Nova, Valladolid, 1988). Los romanos consideraron parte integrante en la realización de la justicia la aplicación de la equidad. En el ámbito tributario, también tenemos ejemplos de la atemperación del precepto impositivo por medio de la equidad. Así, ya Ulpiano habla de la necesidad de aplicar la equidad en el caso de un ciudadano que después de declarar sus rentas fundiarias al fisco sufre en sus campos y frutos distintos daños. Dice, así: "Illam aequitatem debet admittere censitor, ut officio eius congruat relevari eum, qui in publicis tabulis delato modo frui certis ex causis non possit. Quare et si agri portio chasmate perierit, debebit per censitorem relevari. Si vites mortuae sint vel arbores aruerint, iniquum, eum munerum inseri censui. Quodsi exciderit arbores vel vites, nihilo minus eum numerum profiteri iubetur, qui fuit census tempore, nisi causam excidendi censitori probabit" (El censor debe observar tal equidad, que corresponda a su cargo que sea descargado el que por ciertas causas no pueda disfrutar de la cantidad denunciada en las tablas públicas. Por lo cual, también deberá ser descargado por el censor, si una parte del campo hubiere perecido por agrietamiento. Si las vides hubiesen muerto o los árboles se hubiesen secado, sería injusto que su número se incluyese en el censo. Pero si hubiese cortado árboles o vides, se mande que, sin embargo, declare el número que hubo al tiempo de hacerse el censo, a no ser que él probare al censor la causa de cortarlos, 3 censibus, *Digesto*, obra citada, L, XV, 4.1). El principio de generalidad implica que todos los ciudadanos contribuyan a las cargas generales de la comunidad. Este principio significa: en primer lugar, que todos los que se encuentran en la misma situación en relación con un determinado presupuesto impositivo deben ser tratados iguales, en segundo lugar, el principio de generalidad exige la ausencia de todo tipo de exenciones y/o privilegios, en tercer lugar, la generalidad no significa que cada figura impositiva haya de afectar a todos los ciudadanos, sino a aquellos que realizan el singular presupuesto de hecho y en cuarto lugar, el principio de generalidad está íntimamente relacionado con los principios de legalidad, igualdad y justicia. En el Derecho romano no hay duda alguna de que los impuestos establecidos tanto cuando lo fueron por las asambleas comiciales como cuando lo fueron por constitución imperial se fijaron con vocación de generalidad; En el Digesto se recoge una constitución imperial del emperador Caracalla en la que se dice: "Munera quae patrimoniis publicae utilitatis gratia indicuntur ab omnibus subeunda sunt" (Las cargas que se establecen sobre los patrimonios para utilidad pública han de sostenerse por todos, Justiniano: *Digesto*, X, XLII, 2, obra citada); manifestación transparente del principio de generalidad que refleja claramente su aceptación generalizada. Ello, no obstante, no impidió, eso sí, con carácter de excepcionalidad, que se fijaran exenciones, pero siempre bajo la óptica de la justicia. El jurista Ulpiano declara: "Omnis excusatio sua aequitate nititur" (Toda exención se basa en su justicia, *Digesto*, Ulpiano 2 opin., L, V, 1, pr.). El Derecho romano, formula el principio de capacidad mediante la máxima más lógica y evidente: el impuesto sólo puede exigirse allí donde hay renta o riqueza. Esto es tan elemental que también nuestro Tribunal Constitucional lo ha recogido en diversos pronunciamientos, así en las Sentencias 27/1981 y 221/1992, de 11 de diciembre. Pero junto a esta afirmación lógica, en sucesivas Sentencias poco afortunadas y gravemente erróneas el Tribunal Constitucional fundamenta el principio de la capacidad económica en la existencia de una riqueza virtual o potencial, cuando si hay algo que necesariamente exige que sea real es precisamente la capacidad económica. Así, en las Sentencias 37/1987, de 26 de marzo y 295/2006, de 11 de octubre. Esa idea de realismo al considerar la sujeción al impuesto ya fue recogida por Ulpiano, cuando dice: "Inopes onera patrimonio ipsa non habendi necessitate non sustinent..." (Los pobres no soportan las cargas patrimoniales por la propia razón de que nada tienen...", 3 opin.: *Digesto* L, IV, 4, 2). Por otra parte, el Derecho romano a la hora de la exigencia del impuesto prescinde con generalidad de la idea de progresividad, precisamente, por respeto a la regla de

do se produce el cambio en esa percepción del tributo como algo más que instrumento recaudatorio para convertirse en un instrumento de la política económica primero y social después.

Por ello, prescindiendo de antecedentes sutiles podemos reconducir la cuestión al siglo diecinueve, momento de confrontación de dos ideologías contrapuestas: el liberalismo y el socialismo, y su posterior evolución a lo que se ha denominado social-democracia enmarcada en los denominados Estados sociales y democráticos de Derecho.

Hechas estas precisiones, y con las debidas salvedades, veamos los argumentos básicos para la implementación de un gravamen sobre las herencias y/o donaciones.

A) FUNDAMENTOS IDEOLÓGICOS

Es en el siglo XIX cuando surgen las más encarnizadas polémicas sobre este gravamen, polarizadas en dos posicionamientos incompatibles, el liberalismo y el socialismo.

Pero esta confrontación ideológica traía sus precedentes en Derechos anteriores; en cómo se había venido configurando la herencia y en el pensamiento político predominante.

Así, vemos que en Egipto y en el pueblo hebreo la institución de la herencia no existía: lo que podía hacer el padre-titular de bienes era distribuir en vida el patrimonio entre los hijos, lo que en una fase posterior conlleva a dar una naturaleza de impuesto de transmisión incluso a la herencia.

Los pueblos germanos no conocían el testamento porque existía entre ellos la obligación de transmitir los bienes dentro de la familia, y únicamente podían hacer uso de la adoptio in hereditate (affatomia del Derecho sálico) que implicaba una traslación solemne de la propiedad que se hacía durante la vida a falta de herederos legítimos o, todo lo más, con el consentimiento de éstos.

Todo el patrimonio estaba vinculado al parentesco de sangre, desconociéndose las disposiciones por causa de muerte; al heredero nato no se le puede privar de su expectativa ni tampoco reducirle esta; otra cosa sucedía cuando se carecía de heredero, pues si bien en principio en este supuesto podía el causante disponer de su patrimonio, puesto que ello se consideraba un atentado a los derechos de reversión existentes, dicho causante podía buscarse un heredero elegido con objeto de que se realizasen las ofrendas de difuntos correspondiéndole entonces al heredero en cuestión el caudal relicto. Semejante acto de creación de heredero necesitaba entonces el asentimiento de los titulares de la reversión, para cuyo dicho acto tenía que

---

la imposición mínima y por considerar más adecuado basarse en la proporcionalidad. Papiniano, a este respecto dice: "...ut omnes pro modo praediorum pecuniam tributi conferant" (Todos presten la cantidad de dinero del tributo en proporción a sus predios, 19 Responsa: *Digesto*, obra citada, L, XV, 5).

llevarse a cabo ante la Asamblea judicial pública, mediante las formas de la adopción[109].

Los fundamentos básicos de la herencia son distintos a los del Derecho romano que a lo que aquí nos interesa más, son: predominio de la sucesión legal, admitiéndose la voluntaria únicamente como excepción; el predominio de los vínculos de sangre; transmisión "ipso iure" de la herencia desde la muerte del causante sin necesidad de aceptación del heredero; tendencia a la responsabilidad limitada de éste, haciendo objeto a la responsabilidad por deudas de una regulación distinta a la del Derecho romano[110].

Debemos mencionar asimismo el Derecho romano por cuanto su regulación ha sido recogida en gran medida en nuestro vigente Código civil. En este Derecho la sucesión está configurada por tres notas esenciales: en primero lugar, por el principio de sucesión universal y de él es una consecuencia esencial que llevaba a la distinción entre la herencia y la adquisición de objetos singulares[111]; en segundo lugar, la consideración de esa sucesión universal como un todo del que formaban parte las deudas del causante y, consiguientemente, la responsabilidad personal ilimitada (ultra vires) del heredero por razón de dichas deudas y, en tercer lugar, el sentido familiar de la sucesión[112].

Estas formas de configurar la herencia van a influir en la configuración del impuesto que las va a gravar; y ello, tanto desde un punto de vista técnico como ideológico.

Ello hace que para algunos autores esta exacción sea un gravamen de registro, en el que la inscripción, con la garantía que ello supone, junto con el coste que conlleva justifique su exigencia.

Por lo mismo, cuando la herencia es un acto dispositivo voluntario se ve el gravamen como una transmisión o circulación de la riqueza que es posible gravar como tal.

Finalmente, cuando la herencia, al menos en parte, se ajuste a unos requisitos legales y obligatorios, derivados de una comunidad extinguida por la muerte, el tributo adquiere ya otras dimensiones.

El Estado liberal del siglo XIX consolida las propuestas teóricas de limitación del derecho a la herencia, que vienen del siglo anterior.

Su representante máximo el economista Adam Smith, quien a finales del siglo XVIII (1776), lo rechaza plenamente por atentar contra la libertad de disponer.

Además, este autor entendía que era una reminiscencia feudal, pues decía que "el heredero de cualquier vasallo del rey pagaba un cierto tributo,

---

109 Planitz, H.: *Principios de derecho privado germánico*, traducción al español por Melón Infante, edit. Bosch, Barcelona, 1957, p. 363.

110 Vid. Roca Sastre: "Crítica institucional del Código Civil", en *Revista Crítica de Derecho Inmobiliario*, 1940, pp. 50 a 511.

111 Kunkel, J.: *Derecho privado romano*, traducción de Prieto Castro, L., Sexta parte: derecho hereditario, edit. Labor, Barcelona, 1937, p. 437.

112 Iglesias Santos, J.: *Derecho romano*, Barcelona, 1958, 3ª edic., & 141, p. 532.

que generalmente era una pequeña renta anual, para revivir la investidura del dominio...Con arreglo a las leyes feudales el vasallo no podía enajenar sin el consentimiento del señor, el cual generalmente reclamaba un canon por el otorgamiento de la licencia"[113].

Evidentemente esta posición entronca directamente con la concepción liberal del reconocimiento de la propiedad individual y del ius disponendi del propietario. A este respecto, debemos traer aquí a colación la evolución que la institución de la herencia ha ido experimentando a lo largo de los siglos.

El liberalismo exalta la lucha por la vida, resultado de la libre competencia y de la ley del interés personal, en virtud de las cuales los incapaces han de ceder el puesto a los más capaces[114].

Se trata de "no invitar a la sociedad a que no establezca diferencias entre sus hijos, sino a que otorguen con mano más firme y enérgica el látigo del castigo o la palma de la recompensa"[115].

Por ello el liberalismo es un firme y convencido defensor de la institución hereditaria. Desde el punto de vista jurídico la herencia es el complemento adecuado y necesario al derecho sagrado de propiedad privada y en consecuencia del ius disponendi ilimitado y absoluto del futuro causante. La institución hereditaria proyectaría el derecho de propiedad individual más allá de la muerte[116].

A este respecto, Kipp diría: "sin el derecho de la sucesión, la propiedad privada no se hallaría completa; en cuanto a los bienes por nosotros adquiridos no llegaríamos a ser gran cosa más que usufructuarios vitalicios"[117]. Son por ello partidarios del derecho a la herencia como un derecho natural cuyo fundamento estaría, en el caso de la sucesión intestada, en la voluntad presunta del causante, que operaría como un testamento tácito.

Para los economistas liberales la herencia es una manifestación más de la ley del interés personal espontáneo que lleva a ahorrar y acumular capital. Es, pues, una institución saludable y beneficiosa a que a una de las motivaciones principales que llevan a un sujeto a ahorrar y acumular capital no es solo mejorar su condición sino también, y sobre todo, proveer a las necesidades de sus hijos y dejarles al morir un capital que les permita tener una posición económica como mínimo igual a la que disfrutaron en vida sus padres[118].

---

[113] Smith, A.: *Investigación sobre la naturaleza y causas de la riqueza de las naciones*, traducción española de Gabriel Franco, obra citada, p. 759.

[114] Navau Martínez-Val, M. P.: *El Impuesto de sucesiones: ¿Un impuesto injusto?*, obra citada, p. 131.

[115] Gide, C. y Rist, C.: *Historia de las doctrinas económicas*, edit. Reus, Madrid, 1926, p. 378.

[116] Navau Martínez-Val, M. P.: *El Impuesto de sucesiones: ¿Un impuesto injusto?*, obra citada, p. 131.

[117] Kipp, T.: *Tratado de Derecho civil*, tomo V, volumen 1º, edit. Bosch, Barcelona, 1951, p. 1.

[118] Navau Martínez-Val, M. P.: *El Impuesto de sucesiones: ¿Un impuesto injusto?*, obra citada, p. 132.

En este sentido, también, el profesor Schmoller decía que "El derecho hereditario de los hijos es un poderoso medio de progreso económico; es indiscutible que los padres son estimulados al trabajo y al empleo de su actividad con la idea de que sus hijos heredarán una situación mejor. La mayor parte de los motivos que hoy impulsan a la actividad, al esfuerzo, al ahorro del capital, caerían por tierra si desapareciese el derecho hereditario de los hijos"[119].

El congresista Jove y Hevia al discutir la procedencia o no del gravamen a las sucesiones en los presupuestos de 1872-1873, en las Cortes españolas derivadas de la Revolución de 1869, decía: "Este impuesto que no descansa en ninguna especie de apoyo que la ley civil preste en este punto; que es contrario a todo derecho natural, y si queréis llamarlo de otro modo más moderno, a todo derecho racional, no puede ser aprobado por un Congreso español, y mucho menos por un Congreso que se vanagloria de practicar ciertos principios con el derecho absoluto [...] La propiedad creada por la naturaleza y sostenida por la ley, porque satisface las necesidades y el desarrollo físico de la personalidad humana, no se interrumpe porque del padre pase al hijo; y de aquí que la ley de la sucesión directa no es más que la realización de los principios de la ley natural en que está fundado el derecho de propiedad y por esto no debe venir la mano del Estado a interponerse entre el padre y el hijo en un momento verdaderamente luctuoso, para imponerle una contribución luctuosísima también"[120].

El economista Milton Friedman ya en pleno siglo XX refiriéndose a la tendencia de las políticas redistributivas a través de impuestos progresivos en general, y en particular, del Impuesto sucesorio llega a decir que "como liberal me resulta difícil comprender la justificación del impuesto progresivo, cuando su único propósito es la redistribución de la renta. Me parece un caso bien claro del uso de la fuerza para quitarles a unos con el objeto de dárselo a otros, y de esta forma chocar con la libertad individual"[121].

También dentro del marco del pensamiento liberal fueron surgiendo posiciones más o menos heterodoxas que se apartaban de la posición clave del derecho de libre disposición y de la oposición a un Impuesto sobre Sucesiones.

Así Pigou aun defendiendo la capacidad del mercado para la asignación de recursos justifica la introducción de un impuesto sucesorio teniendo en cuenta su carácter redistributivo y la mínima distorsión que genera.

Al respecto, indicaba: "(...) No se puede negar que es preciso cierto sistema coercitivo de transferencias (es decir, redistribución de ricos a pobres). Esto quiere decir, de uno u otro modo, impuestos, y es así seguro que perte-

---

119 Schmoller, G.: *Principes d'Economie politique*, tomo II, V. Girard & E. Briere, Paris, 1905, p. 402.

120 Jove y Hevia, P., *D.S.C.* de 1872 a 1873, Congreso de los Diputados, número 74, (9 de diciembre de 1872), p. 2212.

121 Friedman, M.: *Capitalismo y libertad*, traducción Lueje, A., edit. Rialp, Madrid 1966, p. 214.

nezcan a los llamados directos, que gravan las rentas más elevadas, recayendo en la práctica sobre la riqueza y los patrimonios que se heredan"[122].

A su vez, Hoover, otro autor neoclásico de principios del siglo XX, encuentra deseable la aplicación de un impuesto sucesorio capaz de corregir las desviaciones respecto de la situación de competencia en igualdad de condiciones. Es decir, propone que los competidores no corran con la ventaja de una propiedad heredada, la cual no se encuentra asociada a su mérito personal[123].

Algunos años antes ya encontramos en John Stuart Mill, uno de los últimos eslabones de la escuela clásica, una defensa simultánea del "principio de la propiedad privada" articulada con la ponderación de los "fines de utilidad pública" y la distribución. Así, nos dice: "Las desigualdades en la propiedad originadas por desigualdades en la actividad, la frugalidad, la perseverancia, los talentos, y hasta cierto punto incluso la suerte, son inseparables del principio de la propiedad privada, y si aceptamos el principio hemos de aceptar también sus consecuencias; pero no veo nada censurable en fijar un límite a lo que una persona puede adquirir por la benevolencia de los demás, sin haber realizado ningún esfuerzo para obtenerlo, y en exigir que si desea mayores bienes de fortuna trabaje para conseguirlos (...) La riqueza que no pudiera seguirse empleando en sobre enriquecer a unos pocos, se dedicaría a fines de utilidad pública, o bien si se distribuyesen entre varios individuos, se repartiría entre mayor número de personas"[124].

En ese orden de cosas, Stuart Mill niega la existencia de un derecho natural a heredar ab intestato y por ello defiende la supresión de la herencia ab intestato: "En caso de ab intestato toda la propiedad debe pasar al poder del Estado: el cual debería estar obligado a proveer de manera justa y razonable para los descendientes en la forma en que lo hubiera hecho la persona difunta, teniendo en cuenta las circunstancias, las capacidades y las educación de aquellos"[125], y por lo que se refiere a la sucesión testamentaria respeta el derecho del propietario a disponer pero limitando al heredero el derecho de adquirir: "Cada persona debería tener la facultad de disponer de todos sus bienes por testamento; pero no la de malgastarlos en enriquecer a un solo individuo, más allá de una cierta cantidad máxima que debería fijarse lo bastante para que permitiera una cómoda independencia"[126].

Siendo coherente con esto defiende un Impuesto sobre Sucesiones sobre las herencias y los legados que excedan de cierta cantidad, así diciendo: "Deben gravarse con impuestos las herencias y los legados que excedan de una cierta cantidad: y que el ingreso que de ellos se obtenga debe ser tan elevado

[122] Pigou, A.: *La Economía del Bienestar*, edit. M. Aguilar, Madrid, 1946, p. 605.

[123] Citado por Bouzas, A., Cappa, A. y Girard, M.: "Impuesto a la Herencia: Una herramienta distributiva", *La revista del CCC* [en línea]. Mayo / Diciembre 2010, n° 9/10.

[124] Mill, J. S.: *Principios de Economía Política*, traducción de Ortiz, T., Fondo de Cultura Económica, México, 1978, pp. 215-216.

[125] Ibídem, p. 761.

[126] Ibídem, p. 215.

como sea posible hacerlo sin provocar evasiones, por donación "inter vivos" o por ocultación de la propiedad, en forma que sería imposible entender adecuadamente el principio de la graduación, según se le llama, esto es, de gravar con un porcentaje tanto mayor cuanto mayor es la suma si bien su aplicación a los impuestos en general sería, en mi opinión, censurable, me parece a la vez justo y conveniente aplicado a los derechos sobre las herencias y legados"[127].

Frente a esta posición liberal, el Estado socialista negador de la propiedad privada y de todo principio de libertad individual, adopta, en tanto subsista el Estado burgués, la obligación de establecer un gravamen sucesorio.

Según el socialismo existe una expoliación o robo al obrero por parte de la clase propietaria de la tierra y del capital. La alternativa del socialismo será la apropiación colectiva de la propiedad de la tierra y del capital. Esto supondría la abolición del derecho del patrono al producto del trabajo del asalariado, pues esta última es, precisamente, la forma de la propiedad destinada a desaparecer bajo el régimen colectivista. En cambio el socialismo sí representaría la propiedad del hombre sobre el producto de su trabajo, especialmente la propiedad de los bienes de uso y consumo.

Llegados a este punto en el socialismo habría que distinguir dos momentos. Aquél en el que ya se ha realizado, en el que todos los bienes de producción están ya colectivizados y la propiedad se limita al producto del trabajo personal, y el momento de transición hacia él.

En el primer caso no hay razón de principio para condenar la herencia. Así, llega a decir Jaurés: "Lejos de que el régimen colectivista se oponga a esta transmisión, la simplifica; pues lo que el padre lega así a su hijo es el medio de vivir trabajando sin explotar a los demás y sin ser explotado por ellos (...) La herencia así entendida no es, pues, más que la repetición de otra forma y la simple aplicación del principio colectivista mismo. Y si el padre ha añadido un aumento de valor al dominio, ese aumento pertenecerá al hijo como pertenecía al padre"[128].

En los países de régimen capitalista, en cambio, los ideólogos socialistas, o bien propugnan la supresión del derecho de sucesión "mortis causa" abogando porque al fallecimiento del propietario sus bienes pasen al Estado, o bien proponen limitar el derecho de herencia a través de fuertes impuestos sucesorios progresivos. En el primer caso la supresión de la herencia no estaría motivada porque el socialismo la considere dañina en su esencia (en los países de régimen colectivista la herencia de los bienes que no sean medios de producción está permitida) sino por tratarse de un medio de perpetuar el sistema de propiedad burguesa. Mediante su eliminación se procedería a la implantación progresiva del régimen colectivista ya que de forma gradual

---

[127] Ibídem, pp. 692-693.

[128] Jaurés, J.: Pollémique sur le collectivisme citado por Castán Tobeñas, J. en *Derecho civil español común y Foral*, tomo VI, volumen 1, edit. Reus, Madrid 1989, p. 50.

la propiedad de los medios de producción, a la muerte de sus titulares, iría revertiendo al Estado[129].

Pero como ha señalado el profesor Beltrán Flórez los partidos socialistas de finales del siglo XIX "han considerado el impuesto sobre las herencias como un instrumento admirable al servicio de su política de supresión gradual de las diferencias de fortuna y de implantación progresiva del sistema socialista"[130].

El escritor Alexis de Tocqueville se rebela contra ese Estado socialista y opresor al señalar: "Por encima de esa masa se alza un poder inmenso y tutelar que se encarga en exclusiva de garantizar los goces de todos y controlar su destino. Es absoluto, detallado, regular, previsor y suave. Se parecería a la autoridad paterna si, como ésta, tuviera como objeto prepara a los hombres para la edad adulta, pero en realidad lo que hace es mantenerlos irrevocablemente en la niñez, le gusta que los ciudadanos lo pasen bien con tal de que no piensen en otras cosas. Se interesa de buen grado en su bienestar con tal de ser el único agente y árbitro del mismo. Mira por su seguridad, garantiza y cubre sus necesidades, facilita sus placeres, dirige sus principales asuntos, impulsa su industria, regula sus sucesiones, divide su herencias y, si pudiera, les quitaría por completo la molestia de pensar y de vivir".

No es de extrañar, por tanto, que ante esta situación los partidarios del liberalismo económico vieran en el impuesto progresivo de sucesiones así enfocado un auténtico peligro para el derecho de propiedad privada y que lo combatieran tanto[131].

Pero del socialismo puro pronto se van a desviar corrientes menos radicales que, aun defendiendo la obligación de establecer o mantener un impuesto sobre las sucesiones suavizan su fundamento y contenido.

En este sentido nos encontramos con el Socialismo de Estado de Adolph Wagner y con la primera propuesta del Impuesto de Sucesiones con finalidad redistributiva.

El impuesto ya no será exclusivamente para limitar la propiedad y la acumulación de capital, sino que va a presentar una función distinta: la de redistribución.

A este respeto distingue entre economía privada y pública señalando que un impuesto sobre el capital que recayese sobre la economía privada no es necesariamente un impuesto sobre el capital en el sentido de la economía pública, por lo tanto solo un impuesto que recayese sobre la economía pública sería condenable porque entonces si se estaría perjudicando la importante función que cumple el capital en el proceso de producción, de donde concluye y se justifica un gravamen sobre las herencias, diciendo: "La conde-

---

129 Navau Martínez-Val, M. P.: *El Impuesto de sucesiones: ¿Un impuesto injusto?*, obra citada, p. 137.

130 Beltrán Flórez, L.: *El Impuesto sobre las herencias*, obra citada, p. 17.

131 Navau Martínez-Val, M. P.: *El Impuesto de sucesiones: ¿Un impuesto injusto?*, obra citada, p. 138.

na general de los impuestos sobre la riqueza y sobre el patrimonio, por ejemplo de los impuestos sucesorios, motivada en que estos impuestos atacan a la riqueza, al capital, no es justa en lo que se refiere a los impuestos de esta naturaleza que inciden sobre la riqueza de las economías privadas, etc....; en efecto, tal impuesto no disminuye necesariamente el capital nacional con el capital individual, no hace más que trasferir de uno de estos sujetos económicos y jurídicos a otros, directa o indirectamente, un derecho (de propiedad privada) sobre porciones de la riqueza nacional"[132].

Pero, además, surgen toda una serie de teorías que tratan de ser la superación del antagonismo entre individualismo y socialismo que tratan de ser equidistantes entre ambas; teorías que han recibido el nombre de socializadoras o solidaristas, término empleado por los profesores Gide y Rist para quienes "el solidarismo no es más que la referencia a la deuda que tienen contraída con la sociedad los titulares de riquezas "a consecuencia de la división del trabajo, de la herencia, y de las mil causas cuyo resumen hecho ya, cada hombre debe a sus predecesores y a sus contemporáneos, la mayor parte de lo que tiene, e incluso todo lo que es"[133].

Estas teorías, respetando la propiedad privada defienden el establecimiento de un impuesto sucesorio medio de corrección de la desmesurada acumulación de riquezas en unos pocos, evitando con ello cuanto menos la perpetuación de las desigualdades sociales.

En este sentido dice Polacco: "La sucesión hereditaria en sí y por sí no es ya el blanco de las saetas disparadas por el socialismo. Lo que éste pide hoy en día es la socialización del suelo y de los medios de producción; deja lugar en cuanto a los demás, esto es, en cuanto a los bienes de consumo y de goce, a la propiedad individual, y, por tanto, también a su transmisión por causa de muerte"[134].

Estas teorías, por otra parte, sirvieron en gran medida de base a la llamada Economía del Bienestar, que desarrollada, enormemente, a partir de la segunda guerra mundial dio paso a lo que se ha venido denominando Estado del Bienestar.

Los principales artífices de la economía del Bienestar son Marshall y Pigou, autor este, como hemos señalado, de extracción liberal, teniendo como nota común a todos ellos el abandonar el principio clásico del liberalismo de "dejar hacer" (laissez-faire) y admitir la necesaria e ineludible intervención del Estado como agente corrector, aceptando la utilización del impuesto como correctivo, como instrumento de política social plenamente justificada.

En este sentido son claras las palabras siguientes de Pigou:

---

132 Wagner, A.: *Traité de la science des finances*, tomo II, Giard & Brière, París, 1909, p. 180.

133 Gide, Ch. y Rist, Ch.: *Historia de las doctrinas económicas*, edit. Reus, Madrid, 1926, p. 650.

134 Polacco, V.: *De las sucesiones*, traducción de Sentís Melendo, S., Edic. Jª Europa-América, Buenos Aires, tomo I, 1950, p. 29.

> "Un época como ésta en la que todo el mundo está económicamente desajustado, en el que las cosechas de un país que podrían alimentar a los que se mueren de hambre en otro se queman para disminuir la superabundancia, y en la que en nuestro propio país más de dos millones de gentes buscan todavía trabajo sin poderlo encontrar [...] la miseria y la depauperación que nos rodean, el lujo irritante de algunas familias ricas, la terrible incertidumbre que pesa sobre muchas familias pobres: he ahí, sin duda, males harto conocidos para que nadie se atreva a negarlos. El conocimiento que aporta nuestra ciencia puede paliar estos males. ¡De la oscuridad surge la luz! Buscarla es nuestra tarea, y dar con ella el premio que nos ofrece la lúgubre ciencia de la economía política"[135].

Y esa búsqueda termina considerando que es un derecho del Estado gravar las sucesiones, pues el derecho de una persona fallecida para disponer de su propiedad es una creación de la ley y el Estado tuene facultad para fijar las condiciones y limitaciones bajo las que ejerce dicha facultad[136].

Pues bien, para hacer realidad ese Estado del Bienestar el principal instrumento de redistribución serían los impuestos personales y progresivos, entre los que se reservaría un lugar para el Impuesto de Sucesiones.

Ese Estado del Bienestar va unido y entrelazado con el llamado Estado Social cuyos orígenes se centran en los años finales del siglo XIX y primeros del siglo XX, siendo una de sus manifestaciones primeras y más evidente la Constitución de Weimar de 11 de agosto de 1919[137] pues ya en la misma se reconocían toda una serie de derechos de contenido social como el derecho a la educación o el de protección al desempleo[138].

La denominación Estado Social se debe a Heller quien partiendo de los derechos liberales defendió la intervención del Estado mediante políticas redistributivas y rompiendo con la tradicional neutralidad que se le exigía[139].

Pero esta doble acción del Estado, intervención-progresividad conduce a una consecuencia más importante que no es otra que la limitación del derecho de propiedad o lo que es lo mismo, como suelen decir los textos constitucionales modernos, entre ellos el de la Constitución española, es darle una función social a la propiedad.

Esto implica, entre otros aspectos, "Limitar...el derecho de propiedad, desenvolviendo ampliamente los derechos de la colectividad del Estado, ya

---

[135] Pigou, A. C.: *Hacienda Pública*, estudio introductorio de Sánchez Asiaín, J. A., edit. Instituto de Estudios Fiscales, Madrid, 1974, p. 9.

[136] Ibídem, p. 189.

[137] Ottmar Bühler, Walter Jellinek y Costantino Mortati: *La Constitución de Weimar: (Texto de la Constitución alemana de 11 de agosto de 1919)*, Clásicos del Pensamiento, edit. Tecnos, Madrid, 2010.

[138] La doctrina mejicana considera, no sin fundamento, que con anterioridad a la Constitución de Weimar en la Constitución mejicana de febrero de 1917 ya se elevaron al rango de derechos fundamentales los derechos sociales (Vid. Campillo Sáenz, J.: *La constitución mexicana y los nuevos derechos sociales*, Constitución mexicana: Rectoría del Estado y Economía Mixta, edit. Purrúa S.A., Mexico, 1985, p. 147).

[139] Heller, H.: *Teoría del Estado*, Fondo de Cultura Económica, México, 1961, p. 242.

en forma de servidumbres legales…ya por la aplicación de los impuestos directos y sobre las sucesiones”[140].

Esta socialización del derecho de propiedad es acompañada asimismo en el marco del Derecho civil, por la transformación, en el mismo sentido, del Derecho de sucesiones, cambio que se inicia cuando las corrientes solidaristas cuestionan el fundamento iusnaturalista del derecho de herencia defendido por el liberalismo individualista[141].

En este sentido habría que recordar las palabras de Montesquieu para quien la herencia es una creación de las leyes positivas[142].

O como llega a decir Harcourt: “En lo que se refiere a la devolución de cualquier clase de propiedad el Estado detrae primero su parte [...] antes de que se beneficie cualquiera que tenga un título legal sucesorio. La razón en que esto se apoya es clara: el derecho del Estado a participar de la propiedad acumulada por el fallecido es un título anterior a los intereses de aquellos que se la van a repartir. El Estado es el primer titular sobre la riqueza y los que reciben con posterioridad tienen un título subsiguiente y subordinado. La naturaleza no concede al hombre ningún poder sobre sus bienes terrenales más allá del período de su vida. Toda facultad que posea para prologar su voluntad tras su muerte -el derecho de una persona fallecida para disponer de su propiedad- es una pura creación de la ley y el Estado tiene el derecho de prescribir las condiciones y las limitaciones bajo las que se ejerce tal facultad”[143].

Ese Estado del Bienestar, por otra parte, se caracteriza por una repugnancia social al funcionamiento descontrolado del mercado debido no sólo a las desigualdades de renta que creó durante el período de su mayor apogeo, sino también a las enormes disparidades de riqueza que favorecían a unos pocos mientras negaba a muchos las posesiones mínimas necesarias para una vida cómoda[144].

Por ello, en la etapa que se inaugura tras la Segunda Guerra Mundial, el Estado del Bienestar según Neumark “aspira conscientemente a una cierta modificación de la posición relativa de los contribuyentes por la sencilla razón de que (ya) no existe la convicción de que la actual distribución de rentas y patrimonio se lleva totalmente a cabo en virtud de las aportaciones individuales a la formación del producto nacional ni de que es justa desde el punto de vista socio moral, especialmente para los que, por razones de

---

140 Coca Payeras, M.: *Tanteo y retracto, función social de la propiedad y competencia autonómica*, Publicaciones del Real Colegio de España, Bolonia, 1988.

141 Navau Martínez-Val, M. P.: *El impuesto de Sucesiones: ¿Un impuesto injusto?*, obra citada, p.163.

142 Montesquieu: *El espíritu de las Leyes*, traducción de Blázquez, M. y de Vega, P., edit.Tecnos, Madrid, 2007, pp. 231-246.

143 Harcourt, W.: discurso presupuestario citado por Pigou, A. C. en *Hacienda Pública*, edit. Instituto de Estudios Fiscales, Madrid, 1974, p. 189.

144 Navau Martínez-Val, M. P.: *El impuesto de Sucesiones: ¿Un impuesto injusto?*, obra citada, pp. 179-180.

desigualdad financiera en la base de partida, y por disponer de una menor capacidad espiritual y/o física, son económicamente débiles; a la vista de ello, y dado que la caridad es a todas luces insuficiente, compete al Estado crear en este campo cierta compensación equilibradora mediante medidas coactivas, entre las que se incluyen las tributarias"[145].

Existe por lo tanto en el Estado del Bienestar, en coherencia con su configuración como Estado social, un interés especial por quienes se encuentran en una situación material de desventaja y un rechazo hacia las desigualdades económicas, especialmente hacia las concentraciones de riqueza[146].

Por ello asume como propia una función de redistribución, es decir, de volver a distribuir los recursos con el propósito de disminuir las desigualdades de renta y de riqueza resultantes de la distribución primaria efectuada por el mercado[147] y cuenta con varios instrumentos, uno de los cuales es el empleo de impuestos progresivos, entre ellos los impuestos sucesorios, que tienen por efecto una nueva estratificación de las rentas y patrimonios individuales.

Tal es la importancia de la imposición como instrumento redistributivo que el profesor Meade llega a definir así el Estado de Bienestar: "Entiendo por tal la imposición de las rentas de los ricos para subvencionar, directa o indirectamente, las rentas de los pobres"[148].

No toda la doctrina, sin embargo, siguió esta corriente[149]; pero el camino estaba ya marcado.

Pléyade ingente de autores con ciertos matices abrazaron con más o menos entusiasmo el mismo enfoque.

Cimbali siguiendo en esta línea de fundamentar la sucesión hereditaria en el nuevo contexto de socialización en el que también se encontraba el derecho de propiedad desarrolla la teoría orgánica del derecho de sucesión basada en la armonización de exigencias individuales, familiares y sociales[150]. El individuo en relación con la sucesión "mortis causa" de sus bienes tendría deberes con su familia pero también con la sociedad lo que justificaría un derecho impositivo sobre las sucesiones, incluso, de carácter progresivo y se justificaría, asimismo, la limitación del círculo de personas llamadas a la herencia, principalmente en la línea colateral[151].

---

145 Neumark, F.: *Principios de la imposición*, traducción por Zamit Ferrer, J., edit. Instituto de Estudios Fiscales, Madrid, 1974, p. 64.

146 Navau Martínez-Val, M. P.: *El impuesto de Sucesiones: ¿Un impuesto injusto?*, obra citada, p. 180.

147 Cfr. Navau Martínez-Val, M. P.: *El impuesto de Sucesiones: ¿Un impuesto injusto?*, obra citada, p.180.

148 Meade, J. E.: *Eficiencia, justicia y propiedad*, edit. Tecnos, Madrid, 1972, p. 35.

149 Así, el profesor Beltrán Flórez, L. decía que el derecho de herencia es un derecho natural anterior a la existencia del Estado en *El Impuesto sobre las herencias*, obra citada, p. 37.

150 Cimbali, E.: *La nueva fase del Derecho civil*, edit. Sucesores de Rivadeneyra, Madrid, 1893, pp. 164-165.

151 Navau Martínez-Val, M. P.: *El impuesto de Sucesiones: ¿Un impuesto injusto?*, obra citada, p.165.

Esta doctrina fue seguida en España, entre otros, por Valverde, al señalar:

> "En toda sucesión hay tres intereses que no pueden prescindirse de ninguno de ellos, por lo mismo que son elementos indispensables de su existencia: el individuo, la familia y el Estado; y de tal manera son necesarios para la existencia del derecho sucesorio que de la combinación de ellos dependen principalmente las reformas que se piensen introducir en las legislaciones. Todos los intereses que representan tales elementos han de entrar en la relación jurídica del derecho sucesorio en la medida que a cada uno de ellos corresponda, para cumplir el fin social que el derecho realiza, y de aquí que si preponderara el interés del Estado en las sucesiones, vendríamos a parar en una organización socialista; sin la familia caeríamos en los errores [...] que suponen la vinculación de la propiedad"[152].

También el profesor Shoup[153] se mueve en el marco de estas teorías armonizadoras y señala que los propósitos esenciales de los gravámenes sucesorios han sido fundamentalmente:

a) El carácter gratuito y el mayor o menor grado de imprevisibilidad que la herencia o donación tiene para el beneficiario. Esto otorga a los bienes y derechos recibidos una especial vocación para ser gravados en el momento de realizarse la transmisión.
b) La conveniencia de evitar un grado de concentración de riqueza superior a aquél que se considere socialmente aceptable.
c) El gravamen sobre sucesiones y donaciones puede ser utilizado en cierta medida como un tosco sustituto de un impuesto ordinario sobre el patrimonio neto.

La última fase en la evolución del gravamen está en cierto pensamiento débil de los tiempos actuales en el que aun desde posiciones presuntamente liberales se ve en este impuesto un instrumento de igualdad.

Así, el propio Seligman llega a decir: "...Si decimos, como algunos creen, que la tendencia de la democracia se dirige hacia el socialismo la respuesta es clara: el impuesto se establece porque la democracia desconfía de las grandes fortunas. Pero si desde otra perspectiva, mantenemos...que las modernas democracias están tratando de enmendar los abusos que se nos han transmitido desde las aristocracias del pasado, podemos decir que el impuesto hereditario es solo un medio de asegurar la igualdad en la imposición y de realizar el principio de capacidad de pago"[154].

Aunque siempre quedarán posiciones liberales más puras.

Así Nozick llega en defensa del liberalismo a decir que si asumimos que todos tienen derecho a los bienes que actualmente poseen, entonces una

---

[152] Valverde y Valverde, C.: *Tratado de Derecho civil español*, tomo V, Talleres tipográficos Cuesta, Valladolid, 1926, p. 9.

[153] Shoup, C. S.: *Hacienda Pública*, versión española a cargo de Albi Ibañez, E., edit. Instituto de Estudios Fiscales, Madrid, 1980, pp. 507 a 538.

[154] Seligman, E. R. A.: *Essays in taxation*, Mac Millan Company, Nueva York, 1931, 127.

distribución justa es sencillamente cualquier distribución que resulte de los libres intercambios entre las personas"[155], que derivasen del libre juego de la oferta y demanda, del libre hacer de las fuerzas del mercado y siempre derivado de la libertad individual.

O la posición de Posner, que sin ser liberal proclama la más absoluta igualdad al decir: "Por qué ha de ser la herencia material más injusta que la herencia de una inteligencia grande, por qué no conformarnos con gravar el ingreso de nuestra dotación pecuniaria"[156].

En el mismo sentido han de recordarse las palabras de Milton Friedman:

> "Mucha gente insiste en que lo esencial es que se distinga entre la desigualdad en dotes personales y en propiedad, y entre las desigualdades debidas a la riqueza heredada o a la riqueza adquirida. La desigualdad debida a diferencias en capacidad personal o a diferencias en riqueza acumulada por el individuo [...] se considera aceptable o por menos no tan inaceptable como las diferencias debidas a la riqueza heredada.
>
> Esta distinción es insostenible. "¿Por qué tienen una mayor justificación ética los altos rendimientos de un individuo que hereda de sus padres una voz especial, de la que hay gran demanda, que los altos rendimientos de un individuo que hereda propiedad?"[157].

B) FUNDAMENTOS TEÓRICO-ECONÓMICOS

Pero junto a criterios ideológicos, e incluso con ellos, para afianzar las propias creencias, intereses o posiciones, se ha acudido a otros criterios que se dicen son exclusivamente económicos, como si no supiéramos que tras una posición económica late, probablemente, más que en cualquier otro caso, un ideario político y da origen a una estructura jurídica.

Así para justificar un gravamen sobre las sucesiones se aluden a criterios de suficiencia, de equidad, de capacidad económica o de elasticidad.

Ahora bien, para el justo establecimiento de un impuesto en nuestra opinión ha de partirse, ante todo, de su razón natural, entendiendo que esta no puede ser otra que la recaudación; los impuestos existen porque es de los medios más adecuados para obtener ingresos con los que hacer frente los Estados, asociaciones comunitarias, grupos, a sus necesidades; puesto que hay gastos es necesario cubrirlos; eh aquí la razón básica. Ahora bien, puesto que esto es así hemos de buscar la forma de obtener ingresos que sea la más justa y ésta no puede ser otra que atendiendo a la capacidad que tiene cada individuo dentro de esa comunidad. Es decir, justicia y capacidad: he aquí un binomio inseparable. Junto con ello aun con carácter accesorio ha de ser lo más neutral posible.

---

[155] Nocizick, R.: *Anarchy, State and Utopia*, Basic Books, New York, 1964, pp. ix y 160.

[156] Posner, R.: *El análisis económico del Derecho*, México, edit. Fondo de Cultura Económica, 1998, p. 478.

[157] Friedman, M.: *Capitalismo y libertad*, edit. Rialp, Madrid, 1966, p. 208.

Ahora bien, esa capacidad puede medirse y valorarse de diversas maneras y es aquí donde surgen los principales problemas.

El impuesto ha de ser recaudatorio, ha de exigirse con parámetros de justicia por lo que es evidente que la primera condición de un impuesto es el de su suficiencia, esto es, debe tener una potencialidad recaudatoria que justifique sus costes de recaudación y que presente un peso decisivo importante en el conjunto de la imposición.

En consecuencia para que podamos entonces valorar este aspecto hemos de partir del hecho de que habrá de descontarse aquellos impuestos cuyo objeto de imposición ya está gravado por otro más suficiente, o lo que es lo mismo, con otras palabras, que no se produzca doble imposición, pues en tal caso el gravamen menos suficiente debe ceder a favor del más.

Pero los diversos fundamentos teóricos del impuesto no suelen tener en cuenta esta consideración y tratan de justificar su establecimiento sobre la base de otras apreciaciones.

Así, existe una importante corriente doctrinal que defiende la existencia de este impuesto basándose en el principio de equidad.

Según Gale y Slemrod, la defensa de la equidad sigue estando plenamente vigente en el siglo XXI, debido a que subsisten grados de concentración de la riqueza realmente elevados[158].

Ahora bien, esta concentración de riqueza no puede justificar por sí misma una imposición, en primer lugar, porque ya se grava la renta obtenida por el sujeto pasivo, con un impuesto progresivo, que ha de considerarse, por otra parte discutible, pues la capacidad económica se puede medir, incluso mejor, con un impuesto proporcional[159]; en segundo lugar, porque esa renta que se va gravar como consecuencia de una traslación de dominio, en gran medida involuntaria, ya fue gravada en su origen, de tal modo que si así se fuese gravando llegaría un momento en que el Estado o la autoridad, el grupo, se habría apropiado de toda la herencia.

Además, no toda concentración de capital por sí misma ha de considerarse negativa, pues, incluso en los tiempos modernos puede resultar altamente beneficiosa para el desarrollo de nuevas tecnologías, en ocasiones necesitadas de grandes cantidades de capital.

Para intentar neutralizar estas objeciones se argumenta que desde el punto de vista de la equidad puede tenerse en cuenta el proyecto del profesor Rignano quien somete a un impuesto mayor la parte de herencia que a su

---

158 Gale, W. G. y Slemrod, J. B.: "Policy Watch. Death Watch for Estate Tax?", *Journal of Economic Perspectives*, año 2001, volumen 15, nº 1, Winter, pp, 205-218.

159 Vieja polémica la de la progresividad o proporcionalidad impositiva. En el Derecho romano, precisamente por razones de equidad, se proclamó la proporcionalidad en las cargas tributarias; Papiniano, a este respecto dice: "…ut omnes pro modo praediorum pecuniam tributi conferant" (Todos presten la cantidad de dinero del tributo en proporción a sus predios, Papiniano, 19 Responsa: *Digesto*, obra citada, L, XV, 5).

vez el causante hubiera heredado, de aquel que fuera fruto de su propia actividad y acumulación, que se sujetaría a tipos menores[160].

Otros autores consideran que un gravamen de esta naturaleza responde a una eficacia económica pues contribuiría a disminuir la perpetuación de la acumulación de riqueza en determinados estratos de la sociedad[161] y al gravar la universalidad de los bienes que componen un patrimonio, se puede hacer tributar periódicamente algunos activos que, por no realizarse, o por no generar una renta regular, quedarían fuera de tributación, argumentos que carecen de consistencia y que parecen rescoldos de la idea marxista de la criminalidad de la acumulación de capital, como si esta por sí misma fuera recriminable; además, se olvidan quienes tal posición adoptan de que, por una parte, esos capitales que se transmiten vía sucesión o donación ya tributaron en su momento al incorporarse al patrimonio del de cuius y, por otra, que tributarán en lo sucesivo a través de las rentas que puedan producir o que les sean imputadas, caso de los inmuebles.

También con frecuencia se alude al principio de capacidad económica como criterio fundamental para exigir este gravamen.

Poco hay que discernir sobre el principio de capacidad económica o de capacidad de pago en el Impuesto sobre Sucesiones, pues es claro que un gravamen que recae sobre un aumento del capital del heredero o legatario gratuitamente, salvo que sea confiscatorio, es demostrativo de capacidad de pago[162], y ello, sin olvidar, que podría decirse que la capacidad de pago proporciona un latiguillo con atractivo emocional que podría ser suscrito por casi todo el mundo. La dificultad, naturalmente, estriba en que la frase clave es tan ambigua que el principio se vacía de contenido[163].

Pronto se intentó, sin embargo, buscar la justificación de este gravamen en principios que no fueran solo recaudatorios.

Así, sobre todo, aunque ya antes, existieron posicionamientos en este sentido, que justificaban el gravamen en la existencia de funciones sociales del Estado y junto con ello aprovechaban para predicar del mismo la progresividad impositiva.

Por otra parte, esta capacidad de pago se puede medir de muy diversas formas, pero ninguna de ellas exenta de problemas.

Pero a nuestro juicio, esto nada tiene que ver, pues un impuesto, y es lo que importa, puede ser justo sin necesidad de que sea progresivo.

---

[160] Vid. Rignano, E.: *Di un Socialismo in accordo colla dottrina económica liberale*, edit. Bocca, Torino 1901.

[161] García de Pablos, J. F.: *El Impuesto sobre Sucesiones y Donaciones en España. Problemas Constitucionales y Comunitarios*, edit. Aranzadi/Thomson Reuters, Cizur Menor, 2010, p. 97.

[162] Sobre el principio de capacidad económica vid. Aparicio Pérez, A.: "La falacia de la capacidad económica como criterio informador de los tributos", *Información Fiscal*, número 79, enero-febrero 1979, pp. 13-44.

[163] VV.AA.: *El Impuesto progresivo un tema difícil*, edit. Instituto de Estudios Fiscales, Madrid, 1972, p. 184.

A este respecto algunos autores acaban reconociendo tras recorrer las diversas teorías que tratan de justificar la progresividad que "el problema de la imposición progresiva...debe ser decidido por juicios éticos más que por medidas psicológicas"[164], y añadiríamos nosotros económicas, salvo, obviamente las recaudatorias.

Por otra parte, la progresividad encierra una gran indeterminación pues el grado que se considere que debe de alcanzar, no es posible justificarlo, ya que para algunos una pequeña progresividad ya es mucho y para otros, una muy alta es pequeña.

Hayeck decía al respecto: "En contraste con el sistema fiscal proporcional, el progresivo no nos ofrece módulo alguno que permita determinar cuál debe ser la carga fiscal de cada uno. Supone adoptar medidas discriminatorias contra los ricos, sin criterio objetivo que permita determinar la onerosidad de las correspondientes normas. Porque no existe fórmula que nos indique cuál sea la tasa progresiva ideal"[165].

Stuart Mill tampoco ofrece una justificación clara y contundente que fundamente la progresividad impositiva, más aún considera esta inaceptable con carácter general y solo la admite en el caso de un gravamen sucesorio.

Decía a este respecto: "No son las fortunas que se han ganado, sino las que se han heredado las que es conveniente limitar para el bien público"[166], concluyendo "El principio de la graduación [...], esto es, de gravar con un porcentaje tanto mayor cuanto mayor es la suma, si bien su aplicación a los impuestos en general sería, en mi opinión, censurable, me parece a la vez justo y conveniente aplicado a los derechos sobre las herencias y legados"[167].

Por otra parte, hay quien sostiene que un Impuesto sobre Sucesiones, dejando a salvo, aquellos supuestos en que los herederos sean extraños al causante, o con grado de parentesco muy lejano, puede producir efectos desincentivadores sobre el trabajo, ahorro e inversión[168].

Afirmaciones no compartidas por la doctrina y cuestionadas por muchos autores.

McCaffery decía:"El impacto del impuesto sobre herencias en el crecimiento económico es negativo y significativo. Esto es así en la medida que afecta negativamente al ahorro y al trabajo ya que uno de los principales incentivos que tienen los padres para trabajar y ahorrar es dejarles una he-

---

164 Fagan, E. D.: "Teorías crecientes y contemporáneas de la imposición progresiva", incluido en Musgrave y Shoup: *Ensayos sobre economía impositiva*, edit. Fondo de Cultura Económica, México, 1964, p. 64.

165 Hayeck, F. A.: *Los fundamentos de la libertad*, tomo II, Fondo de Cultura Económica, Ediciones Valencia, 1961, p. 103.

166 Mill, J. S.: *Principios de Economía Política*, obra citada, p. 692.

167 Ibídem, pp. 692-693.

168 Bartlett, B.:"The end of State Tax?, *Special Report*, Tax Notes, año 1997, nº 7 julio, pp. 105-110.

rencia a sus hijos, y esto ocurre con independencia del nivel de riqueza que tengan"[169].

En el mismo sentido se pronunciaba Barlett quien destacaba los desincentivos que supone para el trabajo, el ahorro y la inversión, en general para la acumulación de capital, ya que uno de los incentivos principales que tienen los padres para trabajar y ahorrar es dejarles una herencia a sus hijos[170]. Pero para la mayor parte de la doctrina no hay evidencias inequívocas de que este gravamen tenga esos efectos negativos.

Así, entre otros, los profesores Gale y Slemrod indicaban que no hay evidencias claras de que un gravamen sucesorio tenga efecto negativo sobre el trabajo o el ahorro[171].

Tampoco cree que un impuesto sucesorio perjudique en sí al ahorro el profesor Jarach quien empieza diciendo: "La existencia del impuesto actuará sobre algunos hombres previsores y con afecto familiar muy arraigado, que se proyecta no solamente hacia los hijos, sino también hacia los nietos, en el sentido de estimular su espíritu de ahorro, a fin de dejar a los herederos una herencia neta mayor, después de pagado el impuesto. En otros hombres la existencia del gravamen puede tener el efecto contrario e inducirlos a consumir o derrochar la riqueza acumulada antes de dejarla en manos del Estado en una proporción importante", para a continuación añadir: "Si prescindimos de consideraciones sicológicas y subjetivas, y tenemos en cuenta que muchos ahorros y acumulación de riqueza no dependen, en la sociedad actual, de decisiones individuales, podemos llegar a la conclusión de que la existencia del impuesto no tendrá un efecto sustancial en la creación de ahorros"[172].

No puede afirmarse que el Impuesto sobre Sucesiones y Donaciones penalice el ahorro, debido a que normalmente se deja la herencia a los hijos con el objetivo de aumentar el bienestar de aquéllos a costa del suyo, ya que si los hijos esperan la herencia, éstos podrían aumentar el consumo frente al ahorro (dilema del samaritano), siendo el Impuesto de Sucesiones un instrumento para evitar ese efecto[173]. En definitiva, con relación a los efectos del impuesto sobre el ahorro o la acumulación de capital, tampoco se ha demostrado que los resultados sean negativos[174].

---

[169] McCaffery, E. J.: "The Uneasy Case for Weallth Transfer Taxation", *The Yale Law Journal*, volumen 104, número 2, noviembre 1994, pp.283-365.

[170] Barlett, B.: "The end of the estate Tax?", *Tax Notes*, 76:1, pp. 105-110.

[171] Gale, W. G. y Slemrod, J.: "Rethinking the State and Gift Tax: Overview", *National Bureau of Economic Research*, abril, 2001, pp. 42-43.

[172] Jarach, D.: "Impuesto sobre el Patrimonio y las Sucesiones y Donaciones", en *El Impuesto sobre el Patrimonio*, edit. Instituto de Estudios Fiscales, Madrid, 1972, p. 237.

[173] García de Pablos, J. F.: "El Impuesto sobre Sucesiones y Donaciones: supresión o reforma", *Crónica Tributaria*, núm. 139, año 2011, p.85.

[174] Joulfaian, D.: The Federal Estate and Gilf Tax: Description, Profile of Taxpayer and Economic Consecuences, OTA *Paper 80*, U.S. Department of the Treasury, December 1998, p. 25.

La mayoría de la doctrina, sin embargo, concluye en negar el desincentivo sobre el ahorro o la inversión, de forma que el efecto sustitución que pudiera darse en el transmisor, se compensaría con la merma de expectativas producidas en los futuros perceptores como consecuencia de la imposición, induciéndoles a un mayor ahorro y a un mejor empleo de los recursos productivos. Por tanto, el conflicto entre la equidad que aboga por una máxima intervención en las herencias y el objetivo de eficacia, que parece requerir la eliminación de cualquier intervención que pudiera disminuir el ahorro privado, requeriría un equilibrio entre ambos objetivos[175].

El impuesto sobre adquisiciones gratuitas, en definitiva, no tiene efectos negativos sobre el ahorro, ya que las variaciones en el nivel de ahorro parece que obedecen a razones extra fiscales y de orden económico tales como el nivel de empleo, las expectativas empresariales o la incertidumbre sobre el futuro, verdaderos causantes del nivel de ahorro de los ciudadanos españoles[176]; aunque deberían reducirse los coeficientes en función del patrimonio preexistente, ya que penalizan al heredero que mantuvo su patrimonio frente al que no hizo un esfuerzo para mantenerlo[177], provocando un desincentivo al ahorro, o bien generará estrategias por parte de los contribuyentes para evitarlo, alterando las decisiones originales en torno al modo de transmitir el patrimonio o las condiciones para recibirla[178].

Para el profesor Jarach el Impuesto Sucesorio puede suponer un menor freno a la inversión que otros impuestos sobre la renta o sobre los beneficios de las empresas e incluso podría tener un efecto estimulador de las actividades productivas de los herederos en cuanto que disminuye sus expectativas de incremento patrimonial por sucesión[179].

Del mismo parecer es Dalton quien sostiene que las actividades productivas pueden estimularse si los potenciales herederos no basan sus expectativas de bienestar o de progreso en presuntas herencias[180].

Por su parte los profesores Cremer y Pestieau entienden que para calibrar adecuadamente los efectos económicos de los impuestos sobre la transmisión de la riqueza, es necesario tener en cuenta los motivos que subyacen en el comportamiento de los ahorradores al ahorrar y transmitir riqueza, distinguiendo entre los denominados legados accidentales producidos cuando una persona no gasta toda la renta a lo largo de su vida y los legados programados, sean o no altruistas, para sus herederos, pues los primeros al

---

175 García de Pablos, J. F.: "El Impuesto sobre Sucesiones y Donaciones: supresión o reforma", *Crónica Tributaria*, artículo citado, p. 86.

176 Ibídem, p. 86.

177 Checa González, C.: *La supresión del Impuesto sobre Sucesiones y Donaciones: materiales para la reflexión*, Pons-Idelco, Madrid 1996, p. 76.

178 Alonso González, L. M.: *La Inconstitucionalidad del Impuesto sobre Sucesiones y Donaciones*, Instituto de Estudios Económicos, Madrid, 2001, p. 72.

179 Jarach, J.: "Impuesto sobre el patrimonio y las sucesiones y donaciones", en *Reforma tributaria para América latina*, tomo II, edit. Instituto de Estudios Fiscales, Madrid, 1972, p. 249.

180 Dalton, A. M.: *Principles of Public Finance*, Rutledge, Londres, 1954, p. 82.

constituir una forma de consumo no programada, pueden ser objeto de una imposición mayor que los segundos, ya que operan como impuestos de tanto alzado, sin desincentivar la obtención de renta y el ahorro[181].

Creemos, terciando en esta polémica, que en todo caso habrán de tenerse en cuenta las siguientes consideraciones:

En primer lugar, que en realidad todos los impuestos producen unos efectos económicos que no son iguales en todos los individuos ya que no solo dependen de variables económicas sino también, temporales, psicológicas y sociales, por lo que no sería correcto enjuiciar una determinada imposición atendiendo a uno solo de los aspectos en liza.

En segundo lugar, porque no todo impuesto por el mero hecho de que responda positivamente a un aspecto económico ha de ser considerado ya como presupuesto para su exacción.

Pues a nuestro juicio, y no es cuestión menor el establecimiento de un gravamen, ha de tenerse en cuenta, además, otros dos aspectos, como hemos ya parcialmente indicado: su justicia y su neutralidad.

Es evidente, que resulta muy difícil, salvo casos extremos definir cuando un impuesto es justo o no, cuestión más polémica si cabe en el caso del Ordenamiento jurídico español, donde al ser un Ordenamiento positivo y positivizado la idea de justicia no va implícita en el impuesto, del que ha de predicarse si es debido o no, pero no necesariamente si es o no justo[182].

Pero al margen de esta posición, lo que sí es cierto que no puede considerarse adecuado que una renta que ya fue gravada en su origen, cuando el fallecido o el donante, la obtuvo o generó, vaya a ser gravada de nuevo cuando se transmita lucrativamente vía donación o herencia. Más aún, dejando aparte el caso de las transmisiones entre parientes muy lejanos o extraños, si la transmisión se realiza en línea directa, se está gravando una renta que en cierto modo es propia. En efecto, imaginemos una explotación agrícola en la que trabajan los hijos y el padre, en la que todos son creadores de las rentas agrícolas, en el momento del fallecimiento del padre los hijos han de pagar el Impuesto de Sucesiones para continuar en la explotación familiar; asimismo, ¿cómo justificar en los demás casos que bienes que fueron de uso y disfrute común y en los que los hijos herederos tenían sobre ellos una cuota ideal al pasar a ser real, es decir, al momento del fallecimiento deban pagar por algo que fue también suyo?

Por otra parte, los impuestos deben en la mayor tendencia posible intentar ser neutrales, esto es, evitar incidir en la economía.

Es evidente, que un Impuesto sobre Sucesiones y Donaciones afecta a la libre disposición de los bienes y con ello a la libertad económica, independientemente de la mayor o menor libertad para testar.

---

[181] Cremer, H. y Pestieau, P.: "Riqueza e imposición sobre la transmisión de riqueza: una revisión", *Papeles de Economía Española*, números 125-126, pp. 188-210.

[182] Aparicio Pérez, A.: "Ética fiscal y jurisprudencia", *Jornadas de estudio sobre ética fiscal*, Oviedo 17 de enero de 2003, mimeo.

En efecto, vemos que para evitar derechos sucesorios es frecuente sobre todo en el caso de grandes patrimonios que se constituyan fundaciones, de modo que los bienes aportados a las mismas y luego transmitidos en el marco de la fundación escapan a los derechos sucesorios.

Pero también en el caso español la situación es más grave porque se ha introducido un coeficiente multiplicador que actúa sobre el patrimonio preexistente que grava al heredero que más ha ahorrado frente al que más ha gastado.

Pero hay más. Como reconoce la generalidad de la doctrina la actual regulación en el Derecho español del Impuesto sobre Sucesiones y Donaciones infringe el principio de neutralidad impositiva en varios casos[183].

Así, la reducción por seguro de vida para caso de fallecimiento establecida a favor de familiares directos, constituye un beneficio fiscal con la intención de fomentar esa modalidad de previsión voluntaria en el ámbito familiar, pero que afecta a la citada neutralidad y perjudica la progresividad del impuesto beneficiando a los contribuyentes con bases imponibles más altas[184].

Asimismo, cabe citar el supuesto de reducción por la adquisición de un bien integrante del Patrimonio Histórico Español o del Patrimonio Histórico o Cultural de las Comunidades Autónomas por los familiares directos, en base a las restricciones establecidas a sus titulares y en una razón extra fiscal como puede ser la protección de los bienes de interés cultural previsto en el artículo 46 de la Constitución Española, lo que justificaría una bonificación tributaria, no la actual exención[185].

La ruptura del principio de neutralidad impositiva puede observarse, también, claramente en la reducción por la adquisición de la vivienda habitual del causante, donde se prima esta forma de ahorro, fomentándose la compra de viviendas, ya que no se exige que el inmueble sea la vivienda habitual del adquirente, con lo que se convierte en una reducción generalizada que discrimina otras formas de riqueza[186].

Esta reducción, por el contrario, incentiva esta forma de ahorro, ya que está condicionada únicamente a que la vivienda sea la habitual del fallecido y a que durante 10 años los herederos no la vendan, con lo que se encauza al contribuyente hacia esta forma de ahorro, que se convierte en un bien exento. Ya que, además, al adquirente le basta con no vender el bien para

---

[183] Es cierto que, en principio, dicho gravamen fue creado como neutral para el funcionamiento de los mercados, pero dicho neutralidad no puede predicarse hoy día; así, entre otros, nos lo recuerdan Feltrer Rambaud, L. y Lamo de Espinosa, P.: "El Impuesto de Sucesiones", *Actualidad Jurídica Aranzadi*, año XIII, 2003, número 566, p. 6.

[184] García de Pablos, J. F.: "El Impuesto sobre Sucesiones y Donaciones: supresión o reforma", *Crónica Tributaria*, artículo citado, p. 86.

[185] Ibídem, p. 86.

[186] Cfr. Falcón y Tella, R.: "Las reducciones en la base imponible del ISD en materia de vivienda habitual y empresa familiar: el discutible criterio de la Dirección General de Tributos", *Quincena Fiscal*, nº 8, 1999, p. 6.

cumplir dicho requisito, con lo que se inmoviliza la vivienda al no situarla en el mercado, alentando su subida de precio, pudiendo adquirir diferentes viviendas con exención de distintos causantes. En resumen, se establece con ello, la práctica exención y no la reducción de la carga fiscal a lo que deben sumarse los efectos del beneficio fiscal, el incentivo de la demanda de viviendas (al ser un bien que recibirán sin carga tributaria) y el mantenimiento en el patrimonio durante un plazo por el causahabiente (con lo que restringe la oferta al no situarlas en el mercado), con los efectos consiguientes en el precio de la vivienda en el mercado inmobiliario[187].

Por otra parte, el parentesco exigido, limita la reducción a determinados parientes con lo que se establece un requisito ajeno al propio objetivo que señala el artículo 47 de la Constitución Española, no comprendiéndose por qué un minusválido que recibe una vivienda que va a ser la habitual y no está dentro de los parientes señalados, no puede gozar del beneficio fiscal[188].

---

[187] García de Pablos, J. F.: "El Impuesto sobre Sucesiones y Donaciones: supresión o reforma", *Crónica Tributaria*, artículo citado, p. 86.

[188] Cfr. García de Pablos, J. F.: "El Impuesto sobre Sucesiones y Donaciones: supresión o reforma", *Crónica Tributaria*, artículo citado, p. 86.

IV. LA CONSTITUCIONALIDAD DEL IMPUESTO SOBRE SUCESIONES Y DONACIONES

A. INTRODUCCIÓN

Hemos hablado del fundamento teórico del impuesto, hemos de ver ahora el fundamento constitucional.

Para ello han de partirse de dos premisas claras en nuestro derecho:

En primer lugar, como ya indicamos, nuestro sistema jurídico pertenece al grupo de los sistemas positivos y positivizados, lo que implica que la justicia ha de adaptarse a su concepción positiva. No hay más ley que la ley positiva, y no puede buscarse ni principio ni fundamento jurídico alguno más allá de la norma positivizada[189].

Ello lleva, en consecuencia, a una serie de conclusiones que han de tenerse muy en cuenta, por los efectos que producen:

En primer lugar, este positivismo jurídico hace que se dé prevalencia a la seguridad jurídica sobre la verdad jurídica; pero, además, esa seguridad jurídica interpretada y aplicada de forma positivizada.

En segundo lugar, no hay más ley que la ley positiva dada.

En tercer lugar, no hay ningún valor o derecho absoluto y/o anterior a la Constitución.

---

[189] Pues bien, en el ámbito que ahora nos ocupa este posicionamiento positivista lleva a una consecuencia inevitable: a una ética jurídica sin metafísica, o lo que es lo mismo, a una ética positivista. Esta ética positivista implica que las normas y los valores no forman parte de una realidad objetiva, no caen, además, dentro del ámbito de la experiencia empírica. Esto obviamente no significa que los juicios de valor (valoraciones) al igual que los juicios sobre normas (normaciones) jueguen un papel importante en la vida de cada individuo, pero no en el orden jurídico. El fundamento de la norma está únicamente en el derecho que en un momento determinado se dé una comunidad, derecho en el que por sus propias características ni la costumbre ni la tradición tienen cabida. Todo lo más en este fundamento la razón puede demostrar que una norma es fundada o no en la medida en que puede demostrar que los presupuestos fácticos de la misma son correctos o falsos; que la norma fundada en estos elementos tiene un elemento de deber hacer que es inaccesible al conocimiento y al fundamento racional. Y, finalmente, hemos de señalar que una norma no puede estar fundada en el elemento objetivo, sino que siempre está condicionado por el punto de vista del sujeto que sostiene esa norma (Aparicio Pérez, A.: "Ética fiscal y jurisprudencia", *Documentos*, 16, febrero 2004, Instituto de Estudios Fiscales, Madrid, pp. 2-3 y 106).

En segundo lugar, la siguiente consideración que hay que tener en cuenta es referente a qué funciones debe responder un impuesto.

En los tiempos modernos, ciertos teóricos de la hacienda ven en el impuesto la panacea y solución de todos los problemas; llegan hasta considerarlo como el instrumento de realización de la justicia y un medio, incluso, para lograr el bienestar social.

Así el impuesto no es solo un medio de recaudar sino que es un instrumento de justicia redistributiva, de impulso económico, de ordenación del territorio, de protección de la naturaleza, e incluso instrumento poderoso del llamado Estado del Bienestar.

Se sobredimensiona su función; el impuesto nace y así debe seguir siendo con una función esencialmente recaudatoria, para hacer frente a las necesidades comunes y ha de basarse en un único principio, ha de exigirse en proporción a la renta de cada uno, es decir, ha de exigirse allí donde hay riqueza y de acuerdo con una cierta capacidad económica. Todo lo demás es adulterar el gravamen y a través de él generar discriminaciones, desigualdades, injusticias.

Pero, hay, incluso, en la doctrina española quien en la ardiente defensa de este gravamen lo llega a fundamentar en el genérico deber constitucional de contribuir a los gastos públicos recogido en el artículo 31.1 de la Constitución con la indicación de que la eliminación del gravamen de las adquisiciones gratuitas afectaría de lleno al principio constitucional de someter a gravamen todas las fuentes de renta y adquisición de riqueza[190], argumento carente de razón y sentido, en primer lugar, porque en la Constitución en ningún precepto se indica que todas las fuentes de renta han de ser gravadas, en segundo lugar, porque en el caso de las sucesiones ya fueron gravadas cuando se incorporaron al patrimonio del fallecido.

B. CONCRECIÓN CONSTITUCIONAL

Sentado lo anterior, en la Constitución Española de 27 de diciembre de 1978 podemos encontrar respecto al tema que analizamos dos tipos de preceptos: unos de carácter general y otros concretos de aplicación específica al caso que analizamos.

a) Preceptos de carácter general

Los preceptos de la Constitución que se refieren a todo el ordenamiento jurídico y que por lo tanto también al impuesto, son la justicia y la igualdad recogidos con carácter general en los artículos 1.1, 9.2 y 14.

El artículo 1.1 de la Constitución Española, dice: "España se constituye en un Estado social y democrático de derecho, que propugna como valores

[190] García de Pablos, J. F.: *El Impuesto sobre Sucesiones y Donaciones en España. Problemas constitucionales y comunitarios*, edit. Aranzadi/Thomson Reuters, Cizur Menor, 2010, p. 97.

superiores de su ordenamiento jurídico la libertad, la justicia, la igualdad y el pluralismo político".

Ya hemos visto que la justicia no debe predicarse en un sistema positivo como el dimanante de la Constitución como un elemento implícito del tributo; no obstante, al margen de esto, la justicia positiva se ha de alcanzar a través de otros principios como la generalidad, la capacidad económica o la no confiscatoriedad del tributo.

Ya en el Derecho romano, ordenamiento en el que existían pocos conceptos generales, sin embargo, pronto se pronunciaron sobre el de justicia. Ulpiano decía: "Justicia es la constante y perpetua voluntad de dar a cada uno lo suyo"[191]. En el ámbito tributario ese dar a cada uno lo suyo se instrumentaba a través del cumplimiento, como ya hemos señalado, de otros principios, a saber: generalidad, no discriminación, capacidad económica.

Muchos son los textos jurídicos de entre los que se puede extraer la idea de justicia, sobre la base de los principios indicados. Así, por ejemplo, Ulpiano habla de la necesidad de tener en cuenta las circunstancias económicas del sujeto obligado a pagar el impuesto. Así, dice: "El censor debe observar tal equidad, que corresponda a su cargo que sea descargado el que por ciertas causas no pueda disfrutar de la cantidad denunciada en las tablas públicas. Por lo cual, también deberá ser descargado por el censor, si una parte del campo hubiere perecido por agrietamiento. Si las vides hubiesen muerto o los árboles se hubiesen secado, sería injusto que su número se incluyese en el censo. Pero si hubiese cortado árboles o vides, se mande que, sin embargo, declare el número que hubo al tiempo de hacerse el censo, a no ser que él probare al censor la causa de cortarlos"[192].

El principio de generalidad implica que todos los ciudadanos contribuyan a las cargas generales de la comunidad, evitando todo tipo de exenciones y/o privilegios. Este principio de generalidad está, a su vez, íntimamente relacionado con los principios de legalidad, igualdad y justicia. En el Derecho romano no hay duda alguna de que los impuestos establecidos tanto cuando lo fueron por las asambleas comiciales como cuando lo fueron por constitución imperial se fijaron con vocación de generalidad. Ello, no obstante, no impidió, eso sí con carácter de excepcionalidad y con causa justificada que se otorgaran exenciones. En el Digesto se recoge una constitución imperial del emperador Caracalla en la que se dice: "Las cargas que se establecen sobre los patrimonios para utilidad pública han de sostenerse por todos"[193].

La Jurisprudencia constitucional ha venido, a su vez, fijando el sentido y alcance de este precepto.

Así la Sentencia del Tribunal Constitucional 181/2000, de 29 de junio establece respecto de la invocación del valor superior de la justicia, enuncia-

---

[191] Ulpiano, *Digesto*, versión castellana de D´Ors, A., Hernández-Tejero, F., Fuenteseca, P., García-Garrido, M. y Burillo, J., edit. Aranzadi, Pamplona, 1968, I, I, 10, 2.

[192] Ulpiano, 3 censibus, *Digesto*, obra citada, L, XV, 4.1.

[193] Justiniano: *Digesto*, obra citada, X, XLII, 2.

do en el art. 1.1 de la Constitución, que "no cabe olvidar que constituye un canon de enjuiciamiento necesitado de concreción, de tal manera que este Tribunal ha subrayado, en lo que ahora importa, la estrecha conexión que existe entre el valor justicia del artículo 1.1 de la Constitución y el principio de interdicción de la arbitrariedad de su art. 9.3. (STC 66/1990, de 5 de abril, F.J. 6). El valor justicia del art. 1.1 C.E. no puede, pues, identificarse unilateralmente con particulares modos de entender lo justo, ni con una forma de fiscalización de la constitucionalidad de la ley en atención a los resultados. Más bien ha de ser considerado como un concepto tendencialmente abierto y plural. Por ello, este valor superior del ordenamiento operará como un canon complementario, en concurrencia con otros factores de ponderación y, muy especialmente, en relación con el principio de interdicción de la arbitrariedad en su proyección sobre el legislador", principio este último recogido en el artículo 9. 3 C.E[194].

En el examen de este último precepto, añade que para que en el establecimiento de una norma, de una obligación, basta con que exista una justificación objetiva[195]. En resumen, la ley es arbitraria en el supuesto de que careciera "de toda explicación racional" (STC 108/1986, de 29 de julio, F.J. 18), "sin que sea pertinente un análisis a fondo de todas las motivaciones posibles de la norma y de todas sus eventuales consecuencias" (SSTC 65/1990, de 5 de abril, F.J. 6; 142/1993, de 22 de abril, F.J. 9; 212/1996, de 19 de diciembre, F.J. 16; 116/1999, de 17 de junio, F.J. 16).

Respecto al principio de igualdad la Sentencia del Tribunal Constitucional citada 181/2000, de 29 de junio , dice: "Pues bien, es oportuno traer a colación la doctrina de este Tribunal sobre el derecho a la igualdad en la ley (art. 14 C.E.), y que puede considerarse resumida en el F.J. 1 de la STC 144/1988, de 12 de julio, en el que se declaró que el principio de igualdad prohíbe al legislador "configurar los supuestos de hecho de la norma de modo tal que se dé trato distinto a personas que, desde todos los puntos de vista legítimamente adoptables, se encuentran en la misma situación o, dicho de otro modo, impidiendo que se otorgue relevancia jurídica a circunstancias que, o bien no pueden ser jamás tomadas en consideración por prohibirlo así expresamente la propia Constitución, o bien no guardan relación alguna con el sentido de la regulación que, al incluirlas, incurre en arbitrariedad y es por eso discriminatoria".

"Ahora bien, lo propio del juicio de igualdad es que ha de constatarse siempre mediante un criterio de carácter relacional que, cuando se proyecta sobre el legislador requiere como presupuesto obligado la previa comprobación de que, como consecuencia de la medida legislativa impugnada, se ha introducido directa o indirectamente una diferencia de trato entre personas. Sólo verificado este primer presupuesto se procederá a determinar la licitud constitucional o no de la diferencia contenida en la norma. Por

[194] Sentencia del Tribunal Constitucional 181/2000, de 29 de junio, Fundamento Jurídico 11.

[195] Vid. STC 4/1988, de 21 de enero, Fundamento Jurídico 5.

idéntica razón, cuando la norma enjuiciada no produzca esa imprescindible diversidad de trato entre los ciudadanos, estableciendo una distinción perjudicial en la posición jurídica de unos respecto de la de otros, es del todo innecesario continuar con el examen de la ley desde la óptica del principio de igualdad"[196].

Es doctrina reiterada y constante de este Tribunal que el derecho a la igualdad del artículo 14 de la Constitución no consagra un derecho a la desigualdad de trato (STC 114/1995, de 6 de julio, F.J. 4), ni ampara la falta de distinción entre supuestos desiguales, por lo que no existe "ningún derecho subjetivo al trato normativo desigual" (STC 16/1994, de 20 de enero, F.J. 5), siendo ajena al ámbito de este precepto constitucional la llamada "discriminación por indiferenciación" (STC 308/1994, de 21 de noviembre, F.J. 5). En definitiva, "el principio de igualdad no puede fundamentar un reproche de discriminación por indiferenciación" (STC 164/1995, de 13 de noviembre, F.J. 7)[197].

El artículo 9. 2 de la Constitución señala: "Corresponde a los poderes públicos promover las condiciones para que la libertad y la igualdad del individuo y de los grupos en que se integra sean reales y efectivos; remover los obstáculos que impidan o dificulten su plenitud y facilitar la participación de todos los ciudadanos en la vida política, económica, cultural y social".

El Tribunal Constitucional en relación con este artículo establece que sobre la base de dicho precepto se puede imponer, como consideración de principio, la adopción de normas especiales que tiendan a corregir los efectos dispares que en orden al disfrute de bienes garantizados por la Constitución se sigan de la aplicación de disposiciones generales en una sociedad cuyas desigualdades radicales han sido negativamente valoradas por la propia norma fundamental[198] y ha añadido que este Tribunal ha tenido ya ocasión de señalar sobre la base del artículo 9. 2 que se puede exigir un mínimo de desigualdad formal, para progresar hacia la consecución de la igualdad sustancial (STC 114/1983, de 6 de diciembre; fundamento jurídico 2°; en términos análogos, STC 98/1985, de 29 de julio; fundamento jurídico 9°).

La obligación que a los poderes públicos impone este precepto constitucional supera, pues, el más limitado ámbito de una igualdad meramente formal propugnando un significado del principio de igualdad acorde con la misma definición del artículo 1 de la Constitución[199].

El artículo 14 de la Constitución proclama el principio de igualdad ante la ley.

El principio de igualdad exige, en primer lugar, que las diferencias normativas no establezcan como criterio de diferenciación alguno de los expre-

---

[196] Vid. Sentencia del Tribunal Constitucional 4/1988, de 21 de enero, Fundamento Jurídico 10.

[197] Sentencia del Tribunal Constitucional 181/2000, de 29 de junio, Fundamento Jurídico 11.

[198] Sentencia del Tribunal Constitucional 18/1988, de 26 de febrero, Antecedente, 2, c) y Fundamento Jurídico 6.

[199] Vid. Sentencia del Tribunal Constitucional 166/1988, de 26 de septiembre, Fundamento Jurídico 2.

samente vedados en el mismo (nacimiento, raza, sexo, religión, opinión o cualquiera otra condición o circunstancia personal o social); en segundo lugar, que esas diferencias respondan a un fin constitucionalmente válido para la singularización misma; en tercer lugar, que exista coherencia entre las medidas adoptadas y el fin perseguido y, especialmente, que la delimitación concreta del grupo o categoría así diferenciada se articule en términos adecuados a dicha finalidad; y, por último que las medidas concretas o, mejor, sus consecuencias jurídicas sean proporcionadas al referido fin[200].

La vulneración del principio de igualdad ante la ley requiere la presencia de dos presupuestos esenciales, a saber: la aportación de un término de comparación que acredite la igualdad de supuestos y que se trate de un cambio de criterio inmotivado o con motivación irrazonable o arbitraria, esto es, que el trato diverso carezca de una justificación objetiva y razonable[201].

A la vista de esto es difícil decir si un Impuesto sobre Sucesiones es justo o no; no obstante dejando al margen el carácter positivo del Ordenamiento en que el concepto de justicia no es implícito al impuesto, sí que vemos cómo unas mismas rentas son gravadas dos veces, frente a otras de la misma naturaleza y carácter que solo lo son una vez; parece pues, que se rompe el principio de igualdad tributaria que exige que sea tratado igual lo que es igual, lo que no sucede, siempre, con un impuesto de esta naturaleza. A ello, habría, que añadir, asimismo, el distinto trato que se tiene según la Comunidad Autónoma en la que se tribute, sobre lo que volveremos.

b) Preceptos con carácter específico

La Constitución recoge, a su vez, al respecto varios preceptos básicos: el artículo 33.1 de la Constitución, que consagra fundamentalmente el principio de capacidad económica y el de equidad, el de legalidad del artículo 133.1 que declara que la potestad originaria de establecer tributos corresponde exclusivamente al Estado mediante ley y el artículo 157. 2 que prohíbe la traslación tributaria territorial y las restricciones a la libre circulación de mercancías o servicios.

Junto a estos límites se establece en relación con las Comunidades Autónomas la prohibición de la doble imposición interterritorial, la de poner obstáculos para la libre circulación de personas, mercancías, servicios o capitales o el establecimiento de límites a la libre fijación de empresas y capitales.

En efecto, ley Orgánica de Financiación de las Comunidades Autónomas, Ley Orgánica 8/1980, de 22 de septiembre, modificada por las Leyes Orgánicas 1/1989, de 13 de abril, 3/1996, de 27 de diciembre, 5/2001, de 13 de diciembre y 3/2009, de 18 de diciembre, texto que forma parte del blo-

---

[200] Así, vid. Sentencias del Tribunal Constitucional 158/1993, de 6 de mayo y 361/1993, de 3 de diciembre.

[201] Vid. Sentencias del Tribunal Constitucional 62/1987, de 20 de mayo; 9/1989, de 23 de enero y 68/1989, de 19 de abril.

que de constitucionalidad, ha fijado en materia tributaria una barrera que constituye una delimitación del campo atribuido a los tributos propios de las Comunidades Autónomas con relación al ámbito de los tributos estatales y locales[202].

Así, el artículo 6 de la citada Ley Orgánica de Financiación de las Comunidades Autónomas, dispone: "[ ] 2.-Los tributos que establezcan las Comunidades Autónomas no podrán recaer sobre hechos imponibles gravados por el Estado [ ]. 3.-Los tributos que establezcan las Comunidades Autónomas no podrán recaer sobre hechos imponibles gravados por los tributos locales. Las Comunidades Autónomas podrán establecer y gestionar tributos sobre las materias que la legislación de Régimen Local reserve a las Corporaciones Locales. En todo caso, deberán establecerse las medidas de compensación y coordinación adecuadas en favor de aquellas Corporaciones, de modo que los ingresos de tales Corporaciones Locales no se vean mermados ni reducidos tampoco en sus posibilidades de crecimiento futuro"[203].

Y junto a estos, se les prohíbe, según el artículo 9, b) y c) de la citada Ley orgánica, Ley 8/1980, de 22 de septiembre, la traslación de la carga tributaria a otras Comunidades; y el establecimiento de tributos que supongan obstáculos para la libre circulación de mercancías o servicios o a la libertad de establecimientos mercantiles o de prestación de servicios.

El Tribunal Constitucional ha ido, perfilando, también, el significado y alcance de esos preceptos.

Ya vimos que en el Derecho romano la justicia se lograba a través del respeto al principio de capacidad económica, entendida esta como la máxima

---

[202] Los cambios introducidos en la Ley Orgánica de Financiación de las Comunidades Autónomas, siguiendo un orden cronológico los podemos sintetizar, así: El artículo 4 (apartado 1, letras a, b, c, e, f, g y h), fue redactado posteriormente por la Ley Orgánica 1/1989, de 13 de abril; el artículo 4 (apartado 1, letra d), fue redactado por la Ley Orgánica 3/1996, de 27 de diciembre y el artículo 23 relativo a la resolución de conflictos y la disposición adicional quinta, fueron agregados por la citada Ley Orgánica 3/1996, de 27 de diciembre; los artículos 2 (apartado 1, letra b), 3 (apartado 2), 14 (apartado 3) y 21 (apartado 1), están redactados según la Ley Orgánica 5/2001, de 13 de diciembre, complementaria a la Ley General de Estabilidad Presupuestaria; los artículos 2 (apartado 1., letra e), 4 (apartado 2), 10, 11, 12, 13, 15, 16, 18 (apartado 2), 19, 20, 23 y 24 han sido redactados de conformidad con la Ley Orgánica 7/2001, de 27 de diciembre; los artículos 2 (apartado 1), 4 (apartado 1), 6, 11, 13, 15, 17, 19 y 20 y la Disposición adicional cuarta están redactados de conformidad con la Ley Orgánica 3/2009, de 18 de diciembre; la Disposición adicional sexta ha sido añadida por la Ley Orgánica 3/2009, de 18 de diciembre; el artículo 15, según redacción dada por la citada Ley Orgánica 3/2009, de 18 de diciembre relativa a la obligatoriedad impuesta al Estado de garantizar en todo el territorio español el nivel mínimo de los servicios públicos fundamentales de sus competencias, para lo cual se crea un Fondo de Garantía de Servicios Públicos Fundamentales constituido con un porcentaje de los tributos cedidos, en términos normativos, a las Comunidades Autónomas afectadas y con la aportación que señale la Ley a cargo del Estado, sólo será aplicable a las desviaciones que se produzcan en el Sistema de Financiación de las Comunidades Autónomas que entró en vigor el 1 de enero de 2002, según la disposición adicional primera de la Ley Orgánica 7/2001, de 27 de diciembre.

[203] Redacción dada por la Ley Orgánica 3/2009, de 18 de diciembre, que en lo que aquí ahora afecta no cambia sustancialmente la redacción anterior.

más lógica y evidente: el impuesto sólo puede exigirse allí donde hay renta o riqueza. Esta idea de realismo al considerar la sujeción al impuesto ya fue recogida por Ulpiano, cuando dice: "Los pobres no soportan las cargas patrimoniales por la propia razón de que nada tienen..."[204].

Por otra parte, la idea de que el gravamen no puede ser tan excesivo, que llegue a ser asfixiante, es proclamada, también, con reiteración. Así en una constitución de los emperadores Valentiniano y Valente de 15 de mayo del año 364, se dice: "Sean requeridos como lo exige el decoro, los negociantes, si algunos pertenecen a nuestra casa, y también los dependientes de los potentados, a satisfacer la debida necesidad de los impuestos, de modo que a todos los que buscan emolumentos en las negociaciones se les hagan tolerables los efectos de la contribución que deben pagar"[205].

También el Tribunal Constitucional ha ido, eso sí, sin mucho éxito intentando perfilar el significado y alcance del principio constitucional de la capacidad económica.

Muchas han sido las Sentencias del Tribunal Constitucional al respecto, pero gravemente erróneas, por cuánto llegan a proclamar que la capacidad económica puede ser potencial o real, cuando si hay algo que debe ser efectivo y real es la capacidad económica.

En efecto el Tribunal Constitucional en Sentencia 37/1987, de 26 de marzo considera constitucional gravar una renta virtual, al decir:

> "...En cuanto a las impugnaciones relativas al Impuesto sobre Tierras Infrautilizadas, entiende el Abogado del Estado que nos encontramos ante un auténtico impuesto y que no existe técnicamente doble imposición.
>
> La figura tributaria autonómica es un auténtico impuesto, en el sentido del art. 26 de la Ley General Tributaria, ante cuya definición debe ceder la establecida en el Decreto 3250/1976, sobre Ingresos de las Corporaciones Locales, porque es evidente que la propiedad de terrenos infrautilizados implica capacidad contributiva, como posesión de un patrimonio.
>
> En cuanto a la doble imposición, no puede sostenerse la tesis del recurso de que se prohíbe la imposición sobre la misma fuente de riqueza o materia impositiva, pues la prohibición de duplicidad debe recaer sobre el hecho imponible, no sobre conceptos extraños al Derecho tributario. La posible infinitud de diferenciaciones de hechos imponibles que parecen temer los recurrentes está salvada por los principios de proporcionalidad e interdicción de la arbitrariedad, que vedarían distinciones artificiosas. La interpretación de los recurrentes, al existir en el Estado impuestos generales, vaciaría de contenido la capacidad impositiva de las Comunidades Autónomas. Así, la plena diferenciación del impuesto impugnado con el Impuesto sobre el Patrimonio o la Contribución Rústica es patente, pues no se trata de gravar la simple propiedad, con los efectos especulativos de apropiación de plusvalías y costes sociales que comporta, hecho imponible que es conforme a los principios de proporcionalidad e interdicción de la arbitrariedad.

[204] Ulpiano, 3 opin.: *Digesto*, obra citada, L, IV, 4, 2.

[205] *Digesto*, IV, LXIII, 1, obra citada.

Examinados los términos en que las partes han planteado la controversia y delimitado así el objeto del presente motivo de impugnación, conviene centrar ahora la atención en el argumento principal alegado por los recurrentes, según el cual la figura tributaria que la Ley de Reforma Agraria establece, por no responder a finalidades estrictamente recaudatorias, no es ni puede ser un verdadero impuesto, sino que se trata más bien de una exacción o arbitrio con finalidad no fiscal que, en su criterio, carece de cobertura constitucional como fuente de financiación propia de las Comunidades Autónomas.

Es cierto que la función extra fiscal del sistema tributario estatal no aparece explícitamente reconocida en la Constitución, pero dicha función puede derivarse directamente de aquellos preceptos constitucionales en los que se establecen principios rectores de política social y económica (señaladamente, arts. 40.1 y 130.1), dado que tanto el sistema tributario en su conjunto como cada figura tributaria concreta forman parte de los instrumentos de que dispone el Estado para la consecución de los fines económicos y sociales constitucionalmente ordenados. Por otra parte, dicha función está expresamente enunciada en el art. 4 de la vigente Ley General Tributaria, según el cual "los tributos, además de ser medios para recaudar ingresos públicos, han de servir como instrumentos de la política económica general, atender a las exigencias de estabilidad y progreso sociales y procurar una mejor distribución de la renta nacional". A ello no se opone tampoco el principio de capacidad económica establecido en el art. 31.1 de la Constitución, pues el respeto a dicho principio no impide que el legislador pueda configurar el presupuesto de hecho del tributo teniendo en cuenta consideraciones extra fiscales.

Sentado lo anterior, es preciso determinar si la función extra fiscal de los tributos tiene o no lícito acomodo en el ámbito del poder tributario autonómico. La respuesta ha de ser también afirmativa. Pues, en efecto, ni en la Constitución ni en la LOFCA existe precepto alguno que prohíba a las Comunidades Autónomas actuar su potestad tributaria -y, en concreto, su poder de imposición en relación con la consecución de objetivos no fiscales. Antes bien, la Constitución concede autonomía financiera a las Comunidades Autónomas "para el desarrollo y ejecución de sus competencias" (art. 156.1), lo que permite admitir la facultad de aquéllas para utilizar también el instrumento fiscal -como parte integrante de su autonomía financiera- en la ejecución y desarrollo de todas las competencias que hayan asumido en sus respectivos Estatutos de Autonomía y respecto de las cuales dicha utilización sea necesaria. Con ello hay, en definitiva, un implícito reconocimiento constitucional del principio de instrumentalidad fiscal en la esfera de la imposición autónoma. En consecuencia, las Comunidades Autónomas pueden establecer impuestos de carácter primordialmente extra fiscal, pero ello ha de llevarse a cabo dentro del marco de competencias asumidas y respetando las exigencias y principios derivados directamente de la Constitución (art. 31), de la Ley Orgánica que regula el ejercicio de sus competencias financieras (art. 157.3 de la Constitución) y de los respectivos Estatutos de Autonomía.

Por lo que al impuesto ahora cuestionado concierne, hay que convenir, desde luego, y en ello todas las partes son conformes, que la ley de Reforma Agraria lo ha configurado como un tributo con finalidad no predominantemente recaudatoria o extra fiscal, como lo prueban, al menos, dos circunstancias. La primera es que, a medida que se logra la finalidad perseguida, es decir, la correcta utilización de las fincas rústicas, disminuye su virtualidad recaudatoria; la "intentio legis" del tributo no es crear una nueva fuente de ingresos públicos con fines estrictamente fiscales o redistributivos, sino disuadir a los titulares de propiedades o de empresas agrícolas del incumplimiento de las obligaciones inherentes a la función social de la propiedad de la tierra que la propia Ley define o, dicho en términos positivos, estimular a aquéllos para que obtengan de sus propiedades los rendimientos económicos y sociales que les son legalmente exigibles. La segunda consiste, en coherencia con la anterior, en que la Ley exime precisamente del pago del tributo las fincas rústicas o explotaciones agrarias que se encuentren ya "sometidas a un plan de mejora o intensificación de cultivos, tanto de carácter forzoso como voluntario, aprobado por la Administración Autónoma y en fase de ejecución" (art. 36.7).

Los recurrentes sostienen, sin embargo, que los impuestos, para merecer dicha calificación han de gravar hechos positivos, no hechos negativos, como es el caso del, a su juicio, "llamado impuesto sobre tierras infrautilizadas", que no grava la percepción de una renta, sino la no producción de una renta. Con esta tesis se viene a cuestionar por tanto, no sólo la naturaleza impositiva de este nuevo tributo autonómico, sino también su licitud constitucional a la luz de lo dispuesto en el art. 31.1 de la Constitución en relación con el principio de capacidad económica.

Por las razones antes dichas, el Tribunal no puede compartir el argumento de los recurrentes ni la conclusión de inconstitucionalidad del tributo creado por la Ley andaluza. Como ya hemos señalado, es constitucionalmente admisible que el Estado, y las Comunidades Autónomas en el ámbito de sus competencias, establezcan impuestos que, sin desconocer o contradecir el principio de capacidad económica o de pago, respondan principalmente a criterios económicos o sociales orientados al cumplimiento de fines o a la satisfacción de intereses públicos que la Constitución preconiza o garantiza.

Basta que dicha capacidad económica exista, como riqueza o renta real o potencial en la generalidad de los supuestos contemplados por el legislador al crear el impuesto, para que aquél principio constitucional quede a salvo. De acuerdo con lo anteriormente expuesto, no resulta difícil concluir que el impuesto sobre Tierras Infrautilizadas no lesiona el principio de capacidad económica sólo porque recaiga sobre la utilización insuficiente o la obtención de rendimientos inferiores al óptimo legalmente señalado para las fincas rústicas, pues este hecho de significado social y económicamente negativo -que el legislador andaluz pretende combatir o corregir, entre otras medidas, a través del instrumento fiscal- es por sí mismo revelador de la titularidad de una riqueza real o potencial o, como señala el Letrado del Estado, de una renta virtual cuya dimensión mayor o menor determina la mayor o menor cuantía del impuesto. Este hecho excluye también por sí solo el pretendido carácter confiscatorio del tributo, objeción en la que los recurrentes no insisten y que, careciendo de todo fundamento, nos exime de mayores consideraciones"[206].

---

[206] Sentencia del Tribunal Constitucional 37/1987, de 26 de marzo, Antecedente 13, d) y Fundamento Jurídico 13.

Por otra parte, la Sentencia del Tribunal Constitucional 221/1992, de 11 de diciembre, se mueve en el terreno de la imprecisión y de la ambigüedad, pues al tratar de justificar el Impuesto sobre el Incremento de Valor de los Terrenos de Naturaleza Urbana sostiene, por una parte, que la capacidad económica supone buscar la riqueza donde está, lo cual es obvio y responde a la lógica tributaria, pues si no existe esa, no podrá haber objeto de gravamen; y, por otra parte, basta que se cumpla este principio para que el impuesto no contradiga al mismo, sentando de esta forma un vaciamiento del concepto porque la capacidad económica se tiene o no, pero lo que no puede decirse es que el impuesto es válido siempre que no contradiga este principio.

Así, leemos en dicha Sentencia:

> "La Sala proponente de la cuestión de inconstitucionalidad entiende que el pleno respeto al principio de capacidad económica, recogido en el art. 31.1 C.E., exige "depurar" o separar la parte del incremento de valor que, por deberse exclusivamente a la inflación, tiene un carácter meramente nominal o ficticio.
>
> Pues a juicio de la Sala, al excluirse la obligatoriedad del ajuste a la inflación del valor inicial, el precepto cuestionado puede estar en contraste con el expresado principio constitucional.
>
> Para resolver adecuadamente la cuestión propuesta es necesario precisar el significado y alcance del principio de capacidad económica plasmado en el art. 31.1 del Texto Constitucional. Este Tribunal ha declarado en ocasiones precedentes que la capacidad económica, a efectos de contribuir a los gastos públicos, tanto significa como la incorporación de una exigencia lógica que obliga a buscar la riqueza allí donde la riqueza se encuentra (SSTC 27/1981, fundamento jurídico 4, y 150/1990); la recepción constitucional del deber de contribuir al sostenimiento de los gastos públicos según la capacidad económica de cada contribuyente configura un mandato que vincula tanto a los poderes públicos como a los ciudadanos e incide en la naturaleza misma de la relación tributaria (STC 76/1990, fundamento jurídico 3). Ello no significa, sin embargo, que la capacidad contributiva pueda erigirse en criterio exclusivo de justicia tributaria, en la única medida de la justicia de los tributos. Como ya indicó este Tribunal en la citada STC 27/1981, la Constitución alude expresamente al principio de capacidad económica, pero lo hace sin agotar en ella el principio de justicia en materia tributaria. Es por tanto constitucionalmente admisible que el legislador establezca impuestos que, sin desconocer o contradecir el principio de capacidad económica, estén orientados al cumplimiento de fines o a la satisfacción de intereses públicos que la Constitución preconiza o garantiza; y basta que dicha capacidad económica exista, como riqueza o renta real o potencial en la generalidad de los supuestos contemplados por el legislador al crear el impuesto, para que aquel principio constitucional quede a salvo (STC 37/1987, fundamento jurídico 13).
>
> El principio de capacidad económica opera, por tanto, como un límite al poder legislativo en materia tributaria. Aunque la libertad de configuración del legislador deberá, en todo caso, respetar los límites que derivan de dicho principio constitucional, que quebraría en aquellos supuestos en los

que la capacidad económica gravada por el tributo sea no ya potencial sino inexistente o ficticia.

Las consideraciones expuestas obligan a precisar la cuestión planteada. Lo que debe determinarse aquí no es si el principio de capacidad económica exige que se practiquen correcciones monetarias para excluir la plusvalía nominal y gravar únicamente la plusvalía real o efectiva; pues un análisis de esta naturaleza tropezaría con varios obstáculos. De una parte, el principio de capacidad económica no es un axioma del que puedan extraerse, por simple deducción lógica, consecuencias positivas, precisas y concretas, sobre la particular regulación de cada figura tributaria. De otra, es constitucionalmente posible que el legislador tributario, al regular cada figura impositiva, otorgue preeminencia a otros valores o principios, respetando, en todo caso, los límites establecidos por la Constitución. La cuestión que debe resolverse es, por tanto, si el legislador al establecer el contenido del precepto ahora enjuiciado ha rebasado los límites que le impone el texto constitucional, representados en este caso por el principio de capacidad económica.

La Sala proponente de la cuestión entiende que el precepto cuestionado-el art. 355.5 del T.R.R.L.-, de 18 de abril de 1986-puede estar en contraste con el principio de capacidad económica por excluir la obligatoriedad del ajuste a la inflación del valor inicial en la medición de la plusvalía. Ahora bien, a los efectos que aquí interesa, el precepto cuestionado no puede enjuiciarse aisladamente, pues forma parte de un conjunto de normas que regulan la base imponible de un determinado impuesto, el que recae sobre el incremento de valor de los terrenos y se inserta, a su vez, en un sistema de valoración de las bases tributarias en general. Por ello, para una cabal comprensión de su contenido y alcance, dicho precepto debe analizarse en su contexto normativo.

A) Como pieza para la determinación de la base imponible del Impuesto municipal sobre el Incremento de Valor de los Terrenos, la norma de referencia tiene por finalidad, ciertamente, posibilitar la aplicación de correcciones monetarias para el cálculo del incremento de valor en qué consiste la base; y su fundamento radica en el deseo de gravar, en la medida de lo posible, los incrementos de valor reales, excluyendo del gravamen los incrementos debidos exclusivamente a las alteraciones de los niveles de precios. Pero el aludido propósito puede alcanzarse también, aunque de forma indirecta, por otras vías, y de manera especial mediante la fijación del valor corriente en venta al terminar el período de imposición o valor final a través de los tipos unitarios a que se refiere el art. 355.2 del Texto Refundido citado. En la medida en que el valor resultante sea inferior al valor real, esa diferencia puede absorber la parte del incremento de valor debida a la elevación del nivel de precios, o una fracción de la misma; la aplicación de correcciones monetarias presupone la valoración en términos reales; en otro caso, la aplicación de correcciones monetarias sólo sirve para disminuir el importe del incremento real. En este sentido, se ha señalado que la derogación del sistema de correcciones automáticas instaurado por la Ley de Bases de 1975, y su sustitución por el sistema de autorización al Gobierno, establecido por el Real Decreto-ley de 7 de junio de 1978, se explica, precisamente, por el mantenimiento de valores formalmente constantes, lo que impedía constatar plusvalías reales.

B) En este mismo orden de consideraciones, tampoco puede desconocerse la eficacia que en este punto pueden desplegar los tipos de gravamen del impuesto. Como ya se ha señalado, el núm. 1 del art. 359 del Texto Refundido autoriza a los Ayuntamientos para fijar el tipo de gravamen, respetando el límite máximo establecido por esta misma norma; a su vez, el art. 359.2, establece el deber de graduar las tarifas en función de dos parámetros que se aplican conjuntamente: el tanto por ciento que represente el incremento respecto al valor inicial corregido del terreno y el número de años que comprenda el período de la imposición. El primero de estos parámetros persigue someter a una mayor carga tributaria a las plusvalías debidas, en buena parte, a actuaciones especulativas; pero puede producir también el efecto de incrementar notoriamente el importe de la cuota tributaria en aquellos supuestos en que la amplitud del período transcurrido determina la existencia de valores iniciales y finales muy alejados entre sí. Por su parte, el segundo de los parámetros mencionados -el número de años que comprenda el período de la imposición- supone un trato favorable para las plusvalías a largo plazo por comparación con el dispensado a las plusvalías a corto plazo; en la medida en que las plusvalías a largo plazo son, precisamente, las que incorporan un mayor componente de incremento nominal, el parámetro de referencia puede amortiguar los efectos de la elevación del nivel general de precios sobre el importe del incremento, haciéndolo tributar a tipos de gravamen inferiores.

C) El artículo cuestionado-355.5 del T.R.R.L.-se inserta, también, en un sistema de valoración de las bases imponibles y de los elementos integrantes de dichas bases. El legislador tributario, siguiendo el criterio establecido en otros sectores del ordenamiento y en especial en el Derecho de obligaciones, ha establecido como principio configurador del sistema el principio nominalista. El citado principio sirve para proteger la estabilidad de la moneda, evitando la pérdida de confianza que en otro caso se produciría. En cuanto tal principio, el nominalista es coherente con el orden constitucional establecido.

No puede desconocerse, sin embargo, que el mantenimiento a ultranza, sin excepciones, del principio nominalista en el ordenamiento tributario puede dar lugar, en ciertos casos, a situaciones incompatibles con la plena vigencia del sistema tributario justo a que se refiere el art. 31.1 del Texto constitucional. Los citados efectos se evidencian en períodos de inflación especialmente aguda en el seno de aquellas figuras del sistema tributario que más directamente pueden verse afectados por las elevaciones del nivel general de precios. En tales casos, la valoración de los elementos patrimoniales según criterios estrictamente nominales puede conducir a gravar en todo o en parte rentas aparentes, no reales. Por ello, este Tribunal ha señalado, a propósito del Impuesto sobre la Renta, que responde a la naturaleza de dicho impuesto, que ha de contemplar incrementos reales no monetarios, su adecuación a la situación inflacionista (STC 27/1981, fundamento jurídico 6.).

Se explica, así, la existencia en el ordenamiento tributario de una pluralidad de normas, de diferente alcance y contenido, encaminadas a mitigar los efectos que una aplicación indiscriminada del principio nominalista podría producir. En la adopción de tales decisiones goza el legislador de un amplio margen de discrecionalidad. Debe, en efecto, el legislador apreciar cuándo concurren las circunstancias económicas que justifiquen la adopción de tales medidas. Le cumple, además, al legislador determinar cuál de los posibles modelos teóricos, a la vista de las ventajas e inconvenientes de cada uno de ellos, es el más adecuado a las circunstancias.

Pero la libertad de configuración del legislador y las dificultades que entraña su control no equivalen a una libertad absoluta. También en este punto debe respetarse el orden constitucional, en especial los principios consagrados en el art. 31.1 C.E., que fijan el límite que el legislador no puede rebasar.

En este contexto debe enjuiciarse el repetidamente citado artículo 355.5 del T.R. R.L. El citado precepto no establece, ciertamente, una corrección automática y obligatoria de los valores iniciales, como la prevista para este impuesto en la Ley de Bases de 1975. Pero de ahí no puede deducirse que vulnere los principios del art. 31.1 C.E. y, en especial, el de capacidad económica. Ni de este principio puede deducirse la obligatoriedad de practicar, en todo caso, correcciones monetarias, ni éstas tienen por qué articularse, necesariamente, de forma automática mediante la aplicación de un cierto índice con exclusión de otros posibles métodos. Aunque, como ya hemos apuntado, tampoco permite al legislador desconocerlo por completo siempre que la erosión inflacionaria sea de tal grado que haga inexistente o ficticia la capacidad económica gravada por el tributo.

Como ya se ha indicado, el legislador goza en principio de libertad para decidir si aplica o no correcciones monetarias, así como para determinar la fórmula concreta de llevarlas a cabo. En este caso concreto, el legislador establece una doble autorización al Gobierno. De una parte, para apreciar cuando concurren las "razones de política económica" que "exijan" practicar las correcciones. De otra, para determinar cómo deben practicarse las indicadas correcciones. En sí mismo considerado, el precepto no incorpora una prohibición de practicar correcciones monetarias, sino que habilita al Gobierno para que determine cuándo y cómo deben practicarse las indicadas correcciones. Ciertamente la autorización al Gobierno está redactada en términos de gran amplitud, aunque ello no significa que el Gobierno goce de una libertad absoluta de hacer uso o no de esa habilitación. Pues no cabe admitir que la remisión a "razones de política económica" excluya el respeto a los principios y valores informadores de un sistema tributario justo que consagra el art. 31.1 C.E. Por ello, el no ejercicio de esa autorización por el Gobierno podría dar lugar, en situaciones extremas, a una tributación irracional y arbitraria que rebasara los límites constitucionales; pero tal efecto no podría imputarse directamente al precepto ahora cuestionado sino a la inactividad, en su caso, del Gobierno. En consecuencia, y en cuanto articula una técnica que posibilita tener en cuenta los efectos que la elevación del nivel general de precios pueda tener sobre la base imponible del impuesto, puede considerarse que el referido precepto no viola el principio de capacidad económica y es, por tanto, conforme a la Constitución"[207].

---

[207] Sentencia del Tribunal Constitucional 221/1992, de 11 de diciembre, Fundamentos Jurídicos 5. 5 y 6.

A su vez, la Sentencia 164/1995, de 13 de noviembre, analiza la capacidad económica en relación con los ingresos fuera de plazo y los intereses moratorios, considerando que ni unos ni otros vulneran el principio de capacidad económica, pues éste, en todo caso, es predicado de los tributos pero no con el mismo sentido e intensidad de otras obligaciones tributarias accesorias.

En esta Sentencia, leemos:

> "En estrecha relación con la pretendida vulneración del principio de igualdad, las cuestiones números 947/1991, 1286/1991, 1626/92 y 1123/1994 invocan también otros principios tributarios consagrados en el artículo 31.1 C.E. como fundamento de la inconstitucionalidad del precepto impugnado, aunque de manera no coincidente. En la cuestión número 947/1991 se invocan los principios de justicia distributiva y capacidad económica, en las cuestiones números 1286/1991 y 1626/1992 solamente este último, y en la cuestión número 1123/1994 solamente el primero.
>
> En realidad, la vulneración del principio de capacidad económica se formula en estrecha relación con la pretendida vulneración del principio de igualdad entre los contribuyentes por la falta de consideración de la duración del retraso, que ya hemos descartado. Así, en la cuestión número 947/1991 se argumenta que la fijación de un mínimo para los intereses de demora no tiene en cuenta la capacidad económica del contribuyente, con lo que produce un grado de aflicción distinto si sus circunstancias económicas son desiguales. Y en la cuestión número 1286/1991 se alega que el principio de capacidad económica debe inspirar las principales instituciones tributarias y, entre ellas, el interés moratorio, y que al prescindirse del factor temporal en la cuantificación del mismo (que es lo que supone la fijación de un mínimo) la cantidad resultante no tiene en cuenta el beneficio obtenido por el deudor moroso (rasgo de capacidad económica).
>
> Sin embargo, no cabe apreciar una vulneración del principio invocado. En efecto, el artículo 31.1 C.E. establece la contribución de todos al sostenimiento de los gastos públicos de acuerdo con su capacidad económica. Por ello, contra lo que sostiene la cuestión número 1286/1991, el principio de capacidad económica no tiene igual relevancia en todas las instituciones tributarias. El principio de capacidad económica, como principio constitucional, proyecta sus exigencias en relación con los tributos, que son las figuras contributivas, pero no así necesariamente y en la misma medida en relación con las obligaciones accesorias a la deuda tributaria propiamente dicha.
>
> Por otro lado, la capacidad económica a que aluden las distintas cuestiones no es la misma. La cuestión número 947/1991 parece referirse a la renta o al patrimonio del sujeto, en cuya atención debería graduarse el recargo en cuestión, pues utiliza una de las expresiones que usamos en la STC 76/1990 para justificar que la capacidad económica pudiera ser un criterio de graduación de las sanciones tributarias. Sin embargo, y subrayando que el recargo no es una sanción, habrá de advertirse que aquél, al fijarse en un porcentaje de la deuda tributaria, ya refleja la capacidad económica del contribuyente.
>
> En cambio, la capacidad económica a la que se refiere la cuestión número 1286/1991 es el beneficio obtenido por el deudor moroso. Pero en este sentido y como indica el Abogado del Estado será de señalar que el

beneficio ilícito obtenido de un acto antijurídico (retraso en el pago) no es un criterio de capacidad económica en lo que ésta tiene de garantía constitucional a los efectos del artículo 31.1 C.E.[208]

En el artículo 133.1 de la Constitución, se dice: "1.-La potestad originaria para establecer tributos corresponde exclusivamente al Estado, mediante ley. 2.-Las Comunidades Autónomas y las Corporaciones locales podrán establecer y exigir tributos, de acuerdo con la Constitución y las leyes".

Respecto a este artículo el Tribunal Constitucional en Sentencia 6/1983, de 4 de febrero, ha señalado que este precepto define una competencia exclusiva del Estado, si se lee en conexión con el subsiguiente apartado segundo y, además, establece sin duda una general reserva de la ley, que según la letra del precepto, debe entenderse referida a la potestad originaria del establecimiento de los tributos, pero no, en cambio, a cualquier tipo de regulación de la materia tributaria.

Y la Sentencia del Tribunal Constitucional 179/1985, de 19 de diciembre señala que la exigencia legal para que las Comunidades Autónomas puedan establecer, regular y exigir tributos, así como modificar recargos sobre los impuestos del Estado, en los casos previstos en la legislación estatal, viene determinada por lo establecido en los artículos 31 y 133.1 de la Constitución.

Importancia excepcional tiene también a este respecto la Sentencia del Tribunal Constitucional 19/1987, de 17 de febrero, en la que se dice que la inicial libertad de configuración en materia tributaria, corresponde al legislador nacional cuya intervención reclaman los apartados 1 y 2 del artículo 133 de la Constitución.

Por último, la Sentencia del Tribunal Constitucional 181/1988, de 13 de octubre, referida a la entonces vigente Ley General de Cesión de Tributos a las Comunidades Autónomas, Ley 39/1983, de 28 de diciembre, dice que: "El artículo 157.1 de la Constitución española incluye, entre otros recursos de las Comunidades Autónomas, los impuestos cedidos total o parcialmente por el Estado, y el artículo 157.3 remite a una ley orgánica la regulación de las competencias financieras enumeradas en el presente apartado uno. Este último precepto debe ponerse en relación con el artículo 133.1 del propio Texto constitucional, según el cual la potestad originaria para establecer tributos corresponde exclusivamente al Estado, así como el artículo 149.1.14ª, que reserva al Estado en exclusiva la competencia sobre Hacienda general. En principio, por tanto, "debe afirmarse que aquella potestad originaria del Estado no puede quedar enervada por disposición alguna de inferior rango, referida a la materia tributaria y, en coherencia con ello, la regulación esencial de la cesión de tributos a las Comunidades Autónomas corresponde también al Estado, mediante ley orgánica".

El hecho de que aquella potestad originaria radique en el Estado no es óbice para que las Comunidades Autónomas no tengan autonomía finan-

---

[208] Sentencia del Tribunal Constitucional 164/1995, de 13 de noviembre, Fundamentos Jurídicos, 8 y 9.

ciera ya que ésta por su carácter eminentemente instrumental va ínsita en el reconocimiento institucional a la autonomía reconocido por el artículo 137 de la Constitución española. En efecto, de nada valdría que se reconociese autonomía a las Comunidades Autónomas si luego no se las reconociese autonomía financiera para establecer sus propios ingresos y realizar sus gastos ya que entonces aparecerían como entes sin operatividad propia, creados por y para el Estado[209].

Ahora bien, el que el Estado detente una superioridad en cuanto a la potestad financiera, en general y tributaria en particular, no implica que haya de privarse de ella a las Comunidades Autónomas.

En este sentido el Tribunal Constitucional en la Sentencia 14/1986, de 31 de enero establece que aun sin manifestación expresa incluida en el artículo 148 de la Constitución española, del espíritu de su conjunto normativo se desprende que la organización de su Hacienda es no tanto una competencia que se reconoce a las Comunidades Autónomas, cuanto una exigencia previa o paralela a la propia organización autónoma.

Por su parte, las Sentencias 63/1986, de 21 de mayo y la 181/1988, de 13 de octubre, dicen que las Comunidades Autónomas gozan de autonomía para la gestión de sus propios intereses, de acuerdo con el artículo 137 de la Constitución, y de ella forma parte la autonomía financiera, reconocida a las Comunidades Autónomas en el artículo 156.1 de la misma. Esta autonomía financiera supone la existencia de una Hacienda Autónoma que permita el ejercicio y financiación de las competencias asumidas. Las Comunidades Autónomas poseen competencias financieras, así las denomina el artículo 157.3 de la norma fundamental, relativas a la obtención de los recursos y a la utilización de los mismos, así como a la elaboración y aprobación de los Presupuestos (Vid., asimismo, las Sentencias 201/1988 y 13/1992, de 6 de febrero y la Sentencia 237/1992, de 15 de diciembre).

Finalmente, hemos de referirnos, si bien, más brevemente al contenido del artículo 157. 2 de la Constitución, recogido en parte en el artículo 9, b) y c) de la Ley Orgánica 8/1980, de 22 de septiembre de Financiación de las Comunidades Autónomas, que contempla dos supuestos: la prohibición de la traslación tributaria y la prohibición de establecimiento de medidas tributarias que supongan obstáculo para la libre circulación de medidas o servicios.

La Sentencia del Tribunal Constitucional 150/1990, de 4 de octubre, dice al respecto:

> "[...] El segundo límite que los Diputados recurrentes consideran infringido es el que impone el artículo 157.2 de la Constitución, en virtud del cual las Comunidades Autónomas no pueden adoptar medidas tributarias sobre bienes situados fuera de su territorio. Argumentan al respecto que el Impuesto General sobre la Renta de las Personas Físicas grava los rendimien-

[209] Aparicio Pérez, A.: *La autonomía financiera de las regiones en Italia*, edit. Servicio de Publicaciones de la Universidad de Oviedo, 1991, pp. 43-44, 77-85 y 93-94.

tos derivados de la propiedad o posesión de inmuebles rústicos y urbanos, que pueden estar situados fuera del lugar de residencia habitual del sujeto pasivo (artículos 3. 2 c) y 16. 1 de la Ley 44/1978, de 8 de septiembre), considerando como tales rendimientos no una renta o ganancia sino la mera propiedad o posesión de los bienes, por lo que son éstos los que constituyen en realidad el hecho imponible. Bajo este aspecto, el Impuesto sobre la Renta seria un tributo sobre bienes, y en cuanto que la Ley impugnada no los excluye para establecer la base del recargo está grabando bienes de quienes tengan su domicilio fiscal en la Comunidad de Madrid, cualquiera que sea la localización de tales bienes inmuebles. El motivo de impugnación no puede ser acogido. Como señalan quienes se oponen al recurso de los Diputados, es evidente que el Impuesto sobre la Renta no grava bienes, sino la renta de los sujetos pasivos, constituida por la totalidad de sus rendimientos netos, más los incrementos de patrimonio determinados de acuerdo con lo prevenido en la Ley que lo regula (artículo 1.1 y 2 de la Ley 44/1978). El Impuesto sobre la Renta es, pues, un tributo de naturaleza personal (art. 1. 1 de la Ley 44/1978), cuyo hecho imponible está constituido, entre otros conceptos, por los rendimientos derivados de cualquier elemento patrimonial no afecto a actividades económicas, profesionales o artísticas (art. 3.2 d) de la Ley 44/1978). En su primitiva redacción, la Ley consideraba a tales efectos como rendimiento patrimonial, entre otros supuestos, la cantidad que resultare de aplicar el tipo del 3 por 100 al valor por el que los inmuebles urbanos utilizados por sus propietarios se hallen computados o deberían, en su caso, computarse en el Impuesto sobre el Patrimonio [art. 16.1 b) de la Ley 44/1978]; tipo que, en la actualidad, y en virtud de la Ley 26/1987, de 11 de diciembre, es del 2 por 100. Pero lo que en este caso se grava no es el bien o patrimonio del sujeto pasivo en sí mismo considerado, sino el beneficio o rendimiento que el titular obtiene de su utilización, y que la Ley fija en un determinado porcentaje del valor fiscal del inmueble. En definitiva, en el Impuesto sobre la Renta, es la renta personal la materia imponible que el legislador decide someter a imposición (STC 7/1987, fundamento jurídico 14), y, a la vez, la tenida en cuenta por la Ley al configurar el hecho imponible del tributo. El art. 157.2 de la Constitución prohíbe a las Comunidades Autónomas adoptar medidas tributarias sobre bienes situados fuera de su territorio, pero no sobre la renta de las personas con domicilio fiscal en su territorio, aunque esta renta provenga, en parte, de bienes localizados fuera de la Comunidad Autónoma. Es cierto que, en el caso que ahora enjuiciamos, los efectos del recargo en el Impuesto sobre la Renta pueden alcanzar indirectamente a los bienes situados fuera del territorio de la Comunidad de Madrid, en cuanto a las rentas producidas o imputadas a los mismos; pero de ello no cabe derivar, como pretenden los recurrentes, una vulneración del artículo 157. 2 de la Constitución. En primer lugar, porque lo que dicho precepto prohíbe a las Comunidades Autónomas es "adoptar medidas tributarias sobre bienes situados fuera de su territorio"; y, a la evidencia de que la renta personal gravada por el recargo autonómico no es un bien situado en territorio alguno, hay que añadir la de que las rentas no son bienes, sino que son los bienes los que producen la renta. Debe considerarse, en segundo lugar, que una cosa es adoptar medidas tributarias sobre bienes y otra distinta establecer un recargo tributario cuyos efectos puedan alcanzar mediata o indirectamente, en el "plano de lo fáctico", a los bienes como fuente de la riqueza o renta que constituye el hecho imponible (STC 37/1987, fundamento jurídico 14). Este último supuesto no es contrario al art. 157. 2 de la Constitución, pues el límite territorial de las normas y actos de las Comunidades Autónomas no puede significar, en modo alguno, que les esté vedado a sus órganos, en el ejercicio de sus propias competencias, adoptar decisiones que puedan producir consecuencias de hecho en otros lugares del territorio nacional (STC 37/1981, fundamento jurídico 1°.). Adviértase, por último, que la interpretación que propugnan los Diputados recurrentes del artículo157. 2 de la Constitución supondría extender a los recargos autonómicos sobre impuestos estatales el conjunto de principios que el legislador estatal ha previsto en el artículo 9 de la L.O.F.C.A. únicamente en relación a los impuestos propios de las Comunidades Autónomas; extensión ésta que, más allá incluso de su compleja instrumentación técnica, conduciría a vaciar de contenido el artículo 12 de la L.O. F.C.A. y a hacer, en parte, impracticable el mandato del propio artículo 157.1 a) de la Constitución. Por estas razones debe ser desestimado también el segundo motivo del recurso de inconstitucionalidad interpuesto por los Diputados".

Y junto a estos, se les prohíbe, según el artículo 9, c) de la citada Ley Orgánica, Ley 8/1980, de 22 de septiembre, el establecimiento de tributos que supongan obstáculos para la libre circulación de mercancías o servicios o a la libertad de establecimientos mercantiles o de prestación de servicios, precepto que, por otra parte, recoge el contenido del apartado 2 del artículo 139 de la Constitución, en el que se establece que "ninguna autoridad podrá adoptar medidas que directa o indirectamente obstaculicen la libertad de circulación y establecimiento de las personas y la libre circulación de bienes en todo el territorio español".

Muchos son los pronunciamientos judiciales relativos a estas cuestiones, pero ahora nos basta con únicamente recordar:

— La Sentencia del Tribunal Constitucional 95/1984, de 18 de octubre en la que se establece que "[...] el art. 139. 2 de la Constitución, en cuanto consagra la libertad de circulación de las personas y la libre circulación de bienes en todo el territorio español, al establecer un límite al ejercicio de las competencias por parte de toda clase de actividades obstaculizadoras, incluidas, por tanto, las estatales ("ninguna autoridad podrá..."), no constituye una norma atributiva de competencia estatal. Esta alegación resulta fundada, y se desprende por lo demás de la Sentencia de este Tribunal núm. 71/1982, de 30 de noviembre ("Boletín Oficial del Estado" de 29 de diciembre), que viera en el principio de libre circulación de bienes, en materia de comercio interior y en relación con la Comunidad Autónoma del País Vasco, un "límite" de las competencias autonómicas (fundamento jurídico 7, in fine). De ahí que la norma atributiva de competencia, por lo que se refiere al Estado, deba buscarse en alguno de los apartados del art. 149.1 de la Constitución o en la cláusula residual de competencia del 149.3" (Fundamento Jurídico 5).

— O la Sentencia del Tribunal Constitucional 87/1987, de 2 de junio en la que se recuerda que "nunca podrá considerarse "obstáculo" para la libre circulación de bienes en todo el territorio el efecto que se siga de la aplicación de una norma que resulta, por su objeto y por su contenido, de indiscutible competencia autonómica, llevando la argumentación contraria, más bien, a una inadmisible constricción de las potestades autonómicas en aras de un entendimiento del principio de unidad del mercado que no se compadece con la forma compleja de nuestro Estado" (Fundamento Jurídico 5).

— O la Sentencia del Tribunal Constitucional 37/1981, de 16 de noviembre en la que se dice: "...pero esta limitación territorial de la eficacia de las normas y actos no puede significar, en modo alguno, que le esté vedado por ello a esos órganos [de las Comunidades Autónomas], en uso de sus competencias propias, adoptar decisiones que puedan producir consecuencias de hecho en otros lugares del territorio nacional. La unidad política, jurídica, económica y social de España impide su división en compartimentos estancos y, en consecuencia, la privación a las Comunidades Autónomas de la posibilidad de actuar cuando sus actos pudieran originar consecuencias más allá de sus límites territoriales equivaldría necesariamente a privarlas, pura y simplemente, de toda capacidad de actuación. Precisamente es esta posibilidad, siempre abierta, de que los actos válidamente realizados por los poderes públicos de las Comunidades Autónomas dentro de su propio territorio y respecto de relaciones jurídicas que en él se establecen puedan producir consecuencias fuera del territorio de la Comunidad, la que, junto con otras razones, somete la potestad normativa de las Comunidades Autónomas a determinadas limitaciones (señaladamente, necesidad de asegurar la igualdad de todos los españoles en cualquier parte del territorio nacional, e interdicción de cualquier medida que directa o indirectamente pueda obstaculizar la libertad de circulación de personas o bienes, o la libertad de establecimiento de aquéllas-art. 139 de la C. E.-), también supuestamente vulneradas por la presente Ley, según las alegaciones ya expuestas y de cuyo análisis nos ocupamos en los puntos siguientes" (Fundamento Jurídico 1).

Llegados aquí, ya podemos reflexionar si este gravamen vulnera o no alguno de los principios básicos señalados.

Presenta ciertas dificultades apreciar si este gravamen respeta o no el principio de capacidad económica, por dos razones: por una parte, por la propia indeterminación de este concepto pues de su definición y contenido pueden derivarse las más abstractas elucubraciones filosóficas; y por otra, por la débil posición al respecto mantenida por el Tribunal Constitucional que considera que basta que dicha capacidad económica exista como riqueza potencial, cuando si en algo debe caracterizarse la capacidad económica es que refleje y grave una renta real, no potencial[210].

---

[210] En la Sentencia del Tribunal Constitucional 37/1987, de 26 de marzo, ya citada, vimos que se declara que la capacidad económica puede ser tanto potencial, virtual o real, lo que es un gran despropósito y profundamente erróneo, pues si hay algo que tiene que ser real es precisamente la capacidad económica.

No obstante, algunos autores consideran que existe una violación del principio de capacidad económica al gravarse la ganancia patrimonial en el donante a efectos del Impuesto sobre la Renta de las Personas Físicas, cuando no existe tal capacidad sino una salida de un bien en el plano económico[211], si bien en el plano jurídico-tributario esa salida del bien es un acto basado en la libre disposición y gratuito, habiéndose aumentado la capacidad económica del donante durante su titularidad, por lo que cuando se cumplan los requisitos establecidos en el Impuesto sobre la Renta de las Personas Físicas, la alteración en la composición del patrimonio y la variación del valor del patrimonio de un bien deben someterse a tributación, momento este de la transmisión sin que exista razón alguna para la exención[212].

La salida del bien en este sentido es un acto de libre disposición equivalente al consumo, no siendo válido, se dice, como argumento para la supresión de las ganancias patrimoniales del donante, el hecho de haber sido sometido el bien a tributación del Impuesto sobre el Patrimonio, del Impuesto sobre el Incremento de Valor de los terrenos de Naturaleza Urbana o del Impuesto sobre Bienes Inmuebles, ya que se grava una capacidad diferente, cuando además, estos impuestos están basados en un valor catastral respecto a los inmuebles, muy diferente al de mercado[213].

En principio creemos que en sí no se vulnera la capacidad económica, cualquiera que sea la visión que se tenga de ella, pues es evidente que con la transmisión lucrativa sujeta, tanto "inter vivos" como "mortis causa", se produce un acrecentamiento en el adquirente.

Se alude, asimismo, por los más acendrados defensores del impuesto al principio de equidad como principio inexcusable en la aplicación de los tributos.

El fundamento de la equidad del Impuesto sobre Sucesiones y Donaciones parte de la necesaria corrección del resultado distributivo de la herencia al basarlo en gran medida en el postulado de la redistribución, propio del Estado del Bienestar y anclado en la llamada ideología social demócrata.

El Tribunal Constitucional ya ha puesto de manifiesto la conexión existente entre la cláusula del Estado Social y la redistribución vía impuestos al tratar uno de los impuestos más significativos del sistema tributario español: el Impuesto sobre la Renta de las Personas Físicas.

Así, en las Sentencias 182/1997, de 28 de octubre y 46/2000, de 17 de febrero, decía: "Se trata el Impuesto sobre la Renta de las Personas Físicas, indudablemente, de un tributo en el que el principio de capacidad económica y su correlato, el de igualdad y progresividad tributarias, encuentran una más cabal proyección de manera que es, tal vez, el instrumento más idóneo para alcanzar los objetivos de redistribución de la renta (artículo 131.1 CE)

---

[211] Checa González, C.: *La supresión del Impuesto sobre Sucesiones y Donaciones: materiales para la reflexión*, edit. Marcial Pons-Idelco, Madrid, 1996, p. 33.

[212] Herrera Molina, P. M.: *Capacidad económica y sistema fiscal. Análisis del ordenamiento español a la luz del derecho alemán*, edit. Marcial Pons, Madrid, 1998, p. 75.

[213] García de Pablos, J. F.: *El Impuesto sobre Sucesiones y Donaciones en España. Problemas constitucionales y comunitarios*, obra citada, p. 122.

y de solidaridad (artículo 138.1 CE) que la Constitución española propugna [...] y que dotan de contenido al Estado social y democrático de derecho (artículo 1.1 CE)"[214].

Pero no hay que olvidar, tampoco, que el Tribunal Constitucional en numerosas sentencias señala que la progresividad dimanante del artículo 31. 1 de la Constitución no es exigible de cada tributo en particular sino del sistema tributario en su conjunto.

Así, en la Sentencia del Tribunal Constitucional 27/1981, de 20 de julio, se dice:

> "Pero si la interpretación que precede tiende a posibilitar el uso ponderado del sistema tributario mediante la adecuación de lo que sea preciso para, sin modificación sustancial, realizar la política económica que reclame cada momento, en cooperación del Ejecutivo y las Cortes Generales, no cabe omitir, en tal supuesto y menos cuando se tratara de una verdadera modificación, los imperativos del artículo 31.1 de la Constitución que, al obligar a todos a contribuir al sostenimiento de los gastos públicos, ciñe esta obligación en unas fronteras precisas: la de la capacidad económica de cada uno y la del establecimiento, conservación y mejora de un sistema tributario justo e inspirado en los principios de igualdad y progresividad.
>
> A diferencia de otras Constituciones, la española, pues, alude, expresamente, al principio de la capacidad contributiva y, además, lo hace sin agotar en ella-como lo hiciera cierta doctrina-el principio de justicia en materia contributiva. Capacidad económica a efectos de contribuir a los gastos públicos, tanto significa como la incorporación de una exigencia lógica que obliga a buscar la riqueza allí donde la riqueza se encuentra.
>
> Pero el servicio de esta lógica no asegura, por sí solo, "un sistema tributario justo, inspirado en los principios de igualdad y progresividad" que pudiera demandar la estimación individualizada de cada caso, con respecto a cada uno de los tributos que integran el sistema tributario y en cualquier supuesto en orden al sistema tributario mismo, como conjunto, atendidas las variantes circunstancias sociales y económicas.
>
> Aunque una definición válida de lo que debe entenderse por justo, a efectos tributarios, sería una tarea que rebasa el planteamiento que aquí hemos de hacernos, lo que no puede soslayarse es que el legislador constituyente ha dejado bien claro que el sistema justo que se proclama no puede separarse, en ningún caso, del principio de progresividad ni del principio de igualdad. Es por ello-porque la igualdad que aquí se reclama va íntimamente enlazada al concepto de capacidad económica y al principio de progresividad-por lo que no puede ser, a estos efectos, simplemente reconducida a los términos del artículo 14 de la Constitución: una cierta desigualdad cualitativa es indispensable para entender cumplido este principio. Precisamente, la que se realiza mediante la progresividad global del sistema tributario en que alienta la aspiración a la redistribución de la renta"[215].

---

[214] Vid. Sentencia del Tribunal Constitucional 182/1997, de 28 de octubre, Fundamento Jurídico 9 y Sentencia 46/2000, de 17 de febrero, Fundamento Jurídico, 6.

[215] Sentencia del Tribunal Constitucional 27/1981, de 20 de julio, Fundamento Jurídico 4. Vid., asimismo, la Sentencia 327/2006, de 20 de noviembre, Fundamento Jurídico 4, en lo relati-

Estamos de acuerdo con García Martín cuando refiriéndose al artículo 31.1 de la Constitución entiende que el legislador debió utilizar la expresión redistribución en vez de progresividad ya que la progresividad no es en sí misma un principio sino un instrumento, un medio, para dar cumplimiento a un principio que es la redistribución[216], si bien, como, la doctrina ha también resaltado al respecto, tal precisión carece de alcance real[217].

Por otra parte, esa función redistribuidora del impuesto es el resultado del Estado social y democrático de derecho, pleno de ideología intervencionista y de la llamada social democracia; es la concepción como dice Pérez de Ayala "del impuesto como instrumento de una política de redistribución de la renta y riqueza la que proporciona el más objetivo de los argumentos para defender su progresividad"[218].

Problema que surge en este gravamen es a partir de cuándo la progresividad se convierte en factor de equidad, lo que como ya vimos es imposible de delimitar, y sobre la base de ello, convertirlo en cuasi confiscatorio.

Navau Martínez-Val sobre la base de la Sentencia del Tribunal Constitucional 27/1981, de 20 de julio, ya citada, cree que se puede perfilar la realización de ese principio cuando la progresividad de un impuesto rebasa la redistribución mínima que condiciona el principio de capacidad económica y dicha progresividad no está ya orientada hacia el logro de un reparto justo de la carga tributaria sino hacia una transformación social como fin extra fiscal[219].

Pero también dice que en última instancia saber cuando la progresividad de un impuesto sale del reparto justo de la carga tributaria del artículo 31.1 CE y entra en la política social es algo que en principio depende de la concepción ideológica dominante[220].

En el mismo sentido el profesor Tamames diría: "Los impuestos sobre sucesiones son una forma importante de participación de la sociedad en los esfuerzos de acumulación de sus miembros, y generan amplias posibilidades de redistribución de la renta"[221].

Pues bien, podemos ya decir, entonces, que basta que la progresividad sea mínima, e incluso, aunque no sea el Impuesto de Sucesiones y Donaciones progresivo no dejaría por ello de ser constitucional.

Dice a este respecto el profesor Garrido Falla:

---

vo a la alusión a los principios de interdicción de la arbitrariedad, capacidad económica, progresividad del sistema tributario y no confiscatoriedad.

216 García Martín, J. A.: "La Constitución y los criterios de distribución de los tributos", en AA.VV., *Hacienda y Constitución*, edit. Instituto de Estudios Fiscales, Madrid, 1979, 401.

217 Vid. Navau Martínez-Val, Mª P.: *El Impuesto de Sucesiones: ¿Un impuesto injusto?*, obra citada, p. 348.

218 Pérez de Ayala, J. L.: Las cargas públicas: principios para su distribución", *Hacienda Pública Española*, nº 59, año 1979, p. 108.

219 Navau Martínez-Val, Mª P.: *El Impuesto de Sucesiones: ¿Un impuesto injusto?*, obra citada, p. 350.

220 Ibídem, p. 350.

221 Tamames, R.: *Introducción a la Constitución española*, Alianza Editorial, Madrid, 1980, p. 63.

"Si el artículo 39.1 de la Constitución proclama y asegura ´la protección social, económica y jurídica de la familia´, un mínimo de coherencia exige el reconocimiento del derecho a la herencia. Si la Constitución considera lícito el afán de lucro-inherente a la economía de mercado (artículo 38)-y el deseo de incrementar el propio patrimonio (con independencia de los gravámenes fiscales que ello apareje), sería absurdo negarlo cabalmente en su faceta más digna y altruista: la del padre de familia que ahorra para asegurar la situación económica de su esposa e hijos ante el evento de su muerte [...].

Estas precisiones se consideran necesarias a la vista de las corrientes que propugnan cada vez con mayor énfasis, el ataque a la propiedad privada, en el momento de su transmisión causa hereditatis y por medio de una fiscalidad cada vez más rigurosa. Aunque es obvio que un impuesto de este tipo no es inconstitucional, bueno será recordar los límites que la propia Constitución impone: que el tal impuesto no sea confiscatorio (artículo 31.1) y que no atente a la situación ´social, económica y jurídica de la familia´ (artículo 39.1)"[222].

Principio constitucional, que, a nuestro juicio, por el contrario, si se vulnera es el de igualdad y no discriminación.

Es difícil precisar, no obstante, que ha de entenderse por tal. El Tribunal Constitucional parte del aserto de que la igualdad supone dar un trato igual en situaciones iguales admitiendo diferencias de tratamiento en aquellos casos en los que exista una justificación objetiva y razonable; y es precisamente en esto donde radicará la mayor parte de las ocasiones la vulneración del principio, pues esa apreciación es siempre subjetiva.

Este principio de igualdad se proyecta en una triple dirección: desde un punto de vista territorial, debiendo distinguirse, además, entre los sistemas especiales del País Vasco y de Navarra y el régimen de las demás Comunidades Autónomas y ciudades autonómicas; desde un punto de vista objetivo, es decir, del tratamiento dado a las distintas rentas transmitidas; y desde un punto de vista subjetivo atendiendo a la modalidad de transmisión, esto es, a si es por fallecimiento o por donación "inter vivos".

A este respecto, pueden verse entre otras muchas sentencias del Tribunal Constitucional, las siguientes: 37/1987, 221/ 1992, y 192194/2000.

Como es conocido el País Vasco y Navarra gozan de régimen especial de autonomía financiera, que no sin ciertas dudas se trata de fundamentar en la Disposición Adicional Primera de la Constitución, que establece que ésta ampara y respeta los derechos históricos de los territorios forales.

Respecto a las otras Comunidades Autónomas, la Ley Orgánica de Financiación de las Comunidades Autónomas en su artículo 11, d) establece que el Impuesto sobre Sucesiones y Donaciones les puede ser cedido y la Ley 22/2009, de 18 de diciembre por la que se regula el Sistema de Financiación de las Comunidades Autónomas de Régimen Común y Ciudades con Estatuto de Autonomía, en su artículo 48 establece el alcance de las competen-

[222] Garrido Falla, F.: "Artículo 33", en *Comentarios a la Constitución*, edit. Civitas, Madrid, 1985, pp. 696-697.

cias normativas, de la siguiente forma:"1.-En el Impuesto sobre Sucesiones y Donaciones, las Comunidades Autónomas podrán asumir competencias normativas sobre: a) Reducciones de la base imponible. Las Comunidades Autónomas podrán crear, tanto para las trasmisiones "inter vivos" como para las "mortis causa" las reducciones que consideren convenientes, siempre que respondan a circunstancias de carácter económico o social propias de la Comunidad Autónoma de que se trate. Asimismo, las Comunidades Autónomas podrán regular las establecidas por la normativa del Estado, manteniéndolas en condiciones análogas a las establecidas por éste o mejorándolas mediante el aumento del importe o del porcentaje de reducción, la ampliación de las personas que puedan acogerse a la misma o la disminución de los requisitos para poder aplicarla. Cuando las Comunidades Autónomas creen sus propias reducciones éstas se aplicarán con posterioridad a las establecidas por la normativa del Estado Si la actividad de la Comunidad Autónoma consistiese en mejorar una reducción estatal, la reducción mejorada sustituirá, en esa Comunidad Autónoma, a la reducción estatal. A estos efectos, las Comunidades Autónomas, al tiempo de regular las reducciones aplicables deberán especificar si la reducción es propia o consiste en una mejora de la del estado; b) Tarifa del impuesto; c) Cuantías y coeficientes del patrimonio preexistente; d) Deducciones y bonificaciones de la cuota. Las deducciones y bonificaciones aprobadas por las Comunidades Autónomas resultarán, en todo caso, compatibles con las deducciones y bonificaciones establecidas en la normativa estatal reguladora del impuesto y no podrán suponer una modificación de las mismas. Estas deducciones y bonificaciones autonómicas se aplicarán con posterioridad a las reguladas por la normativa del Estado 2. Las Comunidades Autónomas también podrán regular los aspectos de gestión y liquidación. No obstante, el Estado retendrá la competencia para establecer el régimen de autoliquidación del impuesto con carácter obligatorio en las diferentes Comunidades Autónomas, implantando éste conforme cada administración autonómica vaya estableciendo un servicio de asistencia al contribuyente para cumplimentar la autoliquidación del impuesto".

Ahora bien, estas discriminaciones indicadas están amparadas por el Tribunal Constitucional el cual en el Auto 182/1986, de 26 de febrero recuerda que el artículo 139 de la Constitución española establece que "todos los españoles tienen los mismos derechos y obligaciones en cualquier parte del territorio español", pero que debe entenderse en el sentido de que la norma trascrita "únicamente obliga a salvaguardar la identidad básica de derechos y deberes", pero que no habilita a oponerse a la diversidad de cargas fiscales que hoy en día los españoles pueden soportar en función de su lugar de residencia, por ser preciso dejar a salvo el legítimo ejercicio de las competencias que dan cauce a la autonomía financiera de las Comunidades Autónomas

Esto es, hay que tener en cuenta que si se proclama el principio de autonomía financiera reconocido a las Comunidades Autónomas por el artículo 156 de la Constitución, este principio es incompatible con el principio de igualdad, por mucho que quiera disimularse esta contradicción.

Pero, además, desde el punto de vista objetivo nos encontramos con tres tipos de reducciones carentes de justificación general y por ello introductoras de distintos elementos discriminatorios en el impuesto. En primer lugar, debe aludirse a la reducción en el caso de adquisiciones lucrativas "inter vivos" o transmisiones "mortis causa" de empresas familiares.

Fue introducida por el Real Decreto-Ley 7/1996, de 7 de junio. Posteriormente se amplió esta reducción al ámbito de las donaciones.

Se concede a favor del cónyuge y descendientes con ciertas condiciones y en relación con el valor de las empresas familiares, negocios profesionales, así como de las participaciones en las mismas y en cuantía del 95%.

En segundo lugar, está la reducción por transmisión "mortis-causa" de la vivienda habitual del de cuius con el límite de 122.606, 47 euros por cada sujeto pasivo, beneficio que fue introducido a través del Real Decreto-Ley 7/1996 a favor del cónyuge, ascendientes o descendientes de aquél o bien pariente colateral mayor de sesenta y cinco años que hubiesen convivido con el causante durante los dos años anteriores al fallecimiento y siempre, además, que la adquisición se mantenga durante los diez años siguientes al fallecimiento del causante salvo que falleciese dentro de ese plazo.

Aquí la discriminación es evidente ya que no existe causa racional y objetiva para este tratamiento especial y se produce en un doble sentido: por una parte, en relación con la modalidad de las transmisiones ya que una vivienda puede quedar libre del gravamen sucesorio y, sin embargo, en vida no se goce de similar beneficio; y, por otra parte, porque también carece del mínimo sentido de igualdad el que si un padre al fallecer deja a un hijo la vivienda habitual valorada en 122.606,47 euros y a otro hijo igual cantidad pero en dinero, por la primera transmisión no se tendrá que tributar, y, por la segunda, sí.

Es irrebatible la contradicción resaltada: por mucho que se quiera disimular, justificar, excepcionalizar, lo cierto es que este impuesto no grava igual a todos los ciudadanos que presentan una misma capacidad económica[223].

Un ejemplo, adoptado de un estudio reciente del Registro de Economistas Asesores Fiscales[224] expone con claridad los problemas derivados de esas diferencias de tributación. Supongamos que un matrimonio con dos hijos mayores de 30 años, uno residente en la Comunidad Valenciana y otro en Andalucía, realiza una donación de 800.000 euros en dinero en efectivo, sin una finalidad especificada a cada uno de ellos, en el año 2013. El que reside en la Comunidad Autónoma de Valencia deberá pagar un impuesto sobre donaciones de 1.888,63 euros, mientras que el residente en

[223] Vid. Cencerrado Millán, E.: *El mínimo exento*, edit. Marcial Pons, Madrid, 1999, p. 202.

[224] Registro de Economistas Asesores Fiscales: *Panorama de la Fiscalidad Autonómica y Foral*, Consejo General del Colegio de Economistas, Madrid, 2013, p. 328.

la Comunidad Autónoma Andaluza tendrá una factura fiscal de 208.159,35 euros[225].

También nos podemos encontrar con un supuesto de discriminación atendiendo a la naturaleza del régimen económico matrimonial y a la distinta composición de los bienes que integran el caudal relicto.

Es este, sin embargo, un supuesto muy particular porque siempre puede decirse que el régimen económico matrimonial de gananciales es voluntario y por lo tanto quien se acoge a él lo hace con todas sus consecuencias, pero el que tenga este carácter no debe llevar consigo el que se justifique discriminación alguna.

En efecto, el tratamiento fiscal dependerá de las distintas clases de adjudicaciones resultantes de la liquidación de la sociedad conyugal para los casos de fallecimiento de una persona casada bajo el régimen económico matrimonial de gananciales, en materia de vivienda familiar y empresa familiar, a saber:

La reducción establecida para esos casos no se aplica de la misma manera según los interesados opten por adjudicar la que fue vivienda habitual del fallecido al cónyuge supérstite en su totalidad, al caudal relicto en su totalidad o entre dicho cónyuge y este caudal en la medida que se estime conveniente, ya que en el primer caso no se practicará la reducción, en el segundo sí y sobre la totalidad de la finca, y en el tercero únicamente sobre la participación indivisa que efectivamente haya pasado a integrar el caudal hereditario.

Este es también el parecer de la Dirección General de Tributos que señala que "la posibilidad de que los herederos en una sucesión puedan aplicar las reducciones en la base imponible que prevé el artículo 20. 2. c) de la Ley 29/1987 [...] depende de la concreta adjudicación de bienes a cada parte en la liquidación de la sociedad legal de gananciales. Dicho de otra forma, si determinados bienes que formaban parte del patrimonio ganancial no son adjudicados, con ocasión de la disolución de la sociedad, al patrimonio del cónyuge fallecido, tales bienes no formarán parte del caudal hereditario y, en consecuencia, no pueden quedar sometidos a una disposición normativa como es la del artículo 20. 2, c), prevista para las adquisiciones "mortis causa" [...], por lo que si la vivienda habitual del causante se integra en su totalidad en la masa hereditaria, la reducción alcanzará el total valor de la misma"[226].

En conclusión, en los casos señalados, no existe justificación alguna para discriminar fiscalmente un tipo de bien o derecho respecto a los demás. Con

---

[225] En ocho Comunidades Autónomas, Andalucía, Asturias, Canarias, Cantabria, Castilla y León, Extremadura, Murcia y La Rioja, debería pagar más de 200.000 euros de impuesto. En el caso de un residente en Madrid, por el contrario, el gravamen sobre donaciones ascendería a 2.000,06 euros. Diferencias similares se producen en el caso de tributación de las herencias.

[226] Vid. respuesta de la Dirección General de Tributos a la consulta con fecha de salida de 29 de mayo de 2003.

ello se vulnera el principio de igualdad y a través de éste el de generalidad tributaria, afectando todo ello a la justicia tributaria.

Algún sector doctrinal considera que el gravamen es inconstitucional porque tiene carácter confiscatorio.

Efectivamente, en algunos casos la regulación del impuesto puede llevar a tener efectos confiscatorios.

En efecto, en el caso de donaciones "inter vivos" el donante está obligado a integrar en la base imponible de su Impuesto sobre la Renta de las Personas Físicas el incremento de patrimonio que según la ley se le produce como consecuencia de la donación y, a su vez, el donatario está sujeto al Impuesto sobre Sucesiones y Donaciones en esta última modalidad, y teniendo en cuenta, además, que en el caso de las donaciones, con la excepción general de la transmisión de la empresa o del negocio familiar, o de la particular en alguna Comunidad Autónoma, de entrega de dinero para adquisición de la primera vivienda, no se aplica reducción alguna, en el donatario la carga fiscal total puede considerarse en algunos casos como confiscatoria.

Veamos, un ejemplo.

Supongamos que un tío dona en vida a un sobrino una obra de arte valorada en 1.202.024.20 euros, adquirida el año anterior por 1.000.000 euros, y que aquél acredita, a su vez, un patrimonio preexistente superior a 4.020.770,98 euros, la tributación total, de acuerdo con las tarifas vigentes, daría para el donatario una cuota íntegra de 336.810,90 euros y por aplicación del coeficiente multiplicador, 2,4, una cuota total de 808.346, 16 euros, cantidad que equivale al 67,24 del total donado.

A su vez, si tenemos en cuenta en el donante que la fiscalidad a la que está sujeto por esa donación es del 27%, es decir, 54.546,53, al integrarse la ganancia generada puesta de manifiesto en la transmisión en la parte especial de la base imponible de su Impuesto sobre la Renta de las Personas Físicas, la suma de porcentajes 94,24 resultaría excesiva, e incluso podría ya decirse que confiscatoria.

Hay, no obstante, quien dice que esto no es así porque a la confiscatoriedad se llega por la suma de las cuotas dividida entre donante y donatario, pero ello encierra cierta falacia pues lo que hay que ver es el resultado final y éste supone que la cuota total a pagar supera el incremento o ganancia patrimonial estimada.

Es cierto que este es un caso muy particular, pero no por ello imposible, que no invalida la constitucionalidad del impuesto por su excepcionalidad, ya que en todo caso, de producirse algún supuesto en que tal situación se produjera, habría de considerarse inconstitucional, pero no se puede a partir de un caso singular llegar a una afirmación universal[227].

---

[227] La situación se agrava si tomamos la tarifa complementaria establecida sobre la cuota íntegra estatal para los años 2012-2013, fijada en la Disposición adicional 35, apartado 1, letra a) de la Ley 35/2006, de 28 de noviembre, en su redacción dada por el Real Decreto-ley 20/2011,

El principio de no confiscatoriedad constituye un límite a la progresividad del sistema tributario español en su conjunto, para lo cual habría que tener en cuenta la progresividad de cada tributo y la función que cumple dentro del conjunto.

El Tribunal Constitucional en este sentido ha señalado que un tributo no puede, so pretexto del deber de contribuir y mediante la aplicación de diversas figuras tributarias, llegar a privar al contribuyente de sus rentas y propiedades[228]. Del mismo modo, sería confiscatorio el Impuesto sobre la Renta que no puede pagarse con la afluencia normal de renta de un período

---

de 30 de diciembre, de medidas urgentes en materia presupuestaria, tributaria y financiera para la corrección del déficit público.

En esos períodos impositivos 2012 y 2013, la cuota íntegra estatal se incrementa en los importes resultantes de aplicar a la base liquidable general los tipos de la siguiente escala:

Base liquidable general. Hasta euros.	Incremento en cuota íntegra estatal. Euros.	Resto base liquidable general. Hasta euros.	Tipo aplicable.- Porcentaje.
0	0	17.707,20	0,75
17.707,20	132,80	15.300,00	2
33.007,20	438,80	20.400,00	3
53.407,20	1.050,80	66.593,00	4
120.000,20	3.714,52	55.000,00	5
175.000,20	6.464,52	125.000,00	6
300.000,20	13.964,52	En adelante	7

La cuantía resultante se minorará en el importe derivado de aplicar la misma escala a la parte de la base liquidable general correspondiente al mínimo personal y familiar.

Cuando el contribuyente satisfaga anualidades por alimentos a sus hijos por decisión judicial y el importe de aquéllas sea inferior a la base liquidable general, aplicará esta escala separadamente al importe de las anualidades por alimentos y al resto de la base liquidable general. La cuantía total resultante se minorará en el importe derivado de aplicar esta escala a la parte de la base liquidable general correspondiente al mínimo personal y familiar incrementado en 1.600 euros anuales, sin que el resultado de esta minoración pueda resultar negativo.

La aplicación de la tabla de la escala general junto con la del gravamen complementario, da lugar a la aplicación de la siguiente escala:

Hasta euros	Cuota euros	Resto hasta euros	Tipo aplicable.-Porcentaje.
0	0	17.707,20	12,75
17.707,20	2.257,67	15.300,00	16
33.007,20	4.705,67	20.400,00	21,5
53.407,20	9.091,67	66.593,00	25,5
120.000,20	26.072,89	55.000,00	27,5
175.000,20	41.197,89	125.000,00	29,5
300.000,20	78.072,89	En adelante	30,5

[228] Vid. Sentencia del Tribunal Constitucional 150/1990, de 4 de octubre, Fundamento Jurídico, 9.

impositivo, o aquél impuesto patrimonial que ha de pagarse con la renta acumulada en ejercicios anteriores (de su patrimonio)[229]. El límite estaría, donde un tributo tiene carácter confiscatorio, cuando es necesario utilizar como fuente del impuesto el patrimonio, obligando al sujeto pasivo a enajenarlo para poder dar cumplimiento al deber de tributación. Situación que no ocurre en el Impuesto sobre Sucesiones y Donaciones al recaer sobre bienes adquiridos, cuya deuda a pagar hasta un 94,24 por 100, en el supuesto con anterioridad expuesto, puede ser abonada con dichos bienes, de forma que no hay que hacer frente al pago del impuesto con una riqueza acumulada anteriormente.

Por otra parte, según algún autor, además, ni en la configuración general del hecho imponible, ni de los restantes elementos esenciales para la determinación de la deuda tributaria, puede hablarse de un impuesto confiscatorio[230].

No obstante, en el supuesto de una donación, el tipo de una transmisión puede llegar al 101,6 por 100 (81,6 en el Impuesto sobre Donaciones y del 21% a cargo del donante en el Impuesto sobre la Renta de las Personas Físicas), por lo que podría estudiarse la subrogación del donatario en la posición del donante, para evitar el excesivo gravamen, que haría inviable dicha transmisión[231].

Argumento no excesivamente claro, pues sería constitucional conforme a lo indicado un Impuesto sobre la Renta que supusiese una detracción de la renta del contribuyente siempre que sea inferior a la misma, lo cual no puede aceptarse sin más, porque ¿puede no considerarse confiscatorio un gravamen que llegase a apropiarse del 95% de la renta, o el 80%?, o del 70%? ¿donde poner el límite?

Pero, además, cómo se ha indicado no cabe aceptar la consideración del Impuesto sobre Sucesiones y Donaciones como un gravamen confiscatorio por el hecho de que un supuesto concreto pueda tener ese carácter[232], pues para poder considerarlo como tal ha de derivarse de la configuración general de su hecho imponible y de los restantes elementos esenciales, y no de una excepción, que constituya un hecho puntual[233].

Algunos autores plantean una nueva interrogación en relación a si este gravamen produce o no doble imposición.

La cuestión es aquí más compleja por varias razones:

En primer lugar, porque la doble imposición en sí misma no vulnera ningún precepto constitucional; lo que si vulnera la Ley Orgánica /1980, de 22

---

[229] Vid. Sentencia del Tribunal Constitucional, de 22 de enero de 1998, Fundamento Jurídico 11.

[230] García de Pablos, J. F.: "El impuesto sobre Sucesiones y Donaciones: supresión o reforma", *Crónica Tributaria*, número 139/2011, p. 87.

[231] Ibídem, p. 87.

[232] Gallego Peragón, J. M.: *Los principios materiales de justicia tributaria*, edit. Comares, Granada, 2003, p. 196.

[233] García de Pablos, J. F.: *El Impuesto sobre Sucesiones y Donaciones en España. Problemas constitucionales y comunitarios*, obra citada, 147.

de diciembre, en su artículo 6, es la doble imposición interterritorial, esto es, las Comunidades Autónomas no puedan gravar hechos imponibles gravados por el Estado, pero aquí no puede aducirse tal precepto porque el titular del impuesto, aunque esté cedido es el Estado y no las Comunidades Autónomas.

Si entendemos que efectivamente la doble imposición significa que una misma renta ha sido gravada dos veces por distinto impuesto, entonces ha de decirse que sí existe doble imposición, pero no interterritorial que es la que determinaría, al formar parte la Ley de Financiación de las Comunidades Autónomas del bloque de constitucionalidad su inconstitucionalidad; pero esa doble imposición, en efecto, unas rentas que fueron gravadas en el Impuesto sobre la Renta de las Personas Físicas, en el Impuesto sobre el Patrimonio o en el Impuesto sobre Bienes Inmuebles, que ahora lo sean por el Impuesto de Sucesiones, no produce vicio de invalidez alguno.

A nuestro juicio, por lo tanto, esta cuestión no debería plantearse.

Hay quienes, sin embargo, consideran que el gravamen del caudal hereditario produce una doble imposición[234], debido a que los bienes que integran un patrimonio y las rentas del mismo ya fueron objeto de tributación por los Impuestos sobre la Renta y sobre el Patrimonio a cargo del causante y lo estarían por los mismos impuestos a cargo del adquirente, y si esta adquiere bienes inmuebles tiene que tributar además por el Impuesto sobre Bienes Inmuebles, si son de Naturaleza Urbana por el Impuesto sobre el Incremento de Valor de los Terrenos de Naturaleza Urbana y si se adquiere una explotación económica por el Impuesto sobre Actividades Económicas, siempre que obviamente en este último caso no esté exento de acuerdo con la Ley reguladora de las Haciendas Locales por tener una facturación, personas físicas o sociedades, inferior a un millón de euros, exención, por otra parte, que no tienen los no residentes, salvo que operen mediante establecimiento permanente[235].

En estos casos, se aprecia que hay dos formas de gravar el patrimonio, que es hacerlo a través de un impuesto anual a un tipo determinado o gravarlo una vez ocurre el fallecimiento por transmisión “mortis causa”, produciéndose el problema cuando se opta por las dos vías a la vez[236].

---

[234] Checa González, C.: *La supresión del Impuesto sobre Sucesiones y Donaciones: materiales para la reflexión*, obra citada, pp. 146-147.

[235] Vid. artículo 82. 1, c) del Real Decreto Legislativo2/2004, de 5 de marzo.

[236] La Ley 19/1991, de 6 de junio, regula el Impuesto sobre el Patrimonio. La Ley 4/2008, de 23 de diciembre dio nueva redacción al artículo 33 de la Ley estableciendo una bonificación general de la cuota del 100 por ciento a los sujetos pasivos por obligación personal o real de contribuir. El Real Decreto-Ley 13/2011, de 16 de septiembre restableció el Impuesto con carácter general para los ejercicios 2011 y 2012. Posteriormente la Ley 16/2012, de 27 de diciembre ha dado nueva redacción al apartado segundo del artículo Único del Real Decreto-Ley 13/2011, de 16 de septiembre, al objeto de extender también al ejercicio 2013 la recuperación temporal del Impuesto.

La doble imposición parecería que se produce porque no se tiene en cuenta el conjunto de impuestos que antes de la herencia han recaído sobre los mismos bienes y derechos gravados por aquélla[237]. Esa duplicidad no se referiría tanto a la coincidencia del hecho imponible como a la consideración de que recaería sobre el mismo objeto material del tributo[238].

Existirá, sin embargo, doble imposición cuando dos impuestos inciden sobre una misma capacidad económica, no porque coincidan determinados aspectos materiales, de ahí que sea necesario determinar la capacidad económica que fundamenta el establecimiento de un tributo.

Ahora bien, dado que un sector mayoritario de la doctrina entiende que sobre la base del artículo 33.1 de la Constitución la doble imposición está prohibida, incidiremos en esta cuestión.

Desde un mero tecnicismo formalista la respuesta ha de ser la contraria, pues si bien es cierto que la renta gravada es la misma no lo son los sujetos obligados, en un caso el fallecido, en el otro el heredero.

Al gravarse el caudal hereditario, un sector doctrinal indica que la misma produce una doble imposición[239], debido a que los bienes que integra un patrimonio y las rentas del mismo ya han sido objeto de tributación por los Impuestos sobre la Renta y Patrimonio a cargo del causante y lo estarán por los mismos impuestos a cargo del adquirente, y si éste adquiere bienes inmuebles tiene que tributar además por el Impuesto sobre Bienes Inmuebles, si son de Naturaleza Urbana por el Impuesto sobre el Incremento del Valor de los Terrenos de Naturaleza Urbana y si se adquiere una explotación económica por el Impuesto sobre Actividades Económicas. Sin embargo, no puede hablarse de doble imposición técnicamente porque a la hora del cálculo del gravamen no se hayan tenido en cuenta los impuestos que antes de la propia herencia han recaído sobre los mismos bienes y derechos gravados por aquélla; ya que esa duplicidad impositiva no se referiría tanto a la coincidencia en el hecho imponible, sino que se desarrollaría en base a la consideración de recaer sobre el mismo objeto material del tributo[240].

Llegados aquí, algunos autores echan mano de la distinción creada por el Tribunal Constitucional entre materia imponible u objeto imponible y hecho imponible[241], por lo que habría que distinguir entre ambos concep-

---

[237] García de Pablos, J. F.: *El Impuesto sobre Sucesiones y Donaciones en España. Problemas constitucionales y comunitarios*, obra citada, p. 148.

[238] Pérez de Ayala Becerril, R.: "El objeto del Impuesto: la doble imposición y el artículo 6. 2 de la LOFCA", *Revista de Derecho Financiero y Hacienda Pública*, número 240, 1996, p. 394.

[239] Checa González, C.: "La supresión del Impuesto sobre Sucesiones y Donaciones: materiales para la reflexión", *artículo citado*, pp. 146-147.

[240] Pérez de Ayala Becerril, R.: "El objeto del impuesto: la doble imposición y el artículo 6.2 de la LOFCA", *Revista de Derecho Financiero y de Hacienda Pública*, núm. 240, 1996, p. 394.

[241] Siendo el primero un concepto fáctico, y el hecho imponible algo jurídico. Como podría desprenderse de lo señalado por el Tribunal Constitucional.

tos, ya que sobre una misma riqueza gravada, el legislador tributario puede tomar en consideración distintas circunstancias que delimiten distintos hechos imponibles. Debido a que si existen cuatro índices generales de capacidad económica: la renta, el patrimonio, el consumo y el tráfico, sin embargo sobre una misma fuente de capacidad económica pueden recaer distintas figuras impositivas, de acuerdo a los objetivos de un sistema tributario (fiscales y extra fiscales), siempre que se respeten unos determinados límites racionales, jurídicos y económicos, que determinen que el gravamen sujeta a tributación una capacidad no gravada.

En este sentido, con relación a la interpretación del artículo 6. 2 de la Ley Orgánica de Financiación de las Comunidades Autónomas, el Tribunal Constitucional señaló "por materia imponible u objeto del tributo debe entenderse toda fuente de riqueza, renta o cualquier otro elemento de la actividad económica que el legislador decida someter a imposición, realidad que pertenece al plano de lo fáctico"[242]. De acuerdo con lo cual, no puede aceptarse que el Impuesto sobre Sucesiones y Donaciones grave una capacidad económica sometida a tributación previamente, sino la producida al adquirirse una riqueza a título gratuito.

La doble imposición, aunque puede recaer en un mismo sujeto pasivo, el caso del Impuesto sobre Bienes Inmuebles y el Impuesto sobre el Patrimonio, o entre distintos sujetos pasivos, supuesto del Impuesto sobre Beneficios de una sociedad y dividendos en el accionista, o sobre un mismo objeto, para ser tal, debe recaer sobre la misma capacidad económica, situación que no se produce en el Impuesto sobre Sucesiones y Donaciones en que se grava la capacidad económica del beneficiario, la adquisición de riqueza obtenida a título gratuito[243].

Aunque debe señalarse, igualmente, que dicho gravamen recae básicamente sobre una riqueza (sobre unos bienes o renta) que puede haber sido gravada anteriormente (doble imposición económica), por lo que ha de ser sometida nuevamente con unos tipos impositivos acordes con dicha situación, y no desmesuradamente en un sistema fiscal moderno. De acuerdo con lo cual, debería estudiarse la reducción de la progresividad acentuada del impuesto sobre adquisiciones gratuitas en España[244].

Otra cuestión, lo que ya hemos apuntado, que se puede producir es que en los casos de descendencia directa, caso de padres a hijos, pueda darse el caso de que aquellas rentas obtenidas comúnmente en el ámbito familiar sean gravadas de nuevo en tributos como sucesiones o donaciones, cuando pasen de ser una cuota ideal a real, porque, entonces, a

---

[242] Sentencia del Tribunal Constitucional 37/1987, de 26 de marzo, Fundamento Jurídico 14, y en el mismo sentido, 186/1993, de 7 de junio, Fundamento Jurídico 4º.

[243] García de Pablos, J. F.: *El Impuesto sobre Sucesiones y Donaciones en España. Problemas constitucionales y comunitarios*, obra citada, p. 151.

[244] Ibídem, 151.

nuestro juicio, tal gravamen presentaría visos más claros de inconstitucionalidad.

Algunos autores, por otra parte, al referirse a este impuesto hablan de que pudiera incurrirse en inconstitucionalidad en el caso de que las Comunidades Autónomas en el ejercicio de su capacidad normativa atentaran gravemente contra el principio de solidaridad y/o establecieran a través de él privilegios económicos o sociales, prohibidos por el artículo 157. 2 de la Constitución y artículo 2. 1, a) de la Ley Orgánica de Financiación de las Comunidades Autónomas.

La Sentencia del Tribunal Constitucional 64/1990, de 5 de abril en relación con los principios de solidaridad e igualdad señala que el principio de solidaridad que en el artículo 2 de la Constitución encuentra general formulación y en el artículo 138 de la misma se refleja como "equilibrio económico, adecuado y justo entre las diversas partes del territorio español" y prohibición entre éstas de "privilegios económicos o sociales", requiere que, en el ejercicio de sus competencias, las Comunidades Autónomas se abstengan de adoptar decisiones o realizar actos que perjudiquen o perturben el interés general y tengan, por el contrario, en cuenta la comunidad de intereses que las vincula entre sí y que no puede resultar disgregada o menoscabada a consecuencia de una gestión insolidaria de los propios intereses"[245].

Ahora bien, la realidad pone de manifiesto que debido a la capacidad normativa que la ley les ha otorgado la disparidad en la regulación de este gravamen por las Comunidades Autónomas ha llevado a profundas diferencias de tributación, resultado, por lo demás, de su competencia fiscal, lo que evidentemente puede en algunos casos contravenir esos principios constitucionales de solidaridad y no concesión de privilegios fiscales[246].

Observación similar ha de hacerse, igualmente, respecto al principio de lealtad institucional, introducido expresamente por la Ley que podría verse afectado cuando realizasen una política agresiva con el objeto de provocar deslocalización de bienes o derechos, a su favor; principio, por otra parte, lo mismo que la solidaridad, que encierran una gran indeterminación y que en la realidad quedan vacíos de contenido[247].

Cierto sector doctrinal ve, también, en la regulación de este gravamen, en algunos casos, un atentado al principio de seguridad jurídica.

Este principio, esencial en un Estado de derecho, impide la arbitrariedad de los poderes públicos para conseguir la confianza de los ciudadanos y supone, asimismo, un fundamento importante para que los ciudadanos confíen en las instituciones.

---

[245] Vid., asimismo, a este respecto, la significativa Sentencia del Tribunal Constitucional 150/1990, de 4 de octubre.

[246] Cfr. Martín Queralt, J.: "El diseño constitucional de la hacienda de las Comunidades Autónomas", *Revista Española de Derecho Financiero*, número 101, 1998.

[247] Cfr. Peña Amorós, M. M.: "Los límites generales al ejercicio de competencias normativas por parte de las Comunidades Autónomas sobre los tributos cedidos", *Crónica Tributaria*, número 132, 2009, p. 156.

Además, unido directamente al principio de legalidad, refuerza la estructura jurídica básica del Estado.

El Tribunal Constitucional se ha referido reiteradamente a este principio, "suma de certeza y legalidad" para que una norma jurídica pueda ser observada y aplicada por sus destinatarios de modo que también puedan conocer de antemano cuáles son las consecuencias jurídicas de sus propios actos realizados objetivamente al amparo de aquellas, sin sombra de dobles sentidos que permitan vulnerar en un momento dado aquel principio constitucional[248].

Pues bien, en el ámbito del Impuesto de Sucesiones y Donaciones hay dos puntos en los que se puede ver resentido dicho principio: las presunciones establecidas y la determinación del valor real de los bienes o derechos sometidos a gravamen.

Respecto a las presunciones recogidas en el artículo 11 de la Ley del Impuesto[249], la mayor parte de la doctrina considera que reúnen los requisitos de adecuación y proporcionalidad, por lo que no resulta afectado dicho principio constitucional de seguridad jurídica, tanto más cuanto que, en todo caso, se admite la prueba en contrario[250].

El caso más claro de ello viene determinado por la forma de determinación de la base imponible tanto en las trasmisiones "inter vivos" como en las "mortis causa" pues descansa sobre los conceptos de valor real y valor neto, siendo este el valor del primero restándole las cargas y deudas que sean de-

---

[248] Vid. Sentencia del Tribunal Constitucional 173/1996, de 31 de octubre, Fundamento Jurídico 5º y Sentencia del Tribunal Constitucional de 7 de junio de 2000, Fundamento jurídico 5.

[249] Este artículo 11, establece: "1.-En las adquisiciones "mortis causa", a efectos de la determinación de la participación individual de cada causahabiente, se presumirá que forman parte del caudal hereditario: a) Los bienes de todas clases que hubiesen pertenecido al causante de la sucesión hasta un año antes de su fallecimiento, salvo prueba fehaciente de que tales bienes fueron transmitidos por aquél y de que se hallan en poder de persona distinta de un heredero, legatario, pariente dentro del tercer grado o cónyuge de cualquiera de ellos o del causante. Esta presunción quedará desvirtuada mediante la justificación suficiente de que en el caudal figuran incluidos el metálico u otros bienes subrogados en el lugar de los desaparecidos con valor equivalente. b) Los bienes y derechos que durante los tres años anteriores al fallecimiento hubieran sido adquiridos a título oneroso en usufructo por el causante y en nuda propiedad por un heredero, legatario, pariente dentro del tercer grado o cónyuge de cualquiera de ellos o del causante. c) Los bienes y derechos que hubieran sido transmitidos por el causante durante los cuatro años anteriores a su fallecimiento, reservándose el usufructo de los mismos o de otros del adquirente o cualquier otro derecho vitalicio, salvo cuando se trate de seguros de renta vitalicia contratados con entidades dedicadas legalmente a este género de operaciones; y d) Los valores y efectos depositados y cuyos resguardos se hubieren endosado, si con anterioridad al fallecimiento del endosante no se hubieren retirado aquéllos o tomado razón del endoso en los libros del depositario, y los valores nominativos que hubieren sido igualmente objeto de endoso, si la transferencia no se hubiere hecho constar en los libros de la entidad emisora con anterioridad también al fallecimiento del causante". La letra c) anteriormente reseñada, fue fijada, con efectos desde el 1 de enero de 2001, por el número 3 del artículo 4 de la Ley 14/2000, 29 diciembre, de Medidas fiscales, administrativas y del orden social.

[250] García de Pablos, J. F.: *El Impuesto sobre Sucesiones y Donaciones en España. Problemas constitucionales y comunitarios*, obra citada, p. 125.

ducibles. Donde radica el problema es en la indeterminación del concepto de valor real, ya que no se señala ningún criterio para su determinación dejándose amplio margen a la administración para que sea ella quien acerque a su conveniencia el valor que quiera dar a ese término[251].

Como indica García Novoa: "parece una obviedad afirmar que, cuando la riqueza gravada no viene expresada directamente en dinero, la ley tributaria no sólo ha de regular el hecho imponible, sino también ha de establecer los criterios para su medición. Cuando la determinación de la base imponible requiere un ejercicio de valoración, la regulación expresa de dicho valor puede generar situaciones contrarias a la seguridad jurídica"[252].

Podríamos añadir, que la cuestión se agrava por el distinto valor que las Comunidades Autónomas establezcan en relación a un mismo tipo de bien, si son éstas las que en base a las competencias que tienen de gestión fijen particularmente los métodos de cálculo para la determinación del valor de los bienes en su territorio con referencia a los valores que figuren en un registro fiscal o a los precios medios de mercado.

La cuestión como plantea el profesor de Pablos debería resolverse en el sentido de ser el Estado el que fijase la aprobación de esas metodologías y coeficientes por las siguientes razones:

En primer lugar, porque el artículo 48.1 de la Ley 22/2009, de 18 de diciembre indica las competencias normativas que se ceden a las Comunidades Autónomas en este gravamen, entre las que no se encuentran las derivadas de la delimitación de la base imponible, una de las cuales está constituida por los medios de comprobación.

En segundo lugar, porque así lo establece expresamente la Ley 22/2009, de 18 de diciembre, ya que entre las competencias delegadas a las Comunidades Autónomas está la incoación de los expedientes de comprobación de valores, pero "utilizando los mismos criterios que el Estado"[253].

En tercer lugar, porque es al Estado al que corresponde la regulación de los medios de comprobación al menos respecto a los impuestos de titularidad estatal, incluso cuando su rendimiento se ha cedido a las Comunidades Autónomas de acuerdo a sus competencias exclusivas establecidas en el artículo 149. 1. 1ª de la Constitución española sobre regulación de las condiciones básicas que garanticen la igualdad de todos los españoles en el ejercicio de sus derechos y en el cumplimiento de los deberes constitucionales.

En cuarto lugar, porque el artículo 139 de la Constitución española establece la igualdad de derechos y obligaciones de los ciudadanos en cualquier

---

[251] Cfr. Aparicio Pérez, A.: "Perspectivas del gravamen de las sucesiones en el marco de la financiación autonómica de la Comunidad Autónoma de Castilla y León", 9º *Congreso de Economía de Castilla y León*, 2004, 4ª p., pp. 5 a 10.

[252] García Novoa, C.: *El principio de seguridad jurídica en materia tributaria*, edit. Marcial Pons, Madrid, 2000, pp. 269 y 270.

[253] Vid. artículo 55. 1, a) de la Ley 22/2009, de 18 de diciembre, por la que se regula el Sistema de Financiación de las Comunidades Autónomas de Régimen Común y Ciudades con Estatuto de Autonomía.

parte del territorio nacional, que si bien como dice el Tribunal Constitucional dada la autonomía financiera que tienen las Comunidades Autónomas reconocida por el artículo 156 de la Constitución y por la estructura territorial del Estado, la igualdad que el mencionado precepto garantiza no puede ser concebida como un rigurosa y monolítica configuración del ordenamiento que resulte que en cualquier parte del territorios se tengan los mismos derechos y obligaciones, sea cual sea la peculiaridad de su contenido, dado que la potestad legislativa que tienen las Comunidades Autónomas hacen que el ordenamiento tenga una estructura compuesta por obra de la cual puede ser distinta la posición jurídica de los ciudadanos en las distintas partes del territorio español, pero esas diferencias han de tener como límite la igualdad básica de los ciudadanos en todo el territorio nacional, en este caso, en el cumplimiento del deber constitucional de contribuir y una de esas condiciones básicas sería la igualdad en el cumplimiento del deber de contribuir a través de la utilización de medios básicamente iguales de comprobación en todo el territorio[254].

La realidad, sin embargo, es otra.

Algunas Comunidades Autónomas han seguido sus propios criterios al respecto, lo que efectivamente, puede suponer una tara de inconstitucionalidad[255].

Finalmente, ha de decirse que la competencia residenciada en el Estado para fijar las condiciones básicas del ejercicio de derechos y obligaciones constitucionales determina también que las Comunidades Autónomas de conformidad con lo establecido en el artículo 91 de la Ley General Tributaria, Ley 58/2003, de 17 de diciembre, tampoco puedan establecer convenios de valoración sobre el Impuesto de Sucesiones y Donaciones ya que ni la Ley del Impuesto ni su Reglamento así lo prevén[256].

Pero una vez más, las Comunidades Autónomas no siempre han respetado esta prohibición[257].

---

[254] García de Pablos, J. F.: *El Impuesto sobre Sucesiones y Donaciones en España. Problemas constitucionales y comunitarios*, obra citada, pp. 128-129.

[255] Vid. artículo 23 de la Ley autonómica 10/2002, de 21 de diciembre, de la Comunidad Autónoma de Andalucía; artículo 71 del Decreto Legislativo autonómico 1/2013, de 21 de mayo, de la Comunidad Autónoma de Extremadura; y artículo 60 de la Ley autonómica 16/2007, de 26 de diciembre de la Comunidad Autónoma de Galicia.

[256] García de Pablos, J. F.: *El Impuesto sobre Sucesiones y Donaciones en España. Problemas constitucionales y comunitarios*, obra citada, p. 131.

[257] Vid. artículo 33 de la Ley autonómica 31/2002, de 30 de diciembre, de la Comunidad Autónoma de Cataluña; artículo 49 del Decreto Legislativo1/2006, de 25 de mayo de la Comunidad Autónoma de Castilla y León; artículo 12 de la Ley autonómica 11/2002, de 23 de diciembre de la Comunidad Autónoma de Cantabria; y, artículo 51 de la Ley autonómica 22/2006, de 19 de diciembre de la Comunidad Autónoma de les Illes Balears.

V. EL IMPUESTO DE SUCESIONES Y DONACIONES Y LA UNIÓN EUROPEA

Hemos visto que a los contribuyentes no residentes se les exigirá el impuesto, por obligación real, por la adquisición de bienes y derechos, cualquiera que sea su naturaleza, que estuvieren situados, pudieran ejercitarse o hubieran de cumplirse en territorio español, así como la percepción de cantidades derivadas de contratos de seguros sobre la vida cuando el contrato ha sido realizado con entidades aseguradoras españolas o se haya celebrado en España con entidades extranjeras que operen en ella[258].

En este caso los ciudadanos no residentes en España están excluidos de las reducciones "inter vivos" por la adquisición de empresa familiar y el patrimonio cultural a que hace referencia el artículo 20. 6 y 7 de la Ley 29/1987, de 18 de diciembre, del Impuesto sobre Sucesiones y Donaciones.

Por otra parte, ha de tenerse en cuenta que la Administración competente para liquidar el Impuesto sobre Sucesiones y Donaciones de no residentes es la del Estado y la normativa aplicable es la estatal, a diferencia de los residentes, en cuyo caso la Administración competente es la de la Comunidad Autónoma donde el fallecido tuviera su residencia habitual y la normativa aplicable la de dicha Comunidad, si es que esta última ha hecho uso de sus competencias.

Este hecho, el que la legislación a aplicar sea la estatal y no la autonómica perjudica los intereses de los no residentes, quienes acaban tributando mucho más que los residentes, dado que al ser un impuesto el de Sucesiones y Donaciones cedido a las Comunidades Autónomas, la mayoría de éstas aprovechando su capacidad para regular en su territorio determinados aspectos del mismo, como son la fijación de la cuantía del patrimonio preexistente y los coeficientes multiplicadores, la tarifa del impuesto, las reducciones de la base imponible, las deducciones y bonificaciones de la cuota, ha dado lugar a que la cantidad a pagar sea menor y diferente, a su vez, en cada una de ellas.

En efecto, si atendemos a las reducciones personales contempladas en el Impuesto, si el Estado de residencia tiene en cuenta la totalidad de las rentas

---

[258] Vid. artículo 7 de la Ley 29/1987, de 18 de diciembre del Impuesto sobre Sucesiones y Donaciones y 18 del Real Decreto 1629/1991, de 8 de noviembre por el que se aprueba el Reglamento del Impuesto sobre Sucesiones y Donaciones.

que recibe una persona en un determinado período, sería aquél el más autorizado para determinar la capacidad económica individual atendiendo a las circunstancias personales y familiares del sujeto pasivo, de forma que sólo el Estado de residencia del sujeto pasivo somete a gravamen la totalidad de los bienes integrantes de una herencia, y que debe ser éste, el que tenga en cuenta sus circunstancias personales y familiares[259].

Pero cuando todos o la mayoría de los bienes estén situados en una Comunidad, la situación de los contribuyentes residentes y no residentes sería la misma, en relación a esa Comunidad Autónoma, pero no en relación con otras, por lo que cuando el causante sea un residente en una Comunidad y el heredero no tuviera la residencia en España y, se cumple dicha circunstancia, mayoría de los bienes estén situados en una Comunidad, debería reconocerse al ciudadano no residente el acceso a las reducciones autonómicas[260]. E, igualmente, cuando el causante sea un no residente y el heredero también no residente, y la totalidad de sus bienes se encontraran en una Comunidad lo mismo que sucede en el caso de los territorios forales, debería reconocerse al ciudadano no residente el beneficio de las posibles reducciones autonómicas[261]. Por último, cuando el heredero sea residente en España será sometido a tributación por el patrimonio mundial por lo que debería tener derecho a la aplicación de la normativa autonómica, aunque el causante sea un no residente en España[262].

Esta diferencia de tratamiento, a nuestro juicio, pugna con el principio de no discriminación de la Unión Europea y supone, asimismo, una vulneración de los principios de libre circulación de las personas y de capital.

En efecto, la adhesión de España mediante Tratado de 12 de junio de 1985 a las Comunidades Europeas, hace que haya de tenerse en cuenta la potestad supranacional que en el ámbito impositivo detenta la Comunidad Económica Europea, que se manifiesta en una doble dirección: la exigencia del cumplimiento de una serie de principios a los que han de ajustarse todos los Estados miembros y porque puede establecer normas de obligado cumplimiento para los Estados miembros con alcance armonizador.

Por otra parte, el artículo 3 del Texto Consolidado del Tratado de la Comunidad Económica Europea[263] (antiguo artículo 2 del Tratado de la Unión Europea), establece:

---

259 García de Pablos, J. F.: "El Impuesto sobre Sucesiones y Donaciones: supresión o reforma", *Crónica Tributaria*, artículo citado, p. 100.

260 Ibídem, p. 100.

261 Vid. Ley 28/1990, de 26 de diciembre, por la que se aprueba el Convenio Económico con Navarra, actualizado por la Ley 25/2003 de 15 de julio y Ley 12/2002, de 23 de mayo, modificada por la Ley 28/2007, de 25 de octubre, por la que se aprueba el Concierto Económico con el País Vasco.

262 García de Pablos, J. F.: "El Impuesto sobre Sucesiones y Donaciones: supresión o reforma", *artículo citado*, pp. 100-101.

263 Versión consolidada del Tratado de la Unión Europea publicado en el Diario Oficial de la Unión Europea, C 115, de 9 de mayo de 2008, que incluye las reformas realizadas por el Tratado de Lisboa de 13 de diciembre de 2007. El Tratado de la Unión Europea mantiene su denomina-

"1.-La Unión tiene como finalidad promover la paz, sus valores y el bienestar de sus pueblos.

2.-La Unión ofrecerá a sus ciudadanos, un espacio de libertad, seguridad y justicia sin fronteras interiores, en el que esté garantizada la libre circulación de personas conjuntamente con medidas adecuadas en materia de control de las fronteras exteriores, asilo, inmigración y de prevención y lucha contra la delincuencia.

3.-La Unión establecerá un mercado interior. Obrará en pro del desarrollo sostenible de Europa basado en un crecimiento económico equilibrado y en la estabilidad de los precios, en una economía social de mercado altamente competitiva, tendente al pleno empleo, y en un nivel elevado de protección y mejora de la calidad del medio ambiente. Asimismo, promoverá el progreso científico y técnico.

La Unión combatirá la exclusión social y la discriminación y fomentará la justicia y la protección sociales, la igualdad entre mujeres y hombres, la solidaridad entre las generaciones y la protección de los derechos del niño.

La Unión fomentará la cohesión económica, social y territorial y la solidaridad entre los Estados miembros.

La Unión respetará la riqueza lingüística y velará por la conservación y el desarrollo del patrimonio cultural europeo.

4.-La Unión establecerá una unión económica y monetaria cuya moneda es el euro.

5.-En sus relaciones con el resto del mundo, la Unión afirmará y promoverá sus valores e intereses y contribuirá a la protección de sus ciudadanos. Contribuirá a la paz, la seguridad, el desarrollo sostenible del planeta, la solidaridad y el respeto mutuo entre los pueblos, el comercio libre y justo, la erradicación de la pobreza y la protección de los derechos humanos, especialmente los derechos del niño, así como al estricto respeto y al desarrollo del derecho internacional, en particular respeto de los principios de la Carta de las Naciones Unidas.

6.-La Unión perseguirá sus objetivos por los medios apropiados, de acuerdo con las competencias que se le atribuyen en los Tratados".

Para hacer, pues, realidad esos objetivos la Unión Europea exige unos determinados comportamientos a los Estados miembros, muchos de los cuales inciden y tienen una importante trascendencia fiscal, lo que hace que los Estados miembros y sus distintos territorios, en su caso, deban de ajustarse a ellos y tenerlos en cuenta al diseñar su modelo fiscal, como venimos diciendo.

En este orden de cosas el Tratado de la Comunidad Económica Europea dedicó los artículos 95, 96 y 98 (hoy artículos 115, 116 y 120 del Tratado de Funcionamiento de la Unión Europea) a establecer distintas restricciones a los Estados miembros en materia de fiscalidad con el fin de evitar obstáculos a la libre realización del mercado común y a los logros de diversos objetivos comunitarios.

Dentro de esas limitaciones se recogen la prohibición de evitar discriminaciones y restricciones al libre comercio, pero, debiéndose tener en cuen-

---

ción (TUE) mientras que el tratado de la Comunidad Económica Europea pasa ahora a denominarse Tratado de Funcionamiento de la Unión Europea (TFUE).

ta, que en modo alguno esos preceptos permiten que la legislación comunitaria invada el ámbito de competencia de los Estados miembros en materia de imposición directa.

Por otra parte, el artículo 100 del Tratado (hoy artículo 115 del Tratado de Funcionamiento de la Unión Europea), reconoce al Consejo la posibilidad de armonizar por unanimidad las disposiciones legislativas o reglamentarias de los Estados miembros que afecten de forma directa al establecimiento o funcionamiento del mercado común.

Pero ambos preceptos, han sido la base y se han utilizado en el ámbito de la imposición indirecta, espacio en el que la labor integradora y armonizadora llevada a cabo por la Comunidad ha sido más intensa.

Ha sido, no obstante, la labor llevada a cabo por la Jurisprudencia comunitaria sobre la base de los objetivos a alcanzar señalados como fundamentos de la Comunidad Económica Europea, en especial, en relación con las llamadas cuatro libertades básicas: libertad de movimientos de personas, cosas, servicios y capitales, la que ha ido delimitando el poder tributario de los Estados miembros, en especial, en este caso, en la imposición directa.

Los puntos de partida básicos utilizados por el Tribunal han sido dos: el principio de libertad, que se proyecta en todo el ámbito comunitario y el principio de no discriminación por razón de nacionalidad.

El principio primeramente enunciado constituye el espíritu de la Comunidad Económica Europea. Toda su normativa va encaminada a hacer posible ese principio.

En cuanto al principio de no discriminación ya se recogía en el artículo 7 del Tratado Constitutivo de la Comunidad Económica Europea, artículo 12 del Texto Consolidado[264], artículos 2, 3, 4, 9 y 21 del TUE (Tratado de la Unión Europea) y artículos 39, 153 y 157 del TFUE (Tratado de Funcionamiento de la Unión Europea).

Las cuatro libertades básicas de la Comunidad Económica Europea, ya citadas, no son más que una concreción del citado principio. Por ello, el Tribunal de Justicia de la Comunidad Europea ha señalado que la citada cláusula general de no discriminación sólo ha de emplearse cuando no exista otra disposición en el Tratado que pueda invocarse en el caso concreto planteado.

Vamos, a continuación, a referirnos algo más extensamente a las libertades de establecimiento y de libertad de capitales por ser las dos más directamente afectadas en el tema tratado.

Respecto a la libertad de circulación de personas el Tribunal de Justicia de la Comunidad Europea ha contribuido especialmente a confirmar que razones impositivas no pueden obstaculizar la circulación de las personas.

La libre circulación de personas puede, a su vez, proyectarse en dos direcciones: en la de la libre circulación de trabajadores y en la de libertad

---

[264] Versión Consolidada del Tratado Constitutivo de la Comunidad Europea, 24 de diciembre de 2002, publicado en el Diario Oficial de las Comunidades Europeas C 325/35.

de establecimiento. Estas libertades lo mismo que la libertad de circulación de mercancías van más allá de la regla de no discriminación por razón de la nacionalidad para reconocer que están prohibidas todas las restricciones a la libre circulación de personas.

En cuanto a la libertad de establecimiento se puede decir que es una modalidad de la libertad de circulación de las personas, si bien en muchos casos se muestra con sustantividad propia.

Esta libertad aparece regulada en los artículos 43 a 48 del Tratado de la Comunidad Económica Europea, antiguos artículos 52 a 58, hoy recogidos en los artículos 49 a 55 del TFUE y conforme a ella se reconoce a los nacionales de un Estado miembro el derecho a acceder en otro Estado comunitario a actividades no asalariadas y a desarrollarlas allí, así como a la posibilidad de establecer y gestionar empresas en las mismas condiciones que los nacionales de ese Estado.

El principio de la libertad de establecimiento otorga en materia fiscal determinados derechos a sus titulares.

Así a las entidades y personas jurídicas en relación con el Estado de la fuente les otorga el derecho a un trato igual a las sociedades nacionales de un Estado con el exigido a los establecimientos permanentes de terceros países comunitarios en dicho territorio. Así se reconoce en la Sentencia de 14 de febrero de 1995, caso Schumacker, asunto C-279/93.

El principio de libertad de establecimiento y no discriminación por el lugar de residencia dentro de la Comunidad Económica Europea se extiende igualmente a las personas físicas.

La Sentencia del Tribunal de Justicia de la Comunidad Europea de 27 de junio de 1996, caso Asscher, asunto C-107/94, entendió que la aplicación a un no residente de un tipo impositivo superior al aplicable a los residentes constituía una infracción de la normativa comunitaria en relación con el principio de la libre circulación de trabajadores y de establecimiento.

Frente al Estado de la fuente también este principio genera una serie de derechos en el ámbito fiscal.

Así, para las entidades y personas jurídicas se les extienden los efectos del artículo 43, antiguo artículo 52, hoy artículo 49 del TFUE, del Tratado de la Comunidad Económica Europea permitiendo invocar la libertad de establecimiento no sólo frente al Estado en el que se realiza una determinada inversión sino también frente a aquél Estado de nacionalidad de una persona física o jurídica cuando existe algún elemento transnacional. Esto es, en todo caso, el principio de libertad de establecimiento permite invocarle contra su Estado de nacionalidad y no sólo contra el Estado donde se realice la inversión directa o contra el Estado en el que es residente pero no nacional.

Y lo mismo cabe decir para las personas físicas. Así, el Tribunal de Justicia de la Comunidad Europea en la Sentencia de 11 de marzo de 2004, caso Lasteyrie du Saillant, asunto 9/02, el Tribunal se pronuncia garantizando el principio de libertad de establecimiento y de igualdad de trato oponiéndose a aquellas normas internas orientadas a favorecer a los residentes o a proteger las bases imponibles nacionales.

Para terminar, la otra de las libertadas básicas defendidas por la Comunidad Económica Europea, y que presenta, además, una significación especial es la libertad de circulación de capitales proclamada en los artículos 56 a 60 de la versión consolidada del tratado de las Comunidades Europeas de 2002 (antes 73 B y 73 G), hoy artículos 63 a 66 del TFUE.

Por su parte, el artículo 58 de la versión consolidada de 2002, artículo 65 del TFUE, que trata de la libertad de circulación de capitales con terceros países, establece las siguientes salvaguardias: aplicar las disposiciones fiscales que distingan entre contribuyentes cuya situación difiera con respecto a su lugar de residencia o con respecto a los lugares donde esté invertido su capital; adoptar medidas necesarias para impedir las infracciones a su derecho y de supervisión prudencial de entidades financieras; establecer procedimientos de declaración de movimientos de capitales a efectos de información administrativa o estadística; y tomar medidas justificadas por razones de orden público o de seguridad pública.

Finalmente, el artículo 69 de la versión consolidada de 2002, antiguo artículo 73 F y el artículo 66 del Tratado de Funcionamiento de la Unión Europea, contienen, asimismo, toda una serie de previsiones en relación con la aplicación de la libre circulación de capitales con terceros países, a saber: en primer lugar, este artículo permite al Consejo por mayoría cualificada a propuesta de la Comisión adoptar medidas urgentes para la interrupción o reducción de las relaciones económicas con terceros países en el marco de una acción de la Comunidad Económica en materia de política exterior o seguridad común; medidas que pueden recaer y afectar a los movimientos de capitales y pagos con esos países; y en segundo lugar, por iguales motivos, y con el mismo alcance se prevé que pueda ser un Estado miembro el que adopte esas medidas unilaterales contra un tercer país.

Pues bien, siendo esto así, la potestad tributaria del Estado y de las Comunidades Autónomas queda, asimismo, limitada, por los principios y las condiciones establecidas por la Comunidad Económica Europea en el ámbito de sus competencias.

Supone, pues, el tratamiento dado a la tributación de los no residentes, una discriminación porque las sucesiones y donaciones constituyen "movimientos de capital de carácter personal" salvo que se encuentren situados en un solo Estado miembro[265].

En lo que se refiere a la tributación de las adquisiciones gratuitas el Tribunal de Justicia de la Unión Europea ha indicado que existen restricciones de capitales en aquellas medidas que puedan disuadir a los no residentes a realizar inversiones en un Estado miembro o a los residentes de dicho Es-

---

[265] Vid. Sentencia del Tribunal de Justicia de la Comunidad Europea de 11 de diciembre de 2003, caso Barbier, asunto C-364/01, apartado 58.

tado miembro de hacerlos en otros Estados[266], en ambos casos, derivada de la residencia del donante o de la situación de los bienes, ya que si la carga tributaria varía en función de la residencia del causante o de la situación de los bienes, puede disuadir al causante de realizar determinadas inversiones o afectar al valor de la herencia lo que constituiría una restricción de la libre circulación de capitales[267].

Tampoco se entiende por qué los ciudadanos no residentes no tienen derecho a aplicar las reducciones personales "inter vivos", por ejemplo, a favor de los minusválidos, los cuales pueden aplicar las reducciones estatales en este caso de transmisiones "mortis causa", lo que parece una discriminación arbitraria y desproporcionada.

En cuanto las reducciones objetivas habría que señalar que el artículo 20. 2 de la Ley del Impuesto permite a los ciudadanos no residentes disfrutar de las reducciones estatales "mortis causa" por la transmisión de la empresa familiar, de la vivienda, de la adquisición de un seguro de vida o de bienes culturales, pero no así de las autonómicas. Sin embargo, no habría motivo para impedir al ciudadano no residente del disfrute de las reducciones autonómicas por la adquisición del seguro de vida o de la vivienda habitual del causante, ya que se prima una forma de ahorro de la cual podría beneficiarse el heredero no residente, quien también debería disfrutar de la reducción por la adquisición de bienes culturales, ya que las obligaciones que recaen sobre los mismos también le son de aplicación.

La no aplicación a los ciudadanos no residentes de la reducción por la adquisición de la empresa familiar o de bienes culturales a que hacen referencia los apartados 6 y 7 del artículo 20 de la Ley del Impuesto, no infringe, en principio, la normativa comunitaria, ya que el valor de los bienes no depende de la residencia del donante o de donde estén situados, sino de la residencia del donatario.

No obstante, existen varios supuestos en que podría considerarse infringida dicha normativa. En primer lugar, porque se exige al donante, al igual que al causante, que sus rendimientos sometidos al Impuesto sobre la Renta de las Personas Físicas superen un determinado porcentaje respecto a la base imponible, por lo que el donante no residente no puede cumplir con dicho requisito, en base a lo cual se infringiría su libertad de establecimiento en España. En segundo lugar, respecto a la adquisición de participaciones en entidades, si interpretamos que las entidades que dan derecho a aplicar la reducción, son aquéllas que tienen la condición de sujetos pasivos del Impuesto sobre Sociedades (residentes en España), existiría una discriminación en función de la sede social[268], y en tercer lugar, la limitación de la

---

[266] Vid. Sentencia del Tribunal de Justicia de la Comunidad Europea de 23 de febrero de 2006, caso Van Hilten-van Heijden, asunto C-513/03, apartado 44.

[267] García de Pablos, J. F.: "El Impuesto sobre Sucesiones y Donaciones: supresión o reforma", *Crónica Tributaria*, artículo citado, p. 102.

[268] Vid. Sentencia del Tribunal de Justicia de la Comunidad Europea de 31 de marzo de 1992, caso Kraus, asunto C-19/92, apartado 32.

reducción por la transmisión de bienes culturales a los situados en España, constituiría una restricción de capitales al variar el valor de una herencia o donación en función de la situación de los bienes[269].

Frecuentemente las Comunidades Autónomas limitan los beneficios fiscales a los bienes situados en su territorio; dichas medidas suponen claramente una infracción de la libre circulación de capitales[270], ya que se discrimina a los bienes situados fuera del territorio nacional, lo que afecta al valor de la herencia[271], restricción de capitales que no está justificada de acuerdo con la función social perseguida con tales medidas, de la coherencia fiscal del sistema tributario español o de las dificultades prácticas de su aplicación en otros Estados[272].

Por otra parte, el artículo 21 del Tratado de Funcionamiento de la Unión Europea reconoce a todo ciudadano de la Unión el derecho a circular y residir libremente en el territorio de los Estados miembros, por lo que alguna de estas medidas que condicionan un beneficio fiscal a que el dinero donado esté dirigido a la compra de la vivienda habitual en España, o a la constitución de una empresa en nuestro país, o a la compra de una explotación agrícola o forestal en territorio nacional, infringirá la libre circulación de las personas[273], o su libre establecimiento[274], además aquellas Comunidades que exigen para la aplicación del beneficio fiscal por la adquisición de participaciones en entidades, que el domicilio fiscal y/o social de la entidad se encuentre dentro de la Comunidad contravienen la libertad comunitaria de establecimiento, ya que las normas de igualdad de trato prohíben en esta materia, como es este supuesto, las discriminaciones patentes por razón de la nacionalidad, o el domicilio social por lo que se refiere a las sociedades, cuyas participaciones se transmiten[275].

Finalmente, este grupo de Comunidades que condicionan el beneficio tributario al mantenimiento del domicilio fiscal de la empresa o del domicilio fiscal y/o social de la entidad en la propia Comunidad durante un plazo después de la transmisión, su traslado a otro Estado, determina un auténtico

---

269 García de Pablos, J. F.: "El Impuesto sobre Sucesiones y Donaciones: supresión o reforma", *Crónica Tributaria*, artículo citado, p. 102.

270 Ibídem, p. 102.

271 Vid. Sentencia del Tribunal de Justicia de la Comunidad Europea de 15 de octubre de 2009, caso Grundstücksgemeinschaft Busley/Cibrian, asunto C-35/08, apartado 26.

272 López Díaz, A.:"La amenaza del derecho comunitario para ciertas deducciones autonómicas en el impuesto sobre sucesiones y donaciones", *Quincena Fiscal*, número 9, año 2009, pp. 73-74.

273 Vid. Sentencia del Tribunal de Justicia de la Comunidad Europea de 26 de octubre de 2006, caso Portugal/Comisión, asunto C- 345/05, apartado 25.

274 Sentencia del Tribunal de Justicia de la Comunidad Europea de 25 de octubre de 2007, caso Geurts Vogten, asunto C-464/05, apartado 27.

275 García de Pablos, J. F.: "El Impuesto sobre Sucesiones y Donaciones: supresión o reforma", *Crónica Tributaria*, artículo citado, p. 103.

impuesto de salida que contravendría el derecho comunitario, que no está justificado en ninguna razón de interés general[276].

Por ello la Comisión Europea había pedido a España formalmente que cambiase la regulación del Impuesto de Sucesiones y Donaciones, pues en general este impuesto resulta más elevado cuando el obligado al pago es un heredero-beneficiario no residente fiscal en España (independientemente de su nacionalidad) -, claramente incompatible con la libre circulación de trabajadores y de capital regulada en los artículos 45 y 63 del Tratado de la Unión Europea.

No habiendo obtenido una respuesta favorable la Comisión Europea interpuso el 7 de marzo de 2012 ante el Tribunal de Justicia de la Unión Europea[277] un recurso contra España, porque entiende que se están aplicando normas discriminatorias en lo que respecta al Impuesto sobre Sucesiones y Donaciones, ya que los no residentes están pagando impuestos más elevados que los residentes, discriminación que es contraria a la libre circulación de personas y capitales. En concreto, se estarían infringiendo los artículos 21 y 63 del Tratado de Funcionamiento de la Unión Europea (antiguos artículos 45 y 63 del Tratado de la Unión) y los artículos 28 y 40 del Acuerdo sobre el Espacio Económico Europeo.

Esto nos lleva a considerar que igual que sucedió con la discriminación en el Impuesto de Ganancia Patrimonial, todos aquellos no residentes que hayan pagado o tengan que pagar el Impuesto de Sucesiones y Donaciones en España, y que la cuota a pagar sea mayor de lo que pagaría un residente fiscal, tienen la opción legal de reclamar la devolución de lo pagado de más o pagar como un residente si tiene ahora que hacer frente al Impuesto de Sucesiones.

---

[276] Ruiz Almendral, V.: "Entre la discriminación y armonización: el régimen fiscal del no residente en España a la luz del derecho comunitario", Centro de Estudios Financieros, *Revista de Contabilidad y Tributación*, núm. 307, octubre 2008, p. 55.

[277] Publicado en el Diario Oficial de la Unión Europea de 28 de abril de 2012.

VI. CONFIGURACIÓN JURÍDICA VIGENTE Y PROBLEMAS QUE PLANTEA SU APLICACIÓN

1. ÁMBITO ESTATAL

a) Normativa aplicable

Para el análisis de esta cuestión se parte lógicamente de la normativa vigente, constituida al respecto por la Constitución de 27 de diciembre de 1978, por la Ley 29/1987, de 18 de diciembre del Impuesto sobre Sucesiones y Donaciones y por su Reglamento aprobado por Real Decreto 1629/1991, de 8 de noviembre.

b) Naturaleza y ámbito de aplicación

Es un impuesto que sujeta a tributación la riqueza que se pone de relieve por la transmisión de los bienes y derechos a título gratuito que se manifiesta en:

La adquisición de bienes y derechos por herencia, legado o cualquier otro título sucesorio.

La adquisición de bienes o derechos por donación o cualquier otro negocio jurídico a título gratuito "inter vivos".

La percepción de cantidades por los beneficiarios de contratos de seguros sobre la vida, cuando el contratante sea persona distinta del beneficiario.

Es un impuesto subjetivo, personal y directo que mantiene los dos principios que inspiraban la anterior ordenación del tributo: la cuantía de la adquisición patrimonial y el grado de parentesco entre transmitente y adquirente. En este último caso se introduce como novedad a tener en cuenta el patrimonio preexistente del contribuyente. Además, se refuerza la progresividad de las tarifas en las adquisiciones de mayor importancia y se introducen reglas de aplicación, como la que dispone la acumulación de las cantidades percibidas por razón de seguros sobre la vida, al resto de los bienes y derechos que integran la porción hereditaria[278].

---

[278] Cfr. Feltrer Rambaud, L. y Patricia Lamo de Espinosa Rocamora, P.: "El debate del impuesto sobre sucesiones y sus consecuencias en las explotaciones agrarias", *Estudios Agrosociales y Pesqueros*, número 201, 2004, p.14.

El impuesto se concibe como complementario de la imposición sobre la renta de las personas físicas, toda vez que grava incrementos patrimoniales obtenidos a título lucrativo por personas físicas y excluye de su ámbito a las personas jurídicas, de forma que los incrementos patrimoniales percibidos por éstas tributan en el impuesto de sociedades[279].

El Impuesto sobre Sucesiones y Donaciones se exigirá en todo el territorio español, sin perjuicio de lo dispuesto en los Regímenes Tributarios Forales de Concierto y Convenio Económico vigentes en los Territorios históricos del País Vasco y en la Comunidad Foral de Navarra, y de lo dispuesto en los Tratados o Convenios internacionales que hayan pasado a formar parte del ordenamiento interno.

Se configura además como un impuesto cedido que se regirá por lo dispuesto en las normas reguladoras de la Cesión de Tributos del Estado a las Comunidades Autónomas y tendrá el alcance y condiciones que para cada una de ellas establezca la específica ley de cesión[280].

Efectivamente, la Ley 22/2009, de 18 de diciembre, por la que se regula el Sistema de Financiación de las Comunidades Autónomas de Régimen Común y Ciudades con Estatuto de Autonomía, en aplicación y desarrollo de las modificaciones introducidas en la Ley Orgánica de Financiación de las Comunidades Autónomas, Ley Orgánica 8/1980, de 22 de septiembre, llevada a cabo por la Ley Orgánica 3/2009, de 18 de diciembre, cede a éstas por delegación la gestión, liquidación, recaudación e inspección, así como la revisión de los actos dictados en vía de gestión del Impuesto sobre Sucesiones y Donaciones.

Igualmente, las Comunidades Autónomas pueden regular las reducciones aplicables en la base imponible tanto a las transmisiones "inter vivos" como a las "mortis causa", mejorar las reducciones estatales, crear deducciones y bonificaciones de la cuota y fijar la tarifa del impuesto sin ninguna limitación, contando además con el rendimiento total del impuesto producido en su territorio.

En relación con la Comunidad Foral de Navarra, su régimen está constituido por la Ley 28/1990, de 26 de diciembre por la que se regula el Convenio Económico, actualizado por la Ley 25/2003 de 15 de julio, y en el que se conceptúa el Impuesto sobre Sucesiones como un tributo propio de la Comunidad y establece que tributan en Navarra las herencias cuando el causante tenga su residencia en dicha Comunidad o conserve la condición política de navarro y prevé la exención de las mencionadas adquisiciones por los ascendientes, descendientes, cónyuges o miembros de una pareja estable.

A su vez, en el Concierto Económico con el País Vasco, aprobado por Ley 12/2002, de 23 de mayo, y modificado por la Ley 28/2007, de 25 de octubre, se determinan como competencias exclusivas del Estado los tributos

[279] Cfr. artículos 1 y 2 del Reglamento del Impuesto sobre Sucesiones y Donaciones aprobado por Real Decreto 1629/1991, de 8 de noviembre.

[280] Vid. artículo 2 de la Ley 29/1987, de 18 de diciembre, del Impuesto sobre Sucesiones y Donaciones.

que gravan la renta de aduanas, los derivados de los monopolios fiscales y gravámenes sobre alcoholes; el resto de tributos son competencia de los Territorios Forales del País Vasco.

El Impuesto sobre Sucesiones y Donaciones tiene carácter de tributo concertado de normativa autónoma, por lo que las Diputaciones Forales tienen plena competencia para su regulación.

La exacción de este impuesto corresponde, pues, a las respectivas Diputaciones Forales, cuando el causante tenga su residencia habitual en dicho territorio a la fecha del devengo, y desde el 1 de enero de 1992 están exentas las adquisiciones hereditarias, incluida la percepción de cantidades procedentes del seguro de vida por el cónyuge, ascendientes y descendientes.

CARACTERÍSTICAS PROPIAS DE ESTE GRAVAMEN

Directo	Grava la adquisición de bienes o derechos a título gratuito
Personal	Tiene en cuenta las condiciones del sujeto pasivo
Subjetivo	Tiene en cuenta las particularidades del sujeto pasivo
Instantáneo	Aparece sólo cuando el hecho imponible se produce
Progresivo	Escala de tipos de gravamen progresivos
Cedible	Está cedido a las Comunidades Autónomas totalmente la recaudación, y cierta capacidad normativa
Complementario del IRPF.	Es un impuesto independiente pero complementario del Impuesto sobre la Renta de las Personas Físicas
Otras características	Grava el incremento lucrativo No es trasladable De base jurídica

c) Principios generales

Tres son los principios que a este respecto han de citarse: principio de calificación, no concurrencia de condiciones y afección de los bienes transmitidos.

El Impuesto sobre Sucesiones y Donaciones se exigirá con arreglo a la verdadera naturaleza del acto o contrato que sea causa de la adquisición, cualquiera que sea la forma elegida o la denominación utilizada por los interesados, prescindiendo de los defectos intrínsecos o de forma que puedan afectar a su validez y eficacia, sin perjuicio del derecho a la devolución en los casos que proceda[281], lo que constituye un principio de calificación jurídico-

[281] Vid. artículo 7 del Real Decreto 1629 /1991, de 8 de noviembre por el que se aprueba el Reglamento del Impuesto sobre Sucesiones y Donaciones.

fiscal estimándose que la normativa fiscal se refiere en materia de calificación al derecho sustantivo[282].

Por otra parte, la expresión "prescindiendo de los defectos intrínsecos o de forma que puedan afectar a su validez y eficacia" no admite otra interpretación que la que se deriva de su claridad terminológica, amplia y comprensiva, dentro de la que están incluidos todos los supuestos de vicios o defectos que con arreglo a la legislación sustantiva puedan causar la inexistencia o nulidad absoluta, resolución o rescisión o del acto o negocio jurídico que en ningún caso obstaculizan la incidencia fiscal, todo ello sin perjuicio del derecho a la devolución en los casos que proceda de acuerdo con la normativa fiscal[283].

Asimismo, se establece que cuando el acto o contrato que sea causa de un incremento patrimonial sujeto al impuesto esté sometido al cumplimiento de una condición, su calificación se realizará con arreglo a las prescripciones de la legislación civil. Si se calificare como suspensiva no se liquidará el impuesto hasta que la condición se cumpla, pudiendo procederse a la inscripción de los bienes en los Registros públicos siempre que se haga constar al margen del asiento practicado el aplazamiento de la liquidación. Si se calificare como resolutoria, se exigirá el impuesto, desde luego, sin perjuicio de la devolución que proceda en el caso de cumplirse la condición[284].

Finalmente, se establece que los bienes y derechos transmitidos quedarán afectos a la responsabilidad del pago del impuesto, liquidado o no, que grave su adquisición, cualquiera que sea su poseedor, salvo que éste resulte ser un tercero protegido por la fe pública registral o se justifique la adquisición de los bienes con buena fe y justo título en establecimientos abiertos al público, en el caso de bienes muebles no inscribibles.

Siempre que la definitiva efectividad de un beneficio fiscal dependa del ulterior cumplimiento por el contribuyente de cualquier requisito y en los casos en los que la desmembración del dominio deba dar lugar a una liquidación posterior por su consolidación, la oficina gestora hará constar esta circunstancia en el documento antes de su devolución al presentador y los Registradores de la propiedad y mercantiles harán constar, por nota marginal, la afección de los bienes transmitidos al pago de las liquidaciones que procedan para el caso de incumplimiento del requisito al que se subordinaba el beneficio fiscal o para el caso de efectiva consolidación del dominio con arreglo a lo dispuesto en este Reglamento[285].

Los Registros de la Propiedad, Mercantiles y de la Propiedad Industrial no admitirán para su inscripción o anotación ningún documento que con-

---

[282] Benítez de Lugo y Guillén, F.: *El Impuesto sobre Sucesiones y sobre las Donaciones*, edit. Comares, Granada, 1992, pp. 73-74.

[283] Ibídem, p. 74.

[284] Vid. artículo 8 del Real Decreto 1629 /1991, de 8 de noviembre por el que se aprueba el Reglamento del Impuesto sobre Sucesiones y Donaciones.

[285] Vid. artículo 9 del Real Decreto 1629 /1991, de 8 de noviembre por el que se aprueba el Reglamento del Impuesto sobre Sucesiones y Donaciones.

tenga actos o contratos del que resulte la adquisición de un incremento de patrimonio o título lucrativo sin que se justifique el pago de la liquidación correspondiente por el Impuesto de Sucesiones y Donaciones o, en su caso, la declaración de exención o no sujeción o la presentación de aquél ante los órganos competentes para su liquidación.

A estos efectos, se considerará acreditado el pago cuando el documento lleve la nota justificativa del mismo y se presente acompañado de la carta de pago o de la autoliquidación sellada, en la que conste el pago del tributo o la alegación de no sujeción o de los beneficios fiscales aplicables. Cuando se encontrare pendiente de liquidación provisional o definitiva, el documento o la declaración presentada en la oficina competente y en los casos de autoliquidación, el Registrador hará constar mediante nota marginal que el bien o derecho transmitido queda afecto al pago de la liquidación o liquidaciones que proceda practicar. Cuando exista liquidación provisional o se haya realizado algún ingreso por la autoliquidación se expresará el importe satisfecho. La nota de afección se extenderá de oficio, quedando sin efecto y debiendo ser cancelada cuando se presente la carta de pago de las liquidaciones cuyo pago esté garantizado o se justifique fehacientemente de cualquier otra manera el ingreso de las mismas y, en todo caso, transcurridos 5 años desde su fecha[286].

Ha de tenerse en cuenta que al ser la afección respecto de los bienes adquiridos por legado, herencia o donación una garantía subsidiaria, tal como reiteradamente ha venido señalando la Jurisprudencia, sólo puede ejercitarse sobre los bienes de un tercero cuando la Hacienda no haya podido cobrar los débitos tributarios de los herederos, sujetos pasivos del Impuesto sobre Sucesiones y Donaciones[287].

d) Hecho imponible[288]

El hecho imponible está constituido por el incremento patrimonial gratuito o lucrativo obtenido por personas físicas (se excluye a las personas jurídicas que se someten al Impuesto sobre sociedades), cuando se produce alguna de las siguientes operaciones:

Adquisición de bienes y derechos por herencia, legado o cualquier otro título sucesorio.

La adquisición de bienes y derechos por donación o cualquier otro negocio jurídico a título gratuito "inter vivos".

La percepción de cantidades por los beneficiarios de seguros sobre la vida, cuando el contratante sea persona distinta del beneficiario, salvo al-

---

[286] Vid. artículo 100, del Real Decreto 1629/1991, de 8 de noviembre, por el que se aprueba el Reglamento del Impuesto sobre Sucesiones y Donaciones.

[287] Vid., entre otras, la Sentencia del Tribunal Supremo de 14 de noviembre de 1996.

[288] Vid. artículo 3 de la Ley 29/1987, de 18 de diciembre, del Impuesto sobre Sucesiones y Donaciones.

gunos supuestos concretos recogidos en el artículo 16. 2. A, de la Ley del Impuesto sobre la Renta de las Personas Físicas[289].

[289] Esta referencia hoy ha de hacerse al artículo 17. 2, a) de la vigente ley del impuesto, Ley 35/2006, de 28 de noviembre, del Impuesto sobre la Renta de las Personas Físicas y de modificación parcial de las Leyes de los Impuestos sobre Sociedades, sobre la Renta de no Residentes y sobre el Patrimonio. Este precepto, dice expresamente:"2. En todo caso, tendrán la consideración de rendimientos del trabajo: a) Las siguientes prestaciones: 1.ª Las pensiones y haberes pasivos percibidos de los regímenes públicos de la Seguridad Social y clases pasivas y demás prestaciones públicas por situaciones de incapacidad, jubilación, accidente, enfermedad, viudedad, o similares, sin perjuicio de lo dispuesto en el artículo 7 de esta Ley. 2.ª Las prestaciones percibidas por los beneficiarios de mutualidades generales obligatorias de funcionarios, colegios de huérfanos y otras entidades similares.3.ª Las prestaciones percibidas por los beneficiarios de planes de pensiones y las percibidas de los planes de pensiones regulados en la Directiva 2003/41/CE del Parlamento Europeo y del Consejo, de 3 de junio de 2003, relativa a las actividades y la supervisión de fondos de pensiones de empleo. 4.ª Las prestaciones percibidas por los beneficiarios de contratos de seguros concertados con mutualidades de previsión social, cuyas aportaciones hayan podido ser, al menos en parte, gasto deducible para la determinación del rendimiento neto de actividades económicas, u objeto de reducción en la base imponible del Impuesto. En el supuesto de prestaciones por jubilación e invalidez derivadas de dichos contratos, se integrarán en la base imponible en el importe de la cuantía percibida que exceda de las aportaciones que no hayan podido ser objeto de reducción o minoración en la base imponible del Impuesto, por incumplir los requisitos subjetivos previstos en el párrafo a) del apartado 2 del artículo 51 o en la disposición adicional novena de esta Ley. 5.ª Las prestaciones percibidas por los beneficiarios de los planes de previsión social empresarial. Asimismo, las prestaciones por jubilación e invalidez percibidas por los beneficiarios de contratos de seguro colectivo, distintos de los planes de previsión social empresarial, que instrumenten los compromisos por pensiones asumidos por las empresas, en los términos previstos en la disposición adicional primera del texto refundido de la Ley de Regulación de los Planes y Fondos de Pensiones, y en su normativa de desarrollo, en la medida en que su cuantía exceda de las contribuciones imputadas fiscalmente y de las aportaciones directamente realizadas por el trabajador. 6.ª Las prestaciones percibidas por los beneficiarios de los planes de previsión asegurados. 7.ª Las prestaciones percibidas por los beneficiarios de los seguros de dependencia conforme a lo dispuesto en la *Ley de promoción de la autonomía personal y atención a las personas en situación de dependencia.* b) Las cantidades que se abonen, por razón de su cargo, a los diputados españoles en el Parlamento Europeo, a los diputados y senadores de las Cortes Generales, a los miembros de las asambleas legislativas autonómicas, concejales de ayuntamiento y miembros de las diputaciones provinciales, cabildos insulares u otras entidades locales, con exclusión, en todo caso, de la parte de aquellas que dichas instituciones asignen para gastos de viaje y desplazamiento. c) Los rendimientos derivados de impartir cursos, conferencias, coloquios, seminarios y similares. d) Los rendimientos derivados de la elaboración de obras literarias, artísticas o científicas, siempre que se ceda el derecho a su explotación. e) Las retribuciones de los administradores y miembros de los Consejos de Administración, de las Juntas que hagan sus veces y demás miembros de otros órganos representativos. f) Las pensiones compensatorias recibidas del cónyuge y las anualidades por alimentos, sin perjuicio de lo dispuesto en el artículo 7 de esta Ley. g) Los derechos especiales de contenido económico que se reserven los fundadores o promotores de una sociedad como remuneración de servicios personales. h) Las becas, sin perjuicio de lo dispuesto en el artículo 7 de esta Ley. i) Las retribuciones percibidas por quienes colaboren en actividades humanitarias o de asistencia social promovidas por entidades sin ánimo de lucro. j) Las retribuciones derivadas de relaciones laborales de carácter especial. k) Las aportaciones realizadas al patrimonio protegido de las personas con discapacidad en los términos previstos en la disposición adicional decimoctava de esta Ley.

De acuerdo con lo dispuesto en el artículo 4 de la Ley del Impuesto sobre Sucesiones y Donaciones se presume que existe una transmisión lucrativa cuando de los Registros fiscales u otros datos que obran en poder de la Administración pública resulta una disminución de patrimonio de una persona y simultáneamente o con posterioridad, pero siempre dentro del plazo de prescripción, el incremento patrimonial correspondiente en el cónyuge, descendientes, herederos o legatarios. Idéntica presunción afecta en las adquisiciones a título oneroso realizadas por los ascendientes, como representantes de sus descendientes menores de edad, a menos que se pruebe la previa existencia de bienes o medios suficientes del menor para realizarla y su aplicación a este fin.

e) No sujeción

No están sujetos al Impuesto sobre Sucesiones y Donaciones[290]:

- Los premios obtenidos en juegos autorizados.
- Los demás premios y las indemnizaciones exoneradas del Impuesto sobre la Renta de las Personas Físicas.
- Las subvenciones, becas, premios, primas, gratificaciones y auxilios que se concedan por entidades públicas o privadas con fines benéficos, docentes, culturales, deportivos o de acción social.
- Las cantidades, prestaciones o utilidades entregadas por corporaciones, asociaciones, fundaciones, sociedades, empresas y demás entidades a sus trabajadores, empleados y asalariados cuando deriven directa o indirectamente de un contrato de trabajo, aunque se satisfagan a través de un seguro concertado por aquéllas.
- Las cantidades que en concepto de prestaciones se perciban por los beneficiarios de Planes y Fondos de Pensiones o de sus sistemas alternativos, siempre que esté dispuesto que estas prestaciones se integren en la base imponible del Impuesto sobre la Renta del perceptor.
- Las cantidades percibidas por un acreedor, en cuanto beneficiario de un contrato de seguro sobre la vida celebrado con el objeto de garantizar el pago de una deuda anterior, siempre que resulten debidamente probadas estas circunstancias.

En ningún caso un mismo incremento de patrimonio podrá quedar gravado por el Impuesto sobre Sucesiones y Donaciones y por el Impuesto sobre la Renta de las Personas Físicas.

---

290 Vid. artículos 3 y 4 del Real Decreto 1629/1991, de 8 de noviembre, por el que se aprueba el Reglamento del Impuesto sobre Sucesiones y Donaciones.

OPERACIONES SUJETAS Y NO SUJETAS

RENTAS SUJETAS AL ISD.	RENTAS SUJETAS AL ISD	RENTAS NO SUJETAS
*No estará sujeta al IRPF la renta que se encuentre sujeta al ISD. *La adquisición de bienes y derechos por herencia, legado o cualquier otro título sucesorio. *Las adquisiciones de bienes o derechos por donación o por cualquier otro negocio jurídico a título gratuito e "inter vivos". *La percepción de cantidades por los beneficiarios de contratos de seguros sobre la vida, cuando el contratante sea persona distinta del beneficiario, salvo en los casos de contratos de seguros concertados con mutualidades de previsión social cuyas aportaciones hayan podido ser, al menos en parte, gasto deducible para la determinación del rendimiento neto de actividades económicas u objeto de reducción en la base imponible. *Las adquisiciones "mortis causa" excepto las prestaciones percibidas de una empresa por un familiar de un fallecido empleado o miembro de aquella y las pensiones de viudedad u orfandad. *Adquisiciones gratuitas "inter vivos": -donaciones, -condonación de deudas total o parcial, realizadas con ánimo de liberalidad, -renuncia de derechos a favor de persona determinada, -asunción liberatoria de la deuda de otros sin contraprestación. *Desistimiento o allanamiento en juicio o arbitraje a favor de otra persona realizada con liberalidad, * Transacción de la que resulte una renuncia, un desistimiento o un allanamiento realizados con el mismo ánimo. *Contrato de seguro de vida para el caso de fallecimiento cuando el beneficiario sea persona distinta del contratante.	*Seguros sobre la vida para caso de sobrevivencia del asegurado y el contrato individual de seguro para caso de fallecimiento del asegurado que sea persona distinta del contratante, cuando en uno y otro caso el beneficiario sea persona distinta del contratante. *Prestaciones percibidas de Mutualidades de Previsión Social cuando las prestaciones percibidas por los beneficiarios de contratos de seguros concertados con mutualidades de previsión social cuyas aportaciones no pudieron deducirse en el IRPF, siempre que el beneficiario sea persona distinta del contratante , lo que ocurre en caso de fallecimiento. *Prestaciones percibidas de seguros de vida por los beneficiarios de seguros de vida individual, cuando el beneficiario sea persona distinta del contratante, pues son consideradas como prestaciones por fallecimiento del contratante. *Las prestaciones percibidas de seguros de vida por los beneficiarios de seguros de vida colectivos, cuando el beneficiario sea distinto del asegurado, lo que ocurre cuando las prestaciones se perciban por fallecimiento del trabajador-asegurado.	*Los premios obtenidos en juegos autorizados. *Los demás premios y las indemnizaciones exoneradas del Impuesto sobre la Renta de las Personas Físicas. *Las subvenciones, becas, premios, primas, gratificaciones y auxilios que se concedan por entidades públicas o privadas con fines benéficos, docentes, culturales, deportivos o de acción social. *Las cantidades, prestaciones o utilidades entregadas por corporaciones, asociaciones, fundaciones, sociedades, empresas y demás entidades a sus trabajadores, empleados y asalariados cuando deriven directa o indirectamente de un contrato de trabajo, aunque se satisfagan a través de un seguro concertado por aquéllas. *Las cantidades que en concepto de prestaciones se perciban por los beneficiarios de Planes y Fondos de Pensiones o de sus sistemas alternativos, siempre que esté dispuesto que estas prestaciones se integren en la base imponible del Impuesto sobre la Renta del perceptor. *Las cantidades percibidas por un acreedor, en cuanto beneficiario de un contrato de seguro sobre la vida celebrado con el objeto de garantizar el pago de una deuda anterior, siempre que resulten debidamente probadas estas circunstancias. En ningún caso un mismo incremento de patrimonio podrá quedar gravado por el Impuesto sobre Sucesiones y Donaciones y por el Impuesto sobre la Renta de las Personas Físicas.

f) Sujetos pasivos

Distingue la Ley entre sujetos pasivos por obligación personal y real.

Estarán obligados al pago del impuesto a título de contribuyentes, cuando sean personas físicas[291]:

En las adquisiciones "mortis causa", los causahabientes.

En las donaciones y demás transmisiones lucrativas "inter vivos" equiparables, el donatario o el favorecido por ellas.

En los seguros sobre la vida, en el caso de fallecimiento del asegurado, los beneficiarios.

Están sujetos por obligación personal de contribuir[292] los sujetos pasivos que tengan su residencia habitual en España, cualquiera que sea la residencia habitual del causante, donante o tomador del seguro o el lugar donde se encuentren los bienes. Las personas de nacionalidad española, su cónyuge no separado legalmente e hijos menores de edad, con domicilio o residencia habitual en el extranjero, por su condición de Miembros de misiones diplomáticas españolas, en calidad de jefe de la misión, miembro del personal diplomático, administrativo, técnico o de servicios, miembros de las oficinas consulares españolas, que sean Jefes de las mismas, funcionarios o personal de servicios a ellas adscritos. Se excluyen de esta norma, no estando sujetos por obligación personal los vicecónsules o agentes consulares honorarios, el personal dependiente de los mismos, los titulares de cargo o empleo oficial del Estado español, que sean miembros de delegaciones y representaciones permanentes acreditadas ante organismos internacionales, delegaciones o misiones de observadores en el extranjero, funcionarios en activo que ejerzan en el extranjero cargo o empleo oficial que no tenga carácter diplomático o consular.

No obstante, esta norma especial no es de aplicación en los casos en los que la persona que reside en el extranjero reúna estas dos condiciones: no ser funcionario público en activo o titular de cargo o empleo oficial, tener residencia habitual en el extranjero antes de ocupar cualquiera de los cargos enumerados anteriormente. En el caso del cónyuge no separado legalmente e hijos menores de edad, cuando tengan residencia habitual en el extranjero antes de que su cónyuge, padre o madre ocupara cualquiera de los cargos enumerados anteriormente.

A los efectos de este Impuesto, se considera que un sujeto pasivo tiene su residencia habitual en territorio español, cuando:

1°) Permanezca más de 183 días, durante un año natural, en dicho territorio. Las ausencias temporales se computan como permanencia en España, salvo que el sujeto pasivo demuestre su residencia habitual en otro país durante 183 días en el año natural.

---

[291] Vid. artículo 5 de la Ley 29/1987, de 18 de diciembre, del Impuesto sobre Sucesiones y Donaciones.

[292] Vid. artículo 6 de la Ley 29/1987, de 18 de diciembre, del Impuesto sobre Sucesiones y Donaciones.

En el supuesto de países o territorios de los calificados reglamentariamente como paraíso fiscal, la Administración tributaria podrá exigir que se pruebe la permanencia en el mismo durante 183 días en el año natural.

Para determinar dicho período de permanencia, no se computarán las estancias temporales en España que sean consecuencia de las obligaciones contraídas en acuerdos de colaboración cultural o humanitaria, a título gratuito, con las Administraciones públicas españolas.

2º) Radique en España el núcleo principal o la base de sus actividades empresariales o profesionales o de sus intereses económicos.

3º) Residan habitualmente en España el cónyuge no separado legalmente y los hijos menores de edad que dependan del sujeto pasivo, salvo prueba en contrario (presunción iuris tantum, que admite prueba en contrario[293].

Están sujetos por obligación real de contribuir[294]:

1º) Los sujetos pasivos que no estén sometidos al Impuesto sobre Sucesiones por obligación personal de contribuir.

2º) Los extranjeros residentes en España sometidos a obligación real de contribuir en el Impuesto sobre la Renta de no Residentes por razón de cargo o de empleo: diplomáticos y funcionarios extranjeros destinados en España, funcionarios y otros agentes de las Comunidades Europeas que tengan su residencia en España.

A los sujetos pasivos por obligación real de contribuir se les exige el impuesto:

Por la adquisición de bienes y derechos situados en territorio español o que pudieran ejercitarse o hubieran de cumplirse en dicho territorio.

Por las cantidades derivadas de seguros de vida contratados con compañías aseguradoras españolas o extranjeras que operen en territorio español. Quedan excluidas de la obligación real de contribuir las indemnizaciones que se satisfagan a personas no residentes en España con los siguientes requisitos: que se abonen por establecimientos permanentes de entidades españolas situados en el extranjero, que el pago se realice con cargo a los mismos, que las citadas prestaciones estén directamente vinculadas a la actividad del establecimiento en el extranjero[295].

---

[293] Vid. artículo 9. 1 de la Ley 35/2006, de 28 de noviembre, del Impuesto sobre la Renta de las Personas Físicas y de modificación parcial de las Leyes de los Impuestos sobre Sociedades, sobre la Renta de los no Residentes y sobre el Patrimonio.

[294] Vid. artículo 7 de la Ley 29/1987, de 18 de diciembre, del Impuesto sobre Sucesiones y Donaciones.

[295] Vid. artículo 18.1, del Real Decreto 1629/1991, de 8 de noviembre, por el que se aprueba el Reglamento del Impuesto sobre Sucesiones y Donaciones.

Se consideran bienes situados en territorio español[296]:

— Los bienes inmuebles que en él radiquen.
— Los bienes muebles afectados permanentemente a viviendas, fincas, explotaciones o establecimientos permanentes situados en territorio español y, en general, los que habitualmente se encuentren en este territorio aunque en el momento del devengo del impuesto estén fuera del mismo por circunstancias coyunturales o transitorias.

Se consideran siempre sujetos pasivos a las personas señaladas, con independencia de las estipulaciones ordenadas por el testador, incluso en los casos en que se ordene la entrega de un legado libre de impuestos, o el pago corra a cargo de la herencia.

g) Responsables subsidiarios

Son considerados responsables subsidiarios del pago del impuesto, salvo que resultaren de aplicación las normas sobre responsabilidad solidaria de la Ley General Tributaria[297]:

En las transmisiones "mortis causa" de depósitos, garantías, o cuentas corrientes, los intermediarios financieros y las demás entidades o personas que hubieren entregado el metálico o valores depositados o devuelto las garantías constituidas.

En las entregas de cantidades a quienes resultaren beneficiarios como herederos o designados en los contratos, las entidades de seguros que las verifiquen.

Los mediadores en la transmisión de títulos valores que formen parte de la herencia.

El funcionario que autorice el cambio de sujeto pasivo de cualquier tributo o exacción estatal o autonómica o local, cuando el cambio suponga una adquisición gravada por el impuesto y no hubiera exigido previamente la justificación del pago del mismo.

h) Representantes

Tienen obligación de designar a una persona residente en territorio español para que les representante ante la Administración Tributaria[298]:

Los sometidos al impuesto por obligación real de contribuir.

Los sujetos por obligación personal que se ausenten de España tras la realización del hecho imponible y antes de haber presentado la declaración,

---

[296] Vid. artículo 18. 2, del Real Decreto 1629/1991, de 8 de noviembre, por el que se aprueba el Reglamento del Impuesto sobre Sucesiones y Donaciones.

[297] Vid. artículo 8 de la Ley 29/1987, de 18 de diciembre, del Impuesto sobre Sucesiones y Donaciones.

[298] Vid. artículo 18. 4 del Real Decreto 1629/1991, de 8 de noviembre, por el que se aprueba el Reglamento del Impuesto sobre Sucesiones y Donaciones.

salvo que regresen antes de la finalización del plazo reglamentario de presentación de documentos.

La designación se comunicará a la oficina territorialmente competente para la presentación de la declaración, acompañando a dicha comunicación la expresa aceptación del representante.

La introducción de las nuevas tecnologías ha hecho necesario la creación de un registro de apoderamientos en el que consten los poderes otorgados por los contribuyentes para la realización de trámites y actuaciones en materia tributaria a través de Internet[299].

Asimismo, se crea un registro de las sucesiones y de las representaciones legales de incapacitados que permite a los sucesores de las personas físicas fallecidas o de las personas jurídicas o entidades sin personalidad jurídica extinguidas y a los representantes legales de aquellas personas carentes de capacidad de obrar conforme a derecho, la realización de determinados trámites y actuaciones que hayan de realizarse obligatoriamente por medio de Internet[300].

---

[299] Vid. apartados uno a ocho de la Resolución de 18 de enero de 2005, de la Dirección General de la Agencia Estatal de Administración Tributaria, por la que se regula el registro y gestión de apoderamientos y el registro y gestión de las sucesiones y de las representaciones legales de incapacitados, para la realización de trámites y actuaciones en materia tributaria por Internet.

[300] Vid. apartados noveno a decimocuarto de la Resolución de 18 de enero de 2005, de la Dirección General de la Agencia Estatal de Administración Tributaria, por la que se regula el registro y gestión de apoderamientos y el registro y gestión de las sucesiones y de las representaciones legales de incapacitados, para la realización de trámites y actuaciones en materia tributaria por Internet.

ELEMENTOS PERSONALES

CONTRIBUYENTES		RESPONSABLES	REPRESENTANTES
Adquisiciones "mortis causa".	Los causahabientes, es decir, los que adquieren los bienes: herederos o legatarios, cualesquiera que sean las estipulaciones de las partes o de las disposiciones que el testador ordene. Por tanto, los pactos entre particulares no pueden alterar la condición de sujeto pasivo, independientemente de la validez de dichos pactos entre las partes.	En las transmisiones "mortis causa" de depósitos, garantías o cuentas corrientes: los intermediarios financieros y demás entidades o personas que hubieran entregado el dinero o valores, o hubiesen devuelto las garantías.	*Los sometidos al impuesto por obligación real de contribuir.
Donaciones y demás transmisiones lucrativas "inter vivos" equiparables.	El donatario o favorecido por ellas.	En las entregas de cantidades a las personas designadas como beneficiarios en los contratos de seguro: las entidades de seguros que las verifiquen.	Los sujetos por obligación personal que se ausenten de España tras la realización del hecho imponible y antes de haber presentado la declaración, salvo que regresen antes de la finalización del plazo reglamentario de presentación de documentos.
Seguros sobre la vida.	*Los beneficiarios de seguros de vida para caso de sobrevivencia del asegurado. *Los beneficiarios del seguro individual, en el caso de fallecimiento del asegurado que sea persona distinta del contratante.	En la transmisión de títulos valores que formen parte de la herencia: cuando el cambio de sujeto pasivo suponga directa o indirectamente una adquisición gravada por el impuesto: *Los mediadores que hubieran intervenido en la transmisión. *El funcionario que autorice el cambio en cualquier tributo o exacción, sin exigir previamente el justificante de pago del mismo.	La designación del representante deberá comunicarse a la oficina territorialmente competente para la presentación de la declaración, acompañando a dicha comunicación la expresa aceptación del representante.

i) Base imponible

Constituye la base imponible del impuesto el incremento patrimonial que percibe el sujeto pasivo, es decir, el valor neto de la adquisición lucrativa[301].

En las transmisiones "mortis causa", el valor neto de la adquisición individual de cada causahabiente, entendiéndose como tal el valor real de los bienes y derechos minorado por las cargas y deudas que fueren deducibles.

En las donaciones y demás transmisiones lucrativas "inter vivos" equiparables, el valor neto de los bienes y derechos adquiridos, entendiéndose como tal el valor real de los bienes y derechos minorado por las cargas y deudas que fueren deducibles.

En los seguros sobre la vida, las cantidades percibidas por el beneficiario.

Las cantidades percibidas por razón de seguros sobre la vida se liquidarán acumulando su importe al del resto de los bienes y derechos que integran la porción hereditaria del beneficiario cuando el causante sea, a su vez, el contratante del seguro individual o el asegurado en el seguro colectivo.

HECHO IMPONIBLE Y SU ESTIMACIÓN

HECHO IMPONIBLE	BASE IMPONIBLE
Adquisiciones "mortis causa"	*Valor real de los bienes y derechos integrados en el caudal hereditario (mayor entre declarado y comprobado) menos cargas y gravámenes deducibles, menos deudas deducibles, menos gastos deducibles.
Adquisiciones "inter vivos"	*Valor real de los bienes y derechos integrados en el caudal hereditario (mayor entre declarado y comprobado) menos cargas y gravámenes deducibles, menos deudas deducibles.
Seguros sobre la vida	*Importe de las cantidades percibidas por el beneficiario (Procede la acumulación de su importe al del resto de los bienes y derechos que integran la porción hereditaria del beneficiario cuando el causante sea, a su vez, el contratante del seguro individual o el asegurado en el seguro colectivo).

a´) Determinación base imponible en las adquisiciones "mortis causa"

El valor neto se obtiene mediante el siguiente cálculo:

+ Valor real de los bienes y derechos integrados en el caudal hereditario.
+ Valor de los bienes y derechos adicionables.

---

301 Vid. artículo 9 de la Ley 29/1987, de 18 de diciembre, del Impuesto sobre Sucesiones y Donaciones.

+ Valor del ajuar doméstico.
- Cargas y gravámenes deducibles.
- Deudas deducibles.
- Gastos deducibles.

Además, habrá que tomar en consideración las reglas especiales de valoración establecidas en la Ley.

Ha de tenerse en cuenta que para determinar la participación individual de cada causahabiente, han de incluirse en el caudal hereditario del causante los siguientes bienes: el ajuar doméstico y los bienes adicionables por ley.

El ajuar doméstico, aunque no se haya declarado por los interesados, previa deducción del valor de los bienes que deban entregarse al cónyuge supérstite. Se presume que forma parte de la masa hereditaria y debe incorporarse de oficio si los causahabientes no lo hubiesen incluido, salvo que se acredite fehacientemente su inexistencia; difícil cuestión ya que no se puede probar lo que no existe.

Las normas indicadas no se aplicarán en los casos de aquellos causahabientes a quienes el testador hubiese atribuido bienes determinados con exclusión de cualesquiera otros del caudal hereditario. En el caso de que les atribuyera bienes determinados y una participación en el resto de la masa hereditaria, se les computará la parte del ajuar y de bienes adicionados que proporcionalmente les corresponda, según su participación en el resto de la masa hereditaria.

Se presume legalmente que forman parte del caudal hereditario, a los solos efectos de liquidación y pago del impuesto, los siguientes bienes:

Los bienes de todas clases que hubiesen pertenecido al causante de la sucesión hasta un año antes de su fallecimiento, salvo prueba fehaciente de que tales bienes fueron transmitidos por aquel y de que se hallan en poder de persona distinta de un heredero, legatario, pariente dentro del tercer grado o cónyuge de cualquiera de ellos o del causante. Esta presunción quedará desvirtuada mediante la justificación suficiente de que en el caudal figuran incluidos el metálico u otros bienes subrogados en el lugar de los desaparecidos con valor equivalente,

Esta adición afecta a todos los causahabientes en la misma proporción, salvo que se acredite que la transmisión se realizó a favor de persona distinta del heredero, legatario, pariente dentro del tercer grado o cónyuge de cualquiera de ellos o del causante. En este último caso, la presunción sólo afecta a dicha persona, la cual debe asumir a efectos fiscales, la condición de heredero o legatario[302].

Los bienes y derechos que durante los tres años anteriores al fallecimiento hubieran sido adquiridos a título oneroso en usufructo por el causante y

---

[302] Vid. artículo 25. 2 del Real Decreto 1629/1991 de 8 noviembre, por el que se aprueba el Reglamento del Impuesto sobre Sucesiones y Donaciones.

en nuda propiedad por un heredero, legatario, pariente dentro del tercer grado o cónyuge de cualquiera de ellos o del causante.

Por otra parte, según el Reglamento del Impuesto no es de aplicación esta presunción cuando el adquirente de la nuda propiedad presente justificación suficiente de que se ha satisfecho al transmitente dinero, bienes o derechos de valor equivalente para su adquisición, sin perjuicio del derecho de los interesados para probar la realidad de la transmisión[303].

Esta adición afecta exclusivamente al adquirente de la nuda propiedad, al que se le practicará liquidación por la adquisición "mortis causa" del pleno dominio. Esta liquidación excluirá la que corresponda por la consolidación del pleno dominio del bien o derecho de que se trate[304].

Los bienes y derechos que hubieran sido transmitidos por el causante durante los cuatro años anteriores a su fallecimiento reservándose el usufructo de los mismos o de otros del adquirente o cualquier otro derecho vitalicio, salvo cuando se trate de seguros de renta vitalicia contratados con entidades dedicadas legalmente a este género de operaciones.

A su vez, aclara el Reglamento que no será de aplicación esta presunción cuando quede suficientemente probado que en el caudal hereditario figuran dinero u otros bienes recibidos en contraprestación de la transmisión de la nuda propiedad por valor equivalente. La no justificación de este requisito no obstará al derecho de los interesados para probar la realidad de la transmisión.

Esta adición afectará exclusivamente al adquirente de la nuda propiedad, quien será considerado como legatario si fuese una persona distinta de un heredero y al que se liquidará por la adquisición "mortis causa" del pleno dominio del bien o derecho de que se trate. La práctica de esta liquidación excluirá la que hubiese correspondido por la consolidación del pleno dominio[305].

Los valores y efectos depositados y cuyos resguardos se hubieren endosado, si con anterioridad al fallecimiento del endosante no se hubieren retirado aquellos o tomado razón del endoso en los libros del depositario, y los valores nominativos que hubieren sido igualmente objeto de endoso, si la transferencia no se hubiere hecho constar en los libros de la entidad emisora con anterioridad también al fallecimiento del causante.

No tendrá lugar esta presunción cuando conste de un modo suficiente que el precio o equivalencia del valor de los bienes o efectos transmitidos se ha incorporado al patrimonio del vendedor o cedente y figura en el inventario de su herencia, que ha de ser tenido en cuenta para la liquidación del impuesto, o si se justifica suficientemente que la retirada de valores o efectos

---

[303] Vid. artículo 26. 1 del Real Decreto 1629/1991 de 8 noviembre, por el que se aprueba el Reglamento del Impuesto sobre Sucesiones y Donaciones.

[304] Vid. artículo 26. 2 del Real Decreto 1629/1991 de 8 noviembre, por el que se aprueba el Reglamento del Impuesto sobre Sucesiones y Donaciones.

[305] Vid. artículo 27 del Real Decreto 1629/1991 de 8 noviembre.

o la toma de razón del endoso no ha podido verificarse con anterioridad al fallecimiento del causante por causas independientes de la voluntad de este y del endosatario. Lo dispuesto aquí se entenderá sin perjuicio de lo dispuesto para la adición de bienes en uno, tres o cuatro años[306].

La adición afecta exclusivamente al endosatario de los valores, quien será considerado como legatario si no tuviese la condición de heredero[307].

La Administración no puede aplicar estas presunciones de forma automática. Para que la Administración pueda adicionar los mencionados bienes de oficio deberá seguir el procedimiento que se recoge en el Reglamento del Impuesto, y que podemos resumir así[308]:

Cuando la oficina competente ante la que se hubiese presentado un documento, declaración o declaración-liquidación comprensivo de una adquisición por causa de muerte, comprobase la omisión en el inventario de bienes del causante de los que se encuentren en alguna de las situaciones a que se refieren los artículos 25 a 28 y 30 del reglamento, relativos a la presunción de bienes adicionables por haber pertenecido con anterioridad a su fallecimiento al causante, lo pondrá en conocimiento de los interesados, concediéndoles un plazo de quince días para que puedan dar su conformidad a su adición al caudal relicto del causante.

Si la adición fuese admitida por los interesados, las liquidaciones que se practiquen incluirán en la base imponible el valor de los bienes adicionables, o se procederá a rectificar las autoliquidaciones ingresadas por los interesados practicando las complementarias a que hubiere lugar, cuando se haya optado por ese procedimiento de declaración.

En el caso de que los interesados, en el plazo concedido, rechazasen la propuesta de adición o dejaren transcurrir el mismo sin contestar, sin perjuicio de continuar las actuaciones establecidas en este reglamento para la liquidación del documento o para la comprobación de las autoliquidaciones, la oficina procederá a instruir un expediente a efectos de decidir en definitiva sobre la adición, concediendo a los interesados un plazo de quince días para formular alegaciones y aportar los documentos o pruebas que estimen convenientes a su derecho. Transcurrido este plazo se dictará acuerdo sobre la procedencia o no de la adición.

El acuerdo favorable a la adición será recurrible en reposición o en vía económico-administrativa.

Ultimada la vía administrativa en sentido favorable a la adición, la Administración podrá proceder a la rectificación de las liquidaciones provisionales o a practicar las complementarias que procedan.

---

[306] Vid. artículo 11, 1, d, de la ley 29/1987, de 18 de diciembre, del Impuesto sobre Sucesiones y Donaciones.

[307] Vid. artículo 28. 2 del Real Decreto 1629/1991 de 8 noviembre de 1991, por el que se aprueba el Reglamento del Impuesto sobre Sucesiones y Donaciones.

[308] Vid. artículo 93 del Real Decreto 1629/1991, de 8 de noviembre, por el que se aprueba el Reglamento del Impuesto sobre Sucesiones y Donaciones.

Durante la tramitación del expediente y hasta su ultimación definitiva quedará interrumpido el plazo de prescripción de la acción de la Administración para practicar las liquidaciones que procedan.

En los casos de adición de bienes existen transmisiones "inter vivos" y como consecuencia de las presunciones, también transmisiones "mortis causa". Así, para evitar la doble imposición, se establece que no procede la aplicación de adiciones de bienes por las presunciones anteriores, cuando por la transmisión onerosa de los bienes se hubiese satisfecho en concepto de Impuesto de Transmisiones Patrimoniales y Actos Jurídicos Documentados una cantidad superior a la que resulte del cálculo siguiente: valor comprobado en el momento de la adquisición multiplicado por el tipo medio efectivo en el impuesto sobre Sucesiones del heredero o legatario afectado, en el caso de haber incluido las adiciones en la liquidación.

El tipo medio de gravamen es el que resulte del siguiente cálculo, expresado con dos decimales:

Tipo medio de gravamen= cuota tributaria por 100 dividido entre la base liquidable[309].

Si la cantidad ingresada por el Impuesto sobre Transmisiones Patrimoniales y Actos Jurídicos Documentados fuese inferior a la que resulte del cálculo anterior, habrá lugar a la adición de los bienes en la base imponible, pero el sujeto pasivo tendrá derecho a que se le deduzca de la liquidación practicada por el Impuesto sobre Sucesiones y Donaciones lo satisfecho por el Impuesto sobre Transmisiones Patrimoniales y Actos Jurídicos Documentados[310].

El Reglamento del impuesto contempla, asimismo, los casos de indivisión de la herencia o legado. A este respecto se establece que la participación atribuible al causante en bienes que estén integrados en herencias yacentes, comunidades de bienes y demás entidades que, carentes de personalidad jurídica, constituyan una unidad económica o un patrimonio separado, se adiciona al caudal hereditario en la proporción que resulte de las normas que sean aplicables o de los pactos entre los interesados, y, si éstos no constaren a la Administración en forma fehaciente, en proporción al número de interesados[311].

Por otro lado, son de aplicación, en su caso, las normas sobre presunciones de titularidad o cotitularidad contenidas en la Ley General Tributaria y en la Ley del Impuesto sobre el Patrimonio[312].

---

309 Vid. artículo 29, apartado primero, del Real Decreto 1629/1991, de 8 de noviembre por el que se aprueba el Reglamento del Impuesto sobre Sucesiones y Donaciones.

310 Vid. artículo 29, apartado segundo, del Real Decreto 1629/1991, de 8 de noviembre por el que se aprueba el Reglamento del Impuesto sobre Sucesiones y Donaciones.

311 Vid. artículo 30 del Real Decreto 1629/1991, de 8 de noviembre por el que se aprueba el Reglamento del Impuesto sobre Sucesiones y Donaciones.

312 Vid. artículo 11. 5, de la Ley 29/1987, de 18 de diciembre, del Impuesto sobre Sucesiones y Donaciones.

En el caso de los depósitos indistintos hay que considerar que cuando sean dos los cotitulares, corresponde a cada uno la mitad de lo depositado, de tal forma que si fallece uno de los cotitulares se presume que la mitad de la cantidad depositada forma parte del caudal hereditario. No obstante, ello no impide que el interesado pueda demostrar ante la oficina gestora del Impuesto que la cantidad total depositada le corresponde por derecho propio, y que por lo tanto no debe integrarse en el caudal hereditario de su cónyuge, aportando las pruebas pertinentes, pruebas que deben ser valoradas en su caso por el órgano de gestión.

Hemos indicado, asimismo, que el ajuar doméstico forma parte de la base imponible, contribuyendo al aumento de ésta[313].

El ajuar doméstico comprende el conjunto de efectos personales, utensilios domésticos y bienes muebles de uso particular del sujeto pasivo.

El valor viene determinado, con carácter general, por el 3% del importe del caudal relicto del causante, salvo que los interesados atribuyan a este ajuar un valor superior o prueben fehacientemente su inexistencia o que su valor es inferior al que resulte de la aplicación del referido porcentaje.

VALORACIÓN AJUAR DOMÉSTICO

AJUAR DOMÉSTICO		
PRESUNCIÓN LEGAL	**PRUEBA EN CONTRARIO**	**VALOR DECLARADO**
3 por ciento	*Inferior *Inexistente	Superior

La base sobre la que se aplica el porcentaje del 3% es el importe del caudal relicto del causante, sin incluir en el mismo los bienes adicionados por presunciones, las donaciones acumuladas, las cantidades acumuladas por seguros sobre la vida contratados por el causante, si aquél fuese individual, o en los que el causante figure como asegurado, si fuese colectivo[314].

Por otra parte, la Jurisprudencia ha establecido que el ajuar doméstico no puede calcularse sobre el caudal hereditario neto, es decir, una vez deducido el importe de las deudas, sino que habrá de computarse atendiendo al caudal hereditario bruto, por cuanto el ajuar doméstico es un bien o elemento patrimonial del activo, como cualquier otro, que debe inventariarse junto con los demás bienes[315].

---

[313] Vid. artículo 15, de la Ley 29/1987, de 18 de diciembre, del Impuesto sobre Sucesiones y Donaciones.

[314] Vid. artículo 34. 3, apartado primero, del Real Decreto 1629/1991, de 8 de noviembre por el que se aprueba el Reglamento del Impuesto sobre Sucesiones y Donaciones.

[315] Vid. Sentencia del Tribunal Superior de Justicia de Andalucía, Sala de lo Contencioso-Administrativo de Granada, de 7 de febrero de 2011.

El valor del ajuar doméstico así calculado se minorará en el de los bienes que, por disposición del artículo 1321 del Código Civil o de las disposiciones análogas de Derecho civil foral o especial, deben entregarse al cónyuge sobreviviente, cuyo valor se fijará en el 3 por 100 del valor catastral de la vivienda habitual del matrimonio, salvo que los interesados acrediten fehacientemente uno superior[316].

En el citado artículo 1321 del Código Civil se considera que el cónyuge supérstite tiene derecho a las ropas, mobiliario y enseres que constituyan el ajuar de la vivienda habitual común de los esposos, sin que se incluyan las alhajas, objetos artísticos, históricos y otros de extraordinario valor. Estos bienes se le entregan al cónyuge sobreviviente sin computárselos en su haber.

En relación con las cargas y gravámenes deducibles ha de añadirse además de lo indicado:

Al referirse la Ley a cargas sobre la masa hereditaria ha de entenderse como carga real, esto es, que recae sobre la cosa de que se trate, e implica que la transmisión de un bien afectado por una carga conlleva la transmisión de la misma.

A efectos de este impuesto son deducibles exclusivamente las cargas y gravámenes que reúnan las siguientes condiciones: que tengan naturaleza perpetua, temporal o redimible, que aparezcan directamente establecidas sobre los bienes, que disminuyan realmente el capital y valor de los bienes a los que afectan, como los censos y las pensiones, así como ciertas servidumbres[317].

No son deducibles expresamente las hipotecas y las prendas, por tratarse de derechos reales de garantía, así como las siguientes cargas: las que constituyan obligación personal del adquirente, ni las que no supongan disminución del valor de lo transmitido[318].

No obstante, éstas pueden ser deducidas del activo de la herencia como deudas, si reúnen los requisitos para la deducción por tal concepto.

Si no constase expresamente la duración de las cargas y gravámenes, ésta se considera ilimitada.

La valoración de las cargas a efectos de su deducción se realiza de acuerdo con el tipo de carga de que se trate, quedando regulada expresamente la cuantificación del importe de las siguientes[319]: los censos se valoran en relación al capital que deba entregarse para su redención atendiendo a las normas contenidas en el Código civil o las legislaciones forales; según el Código civil ese capital estará determinado de antemano, dado que, al constituirse

[316] Vid. artículo 34, 3, apartado segundo, del Real Decreto 1629/1991, de 8 de noviembre por el que se aprueba el Reglamento del Impuesto sobre Sucesiones y Donaciones.

[317] Vid. artículo 12 de la Ley 29/1987, de 18 de diciembre, del Impuesto sobre Sucesiones y Donaciones y artículo 31. 1 del Real Decreto 1629/1991, de 8 de noviembre, por el que se aprueba el Reglamento del Impuesto sobre Sucesiones y Donaciones.

[318] Ibídem.

[319] Vid. artículo 31. 3 y 4 del Real Decreto 1629/1991, de 8 de noviembre, por el que se aprueba el Reglamento del Impuesto sobre Sucesiones y Donaciones.

el censo, se debe fijar el valor de la finca y la pensión anual a satisfacer; en las pensiones el valor se obtiene capitalizándolas al interés básico del Banco de España y tomando del capital resultante la parte que, según las reglas de valoración de los usufructos, corresponda a la edad del pensionista, si la pensión es vitalicia, la parte que corresponda a la duración de la pensión, si ésta es temporal. En la valoración de las pensiones temporales que no se extingan al fallecimiento del pensionista no rige el límite fijado en la de los usufructos[320].

Si los interesados no están de acuerdo con el resultado así obtenido pueden acudir a la tasación pericial contradictoria[321].

Al extinguirse la pensión, el adquirente del bien vendrá obligado a pagar el impuesto correspondiente al capital deducido, según la tarifa vigente en la constitución de la pensión[322].

Las referencias al tipo de interés básico del Banco de España, se entienden realizadas desde el 1 de enero de 1998 al tipo de interés legal del dinero, el cual se determina anualmente en la Ley de Presupuestos del Estado.

En el caso de bienes afectados por una carga que hayan sido atribuidos por el testador en favor de persona determinada, la deducción de la misma afecta sólo a la persona de que se trate[323].

Respecto a las deudas, la regulación legal se puede resumir en los siguientes términos:

Son deducibles las siguientes deudas del causante: las reconocidas en sentencia judicial firme, cualquier otra que dejase contraída el causante, siempre que su existencia se acredite mediante documento público, documento privado, que reúna los requisitos del 1.227 del Código Civil o se justifique de otro modo la existencia de aquéllas, salvo las que lo fueren a favor de los herederos o de los legatarios de parte alícuota y de los cónyuges, ascendientes, descendientes, o hermanos de aquellos aunque renuncien a la herencia[324].

La Administración podrá exigir que se ratifique la existencia de la deuda en documento público por los herederos con la comparecencia del acreedor[325].

En especial, serán deducibles las cantidades que adeudare el causante por razón de tributos del Estado, de las Comunidades Autónomas, de las Corporaciones Locales o por deudas de la Seguridad Social, y que se satis-

[320] Ibídem.

[321] Vid. artículo 31. 4, apartado primero, in fine, del Real Decreto 1629/1991, de 8 de noviembre, por el que se aprueba el Reglamento del Impuesto sobre Sucesiones y Donaciones.

[322] Vid. artículo 31. 4, apartado segundo, del Real Decreto 1629/1991, de 8 de noviembre, por el que se aprueba el Reglamento del Impuesto sobre Sucesiones y Donaciones.

[323] Vid. artículo 24. 2 del Real Decreto 1629/1991, de 8 de noviembre, por el que se aprueba el Reglamento del Impuesto sobre Sucesiones y Donaciones.

[324] Vid. artículo 32. 1, del Real Decreto 1629/1991, de 8 de noviembre, por el que se aprueba el Reglamento del Impuesto sobre Sucesiones y Donaciones.

[325] Vid. artículo 13. 1 de la Ley 29/1987, de 18 de diciembre, del Impuesto sobre Sucesiones y Donaciones y artículo 32. 1, del Real Decreto 1629/1991, de 8 de noviembre, por el que se aprueba el Reglamento del Impuesto sobre Sucesiones y Donaciones.

fagan por los herederos, albaceas o administradores del caudal hereditario aunque correspondan a liquidaciones giradas después del fallecimiento[326].

El concepto de tributos comprende tanto las tasas como las contribuciones especiales y las exacciones parafiscales[327].

Cuando el pago de una deuda haya quedado a cargo de uno de los causahabientes, por disposición del testador, la deducción afectará sólo al causahabiente de que se trate[328]. Si el testador hubiese dispuesto la entrega de legados libres del impuesto, el importe del mismo no incrementará la base imponible de la liquidación a girar a cargo del legatario, pero, en ningún caso, será deducible a los efectos de determinar la de los demás causahabientes[329].

Para la deducción de las deudas puestas de manifiesto con posterioridad al ingreso del Impuesto sobre Sucesiones y Donaciones, se seguirá el siguiente procedimiento siempre que no hayan transcurrido más de 5 años desde la finalización del plazo de presentación de la liquidación ni se trate de liquidaciones administrativas firmes de carácter definitivo[330]:

Los interesados presentarán un escrito ante la oficina que hubiese practicado la liquidación o tramitado la autoliquidación, solicitando la rectificación correspondiente, acompañado de los documentos acreditativos de la existencia de la deuda o del pago de la misma realizado con posterioridad al ingreso.

Si la oficina estimase acreditada fehacientemente la existencia o el pago de la deuda, propondrá al órgano competente la adopción de acuerdo reconociendo el derecho a la devolución o denegándolo, en caso contrario, notificándolo a los interesados en este caso con indicación de los recursos procedentes contra el mismo.

La deducción se hará efectiva mediante la devolución, sin intereses de demora, de la porción del Impuesto que corresponda al importe de la deuda no deducida, entendiéndose por tal la diferencia que exista entre la cantidad ingresada y la que se hubiese ingresado si al practicar la liquidación se hubiese deducido el importe de la deuda.

Finalmente, en relación con los gastos deducibles se dice[331]:

---

[326] Vid. artículo 13. 2 de la Ley 29/1987, de 18 de diciembre, del Impuesto sobre Sucesiones y Donaciones y artículo 32. 2, del Real Decreto 1629/1991, de 8 de noviembre, por el que se aprueba el Reglamento del Impuesto sobre Sucesiones y Donaciones.

[327] Vid. artículo 2 y Disposición adicional primera de la Ley 58/2003, de 17 de diciembre, General Tributaria.

[328] Vid. artículo 24. 2, del Real Decreto 1629/1991, de 8 de noviembre, por el que se aprueba el Reglamento del Impuesto sobre Sucesiones y Donaciones.

[329] Vid. artículo 23. 3, del Real Decreto 1629/1991, de 8 de noviembre, por el que se aprueba el Reglamento del Impuesto sobre Sucesiones y Donaciones.

[330] Vid. artículo 32.3 del Real Decreto 1629/1991, de 8 de noviembre, por el que se aprueba el Reglamento del Impuesto sobre Sucesiones y Donaciones.

[331] Vid. artículo 14 de la Ley 29/1987, de 18 de diciembre del Impuesto sobre Sucesiones y Donaciones.

En las adquisiciones por causa de muerte son deducibles para la determinación de la base imponible:

a) Los gastos que cuando la testamentaría o abintestato adquieran carácter litigioso se ocasionen en litigio en interés común de todos los herederos por la representación legítima de dichas testamentarías o abintestatos, excepto los de administración del caudal relicto, siempre que resulten aquéllos cumplidamente justificados con testimonio de los autos.
b) Los gastos de última enfermedad, entierro y funeral, en cuanto se justifiquen. Los de entierro y funeral deberán guardar, además, la debida proporción con el caudal hereditario, conforme a los usos y costumbres de la localidad.

b´) Determinación de la base imponible en las adquisiciones "inter vivos".

En las donaciones y demás transmisiones lucrativas "inter vivos" equiparables, constituye la base imponible el valor neto de los bienes y derechos adquiridos, entendiéndose como tal el valor real de los bienes y derechos (mayor entre declarado y comprobado) menos cargas y gravámenes deducibles y menos deudas deducibles[332].

c´) Determinación de la base imponible en los seguros sobre la vida.

En los seguros sobre la vida, constituirá la base imponible las cantidades percibidas por el beneficiario. Las cantidades percibidas por razón de seguros sobre la vida se liquidarán acumulando su importe al del resto de los bienes y derechos que integran la porción hereditaria del beneficiario cuando el causante sea, a su vez, el contratante del seguro individual o el asegurado en el seguro colectivo[333].

j. Comprobación de valores

a´) Normas generales

La Administración podrá comprobar el valor de los bienes y derechos transmitidos por los medios de comprobación establecidos en el artículo 52 de la Ley General Tributaria.

Los interesados deberán consignar en la declaración que están obligados a presentar según el artículo 31 el valor real que atribuyen a cada uno de los

---

[332] Vid. artículo 9, b, de la Ley 29/1987, de 18 de diciembre del Impuesto sobre Sucesiones y Donaciones.

[333] Vid. artículo 9, c, de la Ley 29/1987, de 18 de diciembre del Impuesto sobre Sucesiones y Donaciones.

bienes y derechos incluidos en la declaración del impuesto. Este valor prevalecerá sobre el comprobado si fuese superior[334].

Si el valor al que se refiere el párrafo anterior no hubiera sido comunicado, se les concederá un plazo de diez días para que subsanen la omisión.

Si el nuevo valor así obtenido fuese superior al que resultase de la aplicación de la correspondiente regla del Impuesto sobre el Patrimonio surtirá efecto en relación con las liquidaciones a practicar a cargo del adquirente por dicho impuesto por la anualidad corriente y las siguientes.

No se aplicará sanción sobre la parte de cuota que corresponda al mayor valor obtenido de la comprobación sobre el declarado cuando el sujeto pasivo se hubiese ajustado en su declaración a las reglas de valoración establecidas en el Impuesto sobre el Patrimonio Neto.

b´) Tasación pericial contradictoria

En corrección del resultado obtenido en la comprobación de valores los interesados podrán promover la práctica de la tasación pericial contradictoria con arreglo a las siguientes reglas:

La solicitud de la tasación deberá presentarse dentro del plazo de la primera reclamación que proceda contra la liquidación efectuada sobre la base de los valores comprobados administrativamente. La presentación determinará la suspensión del ingreso de la liquidación practicada y de los plazos de reclamación contra la misma.

En el caso de que no figurase en el expediente la valoración motivada de un perito, la oficina gestora remitirá a los servicios técnicos correspondientes una relación de los bienes y derechos a valorar para que se proceda, en el plazo de 15 días, a la formulación de la correspondiente valoración con los fundamentos tenidos en cuenta para realizarla.

Recibida por la oficina la valoración del perito, se trasladará a los interesados y se les concederá 15 días para que nombren un perito con título adecuado a la naturaleza de los bienes a valorar. Designado el perito por el contribuyente, se le entregará la relación de bienes y derechos concediéndole un nuevo plazo de 15 días para formular la hoja de aprecio de forma fundamentada.

Transcurridos esos 15 días sin noticias del perito, se entenderá la conformidad del interesado con el valor comprobado sobre el que se hubiese girado la liquidación, dándose por terminado el expediente y procediéndose a la confirmación de la liquidación inicialmente practicada. El sujeto pasivo deberá ingresar el importe del impuesto en el resto del plazo que quedase por transcurrir al tiempo de solicitar la tasación liquidándose los correspondientes intereses de demora.

---

[334] Vid. artículo 18. 2 de la Ley 29/1987, de 18 de diciembre del Impuesto sobre Sucesiones y Donaciones, en su redacción dada por la Disp. Final 4ª 1, de la Ley 58/2003, de 17 de diciembre, General Tributaria.

Si la tasación del perito de la Administración no excede en más del 10% y no es superior en 20.000.000 de pesetas (120.202,42 euros) a la realizada por el del interesado, servirá de base el valor resultante de ésta, si fuese mayor que el declarado, o este valor en caso contrario, procediéndose a la rectificación de la liquidación inicialmente practicada. La nueva liquidación, con los correspondientes intereses de demora, se notificará al sujeto pasivo para su ingreso en los plazos establecidos en el Reglamento General de Recaudación.

Si la tasación del perito de la Administración excediera los límites anteriores, se asignará un tercer perito por sorteo público, a la que se le remitirá la relación de bienes y derechos a valorar, para que en el plazo de 15 días proceda a confirmar alguna de las anteriores o realice una nueva valoración que será definitiva.

En ningún caso podrá servir de base para la liquidación el resultado de la tasación pericial si fuese menor que el valor declarado por los interesados.

A la vista del resultado obtenido de la tasación pericial contradictoria, la oficina confirmará o rectificará la liquidación inicial, sin perjuicio de su posible impugnación en reposición o en vía económico-administrativa. En ambos casos se liquidarán los correspondientes intereses de demora.

Los honorarios del perito del sujeto pasivo serán satisfechos por éste. Cuando la tasación practicada por el tercer perito fuese superior en un 20% al valor declarado, todos los gastos de la pericia serán abonados por el sujeto pasivo, y por el contrario, caso de ser inferior, serán de cuenta de la Administración y el sujeto pasivo tendrá derecho a ser reintegrado de los gastos ocasionados por el depósito a que se refiere el párrafo siguiente.

El perito tercero podrá exigir, previamente al desempeño de su cometido, provisión del importe de sus honorarios mediante depósito en el Banco de España en el plazo de 10 días. La falta de depósito por cualquiera de las partes supondrá la aceptación de la valoración realizada por el perito de la otra, cualquiera que sea la diferencia entre ambas.

Entregadas en la Delegación de Hacienda la valoración por el tercer perito, se comunicará al interesado y, al mismo tiempo, se le concederá un plazo de 15 días para justificar el pago de los honorarios a su cargo. En su caso, se autorizará la disposición de la provisión de honorarios depositados en el Banco de España[335].

c´) Normas especiales

Afectan a las presunciones legales, al ajuar doméstico y a los derechos reales que se constituyan o transmitan con reglas específicas de valoración.

Las presunciones afectan a los bienes que hubiesen pertenecido al causante de la sucesión hasta un año antes de su fallecimiento, bienes y dere-

[335] Vid. artículo 98 del Real Decreto 1629/1991, de 8 de noviembre, por el que se aprueba el Reglamento del Impuesto sobre Sucesiones y Donaciones.

chos adquiridos hasta los tres años anteriores a su fallecimiento, bienes y derechos transmitidos por el causante hasta los cuatro años anteriores a su fallecimiento y, finalmente, valores y efectos transmitidos por endoso.

El ajuar doméstico se valora de forma general en el 3 por ciento del valor del resto de los bienes que integran el caudal relicto, salvo que el valor declarado sea superior.

A esto hay que añadir que los derechos reales que se constituyen o transmiten cuentan con unas reglas específicas de valoración recogidas en el artículo 26 Ley del Impuesto sobre Sucesiones y Donaciones y en los artículos 49 y siguientes del Reglamento.

k. Regímenes de determinación de la base imponible

La base imponible del Impuesto sobre Sucesiones y Donaciones se determina, con carácter general, en régimen de estimación directa, y teniendo en cuenta las reglas especiales contenidas en la normativa del impuesto, lo que supone una previa valoración de los bienes y derechos adquiridos por parte de los interesados y una posterior comprobación por parte de la Administración, prevaleciendo siempre la valoración superior.

No obstante, se admite con carácter supletorio el régimen de estimación indirecta de bases imponibles con las condiciones y requisitos establecidos en el artículo 53 de la Ley General Tributaria[336].

l) Base liquidable

En las adquisiciones gravadas por el Impuesto sobre Sucesiones y Donaciones, la base liquidable se obtendrá aplicando a la base imponible las reducciones que procedan, practicando, en primer lugar, las reducciones del Estado y, a continuación las aprobadas por la propia Comunidad Autónoma, de conformidad con lo establecido en lo previsto en la Ley 22/2009, de 18 de diciembre[337].

Cuando las Comunidades Autónomas no hubiesen hecho uso de sus competencias, o no resultase aplicable la normativa propia de la Comunidad Autónoma, se aplican las reducciones previstas para el Estado en la ley. Asimismo, las Comunidades Autónomas podrán regular las establecidas por la normativa del Estado, manteniéndolas en condiciones análogas a las establecidas por éste o mejorándolas mediante el aumento del importe o del porcentaje de reducción, la ampliación de las personas que puedan acogerse a la misma o la disminución de los requisitos para poder aplicarla. En este

---

336 Vid. artículo 21 del Real Decreto 1629/1991, de 8 de noviembre, por el que se aprueba el Reglamento del Impuesto sobre Sucesiones y Donaciones.

337 Vid. artículo 20. 1 de la Ley 29/1987, de 18 de diciembre, del Impuesto sobre Sucesiones y Donaciones.

caso, la reducción mejorada sustituirá, en esa Comunidad Autónoma, a la reducción estatal[338].

Las Comunidades Autónomas que hagan uso de sus competencias para regular en su territorio reducciones en la base imponible, pueden establecer, las siguientes:

a´) En las adquisiciones "mortis causa"

En las adquisiciones "mortis causa" la base liquidable resulta de aplicar a la base imponible las reducciones o deducciones que procedan de las siguientes: reducciones personales, reducciones como consecuencia de la condición física o psíquica del adquirente, reducción por transmisiones consecutivas, reducciones en la transmisión de la empresa familiar, reducciones en la transmisión de la vivienda habitual, reducciones a aplicar por transmisión de bienes integrantes del Patrimonio Histórico Español o del Patrimonio Histórico o Cultural de las Comunidades Autónomas y reducciones en las adquisiciones por herencia o legado de explotaciones familiares agrarias.

1. Reducciones en función del parentesco

Con independencia de las reducciones personales que las Comunidades Autónomas puedan aprobar, y con carácter supletorio, la ley estatal establece una serie de reducciones personales a aplicar sobre la base imponible en las adquisiciones "mortis causa", que se clasifican por grupos en función del grado de parentesco con el causante.

Estas reducciones se aplican cuando la Comunidad Autónoma competente no haya regulado las reducciones, no haya asumido competencias normativas en materia del Impuesto sobre Sucesiones y Donaciones, no resulte aplicable a los sujetos pasivos la normativa propia de la Comunidad Autónoma, exista obligación real de contribuir, exista obligación personal de contribuir y el sujeto pasivo o el causante sean no residentes en territorio español.

Las reducciones son las siguientes[339]:

— Grupo I: adquisiciones por descendientes y adoptados menores de veintiún años, 15.956,87 euros, más 3.990,72 euros por cada año menos de veintiuno que tenga el causahabiente, sin que la reducción pueda exceder de 47.858,59 euros.
— Grupo II: adquisiciones por descendientes y adoptados de veintiuno o más años, cónyuges, ascendientes y adoptantes, 15.956,87 euros.
— Grupo III: adquisiciones por colaterales de segundo y tercer grado, ascendientes y descendientes por afinidad, 7.993,46 euros.

---

[338] Vid. artículo 48. 1, a), de la Ley 29/1987, de 18 de diciembre, del Impuesto sobre Sucesiones y Donaciones.

[339] Vid. artículo 20. 2, a) de la Ley 29/1987, de 18 de diciembre, del Impuesto sobre Sucesiones y Donaciones.

— Grupo IV: en las adquisiciones por colaterales de cuarto grado, grados más distantes y extraños, no habrá lugar a reducción.

La Jurisprudencia al interpretar este precepto ha señalado que no pueden equipararse jurídicamente el matrimonio a las uniones de hecho estables, lo que pone en tela de juicio y sobre lo que volveremos, ya que la legislación de algunas Comunidades Autónomas si lo hayan hecho[340].

2. *Reducciones como consecuencia de la condición física o psíquica del adquirente*

Esta reducción tiene lugar cuando el adquirente es una persona con minusvalía física, psíquica o sensorial.

A este respecto se señala que se aplicará, además de las que pudieran corresponder en función del grado de parentesco con el causante, una reducción de 47.858,59 euros a las personas que tengan la consideración legal de minusválidos, con un grado de discapacidad igual o superior al 33 % e inferior al 65 %, de acuerdo con el baremo a que se refiere el artículo 148 del texto Refundido de la Ley General de la Seguridad Social, aprobado por el Real Decreto Legislativo 1/1994, de 20 de junio; la reducción será de 150.253,03 euros para aquellas personas que, con arreglo a la normativa anteriormente citada, acrediten un grado de minusvalía igual o superior al 65%[341].

3. *Reducción por transmisiones consecutivas*

Si unos mismos bienes en un período máximo de 10 años fueren objeto de dos o más transmisiones "mortis causa" a favor de descendientes o adoptados, en la segunda y ulteriores transmisiones se puede deducir de la base imponible, además, el importe de lo satisfecho por el Impuesto sobre Sucesiones y Donaciones en las transmisiones precedentes, admitiéndose la subrogación de los bienes cuando se acredite fehacientemente.

Esta regla se aplica también en los supuestos de subrogación de bienes, siempre que esta circunstancia se acredite fehacientemente, permitiéndose así la sustitución de los bienes primeramente heredados por otros del mismo valor[342].

---

[340] Vid. Sentencia del Tribunal Supremo de 8 de febrero de 2002. Ya, con anterioridad, la Resolución del Tribunal Económico Administrativo Central de 10 de marzo de 1999, señaló que no pueden equipararse a efectos del Impuesto sobre Sucesiones y Donaciones los matrimonios y las uniones de hecho, careciendo el conviviente "more uxorio" de la condición de cónyuge. El Tribunal Constitucional en Sentencia 184/1990, de 15 de noviembre, Fundamento Jurídico 3, declaró que la unión libre o de hecho no es una situación equiparable al matrimonio.

[341] Vid. artículo 20. 2, a), apartado quinto, de la Ley 29/1987, de 18 de diciembre, del Impuesto sobre Sucesiones y Donaciones.

[342] Vid. artículo 42. 3 del Real Decreto 1629/1991, de 8 de noviembre, por el que se aprueba el Reglamento del Impuesto sobre Sucesiones y Donaciones.

4. *Reducciones en la transmisión de la empresa familiar*

En los casos en los que en la base imponible de una adquisición "mortis causa" que corresponda a los cónyuges, descendientes o adoptados de la persona fallecida, estuviese incluido el valor de una empresa individual, de un negocio profesional o participaciones en entidades, a los que sea de aplicación la exención regulada en el apartado octavo del artículo 4 de la Ley 19/1991, de 6 de junio, del Impuesto sobre el Patrimonio, o el valor de derechos de usufructo sobre los mismos, o de derechos económicos derivados de la extinción de dicho usufructo, siempre que con motivo del fallecimiento se consolidara el pleno dominio en el cónyuge, descendientes o adoptados, o percibieran éstos los derechos debidos a la finalización del usufructo en forma de participaciones en la empresa, negocio o entidad afectada, para obtener la base liquidable se aplicará en la imponible, con independencia de las reducciones que procedan de acuerdo con arreglo a los apartados anteriores, otra del 95 % del mencionado valor, siempre que la adquisición se mantenga, durante los diez años siguientes al fallecimiento del causante, salvo que falleciera el adquirente dentro de ese plazo.

En los supuestos del párrafo anterior, cuando no existan descendientes o adoptados, la reducción será de aplicación a las adquisiciones por ascendientes, adoptantes y colaterales, hasta el tercer grado y con los mismos requisitos recogidos anteriormente. En todo caso, el cónyuge supérstite tendrá derecho a la reducción del 95%[343].

5. *Reducciones en la transmisión de la vivienda habitual*

Se aplica una reducción del 95% sobre el valor de la vivienda habitual del causante con el límite 122.606,47 euros siempre que:

Se trate de una transmisión "mortis causa".

Los causahabientes sean el cónyuge, ascendientes o descendientes del causante bien pariente colateral mayor de 65 años, que hubiese convivido con el causante durante los 2 años anteriores al fallecimiento[344].

La adquisición se mantenga durante los 10 años siguientes al fallecimiento del causante, salvo que, a su vez, falleciese el adquirente durante ese plazo[345].

En el caso de que no se cumpla este requisito de permanencia, debe pagarse la parte del Impuesto sobre Sucesiones y Donaciones que se hubiera

---

[343] Vid. artículo 20. 2, c, apartado primero, de la Ley 29/1987, de 18 de diciembre, del Impuesto sobre Sucesiones y Donaciones.

[344] El Tribunal Económico-Administrativo Regional de Castilla y León, sede de Burgos, en Resolución de 20 de diciembre de 2002, declaró que la reducción por transmisión de la empresa familiar y de la vivienda habitual del fallecido es de aplicación a todos los herederos ya que en las sucesiones "mortis causa", las adjudicaciones que se hagan no tienen trascendencia a efectos del gravamen, puesto que todos suceden en estricta igualdad en proporción a su derecho.

[345] Vid. artículo 20. 2, c), apartado 4 de la Ley 29/1987, de 18 de diciembre, del Impuesto sobre Sucesiones y Donaciones.

dejado de ingresar como consecuencia de la reducción practicada, más los correspondientes intereses de demora[346].

6. *Reducciones a aplicar por transmisión de bienes integrantes del Patrimonio Histórico Español o del Patrimonio Histórico o Cultural de las Comunidades Autónomas*[347]

En transmisiones de bienes integrantes de Patrimonio Histórico o Cultural (artículo 4.1, a 4.3 de la Ley 19/1991, de 6 de junio, del Impuesto sobre el Patrimonio) a favor del cónyuge, descendientes o adoptados, se les aplica una reducción del 95%, siempre que la adquisición se mantenga durante los diez años siguientes al fallecimiento del causante, salvo que falleciera el adquirente dentro de ese plazo.

7. *Reducciones en las adquisiciones por herencia o legado de explotaciones familiares agrarias*

La Ley 19/1995 de 4 julio 1995, de Modernización de las Explotaciones Agrarias, ha concedido toda una serie de beneficios fiscales al fomento y modernización de este tipo de explotaciones, que en lo referente al Impuesto sobre Sucesiones y Donaciones, se pueden resumir del siguiente modo:

Reducción del 90% en la adquisición del pleno dominio o del usufructo vitalicio de una explotación agraria en su integridad, por el titular de otra explotación que sea prioritaria. Para que una explotación cuyo titular sea una persona física tenga la consideración de prioritaria, se requiere que la explotación posibilite la ocupación, al menos, de una unidad de trabajo agrario y que la renta unitaria de trabajo que se obtenga de la misma sea igual o superior al 35% de la renta de referencia e inferior al 120% de ésta[348]. Además, el titular ha de reunir los siguientes requisitos: ser agricultor profesional, poseer por tanto un nivel de capacitación agraria suficiente, para cuya determinación se conjugarán criterios de formación lectiva y experiencia profesional; haber cumplido dieciocho años y no haber cumplido sesenta y cinco; estar dado de alta en el Régimen Especial Agrario de la Seguridad Social o en el Régimen Especial de Trabajadores por cuenta propia o autónomos en función de su actividad agraria. Los agricultores profesionales que no estén encuadrados en los regímenes anteriores, deberán cumplir los requisitos indicativos de su profesionalidad agraria establecidos a estos efectos por las Comunidades Autónomas; residir en la comarca donde radique la explotación o en las comarcas

[346] Vid. artículo 20. 2, c), apartado 1 de la Ley 29/1987, de 18 de diciembre, del Impuesto sobre Sucesiones y Donaciones.

[347] Vid. artículo 20, 2, c), apartados 1, 4 y 5, de la Ley 29/1987, de 18 de diciembre, del Impuesto sobre Sucesiones y Donaciones.

[348] La renta de referencia para el año 2012 se fijó en 27,907 euros, por la Orden Ministerial 3220/2011, de 16 de noviembre. Para el año 2013 por la Orden Ministerial AAA/2606/2012, de 26 de noviembre se ha fijado en 28,278 euros.

limítrofes definidas por la legislación autonómica sobre organización territorial. En su defecto se tendrá en cuenta la comarcalización agraria establecida en el Censo Agrario del Instituto Nacional de Estadística o que alcance esta consideración como consecuencia de la adquisición.

Reducción del 50% cuando la adquisición se realice por los titulares de explotaciones agrarias con la pretensión de completar bajo una sola linde el 50%, al menos, de la superficie de una explotación cuya renta unitaria de trabajo esté dentro de los límites establecidos en la Ley 19/1995 de 4 julio 1995 a efectos de concesión de beneficios fiscales.

Reducción del 75% en la adquisición del pleno dominio o del usufructo vitalicio de parte de una explotación agraria. Para la aplicación del beneficio deberá realizarse la transmisión en escritura pública.

b´) En las adquisiciones "inter vivos"

En las adquisiciones gratuitas "inter vivos", caso de donaciones e equiparables, si la Comunidad Autónoma no hubiese regulado ninguna reducción o no resultase aplicable a los sujetos pasivos la normativa propia de la Comunidad, se aplicarán las siguientes reducciones: reducción por participaciones en empresas individuales, negocios profesionales y en entidades exentas del Impuesto sobre el Patrimonio, reducción por bienes del Patrimonio Histórico o Cultural y reducción por explotaciones agrarias.

1. *Reducción por participaciones en empresas individuales, negocios profesionales y en entidades exentas del Impuesto sobre el Patrimonio*

En los casos de transmisión de participaciones "inter vivos", en favor del cónyuge, descendientes o adoptados, de una empresa individual, un negocio profesional o de participaciones en entidades del donante a los que sea de aplicación la exención en el Impuesto sobre el Patrimonio, se aplicará una reducción del 95% sobre el valor de adquisición siempre que concurran las siguientes condiciones:

Que el donante tenga 65 años o más, o se encuentre en situación de incapacidad permanente, en grado de absoluta o gran invalidez.

Que si el donante ejercía funciones de dirección, dejara de ejercer y de percibir remuneraciones desde el momento de la transmisión. Que el donatario tenga derecho a la exención en el Impuesto sobre el Patrimonio y mantenga la adquisición durante los 10 años siguientes a la fecha de la escritura pública de donación, salvo que falleciera dentro de dicho plazo. El donatario no puede realizar actos de disposición y operaciones societarias que, directa o indirectamente, puedan dar lugar a una minoración sustancial del valor de la adquisición.

En el caso de que no se cumplan estos requisitos, debe pagarse la parte del Impuesto que se hubiera dejado de ingresar como consecuencia de la reducción practicada, más los correspondientes intereses de demora[349].

---

[349] Vid. artículo 20. 6 de la Ley 29/1987 de 18 diciembre 1987, del Impuesto sobre Sucesiones y Donaciones.

El porcentaje de reducción se aplica sobre el valor de los bienes o derechos adquiridos una vez deducidas las cargas y deudas garantizadas con derechos reales que recaigan sobre los elementos transmitidos, siempre y cuando el adquirente asuma su pago.

2. *Reducción por bienes del Patrimonio Histórico o Cultural*

La misma reducción que en el caso anterior, es decir, del 95% se aplicará sobre el valor de adquisición en las donaciones efectuadas a favor del cónyuge, descendientes o adoptados, de determinados bienes que formen parte del Patrimonio Histórico Español o del Patrimonio Histórico o Cultural de las Comunidades Autónomas, siempre que se cumplan los siguientes requisitos:

Que el donante tenga 65 o más años o se encuentre en situación de incapacidad permanente, en grado de absoluta o gran invalidez.

Que el donatario, tenga derecho a la exención en el Impuesto sobre el Patrimonio y mantenga la adquisición durante los 10 años siguientes a la fecha de la escritura pública de donación, salvo que falleciera dentro de dicho plazo.

El incumplimiento de los requisitos exigidos llevará consigo el pago del impuesto dejado de ingresar y los correspondientes intereses de demora[350].

3. *Reducción por explotaciones agrarias*

Se establece, asimismo, aplicables a la adquisición por donación las reducciones previstas en la Ley reguladora de las explotaciones agrarias, Ley 19/1995 de 4 julio[351].

Reducción del 90% en la adquisición del pleno dominio o del usufructo vitalicio de una explotación agraria en su integridad, por el titular de otra explotación que sea prioritaria. Para que una explotación cuyo titular sea una persona física tenga la consideración de prioritaria, se requiere que la explotación posibilite la ocupación, al menos, de una unidad de trabajo agrario y que la renta unitaria de trabajo que se obtenga de la misma sea igual o superior al 35% de la renta de referencia e inferior al 120% de esta[352]. Además el titular ha de reunir los siguientes requisitos: ser agricultor profesional, poseer por tanto un nivel de capacitación agraria suficiente, para cuya determinación se conjugarán criterios de formación lectiva y experiencia profesional; haber cumplido dieciocho años y no haber cumplido sesenta y cinco; estar dado de alta en el Régimen Especial Agrario de la Se-

---

350 Vid. artículo 20. 7 de la Ley 29/1987 de 18 diciembre 1987, del Impuesto sobre Sucesiones y Donaciones.

351 Vid. artículos 9 a 11 de la Ley 19/1995, de 4 de julio, de Modernización de las Explotaciones Agrarias.

352 La renta de referencia para el año 2014, se ha fijado por la Orden AAA/2.186/2013, de 15 de noviembre, en 28.165 euros.

guridad Social o en el Régimen Especial de Trabajadores por cuenta propia o autónomos en función de su actividad agraria. Los agricultores profesionales que no estén encuadrados en los regímenes anteriores, deberán cumplir los requisitos indicativos de su profesionalidad agraria establecidos a estos efectos por las Comunidades Autónomas; residir en la comarca donde radique la explotación o en las comarcas limítrofes definidas por la legislación autonómica sobre organización territorial. En su defecto se tendrá en cuenta la comarcalización agraria establecida en el Censo Agrario del Instituto Nacional de Estadística o que alcance esta consideración como consecuencia de la adquisición. La adquisición de la explotación deberá realizarse en escritura pública. La reducción se elevará al 100% en caso de continuación de la explotación por el cónyuge supérstite.

A los efectos indicados en el párrafo anterior, se entenderá que hay transmisión de una explotación agraria en su integridad, aun cuando se excluya la vivienda[353].

Reducción del 50% cuando la adquisición se realice por los titulares de explotaciones agrarias con la pretensión de completar bajo una sola linde el 50%, al menos, de la superficie de una explotación cuya renta unitaria de trabajo esté dentro de los límites establecidos en la Ley 19/1995 de 4 julio 1995 a efectos de concesión de beneficios fiscales. La aplicación de la reducción estará sujeta a las exigencias de indivisibilidad y documento público[354].

Reducción del 75% en la adquisición del pleno dominio o del usufructo vitalicio de parte de una explotación agraria. Para la aplicación del beneficio deberá realizarse la transmisión en escritura pública[355].

c´) Beneficiarios de contratos de seguros sobre la vida

La base liquidable en las adquisiciones por los beneficiarios de pólizas de seguros sobre la vida resulta de aplicar a la base imponible las reducciones que procedan de las siguientes: reducciones personales, reducciones como consecuencia de la condición física o psíquica del adquirente, reducción complementaria y reducción por seguros contratados con anterioridad al 19 de enero de 1987[356].

1. Reducciones personales

Sigue el esquema señalado para las adquisiciones "mortis causa". En consecuencia, resultan de aplicación las mismas reducciones personales de las

---

[353] Vid. artículo 9, apartado dos, de la Ley 19/1995, de 4 de julio, de Modernización de las Explotaciones Agrarias.

[354] Vid. artículo 10 de la Ley 19/1995, de 4 de julio, de Modernización de las Explotaciones Agrarias.

[355] Vid. artículo 11 de la Ley 19/1995, de 4 de julio, de Modernización de las Explotaciones Agrarias.

[356] Vid. artículo 20. 2, apartado primero de la Ley 29/1987, de 18 de diciembre.

adquisiciones por herencia, ya sean aprobadas por la Comunidad Autónoma competente o las del Estado. En estos casos, se tendrá en cuenta: el grado de parentesco entre el contratante y el beneficiario, si el seguro es individual, el grado de parentesco entre el asegurado y el beneficiario, si el seguro es colectivo o contratado por las empresas en favor de sus empleados.

2. *Reducciones como consecuencia de la condición física o psíquica del adquirente*

Esta reducción tiene lugar cuando el adquirente es una persona con minusvalía física, psíquica o sensorial.

Se establecen cantidades de reducción diferentes en función del grado de minusvalía, de acuerdo con el baremo establecido legalmente[357]: Cuando el grado de minusvalía sea igual o superior al 33% e inferior al 65%, 47.858,59 euros. Cuando el grado de minusvalía igual o superior al 65%, 150.253,03 euros. A estos efectos, se equiparan con las personas discapacitadas con grado de minusvalía igual o superior al 65%, a los minusválidos cuya incapacidad se declare judicialmente, aunque no alcance dicho grado[358].

3. *Reducción complementaria*

Además, los beneficiarios de seguros sobre la vida podrán aplicar una reducción adicional a las cantidades percibidas, siempre que se den los siguientes requisitos[359]: el parentesco del beneficiario sea el de cónyuge, ascendiente, descendiente, adoptante o adoptado; el grado de parentesco será el existente entre el beneficiario y el contratante fallecido, cuando se trate de seguros individuales; y, el asegurado fallecido, cuando se trate de seguros colectivos o contratados por las empresas.

Esta reducción es única por sujeto pasivo, cualquiera que sea el número de contratos de seguro de vida de los que sea beneficiario.

Dicha reducción es del 100% con un límite de 9.195,49 euros.

La misma reducción, sin ningún tipo de límite cuantitativo, será aplicable en todo caso a los seguros de vida que traigan causa en actos de terrorismo, así como en servicios prestados en misiones internacionales humanitarias o de paz de carácter público, siendo extensible a todos los posibles beneficiarios, sin que sea de aplicación lo previsto en la Disposición transitoria.4 Ley 29/1987 de 18 diciembre 1987[360].

---

[357] Vid. artículo 148 del Real Decreto Legislativo 1/1994 de 20 junio, por el que se aprueba el Texto Refundido de la Ley General de la Seguridad Social.

[358] Vid. Disposición Adicional 12 de la Ley 55/1999, de 29 de diciembre, de Medidas fiscales, administrativas y del orden social.

[359] Vid. artículo 20. 2, a) apartado sexto, de la Ley 29/1987, de 18 de diciembre, del Impuesto sobre Sucesiones y Donaciones.

[360] Vid. artículo 20. 2, a), apartado 10 de la Ley 18/1987, de 18 de diciembre, del Impuesto sobre Sucesiones y Donaciones.

4. *Reducciones por seguros contratados con anterioridad al 19 de enero de 1987*

La percepción de cantidades por los beneficiarios de contratos de seguro sobre la vida celebrados antes de la publicación del proyecto de esta ley de Sucesiones y Donaciones en el Boletín Oficial de las Cortes, lo que tuvo lugar el 19 de enero de 1987, continuará disfrutando de los beneficios fiscales establecidos en la normativa anterior. Para la aplicación transitoria de dichos beneficios, en los casos en que el evento se establezca sobre la vida de persona distinta del contratante, el seguro tendrá que haber sido concertado con 3 años, al menos, de anterioridad a la fecha en que aquél se produzca, salvo que se hubiere contratado en forma colectiva[361].

Además de la exención, se conceden los siguientes beneficios[362]:

— Reducción del 90% de las cantidades que excedan de 3.005,06 euros percibidas por los beneficiarios de las pólizas de seguros sobre la vida, cuando el parentesco entre el contratante y el beneficiario sea el de cónyuge, ascendiente o descendiente legítimo, natural o adoptivo.

— Reducción de 50% las cantidades, cualquiera que sea su importe, en los casos de colaterales de segundo grado.

— Reducción del 25% cuando se trate de colaterales de tercero o cuarto grado.

— Reducción del 10% cuando dicho parentesco sea el de colateral de grado más distante o no exista parentesco.

En estos casos no es aplicable la reducción complementaria establecida en el epígrafe anterior.

m. Deuda tributaria

a´) Cuota íntegra

La cuota íntegra se obtiene por aplicación de la escala de gravamen a la base liquidable.

En cuanto a la tarifa aplicable se recogen dos posibilidades:

En caso general, la cuota íntegra se obtiene aplicando a la base liquidable la escala aprobada por cada Comunidad Autónoma[363].

En caso particular, con carácter supletorio, se aplicará la escala que se recoge a continuación, cuando la Comunidad Autónoma no hubiese apro-

---

[361] Disposición transitoria cuarta de la Ley 18/1987, de 18 de diciembre, del Impuesto sobre Sucesiones y Donaciones.

[362] Vid. artículo 20 del Texto Refundido de la Ley y Tarifas de los Impuestos Generales sobre Sucesiones y sobre Transmisiones Patrimoniales y Actos Jurídicos Documentados, aprobado por Decreto 1.018/1967, de 6 de abril.

[363] Vid. artículo 48 de la Ley 22/2009, de 18 de diciembre, por la que se regula el Sistema de Financiación de las Comunidades Autónomas de Régimen Común y Ciudades con Estatuto de Autonomía y se modifican determinadas normas tributarias.

bado su propia tarifa o, la Comunidad no hubiese asumido competencias normativas en materia de Impuesto sobre Sucesiones y Donaciones o, no resultase aplicable a los sujetos pasivos la normativa propia de la Comunidad.

La base liquidable será gravada a los tipos que se indican en la siguiente escala[364]:

Base liquidable (Hasta euros)	**Cuota íntegra (Euros)**	**Resto base liquidable (Hasta euros)**	**Tipo aplicable (Porcentaje)**
0,00	-	7.993,46	7,65
7.993,46	611,50	7.987,45	8,50
15.980,91	1.290,43	7.987,45	9,35
23.968,36	2.037,26	7.987,45	10,20
31.955,81	2.851,98	7.987,45	11,05
39.943,26	3.734,59	7.987,46	11,90
47.930,72	4.685,10	7.987,45	12,75
55.918,17	5.703,50	7.987,45	13,60
63.905,62	6.789,79	7.987,45	14,45
71.893,07	7.943,98	7.987,45	15,30
79.880,52	9.166,06	39.877,15	16,15
119.757,67	15.606,22	39.877,16	18,70
159.634,83	23.063,25	79.754,30	21,25
239.389,13	40.011,04	159.388,41	25,50
398.777,54	80.655,08	398.777,54	29,75
797.555,08	199.291,40	en adelante	34,00

b´) Cuota tributaria

La cuota tributaria se obtiene aplicando a la cuota íntegra los coeficientes multiplicadores, establecidos en función de:

— La cuantía del patrimonio preexistente.

— El grado de parentesco del contribuyente con el transmitente.

Se establecen dos posibilidades lo mismo que en el caso anterior:

---

[364] Vid. artículo 21. 2, de la Ley 29/1987, de 18 de diciembre del Impuesto sobre Sucesiones y Donaciones, en su redacción dada por la Ley 54/1999, de 29 de diciembre.

En caso general, se aplican los coeficientes regulados aprobados por cada Comunidad Autónoma.

En caso particular, con carácter supletorio se aplica el coeficiente multiplicador que corresponda de la tabla de coeficientes, en los siguientes supuestos: cuando la Comunidad Autónoma no haya aprobado el coeficiente o la cuantía de los tramos del patrimonio preexistente, cuando no resulte aplicable al sujeto pasivo la normativa propia de la Comunidad Autónoma, en el caso de obligación real de contribuir, si existe obligación personal de contribuir, cuando se trate de donación de bienes inmuebles situados en el extranjero y cuando el sujeto pasivo o el causante sean no residentes en territorio español.

Los coeficientes generales aplicables son los siguientes:

Patrimonio preexistente (Euros)	**Grupos del artículo 20**		
	I y II	**III**	**IV**
De 0 a 402.678,11	1,0000	1,5882	2,0000
De más de 402.678,11 a 2.007.380,43	1,0500	1,6676	2,1000
De más de 2.007.380,43 a 4.020.770,98	1,1000	1,7471	2,2000
Más de 4.020.770,98	1,2000	1,9059	2,4000

Estos coeficientes multiplicadores han sido objeto de dura crítica, pues, penalizan al heredero ahorrador frente al gastizo.

En este sentido se ha dicho: "Hay que reconocer a nuestro sistema tributario que se preocupe más de quién es el heredero que de quién sea el causante. Y así se explica que, desdeñando el ejemplo de otros países que lo ensayaron y abandonaron después, nosotros sigamos, en orgullosa soledad, la vía de penalizar al heredero que sin esperar a la herencia, dedicó su vida a labrarse un patrimonio propio con su esfuerzo y a conservarlo con el sacrificio del ahorro día a día. La ley viene a decirle ahora que si hubiera sido menos trabajador y más dispendioso lo trataría mejor a la hora de recibir herencias"[365].

c´) Error de salto

Cuando la diferencia entre la cuota tributaria obtenida por la aplicación del coeficiente multiplicador que corresponda y la que resultaría de aplicar a la misma cuota íntegra el coeficiente multiplicador inmediato inferior sea mayor que la que exista entre el importe del patrimonio preexistente tenido en cuenta para la liquidación y el importe máximo del tramo de patrimonio

[365] Pedrol Ríus, A.: *ABC*, 1 de abril de 1991.

preexistente que motivaría la aplicación del citado coeficiente multiplicador inferior, aquélla se reducirá en el importe del exceso.

Buscando una fórmula se obtendría:

A: cuota tributaria por la aplicación del coeficiente multiplicador que corresponda.

B: cuota tributaria por aplicación del coeficiente multiplicador inmediatamente inferior.

D: patrimonio preexistente tenido en cuenta para la liquidación.

E: importe máximo del tramo del patrimonio preexistente que motivaría la aplicación del coeficiente multiplicador inferior.

A-B= C

D-E= F

Si C es mayor que F, el exceso (C-F), se deducirá de A[366].

n. Deducciones de la cuota

Cuando la sujeción al impuesto se produzca por obligación personal, tendrá el contribuyente derecho a deducir la menor de las dos cantidades siguientes[367]:

El importe efectivo de lo satisfecho en el extranjero por razón de impuesto similar que afecte al incremento patrimonial sometido a gravamen en España.

El resultado de aplicar el tipo medio efectivo de este impuesto al incremento patrimonial correspondiente a bienes que radiquen o derechos que puedan ser ejercitados fuera de España, cuando hubiesen sido sometidos a gravamen en el extranjero por un impuesto similar.

A su vez, se establece que de acuerdo con lo previsto en la Ley 21/2001, de 27 de diciembre, por la que se regulaban las medidas fiscales y administrativas del Sistema de Financiación de las Comunidades Autónomas de Régimen Común y Ciudades con Estatuto de Autonomía, las Comunidades Autónomas podrán aprobar las deducciones y bonificaciones que estimen convenientes[368].

En todo caso, resultarán compatibles con las deducciones y bonificaciones establecidas en la normativa estatal reguladora del impuesto sin que puedan suponer una modificación las mismas. Estas deducciones y bonificaciones autonómicas se aplicarán con posterioridad a las reguladas por la normativa del Estado.

---

366 Cfr. Benítez de Lugo y Guillén, F.: *El Impuesto sobre las Sucesiones y sobre las Donaciones*, edit. Comares, Granada, 1992, p. 324.

367 Vid. artículo 23 de la Ley 29/1987, de 18 de diciembre, del Impuesto sobre Sucesiones y Donaciones.

368 Este apartado fue incorporado por el artículo 64. 4 de la citada Ley 21/2001, de 27 de diciembre y mantenido en el artículo 48. 1, de la nueva Ley de Financiación de las Comunidades Autónomas de Régimen Común y Ciudades con Estatuto de Autonomía.

ñ. Bonificaciones de la cuota en Ceuta y Melilla[369]

a´) En las adquisiciones "mortis causa"

En las cuotas de este impuesto derivadas de adquisiciones "mortis causa" y las cantidades percibidas por los beneficiarios de seguros sobre la vida que se acumulen al resto de bienes y derechos que integran la porción hereditaria del beneficiario, se efectuará una bonificación del 50 % de la cuota, siempre que el causante hubiera tenido su residencia habitual a la fecha del devengo en Ceuta o Melilla y durante los cinco años anteriores, contados fecha a fecha, que finalicen el día anterior al del devengo.

No obstante, la bonificación a que se refiere el párrafo anterior se elevará al 99% para los causahabientes comprendidos, según el grado de parentesco, en los grupos I y II señalados en el artículo 20 de esta Ley.

b´) En las adquisiciones "inter vivos"

En los supuestos de adquisiciones "inter vivos", se aplicará una bonificación del 50% de la parte de la cuota que proporcionalmente corresponda a los inmuebles situados en Ceuta o Melilla. A los efectos de esta bonificación, tendrán la consideración de bienes inmuebles las transmisiones a título gratuito de los valores a que se refiere el artículo 108 de la Ley 24/1988, de 28 de julio, del Mercado de Valores.

En el caso de las demás adquisiciones "inter vivos", se aplicará una bonificación del 50 % de la cuota que corresponda cuando el adquirente tenga su residencia habitual en Ceuta o Melilla.

Para la aplicación de estas bonificaciones, se tendrán en cuenta las normas establecidas sobre residencia habitual y puntos de conexión en la Ley 21/2001, de 27 de diciembre, por la que se regulan las medidas fiscales y administrativas del nuevo sistema de financiación de las Comunidades Autónomas de régimen común y Ciudades con Estatuto de Autonomía[370].

o. Normas especiales

En la ley del impuesto se hace referencia como supuestos particulares a la tributación del usufructo, a las sustituciones, reservas, fideicomisos e instituciones forales sucesorias, a la partición y excesos de adjudicación, a la repudiación y renuncia de la herencia, a las donaciones especiales y a los supuestos de acumulación de donaciones.

---

[369] Vid. artículo 23 bis de la Ley 29/1987, de 18 de diciembre, del Impuesto sobre Sucesiones y Donaciones.

[370] Hoy ha de estarse a lo señalado en el artículo 32, de la nueva Ley de Financiación de las Comunidades Autónomas de Régimen Común y Ciudades con Estatuto de Autonomía, Ley 22/2009, de 18 de diciembre.

1. Tributación del usufructo y otras instituciones[371]

Serán de aplicación las normas contenidas en los apartados siguientes a la tributación del derecho de usufructo, tanto a la constitución como a la extinción, de las sustituciones, reservas, fideicomisos e instituciones sucesorias forales:

El valor del usufructo temporal se reputará proporcional al valor total de los bienes, en razón del 2 % por cada período de un año, sin exceder del 70 %.

En los usufructos vitalicios se estimará que el valor es igual al 70 % del valor total de los bienes cuando el usufructuario cuente menos de veinte años, minorando a medida que aumenta la edad, en la proporción de un 1 % menos por cada año más con el límite mínimo del 10 % del valor total.

El valor del derecho de nuda propiedad se computará por la diferencia entre el valor del usufructo y el valor total de los bienes. En los usufructos vitalicios que, a su vez, sean temporales, la nuda propiedad se valorará aplicando, de las reglas anteriores, aquella que le atribuya menor valor.

Al adquirir la nuda propiedad se efectuará la liquidación teniendo en cuenta el valor correspondiente a aquélla, minorado, en su caso, por el importe de todas las reducciones a que tenga derecho el contribuyente y con aplicación del tipo medio efectivo de gravamen correspondiente al valor íntegro de los bienes[372].

El valor de los derechos reales de uso y habitación será el que resulte de aplicar al 75 % del valor de los bienes sobre los que fueron impuestos, las reglas correspondientes a la valoración de los usufructos temporales o vitalicios, según los casos[373].

En la extinción del usufructo se exigirá el impuesto según el título de constitución, aplicando el tipo medio efectivo de gravamen correspondiente a la desmembración del dominio.

Siempre que el adquirente tenga facultad de disponer de los bienes, el impuesto se liquidará en pleno dominio, sin perjuicio de la devolución que, en su caso, proceda.

La atribución del derecho a disfrutar de todo o parte de los bienes de la herencia, temporal o vitaliciamente, tendrá a efectos fiscales la consideración de usufructo y se valorará conforme a las reglas anteriores.

La adquisición del usufructo por el heredero usufructuario, uso y habitación, por el beneficiario, se liquida sobre la base del valor de estos derechos,

---

[371] Vid. artículo 26 de la Ley 29/1987, de 18 de diciembre, del Impuesto sobre Sucesiones y Donaciones en su redacción dada por la Ley 53/2002, de 30 de diciembre.

[372] Vid. artículo 51. 2 del Real Decreto 1629/1991, de 8 de noviembre, por el que se aprueba el Reglamento del Impuesto sobre Sucesiones y Donaciones.

[373] Vid. artículo 50 del Real Decreto 1629/1991, de 8 de noviembre, por el que se aprueba el Reglamento del Impuesto sobre Sucesiones y Donaciones.

con aplicación, en su caso, de la reducción que proceda en la base imponible[374].

Al adquirir la nuda propiedad se efectuará la liquidación teniendo en cuenta el valor correspondiente a aquella, minorado, en su caso, por el importe de todas las reducciones a que tenga derecho el contribuyente, nudo propietario, por su parentesco con el causante, y con aplicación del tipo medio efectivo de gravamen correspondiente al valor íntegro de los bienes[375].

Sin perjuicio de la liquidación anterior, al extinguirse el usufructo el primer nudo propietario viene obligado a pagar por este concepto sobre la base del valor atribuido al mismo en su constitución, minorado, en su caso, en el resto de la reducción a que se refiere el artículo 42 de este Reglamento, es decir, las reducciones por parentesco, cuando la misma no se hubiese agotado en la liquidación practicada por la adquisición de la nuda propiedad, y con aplicación del mismo tipo medio efectivo de gravamen a que se refiere el párrafo anterior[376].

En el supuesto de que el nudo propietario transmitiese su derecho, con independencia de la liquidación que se gire al adquirente sobre la base del valor que en ese momento tenga la nuda propiedad y por el tipo de gravamen que corresponda al título de adquisición, al consolidarse el pleno dominio en la persona del nuevo nudo propietario, se girará liquidación sobre el porcentaje del valor total de los bienes por el que no se liquidó, aplicando la escala de gravamen correspondiente al título por el que se desmembró el dominio[377].

Si la consolidación del dominio en la persona del primero o sucesivos nudo propietarios se produjese por una causa distinta al cumplimiento del plazo previsto o a la muerte del usufructuario, el adquirente sólo pagará la mayor de las liquidaciones entre la que se encuentre pendiente por la desmembración del dominio y la correspondiente al negocio jurídico en cuya virtud se extingue el usufructo.

Si la consolidación se opera en el usufructuario, pagará este la liquidación correspondiente al negocio jurídico en cuya virtud adquiere la nuda propiedad.

Si se operase en un tercero, adquirente simultáneo de los derechos de usufructo y nuda propiedad, se girará únicamente las liquidaciones correspondientes a tales adquisiciones[378].

---

[374] Vid. artículo 51. 1 del Real Decreto 1629/1991, de 8 de noviembre, por el que se aprueba el Reglamento del Impuesto sobre Sucesiones y Donaciones.

[375] Vid. artículo 51. 2, párrafo primero, del Real Decreto 1629/1991, de 8 de noviembre, por el que se aprueba el Reglamento del Impuesto sobre Sucesiones y Donaciones.

[376] Vid. artículo 51. 2, párrafo segundo, del Real Decreto 1629/1991, de 8 de noviembre, por el que se aprueba el Reglamento del Impuesto sobre Sucesiones y Donaciones.

[377] Vid. artículo 51. 3, del Real Decreto 1629/1991, de 8 de noviembre, por el que se aprueba el Reglamento del Impuesto sobre Sucesiones y Donaciones.

[378] Vid. artículo 51. 4, del Real Decreto 1629/1991, de 8 de noviembre, por el que se aprueba el Reglamento del Impuesto sobre Sucesiones y Donaciones.

En los usufructos sucesivos el valor de la nuda propiedad se calcular teniendo en cuenta el usufructo de mayor porcentaje y a la extinción de este usufructo pagará el nudo propietario por el aumento de valor que la nuda propiedad experimente y así sucesivamente al extinguirse los demás usufructos. La misma norma se aplicará al usufructo constituido en favor de los dos cónyuges simultáneamente, pero sólo se practicará liquidación por consolidación del dominio cuando fallezca el último[379].

El usufructo con condición resolutoria distinta de la muerte del usufructuario, se liquida como vitalicio. Cuando se cumpla la condición se realizará una segunda liquidación como usufructo temporal: el valor del usufructo vendrá determinado por el 2% del valor del bien multiplicado por el número de años de duración del usufructo, con un límite máximo del 70% del valor del bien[380].

En el caso de que existieran diferencias entre ambas liquidaciones se harán las rectificaciones que procedan en beneficio de la Hacienda o del interesado.

La renuncia a un usufructo aceptado se considera fiscalmente una donación del usufructuario al nudo propietario[381].

Finalmente, se establece que al extinguirse los derechos de uso y habitación se exigirá el Impuesto al usufructuario, si lo hubiere, en razón al aumento del valor del usufructo, y si dicho usufructo no existiese se practicará al nudo propietario la liquidación correspondiente a la extinción de los mismos derechos. Si el usufructo se extinguiese antes de los derechos de uso y habitación, el nudo propietario pagará la correspondiente liquidación por la consolidación parcial operada por la extinción de dicho derecho de usufructo en cuanto al aumento que a virtud de la misma experimente el valor de la nuda propiedad[382].

---

379 Vid. artículo 51. 5, del Real Decreto 1629/1991, de 8 de noviembre, por el que se aprueba el Reglamento del Impuesto sobre Sucesiones y Donaciones.

380 Vid. artículo 51. 7 del Real Decreto 1629/1991, de 8 de noviembre, por el que se aprueba el Reglamento del Impuesto sobre Sucesiones y Donaciones.

381 Vid. artículo 51. 6 del Real Decreto 1629/1991, de 8 de noviembre, por el que se aprueba el Reglamento del Impuesto sobre Sucesiones y Donaciones.

382 Vid. artículo 51. 8 del Real Decreto 1629/1991, de 8 de noviembre, por el que se aprueba el Reglamento del Impuesto sobre Sucesiones y Donaciones.

VALORACIÓN DEL USUFRUCTO VITALICIO

Edad usuf.	Val. usuf.	Nuda prop.	Edad usuf.	Valor usuf.	Nuda prop.	Edad usuf.	Val. usuf.	Nuda prop.	Edad usuf.	Val. usuf.	Nuda prop.	Edad usuf.	Valor usuf.	Nuda prop.
Años desde			Años Desde			Años Desde			Años desde			Años Desde		
19	70	30	32	57	43	45	44	56	58	31	69	71	18	82
20	69	31	33	56	44	46	43	57	59	30	70	72	17	83
21	68	32	35	55	45	47	42	58	60	29	71	73	16	84
22	67	33	35	54	46	48	41	59	61	28	72	74	15	85
23	66	34	36	53	47	49	40	60	62	27	73	75	14	86
24	65	35	37	52	48	50	39	61	63	26	74	76	13	87
25	64	36	38	51	49	51	38	62	64	25	75	77	12	88
26	63	37	39	50	50	52	37	63	65	24	76	78	11	89
27	62	38	40	49	51	53	36	64	66	23	77	79	10	90
28	61	39	41	48	52	54	35	65	67	22	78		Valor. mín. y máx.	Valores mínimo y máximo
29	60	40	42	47	53	55	34	66	68	21	79	-	-	-
30	59	41	43	46	54	56	33	67	69	20	80	-	-	-
31	58	42	44	45	55	57	32	68	70	19	81	-	-	-

VALORACIÓN USUFRUCTO TEMPORAL

PORCENTAJE	DURACIÓN AÑOS	PORCENTAJE	DURACIÓN AÑOS
2	1	38	19
4	2	40	20
6	3	42	21
8	4	44	22
10	5	46	23
12	6	48	24
14	7	50	25
16	8	52	26
18	9	54	27
20	10	56	28
22	11	58	29
24	12	60	30
26	13	62	31
28	14	64	32
30	15	66	33
32	16	68	34
34	17	70	35
36	18	70	Más de 35

VALORACIÓN DE LOS DERECHOS DE USO Y HABITACIÓN

A.-USO Y HABITACIÓN TEMPORALES

Años de duración	Reparto del valor del bien. (100%). Usuario	Reparto del valor del bien. Propietario
1	1,5%	98,5%
2	3%	97%
3	4,5%	95.5%
———	———	———
———	———	———
33	49,5%	50,5%
34	51%	49%
35 años ó más	52,5%	47,5%

B.-USO Y HABITACIÓN VITALICIOS

Edad del usuario (años)	Reparto del valor del bien. (100%). Usuario	Reparto del valor del bien. Propietario
Menos de 20 años	52,5%	47,5%
20	51,75%	48,25%
21	51	49%
22	50,25%	49,75%
———	———	———
———	———	———
78	8,25%	91,75%
79 años ó más	7,5%	92,50

2. *Sustituciones*

Las sustituciones se definen como llamamientos de personas determinadas en defecto o después de las anteriormente llamadas a la herencia.

La sustitución puede ser vulgar, pupilar y ejemplar y fideicomisaria

En la sustitución vulgar el testador puede designar uno o varios herederos sustitutos para el caso en que el heredero o herederos nombrados en primer lugar falleciesen antes que él o no quisieran o no pudieran aceptar la herencia[383].

A efectos del Impuesto sobre Sucesiones y Donaciones el sustituto hereda al causante y se le exigirá el impuesto cuando el heredero instituido fallezca o no quiera o no pueda aceptar la herencia, teniendo en cuenta su patrimonio preexistente y atendiendo a su parentesco con el causante

Existe una sola transmisión, bien a favor del heredero bien a favor del sustituto y, en consecuencia, sólo existirá una liquidación, atendiendo al patrimonio del heredero o del sustituto y a su parentesco con el causante.

En la sustitución pupilar y en la ejemplar se nombran sustitutos a los ascendientes de sus descendientes menores de 14 años o mayores de dicha edad declarados incapaces por enajenación mental[384].

A efectos del Impuesto sobre Sucesiones y Donaciones el sustituto hereda al sustituido. El impuesto se exige cuando se realice la sustitución, atendiendo al grado de parentesco entre el sustituto y el descendiente sustituido y sin perjuicio de lo satisfecho por éste al fallecimiento del testador[385].

En la sustitución fideicomisaria se encarga al heredero (fiduciario) que conserve y transmita a un tercero (fideicomisario) el todo o parte de la herencia, surtiendo efecto siempre que no pasen del segundo grado o que se hagan a favor de personas que vivan al fallecimiento del testador. El fideicomisario adquiere derecho a la sucesión desde la muerte del testador, aunque muera antes que el fiduciario. El derecho de aquél pasa a sus herederos[386].

El Impuesto sobre Sucesiones y Donaciones se exige en la institución del primer fiduciario y en cada sustitución posterior, atendiendo al patrimonio preexistente del instituido o del sustituto y al grado de parentesco de cada uno de ellos con el fallecido.

Se liquidará al fiduciario y a los fideicomisarios, con excepción del último, como usufructuarios, salvo que se pudiese disponer de los bienes por actos "inter vivos" o "mortis causa", en cuyo caso se liquidará en pleno dominio.

Llegados a este punto ha de recordarse que no hay que confundir la sustitución fideicomisaria con el fideicomiso, ya que en el primer caso se producen dos actos de liberalidad, uno a favor del heredero fiduciario y otro a favor de los herederos (terceros) fideicomisarios, mientras que en el segundo caso hay una sola liberalidad ya que el testador dispone solo a favor de una única persona o de varias a la vez. En otros términos, en la sustitución fideicomisaria el fiduciario es heredero, mientras que en el fideicomiso no lo es.

Esta distinta naturaleza hace que sea diferente su forma de tributación. Así, en el caso de la sustitución fideicomisaria existen llamamientos sucesivos, pero en los intermedios, los herederos adquieren los bienes pero con

---

383 Vid. artículos 774, 778 y 779 del Código Civil.

384 Vid. artículos 775 y 776 del Código Civil.

385 Vid. artículo 26, f) de la Ley 29/1987, de 18 de diciembre del Impuesto sobre Sucesiones y Donaciones en su redacción dada por la Ley 53/2002, de 30 de diciembre.

386 Vid. artículo 784 del Código Civil.

la limitación de conservarlos y transmitirlos a los siguientes, de modo que el último heredero fideicomisario es el que adquiere en plenitud sin limitación alguna, de ahí que fiscalmente se grave a los sujetos intermedios como usufructuarios y al último por el pleno dominio, salvo que aquellos tuviesen facultades de disposición; mientras que en el caso de fideicomiso existe un encargo del testador al fiduciario acerca de que cumpla su voluntad, por lo que a efectos fiscales la normativa reguladora del Impuesto tenga como propósito fundamental que dentro del plazo reglamentario se produzca el gravamen del heredero fiduciario.

3. Fideicomisos

En la institución del fideicomiso el testador (fideicomitente) deja a una persona (heredero fiduciario) el encargo de conservar o transmitir a un tercero (fideicomisario) todos o parte de los bienes hereditarios según las instrucciones reservadas del testador.

En el fideicomiso sólo existe un heredero, quien logra los bienes a través del heredero fiduciario, el cual actúa como transmisor de los bienes.

Atendiendo a las diversas modalidades que la institución del fideicomiso puede revestir, para practicar la liquidación se seguirán las siguientes reglas:

Si dentro del plazo de liquidación no se conoce al heredero fideicomisario se liquidará el impuesto a cargo del fiduciario, aplicando el coeficiente mayor del Grupo IV de la tabla de coeficientes, esto es, el 2,4.

Si el fideicomisario tuviese que ser elegido entre un grupo de personas, el coeficiente a aplicar será el correspondiente a la persona del grupo de parentesco más lejano con el causante.

Lo pagado aprovechará al fideicomisario cuando sea conocido. Si el coeficiente que le correspondiese al fideicomisario fuera menor al aplicado al fiduciario, la persona que hubiese hecho el pago superior o sus causahabientes tendrán derecho a la devolución del exceso.

Si dentro del plazo de liquidación se conociese al heredero fideicomisario éste satisfará el Impuesto sobre Sucesiones y Donaciones con arreglo al coeficiente que corresponda a su patrimonio preexistente y a su parentesco con el fallecido.

Cuando el fiduciario u otra persona encargada de transmitir la herencia pudiera disfrutar de ésta o disponer de los productos o rentas de los bienes hasta su entrega al fideicomisario a efectos de la liquidación del Impuesto sobre Sucesiones y Donaciones se considerará al fiduciario como usufructuario y se le exigirá el impuesto atendiendo a su patrimonio preexistente y parentesco con el causante. Cuando el fideicomisario entre en posesión de los bienes satisfará también el impuesto correspondiente, no computándose a su favor lo satisfecho por el fiduciario[387].

---

[387] Vid. artículo 54. 4 del Real Decreto 1629/1991, de 8 de noviembre, por el que se aprueba el Reglamento del Impuesto sobre Sucesiones y Donaciones.

En los fideicomisos en que se dejen en propiedad los bienes hereditarios al heredero fiduciario, aun con la obligación de levantar alguna carga, se liquidará el impuesto a cargo de éste por la adquisición de la propiedad, con deducción de la carga, si fuera deducible, por la cual satisfará el Impuesto sobre Sucesiones y Donaciones el que adquiera el beneficio consiguiente al gravamen, por el título que corresponda si fuese conocido y si no lo fuera, pagará el heredero pudiendo repercutir el impuesto satisfecho por la carga al beneficiario cuando fuere conocido[388].

El heredamiento de confianza autorizado por la legislación foral se considerará como fideicomiso a efectos del Impuesto sobre Sucesiones y Donaciones[389].

En los fideicomisos que admite el derecho catalán cuando el fideicomisario se determine por la existencia de descendientes del fiduciario o por otro supuesto de los que permite la citada legislación, se liquidará el Impuesto sobre Sucesiones y Donaciones al fiduciario como heredero pleno propietario. Cuando tenga lugar la transmisión de los bienes al fideicomisario, éste satisfará el impuesto correspondiente a la plena propiedad de aquellos, con arreglo a su patrimonio preexistente y parentesco con el causante de quien provenga la institución de fideicomiso. Los derechohabientes del fiduciario podrán solicitar la devolución del Impuesto sobre Sucesiones y Donaciones satisfecho por su causante en la parte correspondiente a la nuda propiedad de los bienes, si justifican que los mismos bienes se transmiten íntegramente al fideicomisario determinado, o en la parte que corresponda a los bienes transmitidos o restituidos si no se transmitiesen todos[390].

En el caso del régimen fiscal especial de Vizcaya, la regulación en el caso de testamento por comisario o poder testatorio admitido por la Compilación de Vizcaya, es la siguiente:

Si el comisario ha hecho uso del poder testatorio antes de presentarse los documentos a liquidación o antes de practicarse la liquidación en virtud de la acción investigadora de la Administración se exigirá el Impuesto sobre Sucesiones y Donaciones en cada una de las designaciones de heredero que haga el comisario, conforme al grado de parentesco existente entre los designados y el causante y sobre el total de los bienes adjudicados.

Si el comisario no hubiera hecho uso del poder testatorio antes de presentarse los documentos a liquidación o antes de practicarse la liquidación en virtud de la acción investigadora de la Administración: el impuesto se liquidará a cargo del comisario, de acuerdo con el grado de parentesco que le una con el causante y sobre la cuantía total de la herencia.

Cuando la designación se realiza entre los cónyuges se denomina “alkar poderoso”.

---

[388] Vid. artículo 54. 5 del Real Decreto 1629/1991, de 8 de noviembre, por el que se aprueba el Reglamento del Impuesto sobre Sucesiones y Donaciones.

[389] Vid. artículo 54. 6 del Real Decreto 1629/1991, de 8 de noviembre, por el que se aprueba el Reglamento del Impuesto sobre Sucesiones y Donaciones.

[390] Vid. artículo 54. 7 del Real Decreto 1629/1991, de 8 de noviembre, por el que se aprueba el Reglamento del Impuesto sobre Sucesiones y Donaciones.

4. Reservas

En ocasiones la ley obliga al heredero a reservar los bienes que ha adquirido por herencia para transmitirlos a las personas que la misma ley designa.

Se distinguen dos clases de reserva: la reserva troncal y la ordinaria.

a) Reserva troncal

En la reserva troncal el ascendiente (reservista) que hereda de su descendiente bienes que éste adquirió a título gratuito de otro ascendiente o de un hermano, se halla obligado a reservar los adquiridos por ministerio de la ley en favor de los parientes que estén dentro del tercer grado y pertenezcan a la línea de donde los bienes procedan (reservatarios)[391]. En esta modalidad, el ascendiente (reservista) tributa en concepto de usufructuario. La obligación de reservar surge con el fallecimiento del causante. El fallecimiento de todos los parientes a cuyo favor se estableció la reserva o su renuncia extingue ésta última, debiendo el reservista satisfacer el impuesto por la nuda propiedad, siendo de aplicación en tal caso, las normas que regulan, respectivamente, el devengo del impuesto en los casos de adquisiciones cuya efectividad se halle suspendida por la concurrencia de alguna limitación y de los efectos de la renuncia[392].

El reservatario satisface el impuesto atendiendo a su parentesco con la persona de quien procedan los bienes, y prescindiendo del que les una con el reservista.

b) Reserva ordinaria

En la reserva ordinaria el cónyuge sobreviviente que contraiga segundas nupcias (reservista), está obligado a reservar a los hijos y descendientes del primer matrimonio (reservatarios) la propiedad de todos los bienes que haya adquirido de su difunto cónyuge por testamento, por sucesión intestada, donación u otro título lucrativo cualquiera, salvo su mitad de gananciales, liquidándose el impuesto al reservista por el pleno dominio, pero sin perjuicio del derecho a la devolución de lo satisfecho, cuando se acredite la transmisión de los bienes o sus subrogados al reservatario. Éste también satisface el Impuesto sobre Sucesiones y Donaciones teniendo en cuenta su grado de parentesco con la persona de quien procedan los bienes y no el que les une al reservista, aunque esta haya hecho uso de la facultad de mejorar[393].

---

[391] Vid. artículo 811 del Código Civil.

[392] Vid. artículo 55. 1 y 3 del Real Decreto 1629/1991, de 8 de noviembre, por el que se aprueba el Reglamento del Impuesto sobre Sucesiones y Donaciones.

[393] Vid. artículo 55. 2 y 3 del Real Decreto 1629/1991, de 8 de noviembre, por el que se aprueba el Reglamento del Impuesto sobre Sucesiones y Donaciones.

5. *Partición y excesos de adjudicación*

a) *Partición*

La partición consiste en determinar los bienes que se adjudican a cada uno de los herederos en pago de su porción hereditaria.

En las sucesiones por causa de muerte, cualesquiera que sean las particiones y adjudicaciones que los interesados hagan, se considerará para los efectos del impuesto como si se hubiesen hecho con estricta igualdad y con arreglo a las normas reguladoras de la sucesión, estén o no los bienes sujetos al pago del impuesto por la condición del territorio o por cualquier otra causa y, en consecuencia, los aumentos que en la comprobación de valores resulten se prorratearán entre los distintos adquirentes o herederos.

Si los bienes en cuya comprobación resultare aumento de valores o a los que deba aplicarse la no sujeción fuesen atribuidos específicamente por el testador a persona determinada o adjudicados en concepto distinto del de herencia, los aumentos o disminuciones afectarán solo al que adquiera dichos bienes[394].

b) *Excesos de adjudicación*

Se liquidarán excesos de adjudicación, según las normas establecidas en el Impuesto sobre Transmisiones Patrimoniales y Actos Jurídicos Documentados cuando existan diferencias, según el valor declarado, en las adjudicaciones efectuadas a los herederos o legatarios, en relación con el título hereditario; también se liquidarán los excesos de adjudicación cuando el valor comprobado de lo adjudicado a uno de los herederos o legatarios exceda del 50 % del valor que le correspondería en virtud de su título, salvo en el supuesto de que los valores declarados sean iguales o superiores a los que resultarían de la aplicación de las reglas del Impuesto sobre el Patrimonio Neto. El valor correspondiente a cada heredero será el que resulte del prorrateo de los aumentos del valor[395].

No están sujetos a tributar como exceso de adjudicación, por lo que no procederá practicar liquidación alguna por éste concepto, en los siguientes supuestos[396]:

Los bienes indivisibles o que desmerezcan mucho por la división. Podrán adjudicarse a uno de los herederos, a calidad de abonar a los otros el exceso en dinero[397].

La explotación agrícola, industrial o fabril que se atribuya indivisa a un hijo en testamento. La legítima de los demás hijos deberá satisfacerse en metálico[398].

---

394 Vid. artículo 27 de la Ley 29/1987, de 18 de diciembre, del Impuesto sobre Sucesiones y Donaciones.

395 Vid. artículo 56. 4 del Real Decreto 1629/1991, de 8 de noviembre, por el que se aprueba el Reglamento del Impuesto sobre Sucesiones y Donaciones.

396 Cfr. *Memento*, Francis Lefebvre, Fiscal, 2013, marginal 5513, p. 1074, Madrid, 2013.

397 Vid. artículo 1.062.1 del Código Civil.

398 Vid. artículo 1.056 del Código Civil.

La mejora señalada en cosa determinada, cuando su valor exceda del tercio de mejora y de la parte de legítima que corresponda al mejorado. Este mejorado, que se queda con la cosa, deberá abonar la diferencia en metálico a los demás interesados[399].

El legado sujeto a reducción que consista en una finca que no pueda ser cómodamente dividida. La finca queda para el legatario si la reducción no absorbe la mitad del valor y, en caso contrario, para los herederos; pero en ambos casos, aquél y éstos deberán abonarse su respectivo haber en dinero[400].

6. *Repudiación y renuncia a la herencia*

Podemos, también, distinguir dos supuestos: repudiación o renuncia, pura, simple y gratuita y renuncia a favor de persona determinada.

a) Repudiación o renuncia, pura, simple y gratuita

En la repudiación o renuncia pura, simple y gratuita de la herencia o legado, los beneficiarios de la misma tributarán por la adquisición de la parte repudiada o renunciada aplicando siempre el coeficiente que corresponda a la cuantía de su patrimonio preexistente. En cuanto al parentesco con el causante, se tendrá en cuenta el del renunciante o el del que repudia cuando tenga señalado uno superior al que correspondería al beneficiario[401].

Si el beneficiario de la renuncia recibe directamente otros bienes del causante, se aplicará la misma regla sólo en el supuesto de que la suma de las liquidaciones giradas por la adquisición separada de ambos grupos de bienes sea superior a la practicada sobre el valor de todos ellos, atendiendo a su grado de parentesco con el causante[402].

La repudiación o renuncia hecha después de prescrito el Impuesto correspondiente a la herencia o legado se reputará a efectos fiscales como donación[403]. El beneficiario de la renuncia debe satisfacer el impuesto por el concepto de donación del renunciante.

Para que la renuncia del cónyuge sobreviviente a los efectos y consecuencias de la sociedad de gananciales produzca el efecto de que los bienes renunciados pasen a formar parte del caudal relicto del fallecido, será necesario que la renuncia, además de haberse efectuado simple y gratuitamente, se haya realizado en escritura pública con anterioridad al fallecimiento del cau-

---

[399] Vid. artículo 829 del Código Civil.

[400] Vid. artículo 821 del Código Civil.

[401] Vid. artículo 28 de la Ley 29/1987, de 18 de diciembre, del Impuesto sobre Sucesiones y Donaciones y artículo 56. 4 del Real Decreto 1629/1991, de 8 de noviembre, por el que se aprueba el Reglamento del Impuesto sobre Sucesiones y Donaciones.

[402] Vid. artículo 58, 1, apartado segundo, de la Ley 29/1987, de 18 de diciembre, del Impuesto sobre Sucesiones y Donaciones.

[403] Vid. artículo 58, 3, de la Ley 29/1987, de 18 de diciembre, del Impuesto sobre Sucesiones y Donaciones.

sante. En caso contrario, se girará liquidación por el concepto de donación del renunciante a favor de los que resulten beneficiados por la renuncia[404].

b) Renuncia a favor de persona determinada

En los demás casos de renuncia en favor de persona determinada, se exigirá el impuesto al renunciante, sin perjuicio de lo que deba liquidarse, además, por la cesión o donación de la parte renunciada[405].

En suma, en estos casos se considera aceptada la herencia, practicándose dos liquidaciones: por la transmisión "mortis causa" por el Impuesto sobre Sucesiones y Donaciones a cargo del heredero renunciante y según su parentesco con el causante; por la cesión de la parte renunciada si es a título gratuito, donación, se exigirá el Impuesto sobre Sucesiones y Donaciones al donatario de la parte renunciada y si es a título oneroso se girará liquidación por el Impuesto sobre Transmisiones Patrimoniales y Actos Jurídicos Documentados.

TRIBUTACIÓN REPUDIACIÓN Y RENUNCIA

PURA, SIMPLE Y GRATUITA	A FAVOR DE PERSONA DETERMINADA	POSTERIOR A LA PRESCRIPCIÓN
En el supuesto de renuncia pura, simple y gratuita no hay liquidación alguna a cargo del renunciante o repudiante. Los beneficiarios tributarán por la adquisición de la parte repudiada o renunciada, atendiendo a su patrimonio preexistente y al grado de parentesco entre el causante y el renunciante, siempre que el coeficiente así obtenido sea superior al que correspondería atendiendo al parentesco entre causante y beneficiario.	Se estima aceptada la herencia, practicándose dos liquidaciones: -Por la transmisión "mortis causa": por el Impuesto sobre Sucesiones y Donaciones a cargo del heredero renunciante y según su parentesco con el causante. -Por la cesión de la parte renunciada: si es a título gratuito (donación): se exige el Impuesto sobre Sucesiones y Donaciones al donatario de la parte renunciada; si es a título oneroso: se girará liquidación por el Impuesto sobre Transmisiones Patrimoniales y Actos Jurídicos Documentados a cargo del cesionario.	El beneficiario de la renuncia debe satisfacer el impuesto por el concepto de donación del renunciante.

[404] Vid. artículo 58. 4, de la Ley 29/1987, de 18 de diciembre, del Impuesto sobre Sucesiones y Donaciones.

[405] Vid. artículo 58. 2, de la Ley 29/1987, de 18 de diciembre, del Impuesto sobre Sucesiones y Donaciones.

RENUNCIA A LA HERENCIA. NORMAS ESPECIALES

RENUNCIA A LA HERENCIA	SI EL IMPUESTO NO HA PRESCRITO	*Renuncia a favor de coherederos con derecho de acrecer (pura y simple): solo se liquida por herencia. *Renuncia a favor de personas sin derecho de acrecer: se liquida la herencia más la donación.
	SI EL IMPUESTO HA PRESCRITO	Renuncia favor de cualquier persona (con o sin derecho de acrecimiento): se liquida la donación, puesto que la herencia prescribió.
	RENUNCIA A LA SOCIEDAD DE GANANCIALES	*Hecha por escritura antes del fallecimiento: los bienes renunciados se unen al caudal relicto (solo se liquida herencia). *Hecha en la partición: se liquida donación del renunciante a los beneficiarios por la renuncia.
	USUFRUCTO YA ACEPTADO	Ya sea pura y simple o no lo sea: se liquida como donación del usufructuario al nudo propietario.

7. Donaciones especiales[406]

Las donaciones con causa onerosa y las remuneratorias tributarán por tal concepto y por su total importe. Si existieran recíprocas prestaciones o se impusiera algún gravamen al donatario, tributarán por el mismo concepto solamente por la diferencia.

8. Acumulación de donaciones[407]

Las donaciones y demás transmisiones "inter vivos" equiparables que se otorguen por un mismo donante a un mismo donatario dentro del plazo de tres años, a contar desde la fecha de cada una, se considerarán como una sola transmisión a los efectos de la liquidación del impuesto. Para determinar la cuota tributaria se aplicará, a la base liquidable de la actual adquisición, el tipo medio correspondiente a la base liquidable teórica del total de las adquisiciones acumuladas.

Lo dispuesto en el apartado anterior, a efectos de la determinación de la cuota tributaria, será igualmente aplicable a las donaciones y demás transmisiones "inter vivos" equiparables acumulables a la sucesión que se cause por

[406] Vid. artículo 29 de la Ley 29/1987, de 18 de diciembre, del Impuesto sobre Sucesiones y Donaciones.

[407] Vid. artículo 30 de la Ley 29/1987, de 18 de diciembre, del Impuesto sobre Sucesiones y Donaciones en su redacción dada por la Ley 53/2002, de 30 de diciembre.

el donante a favor del donatario, siempre que el plazo que medie entre ésta y aquéllas no exceda de cuatro años.

A estos efectos, se entenderá por base liquidable teórica del total de las adquisiciones acumuladas la suma de las bases liquidables de las donaciones y demás transmisiones "inter vivos" equiparables anteriores y la de la adquisición actual.

p. Devengo

a´) En las adquisiciones "mortis causa"

En las adquisiciones por causa de muerte, el impuesto se devengará el día del fallecimiento del causante o del asegurado o cuando adquiera firmeza la declaración de fallecimiento del ausente, conforme al artículo 196 del Código Civil. No obstante, en las adquisiciones producidas en vida del causante como consecuencia de contratos y pactos sucesorios, el impuesto se devengará el día en que se cause o celebre dicho acuerdo.

b´) En las adquisiciones "inter vivos"

En las transmisiones lucrativas "inter vivos" el impuesto se devengará el día en que se cause o celebre el acto o contrato.

c´) En los contratos de seguros sobre la vida

En las adquisiciones derivadas de los seguros sobre la vida, el impuesto se devengará el día del fallecimiento del causante o del asegurado o cuando adquiera firmeza la declaración de fallecimiento del ausente, conforme al artículo 196 del Código Civil. No obstante, en las adquisiciones producidas en vida del causante como consecuencia de contratos y pactos sucesorios, el impuesto se devengará el día en que se cause o celebre dicho acuerdo.

Toda adquisición de bienes cuya efectividad se halle suspendida por la existencia de una condición, un término, un fideicomiso o cualquier otra limitación, se entenderá siempre realizada el día en que dichas limitaciones desaparezcan.

DEVENGO

Adquisiciones "mortis causa".	El día del fallecimiento del causante o cuando adquiera firmeza la declaración de fallecimiento del ausente, que será en el momento en que la resolución judicial no sea susceptible de recurso ordinario o extraordinario, excepto el de revisión.
Adquisiciones en vida del causante consecuencia de contratos y pactos sucesorios.	El día en que se cause o celebren dichos acuerdos.
Adquisiciones lucrativas "inter vivos".	El día en que se cause o celebre el acto o contrato. La perfección del contrato se produce con la aceptación por parte del donatario.
Seguros de vida en caso de supervivencia.	El día en que sea exigible por el beneficiario la primera o única cantidad a percibir.
Seguros de vida en caso de muerte.	El día del fallecimiento del asegurado o cuando adquiera firmeza la declaración de fallecimiento del ausente.
Cuando exista una condición suspensiva, un término o fideicomiso.	El día en que desaparezca la limitación o limitaciones de que se trate. Se atenderá a este momento para determinar el valor de los bienes y los tipos de gravamen. Deberá hacerse constar en el Registro el aplazamiento de la liquidación, con afección de los bienes.

q. Prescripción[408]

Según la ley reguladora del impuesto la prescripción se aplicará de acuerdo con lo previsto en los artículos 64 y siguientes de la Ley General Tributaria, debiéndose entender hoy los artículos 66 a 70 de la nueva Ley General Tributaria, Ley 58/2003, de 17 de diciembre.

Conforme a estos preceptos el plazo de prescripción es de cuatro años, iniciándose el cómputo en general desde el día en que finalice el plazo para presentar la declaración (6 meses); en el caso de donaciones en documento privado desde el día a partir del cual el documento surta efectos frente a terceros conforme al artículo 1227 del Código Civil. Surtirá efecto por fallecimiento de cualquiera de los firmantes, inscripción en el Registro Público o entrega a funcionario en razón a su oficio; y en el supuesto de escrituras autorizadas por funcionarios extranjeros, el plazo de prescripción se computará desde la fecha de su presentación ante cualquier Administración espa-

408 Vid. artículo 25 de la Ley 29/1987, de 18 de diciembre, del Impuesto sobre Sucesiones y Donaciones.

ñola, salvo que un Tratado, Convenio o Acuerdo Internacional, suscrito por España, fije otra fecha para el inicio de dicho plazo.

Para imponer sanciones, el plazo es de 4 años desde el día en que se cometió la infracción.

Respecto a la interrupción de la prescripción ha de decirse que la presentación por los sujetos pasivos de documentos y declaraciones interrumpe el plazo de prescripción del derecho de la Administración para determinar la deuda tributaria. El tiempo transcurrido no se computa, debiéndose contar nuevamente el plazo prescriptivo en toda su integridad. Dicha interrupción afecta a todos los bienes y derechos que pertenezcan al causante o deban adicionarse a la herencia.

La presentación de la herencia a liquidación interrumpe el plazo de prescripción del derecho de la Administración a determinar la deuda tributaria en relación con todos los bienes y derechos del causante en el momento del fallecimiento. Únicamente a partir de la última actuación que tenga relación con el documento presentado se iniciará un nuevo plazo de prescripción.

La presentación de una segunda declaración adicionando bienes a la herencia interrumpe la prescripción.

PLAZOS DE PRESCRIPCIÓN

Para determinar la deuda tributaria (Practicar liquidación)	El plazo es de 4 años. El cómputo del mismo comienza: En general: desde el día en que finalice el plazo para presentar la declaración (6 meses). En el caso de donaciones en documento privado: desde el día a partir del cual el documento surta efectos frente a terceros conforme al artículo 1227 del Código Civil. (Surtirá efecto: por fallecimiento de cualquiera de los firmantes, inscripción en el Registro Público o entrega a funcionario en razón a su oficio).
Para imponer sanciones.	El plazo es de 4 años desde el día en que se cometió la infracción.

r) Gestión del Impuesto

Dentro de la gestión del impuesto podemos analizar las siguientes cuestiones.

Competencia, presentación de documentos, tramitación, liquidaciones, pago del impuesto, aplazamiento, fraccionamiento, autoliquidaciones, obligaciones formales.

1. Competencia

Las disposiciones reguladoras del gravamen han delimitado las competencias de gestión de acuerdo con los siguientes criterios que exponemos a continuación.

Respecto a la competencia territorial, se establece[409]:

Los documentos o declaraciones se presentarán en las siguientes oficinas: en los supuestos de adquisición de bienes y derechos por causa de muerte, en la correspondiente al territorio donde el causante hubiese tenido su residencia habitual. Si el causante no hubiese tenido residencia habitual en España, en la Delegación de Hacienda de Madrid, salvo que concurriendo a la sucesión uno o varios causahabientes con residencia habitual en España, se opte por presentarlos, previo acuerdo de los interesados, en la oficina que corresponda al territorio donde cualquiera de ellos tenga su residencia habitual. Todos los documentos o declaraciones relativos a una misma sucesión habrán de presentarse en la oficina competente a que se refieren los dos párrafos anteriores. Si el mismo documento incluyese la adquisición de bienes y derechos procedentes de distintas herencias, la presentación se realizará en la oficina competente para liquidar la última ocurrida en el tiempo; en los supuestos de adquisición de bienes y derechos por donación o cualquier otro negocio jurídico a título gratuito e "inter vivos" equiparable, en la correspondiente al territorio donde radiquen los bienes inmuebles transmitidos, cuando el acto tenga por objeto exclusivo bienes de tal naturaleza. Si tuviese por objeto exclusivo bienes inmuebles situados fuera de España, la presentación se realizará en la Delegación de Hacienda de Madrid. Si transmitiéndose más de un bien inmueble resultase que están situados en el territorio de distintas oficinas, en la del territorio donde radiquen los inmuebles que, según las normas del Impuesto sobre el Patrimonio, tengan mayor valor. Si los inmuebles donados fuesen del mismo valor, en cualquiera de las oficinas donde esté situado alguno de ellos, previo acuerdo de los interesados, de ser varios. Si la donación o negocio jurídico gratuito e "inter vivos" tuviese por objeto exclusivo bienes de otra naturaleza, en la oficina del territorio donde tenga su residencia habitual el adquirente. Si existiesen varios adquirentes con distinta residencia, en la oficina del territorio donde resida el adquirente de los bienes de mayor valor, según las reglas del Impuesto sobre el Patrimonio, y si fuesen del mismo valor, en cualquiera de las oficinas correspondientes al territorio donde tengan su residencia habitual los adquirentes, previo acuerdo de éstos. Si ninguno de los adquirentes tuviese su residencia habitual en España, en la Delegación de Hacienda de Madrid. Si concurriesen bienes inmuebles con otros de distinta naturaleza, todos situados en España, la presentación se hará en la oficina correspondiente al territorio de situación de los inmuebles de mayor valor, cuando la suma de todos los inmuebles sea igual o superior al de los demás bienes transmitidos. Cuando el valor de los bienes no inmuebles sea superior al de éstos, la presentación se realizará en la oficina donde el adquirente de bienes no inmuebles de mayor valor tenga su residencia habitual y si ninguno la tuviere en territorio español, en la de situación de los inmuebles cualquiera que sea

[409] Vid. artículo 70 del Real Decreto 1629/1991, de 8 de noviembre, por el que se aprueba el Reglamento del Impuesto sobre Sucesiones y Donaciones.

su valor. Si concurriesen bienes inmuebles con otros de distinta naturaleza, situados todos o algunos de ellos fuera de España, la presentación se efectuará en la oficina que corresponda al lugar de situación de los inmuebles, si fuesen éstos los situados en España y, en otro caso, en la de residencia del sujeto pasivo, con la misma salvedad establecida para el caso de que no tenga residencia habitual en España; cuando se trate exclusivamente de la percepción de cantidades por los beneficiarios de contratos de seguro sobre la vida, los interesados podrán optar por realizar la presentación en la oficina correspondiente al territorio donde la entidad aseguradora deba proceder al pago.

Los documentos comprensivos de transmisiones por causa de muerte y de adquisiciones gratuitas "inter vivos", se presentarán, precisamente, en la oficina que sea competente para liquidar la transmisión por causa de muerte.

En relación con la competencia territorial y la atribución de rendimientos se establece que[410]:

Cuando de la aplicación de las reglas indicadas resulte atribuida la competencia territorial a una oficina integrada en la estructura administrativa de un ente público al que no corresponda el rendimiento del tributo, según las normas establecidas en las leyes de cesión a las Comunidades Autónomas, se mantendrá la competencia para la gestión y liquidación del impuesto, pero el importe ingresado se transferirá a la Caja del ente público a que corresponda.

En ningún caso se reconocerá la competencia territorial de más de una oficina para entender del mismo documento o declaración, aun cuando comprenda dos o más actos o contratos sujetos al impuesto. La oficina competente liquidará todos los actos y contratos a que el documento se refiera, incluso los sujetos al Impuesto sobre Transmisiones Patrimoniales y Actos Jurídicos Documentados. Cuando se practiquen diversas liquidaciones, ya sean provisionales o definitivas, las segundas y ulteriores deberán efectuarse, precisamente, en la oficina que hubiese practicado la primera. Los documentos o declaraciones relativos a extinción de usufructos, o los que tengan por objeto hacer constar el cumplimiento de condiciones, se presentarán en la misma oficina que hubiese conocido de los actos o documentos en que se constituyeron o establecieron[411].

Respecto a los órganos competentes para resolver, se establecen los siguientes normas[412]:

Cuando la oficina donde se presente el documento o declaración se considere incompetente para liquidar, remitirá de oficio la documentación a

---

[410] Vid. artículo 71 del Real Decreto 1629/1991, de 8 de noviembre por el que se aprueba el Reglamento del Impuesto sobre Sucesiones y Donaciones.

[411] Vid. artículo 72 del Real Decreto 1629/1991, de 8 de noviembre por el que se aprueba el Reglamento del Impuesto sobre Sucesiones y Donaciones.

[412] Vid. artículo 73 del Real Decreto 1629/1991, de 8 de noviembre por el que se aprueba el Reglamento del Impuesto sobre Sucesiones y Donaciones.

la competente, notificando esta circunstancia y el acuerdo declarándose incompetente al presentador.

Si se suscitaren cuestiones de competencia, positivas o negativas, serán resueltas si se planteasen entre oficinas de una misma Comunidad Autónoma que tenga cedida la gestión del tributo, por el órgano competente de aquélla; si se planteasen entre las Delegaciones de Hacienda de Madrid, Ceuta y Melilla, por la Dirección General de Gestión Tributaria del Ministerio de Economía y Hacienda.

2. *Presentación de documentos*

Respecto al contenido de los documentos a presentar así como de la documentación complementaria, la normativa del gravamen establece que[413]:

Los sujetos pasivos presentarán los documentos, acompañados de copia simple, a la Administración tributaria para la práctica de las liquidaciones que procedan en los plazos y en las oficinas competentes, con arreglo a las normas de este Reglamento.

El documento, que tendrá la consideración de declaración tributaria, deberá contener, además de los datos identificativos de transmitente y adquirente y de la designación de un domicilio para la práctica de las notificaciones que procedan, una relación detallada de los bienes y derechos adquiridos que integren el incremento de patrimonio gravado, con expresión del valor real que atribuyen a cada uno, así como de las cargas, deudas y gastos cuya deducción se solicite.

Si el documento no contuviese todos los datos mencionados, se presentará acompañado de una relación en la que figuren los omitidos.

En el caso de no existir documento, se presentará una declaración, extendida en papel común, en la que se harán constar todos los datos indicados en el número anterior.

Cuando se trate de adquisiciones por causa de muerte, junto con el documento o declaración que en la relación de bienes deberá incluir, en su caso, los gananciales del matrimonio, se presentarán: certificaciones de defunción del causante y del registro general de actos de última voluntad; copia autorizada de las disposiciones testamentarias si las hubiere y, en su defecto, testimonio de la declaración de herederos. En el caso de sucesión intestada, si no estuviere hecha la declaración judicial de herederos, se presentará una relación de los presuntos con expresión de su parentesco con el causante; un ejemplar de los contratos de seguro concertados por el causante o certificación expedida por la entidad aseguradora en el caso del seguro colectivo, aun cuando hubieran sido objeto, con anterioridad, de liquidación parcial; justificación documental de las cargas, gravámenes, deudas y gastos cuya deducción se solicite, de la edad de los causahabientes menores de veintiún

---

[413] Vid. artículo 66 del Real Decreto 1629/1991, de 8 de noviembre, por el que se aprueba el Reglamento del Impuesto sobre Sucesiones y Donaciones.

años, así como, en su caso, de los saldos de cuentas en entidades financieras, del valor teórico de las participaciones en el capital de entidades jurídicas cuyos títulos no coticen en Bolsa y del título de adquisición por el causante de los bienes inmuebles incluidos en la sucesión.

Los sujetos pasivos acompañarán una relación de su patrimonio preexistente en la fecha del devengo del impuesto, valorado con arreglo a las normas del Impuesto sobre el Patrimonio. Esta declaración podrá sustituirse por una copia de la correspondiente a dicho impuesto por el ejercicio anterior al fallecimiento si éste hubiese tenido lugar una vez finalizado el plazo establecido para su presentación o, en otro caso, por la del inmediato anterior, haciendo, en ambos casos, indicación de las modificaciones que en la misma procedan para adaptarla a la situación patrimonial vigente en el momento del devengo del Impuesto sobre Sucesiones y Donaciones.

Cuando el patrimonio preexistente del sujeto pasivo esté comprendido en el primero o en el último tramo de los establecidos a tal efecto bastará que figure su manifestación haciéndolo constar así.

En relación con los plazos de presentación, se señala[414]:

Los documentos o declaraciones se presentarán en los siguientes plazos:

Cuando se trate de adquisiciones por causa de muerte, incluidas las de los beneficiarios de contratos de seguro de vida, en el de seis meses, contados desde el día del fallecimiento del causante o desde aquél en que adquiera firmeza la declaración de fallecimiento. El mismo plazo será aplicable a las adquisiciones del usufructo pendientes del fallecimiento del usufructuario, aunque la desmembración del dominio se hubiese realizado por actos "inter vivos".

En los demás supuestos, en el de treinta días hábiles, a contar desde el siguiente a aquél en que se cause el acto o contrato.

Respecto a la prórroga de los plazos de presentación se dice[415]:

La oficina competente para la recepción de los documentos o declaraciones podrá otorgar prórroga para la presentación de los documentos o declaraciones relativos a adquisiciones por causa de muerte por un plazo igual al señalado para su presentación.

La solicitud de prórroga se presentará por los herederos, albaceas o administradores del caudal relicto dentro de los cinco primeros meses del plazo de presentación, acompañada de certificación del acta de defunción del causante, y haciendo constar en ella el nombre y domicilio de los herederos declarados o presuntos y su grado de parentesco con el causante cuando fueren conocidos, la situación y el valor aproximado de los bienes y derechos y los motivos en que se fundamenta la solicitud.

---

[414] Vid. artículo 67 del Real Decreto 1629/1991, de 8 de noviembre, por el que se aprueba el Reglamento del Impuesto sobre Sucesiones y Donaciones.

[415] Vid. artículo 68 del Real Decreto 1629/1991, de 8 de noviembre, por el que se aprueba el Reglamento del Impuesto sobre Sucesiones y Donaciones.

Transcurrido un mes desde la presentación de la solicitud sin que se hubiese notificado acuerdo, se entenderá concedida la prórroga.

No se concederá prórroga cuando la solicitud se presente después de transcurridos los cinco primeros meses del plazo de presentación.

En caso de delegación de la prórroga solicitada, el plazo de presentación se entenderá ampliado en los días transcurridos desde el siguiente al de la presentación de la solicitud hasta el de notificación del acuerdo denegatorio.

Si como consecuencia de esta ampliación, la presentación tuviera lugar después de transcurridos seis meses desde el devengo del impuesto, el sujeto pasivo deberá abonar intereses de demora por los días transcurridos desde la terminación del plazo de seis meses.

La prórroga concedida comenzará a contarse desde que finalice el plazo de seis meses contados a partir del devengo y llevará aparejada la obligación de satisfacer el interés de demora correspondiente hasta el día en que se presente el documento o la declaración.

Si finalizado el plazo de prórroga no se hubiesen presentado los documentos, se podrá girar liquidación provisional en base a los datos de que disponga la Administración, sin perjuicio de las sanciones que procedan.

PLAZOS DE PRESENTACIÓN Y PRÓRROGA

MODALIDAD	**PLAZO**
Adquisiciones por causa de muerte	Seis meses
Adquisiciones de los beneficiarios de contratos de seguro de vida	Seis meses
Adquisiciones del usufructo pendientes del fallecimiento del usufructuario, aunque la desmembración del dominio se hubiese realizado por acto "inter vivos"	Seis meses
En los demás supuestos	Treinta días hábiles, a contar desde el siguiente a aquél en que se cause el acto o contrato.
PRÓRROGA	**PLAZO**
Solicitud en los cinco primeros meses	Si no se deniega, los seis meses se prorrogan en seis más, con abono del interés de demora.

En cuanto a los plazos de suspensión, se dice[416]:

Cuando, en relación a actos o contratos relativos a hechos imponibles gravados por el Impuesto sobre Sucesiones y Donaciones, se promueva liti-

[416] Vid. artículo 69 del Real Decreto 1629/1991, de 8 de noviembre, por el que se aprueba el Reglamento del Impuesto sobre Sucesiones y Donaciones.

gio o juicio voluntario de testamentaría, se interrumpirán los plazos establecidos para la presentación de los documentos y declaraciones, empezando a contarse de nuevo desde el día siguiente a aquél en que sea firme la resolución definitiva que ponga término al procedimiento judicial.

Cuando se promuevan después de haberse presentado en plazo el documento o la declaración, la Administración suspenderá la liquidación hasta que sea firme la resolución definitiva.

Si se promovieran con posterioridad a la expiración del plazo de presentación o del de la prórroga que se hubiese concedido sin que el documento o la declaración hubiesen sido presentados, la Administración requerirá la presentación pero podrá suspender la liquidación hasta que recaiga resolución firme, sin perjuicio de las sanciones que, en su caso, procedan.

Si se promovieran después de practicada la liquidación podrá acordarse el aplazamiento de pago.

No se considerarán cuestiones litigiosas, a los efectos de la suspensión de plazos a que se refieren los apartados anteriores, las diligencias judiciales que tengan por objeto la apertura de testamentos o elevación de éstos a escritura pública; la formación de inventarios para aceptar la herencia con dicho beneficio o con el de deliberar, el nombramiento de tutor, curador o defensor judicial, la prevención del abintestato o del juicio de testamentaría, la declaración de herederos cuando no se formule oposición y, en general, las actuaciones de jurisdicción voluntaria cuando no adquieran carácter contencioso.

Tampoco producirán la suspensión la demanda de retracto legal o la del beneficio de justicia gratuita, ni las reclamaciones que se dirijan a hacer efectivas deudas contra la testamentaria o abintestato, mientras no se prevenga a instancia del acreedor el correspondiente juicio universal.

La promoción del juicio voluntario de testamentaría interrumpirá los plazos, que empezarán a contarse de nuevo desde el día siguiente al en que quedare firme el auto aprobando las operaciones divisorias, o la sentencia que pusiere termino al pleito en caso de oposición, o bien desde que todos los interesados desistieren del juicio promovido.

A los efectos de este artículo se entenderá que la cuestión litigiosa comienza en la fecha de presentación de la demanda.

A los mismos efectos, se asimilan a las cuestiones litigiosas los procedimientos penales que versen sobre la falsedad del testamento o del documento determinante de la transmisión.

Si las partes litigantes dejaren de instar la continuación del litigio durante un plazo de seis meses, la Administración podrá exigir la presentación del documento y practicar la liquidación oportuna respecto al acto o contrato litigioso, a reserva de la devolución que proceda si al terminar aquél se declarase que no surtió efecto. Si se diere lugar a que los tribunales declaren la caducidad de la instancia que dio origen al litigio, no se reputarán suspendidos los plazos y la Administración exigirá las sanciones e intereses de demora correspondientes a partir del día siguiente al en que hubieren expirado los plazos reglamentarios para la presentación de los documentos. La suspensión del curso de los autos, por conformidad de las partes, producirá el efecto de que, a partir de la fecha en que la soliciten, comience a correr de nuevo el plazo de presentación interrumpido.

SUSPENSIÓN PLAZOS

MOTIVO	ALCANCE
Se promueva litigio o juicio voluntario de testamentaría.	Se interrumpen los plazos establecidos para la presentación de los documentos y declaraciones, empezando a contarse de nuevo desde el día siguiente a aquél en que sea firme la resolución definitiva que ponga término al procedimiento judicial.
Se promuevan después de haberse presentado en plazo el documento o la declaración.	Se suspenderá la liquidación hasta que sea firme la resolución definitiva.
Si se promovieran después de practicada la liquidación.	Podrá acordarse el aplazamiento de pago
Caso de que las partes litigantes dejaren de instar la continuación del litigio durante un plazo de seis meses.	La Administración podrá exigir la presentación del documento y practicar la liquidación oportuna respecto al acto o contrato litigioso, a reserva de la devolución que proceda si al terminar aquél se declarase que no surtió efecto.
Caso de que los Tribunales declaren la caducidad de la instancia que dio origen al litigio.	No se reputarán suspendidos los plazos y la Administración exigirá las sanciones e intereses de demora correspondientes a partir del día siguiente al en que hubieren expirado los plazos reglamentarios para la presentación de los documentos.

3. Tramitación de los documentos presentados

A este respecto se siguen los siguientes pasos[417]:

Presentado el documento o declaración en la oficina competente, ésta dará recibo haciendo constar la fecha de presentación y el número que le corresponda en el registro de presentación de documentos, que deberá llevarse con carácter específico.

Tratándose de documentos relativos a adquisiciones "inter vivos", su tramitación se ajustará a las siguientes reglas:

---

[417] Vid. artículo 74 del Real Decreto 1629/1991, de 8 de noviembre, por el que se aprueba el Reglamento del Impuesto sobre Sucesiones y Donaciones.

— Cuando se hubiesen presentado todos los datos y antecedentes necesarios para la calificación de los hechos imponibles, siempre que no tenga que practicarse comprobación de valores, la oficina procederá con carácter definitivo a girar la liquidación o liquidaciones que procedan o a consignar las declaraciones de exención o no sujeción, según corresponda.
— Cuando sea necesaria la aportación de nuevos datos o antecedentes por los interesados, se les concederá un plazo de quince días para que puedan acompañarlos. Cuando lo hicieren, y si no fuera necesaria la comprobación de valores, se procederá como se ha indicado en líneas anteriores. Si no se aportasen y sin perjuicio de las sanciones que procedan, se podrán girar liquidaciones provisionales en base a los datos ya aportados y a los que posea la Administración.
— Cuando disponiendo de todos los datos y antecedentes necesarios se tuviera que practicar comprobación de valores, sobre los obtenidos se practicarán las liquidaciones definitivas que procedan, que serán debidamente notificadas al presentador.
— Cuando para la comprobación de valores se recurriere como medio de comprobación al dictamen de Peritos de la Administración, la oficina remitirá a los servicios técnicos correspondientes una relación de los bienes y derechos a valorar para que, por personal con título adecuado a la naturaleza de los mismos, se emita el dictamen solicitado, que deberá estar suficientemente razonado.

Tratándose de documentos o declaraciones relativos a adquisiciones por causa de muerte, se procederá con arreglo a lo dispuesto en el número anterior, pero la práctica de las liquidaciones definitivas exigirá la comprobación completa del caudal hereditario del causante a efectos fiscales, debiendo procederse a la integración del declarado con las adiciones que resulten de las presunciones legales establecidas en el Impuesto y, en su caso, con el ajuar doméstico.

Cualquiera que sea la naturaleza de la adquisición, las liquidaciones que se giren sin haber practicado la comprobación definitiva del hecho imponible y de su valoración tendrán carácter provisional[418].

En caso de adquisiciones por causa de muerte, cuando no fueren conocidos los herederos, los administradores o poseedores de los bienes hereditarios deberán presentar antes del vencimiento de los plazos señalados para ello, los documentos que se exigen para practicar liquidación, excepto la relación de herederos, y si estos presentadores no justificaren la existencia de una justa causa para suspender la liquidación, se girará liquidación provisional a cargo de la representación del causante, aplicándose sobre la cuota íntegra obtenida el coeficiente más alto de los que se establece para el Grupo IV, sin perjuicio de la devolución que proceda de lo satisfecho de más,

---

[418] Vid. artículo 74. 2 del Real Decreto 1629/1991, de 8 de noviembre, por el que se aprueba el Reglamento del Impuesto sobre Sucesiones y Donaciones.

una vez que aquéllos sean conocidos y esté justificado su parentesco con el causante y su patrimonio preexistente[419].

4. Declaraciones o autoliquidaciones

El proceso de liquidación lo podemos resumir en el siguiente esquema:

Adquisiciones "mortis causa"	Adquisiciones "inter vivos".	Seguros sobre la vida
+ Inventario declarado + Aumentos por comprobación + Adiciones de bienes + Incorporación ajuar doméstico.	+ Valor declarado + Comprobación valores	+ Cantidades percibidas
–Deducciones: *Cargas reales *Deudas deducibles *Gastos deducibles.	–Deducciones: *Cargas deducibles *Deudas deducibles	
Separación de bienes gananciales. Partición y adjudicación de las cuotas hereditarias a cada heredero.		
=Base imponible individual	=Base imponible	=Base imponible (Acumulable a porción hereditaria)
–Reducciones	–Reducciones	–Reducciones
=Base liquidable x Tarifa = Cuota íntegra x Coeficiente multiplicador = Cuota tributaria –Reducciones por errores de salto = Cuota tributaria ajustada -Deducciones por doble imposición internacional - Bonificaciones Ceuta y Melilla - Cuotas satisfechas en cuatro años anteriores en transmisiones "mortis causa" =Deuda tributaria o cuota a ingresar.	=Base liquidable x Tarifa = Cuota íntegra x Coeficiente multiplicador = Cuota tributaria –Reducciones por errores de salto = Cuota tributaria ajustada -Deducciones por doble imposición internacional - Bonificaciones Ceuta y Melilla - Cuotas satisfechas en cuatro años anteriores en transmisiones "mortis causa" =Deuda tributaria o cuota a ingresar.	=Base liquidable x Tarifa = Cuota íntegra x Coeficiente multiplicador = Cuota tributaria –Reducciones por errores de salto = Cuota tributaria ajustada -Deducciones por doble imposición internacional - Bonificaciones Ceuta y Melilla - Cuotas satisfechas en cuatro años anteriores en transmisiones "mortis causa" =Deuda tributaria o cuota a ingresar.

Los sujetos pasivos pueden elegir como procedimiento para realizar el pago del impuesto el de declaración o el de autoliquidación.

---

[419] Vid. artículo 75 del Real Decreto 1629/1991, de 8 de noviembre, por el que se aprueba el Reglamento del Impuesto sobre Sucesiones y Donaciones.

a) Declaración

En los caso de declaración deberán presentar todos los documentos y elementos justificativos de los bienes y derechos constitutivos de la herencia y de su valoración, a efectos de la determinación de la deuda por la Administración.

b) Autoliquidaciones

En el caso de declaración-liquidación o autoliquidación, deberán practicar las operaciones necesarias para determinar el importe de la deuda tributaria y acompañar el documento o declaración en el que se contenga o se constate el hecho imponible.

La competencia para establecer como obligatorio el procedimiento de autoliquidación corresponde al Estado, que introducirá en la Ley del Impuesto un artículo con las Comunidades Autónomas en las que se haya establecido dicho régimen, conforme éstas vayan creando un servicio de asistencia al contribuyente para cumplimentar la autoliquidación[420].

Las Comunidades que tienen establecido como obligatorio el régimen de autoliquidación son las siguientes: Comunidad Autónoma de Andalucía, Comunidad Autónoma de Aragón, Comunidad Autónoma del Principado de Asturias, Comunidad Autónoma de Illes Balears, Comunidad Autónoma de Canarias, Comunidad Autónoma de Castilla y León, Comunidad Autónoma de Cataluña, Comunidad Autónoma de Galicia, Comunidad Autónoma de la Región de Murcia[421], y Comunidad Autónoma de Valencia.

Los sujetos pasivos deberán aplicar el régimen de autoliquidación por los hechos imponibles en los que el rendimiento del impuesto se considere producido en el territorio de dichas comunidades, en virtud de los puntos de conexión aplicables de acuerdo con lo previsto en el artículo 32 de la Ley 22/2009, de 18 de diciembre, por la que se regula el Sistema de Financiación de las Comunidades Autónomas de Régimen Común y Ciudades con Estatuto de Autonomía y se modifican determinadas normas tributarias.

A los efectos de cobrar seguros sobre la vida, créditos del causante, haberes devengados y no percibidos por el mismo, retirar bienes, valores, efectos o dinero que se hallaren en depósito y demás supuestos análogos, los sujetos pasivos podrán practicar autoliquidación parcial, siempre que existan razones suficientes, se trate de transmisiones "mortis causa", o se trate de seguros sobre la vida[422].

Asimismo, tratándose de adquisiciones por causa de muerte, los sujetos pasivos, previa conformidad de todos en caso de ser más de uno, podrán

---

[420] Vid. artículo 34. 4 de la Ley 29/1987, de 18 de diciembre, del Impuesto sobre Sucesiones y Donaciones.

[421] Vid. artículo 35. 4 de la Ley 29/1987, de 18 de diciembre, del Impuesto sobre Sucesiones y Donaciones en su redacción dada por la Disposición Final Séptima de la Ley 40/2010, de 29 de diciembre, de almacenamiento geológico de dióxido de carbono.

[422] Vid. artículos 86. 2 y 78, del Real Decreto 1629/1991, de 8 de noviembre, por el que se aprueba el Reglamento del Impuesto sobre Sucesiones y Donaciones.

proceder a la práctica de una autoliquidación parcial del impuesto a los solos efectos de cobrar seguros sobre la vida, créditos del causante, haberes devengados y no percibidos por el mismo o retirar bienes, valores, efectos o dinero que se encuentren en depósito, o bien en otros supuestos análogos en los que, con relación a otros bienes en distinta situación, existan razones suficientes que justifiquen la práctica de autoliquidación parcial.

Los sujetos pasivos que presenten la autoliquidación parcial deberán proceder posteriormente a presentar la autoliquidación por la totalidad de los bienes y derechos que hayan adquirido.

La autoliquidación deberá practicarse aplicando sobre el valor de los bienes a que se refiera, sin reducción alguna, la tarifa del impuesto y los coeficientes multiplicadores mínimos correspondientes en función del patrimonio preexistente.

Ingresado el importe de la autoliquidación parcial, se presentará en la oficina competente un ejemplar del impreso de autoliquidación donde conste el ingreso, acompañado de una relación por duplicado en la que se describan los bienes a que se refiera, su valor y la situación en que se encuentren, así como el nombre de la persona o entidad que deba proceder al pago o a la entrega de los bienes, y del título acreditativo del derecho del solicitante o solicitantes, devolviéndose por la oficina uno de los ejemplares de la relación con la nota del ingreso.

El ingreso efectuado en virtud de autoliquidación parcial tendrá el carácter de ingreso a cuenta de la liquidación definitiva que proceda por la sucesión hereditaria de que se trate.

Una vez efectuada la autoliquidación parcial es necesario practicar autoliquidación total a posteriori[423].

El régimen de autoliquidación o declaración-liquidación tiene en los demás casos carácter opcional, pudiendo los sujetos pasivos limitarse a presentar a la Administración la documentación requerida para que ésta proceda a la liquidación del impuesto.

5. *Liquidaciones particulares*

La reglamentación del impuesto contempla, a su vez, los siguientes tipos de liquidaciones: liquidaciones provisionales, parciales y complementarias[424].

a) Liquidaciones provisionales

Cualquiera que sea la naturaleza de la adquisición, las liquidaciones que se giren hasta que se practique la comprobación definitiva del hecho imponible y de su valoración tendrán el carácter de liquidación provisional[425].

---

[423] Vid. artículo 89, del Real Decreto 1629/1991, de 8 de noviembre, por el que se aprueba el Reglamento del Impuesto sobre Sucesiones y Donaciones.

[424] Vid. artículo 76, del Real Decreto 1629/1991, de 8 de noviembre, por el que se aprueba el Reglamento del Impuesto sobre Sucesiones y Donaciones.

[425] Vid. artículo 74. 4, del Real Decreto 1629/1991, de 8 de noviembre, por el que se aprueba el Reglamento del Impuesto sobre Sucesiones y Donaciones.

b) Liquidaciones parciales y a cuenta

Los interesados en sucesiones hereditarias podrán solicitar de la oficina competente, dentro de los plazos establecidos para la presentación de documentos o declaraciones que se practique liquidación parcial del impuesto a los solos efectos de cobrar seguros sobre la vida, créditos del causante, haberes devengados y no percibidos por el mismo, o retirar bienes, valores, efectos o dinero que se hallasen en depósito, o bien en otros supuestos análogos en los que, con relación a bienes en distinta situación, existan razones suficientes que justifiquen la práctica de liquidación parcial.

Para la práctica de las liquidaciones parciales, los interesados deberán presentar en la oficina competente un escrito, por duplicado, relacionando los bienes para los que se solicita la liquidación parcial, con expresión de su valor y de la situación en que se encuentren, del nombre de la persona o entidad que, en su caso, deba proceder al pago o a la entrega de los bienes y del título acreditativo del derecho del solicitante o solicitantes.

A la vista de la declaración presentada, la oficina girará liquidación parcial, aplicando sobre el valor de los bienes a que la solicitud se refiere, sin reducción alguna, la tarifa del impuesto y el coeficiente multiplicador mínimo correspondiente en función del patrimonio preexistente.

Ingresado el importe de la liquidación parcial, se entregará al interesado un ejemplar del escrito de solicitud presentado con la nota del ingreso. La presentación de este escrito acreditará, ante la persona que deba proceder a la entrega o al pago que, fiscalmente, queda autorizada la entrega, el pago o la retirada del dinero o de los bienes depositados.

Las liquidaciones parciales que se giren con arreglo a lo dispuesto en el presente artículo tendrán el carácter de ingresos a cuenta de la liquidación definitiva que proceda por la sucesión hereditaria de que se trate.

c) Liquidaciones complementarias

Procederá la práctica de liquidaciones complementarias cuando habiéndose girado con anterioridad liquidación provisional, la comprobación arroje aumento de valor para la base imponible tenida en cuenta en aquélla, o cuando se compruebe la existencia de errores materiales que hubiesen dado lugar a un minoración en la cuota ingresada. El mismo carácter tendrán las liquidaciones giradas a consecuencia de nuevos datos aportados por la acción investigadora de la oficina gestora que deban dar lugar a un incremento en la base de la liquidación provisional.

6. Pago del impuesto

a) Obligados al pago

Están obligados al pago del impuesto los sujetos pasivos como deudores principales, los responsables solidarios, los adquirentes de explotaciones y actividades económicas, los responsables subsidiarios, previa declaración de fallidos de los deudores principales. El presentador de los documentos tendrá, por el solo hecho de la presentación, el carácter de mandatario de los obligados al pago del Impuesto sobre Sucesiones y Donaciones. Todas las notificaciones que se le hagan en relación con el documento presentado, así como las diligencias que suscriba, tendrán el mismo valor y producirán iguales efectos que si se hubieran entendido con los mismos interesados. En el caso de que el presentador no hubiese recibido el encargo de todos los interesados en el documento o declaración, deberá hacerlo constar expresamente designando a sus mandantes[426].

b) Plazos de ingreso

El pago de las liquidaciones practicadas por la Administración deberá realizarse en los plazos establecidos en el Reglamento General de Recaudación[427].

El procedimiento normal de pago es en metálico.

Se permite, no obstante, el pago mediante entrega de bienes del Patrimonio Histórico Español que estén inscritos en el Inventario General de Bienes Muebles o en el Registro General de Bienes de Interés Cultural.

La oficina gestora que hubiese practicado las liquidaciones podrá autorizar, a solicitud de los interesados, deducida dentro de los ocho días siguientes al de su notificación, a las entidades financieras para enajenar valores depositados en las mismas a nombre del causante y, con cargo a su importe, o al saldo a favor de aquél en cuentas de cualquier tipo, librar los correspondientes talones a nombre del Tesoro Público por el exacto importe de las citadas liquidaciones[428].

LOS PLAZOS DE INGRESO DE LA DEUDA TRIBUTARIA

En las autoliquidaciones	**Al presentarlas**
En las liquidaciones	Según la fecha de notificación: *Las notificadas entre 1-15 de cada mes: hasta el día 20 del mes posterior o, si éste no fuera hábil, hasta el inmediato hábil siguiente. *Las notificadas entre 16 y último día de cada mes: hasta el día cinco del segundo mes posterior o, si éste no fuera hábil, hasta el inmediato hábil siguiente.

426 Vid. artículos 5 a 8, de la Ley 29/1987, de 18 de diciembre, del Impuesto sobre Sucesiones y Donaciones y 16 y 79 del Real Decreto 1629/1991, de 8 de noviembre, por el que se aprueba el Reglamento del Impuesto sobre Sucesiones y Donaciones.

427 Vid. artículos 80. 1 del Real Decreto 1629/1991, de 8 de noviembre, por el que se aprueba el Reglamento del Impuesto sobre Sucesiones y Donaciones.

428 Vid. artículo 80. 3 del Real Decreto 1629/1991, de 8 de noviembre, por el que se aprueba el Reglamento del Impuesto sobre Sucesiones y Donaciones.

7. *Aplazamientos y fraccionamientos*

a) Regla general

Sin perjuicio de los supuestos especiales indicados a continuación en el Impuesto de Sucesiones y Donaciones serán aplicables las normas que sobre aplazamiento y fraccionamiento de pago se recoge en el Reglamento General de Recaudación[429].

b) Reglas particulares

a´) Aplazamiento por término de hasta un año[430].

Los órganos competentes para la gestión y liquidación del impuesto podrán acordar el aplazamiento de las liquidaciones giradas por adquisiciones "mortis causa", por término de hasta un año, cuando concurran siguientes condiciones:

— Que se solicite antes de expirar el plazo reglamentario de pago.
— Que no exista inventariado entre los bienes del causante efectivo o bienes de fácil realización suficientes para el abono de las cuotas liquidadas.

La concesión del aplazamiento implicará la obligación de pagar el interés de demora vigente el día que comience su devengo.

b´) Fraccionamiento hasta por cinco anualidades[431].

Los órganos competentes para la gestión y liquidación del impuesto podrán acordar el fraccionamiento de las liquidaciones giradas por adquisiciones "mortis causa", en cinco anualidades como máximo, siempre que concurran las siguientes condiciones:

— Que se solicite antes de expirar el plazo reglamentario de pago.
— Que no exista inventariado entre los bienes del causante efectivo o bienes de fácil realización suficientes para el abono de las cuotas liquidadas.
— Que se acompañe compromiso de constituir garantía suficiente que cubra el importe de la deuda principal e intereses de demora, más un 25 % de la suma de ambas partidas. La concesión definitiva del

[429] Vid. artículo 81 del Real Decreto 1629/1991, de 8 de noviembre, por el que se aprueba el Reglamento del Impuesto sobre Sucesiones y Donaciones, y artículos 44 a 54 del Reglamento General de Recaudación, aprobado por Real Decreto 939/2005, de 29 de julio.

[430] Vid. artículo 82 del Real Decreto 1629/1991, de 8 de noviembre, por el que se aprueba el Reglamento del Impuesto sobre Sucesiones y Donaciones.

[431] Vid. artículo 83 del Real Decreto 1629/1991, de 8 de noviembre, por el que se aprueba el Reglamento del Impuesto sobre Sucesiones y Donaciones.

fraccionamiento quedará subordinada a la constitución de la garantía.

La concesión del fraccionamiento implicará la obligación de pagar el interés de demora vigente el día en que comience su devengo.

c´) Aplazamiento en caso de causahabientes desconocidos[432].

A solicitud de los administradores o poseedores de los bienes hereditarios, los órganos competentes para la gestión y liquidación del impuesto podrán conceder el aplazamiento de las liquidaciones giradas por adquisiciones "mortis causa", hasta que fueren conocidos los causahabientes en una sucesión, siempre que concurran las condiciones siguientes:

— Que se solicite antes de expirar el plazo reglamentario de pago.
— Que no exista inventariado entre los bienes del causante efectivo o bienes de fácil realización suficientes para el abono de las cuotas liquidadas.
— Que se acompañe compromiso de constituir garantía suficiente que cubra el importe de la deuda principal e intereses de demora, más un 25 % de la suma de ambas partidas. La concesión definitiva del aplazamiento quedará subordinada a la constitución de la garantía.

La concesión del aplazamiento implicará obligación de abonar el interés de demora vigente el día en que comience su devengo.

d´) Aplazamiento en caso de transmisión de empresas individuales y de la vivienda habitual[433].

Los órganos competentes para conceder los aplazamientos y fraccionamientos de pago a que se refiere el Reglamento General de Recaudación, y con sujeción al procedimiento y a las condiciones que en él se establecen, en cuanto no sean incompatibles con lo que en este artículo se dispone, podrán aplazar por tres años, a petición del sujeto pasivo, el pago de las liquidaciones giradas como consecuencia de la transmisión por herencia, legado o donación de una empresa individual que ejerza una actividad industrial, comercial, artesanal, agrícola o profesional.

La solicitud deberá presentarse antes de expirar el plazo reglamentario de ingreso, acompañada del compromiso de constituir garantía suficiente que cubra la deuda principal e interés legal, más un 25 % de la suma de ambas partidas.

Vencido el aplazamiento a que se refiere el apartado anterior, podrán acordar, con las mismas condiciones y el cumplimiento de idénticos requisi-

---

[432] Vid. artículo 84 del Real Decreto 1629/1991, de 8 de noviembre, por el que se aprueba el Reglamento del Impuesto sobre Sucesiones y Donaciones.

[433] Vid. artículo 85 del Real Decreto 1629/1991, de 8 de noviembre, por el que se aprueba el Reglamento del Impuesto sobre Sucesiones y Donaciones.

tos, el fraccionamiento de pago en siete plazos semestrales sucesivos, a partir de la notificación de la concesión del fraccionamiento.

La falta de pago de alguno de los pagos fraccionados producirá los efectos establecidos en el Reglamento General de Recaudación para dicho supuesto.

Lo dispuesto en líneas anteriores sobre aplazamiento y fraccionamiento de pago será aplicable a las liquidaciones giradas a consecuencia de la transmisión hereditaria de la vivienda habitual de una persona, siempre que el adquirente de la misma sea el cónyuge, ascendiente, o descendiente de aquél, o bien pariente colateral, mayor de sesenta y cinco años, que hubiese convivido con el causante durante los dos años anteriores a su fallecimiento.

Los aplazamientos y fraccionamientos a que se refieren los números anteriores afectarán a la parte proporcional de la deuda tributaria que corresponda al valor comprobado de la empresa o de la vivienda transmitidas en relación con el total caudal hereditario de cada uno de los causahabientes[434].

e´) Fraccionamiento de la cuota derivada de las cantidades percibidas en forma de renta por contratos de seguro sobre la vida.

En los seguros sobre la vida en los que el causante sea, a su vez, el contratante del seguro individual o el asegurado en el seguro colectivo y cuyo importe se perciba por los beneficiarios en forma de renta, vitalicia o temporal, éstos deberán integrar en la base imponible el valor actual de dicha renta.

El valor actual de dicha renta se acumulará al resto de bienes y derechos que integran la porción hereditaria del beneficiario.

El beneficiario podrá solicitar, durante el plazo previsto en el artículo 67. 1, a) del Reglamento, el fraccionamiento de la parte de la cuota resultante de aplicar sobre el valor actual de la renta, vitalicia o temporal, deducida en su caso la cantidad prevista en el artículo 20. 2, b) de la Ley 29/1987, de 18 de diciembre, del Impuesto sobre Sucesiones y Donaciones, el tipo medio de gravamen.

Se entenderá por tipo medio de gravamen el derivado de multiplicar por cien el cociente resultante de dividir la cuota tributaria total a ingresar por el contribuyente por el valor total de los bienes y derechos que integran su base liquidable. Dicho tipo medio de gravamen se expresará con dos decimales.

La Administración competente para la exacción del impuesto acordará el fraccionamiento en el número de años en que se perciba la renta, si fuera temporal, o en quince años si fuera vitalicia, no exigiéndose la constitución de ningún tipo de caución ni devengándose intereses de demora.

---

[434] Vid. artículo 85. 4, del Real Decreto 1629/1991, de 8 de noviembre, por el que se aprueba el Reglamento del Impuesto sobre Sucesiones y Donaciones.

La Administración competente notificará al contribuyente la resolución de la solicitud en el plazo de tres meses, si transcurrido dicho plazo no se ha notificado resolución expresa, la solicitud se considerará estimada. Sólo podrá desestimarse la solicitud si ésta está incompleta o no cumple con los requisitos fijados en la norma.

El importe del ingreso anual correspondiente al pago fraccionado resultará de dividir la cuota que se fracciona entre el número de años en que se perciba la renta si fuera temporal, o entre quince si fuera vitalicia.

El pago anual fraccionado se ingresará en los plazos que figuren en la resolución de concesión del fraccionamiento, dentro del mes de enero siguiente a la percepción íntegra de cada anualidad de renta.

En el supuesto en que se ejercite el derecho de rescate, la totalidad de los pagos fraccionados pendientes deberán ingresarse durante los treinta días siguientes a tal ejercicio.

En el supuesto en que se produzca la extinción de la renta, sólo resultará exigible el pago fraccionado pendiente que corresponda a la anualidad de renta efectivamente percibida y pendiente de ingreso.

La responsabilidad subsidiaria de las entidades de seguros se extingue en relación con el primer pago fraccionado cuando el beneficiario acredite la obtención, en forma expresa o por silencio, del fraccionamiento regulado en el presente precepto.

El mantenimiento de la extinción de la responsabilidad exige la acreditación por el contribuyente ante la entidad de seguros del ingreso del pago fraccionado correspondiente a cada anualidad de renta.

En el supuesto del ejercicio del derecho de rescate, las entidades de seguros podrán exigir la presentación de certificación expedida por la Administración tributaria sobre el importe del impuesto pendiente de pago, a los efectos de conocer la cuantía de su responsabilidad subsidiaria y, en su caso, poder entregar a los beneficiarios cheque bancario expedido a nombre de la Administración acreedora del impuesto, de acuerdo con lo previsto en el artículo 8. 1, b) de la Ley 29/1987, de 18 de diciembre, del Impuesto sobre Sucesiones y Donaciones[435].

Asimismo, dentro de los supuestos especiales está el referente al aplazamiento y fraccionamiento de las autoliquidaciones.

Señala a este respecto la ley que serán aplicables las normas del Reglamento General de Recaudación para la concesión de aplazamientos y fraccionamientos del pago de autoliquidaciones que los interesados deban satisfacer por el Impuesto sobre Sucesiones y Donaciones.

No obstante, si en el régimen de presentación de documentos correspondiese a las oficinas gestoras la competencia para acordar el aplazamiento y el fraccionamiento de pago y concurren los requisitos establecidos en los

---

[435] Vid. artículo 85 bis, del Real Decreto 1629/1991, de 8 de noviembre, por el que se aprueba el Reglamento del Impuesto sobre Sucesiones y Donaciones, en su redacción dada por Real Decreto 206/2002, de 22 de febrero.

artículos 82, 83 y 84 de este Reglamento, es decir, los fijados para fraccionamientos hasta un año, cinco años o en caso de causahabientes desconocidos, los interesados podrán solicitar de la oficina competente para admitir la autoliquidación, dentro de los cinco primeros meses del plazo establecido, la concesión del beneficio. Si la petición fuese denegada, el plazo para el ingreso se entenderá prorrogado en los días transcurridos desde el de la presentación de la solicitud hasta el de notificación del acuerdo denegatorio, sin perjuicio del abono de los intereses de demora que procedan[436].

APLAZAMIENTO Y FRACCIONAMIENTO

APLAZAMIENTO		FRACCIONAMIENTO	
Tipos	**Supuestos**	**Tipo**	**Supuestos**
Por el plazo de hasta 1 año.	En las transmisiones "mortis causa", cuando se solicite antes del vencimiento del plazo voluntario de pago, con la obligación de abonar el interés de demora. No exista inventariado efectivo o bienes de fácil realización suficientes para el abono de las cuotas liquidadas.	Fraccionamiento en 5 años máximo.	Lo soliciten los sujetos pasivos. Se acompañe compromiso de constitución de garantía suficiente. No exista, en el inventario, efectivo o bienes de fácil realización suficientes para el abono de las cuotas liquidadas.
Hasta que sean conocidos los causahabientes.	En las transmisiones "mortis causa", cuando se solicite antes de expirar el plazo voluntario de pago, con la obligación de abonar el interés de demora. No exista, en el inventario, efectivo o bienes de fácil realización suficientes para el abono de las cuotas liquidadas.	Fraccionamiento en 7 plazos semestrales.	Al vencimiento del aplazamiento especial por plazo de 3 años podrá solicitarse el fraccionamiento del pago de las liquidaciones giradas como consecuencia de la transmisión por herencia, legado o donación de una empresa individual que ejerza una actividad industrial, comercial, artesanal, agrícola o profesional.

[436] Vid. artículos 81 a 90 del Real Decreto 1629/1991, de 8 de noviembre, por el que se aprueba el Reglamento del Impuesto sobre Sucesiones y Donaciones.

Por el plazo de hasta 3 años.	Liquidaciones giradas como consecuencia de la transmisión por herencia, legado o donación de una empresa individual que ejerza una actividad industrial, comercial, artesanal, agrícola o profesional.	Fraccionamiento en 10 plazos semestrales.	Al vencimiento del aplazamiento por plazo de 5 años podrá solicitarse el fraccionamiento de las siguientes liquidaciones.
Por el plazo de hasta 5 años.	Cuando se solicite por el sujeto pasivo antes de finalizar el plazo voluntario de pago, acompañando compromiso de constituir garantía suficiente. En la transmisión "mortis causa" o "inter vivos" de empresa individual, que ejerza una actividad industrial, comercial, artesanal, agrícola o profesional o de participaciones en entidades exentas. La transmisión "mortis causa" de vivienda habitual, cuando el causahabiente sea el cónyuge, ascendiente, descendiente o pariente colateral mayor de 65 años que hubiese convivido con el causante durante los 2 años anteriores al fallecimiento del mismo.	Fraccionamiento en 15 años.	Los seguros sobre la vida en los que el causante sea, a su vez, el contratante del seguro individual o el asegurado en el seguro colectivo y cuyo importe se perciba por los beneficiarios en forma de renta vitalicia.

——	——	Fraccionamiento en el número de años en que se perciba la renta temporal.	Los seguros sobre la vida en los que el causante sea, a su vez, el contratante del seguro individual o el asegurado en el seguro colectivo y cuyo importe se perciba por los beneficiarios en forma de renta temporal.

Fuente: Memento Fiscal, Lefebvre, Impuesto sobre Sucesiones y Donaciones, 2013

8. Obligaciones formales

Podemos establecer a este respecto cinco apartados relativos respectivamente a obligación de presentar declaración o autoliquidación, obligación de comunicación de datos, obligación del deber de información, lugar de presentación de la declaración o de la declaración liquidación y efectos de la no presentación de documentos que contengan actos o contratos sujetos al Impuesto sobre Sucesiones y Donaciones.

A. Obligación de presentar declaración o autoliquidación

Los sujetos pasivos vendrán obligados a presentar una declaración tributaria, comprensiva de los hechos imponibles, en los plazos y en la forma que reglamentariamente se fijen. No obstante lo anterior, podrán optar por presentar una autoliquidación, en cuyo caso deberán practicar las operaciones necesarias para determinar el importe de la deuda tributaria y acompañar el documento o declaración en el que se contenga o se constate el hecho imponible.

Los sujetos pasivos deberán aplicar el régimen de autoliquidación del impuesto con carácter obligatorio en las Comunidades Autónomas en que así se establezca en esta Ley.

Los sujetos pasivos deberán aplicar el régimen de autoliquidación por los hechos imponibles en los que el rendimiento del impuesto se considere producido en el territorio de dichas Comunidades Autónomas en virtud de los puntos de conexión aplicables de acuerdo con lo previsto en la Ley 21/2001, de 27 de diciembre, por la que se regulan las medidas fiscales y administrativas del nuevo sistema de financiación de las Comunidades Autónomas de régimen común y Ciudades con estatuto de Autonomía[437].

---

[437] Vid. artículo 31 de la Ley 29/1987, de 18 de diciembre del Impuesto sobre Sucesiones y Donaciones, en su redacción dada por el artículo 5. 3 de la Ley 62/2003, de 30 de diciembre, de Medidas Fiscales, Administrativas y del Orden Social.

B. Obligación de comunicación de datos

Los órganos judiciales remitirán a los organismos de la Administración tributaria de su respectiva jurisdicción relación mensual de los fallos ejecutoriados o que tengan el carácter de sentencia firme de los que se desprenda la existencia de incrementos de patrimonio gravados por el Impuesto sobre Sucesiones y Donaciones.

Los encargados del Registro Civil remitirán a los mismos organismos, dentro de la primera quincena de cada mes, relación nominal de los fallecidos en el mes anterior y de su domicilio.

Los Notarios están obligados a facilitar los datos que les reclamen los organismos de la Administración tributaria acerca de los actos en que hayan intervenido en el ejercicio de sus funciones, y a expedir gratuitamente, en el plazo de quince días, las copias que aquéllos les pidan de los documentos que autoricen o tengan en su protocolo, salvo cuando se trate de los instrumentos públicos a que se refieren los artículos 34 y 35 de la Ley Orgánica del Notariado de 28 de mayo de 1862, y los relativos a cuestiones matrimoniales, con excepción de los referentes al régimen económico de la sociedad conyugal.

Asimismo, estarán obligados a remitir, dentro de la primera quincena de cada trimestre, relación o índice comprensivo de todos los documentos autorizados en el trimestre anterior que se refieran a actos o contratos que pudieran dar lugar a los incrementos patrimoniales que constituyen el hecho imponible del impuesto. También están obligados a remitir, dentro del mismo plazo, relación de los documentos privados con el contenido indicado que les hayan sido presentados para su conocimiento o legitimación de firmas.

Los cónsules cumplimentarán la obligación impuesta en este apartado remitiendo los índices o relaciones a la Dirección General de Gestión Tributaria del Ministerio de Economía y Hacienda[438].

El incumplimiento de las obligaciones establecidas en los números anteriores se sancionará de acuerdo con lo dispuesto en la Ley General Tributaria[439].

C. Deberes de colaboración

Los órganos judiciales, intermediarios financieros, asociaciones, fundaciones, sociedades, funcionarios, particulares y cualesquiera otras entidades públicas o privadas, no acordarán entregas de bienes a personas distintas de

---

[438] Vid. artículo 32, números 1, 2 y 3 de la ley 29/1987, de 18 de diciembre del Impuesto sobre Sucesiones y Donaciones.

[439] Vid. artículos 32. 7 y 40 de la Ley 29/1987, de 18 de diciembre del Impuesto sobre Sucesiones y Donaciones, en su redacción dada por la Ley 53/2002, de 30 de diciembre y por la Ley 58/2003, de 17 de diciembre, General Tributaria.

su titular sin que se acredite previamente el pago del impuesto o su exención, a menos que la administración lo autorice.

Las entidades de seguros no podrán efectuar la liquidación y pago de los concertados sobre la vida de una persona, a menos que se justifique haber presentado a liquidación la documentación correspondiente o, en su caso, el ingreso de la autoliquidación practicada.

Asimismo, se establece que el incumplimiento de las obligaciones establecidas en los números anteriores se sancionará de acuerdo con lo dispuesto en la Ley General Tributaria.

No obstante, cuando se trate de órganos jurisdiccionales, la autoridad competente del Ministerio de Economía y Hacienda pondrá los hechos en conocimiento del Consejo General del Poder Judicial, por conducto del Ministerio fiscal, a los efectos pertinentes[440].

D. Lugar de presentación de la declaración o de la declaración liquidación

La presentación de los documentos comprensivos o referentes a los hechos imponibles se efectúa:

En los casos de adquisiciones "mortis causa" y adquisiciones "mortis causa" e "inter vivos" conjuntamente con carácter general en la oficina de la residencia habitual del causante.

Si el causante no tenía residencia habitual en España en la Delegación de Hacienda de Madrid, salvo que se opte por la oficina de la residencia habitual de alguno de los causahabientes con residencia habitual en España.

En el adquisiciones "inter vivos" si los bienes transmitidos fuesen inmuebles sitos en España donde radiquen los mismos o los de mayor valor, si fuesen varios.

Si los bienes transmitidos fuesen inmuebles situados fuera de España en la Delegación de Hacienda de Madrid.

Si los bienes transmitidos fuesen de otra naturaleza donde tenga su residencia habitual el adquirente o aquél que adquiera los bienes de mayor valor.

En el caso de los seguros sobre la vida en la oficina correspondiente al territorio donde la entidad aseguradora deba proceder al pago[441].

E. Efectos de la falta de presentación y cierre registral

Los documentos que contengan actos o contratos sujetos al Impuesto sobre Sucesiones y Donaciones no se admitirán ni surtirán efecto en oficinas o registros públicos sin que conste la presentación del documento ante los órga-

---

[440] Vid. artículo 32, números 4 a 7 de la Ley 29/1987, de 18 de diciembre del Impuesto sobre Sucesiones y Donaciones, en su redacción dada por la Ley 53/2002, de 30 de diciembre, de Medidas Fiscales, Administrativas y de Orden Social.

[441] Vid. artículo 70 del Real Decreto 1629/1991, de 8 de noviembre por el que se aprueba el Reglamento del Impuesto sobre Sucesiones y Donaciones.

nos competentes para su liquidación, salvo lo previsto en la legislación hipotecaría o autorización expresa de la Administración. Los Juzgados y Tribunales remitirán a estos órganos copia autorizada de los documentos que admitan en los que no conste la nota de haber sido presentados a liquidación[442].

Los actos que resulten de contratos de los que resulte la existencia de un incremento de patrimonio adquirido a título lucrativo, no se admitirán ni surtirán efecto en oficinas o registros públicos sin que conste en ellos la nota de presentación en la oficina competente para practicar la liquidación o la del ingreso de la correspondiente autoliquidación o la de declaración de exención o no sujeción consignada en ellos por la oficina gestora a la vista de la liquidación presentada, salvo lo previsto en la legislación hipotecaria o autorización expresa de la Administración[443].

Cuando se encontrare pendiente de liquidación, provisional o definitiva, la declaración presentada en la oficina competente y en los casos de autoliquidación, el registrador hará constar, mediante nota al margen de la inscripción, que el bien o derecho transmitido queda afecto al pago de la liquidación que proceda practicar. Cuando exista liquidación provisional o se haya realizado algún ingreso por la autoliquidación se expresará el importe satisfecho[444].

La nota se extenderá de oficio, quedando sin efecto y debiendo ser cancelada cuando se presente la carta de pago de las liquidaciones cuyo pago garantizaba o se justifique fehacientemente de cualquier otra manera el ingreso de las mismas y, en todo caso, transcurridos cinco años desde su fecha[445].

[442] Vid. artículos 33 de la Ley 29/1987, de 18 de diciembre del Impuesto sobre Sucesiones y Donaciones y 99 del Real Decreto 1629/1991, de 8 de noviembre por el que se aprueba el Reglamento del Impuesto sobre Sucesiones y Donaciones.

[443] Vid. artículo 100. 1 del Real Decreto 1629/1991, de 8 de noviembre por el que se aprueba el Reglamento del Impuesto sobre Sucesiones y Donaciones.

[444] Vid. artículo 100. 3 del Real Decreto 1629/1991, de 8 de noviembre por el que se aprueba el Reglamento del Impuesto sobre Sucesiones y Donaciones.

[445] Vid. artículo 100. 4 del Real Decreto 1629/1991, de 8 de noviembre por el que se aprueba el Reglamento del Impuesto sobre Sucesiones y Donaciones.

DEBERES DE INFORMACIÓN Y COLABORACIÓN

Persona o entidad	DEBERES DE INFORMACIÓN Y COLABORACIÓN.
Órganos judiciales	Remisión de relación mensual de los fallos ejecutoriados o que tengan carácter de sentencia firme de los que se desprendan incrementos de patrimonio gravados por el Impuesto.
Funcionarios y encargados del Registro civil	Remisión dentro de la primera quincena de cada mes, una relación nominal de los fallecidos en el mes anterior y de su domicilio.
Notarios y Fedatarios públicos	Remisión trimestral de una relación de documentos privados presentados para su conocimiento o legitimación de firmas que puedan dar lugar a hechos imponibles gravados por el Impuesto. Facilitar datos y copias a reclamación de la Administración. Excepciones: artículo 91. 3 del Reglamento.
Intermediarios financieros	No podrán efectuar liquidación y pago de seguros de vida, salvo que se justifique haber presentado a liquidación la documentación correspondiente o que se haya ingresado, cuando se trate de autoliquidación, salvo en los casos de responsabilidad subsidiaria recogidos en el artículo 8. 1 de la Ley 29/1987 de 18 diciembre.
Funcionarios públicos	No podrán acordar la entrega de bienes a persona distinta de su titular sin que se acredite previamente el pago del Impuesto sobre Sucesiones y Donaciones o su exención, salvo en los casos de responsabilidad subsidiaria recogidos en el artículo 8. 1 de la Ley 29/1987, de 18 de diciembre del Impuesto sobre Sucesiones y Donaciones. Excepcionalmente la Administración podrá autorizar su entrega.
Particulares y cualquier entidad pública o privada.	No podrán acordar la entrega de bienes a persona distinta de su titular sin que se acredite previamente el pago del Impuesto sobre Sucesiones y Donaciones o su exención, salvo en los casos de responsabilidad subsidiaria recogidos en el artículo 8. 1 de la Ley 29/1987, de 18 de diciembre del Impuesto sobre Sucesiones y Donaciones. Excepcionalmente la Administración podrá autorizar su entrega.

9. *Infracciones y sanciones*

Las infracciones tributarias del impuesto regulado en esta ley serán calificadas y sancionadas con arreglo a lo dispuesto en la Ley General Tributaria, sin perjuicio de las especialidades previstas en esta Ley.

El incumplimiento de la obligación a que se refiere el apartado 2 del artículo 18 de la Ley del Impuesto sobre Sucesiones y Donaciones, relativo a la obligación de presentar ante la Administración tributaria el valor real que atribuyan a cada uno de los bienes y derechos incluidos en la declaración del impuesto, se considerará infracción grave y la sanción consistirá en multa pecuniaria fija de 500 euros.

La sanción se graduará incrementando la cuantía resultante en un 100 por 100 si se produce la comisión repetida de infracciones tributarias.

La sanción impuesta de acuerdo con lo previsto en este apartado se reducirá conforme a lo dispuesto en el apartado 3 del artículo 188 de la Ley General Tributaria[446].

2. ÁMBITO AUTONÓMICO

A. RÉGIMEN TRIBUTARIO COMÚN

I. Introducción

De conformidad con el sistema general diseñado, las Comunidades Autónomas han ido pergeñando la aplicación de un sistema propio de financiación, en general, y en particular, de ingresos tributarios sobre la base de los principios y limitaciones establecidos en la Constitución y las normas de desarrollo que constituyen el llamado bloque de constitucionalidad que está constituido por la Constitución, por los Estatutos de Autonomía de cada una de ellas y por la Ley Orgánica de Financiación de las Comunidades Autónomas.

Y sobre la base de estos textos, las distintas Comunidades Autónomas han ido aprobando disposiciones y normas concretas de aplicación y desarrollo.

También, en el marco de su autonomía financiera han legislado en el marco de los tributos cedidos.

Los artículos 157.1, a) de la Constitución Española, y 4. 1, c) de la Ley Orgánica de Financiación de las Comunidades Autónomas contemplan como fuente de ingresos los recursos procedentes de tributos cedidos.

El Impuesto sobre Sucesiones y Donaciones es un impuesto de titularidad estatal que está cedido en su totalidad a las Comunidades Autónomas.

---

[446] Vid. artículo 40 de la Ley 29/1987, de 18 de diciembre del Impuesto sobre Sucesiones y Donaciones, en su redacción dada por la Disposición Final 4ª de la Ley 58/2003, de 17 de diciembre, General Tributaria.

En consecuencia, si la Comunidad Autónoma no establece sus propias reglas en los ámbitos en los que puede ejercer su capacidad normativa, serán aplicables las establecidas para el ámbito estatal.

La cesión de tributos presenta los siguientes aspectos: por un lado, la cesión puede abarcar todos o algunos de los elementos de un tributo, y, por otra, la cesión puede extenderse a conceder ciertas competencias normativas para regular determinados elementos de un tributo; y en tercer lugar, pueden afectar a la totalidad de la recaudación o a una parte.

a) Aspectos generales

El artículo 10. 3 de la Ley Orgánica de Financiación de las Comunidades Autónomas en su redacción dada por la Ley Orgánica 7/2001, de 27 de diciembre, cuya redacción no cambia con la nueva Ley Orgánica 3/2009, de 18 de diciembre, por la que se regula el sistema de financiación nuevo, dice: "La cesión de tributos por el Estado a que se refiere el apartado anterior podrá hacerse total o parcialmente. La cesión será total si se hubiese cedido la recaudación correspondiente a la totalidad de los hechos imponibles contemplados en el tributo de que se trate. La cesión será parcial si se hubiese cedido la de alguno o algunos de los mencionados hechos imponibles, o parte de la recaudación correspondiente a un tributo. En ambos casos, la cesión podrá comprender competencias normativas en los términos que determine la Ley que regule la cesión de tributos".

Esa cesión de tributos ha sido regulada por la Ley 22/2009, de 18 de diciembre, por la que se regula el Sistema de Financiación de las Comunidades Autónomas de Régimen Común y Ciudades con Estatuto de Autonomía y se modifican determinadas normas tributarias.

De dicha regulación podemos ahora extractar del modo señalado en los cuadros siguientes las competencias normativas atribuidas y asumidas por las Comunidades Autónomas:

EVOLUCIÓN DE LA CESIÓN DE TRIBUTOS

Regulación normativa	Tributos efectivamente cedidos Competencias sobre tributos cedidos.
Período 1980-1996 Ley Orgánica 8/1980, de 22 de septiembre Ley 30/1983, de 28 diciembre de Cesión de tributos.	Sobre Patrimonio Neto Impuesto Sucesiones y Donaciones Tasa sobre el juego Impuesto lujo recaudado en destino (suprimido en 1986). Transmisiones Patrimoniales y Actos Jurídicos Documentados (TP. y AJD.), desde 1988.
Período 1997-2001 Ley Orgánica 3/1996-de modificación de la LOFCA. Ley 14/1996, de 30 de diciembre, de Cesión de Tributos.	Sobre Patrimonio Neto Impuesto Sucesiones y Donaciones Tasa sobre el juego TP. y AJD. Cesión parcial del IRPF (30%)* Se otorgan competencias de gestión Se otorgan competencias normativas sobre tipos de gravamen y ciertas deducciones propias en el IRPF autonómico**
Período 2002-2009 Ley Orgánica 7/2001, de 27 de diciembre de modificación de la LOFCA. Ley 21/2001, de 27 de diciembre por la que se regulan las medidas fiscales y administrativas del nuevo sistema de financiación.	Sobre Patrimonio Neto Impuesto Sucesiones y Donaciones Tasa sobre el juego TP. y AJD. Cesión parcial del IRPF (33%) Impuesto de Matriculación Impuesto sobre la Electricidad*** Impuesto ventas minoristas de Hidrocarburos. Cesión parcial del IVA (35%) *** Cesión parcial Impuestos Especiales sobre hidrocarburos, tabaco y alcohol y bebidas derivadas (40%) ***. Se otorgan también las competencias de gestión. Asimismo, se otorgan competencias normativas ampliadas sobre las anteriormente concedidas.

A partir de 2010 Ley Orgánica 3/2009, de 18 de diciembre de modificación de la LOFCA. Ley 22/2009, de 18 de diciembre por la que se regulan las medidas fiscales y administrativas del nuevo sistema de financiación.	Sobre Patrimonio Neto Impuesto Sucesiones y Donaciones Tasa sobre el juego TP. y AJD. Cesión parcial del IRPF (50%) Impuesto de Matriculación Impuesto sobre la Electricidad Impuesto ventas minoristas de Hidrocarburos. Cesión parcial del IVA (50%) Cesión parcial Impuestos Especiales sobre hidrocarburos, tabaco y alcohol y bebidas derivadas (58%) Se mantienen las competencias de gestión. Asimismo, se otorgan competencias normativas ampliadas sobre las anteriormente concedidas.

*La cesión con capacidad normativa alcanzaba sólo el 15%
**En las tasas sobre el juego la capacidad normativa es casi total.
***En estos impuestos no existen competencias de gestión, operando la cesión como mera participación territorializada en la recaudación.
Fuente: Monasterio Escudero, C.: “El Sistema de financiación del Principado de Asturias”, Estatuto de Autonomía del Principado de Asturias. Estudio Sistemático, obra citada, p.747, y actualización propia.

ALCANCE AUTONOMÍA TRIBUTARIA A PARTIR DE 2010
RENDIMIENTO CEDIDO AL 100%

TRIBUTOS	REMDIMIENTO	COMPETENCIAS NORMATIVAS	**COMPETENCIAS DE APLICACIÓN.**
TASAS AFECTAS A SERVICIOS TRASFERIDOS.	**COMUNIDADES AUTÓNOMAS**	COMUNIDADES AUTÓNOMAS.	COMUNIDADES AUTÓNOMAS.
Tributos propios	**COMUNIDADES AUTÓNOMAS**	COMUNIDADES AUTÓNOMAS.	COMUNIDADES AUTÓNOMAS.
Tributos sobre el Juego.	**COMUNIDADES AUTÓNOMAS**	*Compartida*	COMUNIDADES AUTÓNOMAS[447].
ITP. y AJD.	**COMUNIDADES AUTÓNOMAS**	*Compartida*	COMUNIDADES AUTÓNOMAS.
Impuesto S. y D.	**COMUNIDADES AUTÓNOMAS**	*Compartida*	COMUNIDADES AUTÓNOMAS.
I. Patrimonio.	**COMUNIDADES AUTÓNOMAS**	*Compartida*	*COMUNIDADES AUTÓNOMAS. Compartida con la AEAT.*
IEDMT.	**COMUNIDADES AUTÓNOMAS**	*Compartida*	AEAT. "De facto"[448].
IVMDH.	**COMUNIDADES AUTÓNOMAS**	*Compartida*	AEAT. "De facto"
I. Electricidad	**COMUNIDADES AUTÓNOMAS**	Estado	AEAT

RENDIMIENTO COMPARTIDO

IRPF	*Compartido (50% Comunidades Autónomas)*	Compartida	AEAT
IVA	*Compartido (50% Comunidades Autónomas)*	Estado	AEAT
IIEEF	*Compartido (50% Comunidades Autónomas)*	Estado	AEAT

[447] Excepto en Cantabria, donde la gestión sigue realizándola la Agencia Estatal de Administración Tributaria (AEAT).

[448] Respecto al IEDMT (Impuestos Especiales sobre Determinados Medios de Transporte y al IVMDH (Impuesto sobre Ventas Minoristas de Determinados Hidrocarburos), aunque la gestión corresponde a las Comunidades Autónomas, sigue realizándola la AEAT. pues no se ha producido a instancias de las Comunidades Autónomas el traspaso de dicha gestión.

RENDIMIENTO NO CEDIDO

Impuestos sobre el tráfico exterior	Estado/UE	Estado/UE	AEAT
Impuesto sobre Sociedades	Estado	Estado	AEAT
Impuesto Renta No Residentes e Imposición General sobre No Residentes	Estado	Estado	AEAT
Impuesto sobre las primas de seguros	Estado	Estado	AEAT
Impuesto sobre el carbón	Estado	Estado	AEAT
Impuesto sobre el valor de la producción de la energía eléctrica	Estado	Estado	AEAT
Impuesto sobre producción de combustible nuclear gastado y residuos resultantes de generación de energía eléctrica	Estado	Estado	AEAT
Impuesto sobre almacenamiento de combustible nuclear gastado y residuos radioactivos en instalaciones centralizadas	Estado	Estado	AEAT
Impuesto sobre depósito de las entidades bancarias	Estado	Estado	AEAT
Gravamen especial sobre premios de determinadas loterías y apuestas	Estado	Estado	AEAT

* Negrilla: cesión total; cursiva: cesión compartida; blanco, no cursiva: no cesión.

Fuente: Díaz de Sarralde, S., Tránchez, M. y Torrejón, L.:"La capacidad normativa en los tributos cedidos a las Comunidades Autónomas: situación actual y vías de reforma", Análisis Local, nº 65, año 2006, p. 17, y actualización propia.

b) Normativa aplicable

Las Comunidades Autónomas, pues, sobre la base de la normativa vigente, asumen la totalidad de la recaudación del impuesto liquidado en su respectivo territorio y poseen capacidad normativa para regular, a su conveniencia, los siguientes aspectos del impuesto:

Reducciones de la base imponible: las Comunidades Autónomas podrán establecer, tanto para las transmisiones ínter vivos, como para las "mortis causa", las reducciones que consideren convenientes, siempre que respondan a circunstancias de carácter económico o social propias de la Comunidad Autónoma de que se trate.

Asimismo, las Comunidades Autónomas podrán regular las establecidas por la normativa del Estado, manteniéndolas en condiciones análogas a las establecidas por éste o mejorándolas mediante el aumento del importe o del porcentaje de reducción, la ampliación de las personas que puedan acogerse a la misma o la disminución de los requisitos para poder aplicarla.

Cuando las Comunidades Autónomas creen sus propias reducciones, éstas se aplicarán con posterioridad a las establecidas por la normativa del Estado. Si la actividad de la Comunidad Autónoma consistiese en mejorar una reducción estatal, la reducción mejorada sustituirá, en esa Comunidad Autónoma, a la reducción estatal. A estos efectos, las Comunidades Autónomas, al tiempo de regular las reducciones aplicables deberán especificar si la reducción es propia o consiste en una mejora de la del Estado.

También, las Comunidades Autónomas podrán asumir competencias sobre:

— Tarifa del impuesto.
— Cuantías y coeficientes del patrimonio preexistente.
— Deducciones y bonificaciones de la cuota.

Las deducciones y bonificaciones aprobadas por las Comunidades Autónomas resultarán, en todo caso, compatibles con las deducciones y bonificaciones establecidas en la normativa estatal reguladora del impuesto y no podrán suponer una modificación de las mismas.

Estas deducciones y bonificaciones autonómicas se aplicarán con posterioridad a las reguladas por la normativa del Estado.

Las Comunidades Autónomas también podrán regular los aspectos de gestión y liquidación[449].

No obstante, el Estado retendrá la competencia para establecer el régimen de autoliquidación del impuesto con carácter obligatorio en las diferentes Comunidades Autónomas, implantando éste conforme cada Administración autonómica vaya estableciendo un servicio de asistencia al contribuyente para cumplimentar la autoliquidación del impuesto[450].

Todas las Comunidades Autónomas han desarrollado normativamente distintos aspectos de este impuesto.

La normativa básica que regula el Impuesto sobre Sucesiones y Donaciones, tanto estatal como de las Comunidades Autónomas que han legislado sobre ello, así como las otras normas que inciden en la materia, con mayor o menor intensidad, la podemos resumir en la siguiente:

---

[449] Vid. artículo 47 de la Ley 22/2009, de 18 de diciembre, por la que se regula el Sistema de Financiación de las Comunidades Autónomas de Régimen Común y Ciudades con Estatuto de Autonomía y se modifican determinadas normas tributarias.

[450] Vid. artículo 34 de la Ley 29/1987, de 18 de diciembre del Impuesto de Sucesiones y Donaciones en su redacción dada por la Disposición Final Tercera de la Ley 4/2008, de 23 de diciembre por la que se regula la bonificación del 100% de la cuota del Impuesto sobre el Patrimonio, se generaliza el sistema de devolución mensual en el Impuesto sobre el Valor Añadido, y se introducen otras modificaciones en la normativa tributaria.

1. Bloque de constitucionalidad

Está constituido por la Constitución española de 27 de diciembre de 1987, la Ley Orgánica 8/1980, de 22 de septiembre, de Financiación de las Comunidades Autónomas, modificada entre otras por la Ley Orgánica 3/2009, de 18 de diciembre, y por la Ley 22/2009, de 18 de diciembre, por la que se regula el Sistema de Financiación de las Comunidades Autónomas de Régimen Común y Ciudades con Estatuto de Autonomía y se modifican determinadas normas tributarias.

2. Impuesto sobre Sucesiones y Donaciones estatal

Ley 29/1987, de 18 de diciembre, del Impuesto sobre Sucesiones y Donaciones

Real Decreto 1629/1991, de 8 de noviembre, por el que se aprueba el Reglamento del Impuesto sobre Sucesiones y Donaciones.

La Ley 16/2012, de 27 de diciembre, en su Disposición final segunda da nueva redacción al número 7 del artículo 20 de la Ley del Impuesto sobre Sucesiones y Donaciones, estableciendo que se considera que el donatario no vulnera el deber de mantenimiento de lo adquiridos cuando done, de forma pura, simple e irrevocables, los bienes adquiridos con reducción de la base imponible del impuesto al Estado, o a las demás Administraciones públicas territoriales o institucionales. Asimismo, la Disposición final segunda de esta Ley da nueva redacción al número 4 del artículo 34 de la Ley del Impuesto sobre Sucesiones y Donaciones, implantando el régimen obligatorio de autoliquidación en determinadas Comunidades Autónomas.

Resolución 2/1999, de 23 de marzo, de la Dirección General de Tributos, relativa a la aplicación de las reducciones en la base imponible del Impuesto sobre Sucesiones y Donaciones, en materia de vivienda habitual y empresa familiar.

3. Cesión de tributos del Estado a las Comunidades Autónomas de régimen común

Ley 22/2009, de 18 de diciembre, por la que se regula el sistema de financiación de las Comunidades Autónomas de Régimen Común y Ciudades con Estatuto de Autonomía y se modifican determinadas normas tributarias.

4. Disposiciones legales de las Comunidades Autónomas de régimen común:

a) Comunidad Autónoma de Andalucía

Decreto Legislativo 1/2009, de 1 de septiembre, por el que se aprueba el Texto Refundido de las disposiciones dictadas por la Comunidad Autónoma de Andalucía en materia de tributos cedidos, modificado por el Decreto Legislativo 1/2010, de 2 de marzo, por el que se aprueba el Texto Refundido de la Ley General de la Hacienda Pública de la Junta de Andalucía, por el

Decreto-Ley 4/2010, de 6 de julio, de medidas fiscales para la reducción del déficit público y para la sostenibilidad, por la Ley 8/2010, de 14 de julio, de Medidas Tributarias de Reactivación Económica de la Comunidad Autónoma de Andalucía, por la Ley 11/2010, de 3 de diciembre, con efectos desde el 28 de diciembre de 2010, modificado, a su vez, por la Ley 18/2011, de 23 de diciembre, con efectos desde el 1 de enero de 2012.

Ley 2/2014, de 23 de enero, de Medidas Fiscales y Administrativas.

b) Comunidad Autónoma de Aragón

Decreto Legislativo 1/2005, de 26 de septiembre, del Gobierno de Aragón, por el que se aprueba el Texto Refundido de las disposiciones dictadas por la Comunidad Autónoma de Aragón en materia de tributos cedidos, texto modificado, aparte de por otras leyes anteriores, por la Ley 12/2010, de 29 de diciembre, de medidas tributarias, modificado a su vez con efectos a partir de 20 de marzo de 2012 por la Ley 3/2012,de 8 de marzo, que aprueba un nuevo texto actualizado, modificado, a su vez, por la Ley 10/2012, de 27 de diciembre.

Ley 2/2014, de 23 de enero, de Medidas Fiscales y Administrativas.

c) Comunidad Autónoma del Principado de Asturias

— Ley 15/2002, de 27 de diciembre, de acompañamiento a los Presupuestos Generales para 2003.
— Ley 6/2003, de 30 de diciembre, de acompañamiento a los Presupuestos Generales para 2004.
— Ley 6/2004, de 28 de diciembre, de acompañamiento a los Presupuestos Generales para 2005.
— Ley 11/2006, de 27 de diciembre, de Medidas Presupuestarias, Administrativas y Tributarias de Acompañamiento a los Presupuestos Generales para 2007.
— Ley 6/2008, de 30 de diciembre, de Medidas Presupuestarias, Administrativas y Tributarias de acompañamiento a los Presupuestos Generales para 2009.
— Ley 5/2010, de 9 de julio, de medidas urgentes de contención del gasto y en materia tributaria para la reducción del déficit público.
— Ley 3/2012, de 28 de diciembre de Presupuestos Generales para 2013.
— Decreto 121/2013, de 27 de diciembre, por el que se aprueban los coeficientes aplicables al valor catastral para determinar el valor real de determinados inmuebles.

d) Comunidad Autónoma de Cantabria

Decreto Legislativo 62/2008, de 19 de junio, por el que se aprueba el Texto Refundido de la Ley de Medidas Fiscales en materia de Tributos cedidos por el Estado, modificado por la Ley 6/2009, de 28 de diciembre, por la Ley 11/2010, de 27 de diciembre, por la Ley 5/2011, de 29 de diciembre y, finalmente, por la Ley 1/2012, de 12 de enero, por la que se modifica el Texto Refundido de la Ley de Medidas Fiscales en materia de tributos cedidos por el Estado, con efectos desde el 25 de enero de 2012.

Ley 10/2013, de 27 de diciembre de Medidas Fiscales y Administrativas.

e) Comunidad Autónoma de Castilla-La Mancha

Ley 9/2012, de 29 de noviembre, con efectos desde el 1 de enero de 2013, y Ley 8/2013, de 21 de noviembre, de Medidas Tributarias, con efectos a partir de 1 de enero de 2014.

f) Comunidad Autónoma de Castilla y León

— Decreto Legislativo 1/2013, de 12 de septiembre, por el que se aprueba el Texto Refundido de las disposiciones legales de la Comunidad de Castilla y León en materia de tributos propios y cedidos.
— Ley 11/2013, de 23 de diciembre, de Medidas Tributarias y de Reestructuración del Sector Público Autonómico.

g) Comunidad Autónoma de Cataluña

— Ley 19/1998, de 28 de diciembre, sobre situaciones convivenciales de ayuda mutua.
— Ley 25/1998, de 31 de diciembre, de Medidas Administrativas, Fiscales y de Adaptación al Euro.
— Ley 21/2001, de 28 de diciembre, de Medidas Fiscales y Administrativas.
— Ley 31/2002, de 30 de diciembre, de Medidas Fiscales y Administrativas.
— Ley 7/2004, de 16 de julio, de Medidas Fiscales y Administrativas.
— Ley 12/2004, de 27 de diciembre, de Medidas Financieras.
— Ley 21/2005, de 29 de diciembre, de Medidas Financieras.
— Ley 5/2007, de 4 de julio, de Medidas Fiscales y Financieras.
— Ley 16/2008, de 23 de diciembre, de Medidas Fiscales y Financieras.
— Ley 26/2009, de 23 de diciembre, de Medidas Fiscales, Financieras y Administrativas.
— Ley 19/2010, de 7 de junio, de regulación del Impuesto sobre Sucesiones y Donaciones, modificada por la Ley 3/2011, de 8 de junio, por la Ley 7/2011 de 27 de julio y por la Ley 5/2012, de 20 de marzo, de Medidas Fiscales, Financieras y Administrativas y de creación del impuesto sobre las estancias en establecimientos turísticos.

h) Comunidad Autónoma de Extremadura

— Decreto Legislativo 1/2013, de 21 de mayo, por el que se aprueba el Texto Refundido de las disposiciones legales de la Comunidad Autónoma de Extremadura en materia de Tributos Cedidos por el Estado.
— Ley 6/2013, de 13 de diciembre, de medidas tributarias de impulso a la actividad económica.

i) Comunidad Autónoma de Galicia

— Ley 7/2002, de 27 de diciembre, de medidas fiscales y de régimen administrativo.
— Ley 14/2004, de 29 de diciembre, de medidas tributarias y de régimen administrativo.
— Ley 16/2007, de 26 de diciembre, de presupuestos generales de la Comunidad para el año 2008.
— Ley 9/2008, de 28 de julio, de medidas tributarias en relación con el Impuesto sobre Sucesiones y Donaciones.
— Ley 8/2010, de 29 de octubre de medidas tributarias en el Impuesto sobre Transmisiones Patrimoniales y Actos jurídicos Documentados para la reactivación del mercado de viviendas, su rehabilitación y financiación, y otras medidas tributarias.
— Ley 17/2010, de 16 de julio, del régimen de cesión de tributos del Estado a la Comunidad y de fijación del alcance y condiciones de dicha cesión.
— Decreto Legislativo 1/2011, de 28 de julio, por el que se aprueba el Texto Refundido de las disposiciones legales de la Comunidad Autónoma de Galicia en materia de tributos cedidos por el Estado, modificado por la Ley 2/2013, de 27 de febrero, con efectos a partir de 1 de marzo de 2013.
— Ley 9/2013, de 19 de diciembre, del emprendimiento y de la competitividad económica.

j) Comunidad Autónoma de les Illes Balears

— Ley 11/2002, de 23 de diciembre, de Medidas Tributarias y Administrativas.
— Ley 10/2003, de 22 de diciembre, de Medidas Tributarias y Administrativas.
— Ley 8/2004, de 23 de diciembre, de Medidas Tributarias, Administrativas y de Función Pública.
— Ley 22/2006, de 19 de diciembre, de reforma del impuesto sobre sucesiones y donaciones.
— Ley 25/2006, de 27 de diciembre, de medidas tributarias y administrativas.
— Ley 6/2007, de 27 de diciembre, de medidas tributarias y económico-administrativas.
— Decreto Legislativo 1/2008, de 11 de enero, por el que se aprueba el Texto Refundido de la Ley de Evaluación de Impacto Ambiental de Proyectos.
— Ley 1/2009, de 25 de febrero, de medidas tributarias para impulsar la actividad económica en las Illes Balears.
— Ley 9/2009, de 21 de diciembre, de Presupuestos Generales de la Comunidad Autónoma de las Illes Balears para el año 2010.

— Decreto Ley 6/2011, de 2 de diciembre, de Medidas Tributarias Urgentes.
— Decreto Ley 4/2012, de 30 de marzo, de Medidas Tributarias para la Reducción del Déficit de la Comunidad Autónoma de las Illes Balears, con efectos desde 1 de abril de 2012.
— Ley 3/2012, de 30 de abril, de medidas tributarias urgentes, con efectos desde 1 de mayo de 2012 y Ley 12/2012, de 26 de septiembre, de medidas tributarias para la reducción del déficit de la Comunidad Autónoma de las Illes Balears, con efectos desde el 7 de octubre de 2012.

k) Comunidad Autónoma de La Rioja

— Ley 10/2002, de 17 de diciembre, de Medidas Fiscales y Administrativas para 2003, conteniendo normas comunes con el Impuesto sobre Transmisiones Patrimoniales.
— Ley 10/2003, de 19 de diciembre, de Medidas Fiscales y Administrativas para el año 2004.
— Ley 9/2004, de 22 de diciembre, de Medidas Fiscales y Administrativas para el año 2005.
— Ley 13/2005, de 16 de diciembre, de Medidas Fiscales y Administrativas para el año 2006.
— Ley 5/2008, de 23 de diciembre, de Medidas Fiscales y Administrativas para el año 2009.
— Ley 6/2009, de 15 de diciembre, de Medidas Fiscales y Administrativas para el año 2010.
— Ley 10/2010, de 16 de diciembre, de Medidas Fiscales y Administrativas para 2011.
— Ley 7/2011, de 22 de diciembre, de Medidas Fiscales y Administrativas para el año 2012.
— Ley 11/2013, de 21 de octubre, de Hacienda Pública.
— Ley 13/2013, de 23 de diciembre, de Medidas Fiscales y Administrativas para el año 2014.

l) Comunidad de Madrid

— Decreto Legislativo 1/2010, de 21 de octubre, del Consejo de Gobierno, por el que se aprueba el Texto Refundido de las Disposiciones Legales de la Comunidad de Madrid en materia de tributos cedidos por el Estado.
— Ley 9/2010, de 23 de diciembre, de Medidas Fiscales, Administrativas y de Racionalización del Sector Público.

m) Comunidad Autónoma de la Región de Murcia

Decreto Legislativo 1/2010, de 5 de noviembre, por el que se aprueba el Texto Refundido de las Disposiciones Legales vigentes en la Región de Murcia en materia de Tributos Cedidos, modificado por la Ley 7/2011, de 26 de diciembre, de medidas fiscales y de fomento económico de la Región, por la Ley 3/2012, de 24 de mayo, de medidas urgentes para el reequilibrio presupuestario, con efectos desde el 25 de mayo de 2012, y por la Ley 14/2012, de 27 de diciembre, de medidas tributarias, administrativas y de reordenación del sector público regional, con efectos desde el 1 de enero de 2013.

n) Comunitat Valenciana

Ley 13/1997, de 23 de diciembre, en su redacción dada por las Leyes 9/1999, de 13 de diciembre, 9/2001, de 27 de diciembre, 11/2002, de 23 de diciembre, 16/2003, de 17 de diciembre, 12/2004, de 17 de diciembre, 14/2005, de 23 de diciembre, 10/2006, de 26 de diciembre, 14/2007, de 26 de diciembre, 16/2008, de 22 de diciembre y Ley 12/2009, de 23 de diciembre, de Medidas Fiscales, de Gestión Administrativa y Financiera, y de Organización de la Generalitat.

ñ) Canarias

— Ley 9/2006, de 11 de diciembre, Tributaria de la Comunidad Autónoma de Canarias.
— Decreto Legislativo 1/2009, de 21 de abril, por el que se aprueba el Texto Refundido de las disposiciones legales vigentes dictadas por la Comunidad Autónoma de Canarias en materia de tributos cedidos, modificado por la Ley 1/2011 de 21 de enero, y finalmente modificado por la Ley 4/2012, de 25 de junio, con efectos de 1 de julio de 2012.

o) Ceuta y Melilla

Al carecer de potestad legislativa su normativa básica viene determinada por la legislación estatal aplicable.
Asimismo, es de aplicación la Ley 22/2009, de 18 de diciembre, por la que se regula el sistema de financiación de las Comunidades Autónomas de Régimen Común y Ciudades con Estatuto de Autonomía y se modifican determinadas normas tributarias.

5. *Disposiciones legales de las Comunidades Autónomas Forales*

A) Comunidad Foral de Navarra

La normativa básica está constituida por la Ley 25/2003 de 15 de julio, de modificación del Convenio Económico entre el Estado y la Comunidad Foral de Navarra, que actualiza el Convenio Económico entre el Estado y la Comunidad Foral de Navarra, aprobado por Ley 28/1990, de 26 de diciembre.

En cuanto a la normativa del Impuesto sobre Sucesiones y Donaciones se regula por el Decreto Foral Legislativo 250/2002, de 16 de diciembre, por el que se aprueba el Texto Refundido de las disposiciones del Impuesto sobre Sucesiones y Donaciones y por el Decreto foral 16/2004, de 26 de enero, por el que se aprueba el Reglamento del Impuesto sobre Sucesiones y Donaciones.

B) Comunidad Autónoma del País Vasco

La normativa fundamental está constituida por la Ley 12/2002, de 23 de mayo, modificada por la Ley 28/2007, de 25 de octubre, por la que se aprueba el Concierto Económico con la Comunidad Autónoma del País Vasco.

En relación con el Impuesto sobre Sucesiones y Donaciones, su regulación según el Territorio histórico de que se trate, está constituida para:

— Álava, por la Norma Foral 11/2005, de 16 de mayo, del Impuesto de Sucesiones y Donaciones y por el Decreto Foral 74/2006, del Consejo de Diputados, de 29 de noviembre, por el que se aprueba el Reglamento del Impuesto sobre Sucesiones y Donaciones y por la Norma Foral 32/2013, de 27 de noviembre, de modificación de la Norma Foral de Sucesiones y Donaciones.
— Vizcaya, por la Norma Foral 11/2005, de 16 de mayo, del Impuesto de Sucesiones y Donaciones y por el Decreto Foral 74/2006, del Consejo de Diputados, de 29 de noviembre, por el que se aprueba el Reglamento del Impuesto sobre Sucesiones y Donaciones, y por la Norma Foral 10/2013, de 5 de diciembre, de modificación del Texto Refundido de la Norma Foral 2/1989, de 15 de febrero, del Impuesto sobre Sucesiones y Donaciones.
— Guipúzcoa, por la Norma Foral 3/1990, de 11 de enero, del Impuesto sobre Sucesiones y Donaciones, por el Decreto Foral 42/2012, de 22 de octubre, por el que se aprueba el Reglamento sobre Sucesiones y Donaciones, y por la Norma Foral 1/2014, de 17 de enero, de modificación de la Norma Foral 3/1990, de 11 de enero, del Impuesto sobre Sucesiones y Donaciones.

II. Hecho Imponible

El hecho imponible del Impuesto de Sucesiones y Donaciones de todas las Comunidades Autónomas coincide, como es lógico, con el establecido en la legislación estatal del impuesto.

Grava, en suma, las traslaciones lucrativas de dominio, bien por causa de fallecimiento o donación.

Por ello, cuanto se ha dicho en el apartado correspondiente del estudio del impuesto en el ámbito estatal es ahora, aplicable, “mutatis mutandis”, al impuesto en su regulación dada por cada una de las Comunidades Autónomas, a donde remitimos en este punto.

A continuación nos referimos exclusivamente a las singularidades que en este punto presentan las Comunidades de Galicia e Islas Baleares, derivadas de su Derecho civil, en lo relativo a los pactos sucesorios, pues las derivadas del Derecho Foral del País Vasco y de Navarra, las estudiamos al hablar de estas Comunidades, a donde ahora remitimos.

A) Comunidad Autónoma de Galicia

La Ley 2/2006, de 14 de junio de Derecho Civil de Galicia recoge dos géneros de pactos sucesorios: pactos de mejora y apartación.

Los pactos de mejora según el artículo 214 de la citada Ley, son aquéllos por los cuales se conviene a favor de los descendientes la sucesión en bienes concretos, añadiéndose en el artículo 215 que los mismos podrán suponer la entrega o no de presente de los bienes a quienes les afecten, determinando en el primer caso la adquisición de la propiedad por parte del mejorado. Por su parte, en el artículo 224, se dice que por la apartación quien tenga la condición de legitimario si se abriera la sucesión en el momento en que se formaliza el pacto queda excluido de modo irrevocable, por sí y su linaje, de la condición de heredero forzoso en la herencia del apartante, a cambio de los bienes concretos que le sean adjudicados, siendo asimismo posible pactar que el legitimario quede excluido no solo de la condición de heredero forzoso, sino también del llamamiento intestado. La apartación se hará efectiva con la adjudicación al apartado de cualquier bien o derechos.

Estos pactos sucesorios encajan dentro del hecho imponible del Impuesto sobre Sucesiones y Donaciones, fijándose el devengo en el momento de la formalización del contrato, de conformidad con lo establecido en el artículo 24.1 de la Ley 29/1987, de 18 de diciembre, del Impuesto sobre Sucesiones y Donaciones en su redacción dada por la Ley de Acompañamiento 62/2003, de 30 de diciembre. Así, ha sido interpretado por la Sentencia del Tribunal Superior de Justicia de Galicia de 26 de mayo de 2010.

Queda sin resolver la cuestión de la naturaleza jurídica de la adquisición, esto es, si nos encontramos ante adquisiciones "inter vivos" o "mortis causa". En el caso de la apartación el Tribunal Económico regional de Galicia la asimila a una transmisión "inter vivos", mientras la Administración la considera como "mortis causa", inclinándonos nosotros por considerar que estamos una verdadera y propia transmisión "inter vivos" pues no media la muerte de un sujeto y porque la adquisición deriva del acuerdo de voluntades, no de la sucesión. Y lo mismo cabe plantearse en el caso de los pactos de mejora con entrega de presente, donde de nuevo surge la polémica y la controversia, pues, igualmente, por una parte la Dirección General de Tributos los considera como adquisición "inter vivos", mientras que la Administración gallega los configura como adquisición "mortis causa".

B) Comunidad Autónoma de les Illes Balears

El artículo 50 de la Compilación balear recoge la figura del pacto sucesorio "definición" entendiendo como tal aquel acuerdo en virtud del cual los "descendientes, legitimarios y emancipados, pueden renunciar a todos los derechos sucesorios, o únicamente a la legítima que en su día pudiera corresponderles en la sucesión de sus ascendientes, de vecindad mallorquina, en contemplación a alguna donación, atribución o compensación que de éstos reciban o hubieren recibido con anterioridad".

Estaríamos también aquí ante una adquisición "inter vivos", a la que sería aplicable las reglas correspondientes a las mismas.

III. Aspectos subjetivos

También lo mismo que en la legislación estatal, no hay diferencias significativas en cuanto se refiere a los sujetos pasivos.

Únicamente como aspectos personales a destacar hemos de señalar que a efectos del Impuesto sobre Sucesiones y Donaciones las parejas de hecho se equipararán a los cónyuges, las personas objeto de un acogimiento familiar permanente o preadoptivo se equipararán a los adoptados, y las personas que realicen un acogimiento familiar permanente o preadoptivo se equipararán a los adoptantes, remitiendo al respecto a la legislación de cada una de las Comunidades Autónomas.

En cuanto a su alcance, se especifica en cada uno de los apartados de la correspondiente Comunidad Autónoma.

IV. Base imponible

Asimismo, como en el ámbito del impuesto estatal, la base imponible o medida de la riqueza gravada, está constituida por el hecho del incremento patrimonial derivado de la transmisión lucrativa que integra el hecho imponible. Es en suma, el valor neto de la adquisición individual.

En cuanto a los regímenes de determinación son el régimen de estimación directa y cuando no pueda determinarse así, deberá acudirse a la estimación indirecta.

N o hay singularidad significativa, asimismo, en esta cuestión, en relación con la normativa estatal y en cada una de las Comunidades Autónomas, por lo que, debe estarse a lo indicado al respecto, al hablar del impuesto estatal.

V. Base liquidable

Sabemos que es el resultado de aplicar en la Base imponible, las reducciones fijadas por la Ley.

A este respecto, las Comunidades Autónomas han fijado cada una dentro de su jurisdicción, las siguientes:

1. Comunidad Autónoma de Andalucía

Ha establecido las siguientes reducciones:

Reducciones por adquisiciones "mortis causa": aplicables en los casos de beneficiarios de pólizas de seguros de vida, reducción personal por discapacidad, reducción para cónyuges y parientes directos por herencias, y reducción para la adquisición de la vivienda habitual.

Reducciones en adquisiciones "inter vivos": de empresas individuales, negocios profesionales y participaciones en entidades y reducciones por donación de dinero para la adquisición de la primera vivienda habitual.

A los efectos de aplicar las reducciones en la base imponible y los coeficientes multiplicadores regulados en la Ley 29/1987, de 18 de diciembre, del Impuesto sobre Sucesiones y Donaciones, deberán tenerse en cuenta las siguientes equiparaciones:

Las personas unidas de hecho e inscritas en el registro de uniones o parejas de hecho de la Comunidad Autónoma de Andalucía se equipararán a los cónyuges.

Las personas objeto de un acogimiento familiar permanente o preadoptivo. Se entiende por acogimiento familiar permanente o preadoptivo el constituido con arreglo a la Ley 1/1998, de 20 de abril, de los derechos y la atención al menor, y las disposiciones del Código Civil se equipararán a los adoptados.

Las personas que realicen un acogimiento familiar permanente o preadoptivo se equipararán a los adoptantes[451].

A. Reducciones por adquisiciones "mortis causa", incluidas las de los beneficiarios de pólizas de seguros de vida

a) Reducción personal por discapacidad

Respecto a esta reducción personal por discapacidad se establece que el importe de la reducción en la base imponible prevista en la normativa estatal para las adquisiciones "mortis causa", incluidas las de los beneficiarios de pólizas de seguros de vida, consistirá en una cantidad variable, cuya aplicación determine una base liquidable de importe cero, siempre que concurran los siguientes requisitos:

— Que tenga la consideración legal de persona con discapacidad.

— Que su base imponible no sea superior a 250.000 euros[452].

---

[451] Vid. artículo 17 del Decreto Legislativo 1/2009, de 1 de septiembre, por el que se aprueba el Texto Refundido de las disposiciones dictadas por la Comunidad Autónoma de Andalucía en materia de tributos cedidos.

[452] Vid. artículo 20 del Decreto Legislativo 1/2009, de 1 de septiembre, por el que se aprueba el Texto Refundido de las disposiciones dictadas por la Comunidad Autónoma de Andalucía en materia de tributos cedidos, en su redacción dada por la Ley 11/2010, de 3 de diciembre, de medidas fiscales para la reducción del déficit público y para la sostenibilidad.

b) Reducción para cónyuge y parientes directos por herencias

Se establece que sin perjuicio de las reducciones previstas en la normativa estatal, se aplicará una reducción propia para adquisiciones "mortis causa", incluidas las de los beneficiarios de pólizas de seguros de vida, cuando el sujeto pasivo reúna determinados requisitos.

El importe de esta reducción de la base imponible consistirá en una cantidad variable, cuya aplicación determine una base liquidable de importe cero.

Para que el sujeto pasivo pueda beneficiarse de esta reducción es necesario:

— Que esté comprendido en los grupos I (descendientes y adoptados, equiparándose a los adoptados las personas objeto de un acogimiento familiar permanente o preadoptivo, menores de 21 años) y II (descendientes y adoptados de 21 años o más equiparándose a los cónyuges, las personas unidas de hecho e inscritas en el registro de uniones o parejas de hecho de la Comunidad Autónoma, ascendientes, y adoptantes; asimismo, se equipararán a los adoptantes las personas que realicen un acogimiento familiar permanente o preadoptivo).
— Que su base imponible no sea superior a 175.000 euros.
— Que su patrimonio preexistente esté comprendido en el primer tramo de la escala establecida en el artículo 22 de la Ley 29/1987, de 18 de diciembre, de Sucesiones y Donaciones.

El importe de esta reducción de la base imponible consistirá en una cantidad variable, cuya aplicación determine una base liquidable de importe cero.

En los supuestos en que proceda la aplicación del tipo medio efectivo de gravamen, por desmembración de dominio o acumulación de donaciones a la sucesión, el límite de 175.000 euros estará referido al valor íntegro de los bienes que serán objeto de adquisición[453].

c) Reducción por adquisición de vivienda habitual

En las adquisiciones "mortis causa" de la vivienda habitual de la persona fallecida, el porcentaje de reducción del 95% previsto en la normativa estatal, ascenderá al 99,99%, siempre que la vivienda transmitida haya constituido la residencia habitual del adquirente al tiempo del fallecimiento del causante[454].

---

[453] Vid. artículo 19 del Decreto-Legislativo 1/2009, de 1 de septiembre, por el que se aprueba el Texto Refundido de las disposiciones dictadas por la Comunidad Autónoma de Andalucía en materia de tributos cedidos.

[454] Vid. artículo 18 del Decreto-Legislativo 1/2009, de 1 de septiembre, por el que se aprueba el Texto Refundido de las disposiciones dictadas por la Comunidad Autónoma de Andalucía en materia de tributos cedidos.

Para la aplicación de dicho porcentaje se tendrán en cuenta los mismos límites y requisitos establecidos en el artículo 20. 2, c) de la Ley 29/1987, de 18 de diciembre, de Sucesiones y Donaciones.

d) Reducción por adquisición de empresas individuales, negocios profesionales y participaciones en entidades.

A partir del 19 de marzo de 2010, se regula la reducción de la base imponible por adquisición "mortis causa" de empresas individuales, negocios profesionales y participaciones en entidades, con sujeción a los siguientes requisitos[455]:

El requisito de mantenimiento de los bienes adquiridos, queda mejorado reduciendo el mismo de 10 a 5 años para aquellas adquisiciones "mortis causa" que tengan que tributar en el ámbito territorial de la Comunidad Autónoma de Andalucía.

Se establece una mejora en la reducción en la base imponible del Impuesto sobre Sucesiones y Donaciones del 95% al 99% en el supuesto y con los requisitos previstos en el artículo 20 2, c) de la Ley 29/1987, de 18 de diciembre, de Sucesiones y Donaciones, de adquisición "mortis causa" de empresas individuales, de negocios profesionales y de participaciones en entidades con domicilio fiscal, y en su caso social, en el territorio de la Comunidad Autónoma de Andalucía.

El requisito relativo a la domiciliación en Andalucía establecido anteriormente para aplicar el porcentaje de reducción del 99% deberá mantenerse durante los 5 años siguientes al fallecimiento del causante.

Será aplicable esta reducción a cónyuges, descendientes o adoptados, ascendientes o adoptantes y colaterales hasta el tercer grado por consanguinidad y por afinidad, del causante.

e) Reducción por la adquisición de empresas individuales, negocios profesionales y participaciones en entidades por personas sin relación de parentesco con el transmitente.

A partir del 19 de marzo de 2010, con los requisitos y condiciones establecidos en el artículo 20. 2, c) de la Ley 29/1987, de 18 de diciembre del Impuesto sobre Sucesiones y Donaciones, podrán aplicar una mejora de la reducción del 95% al 99% en la base imponible aquellas personas que, sin tener la relación de parentesco con el transmitente, cumplan los siguientes requisitos[456]:

---

[455] Vid. artículo 21. 1 del Decreto-Legislativo 1/2009, de 1 de septiembre, por el que se aprueba el Texto Refundido de las disposiciones dictadas por la Comunidad en materia de tributos cedidos.

[456] Vid. artículo 22, ter, 1 del Decreto-Legislativo 1/2009, de 1 de septiembre, por el que se aprueba el Texto Refundido de las disposiciones dictadas por la Comunidad en materia de tri-

Tener un contrato laboral o de prestación de servicios dentro de la empresa o negocio profesional del transmitente que esté vigente a la fecha del fallecimiento de éste o, en su caso, de la donación, y acreditar una antigüedad mínima de 10 años en la empresa o negocio.

Tener encomendadas tareas de responsabilidad en la gestión o dirección de la empresa o negocio a la fecha del fallecimiento del causante o, en su caso, de la donación, y con una antigüedad mínima en el ejercicio de éstas de 5 años.

Se entenderá que tienen encomendadas estas tareas si acreditan la categoría laboral correspondiente a los grupos 1 y 2 de cotización del Régimen General de la Seguridad Social o si el transmitente les hubiera otorgado un apoderamiento especial para llevar a cabo las actuaciones habituales de gestión de la empresa.

ESQUEMA: REDUCCIONES ADQUISICIONES "MORTIS CAUSA" AUTONÓMICA BASE IMPONIBLE

Por parentesco: mejora por equiparación: Parejas de hecho inscritas en registro. Personas objeto de acogimiento familiar permanente o preadoptivo.
Mejora en la reducción estatal por adquisición de la vivienda habitual: 99,99%.
Reducción para cónyuge y parientes directos cuando el valor de los bienes y derechos no exceda de 175.000 euros.
Mejora en la reducción por adquisición en los casos de personas con discapacidad, cuando esa discapacidad sea superior igual o superior al 33% y la base imponible igual o inferior a 250.000 euros.
Mejora en la reducción estatal por adquisición de bienes y derechos afectos a actividades o explotaciones económicas y participaciones en entidades, cuando los negocios estén situados en Andalucía y permanezcan en el patrimonio al menos cinco años: 99%.
Mejora en la reducción estatal por adquisición de empresas individuales, negocios profesionales y participaciones en entidades, cumpliendo ciertos requisitos: 99%.

B. Reducción por adquisiciones "inter vivos"

a) Reducción de la base imponible por adquisición de empresas individuales, negocios profesionales y participaciones en entidades

A partir del 19 de marzo de 2010 en relación con esta reducción se establece que[457]:

butos cedidos, cuya última redacción se estableció por el apartado Cinco del artículo único de la Ley 8/2010, de 14 de julio, de medidas tributarias de reactivación económica de la Comunidad.

[457] Vid. artículo 21. 2 del Decreto-Legislativo 1/2009, de 1 de septiembre, por el que se aprueba el Texto Refundido de las disposiciones dictadas por la Comunidad en materia de tributos cedidos.

— El requisito en cuanto al donatario de mantener lo adquirido y tener derecho a la exención en el Impuesto sobre el Patrimonio, previsto en el artículo 20. 6, c) de la Ley 29/1987, de 18 de diciembre, de Sucesiones y Donaciones, queda mejorado reduciendo el mismo de 10 a 5 años para aquellas adquisiciones "inter vivos" que tengan que tributar en el ámbito territorial de la Comunidad Autónoma de Andalucía.
— Se establece una mejora en la reducción en la base imponible del Impuesto sobre Sucesiones y Donaciones del 95% al 99% en el supuesto y con los requisitos previstos en el artículo 20. 6, de la Ley 29/1987, de 18 de diciembre, de Sucesiones y Donaciones, de adquisición "inter vivos" de empresas individuales, de negocios profesionales y de participaciones en entidades con domicilio fiscal, y en su caso social, en el territorio de la Comunidad Autónoma de Andalucía.
— El requisito relativo a la domiciliación en Andalucía establecido anteriormente para aplicar el porcentaje de reducción del 99% deberá mantenerse durante los 5 años siguientes a la fecha de la donación.

Será aplicable esta reducción a cónyuges, descendientes o adoptados, ascendientes o adoptantes y colaterales hasta el tercer grado por consanguinidad y por afinidad, del donante.

b) Reducción por donación de dinero a parientes para la constitución o ampliación de una empresa individual o negocio profesional.

A partir del 24 de julio de 2010, los donatarios que perciban dinero de sus ascendientes, adoptantes y de colaterales hasta el tercer grado por consanguinidad o afinidad, para la constitución o ampliación de una empresa individual o de un negocio profesional, se podrán aplicar una reducción del 99% del importe de la base imponible del impuesto, siempre que cumplan los siguientes requisitos[458]:

— Que el importe íntegro de la donación se destine a la constitución o ampliación de una empresa individual o de un negocio profesional.
— Que la empresa individual o el negocio profesional tengan su domicilio social o fiscal en el territorio de la Comunidad Autónoma de Andalucía.
— Que la constitución o ampliación de la empresa individual o del negocio profesional se produzca en el plazo máximo de 6 meses desde la fecha de formalización de la donación.
— Que la donación se formalice en documento público y se haga constar de manera expresa que el dinero donado se destina por parte del donatario exclusivamente a la constitución o ampliación de una empresa individual o negocio profesional.

---

[458] Vid. artículo 22, bis del Decreto-Legislativo 1/2009, de 1 de septiembre, por el que se aprueba el Texto Refundido de las disposiciones dictadas por la Comunidad en materia de tributos cedidos, añadido por el apartado Cuarto del artículo único del Decreto-ley 1/2010, de 9 de marzo, de medidas tributarias de reactivación económica de la Comunidad.

— Que la empresa individual o negocio profesional no tengan por actividad principal la gestión de un patrimonio mobiliario o inmobiliario.
— Que la empresa individual o negocio profesional, constituidos o ampliados como consecuencia de la donación de dinero, se mantengan durante los 5 años siguientes a la fecha de la escritura pública de donación, salvo que el donatario falleciera dentro de ese plazo.

La base máxima de la reducción será de 120.000 euros, con carácter general.

Cuando el donatario tenga la consideración legal de persona con discapacidad, la base máxima de la reducción no podrá exceder de 180.000 euros.

En el caso de dos o más donaciones, provenientes del mismo o de diferentes donantes relacionados por el parentesco establecido anteriormente, la base de la reducción será el resultado de sumar el importe de todas ellas, sin que pueda exceder de los límites anteriormente señalados.

c) Reducción por la adquisición de empresas individuales, negocios profesionales y participaciones en entidades por personas sin relación de parentesco con el transmitente

A partir del 19 de marzo de 2010, con los requisitos y condiciones establecidos en el artículo 20. 6 de la Ley 29/1987, de 18 de diciembre, y en el artículo 21. 2 del Decreto Legislativo 1/2009, de 1 de septiembre, por el que se aprueba el Texto Refundido de las disposiciones dictadas por la Comunidad Autónoma en materia de tributos cedidos, podrán aplicar una mejora de la reducción del 95% al 99% en la base imponible aquellas personas que, sin tener la relación de parentesco con el transmitente, cumplan los requisitos que se establecen en el apartado 3 de este artículo, a la fecha de adquisición, a saber:

Tener un contrato laboral o de prestación de servicios dentro de la empresa o negocio profesional del transmitente que esté vigente a la fecha del fallecimiento de éste o, en su caso, de la donación, y acreditar una antigüedad mínima de 10 años en la empresa o negocio.

Tener encomendadas tareas de responsabilidad en la gestión o dirección de la empresa o negocio a la fecha del fallecimiento del causante o, en su caso, de la donación, y con una antigüedad mínima en el ejercicio de éstas de 5 años.

Se entenderá que tiene encomendadas estas tareas si acredita la categoría laboral correspondiente a los grupos 1 y 2 de cotización del Régimen General de la Seguridad Social o si el transmitente le hubiera otorgado un apoderamiento especial para llevar a cabo las actuaciones habituales de gestión de la empresa[459].

d) Reducción por donación de dinero a descendientes para la adquisición de la primera vivienda habitual.

La donación percibida de ascendientes o adoptantes de cantidades destinadas a la adquisición de su primera vivienda habitual da derecho a la apli-

---

[459] Vid. artículo 22, ter, 2, del Decreto-Legislativo 1/2009, de 1 de septiembre, por el que se aprueba el Texto Refundido de las disposiciones dictadas por la Comunidad en materia de tributos cedidos, cuya última redacción se estableció por el apartado Cinco del artículo único de la Ley 8/2010, de 14 de julio, de medidas tributarias de reactivación económica de la Comunidad.

cación de una reducción del 99% del importe de la base imponible del impuesto, siempre que concurran los siguientes requisitos[460]:

El importe íntegro de la donación debe destinarse a la compra de la primera vivienda habitual, que deberá estar situada en el territorio de la Comunidad Autónoma de Andalucía.

El donatario debe ser menor de 35 años, o tener la consideración legal de persona con discapacidad y su patrimonio preexistente debe estar comprendido en el primer tramo de la escala establecida por el artículo 22 de la Ley 29/1987, de 18 de diciembre, del Impuesto sobre Sucesiones y Donaciones (de 0 a 402.678,11 euros).

La base máxima de la reducción será 120.000 euros, con carácter general, o 180.000 euros cuando el donatario tenga la consideración legal de persona con discapacidad siendo su grado de minusvalía igual o superior al 33%.

En el caso de dos o más donaciones, provenientes del mismo o de diferentes ascendientes, adoptantes o personas equiparadas a éstas, la base de la reducción será el resultado de sumar el importe de todas ellas, sin que pueda exceder de los límites anteriormente señalados.

El donatario debe adquirir la vivienda dentro del periodo de autoliquidación del impuesto correspondiente a la donación, debiendo aportar el documento en que se formalice la compraventa. En este documento deberá hacerse constar la donación recibida y su aplicación al pago del precio de la vivienda habitual.

ESQUEMA: REDUCCIONES ADQUISICIONES “INTER VIVOS” AUTONÓMICA BASE IMPONIBLE

Reducción por la donación de dinero a descendientes para la adquisición de la primera vivienda habitual, incluyendo las cantidades recibidas de los ascendientes o adoptantes con el límite de 120.000 euros, con carácter general y 180.000 euros para personas con discapacidad.
Reducción autonómica por donación a parientes para la constitución o ampliación de una empresa individual o negocio profesional, en las mismas condiciones y requisitos que la reducción anterior.
Mejora en la reducción estatal por adquisición de bienes y derechos afectos a una actividad o explotación económica y participaciones en entidades, cuando los negocios estén situados en Andalucía y permanezcan en el patrimonio al menos cinco años: 99%.
Mejora en la reducción estatal por adquisición de empresas individuales, negocios profesionales y participaciones en entidades, cumpliendo ciertos requisitos iguales que para las sucesiones: 99%.

[460] Vid. artículo 22. 1 del Decreto Legislativo 1/2009, de 1 de septiembre, por el que se aprueba el Texto Refundido de las disposiciones dictadas por la Comunidad en materia de tributos cedidos.

2. Comunidad Autónoma de Aragón

En relación con el Impuesto sobre Sucesiones y Donaciones, la normativa de la Comunidad Autónoma de Aragón presenta las siguientes peculiaridades:

Reducciones por adquisiciones "mortis causa": cónyuge, ascendientes y descendientes, hijos menores, personas con discapacidad, empresa, negocio o participaciones, adquisición de la vivienda habitual de la persona fallecida, fiducia sucesoria, adquisición de empresa individual, negocio profesional o participaciones en entidades por causahabientes distintos del cónyuge o descendientes, creación de empresas y empleo, y con efectos a partir del 1 de enero de 2012 se introduce una bonificación en adquisiciones "mortis causa".

Reducciones por adquisiciones "inter vivos": empresa, negocio o participaciones, reducción en la base imponible a favor del cónyuge y de los hijos del donante, participaciones en entidades por donatarios distintos del cónyuge o descendientes, creación de empresas y empleo y con efectos a partir del 1 de enero de 2012, se introduce una bonificación en adquisiciones lucrativas "inter vivos".

A. *Reducciones por adquisiciones "mortis causa"*

a) Reducción a favor del cónyuge, ascendientes y descendientes[461].

Se establece una reducción propia del 100% de la base imponible correspondiente a su adquisición "mortis causa", incluida la relativa a pólizas de seguros de vida.

Se establecen las siguientes reglas:

- La reducción sólo será aplicable cuando el importe total del resto de reducciones de la base imponible sea inferior a 150.000 euros. A estos efectos, no se computarán las reducciones relativas a los beneficiarios de pólizas de seguros de vida.
- En caso contrario, se aplicará esta reducción en la cuantía correspondiente hasta alcanzar dicho límite.
- El patrimonio preexistente del contribuyente no podrá exceder de 402.678,11 euros.
- La reducción tiene el carácter de propia[462].

---

[461] Vid. artículo 131. 5 del Decreto-Legislativo 1/2005 de 26 de septiembre de 2005, por el que se aprueba el Texto Refundido de las disposiciones dictadas por la Comunidad Autónoma de Aragón en materia de tributos cedidos, en su redacción dada por el artículo 3. 3 de la Ley 11/2008, de 29 de diciembre de medidas tributarias de la Comunidad.

[462] Vid. artículo 131.5, letra d) del Decreto Legislativo 1/2005 de 26 de septiembre de 2005, por el que se aprueba el Texto Refundido de las disposiciones dictadas por la Comunidad Autónoma de Aragón en materia de tributos cedidos, en su redacción dada por el número 1 del artículo 7 de la Ley autonómica 12/2010, de 29 de diciembre, de Medidas Tributarias de la Comunidad.

Se establecen dos supuestos más para poder beneficiarse de esta reducción[463]:

En el caso de que el fallecido tuviera hijos menores de edad, en la reducción que corresponde al cónyuge, los límites establecidos anteriormente de 150.000 euros, se incrementarán en otros 150.000 euros por cada hijo menor que conviva con el citado cónyuge.

Los nietos del causante podrán gozar de la reducción aquí prevista cuando hubiera premuerto su progenitor y éste fuera hijo del causante.

Esta reducción no podrá aplicarse cuando, en los 5 años anteriores a la fecha del devengo del impuesto, el contribuyente se hubiera practicado la reducción prevista en el artículo 132. 2, y siempre que la condición de donante y causante coincidan en la misma persona, salvo que aquélla hubiera sido por importe inferior a 150.000 euros, en cuyo caso podrá aplicarse como reducción por el concepto "sucesiones" la diferencia entre la reducción aplicada por el concepto "donaciones" y la reducción que le corresponda conforme a lo previsto.

Con efectos a partir del 1 de enero de 2012, se establece que esta reducción será incompatible con la bonificación por adquisiciones "mortis causa" regulada en el artículo 131. 8 del Decreto Legislativo 1/2005 de 26 de septiembre de 2005, por el que se aprueba el Texto Refundido de las disposiciones dictadas por la Comunidad Autónoma de Aragón en materia de tributos cedidos.

b) Reducción por hijos menores de edad[464]

Reducción del 100% del valor de la base imponible en relación con las adquisiciones hereditarias que correspondan a los hijos del causante menores de edad, con el límite de 3.000.000 de euros.

Esta reducción será incompatible con la bonificación por adquisiciones "mortis causa" del artículo 131. 8 del Decreto Legislativo 1/2005 de 26 de septiembre de 2005, por el que se aprueba el Texto Refundido de las disposiciones dictadas por la Comunidad Autónoma de Aragón en materia de tributos cedidos[465].

c) Reducción para personas con discapacidad[466]

La misma reducción del 100% del valor de la base imponible se aplicará en las adquisiciones hereditarias que correspondan a los personas con un

---

[463] Vid. artículo 131. 5 del Decreto Legislativo 1/2005 de 26 de septiembre de 2005, por el que se aprueba el Texto Refundido de las disposiciones dictadas por la Comunidad Autónoma de Aragón en materia de tributos cedidos.

[464] Vid. artículo 131. 1 de la Ley 11/2008 de 29 de diciembre, de Medidas Tributarias de la Comunidad Autónoma.

[465] Esta incompatibilidad ha sido establecida por el número 1, del artículo 12, de la Ley autonómica 3/2012, de 8 de marzo, de Medidas Fiscales y Administrativas de la Comunidad.

[466] Vid. artículo 131. 2 del Decreto Legislativo 1/2005 de 26 de septiembre de 2005, por el que se aprueba el Texto Refundido de las disposiciones dictadas por la Comunidad Autónoma de Aragón en materia de tributos cedidos.

grado de discapacidad igual o superior al 65%, conforme al baremo a que se refiere el artículo 148 del Real Decreto Legislativo 1/1994, de 20 de junio, por el que se aprueba el Texto Refundido de la Ley General de la Seguridad Social.

d) Reducción por adquisición de empresa, negocio o participaciones[467]

El cónyuge o descendientes del causante que adquieran "mortis causa" cualquier derecho sobre una empresa individual, negocio profesional o participaciones en entidades, se aplicarán una reducción del 97% (el porcentaje para el año 2010 será el 98% y para el 2011 el 99%), según el artículo 3. 2 de la Ley 11/2008 de 29 de diciembre, de Medidas Tributarias de la Comunidad Autónoma, sobre el valor neto que, incluido en la base imponible, corresponda, proporcionalmente, al valor de los citados bienes. Cuando no existan descendientes, la reducción podrá ser aplicada por ascendientes y colaterales hasta el tercer grado.

Se establecen las siguientes reglas:

— En el caso de empresa individual o negocio profesional, los bienes deberán haber estado exentos del Impuesto sobre el Patrimonio, en alguno de los dos años naturales anteriores al fallecimiento.
— La reducción estará condicionada a que se mantenga durante los 5 años siguientes al fallecimiento, salvo que el adquirente falleciese dentro de ese plazo, la afectación a una actividad económica de cualquiera de los causahabientes beneficiados. No se perderá el derecho si la empresa o negocio adquirido se aportan a una sociedad y las participaciones recibidas cumplen los requisitos de la exención.
— En el supuesto de las participaciones en entidades deberán cumplirse los requisitos de la exención en el Impuesto sobre el Patrimonio, en la fecha de fallecimiento[468].
— No obstante, el porcentaje de participación exigido del 20% en el capital de la entidad se computará conjuntamente con el cónyuge, ascendientes, descendientes o colaterales de hasta cuarto grado del fallecido, siempre que se trate de entidades cuya actividad económica, dirección y control radiquen en la Comunidad Autónoma de Aragón.
— La adquisición deberá mantenerse durante el plazo de 5 años conforme a los requisitos previstos en la normativa estatal.
— En el caso de que como consecuencia de una operación societaria de fusión, escisión, canje de valores, aportación no dineraria, o simi-

[467] Vid. artículo 131. 3, 2 y 4, del Decreto Legislativo 1/2005 de 26 de septiembre de 2005, por el que se aprueba el Texto Refundido de las disposiciones dictadas por la Comunidad Autónoma de Aragón en materia de tributos cedidos, en su redacción dada por la Ley 11/2008 de 29 de diciembre, de Medidas Tributarias de la Comunidad Autónoma.

[468] Vid. artículo 4. 8. 2, c) de la Ley 19/1991, de 6 de junio, del Impuesto sobre el Patrimonio Neto de las Personas Físicas.

lares, no se mantuvieran las participaciones recibidas, no se perderá el derecho a la reducción, excepto si la actividad económica, su dirección y control, dejaran de estar radicados en Aragón[469].

e) Reducción por adquisición de la vivienda habitual de la persona fallecida[470]

En la adquisición "mortis causa" de la vivienda habitual de la persona fallecida, siempre que los causahabientes sean cónyuge, ascendientes o descendientes de aquél, o bien pariente colateral mayor de 65 años que hubiese convivido con el causante durante los dos años anteriores al fallecimiento, se aplicará una reducción del 97% (el porcentaje para el año 2010 será el 98% y para el 2011 el 99%), según el artículo 3. 2 de la Ley 11/2008, de 29 de diciembre, de Medidas Tributarias de la Comunidad Autónoma de Aragón, sobre el valor neto que, incluido en la base imponible, corresponda, proporcionalmente, al valor de la citada vivienda.

El límite establecido en el artículo 20. 2, c) de la Ley 29/1987, de 18 de diciembre, del Impuesto sobre Sucesiones y Donaciones, se eleva, en el ámbito de la Comunidad Autónoma de Aragón, a la cantidad de 125.000 euros.

La reducción estará condicionada a que la adquisición se mantenga durante los 5 años siguientes al fallecimiento del mismo, salvo que el adquirente falleciese dentro de ese plazo.

f) Fiducia sucesoria

Los beneficios fiscales relativos a adquisiciones sucesorias, que estén previstos en la normativa general o en el ordenamiento jurídico aragonés, se aplicarán en la liquidación a cuenta que se practique por la fiducia sucesoria[471] regulada en el Libro Tercero, Título IV, del Código del Derecho Foral

---

[469] Vid. artículo 131. 3. 4, b), párrafo segundo del Decreto Legislativo 1/2005 de 26 de septiembre de 2005, por el que se aprueba el Texto Refundido de las disposiciones dictadas por la Comunidad Autónoma de Aragón en materia de tributos cedidos, según redacción dada por el artículo 3. 1 de la Ley autonómica 11/2008, de 29 de diciembre, de Medidas Tributarias de la Comunidad.

[470] Vid. artículo 131. 3. 3 y 4 c) del Decreto Legislativo 1/2005 de 26 de septiembre de 2005, por el que se aprueba el Texto Refundido de las disposiciones dictadas por la Comunidad Autónoma de Aragón en materia de tributos cedidos, según redacción dada por la Ley autonómica 11/2008, de 29 de diciembre, de Medidas Tributarias de la Comunidad.

[471] Se entiende por fiducia sucesoria la institución que permite al causante ordenar su sucesión a través de tercero. El causante (comitente) puede nombrar en testamento o en escritura pública a una o varias personas (fiduciarios) para que, después de la muerte del causante, ordenen su sucesión. Se trata de una manifestación más de la amplia libertad de que goza el causante para ordenar su sucesión, y así aparece contemplada en el artículo 3 de la Ley Sucesoria Aragonesa: "El causante goza de la más amplia libertad para ordenar su sucesión por pacto, por testamento individual o mancomunado, o por medio de uno o más fiduciarios, sin más límites que el respeto a la legítima y los generales del principio standum est chartae".

de Aragón[472], sin perjuicio de que la delación de la herencia se produzca en el momento de ejecución de la fiducia o de su extinción, de acuerdo con lo previsto en dicha norma[473].

En concreto, lo dispuesto en el apartado anterior procederá en los siguientes casos:

La reducción por la adquisición de la vivienda habitual del causante se aplicará a todo sujeto pasivo que, cumpliendo el resto de requisitos establecidos, tuviera con el causante el parentesco exigido en la normativa del impuesto.

La reducción por la adquisición de la empresa individual o del negocio profesional procederá cuando, al menos, uno de los sujetos pasivos continúe la actividad que realizaba el causante.

En tal caso, la reducción beneficiará a todos los sujetos pasivos que tuvieran el parentesco exigido por la norma.

La reducción por la adquisición de determinadas participaciones en entidades se aplicará a todo sujeto pasivo que, cumpliendo el resto de requisitos establecidos, tuviera con el causante el parentesco exigido en la normativa del impuesto.

La definitiva procedencia de las reducciones aplicadas provisionalmente quedará condicionada a que el bien objeto del beneficio forme parte del caudal relicto una vez liquidada la comunidad conyugal y a que, en la ejecución fiduciaria, y conforme al principio de igualdad en la partición, dicho bien se atribuya a quien tenga derecho a la reducción.

La reducción prevista en el artículo 9 de la Ley 19/1995, de 4 de julio, de Modernización de las Explotaciones Agrarias se aplicará en los casos de herencia pendiente de ejecución fiduciaria, conforme a las siguientes condiciones[474]:

Se entenderá cumplido el requisito de adquisición de los bienes por parte del titular de una explotación agraria prioritaria o por quien alcance esa consideración cuando, siendo sujeto pasivo por la liquidación a cuenta, la empresa agraria del causante quede afecta a la que ya se tenía, sin perder ésta la condición de prioritaria, o sea explotada por uno o varios de los sujetos pasivos que alcancen tal condición, sin que se requiera en ninguno de los dos casos la adquisición dominical de tal empresa.

---

[472] El Decreto Legislativo autonómico 1/2011, de 22 de marzo, aprueba con el título Código de Derecho Foral de Aragón, el Texto Refundido de las leyes civiles aragonesas.

[473] Vid. artículo 131. 4 del Decreto Legislativo 1/2005 de 26 de septiembre de 2005, por el que se aprueba el Texto Refundido de las disposiciones dictadas por la Comunidad Autónoma de Aragón en materia de tributos cedidos, en su redacción dada por el artículo 3, de la Ley autonómica 10/2012, de 27 de diciembre, de Medidas Fiscales y Administrativas de la Comunidad Autónoma.

[474] Vid. artículo 131. 5 del Decreto Legislativo 1/2005 de 26 de septiembre de 2005, por el que se aprueba el Texto Refundido de las disposiciones dictadas por la Comunidad Autónoma de Aragón en materia de tributos cedidos, en su redacción dada por el artículo 3, de la Ley autonómica 10/2012, de 27 de diciembre, de Medidas Fiscales y Administrativas de la Comunidad Autónoma.

La empresa así recibida deberá mantenerse durante el plazo de 5 años. Si en ese plazo los bienes integrantes de la empresa se enajenaran, cedieran o arrendaran, deberá pagarse la parte del impuesto que se hubiera dejado de ingresar, como consecuencia de la reducción practicada, y los intereses de demora en el plazo de un mes desde la fecha de la enajenación, cesión o arriendo.

La reducción prevista en el artículo 11 de la Ley 19/1995, de 4 de julio, de Modernización de las Explotaciones Agrarias, se aplicará en los casos de herencia pendiente de ejecución fiduciaria conforme a las condiciones previstas en el apartado anterior.

La definitiva procedencia de las reducciones aplicadas provisionalmente según lo dispuesto en líneas anteriores quedará condicionada a que el bien objeto del beneficio forme parte del caudal relicto una vez liquidada la comunidad conyugal y a que, en la ejecución fiduciaria, dicho bien se atribuya a quien se aplicó provisionalmente la reducción.

Si el bien en cuestión se atribuyera a otro sujeto pasivo con derecho al beneficio fiscal, la liquidación correspondiente a tal ejecución fiduciaria incluirá la reducción[475].

g) Adquisición de empresa individual, negocio profesional o participaciones en entidades por causahabientes distintos del cónyuge o descendientes[476]

A partir del 1 de enero de 2012, en la adquisición "mortis causa" de cualquier derecho sobre una empresa individual, negocio profesional o participaciones en entidades por los causahabientes distintos del cónyuge o los descendientes, se aplicará una reducción del 30% sobre el valor neto que, incluido en la base imponible, corresponda, proporcionalmente, al valor de los citados bienes.

Además, deberán concurrir los siguientes requisitos:

- Que la empresa individual, negocio profesional o entidad desarrolle una actividad económica, sin que pueda tener como actividad principal la gestión de un patrimonio mobiliario o inmobiliario, en ninguno de los 3 años anteriores a la adquisición.
- Que para la ordenación de la actividad económica se utilice, al menos, a un trabajador empleado con contrato laboral y a jornada completa.
- Que se mantenga la plantilla media. A estos efectos, se computará en la plantilla media a los trabajadores sujetos a la normativa laboral, cualquiera que sea su relación contractual, considerando la jornada

---

[475] Vid. artículo 131. 5 y 6 del Decreto Legislativo 1/2005 de 26 de septiembre de 2005, por el que se aprueba el Texto Refundido de las disposiciones dictadas por la Comunidad Autónoma de Aragón en materia de tributos cedidos, en su redacción dada por el artículo 3, de la Ley autonómica 10/2012, de 27 de diciembre, de Medidas Fiscales y Administrativas de la Comunidad Autónoma.

[476] Vid. artículo 131. 6 del Decreto Legislativo 1/2005 de 26 de septiembre de 2005, por el que se aprueba el Texto Refundido de las disposiciones dictadas por la Comunidad Autónoma de Aragón en materia de tributos cedidos, según redacción dada por el número 1, del artículo 2, de la Ley autonómica 3/2012, de 8 de marzo, de Medidas Fiscales y Administrativas de la Comunidad.

contratada en relación con la jornada completa y, cuando aquella fuera inferior a ésta, se calculará la equivalencia en horas de trabajadores respecto al año anterior a la adquisición, en términos de personas/año regulados en la normativa laboral, durante un período de 5 años.

En el supuesto en que, con posterioridad a la aplicación de la reducción del 30%, no se cumplieran los requisitos, el obligado tributario deberá presentar una autoliquidación complementaria por el importe de las cantidades no ingresadas, junto con sus correspondientes intereses de demora, en el plazo de un mes a contar desde el día en que se produzca el incumplimiento.

h) Creación de empresas y empleo[477]

A partir del 1 de enero de 2012, las adquisiciones "mortis causa" de dinero que se destinen en el plazo de 18 meses a la creación de una empresa, sea individual, negocio profesional o entidad societaria, tendrán una reducción de la base imponible del 30% cuando cumplan los siguientes requisitos:

La empresa creada deberá desarrollar una actividad económica, sin que pueda tener como actividad principal la gestión de un patrimonio mobiliario o inmobiliario.

La empresa creada deberá emplear a un trabajador con contrato laboral y a jornada completa distinto del contribuyente al que se aplique la reducción.

En el plazo de 18 meses desde el devengo del impuesto, se deberá destinar el dinero adquirido a la creación de la empresa y se deberá cumplir el requisito de creación de empleo.

Durante 5 años desde su creación, deberá mantenerse la actividad económica, los puestos de trabajo y el nivel de inversión que se tome como base de la reducción.

La base de la reducción será el dinero que, adquirido "mortis causa", sea efectivamente invertido en la creación de la empresa[478].

La reducción se la aplicará íntegra y exclusivamente el causahabiente que emplee el dinero adjudicado en la partición a los fines previsto.

La reducción deberá aplicarse en el período voluntario de declaración. En el supuesto de que con posterioridad no se cumplieran los requisitos de mantenimiento anteriores, deberá presentarse una autoliquidación complementaria por el importe de las cantidades dejadas de ingresar junto con los

---

[477] Vid. artículo 131. 7, del Decreto Legislativo 1/2005 de 26 de septiembre de 2005, por el que se aprueba el Texto Refundido de las disposiciones dictadas por la Comunidad Autónoma de Aragón en materia de tributos cedidos, según redacción dada por el número 2, del artículo 3, de la Ley autonómica 10/2012, de 27 de diciembre, de Medidas Fiscales y Administrativas de la Comunidad.

[478] Vid. artículo 131. 7, del Decreto Legislativo 1/2005 de 26 de septiembre de 2005, por el que se aprueba el Texto Refundido de las disposiciones dictadas por la Comunidad Autónoma de Aragón en materia de tributos cedidos, según redacción dada por el número 3, del artículo 3, de la Ley autonómica 10/2012, de 27 de diciembre, de Medidas Fiscales y Administrativas de la Comunidad.

correspondientes intereses de demora, en el plazo de un mes a contar desde el día en que se produzca el incumplimiento.

Esta reducción será incompatible con la regulada en el artículo 131. 5 y con la bonificación del artículo 131. 8 del Decreto Legislativo 1/2005 de 26 de septiembre de 2005, por el que se aprueba el Texto Refundido de las disposiciones dictadas por la Comunidad Autónoma de Aragón en materia de tributos cedidos.

ESQUEMA: REDUCCIONES ADQUISICIONES "MORTIS CAUSA" AUTONÓMICA BASE IMPONIBLE

Por adquisiciones por hijos menores de edad, teniendo como límite tres millones de euros: 100%.
Por adquisiciones por el cónyuge y de los ascendientes y descendientes, con el límite, junto con otras que le sean aplicables de 150.000 euros, ascendiendo este límite a 175.000 euros en el caso de que el heredero sea discapacitado entre el 33% y el 65%. Además, para tener derecho a este beneficio el patrimonio preexistente no puede ser superior a 402.678,11 euros: 100%.
Por discapacidad igual o superior al 65%: 100%.
Reducción por adquisición de cualquier derecho sobre una empresa individual, negocio profesional, y adquisición de participaciones en entidades, incluso en el caso de descendientes o cónyuge. En el caso de que no haya descendientes, se podrá aplicar este beneficio a los ascendientes y colaterales hasta tercer grado, con la exigencia, en todos los supuestos, de la permanencia de los bienes en el patrimonio de cinco años: 99%.
Por adquisición de la vivienda habitual por el cónyuge, ascendientes y descendientes y colaterales mayores de 65 años que hubiesen convivido con el fallecido durante los dos años anteriores, con el límite de 125.000 euros y mantenimiento de cinco años: 99%.
Creación de empresas y empleo, con mantenimiento durante cinco años: 30% reducción del valor del bien que sea invertido.

B. Reducciones por adquisiciones "inter vivos"

a) Reducción por adquisición de empresas individuales, negocios profesionales[479] o participaciones en entidades[480]

[479] Vid. artículo 132. 1, del Decreto Legislativo 1/2005 de 26 de septiembre de 2005, por el que se aprueba el Texto Refundido de las disposiciones dictadas por la Comunidad Autónoma de Aragón en materia de tributos cedidos, según redacción dada por el número 2, del artículo 3, de la Ley autonómica 8/2007, de 29 de diciembre, de Medidas Tributarias de la comunidad y por el número 2 del artículo 7 de la Ley autonómica 12/2010, de 29 de diciembre, de Medidas Tributarias de la Comunidad.

[480] Vid. artículo 132. 3, del Decreto Legislativo 1/2005 de 26 de septiembre de 2005, por el que se aprueba el Texto Refundido de las disposiciones dictadas por la Comunidad Autónoma de Aragón en materia de tributos cedidos, según redacción dada por el artículo 4. 2, de la Ley

El cónyuge, descendientes o adoptados del causante que adquieran "inter vivos" una empresa individual, negocio profesional o participaciones en entidades se aplicarán una reducción del 96% sobre el valor neto que, incluido en la base imponible, corresponda, proporcionalmente, al valor de los citados bienes o derechos.

Esta reducción es incompatible para los mismos bienes o derechos adquiridos, con la aplicación de la reducción estatal. La opción por la aplicación del régimen de reducciones estatal o el propio de la Comunidad Autónoma de Aragón deberá ejercerse expresamente en el período voluntario de declaración o autoliquidación por este impuesto. La no consignación de ninguna de dichas opciones se entenderá como una renuncia a la aplicación de cualquier tipo reducción por las correspondientes adquisiciones, por no cumplir la totalidad de requisitos establecidos o no asumir los compromisos a cargo del adquirente.

Se establecen las siguientes reglas:

En el caso de empresa individual o negocio profesional, los bienes deberán haber estado exentos del Impuesto sobre el Patrimonio, en alguno de los dos años anteriores a la donación[481].

En el caso de las participaciones en entidades, éstas deberán cumplir los requisitos de la exención del Impuesto sobre el Patrimonio en el momento de la donación y tratarse de entidades de reducida dimensión.

No obstante el porcentaje de participación exigido del 20% en el capital de la entidad se computará conjuntamente con el cónyuge, ascendientes, descendientes o colaterales de hasta cuarto grado del donante o donatario.

Que la actividad económica, dirección y control de la empresa individual, negocio profesional o entidad a la que correspondan las participaciones transmitidas radiquen en el territorio de la Comunidad Autónoma de Aragón en el momento de la donación y en los 10 años posteriores.

Es necesario que el donante tenga 65 años o más o se encuentre en situación de incapacidad permanente, en grado de absoluta o gran invalidez.

Si el donante ejerciera funciones de dirección, dejara de ejercer y de percibir remuneraciones por el ejercicio de dichas funciones desde el momento de la transmisión. A estos efectos, no se entenderá comprendida entre las funciones de dirección la mera pertenencia al Consejo de Administración de la sociedad.

Se requiere que el adquirente mantenga lo adquirido y tenga derecho a la exención en el Impuesto sobre el Patrimonio durante los 10 años siguientes a la escritura pública de donación, salvo que falleciera dentro de dicho plazo.

En caso de no cumplirse los requisitos de permanencia de la adquisición o de mantenimiento de la ubicación de la actividad, su dirección y control,

---

autonómica 11/2008, de 29 de diciembre, de Medidas Tributarias de la Comunidad, y por el artículo 7. 4 de la Ley autonómica 12/2010, de 29 de diciembre, de Medidas Tributarias de la Comunidad.

[481] Vid. artículo 4. 8. 1, de la Ley 19/1991, de 6 de junio, del Impuesto sobre el Patrimonio Neto de las Personas Físicas.

o del derecho a la exención en el Impuesto sobre el Patrimonio señalados anteriormente o, en su caso, los requisitos de mantenimiento y permanencia que se establecen en el artículo 20 de la Ley 29/1987, de 18 de diciembre, del Impuesto sobre Sucesiones y Donaciones, deberá pagarse la parte del impuesto dejada de ingresar a consecuencia de la reducción practicada y los correspondientes intereses de demora.

A estos efectos, deberá comunicarse tal circunstancia a la oficina gestora competente en el plazo de los 30 días hábiles siguientes a la fecha en que tenga lugar el incumplimiento.

b) Reducción a favor del cónyuge y de los hijos del donante[482]

Las donaciones a favor del cónyuge y de los hijos otorgarán al donatario el derecho a la aplicación de una reducción del 100% de la base imponible del impuesto, conforme al siguiente régimen:

El importe de esta reducción, haya una o varias donaciones, de uno o varios donantes, sumado al de las restantes reducciones aplicadas por el contribuyente por el concepto "donaciones" en los últimos 5 años, no podrá exceder de 300.000 euros. En caso contrario, se aplicará esta reducción en la cuantía correspondiente hasta alcanzar dicho límite.

El patrimonio preexistente del contribuyente no podrá exceder de 402.678,11 euros.

Tanto donante como donatario deberán tener su residencia habitual en la Comunidad Autónoma de Aragón.

La donación deberá formalizarse en escritura pública, debiendo presentarse, dentro del plazo para el pago del impuesto en período voluntario, copia simple de la misma junto a la correspondiente autoliquidación en la que se aplique el citado beneficio[483].

Cuando la donación se efectúe como consecuencia de un proceso de separación o divorcio, no será necesaria su formalización en escritura pública, siempre que conste en el convenio regulador aprobado judicialmente, que deberá presentarse junto a la correspondiente autoliquidación.

En los contratos de seguros sobre la vida, en los que el titular efectúa aportaciones a favor del cónyuge o de los hijos, será suficiente la presentación de la póliza o documento contractual de cobertura del riesgo.

---

482 Vid. artículo 132. 2 del Decreto Legislativo 1/2005 de 26 de septiembre de 2005, por el que se aprueba el Texto Refundido de las disposiciones dictadas por la Comunidad Autónoma de Aragón en materia de tributos cedidos, redactado por el artículo 4.1 de la Ley autonómica 11/2008, de 29 de diciembre, y modificado por los números 2 del artículo 3 de la Ley autonómica 12/2010, de 29 de diciembre, 2 de la Ley autonómica 13/2009, de 30 de diciembre, 3 del artículo 7 de la Ley autonómica 12/2010, de 29 de diciembre y 5 del artículo 12 de la Ley autonómica 3/2012, de 8 de marzo.

483 Vid. artículo 132. 2. 1, d) del Decreto Legislativo 1/2005 de 26 de septiembre de 2005, por el que se aprueba el Texto Refundido de las disposiciones dictadas por la Comunidad Autónoma de Aragón en materia de tributos cedidos, según redacción dada por el número 2, del artículo 3, de la Ley autonómica 12/2010, de 29 de diciembre, de Medidas Tributarias de la Comunidad.

La reducción tiene el carácter de propia a los efectos previstos en el artículo 48 de la Ley 22/2009, de 18 de diciembre, por la que se regula el Sistema de Financiación de las Comunidades Autónomas de Régimen Común y Ciudades con Estatuto de Autonomía.

Los nietos del donante podrán gozar de la reducción cuando hubiera premuerto su progenitor y éste fuera hijo del donante.

A partir del 1 de enero de 2012 se establece que esta reducción es incompatible con la bonificación en adquisiciones lucrativas "inter vivos" regulada en el artículo 132. 6 del Decreto Legislativo 1/2005 de 26 de septiembre de 2005, por el que se aprueba el Texto Refundido de las disposiciones dictadas por la Comunidad Autónoma de Aragón en materia de tributos cedidos.

c) Adquisición de participaciones en entidades por donatarios distintos del cónyuge o descendientes[484]

A partir del 1 de enero de 2012, en la adquisición ínter vivos de cualquier derecho sobre participaciones en entidades por los donatarios, distintos del cónyuge o descendientes, se aplicará una reducción del 30% sobre el valor neto que, incluido en la base imponible, corresponda, proporcionalmente, al valor de los citados bienes.

Para la aplicación de dicha reducción, además de los requisitos establecidos en el artículo 132. 3 del Decreto legislativo 1/2005 de 26 de septiembre de 2005, por el que se aprueba el Texto Refundido de las disposiciones dictadas por la Comunidad Autónoma de Aragón en materia de tributos cedidos, referidos a los donatarios distintos del cónyuge y descendientes, deberán concurrir los siguientes:

Que la entidad desarrolle una actividad económica, sin que pueda tener como actividad principal la gestión de un patrimonio mobiliario o inmobiliario, en ninguno de los 3 períodos impositivos de la entidad concluidos con anterioridad a la adquisición.

Que para la ordenación de la actividad económica se utilice, al menos, a un trabajador empleado con contrato laboral y a jornada completa.

Que se mantenga la plantilla media. A estos efectos, se computará en la plantilla media a los trabajadores sujetos a la normativa laboral, cualquiera que sea su relación contractual, considerando la jornada contratada en relación con la jornada completa y, cuando aquella fuera inferior a ésta, se calculará la equivalencia en horas de trabajadores respecto al año anterior a la adquisición, en términos de personas/año regulados en la normativa laboral, durante un período de 5 años.

En el supuesto en que, con posterioridad a la aplicación de la reducción del 30%, no se cumplieran los requisitos establecidos, el obligado tributario

---

[484] Vid. artículo 132. 4 del Decreto Legislativo 1/2005 de 26 de septiembre de 2005, por el que se aprueba el Texto Refundido de las disposiciones dictadas por la Comunidad Autónoma de Aragón en materia de tributos cedidos, en su redacción dada por el número 2 del artículo 2 de la Ley autonómica 3/2012, de 8 de marzo, de Medidas Fiscales y Administrativas de la Comunidad.

deberá presentar una autoliquidación complementaria por el importe de las cantidades no ingresadas, junto con sus correspondientes intereses de demora, en el plazo de un mes a contar desde el día en que se produzca el incumplimiento.

d) Creación de empresas y empleo[485]

A partir del 1 de enero de 2012, las adquisiciones lucrativas "ínter vivos" de dinero que se destinen en el plazo de 18 meses a la creación de una empresa, sea individual, negocio profesional o entidad societaria, tendrán una reducción de la base imponible del 30% cuando cumplan los siguientes requisitos:

La empresa creada deberá desarrollar una actividad económica, sin que pueda tener como actividad principal la gestión de un patrimonio mobiliario o inmobiliario.

La empresa creada deberá emplear a un trabajador con contrato laboral y a jornada completa distinto del contribuyente que se aplique la reducción.

En el plazo de 18 meses desde el devengo del impuesto, se deberá destinar el dinero adquirido a la creación de la empresa y se deberá cumplir el requisito de creación de empleo.

Durante 5 años desde su creación, deberán mantenerse la actividad económica, los puestos de trabajo y el nivel de inversión que se tome como base de la reducción.

La base de la reducción será el dinero adquirido lucrativamente que sea efectivamente invertido en la creación de la empresa.

La reducción deberá aplicarse en el período voluntario de declaración. En el supuesto de que, con posterioridad, no se cumplieran los requisitos de mantenimiento, deberá presentarse una autoliquidación complementaria por el importe de las cantidades dejadas de ingresar, junto con los correspondientes intereses de demora, en el plazo de un mes a contar desde el día en que se produzca el incumplimiento.

Esta reducción será incompatible con la regulada en el artículo 132. 2 y con la bonificación del artículo 132. 6 del Decreto Legislativo 1/2005 de 26 de septiembre de 2005, por el que se aprueba el Texto Refundido de las disposiciones dictadas por la Comunidad Autónoma de Aragón en materia de tributos cedidos.

Se establece, asimismo, que la opción por la aplicación del régimen de reducciones estatal o el propio de la Comunidad Autónoma de Aragón deberá ejercerse, expresamente, en el período voluntario de declaración o autoliquidación del impuesto. No obstante, cuando su aplicación no dependa del cumplimiento por el contribuyente de cualquier requisito en un momento

---

485 Vid. artículo 132. 5 del Decreto Legislativo 1/2005 de 26 de septiembre de 2005, por el que se aprueba el Texto Refundido de las disposiciones dictadas por la Comunidad Autónoma de Aragón en materia de tributos cedidos, en su redacción dada por el número 2 del artículo 3 de la Ley autonómica 3/2012, de 8 de marzo, de Medidas Fiscales y Administrativas de la Comunidad.

posterior al de devengo del impuesto y no se hubiera ejercitado la opción en dicho plazo, la reducción que hubiera de practicarse será, conforme al artículo 20 de la Ley 29/1987, de 18 de diciembre, del Impuesto sobre Sucesiones y Donaciones la regulada por el Estado[486].

A los efectos de la aplicación de beneficios fiscales en este impuesto, se entenderá que el parentesco por afinidad no se pierde por fallecimiento del cónyuge que sirve de nexo, salvo si hubiere segundas nupcias.

Se computará en la plantilla media a los trabajadores sujetos a la normativa laboral, cualquiera que sea su relación contractual, considerando la jornada contratada en relación con la jornada completa y, cuando aquella fuera inferior a ésta, se calculará la equivalencia en horas.

ESQUEMA: REDUCCIONES ADQUISICIONES "INTER VIVOS" AUTONÓMICA BASE IMPONIBLE

Por adquisiciones por hijos menores de edad: 100%.
Por adquisiciones por el cónyuge y de los ascendientes y descendientes, con el límite, junto con otras que le sean aplicables de 300.000 euros. Además, para tener derecho a este beneficio el patrimonio preexistente no puede ser superior a 402.678,11 euros. Donante y donatario han de ser residentes en la Comunidad Autónoma. Porcentaje: 100%.
Por discapacidad igual o superior al 65%: 100%.
Reducción por adquisición de cualquier derecho sobre una empresa individual, negocio profesional, y adquisición de participaciones en entidades, con la exigencia, en todos los supuestos, de la permanencia de los bienes en el patrimonio de cinco años: 99%.
Por adquisición de la vivienda habitual: 99%.
Reducción en adquisiciones "inter vivos" que se destinen a creación de empresas y empleo: 30% reducción del valor del bien que sea invertido, con exigencia de permanencia de cinco años.

3. Comunidad Autónoma del Principado de Asturias

En relación con el Impuesto sobre Sucesiones y Donaciones, el Principado de Asturias establece las siguientes reducciones en la base imponible:

Reducción por adquisición "mortis causa": de empresa individual o negocio profesional y reducción por adquisición de la vivienda habitual.

Reducción por adquisición "inter vivos": de empresa individual, negocio profesional y participaciones en entidades y reducción en las donaciones dinerarias de ascendientes a descendientes para la adquisición de la primera vivienda habitual que tenga la consideración de protegida.

---

[486] Vid. artículo 133. 4 del Decreto Legislativo 1/2005, de 26 de septiembre por el que se aprueba el Texto Refundido de las disposiciones dictadas por la Comunidad Autónoma de Aragón en materia de tributos cedidos.

A los efectos de aplicar las reducciones en la base imponible y los coeficientes multiplicadores regulados en la Ley 29/1987, de 18 de diciembre, del Impuesto sobre Sucesiones y Donaciones, deberán tenerse en cuenta las siguientes equiparaciones:

Las parejas estables definidas en los términos de la Ley del Principado de Asturias 4/2002, de 23 de mayo, de parejas estables, se equipararán a los cónyuges.

Las personas objeto de un acogimiento familiar permanente o preadoptivo, entendiéndose por acogimiento familiar permanente o preadoptivo el constituido con arreglo a la Ley 1/1995, de 27 de enero, de protección del menor y las disposiciones del Código Civil se equipararán a los adoptados.

A. Reducciones por adquisiciones "mortis causa"

a) Reducción por adquisición de empresas individuales, negocios profesionales y participaciones en entidades[487].

Cuando en la base imponible de una adquisición "mortis causa" esté incluido el valor de una empresa individual, negocio profesional o de participaciones en entidades situados en el Principado de Asturias, se aplicará en la base imponible una reducción del 4% del mencionado valor, siempre que concurran las siguientes circunstancias:

— Que sea de aplicación la exención del Impuesto sobre el Patrimonio regulada en el artículo 4. 8 de la Ley 19/1991, de 6 de junio, del Impuesto sobre el Patrimonio.
— Que la actividad se ejerza en el territorio del Principado de Asturias.
— Que la adquisición corresponda al cónyuge, descendientes o adoptados, ascendientes o adoptantes y colaterales, por consanguinidad, hasta el tercer grado de la persona fallecida.
— Que el adquirente mantenga en su patrimonio la adquisición durante los 10 años siguientes al fallecimiento del causante, salvo que falleciese a su vez dentro de este plazo.
— Que se mantenga el domicilio fiscal y social de la entidad en el territorio del Principado de Asturias durante los 10 años siguientes al fallecimiento del causante.
— Que el valor de la empresa individual o negocio profesional no exceda de 3 millones de euros.

Esta reducción será compatible, para una misma adquisición, con la aplicación de la reducción prevista en el artículo 20. 2. c) de la Ley 29/1987 de 18 diciembre, del Impuesto sobre Sucesiones y Donaciones.

En caso de incumplimiento del requisito de permanencia, el adquirente beneficiario de esta reducción deberá comunicar tal circunstancia a la oficina liquidadora competente, dentro del plazo de 30 días hábiles desde la

[487] Vid. artículo 4 de la Ley del Principado de Asturias 6/2008 de 29 de diciembre, de Medidas Presupuestarias, Administrativas y Tributarias de Acompañamiento a los Presupuestos Generales para 2009.

fecha en que se produzca el incumplimiento, y pagar la parte del impuesto que se hubiese dejado de ingresar como consecuencia de la reducción practicada, así como los correspondientes intereses de demora.

b) Reducción por adquisición de vivienda habitual[488]

En relación con la reducción de la base imponible por la adquisición "mortis causa" de la vivienda habitual, el porcentaje aplicable será el resultante de la siguiente escala:

Valor real inmueble Euros	**Porcentaje de reducción**
Hasta 90.000	99 %
De 90.000,01 a 120.000	98 %
De 120.000,01 a 180.000	97 %
De 180.000,01 a 240.000	96 %
Más de 240.000	95 %

Tal porcentaje será de aplicación con los mismos límites y requisitos establecidos en la legislación estatal.

ESQUEMA: REDUCCIONES POR ADQUISICIONES "MORTIS CAUSA" AUTONÓMICA BASE IMPONIBLE

Reducción por parentesco: mejora por equiparaciones. Las parejas estables a los cónyuges y las personas objeto de acogimiento a los adoptados.
Mejora de la reducción estatal por adquisición de la vivienda habitual, con el mismo límite de la ley estatal.
Mejora de la reducción estatal por la adquisición de bienes y derechos afectos a una actividad o explotación económica y adquisición de participaciones en entidades, con la exigencia, en todos los supuestos, de la permanencia de los bienes en el patrimonio de diez años y que la actividad se ejerza en su territorio. Es compatible con la reducción del 95% de la Ley estatal. Porcentaje: 4%

B. Reducciones por adquisiciones "inter vivos"

a) Reducción por adquisición "inter vivos" de empresas individuales, negocios profesionales y participaciones en entidades[489]

---

488 Vid. artículo 5 de la Ley del Principado de Asturias 6/2008 de 29 de diciembre, de Medidas Presupuestarias, Administrativas y Tributarias de Acompañamiento a los Presupuestos Generales para 2009.

489 Vid. artículo 8 de la Ley del Principado de Asturias 6/2008 de 29 de diciembre, de Medidas Presupuestarias, Administrativas y Tributarias de Acompañamiento a los Presupuestos Generales para 2009.

Cuando en la base imponible de una adquisición "inter vivos" esté incluido el valor de una empresa individual, de un negocio profesional o de participaciones en entidades, situados en el Principado de Asturias, para obtener la base liquidable se aplicará en la base imponible una reducción propia del 4% del mencionado valor, siempre que concurran las siguientes circunstancias:

— Que sea de aplicación la exención regulada en el artículo 4. 8 de la Ley 19/1991 de 6 junio 1991, del Impuesto sobre el Patrimonio.
— Que la actividad se ejerza en el territorio del Principado de Asturias.
— Que el donante tuviese 65 o más años, o se encontrase en situación de incapacidad permanente, en grado de absoluta o gran invalidez.
— Que si el donante viniera ejerciendo funciones de dirección, dejara de ejercer y de percibir remuneraciones por el ejercicio de dichas funciones desde el momento de la transmisión. A estos efectos, no se entenderá comprendida entre las funciones de dirección la mera pertenencia al Consejo de Administración.
— Que la adquisición corresponda al cónyuge, descendientes o adoptados, ascendientes o adoptantes y colaterales, por consanguinidad, hasta el tercer grado.
— Que el adquirente mantenga en su patrimonio la adquisición durante los 10 años siguientes a la fecha de transmisión, salvo que éste fallezca dentro de este plazo. El adquirente no podrá realizar en el mismo plazo actos de disposición ni operaciones societarias que directa o indirectamente, puedan dar lugar a una minoración sustancial del valor de la adquisición.
— Que se mantenga el domicilio fiscal o social de la empresa, negocio o entidad a que corresponda la participación, en el territorio del Principado de Asturias durante los 10 años siguientes a la transmisión.
— Que el valor de la empresa individual, negocio profesional o participación en entidades no exceda de 5 millones de euros.

Esta reducción no será aplicable a las empresas individuales, negocios profesionales o participación en entidades cuya actividad principal sea la gestión de un patrimonio mobiliario o inmobiliario. En el supuesto de participaciones en entidades, la reducción sólo alcanzará al valor de las mismas, en la parte que corresponda a la proporción existente entre los activos necesarios para el ejercicio de la actividad empresarial o profesional, minorados en el importe de las deudas derivadas de la misma, y el valor del patrimonio neto de la entidad.

La reducción prevista en este artículo será compatible, para una misma adquisición, con la aplicación de las reducciones previstas en el artículo 20. 6 de la Ley 29/1987 de 18 diciembre 1987, del Impuesto sobre Sucesiones y Donaciones, y se aplicará con posterioridad a las mismas.

En caso de incumplimiento del requisito de permanencia, el adquirente beneficiario de esta reducción deberá comunicar tal circunstancia a la oficina liquidadora competente, dentro del plazo de 30 días hábiles desde la fecha en que se produzca el incumplimiento, y pagar la parte del impuesto que se hubiese dejado de ingresar como consecuencia de la reducción practicada, así como los correspondientes intereses de demora.

b) Reducción en las donaciones dinerarias de ascendientes a descendientes para la adquisición de la primera vivienda habitual que tenga la consideración de protegida[490].

En las donaciones dinerarias de ascendientes a descendientes para la adquisición de su primera vivienda habitual se aplicará una reducción del 95% del importe de la donación, sin perjuicio de la aplicación de las reducciones estatales que, en su caso, resulten procedentes.

La aplicación de la reducción estará sujeta al cumplimiento de los siguientes requisitos:

La donación deberá formalizarse en escritura pública debiendo constar de forma expresa que el dinero donado se destine íntegramente a la adquisición de la primera vivienda habitual del donatario.

La vivienda a cuya adquisición se destine el efectivo donado debe estar situada en el territorio del Principado de Asturias y tener la consideración de protegida, conforme a la normativa estatal o autonómica en la materia.

El adquirente ha de ser menor de 35 años o con un grado de discapacidad igual o superior al 65%; en cualquiera de los supuestos, su renta no debe superar 4,5 veces el IPREM (Indicador Público de Renta de Efectos Múltiples).

La adquisición de la vivienda deberá realizarse en un plazo de seis meses a contar desde el devengo del impuesto que grava la donación. En caso de llevarse a cabo sucesivas donaciones con el mismo fin, el plazo se computará desde la fecha de la primera. La reducción no se aplicará a donaciones de dinero posteriores a la compra de la vivienda.

El adquirente ha de conservar en su patrimonio la vivienda durante los cinco años siguientes a la donación, salvo que fallezca durante ese plazo.

La base máxima de la reducción no podrá exceder de 60.000 euros. En el caso de contribuyentes con un grado de discapacidad igual o superior al 65% este límite será de 120.000 euros.

En caso de incumplimiento de cualquiera de los requisitos, el adquirente beneficiario de esta deducción deberá comunicar tal circunstancia a la oficina liquidadora competente, dentro del plazo de 30 días hábiles desde la fecha en que se produzca el incumplimiento, y pagar la parte del impuesto que se hubiese dejado de ingresar como consecuencia de la deducción practicada, así como los correspondientes intereses de demora.

---

[490] Vid. artículo 7 de la Ley 6/2008, de 29 de diciembre, de Medidas Presupuestarias, Administrativas y Tributarias de Acompañamiento a los Presupuestos Generales para 2009.

ESQUEMA: REDUCCIONES ADQUISICIONES "INTER VIVOS" AUTONÓMICA BASE IMPONIBLE

Mejora de la reducción estatal por la adquisición de empresas individuales, negocios profesionales y participaciones en entidades, con la exigencia, en todos los supuestos, de la permanencia de los bienes en el patrimonio de diez años y que la actividad se ejerza en su territorio. Porcentaje: 4%. Es compatible con la reducción del 95% de la Ley estatal.
Reducción de las donaciones dinerarias para la adquisición de la primera vivienda habitual que tenga la consideración de protegida, cuando sean realizadas por ascendientes o descendientes, con cumplimiento de ciertos requisitos. Límite máximo 60.000 euros, elevándose a 120.000 euros en el caso de contribuyentes con discapacidad igual o superior a 65%. Porcentaje reducción: 95%.

4. Cantabria

La Comunidad Autónoma de Cantabria ha establecido las siguientes reducciones:

Reducciones en adquisiciones "mortis causa": por grupos de parentesco, por incapacidad, por cantidades percibidas por los beneficiarios de contratos de seguros sobre la vida, cuando su parentesco con el contratante fallecido sea de cónyuge, ascendiente, descendiente, adoptante o adoptado, reducciones por adquisiciones por parte de cónyuges, descendientes o adoptados de la persona fallecida de una empresa individual o de un negocio profesional, incluidos los relacionados con la producción y comercialización en el sector ganadero, agrario o pesquero o participaciones en entidades a los que sea de aplicación la exención regulada en el Impuesto sobre el Patrimonio, adquisiciones de la vivienda habitual de la persona fallecida, siempre que los causahabientes sean cónyuge, ascendientes o descendientes de aquella, o bien pariente colateral mayor de 65 años que hubiese convivido con el causante durante los 2 años anteriores al fallecimiento y adquisiciones de bienes del Patrimonio Histórico Español o del Patrimonio Histórico o Cultural de las Comunidades Autónomas.

Entre las reducciones por adquisiciones "inter vivos" se establecen: reducciones por donaciones de participaciones de una empresa individual o de un negocio profesional, a favor del cónyuge, descendientes o adoptados, reducción por donación al cónyuge, descendientes o adoptados de la persona fallecida se incluyeran bienes integrantes del Patrimonio Histórico Español o del Patrimonio Histórico o Cultural de las Comunidades Autónomas, reducción en la donación de la vivienda que vaya a constituir la residencia habitual del donatario, realizada a favor del cónyuge o pareja de hecho, reducción de la donación de metálico realizada a descendientes, adoptados, cónyuges o parejas de hecho, destinadas a la compra de la primera vivienda del donatario cuando, en estos dos últimos supuestos, la donación se produzca como consecuencia de un proceso de ruptura matrimonial o de la ruptura de la pareja de hecho, reducción en las donaciones de metálico a descendientes y adoptados para la puesta en marcha de una actividad económica o para la compra de una ya existente o de participaciones en determinadas entidades, reducción en las donaciones de metálico a descendientes y adoptados para la puesta en marcha de una actividad económica o para la adquisición de una ya existente o de participaciones en determinadas entidades.

A. Reducciones en adquisiciones "mortis causa"

a) Por grupos de parentesco[491]

— Grupo I: adquisiciones por descendientes y adoptados menores de veintiún años, 50.000 euros, más 5.000 euros por cada año menos de 21 que tenga el causahabiente.
— Grupo II: adquisiciones por descendientes y adoptados de 21 o más años, cónyuges, ascendientes y adoptantes, 50.000 euros.
— Grupo III: adquisiciones por colaterales de segundo y tercer grado, ascendientes y descendientes por afinidad, 8.000 euros.
— Grupo IV: adquisiciones por colaterales de cuarto grado, grados más distantes y extraños, no habrá lugar a reducción.

b) Por incapacidad[492]

Además de las anteriores se otorga una reducción de 50.000 euros para los adquirentes que tengan la consideración legal de discapacitados con un grado de minusvalía igual o superior al 33 por 100 e inferior al 65 por 100. Esta reducción será de 200.000 euros para aquellas personas que acrediten un grado de minusvalía igual o superior al 65 por 100.

c) Por cantidades percibidas por los beneficiarios de contratos de seguros sobre la vida, cuando su parentesco con el contratante fallecido sea de cónyuge, ascendiente, descendiente, adoptante o adoptado.

Se establece, asimismo, una reducción del 100 por 100 de las cantidades percibidas por los beneficiarios de contratos de seguros sobre la vida, cuando su parentesco con el contratante fallecido sea de cónyuge, ascendiente, descendiente, adoptante o adoptado, independientemente de las reducciones anteriores[493].

En los seguros colectivos o contratados por las empresas a favor de sus empleados se estará al grado de parentesco entre el asegurado fallecido y el beneficiario.

---

[491] Vid. artículo 5. 1 del Decreto Legislativo 62/2008, de 19 de junio, por el que se aprueba el Texto Refundido de la Ley de Medidas Fiscales en materia de tributos cedidos por el Estado.

[492] Vid. artículo 5. 1, apartado segundo, del Decreto Legislativo 62/2008, de 19 de junio, por el que se aprueba el Texto Refundido de la ley de Medidas Fiscales en materia de tributos cedidos por el Estado.

[493] Vid. artículo 5. 2 del Decreto Legislativo 62/2008, de 19 de junio, por el que se aprueba el Texto Refundido de la Ley de Medidas Fiscales en materia de tributos cedidos.

Esta reducción tendrá como límite el doble de la cuantía indemnizatoria que se recoge en el sistema para la valoración de los daños y perjuicios causados a las personas en accidentes de circulación[494].

Se tomarán las cuantías actualizadas que anualmente se publican mediante Resolución de la Dirección General de Seguros y Fondos de Pensiones.

Las vigentes durante el año 2013, son[495]:

Beneficiario	**Límite de la reducción**
Cónyuge	229.382,28 euros
Descendiente o adoptado menor de edad	344.073,36 euros
Descendiente o adoptado mayor de edad y menor de 30 años.	248.497,44 euros
Descendiente o adoptado mayor de 30 años	114.691,12 euros
Ascendiente o adoptante que conviviera con causante	210.267,06 euros
Ascendiente o adoptante que no conviviera con causante	152.921,48 euros

Se tomará como base las cantidades que aparecen en la Tabla de indemnizaciones básicas por muerte, aplicándose las siguientes reglas:

En todos los supuestos, con independencia de la edad del causante, se tomarán para el cálculo del límite las cantidades de la primera columna de la Tabla[496].

Cuando el beneficiario fuera el cónyuge se aplicará al cálculo la cantidad prevista para él en el Grupo I de la Tabla[497].

Cuando el beneficiario fuera un descendiente o adoptado menor de edad, se aplicará, en todo caso, al cálculo la cantidad prevista para sólo un hijo en el grupo II de la Tabla.

Cuando el beneficiario fuera un descendiente o adoptado mayor de edad, de hasta 30 años, se aplicará, en todo caso, al cálculo la cantidad prevista para sólo un hijo de hasta 25 años en el grupo III de la Tabla.

Cuando el beneficiario fuera un descendiente o adoptado mayor de edad, mayor de 30 años, se aplicará, en todo caso, al cálculo la cantidad prevista para sólo un hijo de más de 25 años en el grupo III de la Tabla.

---

494 Vid. anexo del Real Decreto Legislativo 8/2004, de 29 de octubre, por el que se aprueba el Texto Refundido de la Ley sobre responsabilidad civil y seguro en la circulación de vehículos a motor.

495 Vid. Resolución de 1 de febrero de 2013, por la que se da publicidad a los límites para el año 2013 de la cuantía de la reducción en la base del Impuesto sobre Sucesiones y Donaciones por los beneficiarios de contratos de seguros sobre la vida.

496 Vid. artículo 5. 2 del Decreto Legislativo 62/2008, de 19 de junio, por el que se aprueba el Texto Refundido de la Ley de Medidas Fiscales en materia de tributos cedidos por el Estado.

497 Con efectos a partir de 25 de mayo de 2006 se asemejan a los cónyuges los componentes de la parejas de hecho inscritas conforme a lo establecido en la Ley 1/2005, de 16 de mayo, de parejas de hecho de la Comunidad Autónoma de Cantabria.

Cuando el beneficiario fuera un ascendiente o adoptante que conviviera con el asegurado, se aplicará, en todo caso, al cálculo la cantidad prevista para este caso en el grupo IV de la Tabla para padres.

Cuando el beneficiario fuera un ascendiente o adoptante que no conviviera con el asegurado, se aplicará, en todo caso, al cálculo la cantidad prevista para este caso en el grupo IV de la Tabla para padres.

d) Por adquisiciones por parte de cónyuges, descendientes o adoptados de la persona fallecida de una empresa individual o de un negocio profesional, incluidos los relacionados con la producción y comercialización en el sector ganadero, agrario o pesquero o participaciones en entidades a los que sea de aplicación la exención regulada en el Impuesto sobre el Patrimonio[498].

Se establece como novedad la reducción del 99 por 100 en los casos en que en la base imponible de una adquisición, que corresponda a los cónyuges, descendientes o adoptados de la persona fallecida comprendiera el valor de una empresa individual o de un negocio profesional, incluidos los relacionados con la producción y comercialización en el sector ganadero, agrario o pesquero o participaciones en entidades a los que sea de aplicación la exención regulada en el Impuesto sobre el Patrimonio. Se exige período de mantenimiento de 5 años.

e) Por vivienda habitual[499]

Del 99 por 100 de reducción, con el requisito de permanencia señalado anteriormente, gozarán las adquisiciones de la vivienda habitual de la persona fallecida, siempre que los causahabientes sean cónyuge, ascendientes o descendientes de aquella, o bien pariente colateral mayor de 65 años que hubiese convivido con el causante durante los 2 años anteriores al fallecimiento.

f) Adquisiciones de bienes del Patrimonio Histórico Español o del Patrimonio Histórico o Cultural[500]

Se reduce, como en la norma estatal, el 95 por 100 de las adquisiciones de bienes del Patrimonio Histórico Español o del Patrimonio Histórico o Cultural de las Comunidades Autónomas.

---

498 Vid. nuevo artículo 6. 3, del Decreto Legislativo 62/2008, de 19 de junio, por el que se aprueba el Texto Refundido de la Ley de Medidas Fiscales en materia de tributos cedidos por el Estado, en su redacción dada por el artículo 10. 5 de la Ley 10/2013, de 27 de diciembre, de Medidas Fiscales y Administrativas.

499 Vid. nuevo artículo 6. 4, apartado primero, del Decreto Legislativo 62/2008, de 19 de junio, por el que se aprueba el Texto Refundido de la Ley de Medidas Fiscales en materia de tributos cedidos por el Estado, en su redacción dada por el artículo 10. 5 de la Ley 10/2013, de 27 de diciembre.

500 Vid. nuevo artículo 6.4, apartado segundo, del Decreto Legislativo 62/2008, de 19 de junio, por el que se aprueba el Texto Refundido de la Ley de Medidas Fiscales en materia de tributos cedidos por el Estado en su redacción dada por el artículo 10. 5 de la Ley 10/2013, de 27 de diciembre, de Medidas Fiscales y Administrativas.

De no cumplirse el requisito de permanencia de cinco años, deberá pagarse la parte del impuesto que se hubiese dejado de ingresar como consecuencia de la reducción practicada y los intereses de demora.

g) Reducción por transmisiones consecutivas[501]

Se establece una reducción para el caso de que unos mismos bienes, en un período máximo de 10 años, fueran objeto de dos o más transmisiones "mortis causa" a favor de descendientes, en la segunda y ulteriores se deducirá de la base imponible, además, el importe de lo satisfecho por el impuesto en las transmisiones precedentes. Se admitirá la subrogación de los bienes cuando se acredite fehacientemente.

ESQUEMA: REDUCCIONES ADQUISICIONES "MORTIS CAUSA" AUTONÓMICA BASE IMPONIBLE

Por adquisiciones por descendientes y adoptados menores de 21 años: 50.000 euros, más 5.000 euros por cada año menos de 21 que tenga el sujeto pasivo. Descendientes y adoptados de 21 o más años, cónyuges, ascendientes y adoptantes: 50.000 euros. Colaterales de segundo y tercer grado, ascendientes y descendientes por afinidad: 8.000 euros.
Por discapacidad igual o superior al 33% e inferior al 65%: 50.000 euros. Por discapacidad igual o superior al 65%: 200.000 euros.
Reducción por adquisición de cualquier derecho sobre una empresa individual, negocio profesional, y adquisición de participaciones en entidades. A favor de sujeto pasivo cónyuge, descendientes y adoptados. En el caso de que no haya descendientes, se podrá aplicar este beneficio a los ascendientes, adoptantes y colaterales hasta tercer grado, con la exigencia, en todos los supuestos, de la permanencia de los bienes en el patrimonio de cinco años. Cuantía de la reducción: 99%.
Por adquisición de la vivienda habitual por el cónyuge, ascendientes y descendientes y colaterales mayores de 65 años que hubiesen convivido con el fallecido durante los dos años anteriores. Permanencia de los bienes en el patrimonio: cinco años. Cuantía de la reducción: 99%.
Por adquisición de Patrimonio Histórico español o del Patrimonio Histórico o Cultural de las Comunidades Autónomas. A favor de sujeto pasivo cónyuge, descendientes y adoptados, con la exigencia, en todos los supuestos, de la permanencia de los bienes en el patrimonio de cinco años. Cuantía de la reducción: 95% del valor.
Creación de empresas y empleo, con mantenimiento durante cinco años: 30% reducción del valor del bien que se ha invertido.
Reducción por anteriores transmisiones. A favor de descendientes. En segunda y ulteriores transmisiones se deducirá de la base imponible el importe de lo satisfecho por el impuesto en las transmisiones precedentes.
Reducción por seguros sujetos: 100%, cuando el beneficiario sea cónyuge, ascendiente o descendiente, adoptante o adoptado del contratante fallecido.

[501] Vid. artículo 5. 5, del Decreto Legislativo 62/2008, de 19 de junio por el que se aprueba el Texto Refundido de la Ley de Medidas Fiscales en materia de tributos cedidos.

B. Reducciones en adquisiciones "inter vivos"

a) Reducciones por donaciones de participaciones de una empresa individual o de un negocio profesional, a favor de familiares hasta el cuarto grado[502].

Se establece una reducción del 99 por 100 en los casos de donaciones de participaciones de una empresa individual o de un negocio profesional, a favor del cónyuge, descendientes o adoptados.

Cuando no existan descendientes o adoptados las reducciones se aplicarán a las adquisiciones por ascendientes, adoptantes o colaterales hasta el cuarto grado. El cónyuge supérstite tendrá siempre derecho a la deducción del 99%.

Para tener derecho a esta reducción se establecen los siguientes requisitos:

— Que el donante tuviese 65 o más años o se encontrase en situación de incapacidad permanente, en grado de absoluta o gran invalidez.
— Que si el donante viniere ejerciendo funciones de dirección, dejara de ejercer y de percibir remuneraciones por el ejercicio de dichas funciones desde el momento de la transmisión.

El donatario, deberá mantener lo adquirido y tener derecho a la exención en el Impuesto sobre el Patrimonio durante los 5 años siguientes a la fecha de la escritura pública de donación, salvo que falleciera dentro de este plazo.

El donatario no podrá realizar actos de disposición y operaciones societarias que, directa o indirectamente, puedan dar lugar a una minoración sustancial del valor de la adquisición.

b) Reducción por donación al cónyuge, descendientes o adoptados de la persona fallecida se incluyeran bienes integrantes del Patrimonio Histórico Español o del Patrimonio Histórico o Cultural de las Comunidades Autónomas[503].

Se establece una reducción del 95 por 100 cuando en la base imponible correspondiente a una donación al cónyuge, descendientes o adoptados de la persona fallecida se incluyeran bienes integrantes del Patrimonio Histórico Español o del Patrimonio Histórico o Cultural de las Comunidades Autónomas siempre que el donante tuviese 65 o más años o se encontrase en situación de incapacidad permanente, en grado de absoluta o gran invalidez y, además, el donatario mantenga lo adquirido y tenga derecho a la exención en el Impuesto sobre el Patrimonio durante los 5 años siguientes a la fecha de la escritura pública de donación, salvo que falleciera dentro de este plazo.

---

[502] Vid. nuevo artículo 6. 7 del Decreto Legislativo 62/2008, de 19 de junio, por el que se aprueba el Texto Refundido de la Ley de Medidas Fiscales en materia de tributos cedidos por el Estado, en su redacción dada por el artículo 10.5 de la Ley 10/2013, de 27 de diciembre, de Medidas Fiscales y Administrativas.

[503] Vid. artículo 5. 8 del Decreto Legislativo 62/2008, de 19 de junio, por el que se aprueba el Texto Refundido de la Ley de Medidas Fiscales en materia de tributos cedidos por el Estado.

ESQUEMA: REDUCCIONES ADQUISICIONES "INTER VIVOS" AUTONÓMICA BASE IMPONIBLE

Mejora de la reducción estatal por la adquisición de empresas individuales, negocios profesionales y participaciones en entidades. A favor de familiares hasta el cuarto grado. Se exige que el donante tuviese 65 años o más o se encontrase en situación de incapacidad permanente, en grado de absoluta o gran invalidez. Que el donante no ejerza funciones de dirección. Mantenimiento de los bienes durante cinco años siguientes. Cuantía reducción: 99% del valor de adquisición.
Reducción por transmisión de bienes del Patrimonio Histórico español o del Patrimonio Histórico o Cultural de las Comunidades Autónomas. A favor de sujeto pasivo cónyuge, descendientes y adoptados, con la exigencia, en todos los supuestos, de la permanencia de los bienes en el patrimonio de cinco años. Exención en Impuesto sobre el Patrimonio. Donante tuviere 65 años o más o se encontrase en situación de incapacidad permanente, en grado de absoluta o gran invalidez. Cuantía de la reducción: 95% del valor.

5. Castilla-La Mancha

Es la Comunidad que menos ha legislado en materia del impuesto que estudiamos.

Ha aprobado las siguientes reducciones:

— Reducciones en adquisiciones "mortis causa": de una empresa individual, negocio profesional o participaciones en entidades y por discapacidad.

— Reducciones en adquisiciones "inter vivos": de una empresa individual, negocio profesional o participaciones en entidades.

A. Reducciones en adquisiciones "mortis causa":

Se establece como reducción propia una adicional del 4% en las adquisiciones "mortis causa" de una empresa individual, un negocio profesional o participaciones en entidades.

Su regulación se hace en los siguientes términos:

Como reducción propia de la Comunidad Autónoma, en las adquisiciones "mortis causa" de derechos sobre una empresa individual, un negocio profesional o participaciones en entidades que no coticen en mercados organizados, a las que fuese de aplicación la reducción establecida en el artículo 20. 2. c) de la Ley 29/1987, de 18 de diciembre, del Impuesto sobre Sucesiones y Donaciones, para obtener la base liquidable se aplicará sobre el valor neto de la adquisición una reducción de un 4 por ciento en la base imponible.

Para la aplicación de la reducción será necesario que se cumplan los siguientes requisitos:

La empresa individual, el negocio profesional o las entidades deberán tener su domicilio fiscal y estar ubicados en Castilla-La Mancha. Ambos requisitos deberán mantenerse durante los cinco años posteriores a la fecha del fallecimiento del causante.

Deberán cumplirse los requisitos previstos en el artículo 20. 2. c) de la Ley del Impuesto sobre Sucesiones y Donaciones, salvo el período de permanencia de la adquisición en el patrimonio del causahabiente que se establece en cinco años.

La presente reducción es compatible y se aplicará con posterioridad a la reducción establecida en el artículo 20. 2. c) de la Ley del Impuesto sobre Sucesiones y Donaciones.

En caso de incumplirse los requisitos establecidos los adquirentes beneficiarios de esta reducción deberán presentar declaración o autoliquidación complementaria por la parte del impuesto que se hubiese dejado de ingresar como consecuencia de la reducción practicada así como los correspondientes intereses de demora[504].

B. Reducción por discapacidad

Se establece con la característica de reducción de mejora.

En las adquisiciones "mortis causa" por personas con un grado de discapacidad acreditado igual o superior al 33 por ciento e inferior al 65 por ciento se aplicará una reducción de 125.000 euros. La reducción será de 225.000 euros para aquellas personas que acrediten un grado de discapacidad igual o superior 65 por ciento.

Estas reducciones se aplicarán además de las que pudieran corresponder en función del grado de parentesco con el causante[505].

ESQUEMA: REDUCCIONES ADQUISICIONES "MORTIS CAUSA" AUTONÓMICA BASE IMPONIBLE

Reducción propia por adquisición de cualquier derecho sobre una empresa individual, negocio profesional, y adquisición de participaciones en entidades que no coticen en mercados organizados. Se establece a favor de sujeto pasivo cónyuge, descendientes y adoptados. En el caso de que no haya descendientes, se podrá aplicar este beneficio a los ascendientes, adoptantes y colaterales hasta tercer grado, con la exigencia, en todos los supuestos, de la permanencia de los bienes en el patrimonio de cinco años. Cuantía de la reducción: adicional del 4%.
Reducción de mejora. A favor de personas con un grado de discapacidad acreditado igual o superior al 33 por ciento e inferior al 65 por ciento: se aplicará una reducción de 125.000 euros. La reducción será de 225.000 euros para aquellas personas que acrediten un grado de discapacidad igual o superior 65 por ciento. Estas reducciones se aplicarán además de las que pudieran corresponder en función del grado de parentesco con el causante.

[504] Vid. artículo 14 de la Ley autonómica 8/2013, de 21 de noviembre, de Medidas Tributarias.

[505] Vid. artículo 15 de la Ley autonómica 8/2013, de 21 de noviembre, de Medidas Tributarias.

C. Reducciones en adquisiciones "inter vivos"

Se establece como reducción propia de la Comunidad Autónoma, en las adquisiciones "inter vivos" de una empresa individual, un negocio profesional o participaciones en entidades del donante que no coticen en mercados organizados, a las que fuese de aplicación la reducción establecida en el artículo 20. 6 de la Ley 29/1987, de 18 de diciembre, del Impuesto sobre Sucesiones y Donaciones, que para obtener la base liquidable se aplicará sobre el valor neto de la adquisición una reducción de un 4 por ciento en la base imponible.

Para la aplicación de la reducción será necesario que se cumplan los siguientes requisitos:

La empresa individual, el negocio profesional o las entidades deberán tener su domicilio fiscal y estar ubicados en Castilla-La Mancha. Ambos requisitos deberán mantenerse durante los cinco años posteriores a la fecha de la transmisión.

Deberán cumplirse los requisitos previstos en el artículo 20. 6 de la Ley del Impuesto sobre Sucesiones y Donaciones, salvo el período de permanencia de la adquisición en el patrimonio del donatario que se establece en cinco años.

La presente reducción es compatible y se aplicará con posterioridad a la reducción establecida en el artículo 20. 6 de la Ley del Impuesto sobre Sucesiones y Donaciones.

En caso de incumplirse los requisitos establecidos los adquirentes beneficiarios de esta reducción deberán presentar declaración o autoliquidación complementaria por la parte del impuesto que se hubiese dejado de ingresar como consecuencia de la reducción practicada así como los correspondientes intereses de demora[506].

ESQUEMA: REDUCCIONES ADQUISICIONES "INTER VIVOS" AUTONÓMICA BASE IMPONIBLE

Reducción propia por la adquisición "inter vivos" de empresas individuales, negocios profesionales y participaciones en entidades. Deberán tener el domicilio fiscal y estar ubicados en la Comunidad. A favor del cónyuge, descendientes y adoptados. En el caso de que no haya descendientes, se podrá aplicar este beneficio a los ascendientes, adoptantes y colaterales hasta tercer grado, con la exigencia, en todos los supuestos, de la permanencia de los bienes en el patrimonio de cinco años. Cuantía de la reducción: adicional del 4%.

6. *Castilla y León*

Se asimilan a los cónyuges los miembros de uniones de hecho que hayan tenido convivencia estable de pareja durante, al menos, dos años anteriores a la fecha de devengo del impuesto y cuya unión se haya inscrito en el Registro de Uniones de Hecho de Castilla y León.

---

[506] Vid. artículo 16 de la Ley autonómica 8/2013, de 21 de noviembre, de Medidas Tributarias.

La Comunidad Autónoma de Castilla y León ha establecido las siguientes reducciones:

Reducciones en adquisiciones "mortis causa": por discapacidad, por grupos de parentesco, por explotaciones agrarias, por adquisiciones de bienes muebles integrantes del Patrimonio Histórico Artístico, bienes inscritos en el Inventario General del Patrimonio Cultural, por adquisiciones de empresas individuales, negocios profesionales y participaciones en entidades, y por indemnizaciones.

Reducciones por adquisiciones "inter vivos": por donación a patrimonio protegido de discapacitados, por donaciones para la adquisición de vivienda habitual y por donaciones para la constitución o ampliación de una empresa individual o de un negocio profesional.

A. *Reducciones en adquisiciones "mortis causa"*

a) Por discapacidad[507]

En las adquisiciones por personas con minusvalía física, psíquica o sensorial, con un grado de discapacidad igual o superior al 33 por 100 e inferior al 65 por 100, se aplicará una reducción de 125.000 euros. La reducción será de 225.000 euros para aquellas personas que acrediten un grado de minusvalía igual o superior al 65 por 100.

Esta reducción se aplicará además de las que pudieran corresponder en función del grado de parentesco con el causante.

b) Por grupos de parentesco

Se establece las siguientes reducciones por grupos de parentesco, con el carácter de mejora[508]:

— Grupo I: Adquisiciones por descendientes y adoptados menores de 21 años, 60.000 euros más 6.000 euros por cada año menos de 21 que tenga el causahabiente. No se establece límite absoluto.
— Grupo II: Adquisiciones por descendientes y adoptados de 21 o más años, cónyuges, ascendientes y adoptantes, 60.000 euros.

Se establece, además, una reducción variable calculada como la diferencia entre 175.000 euros y la suma de las siguientes cantidades:

— Las reducciones que les pudieran corresponder por aplicación de la normativa estatal.
— La reducción que les corresponda por aplicación de la reducción fija señalada con anterioridad.
— Las reducciones que les pudieran corresponder por aplicación de las restantes reducciones.

[507] Vid. artículo 12 del Decreto Legislativo autonómico 1/2013, de 12 de septiembre, por el que se aprueba el Texto Refundido de las disposiciones legales de la Comunidad de Castilla y León en materia de tributos propios y cedidos.

[508] Vid. artículo 21 del Decreto Legislativo autonómico 1/2013, de 12 de septiembre, por el que se aprueba el Texto Refundido de las disposiciones legales de la Comunidad de Castilla y León en materia de tributos propios y cedidos.

En el caso en que la diferencia sea de signo negativo, el importe de la reducción regulada será de cero[509].

c) Por explotaciones agrarias[510]

En las adquisiciones "mortis causa", de explotaciones agrarias situadas en Castilla y León o derechos de usufructo sobre éstas, se establece una reducción del 99% de su valor, siempre que concurran las siguientes circunstancias:

— Que el causante sea agricultor profesional en la fecha de fallecimiento.
— Que el adquirente sea el cónyuge, descendientes o adoptados, ascendientes o adoptantes y colaterales, por consanguinidad, hasta el tercer grado de la persona fallecida.

El adquirente ha de mantener la explotación durante los 5 años siguientes, salvo fallecimiento.

d) Por adquisiciones de bienes muebles integrantes del Patrimonio Cultural, inscritos en el Inventario General del Patrimonio Cultural[511]

Se establece una reducción del 99 por 100 del valor de las adquisiciones de bienes muebles integrantes del Patrimonio Cultural e inscritos en el Inventario General del Patrimonio Cultural, a que se refiere la Ley de Patrimonio Histórico Español, siempre que sean cedidos para su exposición en las siguientes condiciones:

Que la cesión se efectúe a favor de la Administración de la Comunidad de Castilla y León, Corporaciones Locales de la Comunidad, museos de titularidad pública de la Comunidad de Castilla y León u otras instituciones culturales dependientes de los entes públicos territoriales de la Comunidad de Castilla y León.

Que el bien se ceda gratuitamente.

Que el período de cesión sea superior a 10 años

e) Por indemnizaciones[512]

En las indemnizaciones satisfechas por las administraciones públicas a los herederos de los afectados por el Síndrome Tóxico se aplicará una reducción propia de la Comunidad del 99 por 100 sobre los importes percibidos,

---

509 Vid. artículo 13 del Decreto Legislativo autonómico 1/2013, de 12 de septiembre, por el que se aprueba el Texto Refundido de las disposiciones legales de la Comunidad de Castilla y León en materia de tributos propios y cedidos.

510 Vid. artículo 16 del Decreto Legislativo autonómico 1/2013, de 12 de septiembre, por el que se aprueba el Texto Refundido de las disposiciones legales de la Comunidad de Castilla y León en materia de tributos propios y cedidos.

511 Vid. artículo 16 del Decreto Legislativo autonómico 1/2013, de 12 de septiembre, por el que se aprueba el Texto Refundido de las disposiciones legales de la Comunidad de Castilla y León en materia de tributos propios y cedidos.

512 Vid. artículo 15 del Decreto Legislativo autonómico 1/2013, de 12 de septiembre, por el que se aprueba el Texto Refundido de las disposiciones legales de la Comunidad de Castilla y León en materia de tributos propios y cedidos.

con independencia de las otras reducciones que procedieran, teniendo la misma carácter retroactivo.

Asimismo, se aplicará el mismo porcentaje de reducción y con el mismo carácter a las prestaciones públicas extraordinarias por actos de terrorismo percibidas por los herederos.

Esta reducción se aplicará siempre y cuando no corresponda tributar en el Impuesto sobre la Renta de las Personas Físicas por las indemnizaciones.

f) Por adquisiciones de empresas individuales, negocios profesionales y participaciones en entidades[513]

Cuando en la base imponible de una adquisición "mortis causa" esté incluido el valor de una empresa individual o de un negocio profesional, situado en Castilla y León para obtener la base liquidable se aplicará en la imponible una reducción del 99% del mencionado valor, exigiéndose la concurrencia de las siguientes circunstancias:

— Que la actividad se ejerza por el causante de forma habitual, personal y directa.
— Que los ingresos del causante procedentes de esta actividad supongan al menos el 50% de la suma de sus rendimientos de actividades económicas y del trabajo personal.
— Cuando un mismo causante ejerza dos o más actividades de forma habitual, personal y directa, la reducción alcanzará a todos los bienes y derechos afectos a las mismas, considerándose para determinar el porcentaje de ingresos anterior el conjunto del rendimiento de todas ellas.
— Que la adquisición corresponda al cónyuge, descendientes o adoptados, ascendientes o adoptantes y colaterales, por consanguinidad, hasta el tercer grado de la persona fallecida.
— Que el adquirente mantenga en su patrimonio la adquisición durante los 5 años siguientes al fallecimiento del causante, salvo que falleciese el adquirente dentro de este plazo. No es incumplimiento de este requisito la transmisión de los mismos bienes que sea consecuencia de una expropiación forzosa o la realizada a favor de cualquiera de las personas que hubieran podido gozar de esta reducción, en cuyo caso, el nuevo adquirente deberá mantener lo adquirido hasta completar el plazo de siete años desde la primera transmisión.

El adquirente, no podrá realizar actos de disposición y operaciones societarias que, directa o indirectamente, puedan dar lugar a una minoración sustancial del valor de adquisición. En el caso de incumplimiento de este re-

[513] Vid. artículo 17 del Decreto Legislativo autonómico 1/2013, de 12 de septiembre, por el que se aprueba el Texto Refundido de las disposiciones legales de la Comunidad de Castilla y León en materia de tributos propios y cedidos.

quisito deberá pagar la parte del impuesto que se hubiera dejado de ingresar como consecuencia de la reducción practicada y los intereses de demora.

También se aplicará esta reducción respecto del valor neto de los bienes del causante afectos al desarrollo de la actividad empresarial o profesional del cónyuge superviviente, cuando este sea el adjudicatario de los bienes. En tal caso los tres primeros requisitos anteriores se habrán de cumplir por el cónyuge adjudicatario.

Por otra parte, respecto a la participación en entidades se establece que cuando en la base imponible de una adquisición "mortis causa" esté incluido el valor de participaciones en entidades que no coticen en mercados organizados, cuyo domicilio fiscal y social se encuentre en Castilla y León, para obtener la base liquidable se aplicará en la imponible una reducción del 99% del mencionado valor, exigiéndose para su aplicación la concurrencia de las siguientes circunstancias:

Que la entidad, sea o no societaria, no tenga por actividad principal la gestión de un patrimonio mobiliario o inmobiliario. Se entenderá que una empresa gestiona un patrimonio mobiliario o inmobiliario y que, por lo tanto, no realiza una actividad económica cuando concurran, durante más de 90 días del ejercicio social, cualquiera de las condiciones siguientes: que más de la mitad de su activo esté constituido por valores, que más de la mitad de su activo no esté afecto a actividades económicas.

A efectos de determinar la parte del activo que está constituida por valores o elementos patrimoniales no afectos, no se computarán los valores siguientes:

— Los poseídos para dar cumplimiento a obligaciones legales y reglamentarias.
— Los que incorporen derechos de crédito nacidos de relaciones contractuales establecidas como consecuencia del desarrollo de actividades económicas.
— Los poseídos por sociedades de valores como consecuencia del ejercicio de la actividad constitutiva de su objeto.
— Los que otorguen, al menos, el 5% de los derechos de voto y se posean con la finalidad de dirigir y gestionar la participación siempre que, a estos efectos, se disponga de la correspondiente organización de medios materiales y personales, y la entidad participada no esté comprendida aquí.

No se computarán como valores ni como elementos no afectos a actividades económicas aquellos cuyo precio de adquisición no supere el importe de los beneficios no distribuidos obtenidos por la entidad, siempre que dichos beneficios provengan de la realización de actividades económicas, con el límite del importe de los beneficios obtenidos tanto en el propio año como en los últimos 10 años anteriores. Por tanto, se asimilan a los beneficios procedentes de actividades económicas los dividendos que procedan de los valores citados, cuando los ingresos obtenidos por la entidad participada procedan, al menos en el 90%, de la realización de actividades económicas.

Que la participación del causante en el capital de la entidad sea al menos igual al 5% computado de forma individual o al 20% conjuntamente con el cónyuge, ascendientes, descendientes o colaterales hasta el cuarto grado de parentesco, ya sea este por consanguinidad, afinidad o adopción.

Que el causante, o en el caso de participación conjunta alguna de las personas del grupo familiar, ejerzan efectivamente funciones de dirección en la entidad y que la retribución que perciba por ello suponga al menos el 50% de la suma de sus rendimientos de actividades económicas y del trabajo personal.

Cuando un mismo causante sea directamente titular de participaciones en varias entidades, y en ellas concurran las restantes condiciones, el cálculo del porcentaje anterior se efectuará de forma separada para cada una de dichas entidades, no incluyéndose los rendimientos derivados de las funciones de dirección en las otras entidades.

Que la adquisición corresponda al cónyuge, descendientes o adoptados, ascendientes o adoptantes y colaterales, por consanguinidad, hasta el tercer grado de la persona fallecida.

Que el adquirente mantenga en su patrimonio la adquisición durante los 5 años siguientes al fallecimiento del causante, salvo que falleciese el adquirente dentro de este plazo. No es incumplimiento de este requisito la transmisión que sea consecuencia de una expropiación forzosa o la realizada a favor de cualquiera de las personas que hubieran podido gozar de la reducción en caso de haber recibido las participaciones directamente del causante, en cuyo caso, el nuevo adquirente deberá mantener lo adquirido hasta completar el plazo de siete años desde la primera transmisión.

Que se mantenga el domicilio fiscal y social de la entidad en el territorio de Castilla y León durante los 5 años siguientes al fallecimiento del causante.

El adquirente, no podrá realizar actos de disposición y operaciones societarias que, directa o indirectamente, puedan dar lugar a una minoración sustancial del valor de adquisición. En el caso de incumplimiento de este requisito deberá pagar la parte del impuesto que se hubiera dejado de ingresar como consecuencia de la reducción practicada y los intereses de demora.

ESQUEMA: REDUCCIONES ADQUISICIONES “MORTIS CAUSA” AUTONÓMICA BASE IMPONIBLE

Por parentesco: mejora por equiparación: parejas de hecho inscritas en registro y personas objeto de acogimiento familiar permanente o preadoptivo. Reducción fija: descendientes y adoptados menores de 21 años: 60.000 euros, más 6.000 euros por cada año menos de veintiuno. Cónyuge, descendientes y adoptados mayores de 21 años, ascendientes y adoptantes: 60.000 euros. Reducción variable: calculada como la diferencia entre 175.000 euros y la suma de las reducciones que pudieran corresponder por la aplicación de la normativa estatal, la reducción que corresponda por la aplicación de la reducción fija por parentesco y la reducción que pudiera corresponder por aplicación de las restantes reducciones.

Mejora reducción por minusvalía. Minusválidos con grado de discapacidad igual o superior al 33% e inferior al 65%: 125.000 euros. Minusválidos con grado de discapacidad igual o superior al 65%: 225.000 euros.
Reducción propia por adquisición de empresas individuales, negocios profesionales y participaciones en entidades, cumpliendo ciertos requisitos. A favor de cónyuge y miembro de unión de hecho, descendientes o adoptados, ascendientes o adoptantes y colaterales por consanguinidad hasta el tercer grado. Cuantía: 99%.
Reducción adquisición explotaciones agrarias. A favor de cónyuge y miembro de unión de hecho, descendientes o adoptados, ascendientes o adoptantes y colaterales por consanguinidad hasta el tercer grado. El causante a su fallecimiento debe tener la condición de agricultor. Se exige permanencia de cinco años. Cuantía reducción: 99% del valor.
Reducción propia por adquisiciones de bienes muebles integrantes del Patrimonio Cultural e inscritos en el Inventario General del Patrimonio Cultural. Exige: cesión gratuita para su exposición por un período superior a diez años a favor de la Administración de la Comunidad, Corporaciones Locales de la Comunidad, Museos de titularidad pública de la Comunidad u otras instituciones culturales dependientes de los entes públicos territoriales de la Comunidad. Cuantía de la reducción: 99% del valor.
Reducción propia por indemnizaciones. Objeto: indemnizaciones satisfechas por las Administraciones públicas a los herederos afectados por el síndrome tóxico y prestaciones públicas extraordinarias por actos de terrorismo. Cuantía: 99% del importe.

B. Reducciones en adquisiciones "inter vivos"

a) Reducción por donación al patrimonio protegido de contribuyentes con discapacidad

En la donación realizada al patrimonio protegido de las personas con discapacidad, respecto de la parte de aquellos bienes y derechos sujetos al impuesto, para obtener la base liquidable se aplicará en la base imponible una reducción del 100% del valor de los mismos, con el límite de 60.000 euros[514].

b) Reducción para la adquisición de la vivienda habitual[515]

En la donación de dinero destinado a la adquisición de la primera vivienda habitual efectuada por ascendientes, adoptantes o por aquellas personas que hubieran realizado un acogimiento familiar permanente o preadoptivo,

[514] Vid. artículo 18 del Decreto Legislativo autonómico 1/2013, de 12 de septiembre, por el que se aprueba el Texto Refundido de las disposiciones legales de la Comunidad de Castilla y León en materia de tributos propios y cedidos.

[515] Vid. artículo 19 del Decreto Legislativo autonómico 1/2013, de 12 de septiembre, por el que se aprueba el Texto Refundido de las disposiciones legales de la Comunidad de Castilla y León en materia de tributos propios y cedidos.

se aplicará una reducción del 99 por 100 del importe de la donación, siempre que se cumplan los siguientes requisitos:

Que el donatario tenga menos de 36 años o la consideración legal de persona con minusvalía en grado igual o superior al 65 por 100 en la fecha de la formalización de la donación.

Que el importe íntegro de la donación se destine a la compra de la primera vivienda habitual.

El importe máximo de la donación con derecho a reducción por adquisición de la vivienda habitual será de 120.000 euros, con carácter general y 180.000 euros, en el caso de donatarios que tengan la consideración legal de personas con minusvalía en grado igual o superior al 65%.

Que la vivienda esté situada en el territorio de la Comunidad Autónoma de Castilla y León.

Que la adquisición de la vivienda se efectúe dentro del periodo de autoliquidación del impuesto correspondiente a la donación, debiendo aportar el documento en el que se formalice la compraventa. En este documento deberá hacerse constar la donación recibida y su aplicación al pago del precio de la vivienda habitual.

El importe máximo de la donación con derecho a reducción para la adquisición de vivienda habitual será de 120.000 euros, con carácter general y de 180.000 euros, en el caso de donatarios que tengan la consideración legal de personas con minusvalía en grado igual o superior al 65 por 100.

Los límites anteriores son aplicables, tanto en el caso de una única como de varias donaciones, cuando los donantes sean ascendientes, adoptantes o por aquellas personas que hubieran realizado un acogimiento familiar permanente o pre adoptivo.

c) Reducción por donaciones para la constitución o ampliación de una empresa individual o de un negocio profesional y/o de dinero destinado a su constitución y ampliación[516]

En las donaciones de empresas individuales o de negocios profesionales y de dinero destinado a su constitución o ampliación efectuadas por ascendientes, adoptantes o colaterales hasta el tercer grado por consanguinidad o afinidad, se aplicará una reducción del 99 por 100, siempre que se cumplan los siguientes requisitos:

— Que la empresa individual o el negocio profesional tengan su domicilio fiscal y social en el territorio de la Comunidad de Castilla y León.
— Que la empresa individual o el negocio profesional no tengan por actividad principal la gestión de un patrimonio mobiliario o inmobi-

[516] Vid. artículo 20.1 del Decreto Legislativo autonómico 1/2013, de 12 de septiembre, por el que se aprueba el Texto Refundido de las disposiciones legales de la Comunidad de Castilla y León en materia de tributos propios y cedidos, en su redacción dada por el artículo 2 de la Ley autonómica 11/2013, de 23 de diciembre, de Medidas Tributarias y de Reestructuración del Sector Público Autonómico..

liario, de acuerdo con lo establecido en el artículo 4º Ocho. Dos. a) de la Ley 19/1991, de 6 de junio, del Impuesto sobre el Patrimonio.

— Que la empresa individual o el negocio profesional se mantenga durante los cinco años siguientes a la fecha de la escritura pública de donación, salvo que el donatario falleciera dentro de ese plazo.
— Que la donación se formalice en escritura pública. En el caso de donación de dinero, constará expresamente que el destino de la donación es, exclusivamente, la constitución o ampliación de una empresa individual o negocio profesional que cumpla los requisitos que se señalan en el presente artículo.
— Que, en el caso de donación de dinero, la constitución o ampliación de la empresa individual o del negocio profesional se produzca en el plazo máximo de seis meses desde la fecha de formalización de la donación.

d) Reducción por mantenimiento de plantilla

Cuando la entidad mantenga la plantilla global de trabajadores del año en el que se produzca la donación en términos de persona/año, durante los tres años siguientes la reducción será igualmente del 99%, según se establece en el artículo 20.2 del Decreto Legislativo autonómico 1/2013, de 12 de septiembre, en su redacción dada por el artículo 2 de la Ley autonómica 11/2013, de 23 de diciembre.

ESQUEMA: REDUCCIONES ADQUISICIONES "INTER VIVOS" AUTONÓMICA BASE IMPONIBLE

Reducción por donaciones al patrimonio protegido de contribuyentes con discapacidad.- Cuantía de la reducción: 100% del valor, con el límite de 60.000 euros.
Reducción propia por donaciones para la adquisición de vivienda habitual. Donación dinero destinado a adquisición efectuada por ascendientes, adoptantes o por aquellas personas que hubieran realizado un acogimiento permanente o preadoptivo. Se exige que donatario tenga menos de 36 años o la consideración de minusválido con grado igual o superior al 65% en fecha formalización donación. El importe íntegro debe destinarse a la compra de la vivienda, que ha de estar ubicada en la Comunidad. Cuantía: 99% con el límite de 120.000 euros con carácter general y 180.000 euros en caso de donatario con grado de minusvalía igual o superior al 65%.
Reducción propia por donaciones para la constitución o ampliación de empresas individuales o de negocios profesionales o de dinero destinado a su constitución o ampliación. Efectuadas por ascendientes, adoptantes o colaterales por consanguinidad o afinidad hasta el tercer grado. Se exige, entre otros requisitos, domicilio fiscal y social en la Comunidad, que la empresa individual o negocio profesional no tengan por actividad principal la gestión de un patrimonio, que en caso de donación de dinero, la constitución o ampliación de la empresa o negocio se produzca en el plazo máximo de seis meses desde la fecha de formalización de la donación. Cuantía: 99%.
Mejora reducción cuando se mantenga empleo. Cuantía: 99%

7. Cataluña

La Comunidad Autónoma de Cataluña ha establecido las siguientes reducciones en la base imponible:

Reducciones por adquisiciones "mortis causa", incluidas las de los beneficiarios de pólizas de seguros de vida, que sustituyen a las del Estado que sean análogas: en función del grado de parentesco con el causante, por discapacidad, para personas de la tercera edad, por seguros sobre la vida, reducción por la adquisición de bienes y derechos afectos a una actividad económica, reducción por la adquisición de participaciones en entidades, reducción por la adquisición de participaciones en entidades por parte de personas con vínculos laborales o profesionales, reducción por adquisición de la vivienda habitual del causante, reducción por adquisición de determinadas fincas rústicas de dedicación forestal, reducción por adquisición de bienes del causante utilizados en la explotación agraria del causahabiente, reducción por la adquisición de bienes del patrimonio cultural, reducción por la adquisición de bienes del patrimonio natural, reducción por sobreimposición decenal, reducción adicional, reducción por derechos de pago único sobre adquisiciones "inter vivos" o "mortis causa".

Respecto a las adquisiciones "mortis causa", conviene señalar:

Que los convivientes en las situaciones de convivencia de ayuda mutua reguladas en la Ley 19/1998, de 28 de diciembre, tienen la asimilación a los parientes del Grupo III. (Disposición Adicional 1 de la Ley 19/1998).

Con efectos a partir del 16 de diciembre de 2011, se establecen una serie de normas comunes aplicables a las reducciones "mortis causa" para el caso de concurrencia de sucesores a título universal.

Tanto en lo que se refiere a adquisiciones por causa de muerte como a adquisiciones lucrativas entre vivos, los miembros de las parejas estables quedan asimilados a los cónyuges, a efectos del Impuesto sobre Sucesiones y Donaciones[517].

En cuanto a reducciones por adquisiciones entre vivos se recogen las siguientes: reducción por donación de un negocio empresarial o profesional, reducción por donación de participaciones en entidades, reducción por donación de participaciones en entidades a personas con vínculos laborales o profesionales, reducción por donación de dinero para constituir o adquirir una empresa individual o un negocio profesional o para adquirir participaciones en entidades, reducción por la donación de bienes del patrimonio cultural, reducción por donación de una vivienda que ha de ser primera vivienda habitual o dinero destinado a la adquisición de dicha vivienda, reducción por aportaciones a patrimonios protegidos de discapacitados.

Con efectos a partir del 1 de enero de 2011 se introduce una bonificación de la cuota tributaria.

---

[517] Vid. artículo 59 de la Ley autonómica 19/2010 de 7 junio, de regulación del Impuesto sobre Sucesiones y Donaciones.

A. Adquisiciones "mortis causa"

a) Reducciones en función del grado de parentesco con el causante[518]

En las adquisiciones por causa de muerte, se aplica la reducción que corresponda, entre las siguientes, en razón del grado de parentesco entre el adquirente y el causante:

— Grupo I (adquisiciones por descendientes menores de 21): 275.000 euros, más 33.000 euros por cada año de menos de 21 que tenga el causahabiente, hasta un límite de 539.000 euros.
— Grupo II (adquisiciones por descendientes de 21 años o más, cónyuges y ascendientes):
  • Cónyuge: 500.000 euros.
  • Hijo: 275.000 euros.
  • Resto de descendientes: 150.000 euros.
  • Ascendientes: 100.000 euros.
— Grupo III (adquisiciones por colaterales de segundo y tercer grado y por ascendientes y descendientes por afinidad): 50.000 euros.
— Grupo IV (adquisiciones por colaterales de cuarto grado o de grados más distantes y por extraños): no se aplica ninguna reducción por razón de parentesco.

No obstante, estos importes entrarán en vigor de forma gradual, en función de la fecha de devengo del hecho imponible[519].

Para los hechos imponibles devengados de entre el 1 de enero de 2010 y el 30 de junio de 2010, se aplica el 25%.

Para los hechos imponibles devengados entre el 1 de julio de 2010 y el 31 de diciembre de 2010, se aplica el 62,5%.

Para los hechos imponibles devengados a partir del 1 de enero de 2011, se aplica el 100%.

Estos importes se reducen a la mitad en caso de que el contribuyente opte, en los términos del artículo 31 de la Ley 19/2010, de 7 de junio, ley reguladora de este Impuesto de Sucesiones y Donaciones, por aplicar cualquiera de las siguientes reducciones y exenciones:

Las reducciones establecidas en las leyes, salvo la reducción por vivienda habitual que es aplicable en todos los casos.

Las exenciones y reducciones reguladas por la Ley 19/1995, de 4 de julio, de Modernización de las Explotaciones Agrarias.

Cualquier otra reducción de la base imponible o exención que requiera que el contribuyente la solicite y que dependa de la concurrencia de determinados requisitos cuyo cumplimiento corresponda exclusivamente a la voluntad del contribuyente.

---

518 Vid. artículo 2 de la Ley autonómica 19/2010, de 7 de junio, de regulación del Impuesto sobre Sucesiones y Donaciones.

519 Vid. Disposición final primera de la Ley autonómica 19/2010, de 7 de junio, de regulación del Impuesto sobre Sucesiones y Donaciones.

Muchas críticas ha suscitado esta reducción a la mitad por entender que encierra una extralimitación en las competencias normativas de la Comunidad, si bien, a nuestro juicio, no debe considerarse así, pues como bien señala Pozuelo Antoni, la citada modulación así como su referencia a un elemento liquidatorio, la exención sobre el que no tiene competencia normativa, no constituye extralimitación alguna ya que lo que se minora es la reducción autonómica, y en ningún caso se condiciona la aplicación de beneficios reconocidos por la legislación estatal[520].

b) Reducciones por discapacidad[521]

Junto con las reducciones que puedan corresponder en función del grado de parentesco entre el adquirente y el causante, en las adquisiciones por causa de muerte por parte de personas con disminución física, psíquica o sensorial, con un grado de minusvalía igual o superior al 33 %, se aplica una reducción de 275.000 euros.

Si el grado de minusvalía es igual o superior al 65 %, la reducción es de 650.000 euros.

A tales efectos, los grados de minusvalía son los que se establezcan de acuerdo con el baremo a que se refiere el artículo 148 del Decreto Legislativo 1/1994, de de 29 de julio por el que se aprueba el Texto Refundido de las disposiciones legales vigentes en materia de Tasas y Precios Públicos.

c) Reducción para personas de la tercera edad[522]

En las adquisiciones por causa de muerte por parte de personas de setenta y cinco años o más se aplica una reducción de 275.000 euros.

Esta reducción es incompatible con la reducción por discapacidad.

d) Seguros sobre la vida[523]

En las adquisiciones por causa de muerte, se aplica una reducción del 100 %, con un límite de 25.000 euros, de las cantidades percibidas por los beneficiarios de contratos de seguros de vida, si su parentesco con el contratante muerto es el de cónyuge, descendiente, ascendiente.

En caso de seguros colectivos o contratados por las empresas a favor de sus trabajadores, debe tenerse en cuenta el grado de parentesco entre el asegurado y el beneficiario.

---

[520] Pozuelo Antoni, F.: "Principales normas autonómicas para 2010 en los impuestos cedidos", *Revista de Contabilidad y Tributación*, número 326, año 2010, p. 23.

[521] Vid. artículo 3 de la Ley autonómica 19/2010, de 7 de junio, de regulación del Impuesto sobre Sucesiones y Donaciones.

[522] Vid. artículo 4 de la Ley autonómica 19/2010, de 7 de junio, del Impuesto sobre Sucesiones y Donaciones.

[523] Vid. artículo 5 de la Ley autonómica 19/2010, de 7 de junio, de regulación del Impuesto sobre Sucesiones y Donaciones.

La reducción por seguros de vida es única por sujeto pasivo, independientemente del número de contratos de seguro de vida de los que sea beneficiario.

En caso de que tenga derecho al régimen de bonificaciones y reducciones que establece la Disposición transitoria 4 de la Ley 29/1987, de 18 de diciembre del Impuesto sobre Sucesiones y Donaciones, el sujeto pasivo puede optar entre aplicar este régimen o aplicar la reducción por seguros sobre la vida.

e) Reducción por la adquisición de bienes y derechos afectos a una actividad económica[524]

En las adquisiciones por causa de muerte que correspondan al cónyuge, a los descendientes, a los ascendientes o a los colaterales hasta el tercer grado del causante, tanto por consanguinidad o adopción como por afinidad, puede aplicarse a la base imponible una reducción del 95 % del valor neto de los elementos patrimoniales afectos a una actividad empresarial o profesional del causante.

A este respecto, tienen la condición de elementos patrimoniales a efectos a una actividad económica[525]:

Los bienes inmuebles en los que se realiza la actividad.

Los bienes destinados a la oferta de servicios económicos y socioculturales para el personal al servicio de la actividad, salvo aquellos bienes destinados al ocio o tiempo libre o, en general, aquellos bienes de uso particular del titular de la actividad económica.

Los demás elementos patrimoniales que sean necesarios para obtener los rendimientos de la actividad.

En ningún caso tienen esta consideración los activos representativos de la participación en fondos propios de una entidad ni los activos representativos de la cesión de capital a terceros.

Si los elementos patrimoniales indicados sirven tan solo parcialmente al objeto de la actividad económica, se entiende que la afectación se limita a la parte de estos elementos que realmente se utilice en la actividad de que se trate; en ningún caso son susceptibles de afectación parcial los elementos patrimoniales indivisibles.

La reducción también se aplica respecto a los bienes del causante utilizados en el desarrollo de la actividad empresarial o profesional ejercida por el cónyuge superviviente, cuando éste sea el adjudicatario de los bienes en la partición hereditaria o el causante se los haya atribuido.

También pueden disfrutar de la reducción, las personas que sin tener la relación de parentesco que se especifica, y sin perjuicio de que deban cum-

---

[524] Vid. artículo 6 de la Ley autonómica 19/2010, de 7 de junio, de regulación del Impuesto sobre Sucesiones y Donaciones.

[525] Vid. artículo 8 de la Ley autonómica 19/2010, de 7 de junio, de regulación del Impuesto sobre Sucesiones y Donaciones.

plir los demás requisitos y condiciones, cumplan en la fecha de la muerte del causante los siguientes requisitos:

Tener una vinculación laboral o de prestación de servicios con la empresa o el negocio profesional del causante, con una antigüedad mínima acreditada de 10 años.

Tener encomendadas tareas de responsabilidad en la gestión o dirección de la empresa o el negocio profesional del causante, con una antigüedad mínima de cinco años en el ejercicio de estas tareas. Se entiende que tiene encomendadas estas tareas si acredita la categoría laboral correspondiente a los grupos 1 y 2 de cotización del régimen general de la Seguridad Social o si el causante le había otorgado un apoderamiento especial para llevar a cabo las actuaciones habituales de gestión de la empresa.

El disfrute definitivo de la reducción queda condicionado al mantenimiento del ejercicio de la actividad empresarial o profesional durante los 5 años siguientes a la muerte del causante, salvo que el adquirente fallezca en este plazo, así como al mantenimiento en el patrimonio del adquirente, durante el mismo plazo y con la misma excepción, de los mismos bienes y derechos, o de bienes y derechos subrogados de valor equivalente, y de su afectación a la actividad. En caso de concurrencia de sucesores a título universal, este requisito vinculará exclusivamente al adjudicatario o adjudicatarios efectivos de los bienes que determinan la aplicabilidad de la reducción.

f) Reducción por la adquisición de participaciones en entidades

En las adquisiciones por causa de muerte que correspondan al cónyuge, a los descendientes, a los ascendientes o a los colaterales hasta el tercer grado del causante, tanto por consanguinidad o adopción como por afinidad, puede aplicarse a la base imponible una reducción del 95% del valor de las participaciones en entidades, con cotización o sin cotización en mercados organizados, por la parte que corresponda en razón de la proporción existente entre los activos necesarios para el ejercicio de la actividad empresarial o profesional, minorados en el importe de las deudas y en el valor del patrimonio neto de cada entidad.

Dichas reglas se aplican, asimismo, a la valoración de la participación en entidades participadas para determinar el valor de las participaciones de la entidad tenedora.

En caso de adquisición de participaciones en sociedades laborales, la reducción es del 97 %.

Esta reducción no se aplica en ningún caso a las participaciones en Instituciones de Inversión Colectiva.

Para poder disfrutar de tal reducción se requiere se cumplan los siguientes requisitos[526]:

---

[526] Vid. artículo 10, de la Ley 19/2010, de 7 de junio, del Impuesto sobre Sucesiones y Donaciones y artículo 2 del Decreto 414/2011, de 13 de septiembre por el que se aprueba el Reglamento del Impuesto sobre Sucesiones y Donaciones.

Los establecidos en el artículo 11 de la Ley autonómica 19/2010, de 7 de junio, del Impuesto sobre Sucesiones y Donaciones, a saber: que la entidad no tenga como actividad principal, en los términos establecidos en el artículo 12, la gestión de un patrimonio mobiliario o inmobiliario; que la participación del causante en el capital de la entidad constituya al menos el 5 % del mismo, computado individualmente, o el 20 %, computado conjuntamente con el cónyuge, los descendientes, los ascendientes o los colaterales hasta el tercer grado del causante, tanto por consanguinidad o adopción como por afinidad; que el causante haya ejercido efectivamente funciones de dirección en la entidad y haya percibido por esta tarea una remuneración que constituya al menos el 50 % de la totalidad de los rendimientos de actividades económicas y del trabajo personal.

El disfrute definitivo de la reducción queda condicionado al mantenimiento de los elementos adquiridos en el patrimonio del adquirente durante los 5 años siguientes a la muerte del causante, salvo que el adquirente falleciera en este plazo. En caso de concurrencia de sucesores a título universal, este requisito vinculará exclusivamente al adjudicatario o adjudicatarios efectivos de los bienes que determinan la aplicabilidad de la reducción[527].

g) Reducción por la adquisición de participaciones en entidades por parte de personas con vínculos laborales o profesionales[528]

En las adquisiciones por causa de muerte, los causahabientes que, sin tener relación de parentesco, adquieren participaciones en entidades, con cotización o sin cotización en mercados organizados, pueden disfrutar de la reducción del 95 % del valor de las participaciones adquiridas por la parte que corresponda en razón de la proporción existente entre los activos necesarios para el ejercicio de la actividad empresarial o profesional, minorados en el importe de las deudas derivadas de la misma, y el valor del patrimonio neto de cada entidad.

Estas reglas se aplican asimismo a la valoración de las participaciones de entidades participadas para determinar el valor de las participaciones de la entidad tenedora.

La reducción no se aplica en ningún caso a las participaciones en Instituciones de Inversión Colectiva.

Para poder disfrutar de la reducción es preciso que se cumplan los requisitos del artículo 16 de la Ley 19/2010 de 7 junio, del Impuesto sobre Sucesiones y Donaciones.

---

[527] Vid. artículo 6. 2 del Decreto 414/2011, de 13 de diciembre, por el que se aprueba el Reglamento del Impuesto sobre Sucesiones y Donaciones.

[528] Vid. artículo 15 de la Ley autonómica 19/2010, de 7 de junio, de regulación del Impuesto sobre Sucesiones y Donaciones y artículo 2 del Decreto 414/2011, de 13 de diciembre, por el que se aprueba el Reglamento del Impuesto sobre Sucesiones y Donaciones.

h) Reducción por adquisición de la vivienda habitual del causante[529]

En las adquisiciones por causa de muerte que correspondan al cónyuge, a los descendientes, a los ascendientes o a los colaterales del causante, puede aplicarse a la base imponible una reducción del 95 % del valor de la vivienda habitual, del causante, con un límite de 500.000 euros por el valor conjunto de la vivienda, que debe prorratearse entre los sujetos pasivos en proporción a su participación.

En cualquier caso, el límite individual resultante del prorrateo entre los sujetos pasivos no puede ser menor de 180.000 euros.

Los parientes colaterales del causante han de ser mayores de 65 años y han de haber convivido con el mismo como mínimo los dos años anteriores a su muerte.

Si el causante, en la fecha de su muerte, tenía su residencia efectiva en un domicilio del que no era titular, tiene la consideración de vivienda habitual, la vivienda que tenía esta consideración hasta cualquier día de los 10 años anteriores a la fecha de la muerte, no aplicándose dicha limitación del10 años si el causante ha tenido el último domicilio en un centro residencial o socio-sanitario.

El disfrute definitivo de la reducción queda condicionado al mantenimiento de la vivienda, o de la vivienda subrogada de valor equivalente que pase a ser vivienda habitual del causahabiente, en el patrimonio del adquirente durante los 5 años siguientes a la muerte del causante, salvo que el adquirente fallezca en este plazo. En caso de concurrencia de sucesores a título universal, este requisito vinculará exclusivamente al adjudicatario o adjudicatarios efectivos de los bienes que determinan la aplicabilidad de la reducción[530].

A estos efectos tiene la consideración de vivienda habitual la vivienda que cumple los requisitos y se ajusta a la definición establecidos en la normativa reguladora del Impuesto sobre la Renta de las Personas Físicas, sin perjuicio de que puedan considerarse como vivienda habitual, conjuntamente con esta vivienda, un trastero y hasta dos plazas de aparcamiento, pese a no haber sido adquiridos simultáneamente en unidad de acto, si están ubicados en el mismo edificio o complejo urbanístico y si en la fecha de la muerte del causante se hallaban a su disposición, sin haberse cedido a terceros.

i) Reducción por adquisición de determinadas fincas rústicas de dedicación forestal[531]

En las adquisiciones por causa de muerte que correspondan al cónyuge, a los descendientes, a los ascendientes o a los colaterales hasta el tercer gra-

---

[529] Vid. artículos 17 a 19 de la Ley autonómica 19/2010, de 7 de junio, de regulación del Impuesto sobre Sucesiones y Donaciones.

[530] Vid. artículo 6. 2 del Decreto 414/2011, de 13 de diciembre, por la que se aprueba el Reglamento del Impuesto sobre Sucesiones y Donaciones.

[531] Vid. artículo 20 de la Ley autonómica 19/2010, de 7 de junio, de regulación del Impuesto sobre Sucesiones y Donaciones.

do del causante, puede aplicarse a la base imponible una reducción del 95 % del valor de las fincas rústicas de dedicación forestal, si cumplen alguno de los siguientes requisitos:

Disponer de un instrumento de ordenación forestal que haya sido aprobado por el departamento competente o que se apruebe en el plazo voluntario de presentación de la autoliquidación.

Ser gestionadas en el marco de un convenio, acuerdo o contrato de gestión forestal formalizado con la Administración forestal.

Estar ubicadas en terrenos que han sufrido incendios forestales en los 25 años anteriores a la fecha de la muerte del causante o que, de conformidad con la normativa forestal, han sido declarados zona de actuación urgente debido a los incendios que han sufrido.

El disfrute definitivo de la reducción queda condicionado al mantenimiento de la finca rústica de dedicación forestal en el patrimonio del adquirente durante los 10 años siguientes a la fecha de la muerte del causante, salvo que el adquirente fallezca en este plazo. En caso de concurrencia de sucesores a título universal, este requisito vinculará exclusivamente al adjudicatario o adjudicatarios efectivos de los bienes que determinan la aplicabilidad de la reducción[532].

En el caso de solicitar esta reducción, junto con la documentación exigida con carácter general, los sujetos pasivos deberán presentar la documentación exigida por el artículo 12 del Decreto 414/2011 de 13 diciembre, por el que se aprueba el Reglamento del Impuesto sobre Sucesiones y Donaciones.

j) Reducción por adquisición de bienes del causante utilizados en la explotación agraria del causahabiente

En las adquisiciones por causa de muerte que correspondan al cónyuge, a los descendientes, a los ascendientes o a los colaterales hasta el tercer grado del causante, tanto por consanguinidad o adopción como por afinidad, puede aplicarse a la base imponible una reducción del 95 % del valor neto de los elementos patrimoniales utilizados en una explotación agraria de la cual sea titular el causahabiente que resulte adjudicatario de los bienes por razón de la partición hereditaria o por atribución del causante.

La reducción se aplica asimismo en caso de que la explotación agraria esté a cargo de cualquiera de las personas jurídicas a que se refiere el artículo 6 de la Ley 19/1995 de 4 julio de Modernización de las Explotaciones Agrarias, si participa en la misma el causahabiente que resulte adjudicatario de los mencionados bienes.

También pueden disfrutar de la reducción las personas que, sin tener la relación de parentesco que se especifica, y sin perjuicio de que deban cum-

[532] Vid. artículo 6. 2 del Decreto 414/2011 de 13 diciembre, por el que se aprueba el Reglamento del Impuesto sobre Sucesiones y Donaciones.

plir los demás requisitos y condiciones determinados, mantengan en la fecha de la muerte del causante una relación laboral dentro de la explotación agraria, con una antigüedad mínima acreditada de 10 años, o sean los titulares de la actividad agraria, con la misma antigüedad mínima acreditada[533].

Para poder disfrutar de la reducción, es preciso que se cumplan los siguientes requisitos:

El causahabiente debe ostentar la condición de agricultor profesional, conforme a la Ley 19/1995, de 4 de julio, de Modernización de las Explotaciones Agrarias. En caso de desmembramiento del dominio, para que tanto el nudo propietario como el usufructuario puedan disfrutar de la reducción, es preciso que la condición de agricultor profesional la cumpla, al menos, el nudo propietario.

La persona jurídica debe tener por objeto exclusivamente el ejercicio de la actividad agraria y, si se trata de una sociedad anónima, debe cumplir, además, el requisito de participación determinado en el artículo 6 de la Ley 19/1995 de 4 julio, de Modernización de las Explotaciones Agrarias[534].

La acreditación de la afección del uso de las tierras y otros bienes del causante en la explotación agraria se realizará mediante la aportación del certificado expedido por el departamento competente en materia de agricultura, o por cualquier otro medio de prueba admitido en derecho de conformidad con el artículo 5 del Decreto 414/2011, de 13 de diciembre, por el que se aprueba el Reglamento del Impuesto sobre Sucesiones y Donaciones.

El disfrute definitivo de la reducción queda condicionado al mantenimiento de los bienes adquiridos, o de bienes subrogados de valor equivalente, en el patrimonio del adquirente durante los 5 años siguientes a la fecha de la muerte del causante, salvo que el adquirente fallezca en este plazo, así como a la utilización exclusiva de estos bienes en la explotación agraria, durante el mismo plazo y con la misma excepción, quedando también condicionado a que el causahabiente mantenga durante este plazo su condición de agricultor profesional. En caso de concurrencia de sucesores a título universal, este requisito vinculará exclusivamente al adjudicatario o adjudicatarios efectivos de los bienes que determinan la aplicabilidad de la reducción[535].

En el caso de solicitar esta reducción, junto con la documentación exigida con carácter general, los sujetos pasivos deberán acreditar lo establecido en el artículo 13 del Decreto 414/2011 de 13 diciembre, por el que se aprueba el Reglamento del Impuesto sobre Sucesiones y Donaciones.

---

[533] Vid. artículo 22 de la Ley 19/2010, de 7 de junio, de regulación del Impuesto sobre Sucesiones y Donaciones.

[534] Vid. artículo 23 de la Ley 19/2010, de 7 de junio, de regulación del Impuesto sobre Sucesiones y Donaciones.

[535] Vid. artículo 24 de la Ley 19/2010, de 7 de junio, de regulación del Impuesto sobre Sucesiones y Donaciones y artículo 6. 2 del Decreto 414/2011 de 13 diciembre 2011, por el que se aprueba el Reglamento del Impuesto sobre Sucesiones y Donaciones.

k) Reducción por la adquisición de bienes del patrimonio cultural[536]

En las adquisiciones por causa de muerte que correspondan al cónyuge, a los descendientes, a los ascendientes o a los colaterales hasta el tercer grado del causante, pueden aplicarse a la base imponible las siguientes reducciones:

Reducción del 95 % del valor de los bienes culturales de interés nacional y de los bienes muebles catalogados que hayan sido calificados e inscritos de acuerdo con la Ley 9/1993, de 30 de septiembre, del patrimonio cultural catalán.

Reducción del 95 % del valor de los bienes integrantes del patrimonio histórico o cultural de otras comunidades autónomas que hayan sido calificados e inscritos de acuerdo con la correspondiente normativa específica.

Reducción del 95 % del valor de los bienes a que se refieren los apartados 1 y 3 del artículo 4 de la Ley estatal del Impuesto sobre el Patrimonio.

Reducción del 95 % del valor de la obra propia de los artistas a que se refiere el artículo 4. 3, b) de la Ley 19/1991 de 6 junio, del Impuesto sobre el Patrimonio, si el causante es el mismo artista.

El disfrute definitivo de la reducción queda condicionado al mantenimiento de los bienes adquiridos en el patrimonio del adquirente durante los 5 años siguientes a la muerte del causante, salvo que en este plazo fallezca el adquirente o los bienes sean adquiridos por la Generalidad o por un ente local territorial de Cataluña. En caso de concurrencia de sucesores a título universal, este requisito vinculará exclusivamente al adjudicatario o adjudicatarios efectivos de los bienes que determinan la aplicabilidad de la reducción[537].

l) Reducción por la adquisición de bienes del patrimonio natural

En las adquisiciones por causa de muerte que correspondan al cónyuge, a los descendientes, a los ascendientes o a los colaterales hasta el tercer grado del causante, puede aplicarse a la base imponible una reducción del 95 % del valor de las fincas rústicas de dedicación forestal ubicadas en terrenos incluidos en un espacio integrado en el Plan de espacios de interés natural o en un espacio integrado en la red Natura 2000[538].

El disfrute definitivo de la reducción queda condicionado al mantenimiento del bien en el patrimonio del adquirente durante los 10 años siguientes a la fecha de la muerte del causante, salvo que el adquirente fallezca en este plazo. En caso de concurrencia de sucesores a título universal, este re-

---

536 Vid. artículo 25 de la Ley autonómica 19/2010, de 7 de junio, de regulación del Impuesto sobre Sucesiones y Donaciones.

537 Vid. artículo 6. 2 del Decreto 414/2011 de 13 diciembre, por el que se aprueba el Reglamento del Impuesto sobre Sucesiones y Donaciones.

538 Vid. artículo 27 de la Ley 19/2010, de 7 de junio, de regulación del Impuesto sobre Sucesiones y Donaciones.

quisito vinculará exclusivamente al adjudicatario o adjudicatarios efectivos de los bienes que determinan la aplicabilidad de la reducción[539].

m) Reducción por sobreimposición decenal[540]

Si unos mismos bienes o derechos son objeto, en un periodo máximo de 10 años, de dos o más transmisiones por causa de muerte a favor del cónyuge, de los descendientes o de los ascendientes, en la segunda y ulteriores transmisiones debe practicarse en la base imponible, con carácter alternativo, la reducción que resulte más favorable entre las dos reducciones siguientes:

Una reducción de cuantía equivalente al importe de las cuotas del Impuesto sobre Sucesiones y Donaciones satisfechas por razón de las precedentes transmisiones por causa de muerte.

La reducción que resulte de la aplicación de la siguiente escala:

Una reducción del 50% del valor real de los bienes y derechos si la transmisión se produce en el año natural siguiente a la fecha de la anterior transmisión.

Una reducción del 30% del valor real de los bienes y derechos si la transmisión se produce tras transcurrir un año natural y antes de transcurrir 5 años naturales desde la fecha de la anterior transmisión.

Una reducción del 10% del valor real de los bienes y derechos si la transmisión se produce tras transcurrir 5 años naturales desde la fecha de la anterior transmisión.

En caso de que las reducciones que resulten de la aplicación de la escala recaigan sobre bienes y derechos a los que les sea de aplicación alguna de las otras reducciones, el porcentaje de reducción sólo se aplica al remanente del valor del bien o derecho que no es objeto de las mismas.

La aplicación de estas reducciones queda condicionada al hecho de que, por razón de la primera adquisición por causa de muerte o la anterior, se haya producido una tributación efectiva en concepto del Impuesto sobre Sucesiones y Donaciones, y se entiende sin perjuicio de las reducciones que procedan. En cualquier caso, se admite la subrogación de bienes o derechos siempre y cuando se acredite de modo fehaciente[541].

n) Reducción adicional[542]

En las adquisiciones por causa de muerte, los contribuyentes de los grupos I y II definidos en el artículo 2 de la Ley 19/2010, de 7 de junio, de re-

---

[539] Vid. artículo 28 de la Ley 19/2010, de 7 de junio, de regulación del Impuesto sobre Sucesiones y Donaciones y artículo 6. 2 del Decreto 414/2011, de 13 de diciembre, por el que se aprueba el Reglamento del Impuesto sobre Sucesiones y Donaciones.

[540] Vid. artículo 29 de la Ley autonómica 19/2010, de 7 de junio, de regulación del Impuesto sobre Sucesiones y Donaciones.

[541] Vid. apartado 3, añadido al artículo 29 de la Ley 19/2010, de 7 de junio, de regulación del Impuesto sobre Sucesiones y Donaciones, por el artículo 54, de la Ley autonómica 7/2011, de 27 de julio, de Medidas Fiscales y Financieras.

[542] Vid. artículo 30 de la Ley 19/2010, de 7 de junio, de regulación del Impuesto sobre Sucesiones y Donaciones.

gulación del Impuesto sobre Sucesiones y Donaciones, tras aplicar las reducciones a que tengan derecho, pueden reducir en un 50% el exceso de base imponible, con los siguientes importes máximos de reducción:

— Grupo I: 125.000 euros.
— Grupo II:
  • Cónyuge: 150.000 euros.
  • Hijo: 125.000 euros.
  • Resto de descendientes: 50.000 euros.
  • Ascendientes: 25.000 euros.

La reducción adicional no es de aplicación a las adquisiciones por causa de muerte que correspondan a los contribuyentes de los grupos III y IV.

El porcentaje de reducción y los importes máximos establecidos se reducen a la mitad en caso de que el contribuyente opte por aplicar cualquiera de las reducciones y exenciones que específica el artículo 2. 2 de la Ley 19/2010, de 19 de junio, de regulación del Impuesto sobre Sucesiones y Donaciones.

Los importes de esta reducción entran en vigor gradualmente, en función de la fecha de devengo del hecho imponible:

Para los hechos imponibles devengados de entre el 1 de enero de 2010 y el 30 de junio de 2010, se aplica el 25% de los importes.

Para los hechos imponibles devengados entre el 1 de julio de 2010 y el 31 de diciembre de 2010, se aplica el 62,5% de los importes.

Para los hechos imponibles devengados a partir del 1 de enero de 2011, se aplica el 100% de los importes.

La normativa autonómica ha establecido las siguientes normas comunes a las reducciones "mortis causa" en caso de concurrencia de sucesores a título universal[543]:

Cuando en el caudal relicto del causante figuren cualesquiera de los bienes que determinan la aplicabilidad de la reducción y fueran dos o más las personas llamadas a sucederlo a título universal o como legatarios de parte alícuota, serán beneficiarios de la reducción, si procede, el adjudicatario o adjudicatarios efectivos de aquellos bienes según la partición, siempre que cada uno de estos cumpla los requisitos subjetivos legalmente previstos.

La aplicación de la reducción sobre la base imponible individual del adjudicatario o adjudicatarios efectivos no podrá exceder, en ningún caso, del importe de la adquisición hereditaria individual que, según el título sucesorio, correspondía al adjudicatario o adjudicatarios efectivos.

Si como consecuencia de la partición realizada resultan excesos de adjudicación y estos se concretan en bienes que determinan la aplicabilidad de la reducción, la base de cálculo de esta no podrá exceder, en ningún caso, del importe de la adquisición hereditaria individual que, según el título sucesorio, correspondía al adjudicatario o adjudicatarios efectivos.

---

[543] Vid. artículo 6 del Decreto 414/2011, de 13 de diciembre, por el que se aprueba el Reglamento del Impuesto sobre Sucesiones y Donaciones.

o) Reducción por derechos de pago único

Con relación al régimen de pago único regulado por el Reglamento (CE) 1782/2003 del Consejo de la Unión Europea, de 29 de septiembre, por el que se establecen las disposiciones comunes aplicables a los regímenes de ayuda directa en el marco de la política agrícola común y se instauran determinados regímenes de ayuda a los agricultores y por el que se modifican varios reglamentos, se puede aplicar, en las transmisiones por causa de muerte, las donaciones y los demás tipos de negocio jurídico gratuito de importes de referencia y de derechos provisionales o definitivos de dicho régimen, a favor de agricultores profesionales, una reducción del 100% del valor neto de los bienes afectos, hasta un límite de 36.000 euros del importe de referencia o del valor de los derechos provisionales o definitivos[544].

Se considera agricultor profesional el que se ajusta a la definición y a los requisitos establecidos por la ley estatal 19/1995, de 4 de julio, de Modernización de las Explotaciones Agrarias[545].

También podrá aplicarse la misma reducción en el supuesto de que el causahabiente que resulte adjudicatario aporte su condición de agricultor o agricultora profesional a cualquiera de las personas jurídicas a que se refiere el artículo 6 de la Ley del Estado 19/1995, de 4 de julio, de Modernización de las Explotaciones Agrarias[546].

La reducción solo es aplicable a las transmisiones por causa de muerte, las donaciones y los demás negocios jurídicos que se efectúen antes de que finalice el plazo de solicitud de ayudas del régimen de pago único del año 2006[547].

ESQUEMA: REDUCCIONES ADQUISICIONES "MORTIS CAUSA" AUTONÓMICA BASE IMPONIBLE

Por parentesco: se aplica la que corresponda en razón del grado de parentesco entre el adquirente y el causante.
Reducción por discapacidad: Minusválidos con grado de discapacidad igual o superior al 33%: 275.000 euros. Minusválidos con grado de discapacidad igual o superior al 65%: 650.000 euros.
Reducción propia para personas de la tercera edad. Se aplica a las personas de setenta y cinco años o más. Cuantía: 275.000 euros. Es incompatible con la reducción por discapacidad y compatible con la de parentesco.

[544] Vid. Disposición Adicional Cuarta. 1, de la Ley autonómica 21/2005, de 29 de diciembre, de Medidas Financieras.

[545] Vid. Disposición Adicional Cuarta. 4, de la Ley autonómica 21/2005, de 29 de diciembre, de Medidas Financieras.

[546] Vid. Disposición Adicional Cuarta. 2, de la Ley autonómica 21/2005, de 29 de diciembre, de Medidas Financieras.

[547] Vid. Disposición Adicional Cuarta. 3, de la Ley autonómica 21/2005, de 29 de diciembre, de Medidas Financieras.

Reducción propia por seguros de vida. Caso de tener derecho al régimen de bonificaciones y reducciones establecido en la ley estatal, el sujeto pasivo puede optar entre ambos regímenes. Cuantía: 100% con el límite de 25.000 euros, de las cantidades percibidas por los beneficiarios de contratos de seguros de vida, si el parentesco con el fallecido es el de cónyuge, descendiente o ascendiente.
Reducción por adquisición de bienes y derechos afectos a una actividad o explotación económicas. A favor de cónyuge, ascendientes, descendientes o a los colaterales hasta el tercer grado tanto por consanguinidad o adopción como por afinidad. Cuantía reducción: 95% del valor neto de los elementos patrimoniales afectos a una actividad empresarial o profesional del causante. Se establecen reglas especiales para el caso de personas sin parentesco.
Reducción adquisición de participaciones en entidades. A favor de cónyuge, descendientes, ascendientes o a los colaterales hasta el tercer grado tanto por consanguinidad o adopción como por afinidad. Se exige, entre otros requisitos, que la entidad no tenga como actividad principal la gestión de un patrimonio, que la participación del causante en el capital de la entidad constituya al menos el 5% del mismo computado individualmente o el 20% computado conjuntamente con el cónyuge, descendientes, ascendientes o a los colaterales hasta el tercer grado tanto por consanguinidad o adopción como por afinidad y mantenimiento de los elementos adquiridos en el patrimonio del adquirente al menos durante cinco años siguientes a la muerte del causante. Se establecen reglas especiales para el caso de personas sin parentesco. Cuantía: reducción del 95% o del 97% en el caso de sociedades laborales, del valor de las participaciones en entidades con cotización o sin cotización en mercados organizados, por la parte que corresponda en razón de la proporción existente entre los activos necesarios para el ejercicio de la actividad, minorados en el importe de las deudas derivadas de la misma, y el valor del patrimonio neto de cada entidad.
Reducción por adquisición de la vivienda habitual: 95%, con límite de 500.000 euros por el valor conjunto de la vivienda, que debe prorratearse entre los sujetos pasivos en proporción a su participación, sin que en ningún caso, el límite individual resultante del prorrateo entre los sujetos pasivos pueda ser menor a 180.000 euros.
Reducción adquisición de determinadas fincas rústicas de dedicación forestal. A favor de cónyuge, ascendientes, descendientes o a los colaterales hasta el tercer grado del causante. Deben ser gestionadas en el marco de un acuerdo con la Administración. Estar ubicadas en terrenos que han sufrido incendio en los veinticinco años anteriores a la fecha de la muerte del causante. Cuantía: 95% del valor de las fincas rústicas de dedicación forestal.
Reducción propia por adquisición de bienes del causante utilizados en explotación agraria del causahabiente. Cuantía: 95% del valor neto de los elementos patrimoniales del causante utilizados en explotación agraria del causahabiente o a cargo de determinadas personas jurídicas. Se establece a favor del cónyuge, descendientes, ascendientes o a los colaterales hasta el tercer grado tanto por consanguinidad o adopción como por afinidad, siempre que el causahabiente resulte adjudicatario por razón de la participación hereditaria o por atribución del causante. El causahabiente debe ostentar la condición de agricultor y deben mantenerse los bienes adquiridos en el patrimonio del adquirente durante los cinco años siguientes a la fecha de la muerte del causante.

Por adquisición de bienes del patrimonio cultural. A favor de cónyuge, descendientes, ascendientes o a los colaterales hasta el tercer grado. Deben mantenerse los bienes adquiridos en el patrimonio del adquirente durante los cinco años siguientes a la fecha de la muerte del causante. Cuantía reducción: 95% del valor de los bienes.
Reducción propia por adquisición de bienes del patrimonio natural. A favor de cónyuge, descendientes, ascendientes o a los colaterales hasta el tercer grado. Deben mantenerse los bienes adquiridos en el patrimonio del adquirente durante los diez años siguientes a la fecha de la muerte del causante. Cuantía reducción: 95% del valor de las fincas rústicas de dedicación forestal ubicadas en terrenos incluidos en espacio integrado en el Plan de espacios de interés natural o en espacio integrado en red Natura 2000.
Reducción por sobreimposición decenal. Aplicable si unos mismos bienes y derechos son objeto en un período máximo de diez años, de dos o más transmisiones por causa de muerte a favor del cónyuge, de los descendientes o de los ascendientes, en la segunda y ulteriores transmisiones. Se exigen determinados requisitos. La reducción aplicable es la que resulte más favorable entre las dos reducciones siguientes: Una reducción de cuantía equivalente al importe de las cuotas del impuesto sobre sucesiones y donaciones satisfechas por razón de las precedentes transmisiones por causa de muerte; la reducción que resulte de la aplicación de la siguiente escala: Una reducción del 50% del valor real de los bienes y derechos si la transmisión se produce en el año natural siguiente a la fecha de la anterior transmisión. Una reducción del 30% del valor real de los bienes y derechos si la transmisión se produce tras transcurrir un año natural y antes de transcurrir 5 años naturales desde la fecha de la anterior transmisión. Una reducción del 10% del valor real de los bienes y derechos si la transmisión se produce tras transcurrir 5 años naturales desde la fecha de la anterior transmisión.
Reducción propia adicional para parientes de los grupos I y II. Estos contribuyentes tras aplicar las reducciones a que tengan derecho, pueden reducir en un 50% el exceso de base imponible en determinadas cantidades. El porcentaje de reducción y los importes máximos se reducen a la mitad en el caso el contribuyente opte por otras reducciones y exenciones.
Reducción por derechos de pago único. A favor de agricultores en marco política agraria de la Unión Europea. Cuantía: 100% del valor neto de los bienes afectados hasta límite de 36.000 euros del valor de los derechos provisionales o definitivos.

B. Adquisiciones lucrativas "inter vivos"

a) Reducción por donación de un negocio empresarial o profesional[548]

En las donaciones o cualquier otro negocio jurídico gratuito equiparable entre vivos a favor del cónyuge, de los descendientes, de los ascendientes o de los colaterales hasta el tercer grado del donante, tanto por consanguinidad o adopción como por afinidad, puede aplicarse a la base imponible una reducción del 95 % del valor neto de la totalidad de los elementos afectos a una actividad empresarial o profesional del donante.

---

[548] Vid. artículo 38 de la Ley autonómica 19/2010, de 7 de junio, de regulación del Impuesto sobre Sucesiones y Donaciones.

También pueden disfrutar de esta reducción aquellas personas que, sin tener la relación de parentesco que se especifica, y sin perjuicio de que deban cumplir los demás requisitos y condiciones, cumplan en la fecha de la donación los siguientes requisitos:

Tener una vinculación laboral o de prestación de servicios con la empresa o el negocio profesional del donante, con una antigüedad mínima de diez años.

Tener encomendadas tareas de responsabilidad. Se entiende que tiene encomendadas dichas tareas si acredita la categoría laboral correspondiente a los grupos 1 y 2 de cotización del Régimen General de la Seguridad Social o si el donante le ha otorgado un apoderamiento especial para realizar las labores habituales de gestión de la empresa en la gestión o dirección de la empresa o negocio profesional del donante, con una antigüedad mínima de 5 años en el ejercicio de dichas tareas.

Para poder disfrutar de la reducción es preciso que se cumplan los requisitos establecidos en el artículo 39 de la Ley 19/2010 de 7 junio, de regulación del Impuesto sobre Sucesiones y Donaciones y en el artículo 1 del Decreto 414/2011 de 13 diciembre, por el que se aprueba el Reglamento del Impuesto sobre Sucesiones y Donaciones.

El disfrute definitivo de la reducción queda condicionado al mantenimiento del ejercicio de la actividad empresarial o profesional durante los 5 años siguientes a la donación, o al negocio jurídico equiparable, salvo que el donatario fallezca en este plazo, así como al mantenimiento en el patrimonio del donatario, durante el mismo plazo y con la misma excepción, de los elementos que han sido objeto de la donación, o de los elementos subrogados, y de su afectación a la actividad empresarial o profesional[549].

Esta regla de mantenimiento está vigente también para hechos imponibles devengados antes del 1 de enero de 2010.

b) Reducción por donación de participaciones en entidades[550]

En las donaciones o cualquier otro negocio jurídico gratuito equiparable entre vivos a favor del cónyuge, de los descendientes, de los ascendientes o de los colaterales hasta el tercer grado del donante, tanto por consanguinidad o adopción como por afinidad, puede aplicarse a la base imponible una reducción del 95 % del valor de las participaciones en entidades, con cotización o sin cotización en mercados organizados, por la parte que corresponda en razón de la proporción existente entre los activos necesarios para el ejercicio de la actividad empresarial o profesional, minorados en:

— El importe de las deudas derivadas de la misma.
— El valor del patrimonio neto de cada entidad.

---

549 Vid. artículo 40 de la Ley autonómica 19/2010, de 7 de junio, de regulación del Impuesto sobre Sucesiones y Donaciones.

550 Vid. artículo 41 de la Ley autonómica 19/2010, de 7 de junio, de regulación del Impuesto sobre Sucesiones y Donaciones.

En caso de donación de participaciones en sociedades laborales, la reducción establecida es del 97%.

La reducción no se aplica en ningún caso a las participaciones en Instituciones de Inversión Colectiva.

Para poder disfrutar de la reducción es preciso que se cumplan los requisitos establecidos en el artículo 42 de la Ley 19/2010 de 7 junio, de regulación del Impuesto sobre Sucesiones y Donaciones.

El disfrute definitivo de la reducción establecida en la presente sección queda condicionado al mantenimiento en el patrimonio del donatario, durante los 5 años siguientes a la donación, o al negocio jurídico equiparable, y salvo que el donatario fallezca en este plazo, de los elementos que han sido objeto de la donación, así como al cumplimiento, durante el mismo plazo y con la misma excepción, de los requisitos.

Esta regla de mantenimiento está vigente también para hechos imponibles devengados antes del 1 de enero de 2010.

c) Reducción por donación de participaciones en entidades a personas con vínculos laborales o profesionales[551].

En las donaciones o cualquier otro negocio jurídico gratuito equiparable entre vivos a favor de personas que, sin tener la relación de parentesco, adquieran participaciones en entidades, con cotización o sin cotización en mercados organizados, puede aplicarse a la base imponible una reducción del 95% del valor de las participaciones adquiridas, por la parte que corresponda en razón de la proporción existente entre los activos necesarios para el ejercicio de la actividad empresarial o profesional, minorados en:

— El importe de las deudas derivadas de la misma.

— El valor del patrimonio neto de cada entidad.

La reducción establecida no se aplica en ningún caso a las participaciones en Instituciones de Inversión Colectiva.

Para poder disfrutar de la reducción es preciso que se cumplan los requisitos del artículo 45 de la Ley 19/2010 de 7 junio, de regulación del Impuesto sobre Sucesiones y Donaciones, a saber: que el donante haya cumplido sesenta y cinco años, o se halle en situación de incapacidad permanente absoluta o de gran invalidez; que la entidad no tenga como actividad principal, la gestión de un patrimonio mobiliario o inmobiliario; que la participación del donante en el capital de la entidad sea al menos del 5 %, computado individualmente, o del 20 %, computado conjuntamente con el cónyuge, los descendientes, los ascendientes o los colaterales hasta el tercer grado del donante, tanto por consanguinidad o adopción como por afinidad; que el donante haya ejercido efectivamente funciones de dirección en la entidad y haya percibido por esta tarea una remuneración que constituya al menos

[551] Vid. artículo 44 de la Ley autonómica 19/2010, de 7 de junio, de regulación del Impuesto sobre Sucesiones y Donaciones.

el 50 % de la totalidad de los rendimientos de actividades económicas y del trabajo personal; que el donante, en la fecha de la donación, si ejerce funciones de dirección en la entidad, deje de ejercerlas y deje de percibir las correspondientes remuneraciones; que el donatario tenga una vinculación laboral o de prestación de servicios con la entidad cuyas participaciones son objeto de adquisición gratuita, con una antigüedad mínima de diez años, y que haya ejercido funciones de dirección en la misma como mínimo los cinco años anteriores a esta fecha; que la participación del donatario en el capital de la entidad resultante de la donación sea de más del 50 %.

El disfrute definitivo de la reducción indicada queda condicionado a los siguientes requisitos:

El donatario debe mantener en su patrimonio, durante los 5 años siguientes a la donación, o al negocio jurídico equiparable, y salvo que fallezca en este plazo, los elementos que han sido objeto de la donación, y debe continuar ejerciendo en la entidad, durante el mismo plazo y con la misma excepción, funciones de dirección.

La entidad no puede tener como actividad principal, la gestión de un patrimonio mobiliario o inmobiliario.

d) Reducción por la donación de dinero para constituir o adquirir una empresa individual o un negocio profesional o para adquirir participaciones en entidades

Se establece con carácter de reducción propia la donación de dinero a favor de descendientes menores de 41 años para constituir o adquirir una empresa individual o un negocio profesional o para adquirir participaciones en entidades[552].

En las donaciones de dinero a favor de descendientes para constituir o adquirir una empresa individual o un negocio profesional o para adquirir participaciones en entidades, siempre y cuando la empresa, el negocio o la entidad tengan su domicilio social y fiscal en Cataluña, puede aplicarse a la base imponible una reducción del 95 % del importe dado, con una reducción máxima de 125.000 euros, límite que se fija en 250.000 euros para los donatarios que tengan un grado de discapacidad igual o superior al 33 %[553].

Los importes máximos se aplican tanto en caso de una única donación de dinero como en caso de donaciones sucesivas o simultáneas, que a tal efecto son acumulables, tanto si provienen del mismo ascendiente como si provienen de distintos ascendientes.

En caso de donaciones sucesivas, sólo puede aplicarse la reducción, a las que se hayan realizado en los 6 meses anteriores a la constitución o la adquisición de la empresa o negocio o a la adquisición de las participaciones.

---

552 Vid. artículo 48 de la Ley autonómica 19/2010, de 7 de junio, de regulación del Impuesto sobre Sucesiones y Donaciones.

553 Vid. artículo 47 de la Ley autonómica 19/2010, de 7 de junio, de regulación del Impuesto sobre Sucesiones y Donaciones.

Para poder disfrutar de la reducción es preciso que se cumplan los requisitos establecidos en el artículo 48 de la Ley 19/2010 de 7 junio, de regulación del Impuesto sobre Sucesiones y Donaciones[554].

El disfrute definitivo de la reducción queda condicionado al hecho de que el donatario continúe ejerciendo funciones de dirección en la entidad durante los 5 años siguientes a la donación, o al negocio jurídico equiparable, salvo que el donatario fallezca en este plazo, así como al mantenimiento en el patrimonio del donatario, durante el mismo plazo y con la misma excepción, de los bienes resultantes de la donación, o de bienes subrogados de valor equivalente.

e) Reducción por la donación de bienes del patrimonio cultural[555]

En las donaciones o cualquier otro negocio jurídico gratuito equiparable entre vivos a favor del cónyuge o los descendientes, puede aplicarse a la base imponible una reducción del 95 % del valor de los bienes culturales de interés nacional y de los bienes muebles catalogados que hayan sido calificados e inscritos de acuerdo con la Ley 9/1993, de 30 de septiembre, del patrimonio cultural catalán, una reducción del 95 % del valor de los bienes integrantes del patrimonio histórico o cultural de otras comunidades autónomas que hayan sido calificados e inscritos de acuerdo con la normativa específica correspondiente y una reducción del 95 % del valor de los bienes a que se

[554] Este precepto, dice: para poder disfrutar de la reducción establecida en la presente sección, es preciso que se cumplan los siguientes requisitos: la donación debe formalizarse en escritura pública, otorgada en el plazo de un mes a contar desde la fecha de entrega del dinero; debe hacerse constar de forma expresa en la escritura que el donatario destina el dinero dado exclusivamente a la constitución o adquisición de su primera empresa individual o de su primer negocio profesional o a la adquisición de sus primeras participaciones en entidades que cumplen los requisitos que determina el presente artículo; el donatario no puede tener más de cuarenta años en la fecha de formalización de la donación; la constitución o la adquisición de la empresa individual o el negocio profesional o la adquisición de las participaciones debe producirse en el plazo de seis meses a contar desde la fecha de formalización de la donación; el patrimonio neto del donatario en la fecha de formalización de la donación no puede ser superior a 300.000 euros; la empresa, el negocio o la entidad no pueden tener como actividad principal, la gestión de un patrimonio mobiliario o inmobiliario; en caso de adquisición de una empresa o un negocio o de adquisición de participaciones en entidades, no puede haber ninguna vinculación entre la empresa, el negocio o la entidad y el donatario; en caso de adquisición de una empresa o un negocio, el importe de la cifra de negocios neto del último ejercicio cerrado antes de la fecha de adquisición no puede superar los siguientes límites: tres millones de euros, en caso de adquisición de una empresa individual, un millón de euros, en caso de adquisición de un negocio profesional; en caso de adquisición de participaciones en una entidad, exceptuando las empresas de economía social, las cooperativas de trabajo asociado y las sociedades laborales, además de los límites del importe de la cifra de negocio neto, es preciso cumplir los siguientes requisitos: las participaciones adquiridas por el donatario deben constituir al menos el 50 % del capital social de la entidad; finalmente, establece que el donatario debe ejercer efectivamente funciones de dirección en la entidad.

[555] Vid. artículo 50 de la Ley autonómica 19/2010, de 7 de junio, de regulación del Impuesto sobre Sucesiones y Donaciones.

refieren los apartados 1 y 3 del artículo 4 de la Ley estatal 19/1991, de 6 de junio, del Impuesto sobre el Patrimonio.

El disfrute definitivo de la reducción queda condicionado al mantenimiento de los bienes objeto de la donación en el patrimonio del donatario durante los 5 años siguientes a la donación, o al negocio jurídico equiparable, salvo que en este plazo fallezca el donatario o los bienes sean adquiridos por la Generalidad o por un ente local territorial de Cataluña.

f) Reducción por la donación de una vivienda que ha de ser la primera vivienda habitual o dinero destinado a la adquisición de dicha vivienda[556]

En las donaciones a descendientes de una vivienda que debe constituir su primera vivienda habitual o de dinero destinado a la adquisición de dicha primera vivienda habitual, puede aplicarse una reducción del 95% del valor de la vivienda o el importe dados, con una reducción máxima de 60.000 euros, límite que se fija en 120.000 euros para los donatarios que tengan un grado de discapacidad igual o superior al 65 %.

Los importes máximos se aplican tanto en caso de una única donación como en caso de donaciones sucesivas o simultáneas, que a tal efecto son acumulables, tanto si son exclusivamente dinerarias como si combinan donación de vivienda y donación de dinero, y tanto si provienen del mismo ascendiente como si provienen de diferentes ascendientes.

En las donaciones de dinero, la reducción sólo puede aplicarse a las que se han hecho dentro de los 3 meses anteriores a la adquisición de la vivienda.

Para poder disfrutar de la reducción establecida en la presente sección, es preciso que se cumplan los requisitos establecidos en el artículo 55 de la Ley 19/2010 de 7 junio 2010, de regulación del Impuesto sobre Sucesiones y Donaciones.

g) Reducción por aportaciones a patrimonios protegidos de discapacidades[557]

En la parte de las aportaciones a patrimonios protegidos de discapacidades que, en tanto que exceda el importe máximo fijado por ley para tener la consideración de rendimientos del trabajo personal del discapacitado quede gravada por el Impuesto sobre Sucesiones y Donaciones como transmisión lucrativa entre vivos, puede aplicarse en la base imponible una reducción del 90 % del importe excedente, siempre y cuando las aportaciones cumplan los requisitos y las formalidades que determina la Ley 41/2003 de 18 noviembre, de protección patrimonial de las personas con discapacidad y de modificación del Código Civil, de la Ley de Enjuiciamiento Civil y de la Normativa Tributaria con esta finalidad.

---

[556] Vid. artículo 54 de la Ley autonómica 19/2010, de 7 de junio, de regulación del Impuesto sobre Sucesiones y Donaciones.

[557] Vid. artículo 56 de la Ley autonómica 19/2010, de 7 de junio, de regulación del Impuesto sobre Sucesiones y Donaciones.

ESQUEMA: REDUCCIONES ADQUISICIONES "INTER VIVOS" AUTONÓMICA BASE IMPONIBLE

Reducción por donación de un negocio empresarial o profesional. A favor de cónyuge, descendientes, ascendientes o a los colaterales hasta el tercer grado del donante tanto por consanguinidad o adopción como por afinidad. Se exige que la actividad sea ejercida por el donante de forma habitual, personal y directa. Cuantía reducción: 95% del valor neto de los elementos patrimoniales afectos a una actividad empresarial o profesional del causante.
Reducción por donación de un negocio empresarial o profesional para el caso de personas sin parentesco. Se exige requisitos similares a los indicados en el apartado anterior. Con carácter particular exige tener una relación laboral o de servicios con la empresa o negocio profesional del donante con una antigüedad mínima de 10 años y tener encomendadas tareas de responsabilidad en la gestión o dirección de la empresa o negocio del donante con una antigüedad mínima de 5 años.
Reducción por donación de participaciones en entidades. Se exigen similares requisitos y condiciones que para los casos de transmisiones "mortis causa". Mantenimiento de los bienes en el donatario durante los cinco años siguientes a la donación o equiparable. Cuantía reducción: 95% o 97% en caso de sociedades laborales, del valor de las participaciones.
Reducción propia por donación de participaciones en entidades para el caso de personas sin parentesco. Con carácter particular exige tener una vinculación laboral o de servicios con la entidad cuyas participaciones son objeto de adquisición gratuita con una antigüedad mínima de 10 años, que la participación del donatario en el capital de la entidad resultante de la donación sea del 50%. El donatario debe mantener en su patrimonio durante los cinco años siguientes los elementos que han sido objeto de la donación. Cuantía reducción: 95% o 97% en caso de sociedades laborales del valor de las participaciones.
Reducción propia por donación de dinero a menores de 41 años para adquirir empresa, negocio profesional o participaciones en entidades. Se exige entre otros requisitos, que: la constitución o adquisición de la empresa deba producirse en el plazo de seis meses desde la fecha de formalización de la donación, el patrimonio del donatario no sea superior a 300.000 euros, que en caso de adquisición de una empresa o negocio el importe de la cifra de negocios neto del último ejercicio cerrado antes de la fecha de dicha adquisición no supere los tres millones de euros en caso de adquisición de empresa individual o de un millón de euros en caso de adquisición de negocio profesional y que el donatario ejerza funciones de dirección en la entidad o negocio. Cuantía de la reducción: 95% del importe dado, con una reducción máxima de 125.000 euros con carácter general, límite que se aumenta a 250.000 euros en caso que los donatarios tengan un grado de discapacidad igual o superior al 33%.
Reducción propia por donación de bienes del patrimonio cultural a favor del cónyuge o descendientes. Deben mantenerse los bienes adquiridos en el patrimonio del adquirente durante los cinco años siguientes a la fecha de la muerte del causante. Cuantía reducción: 95% del valor de los bienes.
Reducción propia por donación a descendientes de vivienda que ha de constituir su vivienda habitual o por donación de dinero con el mismo destino. Importe de la reducción: 95% del valor de la vivienda o el importe dados, con una reducción máxima de 60.000 euros, límite que será de 120.000 euros en el caso de donatarios que tengan un grado de invalidez igual o superior al 65%.

Reducción propia por aportaciones a patrimonios protegidos de discapacitados. Cuantía de la reducción: 90% del importe del excedente gravado como transmisión lucrativa "inter vivos" al superar el importe máximo por ley para tener la consideración de rendimientos del trabajo del discapacitado. Se exige cumplir los requisitos y condiciones establecidos en la ley estatal de protección patrimonial de las personas con discapacidad, Ley 41/2003, de 18 de noviembre, y de la normativa fiscal con esta finalidad.

8. Extremadura

La Comunidad Autónoma de Extremadura ha establecido las siguientes reducciones en adquisiciones "mortis causa": por parentesco, por minusvalía, adquisiciones vivienda habitual, adquisiciones explotaciones agrarias, adquisición de una empresa individual o negocio profesional o de participaciones en entidades, por cónyuges o descendientes o por terceros que mantengan relación laboral.

A su vez, ha fijado las siguientes reducciones por adquisiciones "inter vivos": por la donación a los hijos y descendientes de un solar o del derecho de sobre edificación destinado a la construcción de la primera vivienda que vaya a constituir su residencia habitual, por las cantidades donadas a los hijos y descendientes de cantidades destinadas a constituir o adquirir una empresa individual o un negocio profesional, o para adquirir participaciones en entidades, por donaciones a los hijos y descendientes de cantidades destinadas a formación de postgrado, por las cantidades de dinero recibidas por los hijos y descendientes destinadas a la adquisición de la primera vivienda habitual de los donatarios, donación de la vivienda a los hijos y descendientes que vayan a destinarla para su primera vivienda habitual, donaciones a los descendientes y cónyuge de una explotación agraria situada en Extremadura o de derechos de usufructo sobre la misma, donaciones a los hijos y descendientes de inmuebles destinados a desarrollar una actividad empresarial, excepto la de arrendamiento, o un negocio profesional, y por adquisición de una empresa individual, negocio profesional o de participaciones en entidades societarias que no coticen en mercados organizados.

Asimismo, ha fijado la equiparación de los miembros de las parejas de hecho inscritas en el Registro de Parejas de Hecho de la Comunidad a los cónyuges.

A.- *Reducciones en adquisiciones "mortis causa"*

a) Mejora por parentesco[558]

Se establece una reducción en adquisiciones por descendientes y adoptados menores de veintiún años de 18.000 euros, más 6.000 euros por cada año menos de 21 que tenga el causahabiente, sin que la reducción pueda exceder de 70.000 euros.

[558] Vid. artículo 16 del Decreto Legislativo 1/2013, de 21 de mayo, por el que se aprueba el Texto Refundido de las disposiciones legales de la Comunidad en materia de tributos cedidos por el Estado.

b) Mejora por minusvalía[559]

En las adquisiciones por causa de muerte, además de la reducción que les pudiera corresponder en función de su grado de parentesco con el causante, las personas que tengan la condición legal de minusválidos, podrán aplicar sobre la base imponible una reducción de acuerdo con la siguiente escala:

60.000 euros, por las adquisiciones por personas discapacitadas cuando el grado de discapacidad es igual o superior al 33 por 100 e inferior al 50 por 100; 120.000 euros si el grado de discapacidad es igual o superior al 50 por 100 e inferior al 65 por 100; 180.000 euros si el grado de discapacidad es igual o superior al 65 por 100.

c) Reducción propia cuando el caudal hereditario del causante no sea superior a 600.000 euros[560].

Para el disfrute de este beneficio se han establecido los siguientes requisitos:

Que el beneficiario esté comprendido en los Grupos I y II, es decir, descendientes y adoptados menores de 21 años, descendientes o adoptados de 21 años o más y cónyuges, ascendientes o adoptantes.

Que su patrimonio preexistente no supere los 300.000 euros.

El importe de esta reducción de la base imponible consistirá en una cantidad variable, la cual sumada al de las restantes reducciones aplicables por el contribuyente, excluida la relativa a los que padezcan una minusvalía igual o superior al 33% o una incapacidad permanente equiparable, deberá ser igual a 175.000 euros. Si la suma de las restantes reducciones fuera igual o superior a 175.000 euros no procedería la reducción.

La aplicación del beneficio fiscal establecido en este precepto solo podrá solicitarse por los obligados tributarios durante el plazo de presentación de la declaración o autoliquidación del impuesto.

b) Mejora de la reducción por adquisición de la vivienda habitual

En las adquisiciones de la vivienda habitual del causante, con los límites y requisitos establecidos en la norma estatal, se aplicarán las reducciones conforme a la siguiente escala[561]:

---

[559] Vid. artículo 17 del Decreto Legislativo 1/2013, de 21 de mayo, por el que se aprueba el Texto Refundido de las disposiciones legales de la Comunidad en materia de tributos cedidos por el Estado.

[560] Vid. artículo 15 del Decreto Legislativo 1/2013, de 21 de mayo, por el que se aprueba el Texto Refundido de las disposiciones legales de la Comunidad en materia de tributos cedidos por el Estado.

[561] Vid. artículo 18 del Decreto Legislativo 1/2013 de 21 de mayo, por el que se aprueba el Texto Refundido de las disposiciones legales de la Comunidad Autónoma de Extremadura en materia de tributos cedidos por el Estado.

Valor real del inmueble (en euros)	Porcentaje de reducción
Hasta 122.000 euros	100%
Desde 122.000,01 hasta 152.000 euros	99%
Desde 152.000,01 hasta 182.000 euros	98%
Desde 182.000,01 hasta 212.000 euros	97%
Desde 212.000,01 hasta 242.000 euros	96%
Más de 242.000 euros	95%

Esta reducción será de aplicación con los mismos límites y requisitos establecidos en la legislación estatal.

c) Reducción propia por la adquisición de la vivienda habitual del causante acogida a determinadas modalidades de vivienda de protección pública[562].

La reducción será del 100 por 100 del valor de la vivienda habitual del causante situada en Extremadura, cuando concurran las siguientes circunstancias:

Que la vivienda esté acogida a determinadas modalidades de vivienda de protección pública y mantenga tal calificación en la fecha de fallecimiento del causante.

Que el adquirente sea el cónyuge, ascendientes o adoptantes, descendientes o adoptados que hayan convivido con el causante en el año anterior a la muerte y continúen en el uso de la misma durante los 5 años siguientes, salvo fallecimiento en ese plazo. Esta deducción la podrán aplicar, igualmente, las parejas de hecho que acrediten tal condición.

Que el adquirente mantenga en su patrimonio la adquisición durante los 5 años siguientes al fallecimiento del causante, salvo fallecimiento en ese plazo.

Que el adquirente tenga su residencia habitual en esta Comunidad.

d) Mejora de la reducción por adquisiciones de explotaciones agrarias[563].

Se fija la reducción en el 100 por 100 en las adquisiciones de explotaciones agrarias o del derecho de usufructo sobre las mismas, cuando se cumplan los requisitos de la Ley 19/1995, de Modernización de las Explotaciones Agrarias (en lugar de la estatal, 90 por 100 en caso general y 100 por 100 si continúa el cónyuge supérstite con la explotación).

---

[562] Vid. artículo 19 del Decreto Legislativo 1/2013, de 21 de mayo, por el que se aprueba el Texto Refundido de las disposiciones legales de la Comunidad en materia de tributos cedidos por el Estado.

[563] Vid. artículo 20 del Decreto Legislativo 1/2013, de 21 de mayo, por el que se aprueba el Texto Refundido de las disposiciones legales de la Comunidad en materia de tributos cedidos por el Estado.

e) Adquisición de una empresa individual, negocio profesional o de participaciones en entidades[564]

Se establece con carácter de reducción propia.

La reducción será del 100 por 100 del valor de una empresa individual, negocio profesional o de participaciones en entidades, exigiéndose a tal efecto el cumplimiento de los siguientes requisitos:

La empresa individual, el negocio profesional o las participaciones deben estar exentos en el Impuesto sobre el Patrimonio.

La actividad debe ejercerse en el territorio de la Comunidad.

La adquisición debe corresponder al cónyuge o descendientes y, a falta de éstos, a los ascendientes y colaterales por consanguinidad, hasta el tercer grado del causante.

En el caso de adquisición de participaciones tienen que representar al menos el 50 por 100 del capital social de la entidad, ya sea computado de forma individual o conjuntamente con su cónyuge, descendientes, ascendientes o parientes colaterales hasta el tercer grado por consanguinidad. Además, la entidad tenedora de las participaciones no puede cotizar en mercados organizados.

La adquisición debe mantenerse en el patrimonio del sujeto pasivo durante los 5 años siguientes al fallecimiento del causante.

El domicilio fiscal de la empresa o negocio debe mantenerse durante los 5 años siguientes al fallecimiento del causante en la Comunidad de Extremadura.

No podrá aplicarse esta reducción cuando la empresa o el negocio tengan por objeto la gestión de un patrimonio mobiliario o inmobiliario.

Esta reducción es incompatible, para una misma adquisición, con las establecidas en la normativa estatal.

f) Mejora de la reducción por adquisición de empresas individuales, negocios profesionales y participaciones en entidades por personas sin relación de parentesco con el causante.

Se establece una reducción del 95% en la base imponible para aquellas personas que sin tener relación de parentesco con el causante a la fecha de su adquisición tenga un contrato laboral o tengan encomendadas tareas de responsabilidad en la gestión o dirección en la empresa o negocio a la fecha del fallecimiento del causante y con una antigüedad mínima en el ejercicio de éstas de tres años[565].

---

[564] Vid. artículo 21 del Decreto Legislativo 1/2013, de 21 de mayo, por el que se aprueba el Texto Refundido de las disposiciones legales de la Comunidad en materia de tributos cedidos por el Estado, modificado por el artículo 4 de la Ley autonómica 6/2013, de 13 de diciembre, de medidas tributarias de impulso a la actividad económica.

[565] Vid. artículo 3 de la Ley autonómica 6/2013, de 13 de diciembre, de medidas tributarias de impulso a la actividad económica.

ESQUEMA: REDUCCIONES ADQUISICIONES "MORTIS CAUSA" AUTONÓMICA BASE IMPONIBLE

Mejora reducción por parentesco. Se establece a favor de adquisiciones por descendientes y adoptados menores de veintiún años, 18.000 euros, más 6.000 euros por cada año menos de 21 que tenga el causahabiente, sin que la reducción pueda exceder de 70.000 euros.
Mejora reducción por minusvalía. En las adquisiciones por causa de muerte, además de la reducción que les pudiera corresponder en función de su grado de parentesco con el causante, las personas que tengan la condición legal de minusválidos, podrán aplicar sobre la base imponible una reducción de acuerdo con la siguiente escala: 60.000 euros, por las adquisiciones por personas discapacitadas cuando el grado de discapacidad es igual o superior al 33 por 100 e inferior al 50 por 100; 120.000 euros si el grado de discapacidad es igual o superior al 50 por 100 e inferior al 65 por 100; 180.000 euros si el grado de discapacidad es igual o superior al 65 por 100.
Reducción propia cuando el caudal hereditario del causante no sea superior a 600.000 euros. A favor de descendientes y adoptados menores de 21 años, descendientes o adoptados de 21 años o más y cónyuges, ascendientes o adoptantes. Se exige que su patrimonio preexistente no supere los 300.000 euros. El importe de esta reducción de la base imponible consistirá en una cantidad variable, la cual sumada al de las restantes reducciones aplicables por el contribuyente, excluida la relativa a los que padezcan una minusvalía igual o superior al 33% o una incapacidad permanente equiparable, deberá ser igual a 175.000 euros. Si la suma de las restantes reducciones fuera igual o superior a 175.000 euros no procedería la reducción. La aplicación del beneficio fiscal establecido en este precepto solo podrá solicitarse por los obligados tributarios durante el plazo de presentación de la declaración o autoliquidación del impuesto. Compatible con la reducción general por parentesco y demás reducciones aplicables.
Mejora de la reducción por adquisición de la vivienda habitual. Se aplica en las adquisiciones de la vivienda habitual del causante, con los límites y requisitos establecidos en la norma estatal. Cuantía: se fija según valor inmueble.
Reducción propia por la adquisición de la vivienda habitual del causante acogida a determinadas modalidades de vivienda de protección pública. La reducción será del 100 por 100 del valor de la vivienda habitual del causante situada en Extremadura, cuando concurran determinadas circunstancias. Esta deducción la podrán aplicar, igualmente, las parejas de hecho que acrediten tal condición. El adquirente ha de mantener en su patrimonio la adquisición durante los 5 años siguientes al fallecimiento del causante, salvo fallecimiento en ese plazo. El adquirente ha de tener su residencia habitual en esta Comunidad. Incompatible con la reducción estatal de adquisición de vivienda habitual.
Mejora de la reducción por adquisiciones de explotaciones agrarias. Se fija la reducción en el 100 por 100 en las adquisiciones de explotaciones agrarias o del derecho de usufructo sobre las mismas, cuando se cumplan los requisitos de la Ley 19/1995, de Modernización de las Explotaciones Agrarias. Incompatible con la reducción autonómica de empresa individual y con la estatal de igual naturaleza.

Mejora reducción por adquisición de empresa individual, negocio profesional o participaciones en entidades sin relación de parentesco con el causante. Se exigen determinadas condiciones. Cuantía: 95% de la base imponible.
Reducción propia por adquisición de una empresa individual, negocio profesional o de participaciones en entidades. La adquisición debe corresponder al cónyuge o descendientes y, a falta de éstos, a los ascendientes y colaterales por consanguinidad, hasta el tercer grado del causante. Cuantía de la reducción: 100 por 100 del valor de una empresa individual, negocio profesional o de participaciones en entidades, exigiéndose a tal efecto el cumplimiento de determinados requisitos. Esta reducción es incompatible, para una misma adquisición, con las establecidas en la normativa estatal.

B. Reducciones en adquisiciones "inter vivos"

a) Por la donación a los hijos y descendientes de dinero destinado a la adquisición de la primera vivienda que vaya a constituir su residencia habitual[566].

En las donaciones a los hijos y descendientes de cantidades destinadas a la adquisición de la primera vivienda habitual se aplicará una reducción propia del 99% del importe de las donaciones con el límite de 122.000 euros.

La aplicación de esta reducción exige el cumplimiento de los siguientes requisitos:

Los hijos y descendientes han de ser mayores de edad o menores emancipados.

La vivienda debe estar ubicada en territorio de la comunidad.

Las donaciones deben formalizarse en escritura pública.

El donatario debe adquirir la vivienda en el plazo máximo de seis meses a partir de la donación.

El donatario debe mantenerla en su patrimonio durante los cinco años siguientes a su donación.

No tienen derecho los contribuyentes a los que corresponda la aplicación de un coeficiente multiplicador superior a 1.

b) Reducción en la donación de vivienda habitual a descendientes[567].

En las donaciones a los hijos y descendientes de una vivienda que vaya a constituir su residencia habitual se aplicará una reducción propia del 99% del importe de las donaciones con el límite de 122.000 euros.

La aplicación de esta reducción exige el cumplimiento de los siguientes requisitos:

---

[566] Vid. artículo 22 del Decreto Legislativo 1/2013, de 21 de mayo, por el que se aprueba el Texto Refundido de las disposiciones legales de la Comunidad en materia de tributos cedidos por el Estado.

[567] Vid. artículo 23 del Decreto Legislativo 1/2013, de 21 de mayo, por el que se aprueba el Texto Refundido de las disposiciones legales de la Comunidad en materia de tributos cedidos por el Estado.

Los hijos y descendientes han de ser mayores de edad o menores emancipados.

La vivienda debe estar ya construida y ubicada en el territorio de la comunidad.

La transmisión será del pleno dominio, sin que los donantes puedan reservarse parte del inmueble o derechos de usufructo, uso y habitación.

Deberá ser la primera vivienda que adquiera el donatario y debe constituir su residencia habitual.

El donatario ha de conservar en su patrimonio la vivienda durante los cinco años siguientes a la donación salvo que fallezca durante ese plazo.

c) Reducción por la donación a los hijos y descendientes de un solar o del derecho de sobre edificación destinado a la construcción de la primera vivienda que vaya a constituir su residencia habitual[568].

Se fija una reducción del 99 por 100 por la donación a los hijos y descendientes, sobre los primeros 80.000 euros, de un solar o del derecho de sobreedificación destinado a la construcción de la primera vivienda que vaya a constituir su residencia habitual, exigiéndose los siguientes requisitos:

El solar o el derecho de sobreedificación donado debe estar situado o ejercerse en uno de los municipios de la Comunidad.

La transmisión será del pleno dominio sobre la totalidad del solar o del derecho de sobreedificación, sin que los donantes puedan reservarse derechos de usufructo, uso y habitación.

La vivienda deberá estar construida en el plazo máximo de 4 años desde que se otorgue el documento público de donación. A efectos de su acreditación, deberá aportarse la correspondiente cédula de habitabilidad o la licencia de primera ocupación.

El donatario no puede ser titular de otra vivienda en propiedad en el momento de la formalización de la donación.

La vivienda construida sobre el solar, o tras ejercer el derecho de sobre edificación donado, deberá permanecer en el patrimonio del donatario durante los cinco años siguientes a la fecha de obtención de la cédula de habitabilidad o de la licencia de primera ocupación, salvo que fallezca durante ese plazo o concurran circunstancias que necesariamente exijan el cambio de vivienda, tales como separación matrimonial, traslado laboral, obtención del primer empleo, de empleo más ventajoso u otras análogas.

En el supuesto de que un mismo solar o derecho de sobreedificación se done por los ascendientes a más de uno de sus descendientes, se aplicará esta reducción sobre la porción adquirida a los que individualmente reúnan las condiciones especificadas en los apartados anteriores.

---

[568] Vid. artículo 24 del Decreto Legislativo 1/2013, de 21 de mayo, por el que se aprueba el Texto Refundido de las disposiciones legales de la Comunidad en materia de tributos cedidos por el Estado.

No tienen derecho a esta reducción los contribuyentes a los que corresponda la aplicación de un coeficiente multiplicador superior al del primer tramo de la escala regulada en la normativa estatal.

d) Reducción en las donaciones de empresas individuales, negocios profesionales y participaciones en entidades[569].

Se fija una reducción propia en las donaciones de empresas individuales, negocios profesionales y participaciones en entidades que no coticen en mercados organizados del 99% del valor de la empresa, negocio o participación, siempre que concurran las siguientes circunstancias:

— Que sea de aplicación la exención regulada en el artículo 4, apartado 8º de la Ley 19/1991, de 6 de junio, del Impuesto sobre el Patrimonio.
— Que la actividad se ejerza en territorio de la Comunidad Autónoma.
— Que el donante tenga 65 años o más o se encuentre en situación de incapacidad permanente, en grado de absoluta o gran invalidez y que, si viniera ejerciendo funciones de dirección, dejase de ejercer y percibir remuneraciones por el ejercicio de dichas funciones desde el momento de la transmisión. Los donatarios han de ser los descendientes, el cónyuge del donante, ascendientes o descendientes hasta el tercer grado.
— Que el donatario mantenga lo adquirido en su patrimonio durante los cinco años siguientes a la fecha de la escritura pública de donación, salvo fallecimiento dentro de ese plazo.
— Que se mantenga el domicilio fiscal de la empresa o negocio o el domicilio fiscal y social de le entidad societaria en el territorio de la comunidad durante los cinco años siguientes a la fecha de escritura pública de donación.
— Que tratándose de adquisición de participaciones societarias, el donatario alcance al menos el 50 por 100 del capital social, ya sea computado de forma individual o conjuntamente con su cónyuge, descendientes, ascendientes, o parientes colaterales hasta el tercer grado por consanguinidad.

e) Reducción por la adquisición "inter vivos" de empresas individuales, negocios profesionales y participaciones en entidades por personas sin relación de parentesco con el causante.

Se regula en los mismos términos que la similar reducción aplicable a los supuestos de adquisición "mortis causa"[570].

---

[569] Vid. artículo 26 del Decreto Legislativo 1/2013, de 21 de mayo, por el que se aprueba el Texto Refundido de las disposiciones legales de la Comunidad en materia de tributos cedidos por el Estado, según redacción dada por el artículo 7 de la Ley autonómica 6/2013, de 13 de diciembre, de medidas tributarias de impulso a la actividad económica.

[570] Vid. artículo 5 de la Ley autonómica 6/2013, de 13 de diciembre, de medidas tributarias de impulso a la actividad económica.

f) Reducción en las donaciones a parientes de cantidades destinadas a constituir o ampliar una empresa individual, un negocio profesional o para adquirir participaciones en entidades[571].

Se fija una reducción propia del 99 por 100 en las donaciones destinadas a constituir o adquirir una empresa individual o un negocio profesional, sobre los primeros 300.000 euros del valor comprobado del bien donado, sin perjuicio de lo establecido en el artículo 30 del Decreto Legislativo 1/2013, del 13 de mayo.

La aplicación de esta reducción queda sometida al cumplimiento de los siguientes requisitos:

La donación debe formalizarse en escritura pública y en ella debe constar de forma expresa la voluntad de que el dinero donado se destina por parte del donatario a la constitución o ampliación de empresa individual, o de negocio profesional, o a la adquisición de participaciones sociales en entidades que cumplan los requisitos previstos.

El donatario debe ser mayor de edad o menor emancipado en la fecha de formalización de la donación.

La constitución o ampliación de la empresa individual, del negocio profesional o de las participaciones sociales tiene que llevarse a cabo en el plazo máximo de seis meses desde la formalización de la donación.

En el caso de adquisición de participaciones de una entidad deberán cumplirse además los siguientes requisitos:

— Debe de tratarse de participaciones en entidades que, con forma de sociedad anónima o limitada, realicen una actividad empresarial o profesional prevista en su objeto social.
— Las participaciones adquiridas por el donatario tienen que representar, como mínimo, el 50 por 100 del capital social de la entidad.
— El donatario tiene que ejercer efectivamente funciones de dirección en la entidad.
— Tanto en el caso de adquirir una empresa o un negocio profesional como en el supuesto de adquirir participaciones sociales, no tiene que existir ninguna vinculación en los términos del artículo 16 del Real Decreto Legislativo 4/2004, de 5 de marzo, por el que se aprueba el Texto Refundido de la Ley del Impuesto sobre Sociedades.
— Que se mantenga el domicilio fiscal de la empresa o negocio o el domicilio fiscal y social de la entidad societaria en el territorio de la comunidad durante los cinco años siguientes a la fecha de escritura pública de donación.
— Que el donatario mantenga lo adquirido en su patrimonio durante los cinco años siguientes a la fecha de la escritura pública de donación, salvo fallecimiento dentro de ese plazo.

[571] Vid. artículo 25 del Decreto Legislativo 1/2013, de 21 de mayo, por el que se aprueba el Texto Refundido de las disposiciones legales de la Comunidad en materia de tributos cedidos por el Estado,en su redacción dada por el artículo 6 de la Ley autonómica 6/2013, de 13 de diciembre, de medidas tributarias para el impulso de la actividad económica.

g) Reducción por donaciones a los descendientes y cónyuge de una explotación agraria situada en la Comunidad o de derechos de usufructo sobre la misma.

Se fija una reducción del 99 por 100 en las donaciones a los descendientes y cónyuge de una explotación agraria situada en Extremadura o de derechos de usufructo sobre la misma cuando se cumplan los requisitos regulados en la Ley de Modernización de las Explotaciones Agrarias[572].

h) Reducción en las donaciones a descendientes de cantidades destinadas a formación[573].

En las donaciones a los hijos y descendientes de cantidades destinadas a formación de postgrado se aplicará una reducción propia de la Comunidad Autónoma del 99 por 100 sobre los primeros 120.000 euros de la cantidad donada, sin perjuicio de lo establecido en el artículo 30 del Texto Refundido relativo a las reducciones en donaciones a descendientes destinadas al desarrollo de una actividad económica y a la formación.

La aplicación de esta reducción queda sometida al cumplimiento de los siguientes requisitos:

— La donación debe formalizarse en escritura pública y en ella debe constar de forma expresa la voluntad de que el dinero donado se destina por parte del donatario a su formación de postgrado.
— El donatario debe ser mayor de edad o menor emancipado en la fecha de formalización de la donación.
— El donatario ha de tener un patrimonio inferior a 402.678,11 euros en la fecha de formalización de la donación.

Estos límites deben aplicarse tanto en el caso de una única donación como en el caso de donaciones sucesivas, ya provengan del mismo ascendiente o de diferentes ascendientes.

i) Reducción en las donaciones a descendientes de inmuebles destinados a desarrollar una actividad empresarial o un negocio profesional[574].

En las donaciones a los hijos y descendientes de inmuebles destinados a desarrollar una actividad empresarial, excepto la de arrendamiento, o un negocio profesional, se aplicará una reducción propia de la Comunidad Au-

---

[572] Vid. artículo 28 del Decreto Legislativo 1/2013, de 21 de mayo, por el que se aprueba el Texto Refundido de las disposiciones legales de la Comunidad en materia de tributos cedidos por el Estado.

[573] Vid. artículo 29 del Decreto Legislativo 1/2013, de 21 de mayo, por el que se aprueba el Texto Refundido de las disposiciones legales de la Comunidad en materia de tributos cedidos por el Estado.

[574] Vid. artículo 27 del Decreto Legislativo 1/2013, de 21 de mayo, por el que se aprueba el Texto Refundido de las disposiciones legales de la Comunidad en materia de tributos cedidos por el Estado, según redacción dada por el artículo 8 de la Ley autonómica 6/2013, de 13 de diciembre de medidas tributarias de impulso a la actividad económica.

tónoma del 99 por 100 sobre los primeros 300.000 euros de la cantidad donada, sin perjuicio de lo establecido en el artículo 30 del Texto Refundido relativo a las reducciones en donaciones a descendientes destinadas al desarrollo de una actividad económica y a la formación.

La aplicación de esta reducción queda sometida al cumplimiento de los siguientes requisitos:

- En la escritura pública en la que se formalice la donación debe constar de forma expresa que el inmueble donado se destinará exclusivamente por parte del donatario a la constitución de su primera empresa individual o de su primer negocio profesional.
- El donatario debe ser mayor de edad o menor emancipado en la fecha de formalización de la donación y estar dado de alta en el censo de empresarios, profesionales y retenedores previsto en la normativa estatal. El documento acreditativo del alta en el citado censo deberá ser incorporado por el notario a la escritura de donación.
- La constitución de la empresa individual o del negocio profesional tiene que llevarse a cabo en el plazo máximo de seis meses desde la formalización de la donación.
- El inmueble debe conservarse en el patrimonio del donatario durante los cinco años siguientes a la fecha de la donación, salvo que fallezca durante ese plazo.
- El donatario ha de tener un patrimonio inferior a 402.678,11 euros en la fecha de formalización de la donación.
- El domicilio fiscal de la empresa o del negocio ha de estar situado en el territorio de la Comunidad y mantenerse durante los cinco años siguientes a la fecha de la escritura pública de la donación.
- En el supuesto de que un mismo inmueble se done por los ascendientes a más de uno de sus descendientes, se aplicará esta reducción sobre la porción adquirida a los que individualmente reúnan las condiciones especificadas en los apartados anteriores.

Estos límites deben aplicarse tanto en el caso de una única donación como en el caso de donaciones sucesivas, ya provengan del mismo ascendiente o de diferentes ascendientes.

j) Reducción en las donaciones a descendientes destinadas al desarrollo de una actividad económica y a la formación[575].

Las reducciones en las donaciones a los hijos, descendientes, ascendientes o colaterales hasta el tercer grado destinadas al desarrollo de una actividad económica o a la formación a las que se refieren los artículos 25, 27 y 29 del Texto Refundido, no podrán superar en conjunto la cantidad de 300.000 euros.

---

575 Vid. artículo 30 del Decreto Legislativo 1/2013, de 21 de mayo, por el que se aprueba el Texto Refundido de las disposiciones legales de la Comunidad en materia de tributos cedidos por el Estado ,según redacción dada por el artículo 9 de la Ley autonómica 6/2013, de 13 de diciembre, de medidas tributarias de impulso a la actividad económica.

En el supuesto de no cumplirse cualquiera de los requisitos establecidos para disfrutar de los beneficios fiscales previstos en los artículos 25, 27 y 29 del Texto refundido, totalmente modificado el primer artículo y parcialmente el segundo, por la Ley 6/2013, de 13 de diciembre, deberá pagarse el impuesto que se hubiera dejado de ingresar como consecuencia de la reducción practicada y los correspondientes intereses de demora a los que se refiere el artículo 26. 6 de la Ley 58/2003, de 17 de diciembre, General Tributaria.

En el caso referido en el apartado anterior, el adquirente beneficiario de la reducción deberá presentar declaración complementaria acompañada, en su caso, de autoliquidación cuando se hubiera optado por este medio en su declaración inicial, ante la misma oficina gestora en la que se presentó la declaración anterior, dentro del plazo de un mes desde la fecha en que se produzca el incumplimiento.

ESQUEMA: REDUCCIONES ADQUISICIONES "INTER VIVOS" AUTONÓMICA BASE IMPONIBLE

Reducción propia por la donación a los hijos y descendientes de dinero destinado a la adquisición de la primera vivienda que vaya a constituir su residencia habitual. Cuantía: 99% del importe de las donaciones con el límite de 122.000 euros. La vivienda debe estar ubicada en territorio de la comunidad. Los hijos y descendientes han de ser mayores de edad o menores emancipados. El donatario debe adquirir la vivienda en el plazo máximo de seis meses a partir de la donación. El donatario debe mantenerla en su patrimonio durante los cinco años siguientes a su donación.
Reducción propia por donación a los hijos y descendientes de vivienda habitual que vaya a constituir su residencia habitual. Cuantía: 99% del importe de las donaciones con el límite de 122.000 euros. La aplicación de esta reducción exige el cumplimiento de determinados requisitos, entre ellos: deberá ser la primera vivienda que adquiera el donatario y debe constituir su residencia habitual, el donatario ha de conservar en su patrimonio la vivienda durante los cinco años siguientes a la donación salvo que fallezca durante ese plazo. Los hijos y descendientes han de ser mayores de edad o menores emancipados.
Reducción propia por la donación a los hijos y descendientes de un solar o del derecho de sobreedificación destinado a la construcción de la primera vivienda que vaya a constituir su residencia habitual. Cuantía: 99 por 100 por la donación sobre los primeros 80.000 euros, de un solar o del derecho de sobreedificación destinado a la construcción de la primera vivienda que vaya a constituir su residencia habitual. Se excluye esta reducción a los hijos y descendientes con patrimonio preexistente superior a 402.678,11 euros. Se exigen los siguientes requisitos: el solar o el derecho de sobreedificación donado debe estar situado o ejercerse en uno de los municipios de la Comunidad. La vivienda deberá estar construida en el plazo máximo de 4 años desde que se otorgue el documento público de donación. El donatario no puede ser titular de otra vivienda en propiedad en el momento de la formalización de la donación. La vivienda construida sobre el solar, o tras ejercer el derecho de sobre edificación donado, deberá permanecer en el patrimonio del donatario durante los cinco años siguientes a la fecha de obtención de la cédula de habitabilidad o de la licencia de primera ocupación.

Reducción propia en las donaciones de empresas individuales, negocios profesionales y participaciones en entidades que no coticen en mercados organizados. A favor del cónyuge del donante, ascendientes, descendientes y colaterales hasta el tercer grado. Cuantía reducción: 99% de las donaciones. Se exige, entre otros, los siguientes requisitos: que sea de aplicación la exención regulada en el artículo 4, apartado 8º de la Ley 19/1991, de 6 de junio, del Impuesto sobre el Patrimonio, que la actividad se ejerza en territorio de la Comunidad, que el donante tenga 65 años o más o se encuentre en situación de incapacidad permanente, en grado de absoluta o gran invalidez, que, si viniera ejerciendo funciones de dirección, dejase de ejercer y percibir remuneraciones por el ejercicio de dichas funciones desde el momento de la transmisión, que el donatario mantenga lo adquirido en su patrimonio durante los cinco años siguientes a la fecha de la escritura pública de donación, salvo fallecimiento dentro de ese plazo, que se mantenga el domicilio fiscal de la empresa o negocio o el domicilio fiscal y social de la entidad societaria en el territorio de la comunidad durante los cinco años siguientes a la fecha de escritura pública de donación, y que tratándose de adquisición de participaciones societarias, el donatario alcance al menos el 50 por 100 del capital social, ya sea computado de forma individual o conjuntamente con su cónyuge, descendientes, ascendientes, o parientes colaterales hasta el tercer grado por consanguinidad. Incompatible con la reducción estatal de empresa individual, negocio profesional y participaciones en entidades, así como las de la Ley de Modernización de Explotaciones Agrarias.
Reducción propia en las donaciones a descendientes de cantidades destinadas a constituir o ampliar una empresa individual, un negocio profesional o para ampliar participaciones en entidades. Cuantía de la reducción: 99 por 100 sobre los primeros 300.000 euros. La aplicación de esta reducción queda sometida al cumplimiento de los siguientes requisitos, entre otros: el donatario debe ser mayor de edad o menor emancipado en la fecha de formalización de la donación. La constitución o ampliación de la empresa individual, del negocio profesional o de las participaciones sociales tiene que llevarse a cabo en el plazo máximo de seis meses desde la formalización de la donación, y que el donatario mantenga lo adquirido en su patrimonio durante los cinco años siguientes a la fecha de la escritura pública de donación, salvo fallecimiento dentro de ese plazo. Base máxima de reducción: 300.000 euros, llegando a 450.000 euros en caso donatario con discapacidad.
Mejora de la reducción por donaciones a los descendientes y cónyuge, de una explotación agraria situada en la Comunidad o de derechos de usufructo sobre la misma. Cuantía: 99%. Exige se cumplan los requisitos regulados en la Ley de Modernización de las Explotaciones Agrarias. Incompatible con la reducción estatal de empresa individual.
Reducción en las donaciones a descendientes de cantidades destinadas a formación. Cuantía: 99 por 100 sobre los primeros 120.000 euros de la cantidad donada, sin perjuicio de lo establecido en el artículo 30 del Texto Refundido relativo a las reducciones en donaciones a descendientes destinadas al desarrollo de una actividad económica y a la formación. La aplicación de esta reducción queda sometida al cumplimiento de determinados requisitos, entre ellos: el donatario debe ser mayor de edad o menor emancipado en la fecha de formalización de la donación, el donatario ha de tener un patrimonio inferior a 402.678,11 euros en la fecha de formalización de la donación.

Reducción en las donaciones a descendientes de inmuebles destinados a desarrollar una actividad empresarial o un negocio profesional. A favor de hijos y descendientes. Cuantía: 99 por 100 sobre los primeros 300.000 euros de la cantidad donada, sin perjuicio de lo establecido en el artículo 30 del Texto Refundido relativo a las reducciones en donaciones a descendientes destinadas al desarrollo de una actividad económica y a la formación. La aplicación de esta reducción queda sometida al cumplimiento de ciertos requisitos, entre ellos: el donatario debe ser mayor de edad o menor emancipado en la fecha de formalización de la donación y estar dado de alta en el censo de empresarios, profesionales y retenedores previsto en la normativa estatal, el inmueble debe conservarse en el patrimonio del donatario durante los cinco años siguientes a la fecha de la donación, salvo que fallezca durante ese plazo, el donatario ha de tener un patrimonio inferior a 402.678,11 euros en la fecha de formalización de la donación, el domicilio fiscal de la empresa o del negocio ha de estar situado en el territorio de la Comunidad y mantenerse durante los cinco años siguientes a la fecha de la escritura pública de la donación.
Reducción en las donaciones a descendientes destinadas al desarrollo de una actividad económica y a la formación. Las reducciones en las donaciones a los hijos y descendientes destinadas al desarrollo de una actividad económica o a la formación a las que se refieren los artículos 25, 27 y 29 del Texto Refundido, no podrán superar en conjunto la cantidad de 300.000 euros. Queda sujeta al cumplimiento de ciertos requisitos.
Mejora reducción por adquisición "inter vivos", de empresa individual, negocio profesional o participaciones en entidades por personas sin relación de parentesco con el donante. Se exigen determinados requisitos. Cuantía de la reducción: 95% de la base imponible.

9. Galicia

La Comunidad Autónoma de Galicia ha establecido las siguientes reducciones:

Reducciones en las adquisiciones "mortis causa": por grupos de parentesco, reducción por indemnizaciones percibidas por los herederos de los afectados por el síndrome tóxico, reducción por prestaciones públicas extraordinarias por actos de terrorismo percibidas por los herederos, por la adquisición de vivienda habitual del causante por descendientes o adoptados, ascendientes o adoptantes y colaterales, por consanguinidad, adquisición de una empresa individual o de un negocio profesional o de participaciones en entidades o de derechos de usufructo sobre los mismos, adquisición de una explotación agraria ubicada en Galicia o de derechos de usufructo sobre la misma, adquisición fincas rústicas de dedicación forestal ubicadas en terrenos incluidos en la red gallega de espacios protegidos, y siempre que la adquisición corresponda al cónyuge, descendientes o adoptados, ascendientes o adoptantes o colaterales, por consanguinidad hasta el tercer grado inclusive del causante, y se mantengan las fincas, adquisición de parcelas forestales que formen parte de la superficie de gestión y comercialización conjunta de producciones que realicen agrupaciones de propietarios forestales dotadas de personalidad jurídica y reducción por la adquisición de todo tipo de bienes destinados a la constitución o adquisición de una empresa o negocio por hijos y descendientes.

Reducciones por adquisiciones "inter vivos": por donación a los hijos y descendientes de cantidades destinadas a la adquisición de su primera vivienda habitual, adquisición de empresa individual, negocio profesional o de participaciones en entidades, por adquisición en el caso de transmisión de participaciones de una explotación agraria o de derechos de usufructo sobre la misma, por adquisición de parcelas forestales que formen parte de la superficie de gestión y comercialización conjunta de producciones que realicen agrupaciones de propietarios forestales dotadas de personalidad jurídica y reducción por todo tipo de bienes destinados a la constitución o adquisición de una empresa o negocio por hijos y descendientes.

A. *Reducciones en adquisiciones "mortis causa"*

a) Mejora de la reducción por grupos de parentesco[576]:

Se han fijado las siguientes cuantías:

— Grupo I: 1.000.000 euros, más 100.000 euros por cada año que sean menores de 21 años, con un límite de 1.500.000 euros (en normativa estatal 15.956,87 euros más 3.990,72 euros por año).
— Grupo II: menores de 25 años: 900.000 euros menos 100.000 euros por cada año mayor de 21 hasta 24.
— Grupo II: 18.000 euros.
— Grupo III: 8.000 euros.

a) Mejora de la reducción por minusvalía[577]

Se ha establecido una reducción de 150.000 euros en las adquisiciones por personas con minusvalía cuyo grado de discapacidad sea igual o superior al 33 por 100 e inferior al 65 por 100. En el caso de que el contribuyente pertenezca al Grupo I ó II y tenga un grado de discapacidad igual o superior al 65 por 100, podrá reducir el 100 por 100 de la base imponible, siempre que el patrimonio preexistente no exceda de 3.000.000 euros. Para los contribuyentes que no tengan derecho a la reducción anterior y acrediten un grado de minusvalía igual o superior al 65 por 100, la cuantía de la reducción será de 300.000 euros.

---

[576] Vid. artículo 1 de la Ley autonómica 9/2008, de 28 de julio, de medidas tributarias en relación con el Impuesto sobre Sucesiones y Donaciones.

[577] Vid. artículo 2 de la Ley autonómica 9/2008, de 28 de julio, de medidas tributarias en relación con el Impuesto sobre Sucesiones y Donaciones.

b) Reducción propia por indemnizaciones percibidas por los herederos de los afectados por el síndrome tóxico[578].

Reducción propia del 99 por 100 por indemnizaciones percibidas por los herederos de los afectados por el síndrome tóxico.

c) Reducción por prestaciones públicas extraordinarias por actos de terrorismo percibidas por los herederos[579].

Reducción propia del 99 por 100 por prestaciones públicas extraordinarias por actos de terrorismo percibidas por los herederos.

d) Por la adquisición de vivienda habitual del causante por descendientes o adoptados, ascendientes o adoptantes y colaterales, por consanguinidad[580].

Por la adquisición de vivienda habitual del causante por descendientes o adoptados, ascendientes o adoptantes y colaterales, por consanguinidad, se practicará una reducción, en función del valor real del inmueble, con un límite máximo de 600.000 euros. La vivienda deberá mantenerse, al menos, durante los 5 años siguientes al devengo del Impuesto, salvo fallecimiento.

Valor real del inmueble (en euros)	Porcentaje de reducción
Hasta 150.000	99,00
Entre 150.000,01 y 300.000	97,00
Más de 300.000,00	95,00

Cuando la adquisición corresponda al cónyuge, la reducción será del 100 por 100 del valor, con un límite máximo de 600.000 euros.
En caso de pariente colateral, éste habrá de ser mayor de 65 años, siendo preciso que haya convivido con el causante durante los 2 años anteriores al fallecimiento.

e) Adquisición de bienes y derechos afectos a una actividad económica y de participación en entidades[581].

Se establece una reducción propia del 99 por 100 en los casos en que la base imponible estuviese incluido el valor de una empresa individual o de

578 Vid. artículo 3 de la Ley autonómica 9/2008, de 28 de julio, de medidas tributarias en relación con el Impuesto sobre Sucesiones y Donaciones.

579 Ibídem, artículo 3.

580 Vid. artículo 7 de la Ley autonómica 9/2008, de 28 de julio de medidas tributarias en relación con el Impuesto sobre Sucesiones y Donaciones.

581 Vid. artículo 5 de la Ley autonómica 9/2008, de 28 de julio de medidas tributarias en relación con el Impuesto sobre Sucesiones y Donaciones.

un negocio profesional o de participaciones en entidades o de derechos de usufructo sobre los mismos. La reducción se practicará cuando concurran las siguientes circunstancias:

— Que el centro de gestión y el domicilio fiscal de la entidad se encuentren en Galicia y se mantengan durante los 5 años siguientes a la fecha de devengo del impuesto.
— Que a la fecha de devengo del impuesto a la empresa individual, al negocio profesional o a las participaciones les sea de aplicación la exención regulada en la normativa estatal del Impuesto sobre el Patrimonio, estableciendo para las participaciones de entidades que no sean pymes un porcentaje de participación mínimo del 50%, de forma individual o conjuntamente para el grupo de parentesco.
— Que la adquisición corresponda al cónyuge, descendientes o adoptados, ascendientes o adoptantes y colaterales, por consanguinidad hasta el tercer grado inclusive, del causante.
— Que el adquirente mantenga lo adquirido y tenga derecho a la exención en el Impuesto sobre el Patrimonio durante los 5 años siguientes al devengo del Impuesto, salvo que dentro de dicho plazo falleciera el adquirente o transmitiese la adquisición en virtud de pacto sucesorio con arreglo a lo previsto en la Ley de derecho civil de Galicia.
— Que la empresa individual o la entidad haya venido ejerciendo efectivamente las actividades de su objeto social durante un período superior a los 2 años anteriores al devengo del impuesto.

f) Adquisición de una explotación agraria ubicada en Galicia o de derechos de usufructo sobre la misma[582].

Se fija una reducción del 99 por 100 en los casos de adquisición de una explotación agraria ubicada en Galicia o de derechos de usufructo sobre la misma, cuando concurran las siguientes circunstancias:

— Que a la fecha de devengo el causante tuviese la condición de agricultor profesional.
— Que la adquisición corresponda al cónyuge, descendientes o adoptados, ascendientes o adoptantes y colaterales, por consanguinidad hasta el tercer grado inclusive, del causante.
— Que el adquirente mantenga en su patrimonio la explotación agraria durante los 5 años siguientes al devengo del Impuesto, salvo que dentro de dicho plazo falleciera el adquirente o transmitiese la explotación en virtud de pacto sucesorio con arreglo a lo previsto en la Ley de derecho civil de Galicia.

---

[582] Vid. artículo 6 de la Ley autonómica 9/2008, de 28 de julio de medidas tributarias en relación con el Impuesto sobre Sucesiones y Donaciones, en su redacción dada por la Ley 9/2009, de 23 de diciembre, de Presupuestos Generales de la Comunidad.

— Que la explotación agraria haya venido ejerciendo efectivamente actividades agrarias durante un período superior a los 2 años anteriores al devengo del impuesto.

g) Reducción en los casos de adquisición de elementos de una explotación agraria ubicada en Galicia o de derechos de usufructo sobre los mismos[583].

Se fija una reducción propia del 99 por 100 en los casos de adquisición de elementos de una explotación agraria ubicada en Galicia o de derechos de usufructo sobre los mismos, cuando concurran las siguientes circunstancias:

— Que la adquisición corresponda al cónyuge, descendientes o adoptados, ascendientes o adoptantes y colaterales, por consanguinidad hasta el tercer grado inclusive, del causante.
— Que a la fecha de devengo las personas adquirientes tuviesen la condición de agricultor/a profesional en cuanto a la dedicación del trabajo y procedencia de rentas y sean, bien titulares de una explotación agraria a la cual estén afectos los elementos que se transmiten, bien socios de una sociedad agraria de transformación o de una cooperativa agraria a la que estén afectos los elementos que se transmiten.
— Que la persona adquirente mantenga los elementos afectos a la explotación agraria durante los 5 años siguientes al devengo del impuesto.
— Que la explotación agraria haya venido ejerciendo efectivamente actividades agrarias durante un periodo superior a los 2 años anteriores al devengo del impuesto.

h) Adquisición fincas rústicas de dedicación forestal ubicadas en terrenos incluidos en la red gallega de espacios protegidos, y siempre que la adquisición corresponda al cónyuge, descendientes o adoptados, ascendientes o adoptantes o colaterales, por consanguinidad hasta el tercer grado inclusive del causante, y se mantengan las fincas[584].

Se fija una reducción propia del 95 por 100 del valor de fincas rústicas de dedicación forestal ubicadas en terrenos incluidos en la Red gallega de espacios protegidos, y siempre que la adquisición corresponda al cónyuge, descendientes o adoptados, ascendientes o adoptantes o colaterales, por consanguinidad hasta el tercer grado inclusive del causante, y se mantengan las fincas, al menos, durante los 5 años siguientes al devengo del Impuesto.

---

583 Vid. artículo 6 de la Ley autonómica 9/2008, de 28 de julio de medidas tributarias en relación con el Impuesto sobre Sucesiones y Donaciones, en su redacción dada por la Ley 9/2009, de 23 de diciembre, de Presupuestos Generales de la Comunidad.

584 Vid. artículo 8 de la Ley autonómica 9/2008, de 28 de julio de medidas tributarias en relación con el Impuesto sobre Sucesiones y Donaciones, en su redacción dada por la Ley 9/2009, de 23 de diciembre, de Presupuestos Generales de la Comunidad.

i) Adquisición de parcelas forestales que formen parte de la superficie de gestión y comercialización conjunta de producciones que realicen agrupaciones de propietarios forestales dotadas de personalidad jurídica[585].

Se fija una reducción del 99 por 100 del valor de adquisición de parcelas forestales que formen parte de la superficie de gestión y comercialización conjunta de producciones que realicen agrupaciones de propietarios forestales dotadas de personalidad jurídica, siempre que se mantenga la propiedad por el plazo, contenido en los estatutos sociales, que reste para el cumplimiento del compromiso de la agrupación de permanencia obligatoria en la gestión conjunta de las parcelas. Esta reducción deberá ser solicitada por el sujeto pasivo en la presentación de la declaración del Impuesto. El porcentaje de reducción se aplicará sobre el resultado de deducir del valor del bien o derecho el importe de las cargas y gravámenes, consideradas deducibles en la norma estatal, así como la parte proporcional del importe de las deudas y gastos que sean deducibles, cuando éstos se tuviesen en cuenta en la fijación de la base imponible individual del causahabiente o donatario.

j) Adquisición de bienes destinados a la creación o adquisición de una empresa o negocio profesional[586].

Esta reducción se regula en los siguientes términos:

Se establece que en las adquisiciones "mortis causa", por hijos y descendientes, de dinero destinado a la constitución o adquisición de una empresa o negocio profesional se establece una reducción del 95 % de la base imponible del Impuesto sobre Sucesiones y Donaciones, con un límite de 118.750 euros. En caso de que el causahabiente acreditase un grado de minusvalía igual o superior al 33 %, el límite será de 237.500 euros.

Este límite es único y se aplica en el caso de una o varias adquisiciones "mortis causa", siempre que sean a favor de la misma persona, provengan de uno o de distintos ascendientes.

Por constitución de una empresa o negocio profesional se entenderá el inicio del ejercicio de una actividad económica por una persona física o por medio de una de las entidades a que se refiere el artículo 35.4 de la Ley 58/2003, General Tributaria, o la constitución de cualquier forma de sociedad que tenga por objeto la realización de una actividad económica, siempre que el número de socios o partícipes no sea superior a cinco.

---

585 Vid. artículo 2 de la Ley autonómica 15/2010, de 28 de diciembre, de medidas Fiscales y Administrativas.

586 Vid. epígrafe Ocho del artículo 7 del Decreto Legislativo 1/2011, de 28 de julio, por el que se aprueba el Texto Refundido de las disposiciones legales de la Comunidad, añadido por el artículo 73, Tres, de la Ley autonómica 2/2013, de 27 de febrero, de presupuestos generales de la Comunidad Autónoma de Galicia para el año 2013 ,y modificado por la Disposición final primera de la Ley autonómica 9/2013, de 19 de diciembre, del emprendimiento y de la competitividad económica.

A los efectos de la aplicación de la reducción, se entenderá producida la constitución cuando se causase alta por primera vez en el censo de empresarios, profesionales y retenedores como consecuencia de lo establecido en el artículo 3. 2, a) del Real Decreto 1065/2007, de 27 de julio, por el que se aprueba el Reglamento general de las actuaciones y los procedimientos de gestión e inspección tributaria. En el caso de personas jurídicas societarias o entidades a que se refiere el artículo 35. 4 de la Ley 58/2003, General Tributaria, los socios o partícipes deben ser personas físicas que no estén o estuviesen con anterioridad de alta en el citado censo.

Por adquisición de una empresa o negocio profesional se entenderá la adquisición de pleno dominio de un conjunto patrimonial de bienes y derechos afectos al ejercicio de una actividad económica o la adquisición de pleno dominio de acciones o participaciones que permitan el control de una sociedad, sin que pueda considerarse como tal la adquisición de elementos aislados.

Para determinar si existe actividad económica y si un elemento patrimonial está afecto a una actividad económica se estará a lo dispuesto en el impuesto sobre la renta de las personas físicas, sin que la reducción sea de aplicación en ningún caso a la actividad de arrendamiento de inmuebles ni cuando la actividad principal sea la gestión de un patrimonio mobiliario o inmobiliario, de acuerdo con lo dispuesto en el artículo 4. 8º. Dos, a) de la Ley 19/1991, de 6 de junio, del Impuesto sobre el Patrimonio.

Para la aplicación de la reducción han de cumplirse los requisitos siguientes:

La suma de la base imponible total menos el mínimo personal y familiar a los efectos del impuesto sobre la renta de las personas físicas del causahabiente, correspondiente al último periodo impositivo, cuyo plazo reglamentario de declaración estuviese concluido a la fecha de devengo de la primera transmisión hereditaria, no podrá ser superior a 30.000 euros. A la misma fecha y conforme a las reglas de valoración establecidas en el Impuesto sobre el Patrimonio, el patrimonio neto del causahabiente no podrá superar el importe de 250.000 euros, excluida su vivienda habitual; la aceptación de la transmisión hereditaria ha de formalizarse en escritura pública, en la que se exprese la voluntad de que el dinero se destine a la constitución o adquisición de una empresa o negocio profesional. No se podrá aplicar la reducción si esta declaración no consta en el documento público, ni tampoco en caso de que se hagan rectificaciones del documento con el fin de subsanar su omisión, salvo que se hagan dentro del periodo voluntario de autoliquidación del impuesto; la constitución o adquisición de la empresa o negocio profesional debe producirse en el plazo de seis meses, a contar desde la fecha de formalización de la aceptación de la transmisión hereditaria. En el caso de que hubiera varias, el plazo se computará desde la fecha de la primera. La reducción no será de aplicación a las transmisiones hereditarias de dinero posteriores a la constitución o adquisición de la empresa o negocio profesional, salvo en los supuestos de pago aplazado o financiación ajena para la constitución o adquisición de la empresa o negocio profesional que hubiera tenido lugar en los cuarenta y dos meses anteriores a la transmisión hereditaria, siempre que se hubiera acreditado que en el plazo de seis meses el importe del dinero se destina al pago del precio pendiente o a la cancelación total o parcial del crédito; el centro principal de gestión de la empresa o negocio profesional, o el domicilio fiscal de la entidad, debe encontrarse ubicado en Galicia y mantenerse durante los cuatro años siguientes a la fecha de devengo del impuesto; en este periodo se deberán formalizar y mantener dos contratos laborales y a jornada completa, con una duración mínima de dos años y con alta en el régimen general de la Seguridad Social, con personas con residencia habitual en Galicia distintas del contribuyente que aplique la reducción y de los socios o partícipes de la empresa o negocio profesional; durante el mismo plazo deberán mantenerse la actividad económica y el nivel de inversión que se tome como base de la reducción.

ESQUEMA: REDUCCIONES ADQUISICIONES "MORTIS CAUSA" AUTONÓMICA BASE IMPONIBLE

Mejora de la reducción subjetiva por parentesco. Se han fijado las siguientes reducciones: Grupo I: 1.000.000 euros, más 100.000 euros por cada año que sean menores de 21 años, con un límite de 1.500.000 euros (en normativa estatal 15.956,87 euros más 3.990,72 euros por año). Grupo II: menores de 25 años: 900.000 euros menos 100.000 euros por cada año mayor de 21 hasta 24. Grupo II: 18.000 euros. Grupo III: 8.000 euros.
Mejora de la reducción por minusvalía. Reducción de 150.000 euros en las adquisiciones por personas con minusvalía cuyo grado de discapacidad sea igual o superior al 33 por 100 e inferior al 65 por 100. En el caso de que el contribuyente pertenezca al Grupo I ó II y tenga un grado de discapacidad igual o superior al 65 por 100, podrá reducir el 100 por 100 de la base imponible, siempre que el patrimonio preexistente no exceda de 3.000.000 euros. Para los contribuyentes que no tengan derecho a la reducción anterior y acrediten un grado de minusvalía igual o superior al 65 por 100, la cuantía de la reducción será de 300.000 euros.
Reducción propia por indemnizaciones percibidas por los herederos de los afectados por el síndrome tóxico. Reducción propia del 99 por 100 por indemnizaciones percibidas por los herederos de los afectados por el síndrome tóxico.
Reducción por prestaciones públicas extraordinarias por actos de terrorismo percibidas por los herederos. Reducción propia del 99 por 100 por prestaciones públicas extraordinarias por actos de terrorismo percibidas por los herederos.
Reducción propia objetiva por la adquisición de bienes y derechos afectos a una actividad económica y de participación en entidades. Se establece una reducción propia del 99 por 100 en los casos en que la base imponible estuviese incluido el valor de una empresa individual o de un negocio profesional o de participaciones en entidades o de derechos de usufructo sobre los mismos. La adquisición ha de corresponder a cónyuges, descendientes o adoptados, ascendientes o adoptantes y colaterales por consanguinidad hasta el tercer grado del causante. La reducción se practicará cuando se cumplan determinadas circunstancias.

Reducción propia objetiva por la adquisición de una explotación agraria ubicada en Galicia o de derechos de usufructo sobre la misma así como de elementos afectos. Se exige el cumplimiento de determinados requisitos, entre ellos, que a la fecha de devengo el causante tuviese la condición de agricultor profesional, que la adquisición corresponda al cónyuge, descendientes o adoptados, ascendientes o adoptantes y colaterales, por consanguinidad hasta el tercer grado inclusive, del causante, que el adquirente mantenga en su patrimonio la explotación agraria durante los 5 años siguientes al devengo del Impuesto y que la explotación agraria haya venido ejerciendo efectivamente actividades agrarias durante un período superior a los 2 años anteriores al devengo del impuesto. La cuantía de la reducción se fija en el 99% del valor de la explotación agraria o de los derechos de usufructo sobre la misma.
Mejora de la reducción objetiva por adquisición de vivienda habitual del causante por cónyuges, descendientes o adoptados, ascendientes o adoptantes y colaterales, por consanguinidad. Se practicará en función del valor real del inmueble, con un límite máximo de 600.000 euros. Cuando la adquisición corresponda al cónyuge, la reducción será del 100 por 100 del valor. La vivienda deberá mantenerse, al menos, durante los 5 años siguientes al devengo del impuesto, salvo fallecimiento.
Reducción propia objetiva por la adquisición de fincas rústicas de dedicación forestal ubicadas en terrenos incluidos en la red gallega de espacios protegidos. Se establece a favor de cónyuges, descendientes o adoptados, ascendientes o adoptantes o colaterales, por consanguinidad hasta el tercer grado inclusive del causante, y se mantengan las fincas. La cuantía de la reducción es del 95% del valor de fincas rústicas de dedicación forestal siempre que se mantengan las fincas, al menos, durante los 5 años siguientes al devengo del Impuesto.
Reducción propia objetiva por adquisición de parcelas forestales que formen parte de la superficie de gestión y comercialización conjunta de producciones que realicen agrupaciones de propietarios forestales dotadas de personalidad jurídica. La cuantía de la reducción es del 99% del valor de las fincas. El porcentaje de reducción se aplicará sobre el resultado de deducir del valor del bien o derecho el importe de las cargas y gravámenes, consideradas deducibles en la norma estatal, así como la parte proporcional del importe de las deudas y gastos que sean deducibles, cuando éstos se tuviesen en cuenta en la fijación de la base imponible individual del causahabiente o donatario. Se exige para tener derecho a esta reducción el cumplimiento de ciertos requisitos.
Reducción propia por la adquisición de bienes destinados a la constitución o adquisición de una empresa o negocio profesional. Se establece a favor de hijos y descendientes. Se exige el cumplimiento de determinadas condiciones, entre las que están: el patrimonio neto del causahabiente no podrá superar el importe de 250.000 euros, excluida su vivienda habitual, la aceptación de la transmisión hereditaria ha de formalizarse en escritura pública, la constitución o adquisición de la empresa o negocio profesional debe producirse en el plazo de seis meses, a contar desde la fecha de formalización de la aceptación de la transmisión hereditaria, y el centro principal de gestión de la empresa o negocio profesional, o el domicilio fiscal de la entidad, debe encontrarse ubicado en Galicia y mantenerse durante los cuatro años siguientes a la fecha de devengo del impuesto. La cuantía de la reducción se fija en el 95 % de la base imponible del Impuesto sobre Sucesiones y Donaciones, con un límite de 118.750 euros. En caso de que el causahabiente acreditase un grado de minusvalía igual o superior al 33 %, el límite será de 237.500 euros.

B. Reducciones en adquisiciones "inter vivos":

La Comunidad ha regulado las siguientes reducciones en este ámbito:

a) Reducción propia por donación a los hijos y descendientes de cantidades destinadas a la adquisición de su primera vivienda habitual[587].

La donación a los hijos y descendientes de cantidades destinadas a la adquisición de su primera vivienda habitual da derecho a la aplicación de una reducción del 95 por 100 de la base imponible, exigiéndose los siguientes requisitos:

— El donatario debe tener menos de 35 años y debe ser su primera vivienda o ser mujer víctima de violencia de género, sin que en este último caso pueda ser titular de otra vivienda.
— El importe máximo de la donación o donaciones a favor del mismo donatario no podrá superar los 60.000 euros.
— La suma de la base imponible total del Impuesto sobre la Renta de las Personas Físicas del donatario, menos el mínimo personal y familiar, correspondiente al último período impositivo, no podrá ser superior a 30.000 euros.
— La donación debe formalizarse en escritura pública en la que se exprese la voluntad de que el dinero donado se destine a la compra de la primera vivienda habitual del donatario.
— El donatario deberá adquirir la vivienda en los seis meses siguientes a la donación.

b) Reducción propia por la adquisición de bienes y derechos afectos a una actividad económica y de participación en entidades[588].

Se fija una reducción del 99 por 100 en el caso de transmisión de participaciones "inter vivos" de una empresa individual, negocio profesional o de participaciones en entidades, estableciéndose al respecto la exigencia del cumplimiento de los siguientes requisitos:

— Que el donante tenga 65 o más años o se encuentre en situación de incapacidad permanente en grado de absoluta o gran invalidez.
— Que, si el donante viniera ejerciendo funciones de dirección, dejara de ejercer y percibir remuneraciones por el ejercicio de dichas funciones desde el momento de la transmisión.
— Que el centro de gestión de la empresa o negocio profesional, o el domicilio social de la entidad, se encuentre ubicado en Galicia y se

---

[587] Vid. artículo 16 de la Ley autonómica 9/2008, de 28 de julio de medidas tributarias en relación con el Impuesto sobre Sucesiones y Donaciones, en su redacción dada por la Ley 9/2009, de 23 de diciembre, de Presupuestos Generales de la Comunidad.

[588] Vid. artículo 13 de la Ley autonómica 9/2008, de 28 de julio de medidas tributarias en relación con el Impuesto sobre Sucesiones y Donaciones, en su redacción dada por la Ley 9/2009, de 23 de diciembre, de Presupuestos Generales de la Comunidad.

mantenga durante los 5 años siguientes a la fecha del devengo del impuesto.

- Que en la fecha de devengo del Impuesto se cumplan los requisitos para la exención regulada en el Impuesto sobre el Patrimonio con una adquisición mínima del 50 por 100 para empresas que no sean pymes, como en sucesiones.
- Que la adquisición corresponda al cónyuge, descendientes o adoptados y colaterales por consanguinidad hasta el tercer grado inclusive del donante.
- Que el donatario mantenga lo adquirido y tenga derecho a la exención en el Impuesto sobre el Patrimonio durante los 5 años siguientes al devengo del impuesto, salvo que en ese plazo falleciera el adquirente o transmitiera la adquisición en virtud de pacto sucesorio.
- Que la empresa individual o la entidad haya venido ejerciendo efectivamente las actividades de su objeto social durante un periodo superior a 2 años anteriores al devengo del impuesto.

c) Reducción propia por adquisición en el caso de transmisión de participaciones de una explotación agraria o de derechos de usufructo sobre la misma[589].

Se establece una reducción del 99 por 100 del valor de adquisición en el caso de transmisión de participaciones de una explotación agraria o de derechos de usufructo sobre la misma, exigiéndose los siguientes requisitos:

- Que el donante tuviera 65 o más años o se encontrara en situación de incapacidad permanente en grado de absoluta o gran invalidez.
- Que en la fecha de devengo el donante tuviera la condición de agricultor profesional y perdiera tal condición a consecuencia de la donación.
- Que el donatario sea el cónyuge, descendientes o adoptados y colaterales por consanguinidad hasta el tercer grado inclusive del donante.
- Que el donatario mantenga en su patrimonio la explotación agraria y su condición de agricultor profesional durante los 5 años siguientes al devengo del impuesto, salvo fallecimiento o transmisión de la explotación en virtud de pacto sucesorio.
- Que la empresa individual o la entidad haya venido ejerciendo efectivamente las actividades de su objeto social durante un periodo superior a los 2 años anteriores al devengo del impuesto.

---

[589] Vid. artículo 14 de la Ley autonómica 9/2008, de 28 de julio de medidas tributarias en relación con el Impuesto sobre Sucesiones y Donaciones, en su redacción dada por la Ley 9/2009, de 23 de diciembre, de Presupuestos Generales de la Comunidad.

d) Por adquisición de parcelas forestales que formen parte de la superficie de gestión y comercialización conjunta de producciones que realicen agrupaciones de propietarios forestales dotadas de personalidad jurídica[590].

Se fija una reducción del 99 por 100 del valor en la adquisición de parcelas forestales que formen parte de la superficie de gestión y comercialización conjunta de producciones que realicen agrupaciones de propietarios forestales dotadas de personalidad jurídica, siempre que se mantenga la propiedad por el plazo, contenido en los estatutos sociales, que reste para el cumplimiento del compromiso de la agrupación de permanencia obligatoria en la gestión conjunta de las parcelas. Esta reducción deberá ser solicitada por el sujeto pasivo en la presentación de la declaración del Impuesto. El porcentaje de reducción se aplicará sobre el resultado de deducir del valor del bien o derecho el importe de las cargas y gravámenes, así como la parte proporcional del importe de las deudas y gastos que sean deducibles, conforme establece la norma estatal, cuando éstos se tuviesen en cuenta en la fijación de la base imponible individual del causahabiente o donatario.

e) Por adquisición de bienes destinados a la creación o adquisición de una empresa o negocio por hijos y descendientes.

Se ha regulado de forma similar a la aplicable en las adquisiciones "mortis causa", a saber:

En las donaciones a hijos y descendientes de dinero destinado a la constitución o adquisición de una empresa o negocio profesional se establece una reducción del 95 % de la base imponible del Impuesto sobre Sucesiones y Donaciones, con un límite de 118.750 euros. En caso de que el donatario acreditase un grado de minusvalía igual o superior al 33 %, el límite será de 237.500 euros.

Este límite es único y se aplica tanto en el caso de una sola donación como en el caso de donaciones sucesivas, siempre que se otorguen a favor del mismo donatario, provengan de uno o de distintos ascendientes.

Por constitución de una empresa o negocio profesional se entenderá el inicio del ejercicio de una actividad económica por una persona física o por medio de una de las entidades a que se refiere el artículo 35. 4 de la Ley 58/2003, General Tributaria, o la constitución de cualquier forma de sociedad que tenga por objeto la realización de una actividad económica, siempre que el número de socios o partícipes no sea superior a cinco.

A los efectos de la aplicación de la reducción, se entenderá producida la constitución cuando se causase alta por primera vez en el censo de empresarios, profesionales y retenedores como consecuencia de lo establecido en el artículo 3. 2, a) del Real Decreto 1065/2007, de 27 de julio, por el que se aprueba el Reglamento general de las actuaciones y los procedimientos de

590 Vid. artículo 2 de la Ley autonómica 15/2010, de 28 de diciembre, de medidas Fiscales y Administrativas.

gestión e inspección tributaria. En el caso de personas jurídicas societarias o entidades a que se refiere el artículo 35. 4 de la Ley 58/2003, General Tributaria, los socios o partícipes deben ser personas físicas que no estén o estuviesen con anterioridad de alta en el citado censo.

Por adquisición de una empresa o negocio profesional se entenderá la adquisición de pleno dominio de un conjunto patrimonial de bienes y derechos afectos al ejercicio de una actividad económica o la adquisición de pleno dominio de acciones o participaciones que permitan el control de una sociedad, sin que pueda considerarse como tal la adquisición de elementos aislados.

Para determinar si existe actividad económica y si un elemento patrimonial está afecto a una actividad económica se estará a lo dispuesto en el impuesto sobre la renta de las personas físicas, sin que la reducción sea de aplicación en ningún caso a la actividad de arrendamiento de inmuebles ni cuando la actividad principal sea la gestión de un patrimonio mobiliario o inmobiliario, de acuerdo con lo dispuesto en el artículo 4. 8º. Dos, a) de la Ley 19/1991, de 6 de junio, del Impuesto sobre el Patrimonio.

Para la aplicación de la reducción han de cumplirse los requisitos siguientes: la suma de la base imponible total menos el mínimo personal y familiar a los efectos del impuesto sobre la renta de las personas físicas del donatario, correspondiente al último periodo impositivo, cuyo plazo reglamentario de declaración estuviese concluido a la fecha del devengo de la primera donación, no podrá ser superior a 30.000 euros. A la misma fecha y conforme a las reglas de valoración establecidas en el impuesto sobre el patrimonio, el patrimonio neto del donatario no podrá superar el importe de 250.000 euros, excluida su vivienda habitual; la donación ha de formalizarse en escritura pública, en la cual se exprese la voluntad de que el dinero donado se destine a la constitución o adquisición de una empresa o negocio profesional. No se podrá aplicar la reducción si esta declaración no consta en el documento público, ni tampoco en caso de que se hagan rectificaciones del documento con el fin de subsanar su omisión, salvo que se hagan dentro del periodo voluntario de autoliquidación del impuesto; la constitución o adquisición de la empresa o negocio profesional debe producirse en el plazo de seis meses, a contar desde la fecha de formalización de la donación. En el caso de que hubiera varias donaciones, el plazo se computará desde la fecha de la primera donación. La reducción no será de aplicación a las donaciones posteriores a la constitución o adquisición de la empresa o negocio profesional, salvo en los supuestos de pago aplazado o financiación ajena para la constitución o adquisición de la empresa o negocio profesional que hubiera tenido lugar en los cuarenta y dos meses anteriores a la donación, siempre que se hubiera acreditado que en el plazo de seis meses el importe del dinero se destina al pago del precio pendiente o a la cancelación total o parcial del crédito; el centro principal de gestión de la empresa o negocio profesional, o el domicilio fiscal de la entidad, debe encontrarse ubicado en la Comunidad y mantenerse durante los cuatro años siguientes a la fecha de devengo del impuesto; en este periodo de cuatro años se deberán formalizar y mantener dos contratos laborales y a jornada completa, con una duración mínima de dos años y con alta en el régimen general de la Seguridad Social, con personas con residencia habitual en Galicia distintas del contribuyente que aplique la reducción y de los socios o partícipes de la empresa o negocio profesional; y, que durante el mismo plazo deberá mantenerse la actividad económica y el nivel de inversión que se tome como base de la reducción[591].

ESQUEMA: REDUCCIONES ADQUISICIONES "INTER VIVOS" AUTONÓMICA BASE IMPONIBLE

Reducción propia objetiva por adquisición de bienes y derechos afectos a una actividad económica y de participaciones en entidades. Se exige, entre otros, el cumplimiento de los siguientes requisitos: que el donante tenga 65 o más años o se encuentre en situación de incapacidad permanente en grado de absoluta o gran invalidez, que, si el donante viniera ejerciendo funciones de dirección, dejara de ejercer y percibir remuneraciones por el ejercicio de dichas funciones desde el momento de la transmisión, que el centro de gestión de la empresa o negocio profesional, o el domicilio social de la entidad, se encuentre ubicado en Galicia, que en la fecha de devengo del Impuesto se cumplan los requisitos para la exención regulada en el Impuesto sobre el Patrimonio, que el donatario mantenga lo adquirido y tenga derecho a la exención en el Impuesto sobre el Patrimonio durante los 5 años siguientes al devengo del impuesto, salvo que en ese plazo falleciera el adquirente o transmitiera la adquisición en virtud de pacto sucesorio. La cuantía de la reducción se fija en el 99% del valor de una empresa individual, o de un negocio profesional, o de participaciones en entidades.
Reducción propia objetiva por la adquisición de explotaciones agrarias. Se establece a favor de cónyuges, descendientes, o adoptados, y colaterales por consanguinidad hasta el tercer grado inclusive, del donante. Entre otros requisitos, se exige para tener derecho a esta reducción: que el donante tuviera 65 o más años o se encontrara en situación de incapacidad permanente en grado de absoluta o gran invalidez, que en la fecha de devengo el donante tuviera la condición de agricultor profesional y perdiera tal condición a consecuencia de la donación, que el donatario mantenga en su patrimonio la explotación agraria y su condición de agricultor profesional durante los 5 años siguientes al devengo del impuesto, salvo fallecimiento o transmisión de la explotación en virtud de pacto sucesorio y que la empresa individual o la entidad haya venido ejerciendo efectivamente las actividades de su objeto social durante un periodo superior a los 2 años anteriores al devengo del impuesto. La cuantía de la reducción se fija en el 99% de la explotación agraria ubicada en la Comunidad o de los derechos de usufructo sobre la misma.

[591] Vid. epígrafe Ocho del artículo 8 del Decreto Legislativo 1/2011, de 28 de julio, por el que se aprueba el Texto refundido de las disposiciones legales de la Comunidad, añadido por el artículo 73, Cuatro, de la Ley autonómica 2/2013, de 27 de febrero, de presupuestos generales de la Comunidad Autónoma de Galicia para el año 2013, modificado por la Disposición final primera, cuatro de la Ley autonómica 9/2013, de 19 de diciembre, del emprendimiento y de la competitividad económica.

Reducción propia por la adquisición de bienes destinados a adquisición de vivienda habitual. Se establece a favor de hijos y descendientes. Se exige, entre otros, el cumplimiento de los siguientes requisitos: el donatario debe tener menos de 35 años y debe ser su primera vivienda o ser mujer víctima de violencia de género, sin que en este último caso pueda ser titular de otra vivienda, el importe máximo de la donación o donaciones a favor del mismo donatario no podrá superar los 60.000 euros, la suma de la base imponible total del Impuesto sobre la renta de las Personas Físicas del donatario, menos el mínimo personal y familiar, correspondiente al último período impositivo, no podrá ser superior a 30.000 euros, la donación debe formalizarse en escritura pública en la que se exprese la voluntad de que el dinero donado se destine a la compra de la primera vivienda habitual del donatario y el donatario deberá adquirir la vivienda en los seis meses siguientes a la donación. La cuantía de la reducción se fija en el 95% de la base imponible del impuesto.
Reducción propia objetiva por la adquisición de parcelas forestales que formen parte de la superficie de gestión y comercialización conjunta de producciones que realicen agrupaciones de propietarios forestales dotadas de personalidad jurídica. Se exigen ciertos requisitos, entre ellos, que se mantenga la propiedad por el plazo, contenido en los estatutos sociales, que reste para el cumplimiento del compromiso de la agrupación de permanencia obligatoria en la gestión conjunta de las parcelas y debe ser solicitada por el sujeto pasivo en la presentación de la declaración del Impuesto. La cuantía de la reducción se fija en el 99% del valor de dichas fincas, fijándose el porcentaje de reducción aplicándose sobre el resultado de deducir del valor del bien o derecho el importe de las cargas y gravámenes, así como la parte proporcional del importe de las deudas y gastos que sean deducibles, conforme establece la norma estatal, cuando éstos se tuviesen en cuenta en la fijación de la base imponible individual del causahabiente o donatario.
Reducción propia por adquisición de bienes destinados a la constitución o adquisición de una empresa o negocio profesional. Se establece a favor de hijos y descendientes. Se exige para tener derecho a ella, el cumplimiento de ciertos requisitos, entre ellos: el patrimonio neto del donatario no podrá superar el importe de 250.000 euros, excluida su vivienda habitual; la donación ha de formalizarse en escritura pública, la constitución o adquisición de la empresa o negocio profesional debe producirse en el plazo de seis meses, a contar desde la fecha de formalización de la donación, el centro principal de gestión de la empresa o negocio profesional, o el domicilio fiscal de la entidad, debe encontrarse ubicado en la Comunidad y mantenerse durante los cuatro años siguientes a la fecha de devengo del impuesto; en este periodo de cuatro años se deberán formalizar y mantener dos contratos laborales y a jornada completa, con una duración mínima de dos años; y, que durante el mismo plazo deberá mantenerse la actividad económica y el nivel de inversión que se tome como base de la reducción. La cuantía de la reducción se fija en el 95 % de la base imponible del Impuesto sobre Sucesiones y Donaciones, con un límite de 118.750 euros. En caso de que el donatario acreditase un grado de minusvalía igual o superior al 33 %, el límite será de 237.500 euros.

10. Islas Baleares (Illes Balears)

Se equiparan a los cónyuges, para la aplicación de las reducciones, las cuantías, los coeficientes preexistentes, bonificaciones y deducciones, a las parejas estables reguladas en la Ley 18/2001, de 19 de diciembre, cuya unión se haya inscrito en el Registro de Parejas Estables de la Comunidad[592].

La Comunidad Autónoma de las Illes Balears ha establecido las siguientes reducciones:

Reducciones por adquisiciones "mortis causa": por grupos de parentesco, por minusvalías, por adquisición de la vivienda habitual, por cantidades percibidas por los beneficiarios de seguros de vida, cuando los perceptores sean el cónyuge, ascendientes o descendientes, adquisición de una empresa individual o negocio profesional, así como de las participaciones sociales en entidades, siempre que sea de aplicación la exención del Impuesto sobre el Patrimonio, adquisición de bienes recibidos por el cónyuge o descendientes, integrantes del patrimonio histórico o cultural de la Comunidad de Illes Balears, adquisición de bienes recibidos por el cónyuge o descendientes integrantes del patrimonio histórico español o del patrimonio histórico o cultural de las demás Comunidades Autónomas y por adquisición de determinados bienes y participaciones en áreas de suelo rústico protegido o en áreas de interés agrario y por participaciones en entidades y sociedades mercantiles cuyo activo esté integrado por terrenos cuando éstos estén situados en un área de suelo rústico protegido, en un área de interés agrario o en un espacio de relevancia ambiental, reducción en las adquisiciones de dinero por creación de nuevas empresas y empleo y reducción por transmisión consecutiva de bienes.

Como reducciones "inter vivos" ha establecido las siguientes: por adquisiciones de empresas individuales, negocios profesionales y participaciones en entidades, adquisiciones de empresas individuales, negocios profesionales o participaciones en entidades a favor del cónyuge o de los descendientes siempre y cuando el donatario mantenga los puestos de trabajo de la empresa o negocio, donaciones al cónyuge o descendientes de bienes integrantes del patrimonio histórico o cultural de las Illes Balears, cuando se mantengan en el patrimonio de los beneficiarios, reducción de los bienes recibidos por el cónyuge o descendientes integrantes del patrimonio histórico español o del patrimonio histórico o cultural de las demás Comunidades Autónomas, cuando se mantengan en el patrimonio de los beneficiarios, donaciones de padres a hijos o descendientes del donante menores de 36 años, o hijos o descendientes discapacitados con un grado de minusvalía física o sensorial o psíquica de grado igual o superior al 33 por 100, de un inmueble que vaya a constituir la primera vivienda habitual de los donatarios, donaciones que constituyan aportaciones a los patrimonios protegidos de titularidad de personas con discapacidad, por las donaciones en dinero de padres a hijos para que compren un inmueble que vaya a constituir la primera vivienda habitual de los donatarios, y por las donaciones dinerarias de padres a hijos o a otros

[592] Vid. Disposición Adicional única de la Ley autonómica 22/2006, de 19 de diciembre, de reforma del Impuesto de Sucesiones y Donaciones.

descendientes o entre colaterales hasta el tercer grado por creación de nuevas empresas y empleo.

A. *Reducciones en adquisiciones "mortis causa":*

a) Mejora reducción por grupos de parentesco[593]:

Se han fijado las siguientes reducciones:

— Grupo I: adquisiciones por descendientes menores de 21 años, 25.000 euros, más 6.250 euros más por cada año menos de 21 años, sin exceder de 50.000 euros.
— Grupo II: adquisiciones por descendientes de 21 o más años, cónyuges y ascendientes, 25.000 euros.
— Grupo III: adquisiciones por colaterales de segundo y tercer grado, ascendientes y descendientes por afinidad, 8.000 euros.
— Grupo IV: adquisiciones por colaterales de cuarto grado, grados más distantes y extraños, 1.000 euros (es la única Comunidad que regula una reducción para este grupo).

b) Por minusvalías[594]

Se establece una mejora de reducción por minusvalía en los siguientes términos:

— Minusvalía física o sensorial de grado igual o superior al 33 por 100 e inferior al 65 por 100, 48.000 euros.
— Minusvalía física o sensorial de grado igual o superior al 65 por 100, 300.000 euros.
— Minusvalía psíquica de grado igual o superior al 33 por 100, 300.000 euros.

c) Mejora de la reducción por adquisición de la vivienda habitual[595].

Se establece una reducción del 100 por 100 por la adquisición de vivienda habitual, con el límite de 180.000 euros siempre que los causahabientes sean el cónyuge, los ascendientes o descendientes, o los parientes colaterales mayores de 65 años que hayan convivido con el causante durante los 2 años anteriores al fallecimiento, exigiéndose a tal respecto los siguientes requisitos:

Que la adquisición se mantenga durante los cinco años siguientes a la defunción del causante, a no ser que el adquirente muera dentro de este

---

[593] Vid. artículo 2 de la Ley autonómica 22/2006, de 19 de diciembre, de reforma del Impuesto de Sucesiones y Donaciones.

[594] Vid. artículo 3 de la Ley autonómica 22/2006, de 19 de diciembre, de reforma del Impuesto de Sucesiones y Donaciones.

[595] Vid. artículo 4 de la Ley autonómica 22/2006, de 19 de diciembre, de reforma del Impuesto de Sucesiones y Donaciones.

plazo. En el caso de que el requisito de permanencia no se cumpla, tendrá que satisfacerse la parte del impuesto que haya dejado de ingresarse como consecuencia de la reducción practicada y los intereses de demora correspondientes.

Asimismo, deben cumplirse, además, los siguientes requisitos:

Los herederos deben cumplir el requisito de parentesco con el causante que exige la ley.

El requisito de la convivencia con el causante en los dos años anteriores a su fallecimiento para generar el derecho a la reducción sólo es exigible a los parientes colaterales mayores de 65 años.

La reducción afectará a cada causahabiente en la parte proporcional al valor de la vivienda habitual que se integre en su base imponible.

Si, como consecuencia de las disposiciones testamentarias, la adjudicación de la vivienda habitual se realizara a uno sólo de los causahabientes, la reducción únicamente afectará a éste.

Cuando como consecuencia de la transmisión por causa de muerte se desmembre el dominio de la vivienda habitual, la reducción se practicará tanto respecto al nudo propietario como en cuanto al usufructuario, observando las siguientes reglas:

La reducción respecto al usufructuario se aplicará respecto al valor del usufructo sobre la vivienda habitual.

La reducción para el nudo propietario se aplicará respecto al valor de la nuda propiedad de la vivienda habitual. Para el cálculo del tipo medio efectivo de gravamen aplicable a la base liquidable del nudo propietario se tendrá en cuenta la reducción que correspondería a la transmisión del pleno dominio de dicha vivienda, según se establece en el artículo 51. 2 del Real Decreto 1629/1991, de 8 de noviembre, por el que se aprueba el Reglamento del Impuesto sobre Sucesiones y Donaciones.

Cuando se proceda a la consolidación del dominio por extinción del usufructo, se aplicará al nudo propietario la reducción practicada sobre el valor de la cuota usufructuaria.

Cuando la vivienda tenga el carácter de bien de copropiedad de los cónyuges, la reducción de la base imponible se entenderá referida a la mitad que forme parte del caudal hereditario. En el caso de que el régimen económico matrimonial sea distinto al de separación de bienes, habrá que estar a las reglas que rigen dicho régimen para determinar la parte de la vivienda susceptible de reducción.

Para el cómputo del ajuar doméstico no se tomará en consideración la reducción a que se refiere el presente artículo.

Por último se señala que se entiende por vivienda habitual la que se ajuste a la definición y requisitos establecidos en cada momento por la normativa reguladora del Impuesto sobre la Renta de las Personas Físicas[596].

---

[596] Vid. artículo 4. 3, in fine de la Ley autonómica 22/2006, de 19 de diciembre, de reforma del Impuesto sobre Sucesiones y Donaciones.

d) Mejora reducción por cantidades percibidas por los beneficiarios de seguros de vida, cuando los perceptores sean el cónyuge, ascendientes o descendientes.

Con independencia de las reducciones señaladas en la ley con anterioridad, es decir, por parentesco, por minusvalía, por vivienda habitual, que procedan, se establece una reducción del 100 por 100 de las cantidades percibidas por los beneficiarios de contratos de seguros sobre la vida, con un límite de 12.000 euros, cuando los perceptores sean el cónyuge, ascendientes o descendientes.

En los seguros colectivos o contratados por las empresas a favor de los empleados se estará al grado de parentesco entre el asegurado fallecido y el beneficiario[597].

La misma reducción será en todo caso aplicable, del 100 por 100, sin límite, de las cantidades percibidas por los seguros de vida que se devenguen en actos de terrorismo y de servicios prestados en misiones internacionales humanitarias o de paz de carácter público[598].

e) Adquisición de una empresa individual o negocio profesional, así como de las participaciones sociales en entidades, siempre que sea de aplicación la exención del Impuesto sobre el Patrimonio[599]

Mejora la reducción estableciendo que sea el 95 por 100 del valor de una empresa individual o negocio profesional, así como de las participaciones sociales en entidades, siempre que sea de aplicación la exención del Impuesto sobre el Patrimonio. En el caso de que no existan descendientes, la reducción la podrán aplicar los ascendientes y colaterales, hasta el tercer grado. En todo caso, el cónyuge superviviente tendrá derecho a la reducción, exigiéndose el cumplimiento de los siguientes requisitos:

La adquisición deberá mantenerse durante los 5 años siguientes al fallecimiento y que durante el mismo plazo, los beneficiarios no podrán realizar actos de disposición ni operaciones societarias que, directa o indirectamente, puedan dar lugar a una minoración sustancial del valor de adquisición.

f) Adquisición de bienes recibidos por el cónyuge o descendientes, integrantes del patrimonio histórico o cultural de la Comunidad de las Illes Balears.

Mejora la reducción estableciendo que sea el 99 por 100 del valor de los bienes, recibidos por el cónyuge o descendientes, integrantes del patrimo-

---

[597] Vid. artículo 5. 1, de la Ley autonómica 22/2006, de 19 de diciembre, de reforma del Impuesto sobre Sucesiones y Donaciones.

[598] Vid. artículo 5. 3, de la Ley autonómica 22/2006, de 19 de diciembre, de reforma del Impuesto sobre Sucesiones y Donaciones.

[599] Vid. artículos 6 y 7 de la Ley autonómica 22/2006, de 19 de diciembre, de reforma del Impuesto sobre Sucesiones y Donaciones.

nio histórico o cultural de la Comunidad de las Illes Balears, cuando se mantengan en el patrimonio de los beneficiarios durante, al menos, 5 años[600].

g) Mejora de la reducción por adquisición de bienes recibidos por el cónyuge o descendientes integrantes del patrimonio histórico español o del patrimonio histórico o cultural de las demás Comunidades Autónomas[601].

Se fija la reducción del 95 por 100 del valor de los bienes recibidos por el cónyuge o descendientes integrantes del patrimonio histórico español o del patrimonio histórico o cultural de las demás Comunidades Autónomas, cuando se mantengan en el patrimonio de los beneficiarios durante, al menos, 5 años. Si unos mismos bienes en un periodo de 12 años son objeto de dos o más transmisiones por causa de muerte a favor de descendientes, en la segunda y ulteriores se reducirá de la base imponible, además, el importe de lo pagado por el impuesto en las transmisiones precedentes. Esta misma reducción también se aplicará en el caso de que los bienes transmitidos por primera vez hayan sido sustituidos por otros del mismo valor que integren el caudal hereditario de la siguiente o las ulteriores transmisiones.

h) Reducción propia por adquisición de determinados bienes y participaciones en áreas de suelo rústico protegido o en áreas de interés agrario y por participaciones en entidades y sociedades mercantiles cuyo activo esté integrado por terrenos cuando éstos estén situados en un área de suelo rústico protegido, en un área de interés agrario o en un espacio de relevancia ambiental[602].

Se establece una reducción del 95 por 100 del valor de los terrenos adquiridos o de las participaciones en entidades y sociedades mercantiles cuyo activo esté integrado por terrenos cuando éstos estén situados en un área de suelo rústico protegido, en un área de interés agrario o en un espacio de relevancia ambiental. Solo se aplicará a las fincas en las que, como mínimo, un 33 por 100 de su extensión quede incluida dentro de las áreas o los espacios antes mencionados.

i) Reducción en las adquisiciones de dinero por creación de nuevas empresas y empleo.

En las adquisiciones de dinero por causa de muerte que se destine a la creación de una empresa, sea individual, negocio profesional o entidad societaria, mediante la adquisición originaria de acciones o participaciones,

---

600 Vid. artículo 9 de la Ley autonómica 22/2006, de 19 de diciembre, de reforma del Impuesto sobre Sucesiones y Donaciones.

601 Vid. artículo 10 de la Ley autonómica 22/2006, de 19 de diciembre, de reforma del Impuesto sobre Sucesiones y Donaciones.

602 Vid. artículo 12 de la Ley autonómica 22/2006, de 19 de diciembre, de reforma del Impuesto sobre Sucesiones y Donaciones.

se aplicará una reducción del 50 %, siempre que se cumplan los siguientes requisitos:

La empresa creada deberá desarrollar una actividad económica, sin que pueda tener como actividad principal la gestión de un patrimonio mobiliario o inmobiliario, de acuerdo con lo previsto en el artículo 4. 8. Dos, a) de la Ley 19/1991, ni dedicarse a la actividad de arrendamiento de inmuebles.

Como mínimo, la empresa creada deberá emplear a una persona domiciliada fiscalmente en las Illes Balears con un contrato laboral a jornada completa y dada de alta en el régimen general de la Seguridad Social, distinta del contribuyente que aplique la reducción y de los socios o partícipes de la empresa.

En el plazo máximo de dieciocho meses desde el devengo del impuesto, el dinero adquirido deberá destinarse a la creación de la empresa y se cumplirá el requisito de creación de empleo.

Durante cuatro años desde la creación de la empresa deberán mantenerse la actividad económica, los puestos de trabajo y el nivel de inversión que se tome como base de la reducción.

La base de la reducción será el importe del dinero que, adquirido por causa de muerte, sea efectivamente invertido en la creación de la empresa, con un máximo de 200.000 euros.

Solo podrá aplicar la reducción el derechohabiente que destine el dinero adquirido a las finalidades previstas en este artículo.

La cifra anual de negocios de la empresa no podrá superar el límite de 2.000.000 de euros durante los cuatro años a que se refiere la letra d) anterior, calculada como prevé el artículo 108 del Texto Refundido de la Ley del Impuesto sobre Sociedades.

El derechohabiente deberá tener un patrimonio preexistente inferior a 400.000 euros.

En el caso de adquisición originaria de participaciones de una entidad societaria, las participaciones que adquiera el derechohabiente representarán más del 50 % del capital social de la entidad, y se mantendrán en el patrimonio del derechohabiente durante un periodo mínimo de cuatro años.

En el caso de adquisición originaria de participaciones de una entidad societaria, el derechohabiente no ha de tener ninguna vinculación con el resto de socios, en los términos previstos en el artículo 16 del Texto Refundido de la Ley del Impuesto sobre Sociedades.

En caso de incumplimiento del requisito de plazos establecido deberá presentarse una declaración complementaria por el importe de las cuantías que se hayan dejado de ingresar junto con el importe de los intereses de demora, en el plazo de un mes desde el día en que se produzca el incumplimiento.

Esta reducción tiene el carácter de propia[603].

---

[603] Vid. artículo 7 de la Ley autonómica 3/2012, de 30 de abril, de Medidas Tributarias Urgentes.

j) Mejora de la reducción en adquisiciones "mortis causa" por transmisión consecutiva de bienes.

Se deducirá de la base imponible del impuesto el importe de lo satisfecho por el mismo en las transmisiones precedentes, si unos mismos bienes en un período máximo de doce años son objeto de dos o más transmisiones por causa de muerte a favor de descendientes.

Esta reducción es aplicable en el caso de que los bienes transmitidos por primera vez hayan sido sustituidos por otros del mismo valor que integren el caudal hereditario de la siguiente o ulteriores transmisiones[604].

ESQUEMA: REDUCCIONES ADQUISICIONES "MORTIS CAUSA" AUTONÓMICA BASE IMPONIBLE

Mejora reducción por grupos de parentesco. Cuantía: Grupo I: adquisiciones por descendientes menores de 21 años, 25.000 euros, más 6.250 euros más por cada año menos de 21 años, sin exceder de 50.000 euros. Grupo II: adquisiciones por descendientes de 21 o más años, cónyuges y ascendientes, 25.000 euros. Grupo III: adquisiciones por colaterales de segundo y tercer grado, ascendientes y descendientes por afinidad, 8.000 euros. Grupo IV: adquisiciones por colaterales de cuarto grado, grados más distantes y extraños, 1.000 euros (es la única Comunidad que regula una reducción para este grupo).
Mejora reducción por minusvalías. Cuantía: Minusvalía física o sensorial de grado igual o superior al 33 por 100 e inferior al 65 por 100, 48.000 euros. Minusvalía física o sensorial de grado igual o superior al 65 por 100, 300.000 euros. Minusvalía psíquica de grado igual o superior al 33 por 100, 300.000 euros.
Mejora de la reducción por adquisición de la vivienda habitual. Cuantía: 100 por 100 por la adquisición de vivienda habitual, con el límite de 180.000 euros siempre que los causahabientes sean el cónyuge, los ascendientes o descendientes, o los parientes colaterales mayores de 65 años que hayan convivido con el causante durante los 2 años anteriores al fallecimiento, exigiéndose a tal respecto el cumplimiento de determinados requisitos.
Mejora de la reducción por cantidades percibidas por los beneficiarios de seguros de vida, cuando los perceptores sean el cónyuge, ascendientes o descendientes. Cuantía: 100 por 100 de las cantidades percibidas por los beneficiarios de contratos de seguros sobre la vida, con un límite de 12.000 euros, cuando los perceptores sean el cónyuge, ascendientes o descendientes. En los seguros colectivos o contratados por las empresas a favor de los empleados se estará al grado de parentesco entre el asegurado fallecido y el beneficiario. La misma reducción será en todo caso aplicable, del 100 por 100, sin límite, de las cantidades percibidas por los seguros de vida que se devenguen en actos de terrorismo y de servicios prestados en misiones internacionales humanitarias o de paz de carácter público.

[604] Vid. artículo 11 de la Ley autonómica 22/2006, de 19 de diciembre, de reforma del Impuesto sobre Sucesiones y Donaciones.

Mejora de la reducción por adquisición de una empresa individual o negocio profesional, así como de las participaciones sociales en entidades, siempre que sea de aplicación la exención del Impuesto sobre el Patrimonio. Cuantía: 95 por 100 del valor de una empresa individual o negocio profesional, así como de las participaciones sociales en entidades, siempre que sea de aplicación la exención del Impuesto sobre el Patrimonio. En el caso de que no existan descendientes, la reducción la podrán aplicar los ascendientes y colaterales, hasta el tercer grado. En todo caso el cónyuge superviviente tendrá derecho a la reducción, exigiéndose el cumplimiento de determinados requisitos. La adquisición deberá mantenerse durante los 5 años siguientes al fallecimiento.
Mejora de la reducción en adquisición bienes recibidos por el cónyuge o descendientes, integrantes del patrimonio histórico o cultural de la Comunidad. Cuantía: 99 por 100, según bienes, del valor de los bienes, recibidos por el cónyuge o descendientes, integrantes del patrimonio histórico o cultural de la Comunidad de Illes Balears, cuando se mantengan en el patrimonio de los beneficiarios durante, al menos, 5 años.
Mejora de la reducción por adquisición de bienes recibidos por el cónyuge o descendientes integrantes del patrimonio histórico español o del patrimonio histórico o cultural de las demás Comunidades Autónomas. Cuantía de la reducción: 95 por 100 del valor de los bienes recibidos por el cónyuge o descendientes integrantes del patrimonio histórico español o del patrimonio histórico o cultural de las demás Comunidades Autónomas, cuando se mantengan en el patrimonio de los beneficiarios durante, al menos, 5 años.
Reducción propia por adquisición de determinados bienes y participaciones en áreas de suelo rústico protegido o en áreas de interés agrario y por participaciones en entidades y sociedades mercantiles cuyo activo esté integrado por terrenos cuando éstos estén situados en un área de suelo rústico protegido, en un área de interés agrario o en un espacio de relevancia ambiental. Cuantía: 95 por 100 del valor de los terrenos adquiridos o de las participaciones en entidades y sociedades mercantiles cuyo activo esté integrado por terrenos cuando éstos estén situados en un área de suelo rústico protegido, en un área de interés agrario o en un espacio de relevancia ambiental. Solo se aplicará a las fincas en las que, como mínimo, un 33 por 100 de su extensión quede incluida dentro de las áreas o los espacios antes mencionados.

Reducción propia por las adquisiciones dinerarias de padres a hijos o a otros descendientes o entre colaterales hasta el tercer grado por creación de nuevas empresas y empleo. El disfrute de la misma está sujeto al cumplimiento de determinados requisitos, entre los que destacamos: la adquisición deberá formalizarse en escritura pública y deberá hacerse constar de forma expresa que el donatario tiene que destinar el dinero a la creación de una nueva empresa en los términos establecidos en este artículo; la empresa creada deberá desarrollar una actividad económica; como mínimo, la empresa creada deberá emplear a una persona domiciliada fiscalmente en las Illes Balears con un contrato laboral a jornada completa y dada de alta en el régimen general de la Seguridad Social, distinta del contribuyente que aplique la reducción y de los socios o partícipes de la empresa; la cifra anual de negocios de la empresa no podrá superar el límite de 2.000.000 de euros durante cuatro años, calculada como prevé el artículo 108 del Texto Refundido de la Ley del Impuesto sobre Sociedades; el donatario deberá tener un patrimonio preexistente inferior a 400.000 euros en el momento de la fecha de formalización de la donación; en el caso de adquisición originaria de participaciones de una entidad societaria, las participaciones que adquiera el donatario deberán representar a más del 50 % del capital social de la entidad, y se mantendrán en el patrimonio del donatario durante un periodo mínimo de cuatro años; en el caso de adquisición originaria de participaciones de una entidad societaria, el donatario no ha de tener ninguna vinculación con el resto de socios. La base de la reducción será el importe del dinero que, adquirido gratuitamente entre vivos, sea efectivamente invertido en la creación de la empresa, con un máximo de 200.000 euros. La cuantía de la reducción será del 50%
Mejora reducción en adquisiciones "mortis causa" por transmisión consecutiva de bienes. Se deducirá del impuesto el importe de lo satisfecho en las transmisiones precedentes, si unos mismos bienes en un período máximo de doce años son objeto de dos o más transmisiones por causa de muerte a favor de descendientes.

B. Reducciones por adquisiciones "inter vivos":

La Comunidad Autónoma ha regulado las siguientes:

a) Mejora de la reducción para adquisiciones de empresas individuales, negocios profesionales y participaciones en entidades[605].

Se establece una reducción a favor del cónyuge o descendientes del 95 por 100 para adquisiciones de empresas individuales, negocios profesionales y participaciones en entidades.

Los requisitos son similares a los de la norma estatal, con la peculiaridad de que el plazo de mantenimiento de la adquisición por el donatario se reduce a 5 años (10 en la normativa estatal), o que la edad del donante ha de ser, al menos, de 60 años (65 en la normativa estatal).

b) Adquisiciones de empresas individuales, negocios profesionales o participaciones en entidades a favor del cónyuge o de los descendientes siem-

[605] Vid. artículos 22 y 23 de la Ley autonómica 22/2006, de 19 de diciembre, de reforma del Impuesto sobre Sucesiones y Donaciones.

pre y cuando el donatario mantenga los puestos de trabajo de la empresa o negocio[606].

Se fija una reducción del 99 por 100 para adquisiciones de empresas individuales, negocios profesionales o participaciones en entidades a favor del cónyuge o de los descendientes siempre y cuando el donatario mantenga los puestos de trabajo de la empresa o negocio durante, al menos, 5 años y se cumplan los requisitos fijados en el artículo 24 de la Ley autonómica 22/2006, de 19 de diciembre.

Estos requisitos, los podemos simplificar en los siguientes:

Que el donante tenga 60 o más años o se encuentre en situación de incapacidad permanente, en grado de absoluta o gran invalidez.

Que, si el donante ejerce funciones de dirección en la empresa, el negocio o la entidad, deje de ejercerlas y de percibir remuneraciones por dicho ejercicio desde el momento de la transmisión. A estos efectos, no se entenderá comprendida entre las funciones de dirección la mera pertenencia al consejo de administración de la sociedad.

Que el donatario mantenga lo adquirido y tenga derecho a la citada exención en el Impuesto sobre el Patrimonio durante los cinco años siguientes a la fecha de la escritura pública de donación, salvo que fallezca dentro de este plazo.

Asimismo, el donatario no puede realizar actos de disposición ni operaciones societarias que, directa o indirectamente, puedan dar lugar a una minoración sustancial del valor de la adquisición.

Se considerará que se mantienen los puestos de trabajo cuando se mantenga la plantilla media total de la empresa, negocio o entidad, calculada conforme establece la Ley del Impuesto sobre Sociedades.

Esta reducción es incompatible con las estatales y autonómicas de mejora de empresa individual, negocio profesional y participaciones en entidades.

c) Mejora de la reducción por donaciones al cónyuge o descendientes de bienes integrantes del patrimonio histórico o cultural de las Illes Balears, cuando se mantengan en el patrimonio de los beneficiarios[607].

Se establece una reducción del 95 por 100 de las donaciones al cónyuge o descendientes del donante de los bienes integrantes del Patrimonio Histórico Español inscritos en el Registro General de Bienes de Interés Cultural o en el Inventario General de Bienes Muebles, a que se refiere la Ley 16/1985, de 25 de junio, del Patrimonio Histórico Español, así como los comprendidos en la Disposición Adicional Segunda de dicha Ley, que son los contenidos en los Decretos de 22 de abril de 1949, 571/1963 y 499/1973, siempre

---

[606] Vid. artículo 12 de la Ley autonómica 1/2009, de 25 de febrero, de medidas tributarias para impulsar la actividad económica, que trae su causa en el Decreto Ley 1/2008, de 10 de octubre.

[607] Vid. artículo 25 de la Ley autonómica 22/2006, de 19 de diciembre, de reforma del Impuesto sobre Sucesiones y Donaciones.

que en éste último caso hayan sido calificados como Bienes de Interés Cultural por el Ministerio de Cultura e inscritos en el Registro correspondiente.

En el supuesto de Zonas Arqueológicas y Sitios o Conjuntos Históricos, la exención no alcanzará a cualesquiera clase de bienes inmuebles ubicados dentro del perímetro de delimitación, sino exclusivamente, a los que reúnan las siguientes condiciones: en Zonas Arqueológicas, los incluidos como objeto de especial protección en el instrumento de planeamiento urbanístico a que se refiere el artículo 20 de la Ley 16/1985, de 25 de junio; en Sitios o Conjuntos Históricos los que cuenten con una antigüedad igual o superior a cincuenta años y estén incluidos en el Catálogo previsto en el artículo 86 del Reglamento de Planeamiento Urbanístico como objeto de protección integral en los términos previstos en el artículo 21 de la Ley 16/1985, de 25 de junio.

Los bienes integrantes del Patrimonio Histórico de las Comunidades Autónomas, que hayan sido calificados e inscritos de acuerdo con lo establecido en sus normas reguladoras.

Los objetos de arte y antigüedades cuyo valor sea inferior a las cantidades que a tal efecto se establezca.

Asimismo, se establece una reducción del 99 por ciento en la adquisición "inter vivos" por el cónyuge o descendientes del donante de bienes comprendidos en el Patrimonio histórico o cultural de las Islas Baleares, sujeta a un plazo de mantenimiento de la adquisición de cinco años.

d) Mejora de la reducción de los bienes recibidos por el cónyuge o descendientes integrantes del patrimonio histórico español o del patrimonio histórico o cultural de las demás Comunidades Autónomas, cuando se mantengan en el patrimonio de los beneficiarios[608].

Se establece una reducción del 95 por 100 del valor de los bienes recibidos por el cónyuge o descendientes integrantes del patrimonio histórico español o del patrimonio histórico o cultural de las demás Comunidades Autónomas, cuando se mantengan en el patrimonio de los beneficiarios durante, al menos, 5 años.

e) Reducción propia de donaciones de padres a hijos o descendientes del donante menores de 36 años, o hijos o descendientes discapacitados con un grado de minusvalía física o sensorial o psíquica de grado igual o superior al 33 por 100, de un inmueble que vaya a constituir la primera vivienda habitual de los donatarios[609].

Se establece una reducción del 57 por 100 por las donaciones de padres a hijos o descendientes del donante menores de 36 años, o hijos o descen-

---

[608] Vid. artículo 26 de la Ley autonómica 22/2006, de 19 de diciembre, de reforma del Impuesto sobre Sucesiones y Donaciones.

[609] Vid. artículo 27 de la Ley autonómica 22/2006, de 19 de diciembre, de reforma del Impuesto sobre Sucesiones y Donaciones.

dientes discapacitados con un grado de minusvalía física o sensorial igual o superior al 65 por 100 o con un grado de minusvalía psíquica de grado igual o superior al 33 por 100, de un inmueble que vaya a constituir la primera vivienda habitual de los donatarios, exigiéndose los siguientes requisitos:

La adquisición tiene que ser en pleno dominio.

La renta general del Impuesto sobre la Renta de las Personas Físicas del donatario no podrá exceder de 18.000 euros.

El valor real del inmueble adquirido no puede exceder de 180.000 euros.

El máximo de superficie construida no puede superar los 120 m^2.

El donatario tiene que residir efectivamente en la vivienda un mínimo de 3 años desde la fecha de adquisición.

El donatario deberá justificar su parentesco con el donante por cualquier medio admitido en derecho.

f) Reducción por las donaciones que constituyan aportaciones a los patrimonios protegidos de titularidad de personas con discapacidad[610].

Se establece la reducción del 99 por 100 de las donaciones que constituyan aportaciones a los patrimonios protegidos de titularidad de personas con discapacidad. Esta reducción es incompatible con la establecida por la adquisición de la vivienda habitual, anteriormente descrita.

g) Reducción propia por las donaciones en dinero de padres a hijos para que compren un inmueble que vaya a constituir la primera vivienda habitual de los donatarios[611].

Se establece la reducción del 57 por 100 por las donaciones en dinero de padres a hijos para que compren un inmueble que vaya a constituir la primera vivienda habitual de los donatarios, exigiéndose al respecto el cumplimiento de los siguientes requisitos:

— La donación debe efectuarse en escritura pública.
— La edad del donatario tiene que ser menor de 36 años.
— La vivienda debe adquirirse dentro del plazo máximo de 6 meses desde que se formaliza la donación.
— El donatario tiene que tener un patrimonio inferior a 400.000 euros en el momento de la donación.

El importe máximo de la donación susceptible de integrarse en la base de la bonificación es de 60.000 euros ó de 90.000 euros si se trata de contribuyentes discapacitados con un grado de minusvalía física, psíquica o sensorial igual o superior al 33 por 100.

---

[610] Vid. artículo 28 de la Ley autonómica 22/2006, de 19 de diciembre, de reforma del Impuesto sobre Sucesiones y Donaciones.

[611] Vid. artículo 29 de la Ley autonómica 22/2006, de 19 de diciembre, de reforma del Impuesto sobre Sucesiones y Donaciones.

h) Reducción por las donaciones dinerarias de padres a hijos o a otros descendientes o entre colaterales hasta el tercer grado por creación de nuevas empresas y empleo.

En las donaciones dinerarias de padres a hijos o a otros descendientes o entre colaterales hasta el tercer grado que se destinen a la creación de una empresa, sea individual, negocio profesional o entidad societaria, mediante la adquisición originaria de acciones o participaciones, se aplicará una reducción del 50 %, siempre que se cumplan los siguientes requisitos:

La donación deberá formalizarse en escritura pública y deberá hacerse constar de forma expresa que el donatario tiene que destinar el dinero a la creación de una nueva empresa en los términos establecidos en este artículo.

La empresa creada deberá desarrollar una actividad económica, sin que pueda tener como actividad principal la gestión de un patrimonio mobiliario o inmobiliario, de acuerdo con lo previsto en el artículo 4. 8. Dos, a) de la Ley 19/1991, de 6 de junio, del Impuesto sobre el Patrimonio, ni dedicarse a la actividad de arrendamiento de inmuebles.

Como mínimo, la empresa creada deberá emplear a una persona domiciliada fiscalmente en las Illes Balears con un contrato laboral a jornada completa y dada de alta en el régimen general de la Seguridad Social, distinta del contribuyente que aplique la reducción y de los socios o partícipes de la empresa.

En el plazo máximo de dieciocho meses desde el devengo del impuesto, el dinero adquirido deberá destinarse a la creación de la empresa y deberá cumplirse el requisito de creación de empleo.

Durante cuatro años desde la creación de la empresa deberán mantenerse la actividad económica, los puestos de trabajo y el nivel de inversión que se tome como base de la reducción.

La base de la reducción será el importe del dinero que, adquirido gratuitamente entre vivos, sea efectivamente invertido en la creación de la empresa, con un máximo de 200.000 euros.

Solo podrá aplicar la reducción el donatario que destine el dinero donado a las finalidades previstas en este artículo.

La cifra anual de negocios de la empresa no podrá superar el límite de 2.000.000 de euros durante cuatro años, calculada como prevé el artículo 108 del Texto Refundido de la Ley del Impuesto sobre Sociedades.

El donatario deberá tener un patrimonio preexistente inferior a 400.000 euros en el momento de la fecha de formalización de la donación.

En el caso de adquisición originaria de participaciones de una entidad societaria, las participaciones que adquiera el donatario deberán representar a más del 50 % del capital social de la entidad, y se mantendrán en el patrimonio del donatario durante un periodo mínimo de cuatro años.

En el caso de adquisición originaria de participaciones de una entidad societaria, el donatario no ha de tener ninguna vinculación con el resto de socios, en los términos previstos en el artículo 16 del Texto Refundido de la Ley del Impuesto sobre Sociedades.

En caso de incumplimiento del plazo establecido para la creación de la empresa y del cumplimiento del requisito de creación de empleo, o de los plazos para el mantenimiento de la actividad, de la cifra anual de negocios de la empresa y de la permanencia de las participaciones en el patrimonio del donatario, deberá presentarse una declaración complementaria por el importe de las cuantías que se hayan dejado de ingresar junto con el importe de los intereses de demora, en el plazo de un mes desde el día en que se produzca el incumplimiento.

Esta reducción tiene el carácter de propia, a efectos del artículo 48 de la Ley 22/2009, de 18 de diciembre, por la que se regula el sistema de financiación de las comunidades autónomas de régimen común y ciudades con estatuto de autonomía y se modifican determinadas normas tributarias[612].

ESQUEMA: REDUCCIONES ADQUISICIONES "INTER VIVOS" AUTONÓMICA BASE IMPONIBLE

Mejora de la reducción para adquisiciones de empresas individuales, negocios profesionales y participaciones en entidades. Se establece a favor de los cónyuges y descendientes. Los requisitos exigidos para su disfrute son similares a los de la norma estatal, con la peculiaridad de que el plazo de permanencia o mantenimiento de los bienes adquiridos con derecho a la exención en el Impuesto sobre el Patrimonio se reduce a 5 años y que la edad del donante ha de ser, al menos, de 60 años. La cuantía de la reducción se fija en el 95%.
Reducción en las adquisiciones de empresas individuales, negocios profesionales o participaciones en entidades a favor de los cónyuges o de los descendientes siempre y cuando el donatario mantenga los puestos de trabajo en la empresa o negocio. Se establece a favor de hijos y descendientes del donante. Se exige el cumplimiento de ciertos requisitos, entre los que destacamos: que el donante tenga 60 o más años o se encuentre en situación de incapacidad permanente, en grado de absoluta o gran invalidez, que, si el donante ejerce funciones de dirección en la empresa, el negocio o la entidad, deje de ejercerlas y de percibir remuneraciones por dicho ejercicio desde el momento de la transmisión, que el donatario mantenga lo adquirido y tenga derecho a la citada exención en el Impuesto sobre el Patrimonio durante los cinco años siguientes a la fecha de la escritura pública de donación, salvo que fallezca dentro de este plazo, que se mantengan los puestos de trabajo. La cuantía de la reducción se fija en el 99 por 100 de las adquisiciones de empresas individuales, negocios profesionales o participaciones en entidades.

[612] Vid. artículo 6 de la Ley autonómica 3/2012, de 30 de abril, de Medidas Tributarias Urgentes.

Mejora reducción por donaciones al cónyuge o descendientes de bienes integrantes del patrimonio histórico o cultural de las Illes Balears, cuando se mantengan en el patrimonio de los beneficiarios. Se establece la reducción del 95 por 100 de las donaciones al cónyuge o descendientes del donante de los bienes integrantes del Patrimonio Histórico Español, siempre que cumplan determinados requisitos. Asimismo, esta reducción será del 99% en la adquisición "inter vivos" por el cónyuge o descendientes del donante de bienes comprendidos en el Patrimonio histórico o cultural de las Islas Baleares, sujeta a un plazo de mantenimiento de la adquisición de cinco años.
Reducción propia de donaciones de padres a hijos o descendientes del donante menores de 36 años, o hijos o descendientes discapacitados con un grado de minusvalía física o sensorial o psíquica de grado igual o superior al 33 por 100, de un inmueble que vaya a constituir la primera vivienda habitual de los donatarios. Se exigen para el disfrute de esta reducción el cumplimiento de ciertos requisitos, entre ellos: que la adquisición tiene que ser en pleno dominio, la renta general del Impuesto sobre la Renta de las Personas Físicas del donatario no podrá exceder de 18.000 euros, el valor real del inmueble adquirido no puede exceder de 180.000 euros, el máximo de superficie construida no puede superar los 120 metros cuadrados, el donatario tiene que residir efectivamente en la vivienda un mínimo de 3 años desde la fecha de adquisición y que el donatario deberá justificar su parentesco con el donante por cualquier medio admitido en derecho. La cuantía de la reducción será 57 por 100 por las donaciones de padres a hijos o descendientes del donante menores de 36 años, o hijos o descendientes discapacitados con un grado de minusvalía física o sensorial igual o superior al 65 por 100 o con un grado de minusvalía psíquica de grado igual o superior al 33 por 100, de un inmueble que vaya a constituir la primera vivienda habitual de los donatarios.
Reducción por donaciones que constituyan aportaciones a los patrimonios protegidos de titularidad de personas con discapacidad. La cuantía de la reducción se fija en el 99 por 100 de las donaciones que constituyan aportaciones a los patrimonios protegidos de titularidad de personas con discapacidad. Esta reducción es incompatible con la establecida por la adquisición de la vivienda habitual, anteriormente descrita.
Reducción propia por las donaciones en dinero de padres a hijos para que compren un inmueble que vaya a constituir su primera vivienda habitual. Se exige el cumplimiento de ciertos requisitos, entre ellos: la edad del donatario tiene que ser menor de 36 años, la vivienda debe adquirirse dentro del plazo máximo de 6 meses desde que se formaliza la donación, el donatario tiene que tener un patrimonio inferior a 400.000 euros en el momento de la donación, el importe máximo de la donación susceptible de integrarse en la base de la bonificación es de 60.000 euros ó de 90.000 euros si se trata de contribuyentes discapacitados con un grado de minusvalía física, psíquica o sensorial igual o superior al 33 por 100 y que la donación debe efectuarse en escritura pública. La cuantía de la reducción será del 57 por 100 por las donaciones en dinero de padres a hijos para que compren un inmueble que vaya a constituir la primera vivienda habitual de los donatarios,

Reducción propia por las donaciones dinerarias de padres a hijos o a otros descendientes o entre colaterales hasta el tercer grado por creación de nuevas empresas y empleo. El disfrute de la misma está sujeto al cumplimiento de determinados requisitos, entre los que destacamos: la donación deberá formalizarse en escritura pública y deberá hacerse constar de forma expresa que el donatario tiene que destinar el dinero a la creación de una nueva empresa en los términos establecidos en este artículo; la empresa creada deberá desarrollar una actividad económica; como mínimo, la empresa creada deberá emplear a una persona domiciliada fiscalmente en las Illes Balears con un contrato laboral a jornada completa y dada de alta en el régimen general de la Seguridad Social, distinta del contribuyente que aplique la reducción y de los socios o partícipes de la empresa; la cifra anual de negocios de la empresa no podrá superar el límite de 2.000.000 de euros durante cuatro años, calculada como prevé el artículo 108 del Texto Refundido de la Ley del Impuesto sobre Sociedades; el donatario deberá tener un patrimonio preexistente inferior a 400.000 euros en el momento de la fecha de formalización de la donación; en el caso de adquisición originaria de participaciones de una entidad societaria, las participaciones que adquiera el donatario deberán representar a más del 50 % del capital social de la entidad, y se mantendrán en el patrimonio del donatario durante un periodo mínimo de cuatro años; en el caso de adquisición originaria de participaciones de una entidad societaria, el donatario no ha de tener ninguna vinculación con el resto de socios. La base de la reducción será el importe del dinero que, adquirido gratuitamente entre vivos, sea efectivamente invertido en la creación de la empresa, con un máximo de 200.000 euros. La cuantía de la reducción será del 50%

11. La Rioja

La Comunidad Autónoma de La Rioja ha establecido las siguientes reducciones:

Reducciones en adquisiciones "mortis causa": adquisición de una empresa individual o negocio profesional situado en la Rioja o de las participaciones de sociedades no cotizadas, adquisición de una explotación agraria y adquisición de vivienda.

Reducciones en adquisiciones "inter vivos": por donación a favor del cónyuge o pareja de hecho, descendientes o adoptados y colaterales por consanguinidad, hasta el cuarto grado, de una empresa individual o un negocio profesional, o de participaciones en entidades que no coticen en mercados organizados, adquisición de una explotación agraria.

A. Reducciones en adquisiciones "mortis causa":

a) Adquisición de una empresa individual o negocio profesional situado en la Rioja o de las participaciones de sociedades no cotizadas[613].

[613] Vid. artículo 5. 1 y 2 de la Ley 13/2013, de 23 de diciembre, de Medidas Fiscales y Administrativas para 2014.

Se fija una reducción propia del 99 por 100 del valor de una empresa individual o negocio profesional situado en la Rioja o de las participaciones de sociedades no cotizadas con domicilio social en esa Comunidad. Requisitos:

La empresa individual, el negocio profesional o las participaciones deben estar exentos en el Impuesto sobre el Patrimonio.

La adquisición debe corresponder al cónyuge o pareja de hecho, descendientes o adoptados o personas objeto de un acogimiento familiar permanente o preadoptivo, ascendientes o adoptantes que realicen un acogimiento familiar permanente o preadoptivo y colaterales, por consanguinidad, hasta el cuarto grado, de la persona fallecida.

Los bienes adquiridos deben mantenerse en el patrimonio del sujeto pasivo durante los 5 años siguientes al fallecimiento del causante, salvo fallecimiento del propio sujeto pasivo.

El domicilio fiscal y social de la entidad debe mantenerse en La Rioja durante los 5 años siguientes al fallecimiento del causante.

El adquirente ha de tener su domicilio fiscal en el territorio de La Rioja a la fecha del fallecimiento del causante.

Esta reducción es incompatible, para una misma adquisición, con las establecidas en la normativa estatal.

b) Adquisición de una explotación agraria[614]

Se fija una reducción del 99 por 100 del valor de una explotación agraria, exigiéndose al respecto el cumplimiento de los siguientes requisitos:

El causante ha de tener la condición de agricultor profesional en la fecha de su fallecimiento.

El adquirente ha de conservar en su patrimonio la explotación agraria durante los 5 años siguientes al fallecimiento del causante.

El adquirente ha de tener en la fecha de devengo la condición de agricultor profesional, ser titular de una explotación agraria a la que se incorporen los elementos de la explotación que se transmiten y tener su domicilio fiscal en la Comunidad.

La adquisición debe corresponder al cónyuge o pareja de hecho, descendientes o adoptados o personas objeto de un acogimiento familiar permanente o preadoptivo, ascendientes o adoptantes que realicen un acogimiento familiar permanente o preadoptivo y colaterales, por consanguinidad, hasta el cuarto grado, de la persona fallecida.

c) Adquisición de vivienda[615]

---

[614] Vid. artículo 5. 3 de la Ley 13/2013, de 23 de diciembre, de Medidas Fiscales y Administrativas para 2014.

[615] Vid. artículo 5. 4 de la Ley 13/2013, de 23 de diciembre, de Medidas Fiscales y Administrativas para 2014.

La reducción por adquisición de vivienda se regula en los mismos términos que la establecida en la ley estatal aunque el plazo de mantenimiento de la vivienda de los 10 años establecidos en la ley estatal es solo de 5 años.

Estas reducciones son incompatibles para una misma adquisición con las reducciones previstas en la letra c), apartado 2 del artículo 20 de la Ley estatal 29/1987, de 18 de diciembre, del Impuesto sobre Sucesiones y Donaciones[616].

ESQUEMA: REDUCCIONES "MORTIS CAUSA" AUTONÓMICA BASE IMPONIBLE

Reducción por parentesco: mejora por equiparación. Las parejas estables se equiparan a los cónyuges.
Reducción propia por adquisición de empresas individuales y negocios profesionales, aplicable al cónyuge o pareja de hecho, descendientes o adoptados o personas objeto de un acogimiento familiar permanente o preadoptivo, ascendientes o adoptantes que realicen un acogimiento familiar permanente o preadoptivo y colaterales, por consanguinidad, hasta el cuarto grado, de la persona fallecida, siempre que cumplan determinados requisitos, y los negocios y actividades estén situados o se realicen en la comunidad. Porcentaje reducción: 99% del valor. Incompatible con otras similares de la normativa estatal.
Reducción propia por adquisición de participaciones en entidades que no coticen en mercados organizados, con la exigencia, que el domicilio social y fiscal se encuentre en el territorio. La adquisición debe corresponder al cónyuge o pareja de hecho, descendientes o adoptados o personas objeto de un acogimiento familiar permanente o preadoptivo, ascendientes o adoptantes que realicen un acogimiento familiar permanente o preadoptivo y colaterales, por consanguinidad, hasta el cuarto grado, de la persona fallecida, siempre que cumplan determinados requisitos. Porcentaje reducción: 99% del valor. Incompatible con otras similares de la normativa estatal.
Reducción propia por adquisición explotación agraria. Aplicable a parejas de hecho, cónyuges, descendientes o adoptados o personas objeto de un acogimiento familiar permanente o preadoptivo, ascendientes o adoptantes que realicen un acogimiento familiar permanente o preadoptivo y colaterales, por consanguinidad, hasta el cuarto grado, de la persona fallecida, siempre que cumplan determinados requisitos. Porcentaje reducción: 99%.
Mejora de la reducción por adquisición de la vivienda habitual del causante por cónyuge, descendientes o adoptados, ascendientes o adoptantes y colateral mayor de 65 años, que hayan convivido con el causante mínimo 2 años. Exigencia del mantenimiento en el patrimonio, cinco años. Porcentaje reducción: 95% con el límite de 122.606,47 euros.

Hasta la entrada en vigor de la Ley 10/2010, de 16 de diciembre, de Medidas Fiscales y Administrativas para 2011, los beneficios fiscales riojanos se aplicaban con independencia de dónde tuviera la residencia habitual el causahabiente, pero a partir del año 2011, la deducción del 99% de la cuota relativa a los Grupos I y II solo se aplicará a los contribuyentes con residencia habitual durante los cinco años previos al hecho imponible en la Comunidad y en otras

[616] Vid. artículo 6 de la Ley 13/2013, de 23 de diciembre, de Medidas Fiscales y Administrativas para 2014.

Comunidades Autónomas que no excluyan de los beneficios fiscales en este impuesto a los contribuyentes con domicilio fiscal en la Rioja[617].

Esta medida pone de manifiesto como se ha dicho "la distorsión que se da en este impuesto por sumar la irrelevancia de la residencia del sujeto pasivo a la elección como punto de conexión de la residencia del fallecido. Pero está latente también la proyección que las medidas tributarias de una Comunidad Autónoma pueda o deba tener sobre ciudadanos de otra. Sobre tal cuestión el legislador riojano parece asumir que si un parlamento autonómico distinto prefiere limitar a sus propios ciudadanos los beneficios que otorga, lo procedente es que los ciudadanos de esa otra Comunidad no tengan beneficios en La Rioja"[618].

B. Reducciones en adquisiciones "inter vivos":

a) Reducción propia por adquisición "inter vivos" de una empresa individual o un negocio profesional situados en La Rioja, o de participaciones en entidades a favor del cónyuge o pareja de hecho, descendientes o adoptados o personas objeto de un acogimiento familiar permanente o preadoptivo, ascendientes o adoptantes que realicen un acogimiento familiar permanente o preadoptivo y colaterales, por consanguinidad, hasta el cuarto grado del donante[619].

Se establece una reducción del 99 por 100 en los casos de donación a favor del cónyuge o pareja de hecho, descendientes o adoptados o personas objeto de un acogimiento familiar permanente o preadoptivo, ascendientes o adoptantes que realicen un acogimiento familiar permanente o preadoptivo y colaterales, por consanguinidad, hasta el cuarto grado, de una empresa individual o un negocio profesional situados en La Rioja, o de participaciones en entidades cuyo domicilio fiscal y social se encuentre en La Rioja y que no coticen en mercados organizados.

Para gozar de la reducción deben concurrir las condiciones previstas en la normativa estatal.

Además se ha de mantener el domicilio fiscal y social de la entidad en el territorio de La Rioja durante los 5 años siguientes a la fecha de la escritura pública de donación.

---

617 Vid. artículo 8 de la Ley autonómica 10/2010, de 16 de diciembre, de Medidas Fiscales y Administrativas para el año 2011, reproducido en el artículo 8. 2 de la Ley autonómica 13/2013, de 23 de diciembre, de Medidas Fiscales y Administrativas para 2014.

618 Pozuelo Antoni, F.: "Principales modificaciones introducidas en 2010 por las leyes estatales y autonómicas en el Impuesto sobre Sucesiones y Donaciones y en el Impuesto sobre Transmisiones Patrimoniales y Actos Jurídicos Documentados", *Revista de Contabilidad y Tributación*, número 337, año 2011, p. 71.

619 Vid. artículo 10. 1, de la Ley autonómica 13/2013, de 23 de diciembre, de Medidas Fiscales y Administrativas para 2014.

El adquirente no podrá realizar, en el mismo plazo, actos de disposición ni operaciones societarias que, directa o indirectamente, puedan dar lugar a una minoración sustancial del valor de la adquisición.

b) Adquisición de una explotación agraria[620].

Se fija una reducción del 99 por 100 del valor de una explotación agraria, exigiéndose los siguientes requisitos:

- El donante ha de tener 65 o más años o encontrarse en situación de incapacidad permanente en grado de absoluta o gran invalidez.
- El donante ha de tener en la fecha de devengo del impuesto la condición de agricultor profesional, que deberá perderla como consecuencia de la donación.
- El adquirente ha de conservar en su patrimonio la explotación agraria durante los 5 años siguientes al fallecimiento del causante.
- El adquirente ha de tener en la fecha de devengo la condición de agricultor profesional, ser titular de una explotación agraria a la que se incorporen los elementos de la explotación que se transmiten y tener su domicilio fiscal en la Comunidad.

La adquisición ha de corresponder a cónyuge o pareja de hecho, descendientes o adoptados o personas objeto de un acogimiento familiar permanente o preadoptivo, ascendientes o adoptantes que realicen un acogimiento familiar permanente o preadoptivo y colaterales, por consanguinidad, hasta el cuarto grado.

ESQUEMA: REDUCCIONES
"INTER VIVOS" AUTONÓMICA BASE IMPONIBLE

Reducción propia por la transmisión de empresas individuales y negocios profesionales, aplicable a parejas de hecho, cónyuges, descendientes, ascendientes y colaterales por consanguinidad hasta el cuarto grado, siempre que cumplan determinados requisitos, y estén situados en la comunidad. Se exigen los mismos requisitos que en la legislación estatal. Porcentaje reducción: 99%. Incompatible con otras similares de la normativa estatal.
Reducción por la transmisión de participaciones en entidades que no coticen en mercados organizados, con la exigencia, que el domicilio social y fiscal se encuentre en el territorio. Aplicable a parejas de hecho, cónyuges, descendientes, ascendientes y colaterales por consanguinidad hasta el cuarto grado, siempre que cumplan determinados requisitos. Porcentaje reducción: 99%. Incompatible con otras similares de la normativa estatal.

[620] Vid. artículo 10. 2, de la Ley 13/2013, de 23 de diciembre, de Medidas Fiscales y Administrativas para 2014.

Reducción propia por transmisión de una explotación agraria. Aplicable a parejas de hecho, cónyuges, descendientes, ascendientes y colaterales por consanguinidad hasta el cuarto grado, siempre que cumplan determinados requisitos. El donante ha de tener la condición de agricultor profesional en la fecha del devengo y perderla a causa de la mima. Asimismo, ha de tener 65 años o más o encontrarse en situación de incapacidad permanente en grado de absoluta o gran invalidez. Porcentaje reducción: 99%

12. Madrid

La Comunidad Autónoma de Madrid ha establecido las siguientes reducciones:

Reducciones en adquisiciones "mortis causa": por grupos de parentesco, reducción a las cantidades percibidas por los beneficiarios de contratos de seguros sobre la vida, cuando su parentesco con el contratante fallecido sea el de cónyuge, ascendiente, descendiente, adoptante o adoptado, por adquisición de empresa individual, negocio profesional o participaciones en entidades, reducción por adquisición de vivienda habitual, adquisición de bienes integrantes del Patrimonio Histórico Español o Cultural de las Comunidades Autónomas, por indemnizaciones percibidas (e integradas en la base imponible) por los herederos de los afectados por el Síndrome Tóxico y por los herederos de víctimas por actos de terrorismo.

A. *Reducciones en adquisiciones "mortis causa":*

a) Por grupos de parentesco[621]

Mejora la reducción por grupos de parentesco, sustituyendo a la estatal. Se fija las siguientes cuantías de reducción:

— Grupo I: adquisiciones por descendientes y adoptados menores de 21 años, 16.000 euros más 4.000 euros por cada año menos de 21 que tenga el causahabiente. La reducción no puede exceder de 48.000 euros.
— Grupo II: adquisiciones por descendientes y adoptados de 21 o más años, cónyuges, ascendientes y adoptantes, 16.000 euros.
— Grupo III: adquisiciones por colaterales de segundo y tercer grado, ascendientes y descendientes por afinidad, 8.000 euros.
— Grupo IV: en las adquisiciones por colaterales de cuarto grado, grados más distantes y extraños, no habrá lugar a reducción.

[621] Vid. artículo 21. 1 del Decreto Legislativo autonómico 1/2010, de 21 de octubre, por el que se aprueba el Texto Refundido de las disposiciones legales de la Comunidad en materia de tributos cedidos por el Estado.

b) Reducción por minusvalía en adquisiciones "mortis causa"[622].

Además de la que pudiera corresponder en función del grado de parentesco con el causante, a las personas discapacitadas con un grado de minusvalía se les dará el siguiente tratamiento:

Se concede una reducción a los sujetos pasivos minusválidos, con un grado de discapacidad igual o superior al 33%e inferior al 65%, de 55.000 euros.

En el caso de sujetos pasivos minusválidos, con un grado de discapacidad igual o superior al 65%, la reducción se eleva a 153.000 euros.

c) Reducción a las cantidades percibidas por los beneficiarios de contratos de seguros sobre la vida, cuando su parentesco con el contratante fallecido sea el de cónyuge, ascendiente, descendiente, adoptante o adoptado[623].

Con independencia de las reducciones anteriores, se aplicará una reducción del 100 por 100 con un límite de 9.200 euros, a las cantidades percibidas por los beneficiarios de contratos de seguros sobre la vida, cuando su parentesco con el contratante fallecido sea el de cónyuge, ascendiente, descendiente, adoptante o adoptado.

d) Por adquisición de empresa individual, negocio profesional o participaciones en entidades[624].

Se fija una reducción del 95 por 100 del valor que corresponda a los cónyuges, descendientes o adoptados de la persona fallecida, a los que sea de aplicación la exención regulada en la normativa del Impuesto sobre el Patrimonio.

La adquisición debe mantenerse durante los 5 años siguientes al fallecimiento del causante, salvo que falleciese el adquirente dentro de este plazo.

Cuando no existan descendientes o adoptados, la reducción será de aplicación a las adquisiciones por ascendientes, adoptantes y colaterales, hasta el tercer grado y con los mismos requisitos indicados anteriormente, es decir, exención en el Impuesto de Patrimonio y mantenimiento durante el plazo de cinco años.

---

[622] Vid. artículo 21. 1, in fine, del Decreto Legislativo autonómico 1/2010, de 21 de octubre, por el que se aprueba el Texto Refundido de las disposiciones legales de la Comunidad en materia de tributos cedidos por el Estado.

[623] Vid. artículo 21. 2 del Decreto Legislativo autonómico 1/2010, de 21 de octubre, por el que se aprueba el Texto Refundido de las disposiciones legales de la Comunidad en materia de tributos cedidos por el Estado.

[624] Vid. artículo 21. 3, apartados primero y segundo, del Decreto Legislativo autonómico 1/2010, de 21 de octubre, por el que se aprueba el Texto Refundido de las disposiciones legales de la Comunidad en materia de tributos cedidos por el Estado.

d) Reducción por adquisición de vivienda habitual[625]

En todo caso, el cónyuge supérstite tendrá derecho a la reducción del 95 por 100, por adquisición de vivienda habitual.

Se establece un límite de 123.000 euros en adquisiciones por el cónyuge, ascendientes o descendientes del causante, o bien pariente colateral mayor de 65 años que hubiese convivido con el causante los 2 años anteriores al fallecimiento.

Se exige su mantenimiento durante 5 años.

e) Adquisición de bienes integrantes del Patrimonio Histórico Español o Cultural de las Comunidades Autónomas[626].

Se establece una reducción del 95 por 100 por adquisición de bienes integrantes del Patrimonio Histórico Español o Cultural de las Comunidades Autónomas, siempre que se mantenga, al menos, durante 5 años.

f) Por indemnizaciones percibidas (e integradas en la base imponible) por los herederos de los afectados por el Síndrome Tóxico y por los herederos de víctimas por actos de terrorismo.

Se fija una reducción por un 99 por 100 de las indemnizaciones percibidas (e integradas en la base imponible) por los herederos de los afectados por el Síndrome Tóxico y por los herederos de víctimas por actos de terrorismo, salvo sujeción al Impuesto sobre la renta de las Personas Físicas[627].

En la aplicación de las reducciones en la base imponible, así como en los coeficientes multiplicadores en función de la cuantía del patrimonio preexistente y del grupo de parentesco, se asimilarán a cónyuges los miembros de uniones de hecho que cumplan los requisitos establecidos en la Ley 11/2001, de 19 de diciembre, de Uniones de Hecho de la Comunidad de Madrid.

---

[625] Vid. artículo 21. 3, apartado tercero, del Decreto Legislativo autonómico 1/2010, de 21 de octubre, por el que se aprueba el Texto Refundido de las disposiciones legales de la Comunidad en materia de tributos cedidos por el Estado.

[626] Vid. artículo 21. 3, apartado cuarto, del Decreto Legislativo autonómico 1/2010, de 21 de octubre, por el que se aprueba el Texto Refundido de las disposiciones legales de la Comunidad en materia de tributos cedidos por el Estado.

[627] Vid. artículo 22, del Decreto Legislativo autonómico 1/2010, de 21 de octubre, por el que se aprueba el Texto Refundido de las disposiciones legales de la Comunidad en materia de tributos cedidos por el Estado.

ESQUEMA: REDUCCIONES "MORTIS CAUSA" AUTONÓMICA BASE IMPONIBLE

Mejora de la reducción por parentesco. Equiparación de las parejas estables a los cónyuges. Cuantía de la reducción: Grupo I: adquisiciones por descendientes y adoptados menores de 21 años, 16.000 euros más 4.000 euros por cada año menos de 21 que tenga el causahabiente. La reducción no puede exceder de 48.000 euros. Grupo II: adquisiciones por descendientes y adoptados de 21 o más años, cónyuges, ascendientes y adoptantes, 16.000 euros. Grupo III: adquisiciones por colaterales de segundo y tercer grado, ascendientes y descendientes por afinidad, 8.000 euros. Grupo IV: en las adquisiciones por colaterales de cuarto grado, grados más distantes y extraños, no habrá lugar a reducción.
Mejora de la reducción por discapacidad. Grado de discapacidad igual o mayor al 33% e inferior al 65%: 55.000 euros.-Grado de discapacidad igual o mayor al 65%: 153.000 euros.
Reducción por seguros de vida, aplicable a cónyuges, ascendientes, descendientes, adoptante o adoptado. Porcentaje reducción: 100%, con el límite de 9.200 euros.
Reducción por la adquisición de una empresa individual o de un negocio profesional. Aplicable a cónyuges, descendientes o adoptados. Si no existen descendientes o adoptados se aplicará la reducción a ascendientes, adoptantes y colaterales hasta el tercer grado. Exigencia de cumplimiento de ciertos requisitos y mantenimiento de los bienes durante cinco años. Porcentaje reducción: 95%.
Reducción por adquisición de participaciones en entidades. Aplicable a cónyuges, descendientes o adoptados. Si no existen descendientes o adoptados se aplicará la reducción a ascendientes, adoptantes y colaterales hasta el tercer grado. Exigencia de cumplimiento de ciertos requisitos, entre ellos, exención en el Impuesto sobre el Patrimonio y mantenimiento de los bienes durante cinco años. Porcentaje reducción: 95% del valor.
Reducción por adquisición de la vivienda habitual del causante por cónyuge, descendientes, ascendientes y colateral mayor de 65 años, que haya convivido con el causante mínimo 2 años. Exigencia del mantenimiento en el patrimonio, cinco años. Límite reducción: 123.000 euros. Porcentaje reducción: 95%
Reducción por adquisición de bienes integrantes del Patrimonio Histórico Español o Cultural de las Comunidades Autónomas. Exigencia de mantenimiento durante cinco años. Porcentaje reducción: 95%.
Reducción por indemnizaciones satisfechas por las administraciones públicas a los herederos de los afectados por el síndrome tóxico. Porcentaje reducción: 99%.
Reducción por indemnizaciones satisfechas por las administraciones públicas a los herederos de los afectados por actos de terrorismo. Porcentaje de reducción: 99%.

13. Murcia

La Comunidad Autónoma de Murcia ha establecido las siguientes reducciones:

Reducciones en adquisiciones "mortis causa": adquisición de una empresa individual o negocio profesional o de las participaciones de sociedades no cotizadas.

Reducciones en adquisiciones "inter vivos": adquisiciones de una empresa individual o de un negocio profesional situados en la Comunidad Autónoma o de participaciones en entidades cuyo domicilio fiscal y social se encuentre en ella y les sea aplicable la exención del Impuesto sobre el Patrimonio, por las donaciones de bienes inmuebles de naturaleza urbana que vayan a constituir la vivienda habitual de los donatarios, por las donaciones en metálico destinadas a la adquisición de la que vaya a constituir la vivienda habitual del sujeto pasivo, por donación de un solar en el que se vaya a construir la vivienda habitual del donatario, por las donaciones en dinero para la constitución o adquisición de una empresa individual, negocio profesional o participaciones en entidades y por donaciones de explotaciones agrícolas.

A. Reducciones en adquisiciones "mortis causa"

a) Adquisición de una empresa individual o negocio profesional situado en la Comunidad o de las participaciones de sociedades no cotizadas[628].

Se fija una reducción propia del 99 por 100 en las sucesiones que incluyan el valor de una empresa individual o de un negocio profesional, situados en la Comunidad Autónoma de la Región de Murcia, o de participaciones en entidades cuyo domicilio fiscal y social se encuentre en la Comunidad Autónoma de la Región de Murcia. Solo podrá aplicarla el adquirente que se adjudique la empresa individual o el negocio profesional o las participaciones, siempre que esté incluido en los Grupos I y II, exigiéndose, además, los siguientes requisitos:

Será aplicable a empresas individuales, negocios profesionales y entidades con domicilio fiscal y social en la Región de Murcia.

La participación del causante en la entidad debe ser, al menos, el 10 por 100 de forma individual o del 20 por 100 conjuntamente con su cónyuge, ascendientes, descendientes o colaterales hasta el tercer grado, por consanguinidad, afinidad o adopción.

Que se mantenga la inversión, en los mismos activos o similares, por un periodo de 5 años.

Que se mantenga el domicilio fiscal y social de la entidad en el territorio de la Comunidad Autónoma de la Región de Murcia durante los 5 años siguientes al fallecimiento del causante.

---

[628] Vid. artículo 3 del Decreto Legislativo 1/2010, de 5 de noviembre, por el que se aprueba el Texto Refundido de las Disposiciones Legales vigentes en la Región de Murcia en materia de Tributos Cedidos.

ESQUEMA: REDUCCIONES "MORTIS CAUSA" AUTONÓMICA BASE IMPONIBLE

Reducción propia por la adquisición de una empresa individual o de un negocio profesional. Aplicable a cónyuges, ascendientes y descendientes, adoptantes y adoptados. Exigencia de cumplimiento de ciertos requisitos. Porcentaje reducción: 99%. Incompatible con otras similares de la normativa estatal.
Reducción propia por adquisición de participaciones en entidades. Aplicable a cónyuges, ascendientes y descendientes, adoptantes y adoptados. Exigencia de cumplimiento de ciertos requisitos, entre ellos, participación del causante en la entidad al menos del 10% de forma individual o del 20% conjuntamente con su cónyuge, ascendiente, descendientes o colaterales hasta el tercer grado por consanguinidad, afinidad o adopción, y mantenimiento de la adquisición durante el plazo de cinco años. Porcentaje reducción: 99%. Incompatible con otras similares de la normativa estatal.

B. Reducciones en adquisiciones "inter vivos"

a) Transmisiones de una empresa individual o negocio profesional, situados en la Comunidad Autónoma o de participaciones en entidades cuyo domicilio fiscal y social se encuentre en ella y les sea aplicable la exención del Impuesto sobre el Patrimonio[629].

Se fija una reducción propia del 99 por 100 para las transmisiones de una empresa individual o de un negocio profesional situados en la Comunidad Autónoma de la Región de Murcia, o de participaciones en entidades cuyo domicilio fiscal y social se encuentre en dicha Región y les sea aplicable la exención del Impuesto sobre el Patrimonio.

Para tener derecho a esta reducción se exige el cumplimiento de los siguientes requisitos:

— La donación deberá realizarse a favor del cónyuge, descendientes o adoptados que pertenezcan al Grupo I y II.

— Que el donante tuviese más de 65 años, o se encontrarse en situación de incapacidad permanente en grado de absoluta o de gran invalidez.

— En el supuesto que el donante viniese ejerciendo funciones de dirección, la participación alcanzada como consecuencia de la donación no podrá ser igual o superior al 50% del capital social de la entidad caso de continuar ejerciendo estas funciones de dirección[630].

---

[629] Vid. artículo 4, Uno, 1, a), b), d) y e), del Decreto Legislativo 1/2010, de 5 de noviembre, por el que se aprueba el Texto Refundido de las Disposiciones Legales vigentes en la Región de Murcia en materia de Tributos Cedidos.

[630] Vid. artículo 4. Uno. 1, c) del Decreto Legislativo autonómico 1/2010, de 5 de noviembre por el que se aprueba el Texto Refundido de las Disposiciones Legales vigentes en la Región de Murcia en materia de Tributos Cedidos, en su redacción dada por el artículo 1. Uno, de la Ley

— Que se mantenga lo adquirido y el derecho a la exención en el Impuesto sobre el Patrimonio, por un período de 10 años.
— Que se mantenga el domicilio fiscal y social de la entidad en el territorio de la Comunidad Autónoma de la Región de Murcia durante los 10 años siguientes al fallecimiento del causante.

Esta reducción es incompatible para los mismos bienes y derechos adquiriros con otras similares de la normativa estatal de posible aplicación[631].

b) Por las donaciones de bienes inmuebles de naturaleza urbana que vayan a constituir la vivienda habitual de los donatarios[632].

Se fija una reducción del 99 por 100 por las donaciones de bienes inmuebles de naturaleza urbana sitos en la Región de Murcia que vayan a constituir la vivienda habitual de los donatarios. Si el valor real del inmueble supera los 150.000 euros, la reducción se aplicará sobre dicha cuantía, tributando el exceso al 7 por 100, exigiéndose los siguientes requisitos:

Los donatarios deben pertenecer al Grupo I y II.

Deberán formalizarse en documento público.

El sujeto pasivo no podrá disponer de otra vivienda habitual en el momento de la formalización de la donación.

La vivienda deberá mantenerse en el patrimonio durante los 5 años siguientes a su adquisición o construcción, salvo fallecimiento, sin que puedan transmitirse facultades del dominio ni partes indivisas de la misma.

El patrimonio preexistente del donatario no puede ser superior a 402.678,11 euros y la renta familiar debe ser inferior a 4 veces el Indicador Público de Renta de Efectos Múltiples.

c) Por las donaciones en metálico destinadas a la adquisición, construcción o rehabilitación de la que vaya a constituir la vivienda habitual del sujeto pasivo[633].

Se establece una reducción propia del 99 por 100 por las donaciones en metálico destinadas a la adquisición de la que vaya a constituir la vivienda ha-

autonómica 14/2012, de 27 de diciembre, de Medidas tributarias, administrativas y de reordenación del sector público regional.

631 Vid. artículo 4, Uno, 2, del Decreto Legislativo 1/2010, de 5 de noviembre, por el que se aprueba el Texto Refundido de las Disposiciones Legales vigentes en la Región de Murcia en materia de Tributos Cedidos.

632 Vid. artículo 4. Dos, 1, del Decreto Legislativo 1/2010, de 5 de noviembre, por el que se aprueba el Texto Refundido de las Disposiciones Legales vigentes en la Región de Murcia en materia de Tributos Cedidos.

633 Vid. artículo 4. Dos, 2, del Decreto Legislativo autonómico 1/2010, de 5 de noviembre, por el que se aprueba el Texto Refundido de las Disposiciones Legales vigentes en la Región de Murcia en materia de Tributos Cedidos, en su redacción dada por el artículo 1. Uno, de la Ley autonómica 14/2012, de 27 de diciembre, de medidas tributarias, administrativas y de reordenación del sector público estatal.

bitual del sujeto pasivo. Si lo donado supera 150.000 euros, a partir de dicho importe se aplica un tipo fijo del 7%, exigiéndose los siguientes requisitos:

— Los donatarios deben pertenecer al Grupo I y II.
— Deberán formalizarse en documento público.
— Deberá expresarse el origen de los fondos donados y que esté debidamente justificado, habiendo de manifestarse en el propio documento en que se formalice la transmisión el origen de dichos fondos.
— El sujeto pasivo no podrá disponer de otra vivienda habitual en el momento de la formalización de la donación.
— La vivienda deberá mantenerse en el patrimonio durante los 5 años siguientes a su adquisición o construcción, salvo fallecimiento, sin que puedan transmitirse facultades de dominio ni partes indivisas de la misma.
— La vivienda ha de adquirirse en un plazo máximo de 1 año, a contar desde la formalización de la donación en metálico o, en caso de sucesivas donaciones, a contar desde la fecha de formalización de la primera donación. En el caso de que el importe de la donación se destine a la construcción de la vivienda habitual, la terminación de las obras deberá tener lugar en el plazo máximo de cuatro años desde que se produjo la primera o única donación.
— El patrimonio preexistente del donatario no puede ser superior a 402.678,11 euros y la renta familiar debe ser inferior a 4 veces el Indicador Público de Renta de Efectos Múltiples.

d) Por donación de un solar en el que se vaya a construir la vivienda habitual del donatario[634].

Se fija una reducción propia del 99 por 100 de la donación de un solar en el que se vaya a construir la vivienda habitual del donatario. Si el valor real del inmueble supera el resultado de multiplicar 50.000 euros por el número de donatarios, esta reducción se aplicará con el límite de esa cuantía. El exceso que pudiera producirse en el valor real del solar sobre esta cuantía, tributará al tipo fijo del 7 por 100, exigiéndose, además, los siguientes requisitos:

— Los donatarios deben pertenecer al Grupo I y II.
— La adquisición debe ser en pleno dominio.
— Deberán formalizarse en documento público.

La vivienda deberá estar construida en el plazo máximo de 4 años desde que se otorgue el documento público de la donación y deberá mantenerse en el patrimonio del donatario durante los 5 años siguientes a la construc-

[634] Vid. artículo 4, Cuatro del Decreto Legislativo 1/2010, de 5 de noviembre, por el que se aprueba el Texto Refundido de las Disposiciones Legales vigentes en la Región en materia de tributos cedidos.

ción, salvo fallecimiento, sin que puedan transmitirse facultades del dominio ni partes indivisas de la misma.

El sujeto pasivo no podrá disponer de otra vivienda habitual en el momento de la formalización de la donación.

Si la donación se realiza a favor de más de un contribuyente, cada uno de ellos podrá aplicar la reducción sobre la parte proporcional adquirida del inmueble y con el límite para cada contribuyente de 50.000 euros de valor del inmueble.

El patrimonio preexistente del donatario no puede ser superior a 402.678,11 euros y la renta familiar debe ser inferior a 4 veces el Indicador Público de Renta de Efectos Múltiples.

e) Por las donaciones en dinero para la constitución o adquisición de una empresa individual, negocio profesional o participaciones en entidades[635].

Se establece una reducción propia del 99 por 100 por las donaciones en dinero para la constitución o adquisición de una empresa individual o de un negocio profesional y para la adquisición de participaciones en entidades con domicilio fiscal y social en la Comunidad de la Región de Murcia con el límite máximo de 100.000 euros (200.000 euros si el donatario tiene una minusvalía igual o superior al 33 por 100), exigiéndose los siguientes requisitos:

— Los donatarios deben pertenecer al Grupo I y II.
— La donación deberá formalizarse en documento público y debe hacerse constar de manera expresa que el dinero donado se destina por parte del donatario exclusivamente a la constitución o adquisición de su primera empresa individual o de su primer negocio profesional, o a la adquisición de sus primeras participaciones sociales en entidades que cumplan los requisitos previstos en este artículo.
— La edad del donatario deberá de ser inferior a 35 años en la fecha de formalización de la donación.
— La constitución o adquisición de la empresa individual, del negocio o de las participaciones tiene que llevarse a cabo en el plazo máximo de 6 meses desde la formalización de la donación.
— El patrimonio neto del donatario a la fecha de formalización de la donación no puede superar los 300.000 euros.

Si lo que se adquiere es una empresa individual o un negocio profesional, el importe neto de la cifra de negocios del último ejercicio cerrado no puede superar los límites siguientes:

— Tres millones de euros en el caso de adquisición de empresa individual.

[635] Vid. artículo 4, Tres, del Decreto Legislativo 1/2010, de 5 de noviembre, por el que se aprueba el Texto Refundido de las Disposiciones Legales vigentes en la Región de Murcia en materia de Tributos Cedidos.

— Un millón de euros en el caso de adquisición de negocio profesional.

En caso de adquisición de participaciones de una entidad, salvo para las participaciones en empresas de economía social, cooperativas de trabajo asociado o sociedades laborales, además de cumplir los requisitos previstos en el apartado anterior, se deben de cumplir los siguientes:

Las participaciones adquiridas por el donatario tienen que representar, como mínimo, el 50 por 100 del capital social de la entidad.

El donatario tiene que ejercer efectivamente funciones de dirección en la entidad. Que se mantenga la inversión en los mismos activos o similares por un periodo de 5 años.

e) Por donaciones de explotaciones agrícolas[636].

Se establece una reducción del 99 por 100 para las donaciones de explotaciones agrícolas situadas en la Región de Murcia, exigiéndose los siguientes requisitos:

— La donación deberá realizarse a favor del cónyuge, descendientes o adoptados, encuadrados dentro de los grupos I y II, del artículo 20. 2, a) de la Ley estatal 29/1987, de 18 de diciembre, reguladora del Impuesto sobre Sucesiones y Donaciones.
— El donante y donatarios deberán tener la condición de agricultor profesional.
— La donación deberá constar en escritura pública.

ESQUEMA: REDUCCIONES
"INTER VIVOS" AUTONÓMICA BASE IMPONIBLE

Reducción propia por la adquisición de una empresa individual o de un negocio profesional. Aplicable a cónyuges, descendientes o adoptados. Exigencia de cumplimiento de ciertos requisitos. Porcentaje reducción: 99%. Incompatible con otras análogas de la normativa estatal.
Reducción por adquisición de participaciones en entidades con domicilio fiscal y social en la Comunidad. Aplicable a cónyuges, descendientes y adoptados. Exigencia de cumplimiento de ciertos requisitos, entre ellos, que a las participaciones les sea aplicable la exención en el Impuesto sobre el Patrimonio, que el donante sea mayor de 65 años o se encuentre en situación de incapacidad permanente, en grado de absoluta o gran invalidez, que como consecuencia de la donación no mantenga un porcentaje de participación igual o superior al 50% del capital social en el caso de seguir ejerciendo funciones de dirección y mantenimiento de la adquisición en el plazo de diez años con derecho a la exención en el Impuesto sobre el Patrimonio. Porcentaje reducción: 99%. Incompatible con otras análogas de la normativa estatal.

[636] Vid. artículo 4, Cinco, Uno del Decreto Legislativo 1/2010, de 5 de noviembre, por el que se aprueba el Texto Refundido de las Disposiciones Legales vigentes en la Región de Murcia en materia de Tributos Cedidos.

Reducción propia por las donaciones de bienes inmuebles de naturaleza urbana que vayan a constituir la vivienda habitual de los donatarios. Se establece a favor de cónyuges, ascendientes y adoptantes, descendientes y adoptados. Se exige el cumplimiento de determinados requisitos, entre ellos, que el sujeto pasivo no podrá disponer de otra vivienda habitual en el momento de la formalización de la donación, la vivienda deberá mantenerse en el patrimonio durante los 5 años siguientes a su adquisición o construcción, y que el patrimonio preexistente del donatario no puede ser superior a 402.678,11 euros y la renta familiar debe ser inferior a 4 veces el Indicador Público de Renta de Efectos Múltiples. La cuantía de la reducción: 99 por 100 del valor real del inmueble con límite de la base sobre la que aplicar la reducción de 150.000 euros. Si el valor real del inmueble supera los 150.000 euros, la reducción se aplicará sobre dicha cuantía, tributando el exceso al 7 por 100.
Reducción por donación de dinero destinado a la adquisición, construcción o rehabilitación de la que vaya a ser vivienda habitual. Aplicable a cónyuges, ascendientes y adoptantes, descendientes y adoptados. Se exigen requisitos análogos a los señalados en el caso anterior. Porcentaje reducción: igual que en el caso anterior.
Reducción propia por donación en metálico con destino a la adquisición de una empresa individual, negocio profesional o para la adquisición de participaciones en entidades. Aplicable a cónyuges, ascendientes, descendientes, adoptantes y adoptados. Exigencia de cumplimiento de ciertos requisitos, entre ellos, que la edad del donatario deberá ser inferior a 35 años en la fecha de formalización de la donación, y que su patrimonio en esa fecha no puede ser superior a 300.000 euros. Si lo que se adquiere es una empresa individual o un negocio profesional el importe neto de la cifra de negocios del último ejercicio cerrado no puede superar determinados límites. Porcentaje reducción: 99%, con límite de 100.000 euros, excepto en el caso de contribuyentes minusválidos con un grado de minusvalía igual o superior al 33% que se fija en 200.000 euros.
Reducción propia por donación de solar con destino a la construcción de la vivienda habitual. Aplicable a cónyuges, ascendientes, descendientes, adoptantes y adoptados. Exigencia de cumplimiento de ciertos requisitos, entre ellos que el contribuyente no disponga de otra vivienda en propiedad y que su patrimonio preexistente no exceda de 402.678,11 euros. Límite de 50.000 euros por el número de donatarios. El exceso tributará al 7%. Porcentaje de reducción: 99%.
Reducción propia por donación de explotaciones agrícolas. Aplicable a cónyuges, ascendientes, descendientes, adoptantes y adoptados. Exigencia de cumplimiento de ciertos requisitos, entre ellos, que el donante y el donatario deben tener la condición de agricultores profesionales, que el donatario ha de conversar en su patrimonio y ejercer de forma directa y personal la explotación agraria durante diez años. Porcentaje de reducción: 99%. Incompatible con la reducción estatal de empresa individual y con los beneficios fiscales establecidos en la Ley 19/1995, de 4 de julio, de Modernización de Explotaciones Agrarias.

14. Valencia

La Comunidad Autónoma de Valencia ha establecido las siguientes reducciones:

Reducciones en adquisiciones "mortis causa": por grupos de parentesco, por minusvalía, adquisición bienes del causante en el supuesto de empresa individual agrícola transmitida a favor del cónyuge, descendientes o adoptados, cesión gratuita de bienes del Patrimonio Histórico adquiridos "mortis causa", cuando estuviesen inscritos en el Registro General de Bienes de Interés Cultural, en el Inventario General del Patrimonio Cultural Valenciano o fueran a ser inscritos antes de finalizar el plazo de presentación de la declaración, adquisición de empresa individual o negocio profesional y de elementos patrimoniales afectos a una empresa individual o negocio profesional, cuando sean adquiridos por el cónyuge, descendientes o adoptados o, cuando estos últimos no existieran, por los ascendientes, adoptantes y colaterales hasta el tercer grado, y adquisición de participaciones en entidades transmitidas a favor del cónyuge, ascendientes o adoptantes, o de parientes colaterales hasta el tercer grado inclusive.

Reducciones en adquisiciones "inter vivos": por grupos de parentesco, por minusvalía, adquisición de elementos patrimoniales afectos a una empresa individual agrícola donada a favor de determinados herederos, y adquisición de empresa individual o negocio profesional y de elementos patrimoniales afectos a la empresa o al negocio o a participaciones, en los casos de transmisiones en favor del cónyuge, descendientes o adoptados, en determinados casos.

A. *Reducciones en adquisiciones "mortis causa"*

a) Por grupos de parentesco[637].

Se establece reducción de mejora en los siguientes términos:

Grupo I: 40.000 euros, más 8.000 euros por cada año que tenga el causahabiente menos de 21. La reducción no puede exceder de 96.000 euros.

Descendientes y adoptados de 21 o más años, cónyuges, ascendientes y adoptantes: 40.000 euros.

b) Por minusvalía[638]

Se establece reducción de mejora en los siguientes términos:

---

[637] Vid. artículo 10. 1, a) de la Ley autonómica 13/1997, de 23 de diciembre, por la que se regula el tramo autonómico del Impuesto sobre la Renta de las Personas Físicas y restantes tributos cedidos, en su redacción dada por el artículo 17 de la Ley autonómica 9/2001, de de 27 de diciembre, de Medidas Fiscales, de Gestión Administrativa y Financiera y de Organización de la Generalidad Valenciana.

[638] Vid. artículo 10. 1, b) de la Ley autonómica 13/1997, de 23 de diciembre, por la que se regula el tramo autonómico del Impuesto sobre la Renta de las Personas Físicas y restantes tributos cedidos, en su redacción dada por el artículo 17 de la Ley autonómica 9/2001, de de 27 de diciembre, de Medidas Fiscales, de Gestión Administrativa y Financiera y de Organización de la Generalidad Valenciana.

En las adquisiciones por personas con discapacidad física o sensorial, con un grado de minusvalía igual o superior al 33 por ciento, además de la que corresponda por parentesco, se aplicará una reducción de 120.000 euros.

Y en las adquisiciones por personas con discapacidad psíquica, con un grado de minusvalía igual o superior al 33 por ciento, y por personas con discapacidad física o sensorial, con un grado de minusvalía igual o superior al 65 por ciento, la reducción antes citada será de 240.000 euros.

c) Adquisición de bienes del causante en el supuesto de empresa individual agrícola transmitida a favor del cónyuge, descendientes o adoptados[639].

Se establece una reducción propia del 90 ó 95 por 100 del valor neto de los bienes del causante en el supuesto de empresa individual agrícola transmitida a favor de los cónyuges, descendientes o adoptados, exigiéndose, a este respecto, el cumplimiento de los siguientes requisitos:

— Que dicha empresa no haya constituido, durante los cuatro años anteriores a la fecha del devengo del impuesto, la principal fuente de renta del causante.
— Que el causante haya ejercido la actividad de forma habitual, personal y directa.
— Que la empresa se mantenga en el patrimonio del adquirente durante 5 años.

También se aplica la reducción respecto del valor neto de los bienes del causante afectos al desarrollo de la actividad empresarial agrícola del cónyuge sobreviviente, por la parte en que resulte adjudicatario de aquellos. En tal caso, los requisitos anteriores se habrán de cumplir por el cónyuge adjudicatario. En el caso de que el causante se encontrara jubilado de la actividad empresarial agrícola en el momento de su fallecimiento, dicha actividad deberá haberse ejercido de forma habitual, personal y directa por su cónyuge o por alguno de sus descendientes o adoptados. En tal caso, la reducción se aplicará únicamente al cónyuge, descendientes o adoptados que ejerzan la actividad y que cumplan los demás requisitos establecidos con carácter general, y por la parte en que resulten adjudicatarios en la herencia. Si, en el momento de la jubilación, el causante hubiera cumplido los 65 años, la reducción aplicable será la general del 95%, siendo del 90% si, en aquel momento, el causante tuviera entre 60 y 64 años cumplidos.

Esta reducción es incompatible con otras de posible aplicación reguladas en la normativa estatal.

---

[639] Vid. artículo 10. 2, 1ª de la Ley autonómica 13/1997, de 23 de diciembre, por la que se regula el tramo autonómico del Impuesto sobre la Renta de las Personas Físicas y restantes tributos cedidos, en su redacción dada por el artículo 14 de la Ley autonómica 10/2006, de de 26 de diciembre, de Medidas Fiscales, de Gestión Administrativa y Financiera y de Organización de la Generalidad Valenciana.

d) Cesión gratuita de bienes del Patrimonio Histórico adquiridos "mortis causa", cuando estuviesen inscritos en el Registro General de Bienes de Interés Cultural, en el Inventario General del Patrimonio Cultural Valenciano o fueran a ser inscritos antes de finalizar el plazo de presentación de la declaración[640].

Se fija una reducción propia del 95, 50 ó 25 por 100 en función del período de cesión gratuita, 20, 10 ó 5 años, respectivamente, de bienes del Patrimonio Histórico adquiridos "mortis causa", cuando estuviesen inscritos en el Registro General de Bienes de Interés Cultural, en el Inventario General del Patrimonio Cultural Valenciano o fueran a ser inscritos antes de finalizar el plazo de presentación de la declaración.
La cesión ha de realizarse a favor de la Generalitat Valenciana, Corporaciones Locales de la Comunidad, Museos u otros entes públicos de dicha Comunidad.
La cesión ha de hacerse para su exposición al público.

e) Adquisición de empresa individual o negocio profesional y de elementos patrimoniales afectos, cuando sean adquiridos por el cónyuge, descendientes o adoptados o, cuando estos últimos no existieran, por los ascendientes, adoptantes y colaterales hasta el tercer grado[641].

Se fija una reducción propia del 95 por 100 del valor neto de los elementos patrimoniales afectos a una empresa individual o negocio profesional, cuando sean adquiridos por el cónyuge, descendientes o adoptados o, cuando estos últimos no existieran, por los ascendientes, adoptantes y colaterales hasta el tercer grado, exigiéndose, además, los siguientes requisitos:
Habrá que mantener la actividad 5 años.
La actividad debía haberse ejercido por el causante de forma personal, habitual y directa.
Dicha actividad debía constituir la principal fuente de renta del causante.
En caso de pluralidad de actividades, la reducción se aplicará sobre todos los bienes y derechos afectos, y la fuente de renta estará compuesta por el conjunto de rendimientos obtenidos en ellas.
La reducción resulta igualmente aplicable, con los mismos requisitos que para la transmisión de empresa individual o negocio profesional, en aquellas transmisiones de bienes del causante afectos al desarrollo de una acti-

---

640 Vid. artículo 10. 2, 2º de la Ley autonómica 13/1997, de 23 de diciembre, por la que se regula el tramo autonómico del Impuesto sobre la Renta de las Personas Físicas y restantes tributos cedidos.

641 Vid. artículo 10. 2, 3º de la Ley autonómica 13/1997, de 23 de diciembre, por la que se regula el tramo autonómico del Impuesto sobre la Renta de las Personas Físicas y restantes tributos cedidos, en su redacción dada por el artículo 34. Tres de la Ley 11/2002, de 23 de diciembre de Medidas Fiscales, de Gestión Administrativa y Financiera y de Organización de la Generalidad Valenciana.

vidad empresarial o profesional del cónyuge supérstite y adjudicados a este último.

f) Adquisición de participaciones en entidades transmitidas a favor del cónyuge, ascendientes o adoptantes, o de parientes colaterales hasta el tercer grado inclusive[642].

Se fija una reducción del 95 por 100 del valor de participaciones en entidades transmitidas a favor del cónyuge, ascendientes o adoptantes, o de parientes colaterales hasta el tercer grado inclusive, exigiéndose los siguientes requisitos:

Que la entidad no tenga por actividad principal la gestión de un patrimonio mobiliario o inmobiliario.

Que la participación del transmitente en el capital de la entidad sea al menos del 5 por 100 de forma individual, ó del 20 por 100 de forma conjunta.

Que el causante ejerza efectivamente funciones de dirección en la entidad y que la retribución que perciba por ello suponga la mayor fuente de sus ingresos.

Mantenimiento de las participaciones durante 5 años.

ESQUEMA: REDUCCIONES "MORTIS CAUSA" AUTONÓMICA BASE IMPONIBLE

Mejora de las reducciones por parentesco en mayor cuantía que la estatal. Se aplica a favor de descendientes y adoptados menores de 21 años; descendientes y adoptados mayores de 21 años, cónyuges, ascendientes y adoptantes.
Mejora por discapacidad física o sensorial igual o superior al 33%: 120.000 euros. Discapacidad física o sensorial igual o superior al 65%: 240.000 euros. Discapacidad psíquica igual o superior al 33%: 240.000 euros.
Por adquisición de empresa individual agrícola. Aplicable a cónyuge y descendientes. Se exige el cumplimiento de determinados requisitos, entre ellos: que dicha empresa no haya constituido, durante los cuatro años anteriores a la fecha del devengo del impuesto, la principal fuente de renta del causante; que el causante haya ejercido la actividad de forma habitual, personal y directa; y que la empresa se mantenga en el patrimonio del adquirente durante 5 años. Porcentaje reducción: 95%.
Por adquisición de bienes incluidos en el Registro General de Bienes de Interés Cultural o en el Inventario General del Patrimonio Cultural Valenciano, que sean cedidos gratuitamente a instituciones públicas valencianas para su exposición, por más de 20 años: reducción del 95%; por más de 10 años: 50%; por más de cinco años: 25%.

[642] Vid. artículo 10, 4º de la Ley autonómica 13/1997, de 23 de diciembre, por la que se regula el tramo autonómico del Impuesto sobre la Renta de las Personas Físicas y restantes tributos cedidos, en su redacción dada por el artículo 34, Cuatro de la Ley 11/2002, de 23 de diciembre de Medidas Fiscales, de Gestión Administrativa y Financiera y de Organización de la Generalidad Valenciana.

Reducción por la adquisición de una empresa individual o de un negocio profesional y de elementos patrimoniales afectos. Aplicable a cónyuges y descendientes. Si no hay descendientes pueden aplicarla ascendientes y colaterales hasta el tercer grado. Exigencia de cumplimiento de ciertos requisitos. Porcentaje reducción: 95%.
Reducción por adquisición de participaciones en entidades. Aplicable a cónyuges, y descendientes. Si no hay descendientes pueden aplicarla ascendientes y colaterales hasta el tercer grado. Exigencia de cumplimiento de ciertos requisitos, entre ellos: que la entidad no tenga por actividad principal la gestión de un patrimonio mobiliario o inmobiliario; que la participación del transmitente en el capital de la entidad sea al menos del 5 por 100 de forma individual, ó del 20 por 100 de forma conjunta; y que el causante ejerza efectivamente funciones de dirección en la entidad y que la retribución que perciba por ello suponga la mayor fuente de sus ingresos. Mantenimiento de las participaciones durante 5 años. Porcentaje reducción: 95%.

B. Reducciones en adquisiciones "inter vivos"

a) Por grupos de parentesco[643]

Se establece como reducción propia de 40.000 euros por las adquisiciones por descendientes y adoptados menores de 21 años, más 8.000 euros por cada año de menos de 21 años que tenga el causahabiente siempre que el patrimonio preexistente no supere los 2.000.000 euros. La reducción no puede superar los 96.000 euros.

La reducción será de 40.000 euros por las adquisiciones por descendientes y adoptados de 21 o más años, padres o adoptantes, siempre que el patrimonio preexistente no supere los 2.000.000 euros.

Asimismo, se fija una reducción de 40.000 euros en las adquisiciones por nietos que tengan 21 o más años y que tengan un patrimonio preexistente de hasta 2.000.000 euros, siempre que el progenitor hubiera fallecido con anterioridad al momento del devengo del impuesto. Esta reducción se incrementa en 8.000 euros por cada año menos de 21 que tenga el nieto. La reducción no puede exceder de 96.000 euros.

La reducción será de 40.000 euros en las adquisiciones por abuelos, que tengan un patrimonio preexistente de hasta 2.000.000 euros, siempre que su hijo, que era progenitor del donante, hubiera fallecido con anterioridad al momento del devengo del impuesto.

No podrá aplicarse esta reducción en los siguientes casos[644]:

---

[643] Vid. artículo 10, bis, 1º, de la Ley autonómica 13/1997, de 23 de diciembre, por la que se regula el tramo autonómico del Impuesto sobre la Renta de las Personas Físicas y restantes tributos cedidos, en su redacción dada por el artículo 32 de la Ley 16/2008, de 22 de diciembre de Medidas Fiscales, de Gestión Administrativa y Financiera y de Organización de la Generalidad Valenciana.

[644] Vid. artículo 10, bis, 1º, apartados seis a final de dicho número, de la Ley autonómica 13/1997, de 23 de diciembre, por la que se regula el tramo autonómico del Impuesto sobre la Renta de las Personas Físicas y restantes tributos cedidos, en su redacción dada por el artículo 32

Cuando quien transmita hubiera tenido derecho a la reducción en la transmisión de los mismos bienes o de otros hasta un valor equivalente, efectuada en el mismo día, o en los 10 años inmediatamente anteriores a la fecha del devengo.

Cuando el sujeto pasivo hubiera efectuado, en el mismo día, o en los 10 años inmediatamente anteriores al momento del devengo, una transmisión, a un donatario distinto del ahora donante, de otros bienes hasta un valor equivalente, a la que igualmente resultara de aplicación la reducción.

Cuando quien transmita hubiera adquirido "mortis causa" los mismos bienes, u otros hasta un valor equivalente, en los 10 años inmediatamente anteriores al momento del devengo, como consecuencia de la renuncia pura y simple del sujeto pasivo, y hubiera tenido derecho a la aplicación de la reducción sucesoria por parentesco establecida para los Grupos I y II.

Para la aplicación de la reducción se exige el cumplimiento de los siguientes requisitos:

Que el donatario tenga su residencia habitual en la Comunidad Valenciana a la fecha del devengo.

Que la adquisición se efectúe en documento público, o que se formalice de este modo dentro del plazo de declaración del Impuesto.

Cuando la donación sea en dinero o depósitos en cuenta corriente o de ahorro, a la vista o a plazo, deberá justificarse en el documento público la procedencia de los bienes que el donante transmite y los medios efectivos en virtud de los cuales se produzca la entrega de lo donado.

b) Por minusvalía[645]

Se establece una reducción de hasta 240.000 euros en las donaciones a personas con discapacidad física o sensorial, con un grado de minusvalía igual o superior al 65 por 100 y con discapacidad psíquica, con un grado de minusvalía igual o superior al 33 por 100.

La reducción anterior será de 120.000 euros cuando la adquisición se efectúe por personas con discapacidad física o sensorial, con un grado de minusvalía igual o superior al 33 por 100, que sean padres, adoptantes, hijos o adoptados del donante. También se aplica la reducción de 120.000 euros, con los mismos requisitos de discapacidad, a los nietos, cuando su progenitor hubiera fallecido con anterioridad al devengo del impuesto, y a los abuelos cuando su hijo hubiera fallecido con anterioridad al devengo. A los efectos del citado límite de reducción, se computarán la totalidad de las transmisio-

---

de la Ley 16/2008, de 22 de diciembre de Medidas Fiscales, de Gestión Administrativa y Financiera y de Organización de la Generalidad Valenciana.

[645] Vid. artículo 10, bis, 2º, de la Ley autonómica 13/1997, de 23 de diciembre, por la que se regula el tramo autonómico del Impuesto sobre la Renta de las Personas Físicas y restantes tributos cedidos, en su redacción dada por la ley 14/2007, de 26 de diciembre de Medidas Fiscales, de Gestión Administrativa y Financiera y de Organización de la Generalidad Valenciana.

nes lucrativas "inter vivos" realizadas en favor del mismo donatario en los 5 años inmediatamente anteriores a la fecha del devengo.

c) Adquisición de empresa individual agrícola donada a favor de determinados herederos[646].

Se fija una reducción propia del 95 por 100 del valor neto de los elementos patrimoniales afectos a una empresa individual agrícola donada a favor de los hijos o adoptados o, cuando no existan hijos o adoptados, de los padres o adoptantes del donante, o a los nietos siempre que el progenitor, hijo del donante, hubiera fallecido con anterioridad al momento del devengo, exigiéndose al respecto los siguientes requisitos:

Que la actividad no constituya la principal fuente de renta del donante.

Que el donante haya ejercido dicha actividad de forma habitual, personal y directa.

Que la empresa se mantenga en el patrimonio del adquirente durante los 5 años siguientes a la donación.

Si el donante se encontrara jubilado de la actividad empresarial agrícola en el momento de la donación, dicha actividad deberá haberse ejercido de forma habitual, personal y directa por el donatario. En tal caso, la reducción se aplicará únicamente al donatario que ejerza la actividad y que cumpla los demás requisitos establecidos con carácter general. Si en el momento de la jubilación el donante hubiera cumplido los 65 años, la reducción aplicable será la general del 95 por 100, siendo del 90 por 100 si, en aquel momento, el donante tuviera entre 60 y 64 años cumplidos.

Esta reducción es incompatible con otras de posible aplicación establecidas en la normativa estatal.

d) Adquisición de empresa individual, negocio profesional, elementos patrimoniales afectos y participaciones en entidades, en los casos de transmisiones en favor de los cónyuges, descendientes o adoptados, en determinados casos[647].

Se establece con el carácter de reducción propia, regulándose de la siguiente forma:

---

[646] Vid. artículo 10, bis, 3º, de la Ley autonómica 13/1997, de 23 de diciembre, por la que se regula el tramo autonómico del Impuesto sobre la Renta de las Personas Físicas y restantes tributos cedidos, en su redacción dada por el artículo 30 de la Ley 14/2007, de 26 de diciembre de Medidas Fiscales, de Gestión Administrativa y Financiera y de Organización de la Generalidad Valenciana.

[647] Vid. artículo 10, bis, 4º y 5º, de la Ley autonómica 13/1997, de 23 de diciembre, por la que se regula el tramo autonómico del Impuesto sobre la Renta de las Personas Físicas y restantes tributos cedidos, en su redacción dada por el artículo 35, 2º, de la Ley 11/2002, de 23 de diciembre de Medidas Fiscales, de Gestión Administrativa y Financiera y de Organización de la Generalidad Valenciana.

En los casos de transmisión en favor del cónyuge, descendientes o adoptados de una empresa individual o de un negocio profesional o de participaciones en entidades del donante a los que sea de aplicación la exención regulada en el apartado octavo del artículo 4 de la Ley 19/1991, de 6 de junio, del Impuesto sobre el Patrimonio, se aplicará a la base imponible una reducción del 95 por 100 del valor neto de los elementos patrimoniales afectos a la empresa o al negocio o del valor de las participaciones, con las condiciones establecidas en el apartado 6 del artículo 20 de la Ley 29/1987, de 18 de diciembre, del Impuesto sobre Sucesiones y Donaciones. No obstante, el adquirente deberá mantener en actividad los elementos patrimoniales afectos a la empresa individual o al negocio profesional o la titularidad de las participaciones durante un periodo de cinco años a partir del momento de la donación, salvo que aquél falleciera, a su vez, dentro de dicho periodo.

Se aplicará una reducción del 90 por 100 del valor neto de los elementos patrimoniales afectos a la empresa individual o al negocio profesional o del valor de las participaciones en entidades, siempre que se cumplan los demás requisitos necesarios a los que se refiere el párrafo anterior, en los siguientes casos:

Cuando el donante de una empresa individual o de un negocio profesional tenga más de 60 años y menos de 65 años en el momento de la donación y se jubile de la actividad empresarial o profesional.

Cuando el donante de participaciones en entidades tenga más de 60 años y menos de 65 años en el momento de la donación y deje de ejercer funciones de dirección en la entidad y de percibir remuneraciones por el ejercicio de las mismas, por razón de jubilación.

Esta reducción es incompatible con otras similares de la normativa estatal y con otras de posible aplicación autonómica.

ESQUEMA: REDUCCIONES "INTER VIVOS" AUTONÓMICA BASE IMPONIBLE

Mejora la reducción por parentesco a favor de hijos y adoptados menores de 21 años que tengan un patrimonio preexistente de hasta 2.000.000 de euros; a favor de hijos y adoptados de 21 años o más, y por padres y adoptantes, que tengan en todo caso un patrimonio preexistente hasta de 2.000.000 euros; nietos que tengan un patrimonio preexistente de hasta 2.000.000 de euros, siempre que su progenitor hijo del donante, hubiese fallecido con anterioridad; abuelos que tengan un patrimonio preexistente de hasta 2.000.000 de euros, siempre que el hijo, progenitor del donante hubiera fallecido con anterioridad.
Reducción por discapacidad. Aplicable a hijos y nietos si el hijo hubiera fallecido. La reducción por discapacidad física o sensorial igual o superior al 33% será de 120.000 euros. La física o sensorial igual o superior al 65% tendrá una reducción de 240.000 euros. La reducción por discapacidad psíquica igual o superior al 33% será de 240.000 euros.
Por adquisición de empresa individual agrícola. Aplicable a favor de los hijos. Porcentaje reducción: 95%

Reducción por la adquisición de una empresa individual o de un negocio profesional. Aplicable a cónyuges, descendientes y adoptados. Si no hay descendientes o adoptados pueden aplicarla los ascendientes y adoptantes. Se exigen los siguientes requisitos: que la actividad se ejerza de forma habitual, personal y directa, que los ingresos del donante procedentes de la actividad supongan su mayor fuente de ingresos y que se mantenga en actividad durante el plazo de cinco años. Porcentaje reducción general: 95%. La reducción se fija en el 90% para los casos en los que el causante en el momento de la donación tuviese entre 60 y 64 años cumplidos.
Reducción por adquisición de participaciones en entidades. Aplicable a cónyuges, y descendientes. Si no hay descendientes pueden aplicarla los ascendientes. Porcentaje reducción: 95%.

15. Canarias

En relación al Impuesto sobre Sucesiones y Donaciones, la Comunidad Autónoma de Canarias presenta las peculiaridades que se señalan a continuación:

Reducciones por adquisiciones "mortis causa": por razón de parentesco y por discapacidad, por adquisición empresas individuales, negocios profesionales y participaciones en determinadas entidades, por adquisición vivienda habitual.

Reducciones por adquisiciones "inter vivos": reducción por donación en metálico con destino a la adquisición o rehabilitación de la vivienda habitual.

A. *Reducciones por adquisiciones "mortis causa"*

a) Reducción por mejora por parentesco[648].

A los efectos de este gravamen se han establecido las siguientes equiparaciones: las personas sujetas a un acogimiento familiar permanente o preadoptivo se equipararán a los adoptados y las personas que realicen un acogimiento familiar permanente o preadoptivo se equipararán a los adoptantes. Se entiende por acogimiento familiar permanente o preadoptivo el constituido con arreglo a la legislación aplicable. Estas equiparaciones regirán también respecto de la aplicación de los coeficientes multiplicadores.

Asimismo, se ha establecido la asimilación de las parejas de hecho a cónyuges.

En las adquisiciones "mortis causa", incluidas las de los beneficiarios de pólizas de seguros de vida, para el cálculo de la base liquidable, las reducciones siguientes, que son compatibles entre sí, sustituyen, en los términos

[648] Vid. artículo 20 del Decreto Legislativo 1/2009 de 21 abril, por el que se aprueba el Texto Refundido de las disposiciones legales vigentes en la Comunidad Autónoma en materia de tributos cedidos, en su redacción dada por el artículo 46 de la Ley autonómica 4/2012, de 25 de junio.

previstos en la legislación estatal del impuesto a las reducciones análogas del Estado establecidas en el artículo 20. 2, a) de la Ley 29/1987 de 18 diciembre, del Impuesto sobre Sucesiones y Donaciones.

La que corresponda de las incluidas en los grupos siguientes:

— Grupo I: adquisiciones por descendientes y adoptados menores de 21 años:
  - Menores de 10 años de edad: el 100% de la base imponible sin que la reducción pueda exceder de 138.650 euros.
  - Menores de 15 años e iguales y mayores de 10 años: el 100% de la base imponible sin que la reducción pueda exceder de 92.150 euros.
  - Menores de 18 años e iguales y mayores de 15 años de edad: el 100% de la base imponible, sin que la reducción pueda exceder de 57.650 euros.
  - Menores de 21 años e iguales y mayores de 18 años de edad: el 100% de la base imponible, sin que la reducción pueda exceder de 40.400 euros.

— Grupo II: adquisiciones por descendientes y adoptados de 21 o más años, cónyuges, ascendientes y adoptantes:
  - Cónyuge: 40.400 euros
  - Hijos o adoptados: 23.125 euros
  - Resto de descendientes: 18.500 euros
  - Ascendientes o adoptantes. 18.500 euros

— Grupo III: adquisiciones por colaterales de segundo y tercer grado, ascendientes y descendientes por afinidad: 9.300 euros.

— Grupo IV: en las adquisiciones por colaterales de cuarto grado, grados más distantes y extraños, no habrá lugar a reducción por razón de parentesco.

b) Reducción por mejora por discapacidad[649]

Se establecen las siguientes cuantías:

En las adquisiciones por personas con discapacidad física, psíquica o sensorial podrán reducir:

— 72.000 euros, para aquellos que acrediten un grado de discapacidad igual o superior al 33% e inferior al 65%.

— 400.000 euros, para aquellos que acrediten un grado de minusvalía igual o superior al 65%.

[649] Vid. artículo 20 bis del Decreto Legislativo 1/2009 de 21 abril, por el que se aprueba el Texto Refundido de las disposiciones legales vigentes en la Comunidad Autónoma en materia de tributos cedidos, en su redacción dada por el artículo 46 de la Ley autonómica 4/2012, de 25 de junio.

c) Reducción propia por edad[650].

Se establece en las siguientes cuantías:

Las personas de 75 años o más de edad tienen derecho a una reducción de 125.000 euros.

Esta reducción es incompatible con la reducción por discapacidad, y compatible con las restantes reducciones, incluida la de parentesco.

d) Reducción de mejora por seguros de vida[651].

En las adquisiciones "mortis causa", a las cantidades percibidas por los beneficiarios de contratos de seguros sobre la vida, cuando su parentesco con el contratante fallecido sea el de cónyuge, ascendiente, descendiente, adoptante o adoptado, se aplicará una reducción del 100 por ciento, con un límite de 23.150 euros.

En caso de seguros colectivos o contratados por las empresas en favor de sus empleados se estará al grado de parentesco entre el asegurado fallecido y el beneficiario.

La reducción por seguros de vida será única por sujeto pasivo, cualquiera que fuese el número de contratos de seguros de vida de los que sea beneficiario.

En caso de que tenga derecho al régimen de bonificaciones y reducciones que establece la disposición transitoria cuarta de la Ley 29/1987, de 18 de diciembre, del Impuesto sobre Sucesiones y Donaciones, el sujeto pasivo puede optar entre aplicar dicho régimen o la reducción que se establece en el presente artículo.

Cuando se trate de seguros de vida que traigan causa en actos de terrorismo, así como en servicios prestados en misiones internacionales humanitarias o de paz de carácter público, será de aplicación la reducción establecida en el presente artículo, no estando sometida a límite cuantitativo alguno, siendo extensible a todos los posibles beneficiarios.

La reducción establecida en el presente artículo es compatible con la que en su caso proceda por razón de parentesco, discapacidad y edad.

e) Reducción de mejora por adquisiciones de empresas individuales o de un negocio profesional[652].

En los casos en los que en la base imponible de una adquisición "mortis causa" que corresponda a los cónyuges, descendientes o adoptados de la

650 Vid. artículo 20 ter del Decreto Legislativo 1/2009 de 21 abril, por el que se aprueba el Texto Refundido de las disposiciones legales vigentes en la Comunidad Autónoma en materia de tributos cedidos, en su redacción dada por el artículo 46 de la Ley autonómica 4/2012, de 25 de junio.

651 Vid. artículo 21 del Decreto Legislativo 1/2009 de 21 abril, por el que se aprueba el Texto Refundido de las disposiciones legales vigentes en la Comunidad Autónoma en materia de tributos cedidos, en su redacción dada por el artículo 46 de Ley autonómica 4/2012, 25 junio, de medidas administrativas y fiscales.

652 Vid. artículo 22 del Decreto Legislativo 1/2009 de 21 abril, por el que se aprueba el Texto Refundido de las disposiciones legales vigentes en la Comunidad Autónoma en materia de tributos cedidos, en su redacción dada por el artículo 46 de la Ley autonómica 4/2012, de 25 de junio.

persona fallecida, estuviese incluido el valor de una empresa individual, de un negocio profesional o de participaciones en entidades, o de derechos de usufructo sobre los mismos, o de derechos económicos derivados de la extinción de dicho usufructo, siempre que con motivo del fallecimiento se consolidara el pleno dominio en el cónyuge, descendientes o adoptados, o percibieran éstos los derechos debidos a la finalización del usufructo en forma de participaciones en la empresa o negocio afectado, se podrá aplicar a la base imponible una reducción del 99% del valor neto de los elementos patrimoniales afectos a la actividad empresarial o profesional.

Cuando no existan descendientes o adoptados, los ascendientes, adoptantes y colaterales, hasta el tercer grado, podrán aplicar una reducción por un importe del 95 por ciento. En todo caso el cónyuge supérstite tendrá derecho a la reducción del 99 por ciento.

Se establecen, además, como requisitos para su aplicación:

Que la empresa individual o el negocio profesional hayan estado exentos del Impuesto sobre el Patrimonio, en alguno de los 2 años anteriores al fallecimiento.

Que el adquirente mantenga en su patrimonio la adquisición durante los 5 años siguientes al fallecimiento, salvo que el adquirente falleciese dentro de ese plazo, afecta a una actividad económica. No se perderá el derecho a la reducción si la empresa, negocio o participaciones adquiridos se aportan a una sociedad y las participaciones recibidas a cambio cumplen los requisitos de la exención prevista en el apartado anterior, durante el plazo antes señalado.

Que la actividad económica, dirección y control de la empresa individual o del negocio profesional que se transmiten radiquen en el territorio de la Comunidad Autónoma de Canarias en el momento del fallecimiento y se mantengan en el propio territorio de la Comunidad Autónoma durante los 10 años siguientes al fallecimiento del causante. En el caso de que la empresa, negocio o participaciones adquiridos se aporten a una sociedad como consecuencia de su constitución o de una ampliación de capital, esta sociedad debe desarrollar su actividad económica principal y mantener su dirección y control en Canarias durante el plazo expresado.

Que el valor de la empresa individual o de las participaciones sociales no exceda de 3.000.000 euros y el del negocio profesional no exceda de 1.000.000 euros.

En caso de falta de concurrencia de estos requisitos se aplicará la normativa estatal.

Si la falta de concurrencia es sobrevenida, determinará la obligación de efectuar el ingreso correspondiente a las cantidades reducidas en exceso junto con los intereses de demora, comenzando a contarse el plazo de prescripción para determinar la deuda tributaria, a los efectos de la aplicación de la mejora de la reducción, desde la fecha en que se produzca el incumplimiento de tales requisitos.

f) Reducción de mejora por la adquisición de participaciones en entidades[653].

En los casos en los que en la base imponible de una adquisición "mortis causa" que corresponda a los cónyuges, descendientes o adoptados de la persona fallecida, estuviese incluido participaciones en entidades sin cotización en mercados organizados, se podrá aplicar a la base imponible una reducción del 99 por ciento del valor de las participaciones, por la parte que corresponda en razón de la proporción existente entre los activos necesarios para el ejercicio de la actividad empresarial o profesional, minorados en el importe de las deudas derivadas de la misma y el valor del patrimonio neto de cada entidad. Estas mismas reglas se aplicarán para valorar las participaciones de entidades participadas a fin de determinar el valor de las participaciones de la entidad tenedora.

Cuando no existan descendientes o adoptados, los ascendientes, adoptantes y colaterales, hasta el tercer grado, podrán aplicar una reducción por un importe del 95 por ciento. En todo caso, el cónyuge supérstite tendrá derecho a la reducción del 99 por ciento.

La presente reducción no se aplica en ningún caso a las participaciones en instituciones de inversión colectiva.

Para la aplicación de la reducción establecida será necesaria la concurrencia de los siguientes requisitos:

- Que la entidad no tenga como actividad principal la gestión de un patrimonio mobiliario o inmobiliario.
- Que la participación del causante en el capital de la entidad constituya al menos el 5 por ciento del mismo, computado individualmente, o el 20 por ciento, computado conjuntamente con el cónyuge, los descendientes, los ascendientes o los colaterales hasta el tercer grado del causante, tanto por consanguinidad o adopción como por afinidad.
- Que el causante haya ejercido efectivamente funciones de dirección en la entidad y haya percibido por esta tarea una remuneración que constituya al menos el 50 por ciento de la totalidad de los rendimientos de actividades económicas y del trabajo personal. A estos efectos, no deben computarse entre los rendimientos de actividades económicas y del trabajo personal los rendimientos de la actividad empresarial o profesional. Si el causante era titular de participaciones en varias entidades y desarrollaba en las mismas tareas directivas retribuidas, y siempre y cuando se cumplan los requisitos establecidos de que la entidad no tenga como actividad principal la gestión de un patrimonio mobiliario o inmobiliario, y que la participación

[653] Vid. artículo 22 bis del Decreto Legislativo 1/2009 de 21 abril, por el que se aprueba el Texto Refundido de las disposiciones legales vigentes en la Comunidad Autónoma en materia de tributos cedidos, en su redacción dada por el artículo 46 de la Ley autonómica 4/2012, de 25 de junio.

del causante en el capital de la entidad constituya al menos el 5 por ciento del mismo, computado individualmente, o el 20 por ciento, computado conjuntamente con el cónyuge, los descendientes, los ascendientes o los colaterales hasta el tercer grado del causante, tanto por consanguinidad o adopción como por afinidad, en el cálculo del porcentaje que representa la remuneración por las funciones de dirección ejercidas en cada entidad respecto a la totalidad de los rendimientos del trabajo y de actividades económicas no deben computarse los rendimientos derivados del ejercicio de las funciones de dirección en las demás entidades. Si la participación en la entidad era conjunta con el cónyuge, descendientes, ascendientes o colaterales hasta el tercer grado del causante tanto por consanguinidad o adopción como por afinidad, al menos una de las personas de este grupo de parentesco debe cumplir los requisitos relativos a las funciones de dirección y a las remuneraciones derivadas de las mismas.

A los efectos de la presente reducción, se considera que una entidad gestiona un patrimonio mobiliario o inmobiliario cuando, durante más de noventa días del año natural inmediatamente anterior a la fecha del hecho causante, más de la mitad del activo estuviera constituido por valores o más de la mitad del activo no estuviera afecto a actividades económicas.

Únicamente a efectos de determinar si se dan los requisitos para considerar que una entidad gestiona un patrimonio mobiliario o inmobiliario, el valor del activo y el valor de los elementos patrimoniales no afectos a actividades económicas son los que se deducen de la contabilidad, siempre y cuando ésta refleje fielmente la verdadera situación patrimonial de la entidad.

Para determinar a estos efectos la parte del activo que está constituida por valores o elementos patrimoniales no afectos se tendrá en cuenta lo siguiente:

No se computan los siguientes valores: los que se poseen en cumplimiento de obligaciones legales y reglamentarias; los valores que incorporan derechos de crédito nacidos de relaciones contractuales establecidas como consecuencia del desarrollo de actividades económicas; los valores poseídos por sociedades de valores como consecuencia del ejercicio de la actividad constitutiva de su objeto; los valores que otorguen al menos el 5% de los derechos de voto y se posean con la finalidad de dirigir y gestionar la participación, siempre y cuando se disponga a tales efectos de la correspondiente organización de medios materiales y personales y la entidad participada no tenga la consideración, de acuerdo con lo dispuesto en el presente apartado, de entidad que gestiona un patrimonio mobiliario o inmobiliario.

No se computan como valores ni como elementos no afectos a actividades económicas los valores cuyo precio de adquisición no supere el importe de los beneficios no distribuidos obtenidos por la entidad, siempre y cuando provengan de la realización de sus actividades económicas, con el límite del importe de los beneficios obtenidos tanto durante el año en curso como durante los diez años anteriores. A tales efectos, se asimilan a los beneficios procedentes de actividades económicas los dividendos que procedan de los valores que otorguen al menos el 5% de los derechos de voto y se posean con la finalidad de dirigir y gestionar la participación, siempre y cuando se disponga a tales efectos de la correspondiente organización de medios materiales y personales y la entidad participada no tenga la consideración de entidad que gestiona un patrimonio mobiliario o inmobiliario, si al menos el 90% de los ingresos obtenidos por la entidad participada proceden de la realización de actividades económicas.

La efectiva aplicación de la reducción establecida en el presente artículo queda condicionada a que el adquirente mantenga en su patrimonio lo adquirido durante los cinco años siguientes a la fecha de fallecimiento del causante, salvo que falleciera dentro de este plazo.

Esta reducción establecida es compatible con la que en su caso proceda por razón de parentesco, discapacidad, edad y seguros de vida.

g) Adquisición de vivienda habitual[654].

El porcentaje de reducción por la adquisición "mortis causa" de la vivienda habitual será del 99%, con el límite de 200.000 euros.

Se establece a favor de los cónyuges, descendientes o adoptados y colaterales mayores de 65 años y hayan convivido con el mismo al menos los dos años anteriores a su fallecimiento.

La aplicación del porcentaje de reducción por las adquisiciones "mortis causa" de la vivienda habitual de la persona fallecida, quedará condicionado respecto del requisito de permanencia a que la adquisición se mantenga durante los 5 años siguientes al fallecimiento del causante, salvo que el adquirente falleciera dentro de ese plazo.

h) Reducción de mejora por adquisición de bienes integrantes del Patrimonio Histórico o Cultural[655].

En los casos en los que en la base imponible de una adquisición "mortis causa" que corresponda a los cónyuges, descendientes o adoptados de la persona fallecida estuviese incluido el valor de bienes comprendidos en los artículos 17 o 36 de la Ley de Patrimonio Histórico de Canarias 4/1999, de 15 de marzo, de Patrimonio Histórico de Canarias, o en los apartados uno, dos o tres del artículo 4 de la Ley 19/1991, de 6 de junio, del Impuesto sobre

---

[654] Vid. artículo 22, ter, del Decreto Legislativo 1/2009 de 21 abril, por el que se aprueba el Texto Refundido de las disposiciones legales vigentes en la Comunidad Autónoma en materia de tributos cedidos, en su redacción dada por el artículo 46 de la Ley autonómica 4/2012, de 25 de junio.

[655] Vid. artículo 23, del Decreto Legislativo 1/2009 de 21 abril, por el que se aprueba el Texto Refundido de las disposiciones legales vigentes en la Comunidad Autónoma en materia de tributos cedidos, en su redacción dada por el artículo 46 de la Ley autonómica 4/2012, de 25 de junio.

el Patrimonio, se podrá aplicar a la base imponible una reducción del 97 por ciento del valor de tales bienes.

La aplicación de la reducción a que se refiere el presente artículo queda condicionada al mantenimiento de los bienes adquiridos en el patrimonio del adquirente durante los cinco años siguientes al fallecimiento del causante, salvo que el adquirente falleciera en este plazo, o los bienes sean adquiridos por la Comunidad Autónoma de Canarias o por un Cabildo o Ayuntamiento de Canarias.

La reducción establecida en el presente artículo es compatible con la que en su caso proceda por razón de parentesco, discapacidad, edad, seguros de vida o adquisición de una empresa individual, de un negocio profesional o de participaciones en entidades, así como por la adquisición de la vivienda habitual del causante.

i) Reducción propia por adquisición de bienes integrantes de Patrimonio Natural[656].

En los casos en los que en la base imponible de una adquisición "mortis causa" que corresponda a los cónyuges, descendientes o adoptados de la persona fallecida estuviese incluido el valor de fincas rústicas ubicadas en algunos de los espacios a que se refiere el artículo 48 del Decreto Legislativo 1/2000, de 8 de mayo, por el que se aprueba el Texto Refundido de las Leyes de Ordenación del Territorio de Canarias y de Espacios Naturales de Canarias, se podrá aplicar a la base imponible una reducción del 97 por ciento del valor de tales bienes.

La aplicación de la reducción a que se refiere el presente artículo queda condicionada al mantenimiento de los bienes adquiridos en el patrimonio del adquirente durante los cinco años siguientes al fallecimiento del causante, salvo que el adquirente falleciera en este plazo, o los bienes sean adquiridos por la Comunidad Autónoma de Canarias o por un Cabildo o Ayuntamiento de Canarias.

j) Reducción de mejora por sobreimposición decenal[657]

Se establece en los siguientes términos:

Si unos mismos bienes o derechos son objeto, en un período de diez años, de dos o más transmisiones por causa de muerte a favor del cónyuge, de los descendientes o de los ascendientes, en la segunda y ulteriores transmisio-

---

[656] Vid. artículo 23, bis, del Decreto Legislativo 1/2009 de 21 abril, por el que se aprueba el Texto Refundido de las disposiciones legales vigentes en la Comunidad Autónoma en materia de tributos cedidos, en su redacción dada por el artículo 46 de la Ley autonómica 4/2012, de 25 de junio.

[657] Vid. artículo 24, del Decreto Legislativo 1/2009 de 21 abril, por el que se aprueba el Texto Refundido de las disposiciones legales vigentes en la Comunidad Autónoma en materia de tributos cedidos, en su redacción dada por el artículo 46 de la Ley autonómica 4/2012, de 25 de junio.

nes se practicará en la base imponible, con carácter alternativo, la reducción que resulte más favorable de entre las dos siguientes:

Una reducción de cuantía equivalente al importe de las cuotas del Impuesto sobre Sucesiones y Donaciones satisfechas por razón de las precedentes transmisiones por causa de muerte.

La reducción que resulte de la aplicación de la siguiente escala:

1º. Una reducción del 50 por ciento del valor real de los bienes y derechos si la transmisión se produce en el año natural siguiente a la fecha de la anterior transmisión.

2º. Una reducción del 30 por ciento del valor real de los bienes y derechos si la transmisión se produce tras transcurrir un año natural y antes de transcurrir cinco años naturales desde la fecha de la anterior transmisión.

3º. Una reducción del 10 por ciento del valor real de los bienes y derechos si la transmisión se produce tras transcurrir cinco años naturales desde la fecha de la anterior transmisión.

La aplicación de las reducciones de este artículo queda condicionada al hecho de que, por razón de la primera adquisición por causa de muerte y, en su caso, ulteriores, se haya producido una tributación efectiva en concepto del Impuesto sobre Sucesiones y Donaciones, y se entiende sin perjuicio de las reducciones que procedan. A estos efectos se considera tributación efectiva la presentación de la declaración o autoliquidación del impuesto dentro del plazo legalmente establecido, con el ingreso de la cuota tributaria correspondiente y, en su caso, de la cuota tributaria resultante de un procedimiento de gestión o inspección tributaria. En cualquier caso, se admite la subrogación de bienes o derechos siempre y cuando se acredite de modo fehaciente.

La reducción establecida en el presente artículo es compatible con la que en su caso proceda por razón de parentesco, discapacidad, edad, seguros de vida, adquisición de una empresa individual, de un negocio profesional o de participaciones en entidades, o adquisición de la vivienda habitual del causante, así como por la adquisición de bienes integrantes del Patrimonio Histórico o Cultural.

ESQUEMA: REDUCCIONES "MORTIS CAUSA" AUTONÓMICA BASE IMPONIBLE

Mejora de la reducción por parentesco. Adquisiciones por descendientes y adoptados menores de 21 años. Menores de 10 años de edad: el 100% de la base imponible sin que la reducción pueda exceder de 138.650 euros. Menores de 15 años e iguales y mayores de 10 años: el 100% de la base imponible sin que la reducción pueda exceder de 92.150 euros. Menores de 18 años e iguales y mayores de 15 años de edad: el 100% de la base imponible, sin que la reducción pueda exceder de 57.650 euros. Menores de 21 años e iguales y mayores de 18 años de edad: el 100% de la base imponible, sin que la reducción pueda exceder de 40.400 euros. Adquisiciones por descendientes y adoptados de 21 o más años, cónyuges, ascendientes y adoptantes: cónyuge: 40.400euros. Hijos o adoptados: 23.125 euros. Resto de descendientes: 18.500 euros. Ascendientes o adoptantes. 18.500 euros. Adquisiciones por colaterales de segundo y tercer grado, ascendientes y descendientes por afinidad: 9.300 euros.
Mejora por discapacidad física, psíquica o sensorial igual o superior al 33% e inferior al 65%: 72.000 euros. Discapacidad física, psíquica o sensorial igual o superior al 65%: 400.000 euros. Esta reducción es compatible con la que corresponda por razón de parentesco.
Reducción por edad: 75 años o más: 125.000 euros. Incompatible con la reducción por discapacidad y compatible con las demás.
Reducción de mejora por seguros de vida. Cuando su parentesco con el contratante fallecido sea el de cónyuge, ascendiente, descendiente, adoptante o adoptado, se aplicará una reducción del 100 por ciento, con un límite de 23.150 euros. En caso de seguros colectivos o contratados por las empresas en favor de sus empleados se estará al grado de parentesco entre el asegurado fallecido y el beneficiario. Compatible con las reducciones por parentesco, discapacidad y edad.
Mejora de la reducción estatal por adquisición de empresa individual o negocio profesional. Reducción del 95% o 99% del valor neto de los elementos patrimoniales afectos a la actividad empresarial o profesional, dependiendo del grado de parentesco. Exigencia: cumplimiento de determinados requisitos, entre ellos, que la empresa individual o el negocio profesional hayan estado exentos del Impuesto sobre el Patrimonio, que el adquirente mantenga en su patrimonio y afectos a la actividad o negocio, la adquisición durante los cinco años siguientes al fallecimiento, que el valor de la empresa individual no exceda de tres millones de euros y el del negocio profesional de un millón de euros. Esta reducción es compatible con las reducciones por parentesco, discapacidad, edad y seguros de vida.

Mejora de la reducción estatal por adquisición de participaciones en entidades. Aplicable a cónyuges, descendientes o adoptados de la persona fallecida, ascendientes, adoptantes y colaterales hasta el tercer grado. Cuantía de la reducción: el 99 por ciento del valor de las participaciones, por la parte que corresponda en razón de la proporción existente entre los activos necesarios para el ejercicio de la actividad empresarial o profesional, minorados en el importe de las deudas derivadas de la misma y el valor del patrimonio neto de cada entidad. Estas mismas reglas se aplicarán para valorar las participaciones de entidades participadas a fin de determinar el valor de las participaciones de la entidad tenedora. Cuando no existan descendientes o adoptados, los ascendientes, adoptantes y colaterales, hasta el tercer grado, podrán aplicar una reducción por un importe del 95 por ciento. En todo caso, el cónyuge supérstite tendrá derecho a la reducción del 99 por ciento. Exigencia de cumplimiento de ciertos requisitos, entre otros, que la entidad no tenga como actividad principal la gestión de un patrimonio, que la participación del causante en el capital de la entidad constituya al menos el 5% del mismo, computado individualmente o el 20% computado conjuntamente con el cónyuge, los descendientes, ascendientes o colaterales hasta el tercer grado del causante tanto por consanguinidad como por afinidad y que el adquirente mantenga en su patrimonio lo adquirido durante los cinco años siguientes a la fecha del fallecimiento del causante. Esta reducción es compatible con la de parentesco, discapacidad, edad y seguros de vida.
Mejora de la reducción estatal por adquisición de la vivienda habitual del causante. Aplicable a cónyuges, descendientes o adoptados y colaterales, mayores de 65 años y hayan convivido con el mismo al menos los dos años anteriores a su fallecimiento. Exige ciertos requisitos, entre ellos, que la vivienda radique en el territorio de la comunidad, y que se mantenga en el patrimonio del adquirente durante los cinco años siguientes al fallecimiento del causante. Porcentaje reducción: 99%, con límite de 200.000 euros. Compatible con las demás reducciones, por parentesco, discapacidad, edad, seguros, adquisición de empresa individual, de negocio profesional y de participaciones en entidades.
Reducción de mejora por adquisición de bienes integrantes del Patrimonio Histórico o Cultural. Se establece a favor de los cónyuges, descendientes o adoptados. Reducción del 97 por ciento del valor de tales bienes. La aplicación de la reducción queda condicionada al mantenimiento de los bienes adquiridos en el patrimonio del adquirente durante los cinco años siguientes al fallecimiento del causante. Compatible con las demás reducciones, por parentesco, discapacidad, edad, seguros, adquisición de empresa individual, de negocio profesional, de participaciones en entidades y con la adquisición de vivienda habitual.
Reducción propia por adquisición de bienes del Patrimonio Natural. Se establece a favor de los cónyuges, descendientes o adoptados Reducción del 97 por ciento del valor de tales bienes. La aplicación de la reducción queda condicionada a que las fincas rústicas estén ubicadas en la Comunidad y al mantenimiento de los bienes adquiridos en el patrimonio del adquirente durante los cinco años siguientes al fallecimiento del causante.

Reducción de mejora por sobreimposición decenal. Si unos mismos bienes o derechos son objeto, en un período de diez años, de dos o más transmisiones por causa de muerte a favor del cónyuge, de los descendientes o de los ascendientes, en la segunda y ulteriores transmisiones se practicará en la base imponible, con carácter alternativo, la reducción que resulte más favorable de entre varias establecidas al efecto. La cuantía de la reducción será la que resulte más favorable de entre una reducción de cuantía equivalente al importe de las cuotas del Impuesto sobre Sucesiones y Donaciones satisfechas por razón de las precedentes transmisiones por causa de muerte y la reducción que resulte de la aplicación de la siguiente escala: 1º. Una reducción del 50 por ciento del valor real de los bienes y derechos si la transmisión se produce en el año natural siguiente a la fecha de la anterior transmisión. 2º. Una reducción del 30 por ciento del valor real de los bienes y derechos si la transmisión se produce tras transcurrir un año natural y antes de transcurrir cinco años naturales desde la fecha de la anterior transmisión. 3º. Una reducción del 10 por ciento del valor real de los bienes y derechos si la transmisión se produce tras transcurrir cinco años naturales desde la fecha de la anterior transmisión.

B. Reducciones por adquisiciones "inter vivos"

a) Reducción de mejora por la adquisición de empresa o negocio profesional[658]

En los casos de donaciones a favor de los cónyuges, descendientes o adoptados de los elementos afectos a una actividad empresarial o profesional desarrollada por el donante, se podrá aplicar a la base imponible una reducción del 95 por ciento del valor neto de los elementos adquiridos.

A los efectos de la presente reducción, tiene la consideración de actividad empresarial o profesional la que, a través del trabajo personal o de la participación en el capital, o de ambos factores conjuntamente, suponga la ordenación, por cuenta propia, de medios de producción o de recursos humanos, o de unos y otros a la vez, con la finalidad de intervenir en la producción o la distribución de bienes y servicios.

Para la aplicación de la reducción establecida por el presente artículo será necesaria la concurrencia de los siguientes requisitos:

— Que la donación se formalice en escritura pública.

— Que el donante haya cumplido sesenta y cinco años, o se halle en situación de incapacidad permanente absoluta o de gran invalidez.

— Que el donante haya ejercido la actividad de forma habitual, personal y directa. A estos efectos:

Se entiende que el donante ha ejercido la actividad de forma habitual si lo ha hecho con vocación de perdurabilidad y continuidad personal en el tiempo.

---

[658] Vid. artículo 26, del Decreto Legislativo autonómico 1/2009 de 21 abril, por el que se aprueba el Texto Refundido de las disposiciones legales vigentes en la Comunidad Autónoma en materia de tributos cedidos, en su redacción dada por el artículo 46 de la Ley autonómica 4/2012, de 25 de junio.

Se entiende que el donante ha ejercido la actividad de forma personal si la ha desarrollado por sí mismo.

Se entiende que el donante ha ejercido la actividad de forma directa si él mismo ha ejercido el control de la misma sin intermediario y ha tenido a su cargo las funciones y facultades de gestión y organización de la actividad.

Que los rendimientos derivados del ejercicio de la actividad empresarial o profesional cuyos elementos patrimoniales afectos son objeto de donación constituyan al menos el 50 por ciento de la totalidad de los rendimientos del trabajo personal, del capital mobiliario e inmobiliario y de las actividades económicas a efectos del Impuesto sobre la Renta de las Personas Físicas del donante.

A los efectos de la presente reducción se establece que:

— No se computan como rendimientos del trabajo personal las remuneraciones por la participación del donante en las entidades que son objeto de reducción por la adquisición de participaciones en entidades.

— No se computan como rendimientos de actividades económicas los rendimientos derivados del ejercicio de otras actividades empresariales o profesionales del donante, siempre y cuando la suma de la totalidad de los rendimientos de actividades económicas constituya al menos el 50 por ciento de la totalidad de los rendimientos del trabajo personal, del capital mobiliario e inmobiliario y de actividades económicas y tampoco los rendimientos derivados de la participación del donante en las entidades que son objeto de la reducción establecida por la adquisición de participaciones en entidades.

Que en la fecha de la donación el donante cese en la actividad empresarial o profesional y deje de percibir rendimientos de la misma.

La efectiva aplicación de la reducción establecida en el presente artículo queda condicionada a que el donatario mantenga en su patrimonio lo adquirido durante los cinco años siguientes a la fecha de la escritura pública de donación, salvo que falleciera dentro de este plazo.

En los términos y condiciones establecidos en el presente artículo, podrán aplicar una reducción del 50 por ciento del valor neto de los elementos adquiridos las personas que, sin tener la relación de parentesco que en el mismo se establece, cumplan en la fecha de otorgamiento de la escritura pública de donación los siguientes requisitos:

Tener una vinculación laboral o de prestación de servicios con la empresa o el negocio profesional del donante, con una antigüedad mínima de diez años.

Tener encomendadas tareas de responsabilidad en la gestión o dirección de la empresa o negocio profesional del donante, con una antigüedad mínima de cinco años en el desempeño de tales tareas. Se entiende que tiene encomendadas tales tareas si el donante le ha otorgado un apoderamiento especial para realizar las actuaciones habituales de gestión de la empresa.

b) Reducción de mejora por la adquisición de participaciones en entidades[659]

En los casos de donaciones a favor del cónyuge, descendientes o adoptados de participaciones en entidades sin cotización en mercados organizados, se podrá aplicar a la base imponible una reducción del 95 por ciento por la parte que corresponda en razón de la proporción existente entre los activos necesarios para el ejercicio de la actividad empresarial o profesional, minorados en el importe de las deudas derivadas de la misma y el valor del patrimonio neto de cada entidad. Estas mismas reglas se aplicarán para valorar las participaciones de entidades participadas a fin de determinar el valor de las participaciones de la entidad tenedora.

Esta reducción no se aplica en ningún caso a las participaciones en Instituciones de Inversión Colectiva.

Para la aplicación de la reducción establecida por el presente artículo será necesaria la concurrencia de los siguientes requisitos:

- Que la donación se formalice en escritura pública.
- Que el donante haya cumplido sesenta y cinco años, o se halle en situación de incapacidad permanente absoluta o de gran invalidez.
- Que la entidad no tenga como actividad principal la gestión de un patrimonio mobiliario o inmobiliario, considerándose a estos efectos que se da tal circunstancia en la entidad que, durante más de noventa días del año natural inmediatamente anterior a la fecha de la donación, más de la mitad del activo estuviera constituido por valores o más de la mitad del activo no estuviera afecto a actividades económicas.

Únicamente a efectos de determinar si se dan los requisitos para considerar que una entidad gestiona un patrimonio mobiliario o inmobiliario, el valor del activo y el valor de los elementos patrimoniales no afectos a actividades económicas son los que se deducen de la contabilidad, siempre y cuando esta refleje fielmente la verdadera situación patrimonial de la entidad.

Para determinar a estos efectos la parte del activo que está constituida por valores o elementos patrimoniales no afectos, no se computan los siguientes valores: los que se poseen en cumplimiento de obligaciones legales y reglamentarias; los valores que incorporan derechos de crédito nacidos de relaciones contractuales establecidas como consecuencia del desarrollo de actividades económicas; los valores poseídos por sociedades de valores como consecuencia del ejercicio de la actividad constitutiva de su objeto; los valores que otorguen al menos el 5% de los derechos de voto y se posean con la finalidad de dirigir y gestionar la participación, siempre y cuando se disponga a tales efectos de la correspondiente organización de medios materiales

[659] Vid. artículo 26, bis del Decreto Legislativo 1/2009 de 21 abril, por el que se aprueba el Texto Refundido de las disposiciones legales vigentes en la Comunidad Autónoma en materia de tributos cedidos, en su redacción dada por el artículo 46 de la Ley autonómica 4/2012, de 25 de junio.

y personales y la entidad participada no tenga la consideración, de acuerdo con lo dispuesto en el presente apartado, de entidad que gestiona un patrimonio mobiliario o inmobiliario.

No se computan como valores ni como elementos no afectos a actividades económicas los valores cuyo precio de adquisición no supere el importe de los beneficios no distribuidos obtenidos por la entidad, siempre y cuando provengan de la realización de sus actividades económicas, con el límite del importe de los beneficios obtenidos tanto durante el año en curso como durante los diez años anteriores. A tales efectos, se asimilan a los beneficios procedentes de actividades económicas los dividendos que procedan de los valores que otorguen al menos el 5% de los derechos de voto y se posean con la finalidad de dirigir y gestionar la participación, si al menos el 90% de los ingresos obtenidos por la entidad participada proceden de la realización de actividades económicas.

Que la participación del donante en el capital de la entidad sea al menos del 5 por ciento, computado individualmente, o del 20 por ciento, computado conjuntamente con el cónyuge, los descendientes, los ascendientes o los colaterales hasta el tercer grado del donante, tanto por consanguinidad o adopción como por afinidad.

Que el donante haya ejercido efectivamente funciones de dirección en la entidad.

La efectiva aplicación de esta reducción queda condicionada a que el donatario mantenga en su patrimonio lo adquirido durante los cinco años siguientes a la fecha de la escritura pública de donación, salvo que falleciera dentro de este plazo.

En los casos de donaciones a favor del cónyuge, descendientes o adoptados, podrán aplicar una reducción del 50 por ciento por la parte que corresponda en razón de la proporción existente entre los activos necesarios para el ejercicio de la actividad empresarial o profesional, minorados en el importe de las deudas derivadas de la misma y el valor del patrimonio neto de cada entidad. Estas mismas reglas se aplicarán para valorar las participaciones de entidades participadas a fin de determinar el valor de las participaciones de la entidad tenedora.

Para la aplicación de la presente reducción será necesario, además de los requisitos establecidos en los apartados anteriores, que el donatario tenga una vinculación laboral o de prestación de servicios con la entidad cuyas participaciones son objeto de adquisición gratuita, con una antigüedad mínima de diez años y que haya ejercido funciones de dirección en la misma como mínimo los cinco años anteriores a la fecha de la donación, y que la participación del donatario en el capital de la entidad resultante de la donación sea de más del 50 por ciento.

c) Reducción propia por la donación de cantidades en metálico con destino a la adquisición o rehabilitación de la vivienda habitual[660].

La base imponible correspondiente a la donación de una cantidad en metálico realizada por un ascendiente en favor de sus descendientes o adoptados menores de 35 años en el momento del otorgamiento de la escritura pública a que se refiere la letra e) siguiente, con el límite de 24.040 euros, se reducirá en un 85 por ciento, siempre y cuando concurran las condiciones siguientes:

- Que la cantidad en metálico donada se destine a la adquisición o rehabilitación de la primera vivienda habitual del donatario.
- Que la adquisición de la vivienda se realice en un plazo de seis meses a contar desde el devengo del impuesto que grava la donación. Si existiesen sucesivas donaciones para un mismo fin, el plazo comenzará a contarse desde el devengo de la primera donación.
- En los casos de construcción o rehabilitación, deben comenzarse las obras en el plazo de 6 meses, sin sufrir interrupción por causa imputable al sujeto pasivo hasta su terminación, la cual debe tener lugar en cualquier caso dentro del plazo de dos años desde el inicio de las obras.
- Que la vivienda adquirida o rehabilitada permanezca en el patrimonio del donatario como vivienda habitual un plazo de al menos 5 años, a contar desde su adquisición o rehabilitación.
- Que el importe donado, hasta el límite indicado se ha de aplicar íntegramente a la adquisición o rehabilitación de la vivienda habitual del donatario. Si existiesen sucesivas donaciones para el mismo fin, el importe conjunto de éstas se ha de aplicar íntegramente al fin con el límite citado.
- Que la donación se formalice en escritura pública debiendo constar de forma expresa que el destino de la cantidad en metálico donada tiene como fin la adquisición o rehabilitación por parte del donatario de su vivienda habitual.

El incumplimiento de los requisitos mencionados determinará la improcedencia de la reducción, con ingreso en dicho momento del gravamen que hubiera correspondido y sus correspondientes intereses de demora, comenzando a contarse el plazo de prescripción para determinar la deuda tributaria, a los efectos de la aplicación de la reducción, desde la fecha en que se produzca el incumplimiento de tales requisitos.

A los efectos de esta reducción se entenderá como vivienda habitual la que se considera como tal a los efectos del Impuesto sobre la Renta de las

[660] Vid. artículo 26, ter, del Decreto Legislativo 1/2009 de 21 abril, por el que se aprueba el Texto Refundido de las disposiciones legales vigentes en la Comunidad Autónoma en materia de tributos cedidos, en su redacción dada por el artículo 46 de la Ley autonómica 4/2012, de 25 de junio.

Personas Físicas, equiparándose a la adquisición de vivienda habitual la construcción de la misma, pero no su ampliación.

El plazo de cinco años se contará en el supuesto de construcción o rehabilitación desde la finalización de las obras.

A los efectos de la presente reducción son de aplicación las equiparaciones establecidas en el apartado 5 del artículo 24-bis del presente Texto Refundido.

Cuando el donatario acredite un grado de discapacidad igual o superior al 33 por ciento e inferior al 65 por ciento el límite establecido será de 25.242 euros y la reducción de la base imponible el 90 por ciento, y de 26.444 euros y el 95 por ciento cuando el donatario acredite una minusvalía igual o superior al 65 por ciento.

d) Reducción propia por la donación de cantidades en metálico con destino a la constitución o adquisición de una empresa individual o un negocio profesional o para adquirir participaciones en entidades.

La base imponible correspondiente a la donación de una cantidad en metálico realizada por un ascendiente en favor de sus descendientes o adoptados menores de 40 años en el momento del otorgamiento de la escritura pública con el límite de 100.000 euros, se reducirá en un 85 por ciento, siempre y cuando concurran las condiciones siguientes:

Que la cantidad en metálico donada se destine a la constitución o adquisición de una empresa individual o un negocio profesional o para adquirir participaciones en entidades, siempre y cuando la empresa, el negocio o la entidad tengan su domicilio social y fiscal en la Comunidad Autónoma de Canarias.

La constitución o la adquisición de la empresa individual o el negocio profesional o la adquisición de las participaciones deben producirse en el plazo de seis meses a contar desde la fecha de formalización de la donación.

El patrimonio neto del donatario en la fecha de formalización de la donación no puede ser superior a 300.000 euros.

La empresa, el negocio o la entidad no pueden tener como actividad principal la gestión de un patrimonio mobiliario o inmobiliario.

En caso de adquisición de una empresa o un negocio o de adquisición de participaciones en entidades, no puede haber ninguna vinculación entre la empresa, el negocio o la entidad y el donatario, en los términos establecidos en el artículo 16 del Texto Refundido de la Ley del Impuesto sobre Sociedades, aprobado por Real Decreto Legislativo 4/2004, de 5 de marzo.

En caso de adquisición de una empresa o un negocio, el importe de la cifra de negocios neto del último ejercicio cerrado antes de la fecha de adquisición no puede superar los siguientes límites:

— Tres millones de euros, en caso de adquisición de una empresa individual.

— Un millón de euros, en caso de adquisición de un negocio profesional.

En caso de adquisición de participaciones en una entidad, exceptuando las empresas de economía social, las cooperativas de trabajo asociado y las sociedades laborales, además de los límites del importe de la cifra de negocio neto que se establece, es preciso cumplir los siguientes requisitos:

Las participaciones adquiridas por el donatario deben constituir al menos el 50% del capital social de la entidad.

El donatario debe ejercer efectivamente funciones de dirección en la entidad.

El importe máximo fijado en el apartado anterior se aplica tanto en caso de una única donación de dinero como en caso de donaciones sucesivas o simultáneas, que a tal efecto son acumulables, tanto si provienen del mismo ascendiente como si provienen de distintos ascendientes. En caso de donaciones sucesivas, sólo puede aplicarse la reducción, con los mencionados límites, a las que se hayan realizado en los seis meses anteriores a la constitución o adquisición de la empresa o negocio o a la adquisición de las participaciones[661].

La aplicación de la reducción a que se refiere el presente artículo queda condicionada a que el donatario continúe ejerciendo funciones de dirección en la entidad durante los cinco años siguientes a la formalización de la donación, salvo que fallezca en dicho período; así como al mantenimiento en el patrimonio del donatario, durante el mismo plazo y con la misma excepción, de los bienes resultantes de la donación, o de bienes subrogados de valor equivalente[662].

e) Reducción propia por aportaciones a patrimonios protegidos de personas con discapacidad[663].

En las aportaciones realizadas al patrimonio protegido de las personas con discapacidad, regulado en la Ley 41/2003, de 18 de noviembre, de Protección Patrimonial de las Personas con Discapacidad y de Modificación del Código Civil, de la Ley de Enjuiciamiento Civil y de la Normativa Tributaria con esta finalidad, a la parte que por exceder del importe máximo fijado por

---

[661] Vid. artículo 26, quater, números 1 y 2, del Decreto Legislativo 1/2009 de 21 abril, por el que se aprueba el Texto Refundido de las disposiciones legales vigentes en la Comunidad Autónoma en materia de tributos cedidos, en su redacción dada por el artículo 46 de la Ley autonómica 4/2012, de 25 de junio.

[662] Vid. artículo 26, quater, número 3, del Decreto Legislativo 1/2009 de 21 abril, por el que se aprueba el Texto Refundido de las disposiciones legales vigentes en la Comunidad Autónoma en materia de tributos cedidos, en su redacción dada por el artículo 46 de la Ley autonómica 4/2012, de 25 de junio.

[663] Vid. artículo 26, quinquies, del Decreto Legislativo1/2009 de 21 abril, por el que se aprueba el Texto Refundido de las disposiciones legales vigentes en la Comunidad Autónoma en materia de tributos cedidos, en su redacción dada por el artículo 46 de la Ley autonómica 4/2012, de 25 de junio.

la ley para tener la consideración de rendimientos del trabajo personal para el contribuyente con discapacidad quede sujeta al Impuesto sobre Sucesiones y Donaciones, se le podrá aplicar en la base imponible de este Impuesto una reducción del 95 por ciento del importe excedente.

La aplicación de la presente reducción queda condicionada a que las aportaciones cumplan los requisitos y formalidades establecidos por la citada ley 41/2003, de 18 de noviembre.

ESQUEMA: REDUCCIONES
"INTER VIVOS" AUTONÓMICA BASE IMPONIBLE

Reducción de mejora por adquisición de empresa individual o negocio profesional. Reducción del 95% del valor neto de los elementos patrimoniales afectos a la actividad empresarial o profesional. Aplicable a cónyuges, descendientes o adoptados. Exigencia cumplimiento determinados requisitos.
Mejora de la reducción estatal por adquisición de participaciones en entidades. Aplicable a cónyuges y descendientes o adoptados. Exigencia de cumplimiento de ciertos requisitos, entre ellos, que el donante haya cumplido 65 años o se halle en situación de incapacidad permanente absoluta o de gran invalidez, que el donante haya ejercido efectivamente funciones de dirección en la entidad, que la participación del donante en el capital de la entidad sea al menos del 5%, y que el donatario mantenga en su patrimonio lo adquirido durante los cinco años siguientes a la fecha de la escritura pública de donación. Porcentaje reducción: 95%.
Reducción propia por donación en metálico con destino a la adquisición o rehabilitación de la vivienda habitual. Aplicables a donaciones en dinero de ascendientes a favor descendientes o adoptados menores de 35 años. Cuantía reducción: 85%, con límite de 24.040 euros. Requisito de permanencia de 5 años a partir de adquisición o rehabilitación. La adquisición o rehabilitación deberá llevarse a cabo en seis meses desde devengo.
Reducción propia por la donación de cantidades en metálico con destino a constitución o adquisición de empresa individual, negocio profesional o participación en entidades. Aplicable a donaciones en dinero de ascendientes a favor de descendientes o adoptados menores de 40 años. Cuantía reducción: 85%, con el límite de 100.000 euros. El patrimonio del donatario no puede ser superior a 300.000 euros. La empresa, negocio o entidad han de tener domicilio social y fiscal en la comunidad.
Reducción propia por aportaciones a patrimonios protegidos de personas con discapacidad. Cuantía reducción: 95%. Exige cumplimiento de ciertos requisitos.

16. Ceuta y Melilla

Estas dos ciudades con estatuto de Autonomía carecen de potestad legislativa, por lo cual su régimen fiscal vendrá determinado en toda su extensión por la legislación estatal.

En este orden de cosas a estas ciudades le son de aplicación íntegramente las reglas sobre el Impuesto de Sucesiones y Donaciones contempladas en la

Ley 29/1987, de 18 de diciembre del Impuesto sobre Sucesiones y Donaciones, con la peculiaridad de ciertas bonificaciones en la cuota recogidas en el epígrafe correspondiente adonde remitimos.

VI. Cuota

1. *Consideraciones generales*

a) Cuota íntegra

Con carácter general la cuota íntegra se obtiene aplicando a la base liquidable la escala aprobada por cada Comunidad Autónoma[664].

Han aprobado su propia tarifa las siguientes Comunidades Autónomas: Andalucía, Asturias, Cantabria, Cataluña, Galicia, Illes Balears, Madrid, Murcia y Valencia.

Con carácter supletorio, se aplicará la escala estatal establecida con carácter general cuando la Comunidad Autónoma no hubiese aprobado su propia tarifa o, la Comunidad no hubiese asumido competencias normativas en materia de Impuesto sobre Sucesiones y Donaciones o, no resultase aplicable a los sujetos pasivos la normativa propia de la Comunidad[665].

ESCALA GENERAL ESTATAL

Base liquidable (Hasta euros)	Cuota íntegra (Euros)	Resto base liquidable (Hasta euros)	Tipo aplicable (Porcentaje)
0,00	-	7.993,46	7,65
7.993,46	611,50	7.987,45	8,50
15.980,91	1.290,43	7.987,45	9,35
23.968,36	2.037,26	7.987,45	10,20
31.955,81	2.851,98	7.987,45	11,05
39.943,26	3.734,59	7.987,46	11,90
47.930,72	4.685,10	7.987,45	12,75
55.918,17	5.703,50	7.987,45	13,60
63.905,62	6.789,79	7.987,45	14,45

[664] Vid. artículo 48 de la Ley 22/2009, de 18 de diciembre por la que se regula el Sistema de Financiación de las Comunidades Autónoma de Régimen Común y Ciudades con Estatuto de Autonomía y se modifican determinadas normas tributarias.

[665] Vid. artículo 21. 2 de la Ley 29/1987, de 18 de diciembre, del Impuesto sobre Sucesiones y Donaciones, en su redacción dada por la Ley 54/1999, de 29 de diciembre.

71.893,07	7.943,98	7.987,45	15,30
79.880,52	9.166,06	39.877,15	16,15
119.757,67	15.606,22	39.877,16	18,70
159.634,83	23.063,25	79.754,30	21,25
239.389,13	40.011,04	159.388,41	25,50
398.777,54	80.655,08	398.777,54	29,75
797.555,08	199.291,40	en adelante	34,00

b) Coeficientes multiplicadores

Los coeficientes aplicables son los siguientes:

	Parentesco		
Patrimonio preexistente en euros	**Grupos I y II Descendientes Adoptados Cónyuges Ascendientes Adoptantes**	**Grupo III Colaterales 2º y 3º grado Ascendientes y descendientes por afinidad**	**Grupo IV Colaterales 4º grado y más grados Extraños**
De 0 a 402.678,11	1,0000	1,5882	2,0000
De más de 402.678,11 a 2.007.380,43	1,0500	1,6676	2,1000
De más de 2.007.380,43 a 4.020.770,98	1,1000	1,7471	2,2000
Más de 4.020.770,98	1,2000	1,9059	2,4000

c) Deducciones y bonificaciones[666]

Cuando la sujeción al impuesto se produzca por obligación personal, tendrá el contribuyente derecho a deducir la menor de las dos cantidades siguientes:

El importe efectivo de lo satisfecho en el extranjero por razón de impuesto similar que afecte al incremento patrimonial sometido a gravamen en España.

[666] Vid. artículo 23. 1 de la Ley 29/1987, de 28 de diciembre, del Impuesto sobre Sucesiones y Donaciones.

El resultado de aplicar el tipo medio efectivo de este impuesto al incremento patrimonial correspondiente a bienes que radiquen o derechos que puedan ser ejercitados fuera de España, cuando hubiesen sido sometidos a gravamen en el extranjero por un impuesto similar.

Por otra parte, se establece que de acuerdo con lo previsto en la Ley 21/2001, de 27 de diciembre, por el que se regula el Sistema de Financiación de las Comunidades Autónoma de Régimen Común y Ciudades con Estatuto de Autonomía, las Comunidades Autónomas podrán aprobar las deducciones y bonificaciones que estimen convenientes[667].

En todo caso, resultarán compatibles con las deducciones y bonificaciones establecidas en la normativa estatal reguladora del impuesto sin que puedan suponer una modificación de las mismas. Estas deducciones y bonificaciones autonómicas se aplicarán con posterioridad a las reguladas en la normativa del Estado.

2. *Comunidades Autónomas*

A continuación recogemos las tarifas propias que han aprobado las Comunidades Autónomas así como sus coeficientes multiplicadores y, en su caso, las deducciones y bonificaciones de la cuota.

En los casos de las Comunidades Autónomas que no expliciten estos aspectos es que no han sido regulados por ellas y se aplicarán los estatales[668].

A. Comunidad Autónoma de Andalucía

a´) Cuota íntegra[669]

Se aplica tarifa propia (véase tabla en página siguiente):

[667] Vid. artículo 23. 2 de la Ley 29/1987, de 18 de diciembre, del Impuesto sobre Sucesiones y Donaciones en su redacción dada por la Ley 21/2001, de 27 de diciembre, y artículo 48. 1, d) de la citada Ley 22/2009, de 18 de diciembre, por el que se regula el vigente Sistema de Financiación de las Comunidades Autónoma de Régimen Común y Ciudades con Estatuto de Autonomía.

[668] Vid. artículo 22. 2 de la Ley 29/1987, de 28 de diciembre, del Impuesto sobre Sucesiones y Donaciones, en su redacción dada por el artículo 61.3 de la Ley 21/2001, de 27 de diciembre.

[669] Para devengos producidos a partir del año 2012, la Ley 18/2011, de 23 de diciembre, del Presupuesto de la Comunidad Autónoma de Andalucía para 2012 ha añadido un nuevo artículo 22 quater al Decreto Legislativo 1/2009, de 1 de septiembre, de tal forma que se ha incrementado el tipo fijado para los dos últimos tramos de Base Liquidable.

ESCALA GENERAL PROPIA

Base liquidable (Hasta euros)	Cuota íntegra (Euros)	Resto base liquidable (Hasta euros)	Tipo aplicable (Porcentaje)
0,00	-	7.993,46	7,65
7.993,46	611,50	7.987,45	8,50
15.980,91	1.290,43	7.987,45	9,35
23.968,36	2.037,26	7.987,45	10,20
31.955,81	2.851,98	7.987,45	11,05
39.943,26	3.734,59	7.987,46	11,90
47.930,72	4.685,10	7.987,45	12,75
55.918,17	5.703,50	7.987,45	13,60
63.905,62	6.789,79	7.987,45	14,45
71.893,07	7.943,98	7.987,45	15,30
79.880,52	9.166,06	39.877,15	16,15
119.757,67	15.606,22	39.877,16	18,70
159.634,83	23.063,25	79.754,30	21,25
239.389,13	40.011,04	159.388,41	25,50
398.777,54	80.655,08	398.777,54	31,75
797.555,08	207.266,95	en adelante	36,50

b´) Coeficientes multiplicadores

A efectos de estos coeficientes se han establecido las siguientes equiparaciones.

Las parejas de hecho inscritas en el Registro de Parejas de Hecho de la Comunidad Autónoma de Andalucía se equipararán a los cónyuges.

Las personas objeto de un acogimiento familiar permanente o preadoptivo se equipararán a los adoptados.

Las personas que realicen un acogimiento familiar permanente o preadoptivo se equipararán a los adoptantes.

Se entiende por acogimiento familiar permanente o preadoptivo el constituido con arreglo a la Ley 1/1998, de 20 de abril, de los Derechos y la Atención al Menor, y las disposiciones del Código Civil[670].

Se aplican los estatales

c´) Deducciones y bonificaciones en la cuota.

No ha establecido ninguna, aplicándose, por tanto, las estatales.

B. Comunidad Autónoma de Aragón

a´) Cuota íntegra

Se aplica la tarifa estatal

b´) Coeficientes multiplicadores

Se aplican los estatales

c´) Deducciones y bonificaciones de la cuota

Se establece una bonificación en la cuota en las adquisiciones "mortis causa" a los sujetos pasivos incluidos en los grupos I y II del Impuesto sobre Sucesiones y Donaciones, que en el año 2012 será del 20% en la cuota tributaria derivada de adquisiciones "mortis causa" y de cantidades percibidas por beneficiarios de seguros sobre la vida que se acumulen al resto de bienes y derechos que integren la porción hereditaria del beneficiario.

Esta reducción será del 50% a partir del 1 de enero de 2014.

Esta bonificación será incompatible con las reguladas en los artículos 131. 1, 131. 5 y 131. 7, referentes a la reducción en la adquisición "mortis causa" por hijos del causante menores de edad, reducción en la base imponible del impuesto a favor del cónyuge y de los ascendientes y descendientes y reducción por la creación de empresas y empleo, del Decreto Legislativo 1/2005 de 26 de septiembre de 2005, por el que se aprueba el Texto Refundido de las disposiciones dictadas por la Comunidad Autónoma de Aragón en materia de tributos cedidos.

No podrá aplicarse cuando, en los 5 años anteriores a la fecha del devengo del impuesto, el contribuyente se hubiera practicado la reducción a favor del cónyuge y de los hijos del donante prevista en el artículo 132. 2 del Decreto Legislativo 1/2005 de 26 de septiembre de 2005, por el que se

---

[670] Vid. artículo 17. 1 del Decreto Legislativo 1/2009, de 1 de septiembre por el que se aprueba el Texto Refundido de las disposiciones dictadas por la Comunidad en materia de tributos cedidos por el Estado.

aprueba el Texto Refundido de las disposiciones dictadas por la Comunidad Autónoma de Aragón en materia de tributos cedidos[671].

Asimismo se establece una bonificación en adquisiciones lucrativas "inter vivos", en los siguientes términos[672]:

Los sujetos pasivos incluidos en los grupos I y II del Impuesto sobre Sucesiones y Donaciones, aplicarán en 2012 una bonificación del 20% en la cuota tributaria derivada de adquisiciones lucrativas "inter vivos".

El porcentaje de bonificación será del 50% a partir del 1 de enero de 2014.

Esta bonificación será incompatible con las reducciones reguladas en el artículo 132. 2 y 132. 5, relativas a reducción en la base imponible del impuesto a favor del cónyuge y de los hijos del donante y reducción por la creación de empresas y empleo del Decreto Legislativo 1/2005 de 26 de septiembre de 2005, por el que se aprueba el Texto Refundido de las disposiciones dictadas por la Comunidad Autónoma de Aragón en materia de tributos cedidos.

C. Comunidad Autónoma del Principado de Asturias

a´) Cuota íntegra[673]

Se ha establecido la siguiente tarifa:

Base liquidable	Cuota íntegra	Resto base liquidable	Tipo aplicable
Hasta euros	Euros	Hasta euros	Porcentaje
0,00	0,00	8.000,00	7,65
8.000,00	612,00	8.000,00	8,50
16.000,00	1.292,00	8.000,00	9,35
24.000,00	2.040,00	8.000,00	10,20
32.000,00	2.856,00	8.000,00	11,05

[671] Vid. a*rtículo 131-8* del Decreto Legislativo 1/2005 de 26 de septiembre de 2005, por el que se aprueba el Texto Refundido de las disposiciones dictadas por la Comunidad Autónoma de Aragón en materia de tributos cedidos, *introducido por el número 4 de la Ley 3/2012, 8 marzo, de Medidas Fiscales y Administrativas de la Comunidad Autónoma,* modificado por el artículo 3.1 de la Ley Autonómica 2/2014, de 23 de enero de 2014, de Medidas Fiscales y Administrativas.

[672] Vid. artículo 132. 6 del Decreto Legislativo 1/2005 de 26 de septiembre de 2005, por el que se aprueba el Texto Refundido de las disposiciones dictadas por la Comunidad Autónoma de Aragón en materia de tributos cedidos modificado por el artículo 3.2 de la Ley Autonómica 2/2014, de 23 de enero, de Medidas Fiscales y Administrativas.

[673] Vid. artículo 3 de la Ley autonómica 5/2010, de 9 de julio, de Medidas urgentes de contención del gasto y en materia tributaria para la reducción del déficit público.

40.000,00	3.740,00	8.000,00	11,90
48.000,00	4.692,00	8.000,00	12,75
56.000,00	5.712,00	8.000,00	13,60
64.000,00	6.800,00	8.000,00	14,45
72.000,00	7.956,00	8.000,00	15,30
80.000,00	9.180,00	40.000,00	16,15
120.000,00	15.640,00	40.000,00	18,70
160.000,00	23.120,00	80.000,00	21,25
240.000,00	40.120,00	160.000,00	25,50
400.000,00	80.920,00	400.000,00	31,25
800.000,00	205.920,00	En adelante	36,50

b´) Coeficientes multiplicadores[674]

En el caso de adquisiciones "mortis causa", los coeficientes multiplicadores aplicables a la cuota íntegra en función de la cuantía del patrimonio preexistente serán los siguientes para el grupo I (descendientes y adoptados menores de 21 años)

Patrimonio preexistente Euros	Grupo I
De 0 a 402.678,11	0,0000
De más de 402.678,11 a 2.007.380,43	0,0200
De más de 2.007.380,43 a 4.020.770,98	0,0300
Más de 4.020.770,98	0,0400

En lo demás resultará de aplicación lo establecido en la normativa estatal.

c´) Deducciones y bonificaciones[675]

En las adquisiciones "mortis causa" por sujetos pasivos incluidos en el grupo II, se aplicará una bonificación del 100% de la cuota que resulte después

---

674 Vid. artículo 15 de la Ley autonómica 6/2003, de 30 de diciembre, de Acompañamiento a los Presupuestos Generales de 2004.

675 Vid. artículo 8 de la Ley autonómica 6/2008, de 29 de diciembre, de Medidas Presupuestarias, Administrativas y Tributarias de Acompañamiento a los Presupuestos Generales para 2009.

de aplicar las deducciones estatales y autonómicas que, en su caso, resulten procedentes siempre que se cumplan las siguientes condiciones:

— Que la base imponible sea igual o inferior a 150.000 euros.
— Que el patrimonio preexistente del heredero no sea superior a 402.678,11 euros.

Resultará asimismo de aplicación a los contribuyentes con discapacidad con un grado de minusvalía igual o superior al 65%, siempre y cuando cumplan el requisito de que el patrimonio preexistente no sea superior a 402.678,11 euros, con independencia de su grado de parentesco con el causante.

D. Comunidad Autónoma de Cantabria[676].

a´) Cuota íntegra

Base liquidable (Hasta euros)	Cuota íntegra (Euros)	Resto base liquidable (Hasta euros)	Tipo aplicable (Porcentaje)
0,00	-	7.993,46	7,65
7.993,46	611,50	7.987,45	8,50
15.980,91	1.290,43	7.987,45	9,35
23.968,36	2.037,26	7.987,45	10,20
31.955,81	2.851,98	7.987,45	11,05
39.943,26	3.734,59	7.987,46	11,90
47.930,72	4.685,10	7.987,45	12,75
55.918,17	5.703,50	7.987,45	13,60
63.905,62	6.789,79	7.987,45	14,45
71.893,07	7.943,98	7.987,45	15,30
79.880,52	9.166,06	39.877,15	16,15
119.757,67	15.606,22	39.877,16	18,70
159.634,83	23.063,25	79.754,30	21,25
239.389,13	40.011,04	159.388,41	25,50
398.777,54	80.655,08	398.777,54	29,75
797.555,08	199.291,40	en adelante	34,00

[676] Vid. artículo 6 del Decreto Legislativo autonómico 62/2008, de 19 de junio en su redacción dada por el artículo 11. 4 de la Ley autonómica 11/2010, de 23 de diciembre, de Medidas Fiscales y de Contenido Financiero.

b´) Coeficientes multiplicadores[677]

Los coeficientes aplicables son los siguientes:

Patrimonio preexistente en euros.	Grupos parentesco		
Patrimonio preexistente en euros.	I y II	III	IV
De 0 a 403.000	1,0000	1,5882	2,0000
De más de 403.001 a 2.007.000	1,0500	1,6676	2,1000
De más de 2.007.001 a 4.020.000.	1,1000	1,7471	2,2000
Más de 4.020.000	1,2000	1,9059	2,4000

c´) Deducciones y bonificaciones[678]

Se establece una bonificación autonómica del 99 % de la cuota tributaria en las adquisiciones "mortis causa" de los contribuyentes incluidos en los grupos I y II del artículo 20. 2. a) de la Ley 29/1987, de 18 de diciembre, del Impuesto sobre Sucesiones y Donaciones.

Se asimilan a los cónyuges, a los efectos de aplicación de esta bonificación autonómica de la cuota tributaria, las parejas de hecho inscritas conforme a lo establecido en la Ley de Cantabria 1/2005, de 16 de mayo, de parejas de hecho[679].

Se crea una bonificación autonómica del 99% en la cuota tributaria en la donación de vivienda que vaya a constituir la residencia habitual del donatario, realizada a descendientes y adoptados, hasta los primeros 200.000 euros del valor real de la vivienda donada[680].

En el caso de donación de un terreno para construir una vivienda que vaya a constituir la primera residencia habitual del donatario, la bonifica-

[677] Vid. artículo 7. 2 del Decreto Legislativo autonómico 62/2008, de 19 de junio, por el que se aprueba el Texto Refundido de la Ley de Medidas Fiscales en materia de tributos cedidos, en su redacción dada por la Ley autonómica 6/2009, de 28 de diciembre de Medidas Fiscales y de Contenido Financiero.

[678] Artículo 8 del Decreto Legislativo autonómico 62/2008, de 19 de junio por el que se aprueba el Texto Refundido de la Ley de Medidas Fiscales en materia de tributos cedidos por el Estado en su redacción dada por la Ley autonómica 11/2010, de 23 de diciembre, de Medidas Fiscales y de Contenido Financiero y por la Ley autonómica 1/2012, de 12 de enero.

[679] Vid. artículo 8. 1 del Decreto Legislativo autonómico 62/2008, de 19 de junio, en su redacción dada por la Ley autonómica 1/2012, de 12 de enero.

[680] Vid. artículo 8. 2 del Decreto Legislativo autonómico 62/2008, de 19 de junio, en su redacción dada por la Ley autonómica 11/2010, de 23 de diciembre, en su artículo 11. Cinco.

ción sobre la cuota tributaria será de la misma cuantía porcentual que en el caso de donación de vivienda y se aplicará sobre los primeros 60.000 euros del valor real del terreno donado.

La bonificación será aplicable siempre que concurran todas las condiciones establecidas.

Se establece una bonificación autonómica del 99% de la cuota tributaria hasta los primeros 100.000 euros donados, en la donación de metálico realizada a descendientes, adoptados, cónyuges o pareja de hecho inscrita, destinada a la adquisición de vivienda que vaya a constituir la residencia habitual del donatario, cuando en estos dos últimos supuestos, la donación se produzca como consecuencia de un proceso de ruptura matrimonial o de la ruptura de la convivencia de hecho.

En los mismos supuestos, se bonificará el 99% de la cuota tributaria hasta los primeros 30.000 euros en el caso de que el metálico objeto de donación se destine a la adquisición del terreno para construir una vivienda que vaya a constituir la primera residencia habitual del donatario.

La bonificación será aplicable siempre que concurran todas las circunstancias siguientes:

El patrimonio preexistente del donatario no podrá superar la cifra correspondiente al primer tramo de la escala establecida en el artículo 22 de la Ley 29/1987, del Impuesto de Sucesiones y Donaciones.

El donatario deberá tener una renta familiar inferior a 4 veces el Indicador Público de Renta de Efectos Múltiples (IPREM) anual. A estos efectos se determinará el nivel de renta por la agregación de la diferencia entre la base imponible general y el importe del mínimo personal y familiar más la base imponible del ahorro de la última declaración del Impuesto sobre la Renta de las Personas Físicas, de todos los componentes de la unidad familiar del donatario que haya debido presentarse a la fecha de realización de la donación.

Cuando la donación se produzca a favor del cónyuge o pareja de hecho inscrita, en ningún caso se computarán para la determinación de la renta del donatario los ingresos obtenidos por el donante ni por los hijos mayores de 18 años de edad.

La vivienda o el terreno deberán estar situados en el territorio de la Comunidad Autónoma de Cantabria.

La vivienda adquirida, o construida sobre el terreno adquirido, con el metálico donado deberá permanecer en el patrimonio del donatario durante los cinco años siguientes a la donación del metálico, e igualmente deberá constituir su residencia habitual durante ese mismo periodo, salvo que fallezca en ese plazo o concurran circunstancias que necesariamente exijan el cambio de vivienda, tales como separación matrimonial, traslado laboral, obtención de primer empleo o de empleo más ventajoso u otras análogas.

El origen de los fondos donados en metálico habrá de estar justificado y manifestarse su origen en el documento público en el que se formalice la donación y su aplicación a la adquisición de la primera vivienda que constituirá la residencia habitual del donatario, o del terreno para construirla, debiendo presentarse copia de dicho documento junto con la declaración del impuesto.

No se aplicará la bonificación si no consta dicha declaración en el documento, ni tampoco se aplicará cuando se produzcan rectificaciones del documento que subsanen su omisión una vez pasados tres meses desde la formalización de la donación.

La compra de la vivienda que vaya a ser la residencia habitual consecuencia de donación de metálico, deberá efectuarse en el plazo de los seis meses posteriores a la formalización de la donación. En el caso de adquisición de terreno para la construcción de la vivienda, esta deberá haberse finalizado en el plazo de dos años desde la formalización de la donación debiendo aportarse por el beneficiario antes de la conclusión del citado plazo de dos años la correspondiente cédula de habitabilidad o licencia de primera ocupación. Se podrá prorrogar el plazo de entrega de esta documentación cuando la demora en su aportación pueda atribuirse a retrasos en su tramitación imputables a la Administración que sea competente.

La limitación de los primeros 100.000 y 30.000 euros donados se aplicará tanto si se tratase de una única donación como si, en el caso de donaciones sucesivas, proviniesen del mismo ascendiente o de diferentes ascendientes.

La bonificación de la cuota se podrá aplicar por el mismo donatario en la donación de metálico para la adquisición de una única vivienda o terreno para construirla[681].

Se establece una bonificación autonómica del 99%, de la cuota tributaria en la donación de la vivienda que vaya a constituir la residencia habitual del donatario, realizada a favor del cónyuge o pareja de hecho inscrita, cuando la donación se produzca como consecuencia de un proceso de ruptura matrimonial o de la ruptura de la convivencia de hecho, hasta los primeros 200.000 euros de valor real de la vivienda donada.

En los mismos supuestos de ruptura matrimonial o convivencia de hecho, cuando lo que se done sea un terreno para construir una vivienda que vaya a constituir la residencia habitual del donatario, la bonificación sobre la cuota tributaria será del 99% hasta los primeros 60.000 euros del valor real del terreno donado.

Se crea una bonificación del 99 % de la cuota tributaria hasta los primeros cien mil euros donados, en las donaciones de metálico a descendientes y adoptados para la puesta en marcha de una actividad económica o para la adquisición de una ya existente o de participaciones en determinadas entidades, con los requisitos que a continuación se enumeran.

Los requisitos a cumplir son los siguientes:

La donación se formalizará en escritura pública, en la que se hará constar expresamente que el dinero donado se destinará por el donatario a la crea-

---

[681] Vid. artículo 8. 4 del Decreto Legislativo autonómico 62/2008, de 19 de junio en su redacción dada por la Ley autonómica 11/2010, de 23 de diciembre en su artículo 11. Cinco.

ción o adquisición de su empresa individual o de su negocio profesional, o a la adquisición de participaciones sociales.

La edad máxima del donatario será de treinta y seis años.

La adquisición de la empresa individual, negocio profesional, o de las participaciones sociales deberá realizarse en el plazo de seis meses desde la formalización de la donación.

En el caso de adquisición de empresa, esta deberá ajustarse a la definición de PYME (Pequeña y Mediana Empresa) conforme a la normativa comunitaria en la materia.

Cuando el metálico donado se emplee en adquirir participaciones, éstas corresponderán a entidades a las que sea de aplicación la exención regulada en el apartado octavo del artículo cuarto de la Ley 19/1991, de 6 de junio, del Impuesto sobre el Patrimonio. El donatario deberá ejercer de forma efectiva funciones de dirección en la empresa cuyas participaciones se adquieran.

La limitación en cuanto a los primeros cien mil euros donados se aplicará tanto si se tratase de una única donación como en el caso de donaciones sucesivas, proviniesen del mismo ascendiente o de diferentes ascendientes.

Durante el plazo de cinco años deberá mantenerse el domicilio social y fiscal de la entidad creada o participada en el territorio de la Comunidad Autónoma de Cantabria. En el caso de modificarse el domicilio fiscal o social, el beneficiario deberá comunicarlo al órgano tributario competente de la Comunidad Autónoma en el plazo de treinta días hábiles desde que se produzca la incidencia.

El donatario deberá mantener lo adquirido y tener derecho a la exención en el Impuesto sobre el Patrimonio durante los cinco años siguientes a la fecha de la escritura pública de donación, y no realizar ningún acto que directa o indirectamente pueda dar lugar a una minoración sustancial de lo adquirido, salvo que fallezca en ese plazo.

La bonificación será del 100 por ciento hasta los primeros doscientos mil euros donados, para aquellas empresas que, cumpliendo todos los requisitos anteriores, experimenten, durante los doce meses siguientes a la constitución o adquisición de la empresa o negocio, o a la adquisición de las participaciones en la entidad, un incremento de su plantilla media total con respecto de la plantilla media de los doce meses anteriores y dicho incremento se mantenga durante un período adicional de otros veinticuatro meses[682].

Finalmente, se establece una nueva deducción aplicable por los sujetos pasivos que hayan satisfecho la tasa por valoración previa de inmuebles objeto de adquisición o transmisión, "mortis causa" e "inter vivos", en los casos en que se adquieran bienes valorados por el perito de la Administración y se cumplan los siguientes requisitos:

---

[682] Vid. artículo 8. 5 del Decreto Legislativo autonómico 62/2008, de 19 de junio en su redacción dada por la Ley autonómica 1/2012, de 12 de enero.

— Que la tasa haya sido efectivamente ingresada y no proceda la devolución de ingreso indebido, de acuerdo con lo regulado en el artículo 12 de la Ley de Cantabria 9/1992, de 18 de diciembre.
— Que coincida el sujeto pasivo de la tasa y del impuesto objeto de declaración o declaración-liquidación.
— Que en relación con la tributación por el impuesto que proceda, el valor declarado respecto del bien o bienes objeto de valoración, sea igual o superior al atribuido por el perito de la Administración en la actuación sujeta a la tasa.
— Que el impuesto a que se sujete la operación realizada con el bien valorado sea gestionado por la Administración de la Comunidad Autónoma de Cantabria y le corresponda su rendimiento.
— Que la operación sujeta al impuesto haya sido efectivamente objeto de declaración o declaración-liquidación de la deuda correspondiente, dentro del período de vigencia de la valoración sujeta a la tasa.
— Que la deuda de la operación sujeta al impuesto sea igual o superior a la tasa pagada[683].

E. Comunidad Autónoma de Castilla-La Mancha

a´) Cuota íntegra

Se aplica la escala estatal

b´) Coeficientes multiplicadores

Se aplican los estatales

c´) Deducciones y bonificaciones

Se establecen las siguientes bonificaciones en la cuota del Impuesto sobre Sucesiones y Donaciones:

Los sujetos pasivos incluidos en los grupos I y II de parentesco, cónyuge, descendientes y ascendientes, podrán aplicarse una bonificación del 95% de la cuota tributaria[684].

Los sujetos pasivos con discapacidad y grado de minusvalía igual o superior al 65% podrán aplicarse una bonificación del 95% de la cuota tributaria. El mismo porcentaje de bonificación se aplicará a las aportaciones sujetas al impuesto que se realicen al patrimonio protegido de las personas

---

683 Vid. artículo 2 de la Ley autonómica 10/2012, de 26 de diciembre, de Medidas Fiscales y Administrativas por la que se crea la tasa por valoración previa de inmuebles y el artículo 9. Tres de la misma Ley por la que se regula dicha deducción.

684 Vid. artículo 17. 1, a), de la Ley 8/2013, de 21 de noviembre, de Medidas Tributarias.

con discapacidad. Estas bonificaciones son compatibles con la establecida anteriormente y se aplicarán con posterioridad a la misma[685].

A los efectos de lo aquí establecido, se asimilan a cónyuges los miembros de parejas de hecho que hayan tenido convivencia estable de pareja durante, al menos, los 2 años anteriores a la fecha de devengo del impuesto y cuya unión cumpla los requisitos establecidos en el Decreto 124/2000, de 11 de julio, por el que se regula la creación y el régimen de funcionamiento del Registro de parejas de hecho de la Comunidad Autónoma de Castilla-La Mancha. Ambas circunstancias deberán constar en los registros de carácter fiscal y en el documento público que recoja el acto o contrato sujeto al impuesto.

También, las personas objeto de un acogimiento familiar permanente o preadoptivo se equiparan a los adoptados, y las personas que realicen un acogimiento familiar permanente o preadoptivo se equiparan a los adoptantes[686].

Se establecen, asimismo, las siguientes normas para la aplicación de la bonificación en donaciones[687]:

En el caso de transmisiones lucrativas "inter vivos", la aplicación de las bonificaciones establecidas en el apartado anterior quedan sujetas al cumplimiento de los siguientes requisitos:

El sujeto pasivo deberá tener su residencia habitual en Castilla-La Mancha y la transmisión deberá formalizarse en escritura pública, en la que expresamente deberá constar el origen y situación de los bienes y derechos transmitidos, así como su correcta y completa identificación fiscal cuando se trate de bienes o derechos no consistentes en dinero o signo que lo represente.

En transmisiones de bienes o derechos no consistentes en dinero o signo que lo represente, los bienes y derechos donados no podrán ser objeto de transmisión y deberán mantenerse en el patrimonio del adquirente durante los 5 años siguientes a la fecha de devengo del impuesto.

En el caso de adquisiciones de derechos sobre una empresa individual, un negocio profesional o participaciones en entidades, a los que fuese de aplicación la exención establecida en el artículo 4. 8 de la Ley 19/1991, de 6 de junio, del Impuesto sobre el Patrimonio, se entenderá satisfecho este requisito cuando durante el mencionado plazo de 5 años se cumplan las condiciones señaladas en el en el artículo 20. 6, c) de la Ley 29/1987, de 18 de diciembre. Los sujetos pasivos beneficiarios de estas bonificaciones deberán presentar con carácter obligatorio la autoliquidación del impuesto en el plazo de un mes, contado a partir de la fecha de devengo del correspondiente tributo.

Cuando se incumpla el requisito de permanencia de los 5 años, los sujetos pasivos quedan obligados a pagar el impuesto dejado de ingresar y los

---

685 Vid. artículo 17. 1, b), de la Ley 8/2013, de 21 de noviembre, de Medidas Tributarias.

686 Vid. artículo 17. 2 y 3 de la Ley 8/2013, de 21 de noviembre, de Medidas Tributarias.

687 Vid. artículo 18. 1, a), de la Ley 8/2013, de 21 de noviembre, de Medidas Tributarias.

correspondientes intereses de demora y a presentar las autoliquidaciones complementarias procedentes en el plazo de un mes desde la fecha en la que se produzca el incumplimiento.

F. Comunidad Autónoma de Castilla y León

a´) Cuota íntegra

Se aplica la escala estatal

b´) Coeficientes multiplicadores

Se aplican los estatales

c´) Deducciones y bonificaciones

Las que tenía fueron suprimidas y, en parte convertidas, en reducciones en la base[688].

G. Comunidad Autónoma de Cataluña[689]

a´) Cuota íntegra

La cuota íntegra del Impuesto sobre Sucesiones y Donaciones en las transmisiones lucrativas entre vivos a favor de contribuyentes de los grupos I y II se obtiene como resultado de aplicar a la base liquidable la siguiente escala:

Base liquidable hasta (euros)	Cuota íntegra (euros)	Resto base liquidable (hasta euros)	Tipo (%)
0,00	0,00	200.000,00	5
200.000,00	10.000,00	600.000,00	7
600.000,00	38.000,00	En adelante	9

Para poder aplicar la tarifa, la donación entre vivos, o el negocio jurídico equiparable, debe haberse formalizado en escritura pública.

La escritura, si no es requisito de validez de la donación, debe otorgarse en el plazo de un mes a contar desde la fecha de entrega del bien.

[688] Vid. artículo 1. 3 y 1. 4, de la Ley 9/2012, de 21 de diciembre, por el que se derogó el artículo 22 del Decreto Legislativo 1/2008, de 25 de septiembre y se modificó el artículo 24 del citado Decreto Legislativo autonómico. Texto hoy derogado y sustituido por el Decreto Legislativo 1/2013, de 12 de septiembre, por el que se aprueba el Texto Refundido de las disposiciones legales de la Comunidad de Castilla y León en materia de tributos propios y cedidos.

[689] Vid. artículo 57, de la Ley autonómica 19/2010, de 7 de junio, de regulación del Impuesto sobre Sucesiones y Donaciones.

La cuota íntegra del Impuesto sobre Sucesiones y Donaciones en las demás transmisiones se obtiene como resultado de aplicar a la base liquidable la siguiente escala:

Base liquidable hasta (euros)	Cuota íntegra (euros)	Resto base liquidable (hasta euros)	Tipo (%)
0,00	0,00	50.000,00	7
50.000,00	3.500,00	150.000,00	11
150.000,00	14.500,00	400.000,00	17
400.000,00	57.000,00	800.000,00	24
800.000,00	153.000,00	En adelante	32

b´) Coeficientes multiplicadores[690]

La cuota tributaria del Impuesto sobre Sucesiones y Donaciones se obtiene como resultado de aplicar a la cuota íntegra el coeficiente multiplicador que corresponda, entre los que se indican a continuación, en función del grupo a que pertenezca el contribuyente, en razón de su grado de parentesco con el transmitente:

Grado de parentesco		
Grupos I y II	Grupo III	Grupo IV
1	1,5882	2

c´) Deducciones y bonificaciones de la cuota

Los contribuyentes de los grupos I y II pueden aplicar una bonificación del 99% de la cuota tributaria del Impuesto sobre Sucesiones y Donaciones en las adquisiciones por causa de muerte, incluidas las cantidades percibidas por los beneficiarios de seguros de vida que se acumulan al resto de bienes y derechos que integran su porción hereditaria[691].

H. Comunidad Autónoma de Extremadura

a´) Cuota íntegra

Se aplica la tarifa estatal.

---

[690] Vid. artículo 58, de la Ley autonómica 19/2010, de 7 de junio, de regulación del Impuesto sobre Sucesiones y Donaciones.

[691] Vid. artículo 58 bis, de la Ley autonómica 19/2010 de 7 junio, de regulación del Impuesto sobre Sucesiones y Donaciones, añadido por la Ley autonómica 3/2011, de 8 de junio.

Se introduce como nota la equiparación entre cónyuges y parejas de hecho[692].

b´) Coeficientes multiplicadores

Se aplican los estatales

c´) Deducciones y bonificaciones de la cuota

Se aplican las estatales.

I. Comunidad Autónoma de Galicia.

a´) Cuota íntegra

A efectos de reducciones como de tarifas y bonificaciones se equiparan los cónyuges a las parejas de hecho.

Para las adquisiciones "mortis causa" y la percepción de cantidades por los beneficiarios de los seguros de vida, cuando el contratante sea persona distinta del beneficiario, por sujetos pasivos del grupo I y II, se aplica la siguiente escala[693]:

Base liquidable hasta euros	Cuota íntegra. Euros	Resto base liquidable hasta euros	Tipo aplicable porcentaje
0	0	50.000	5%
50.000	2.500	75.000	7%
125.000	7.750	175.000	9%
300.000	23.500	500.000	11%
800.000	78.500	800.000	15%
1.600.000	198.500	En adelante	18%

Para las adquisiciones lucrativas "inter vivos" realizadas por los sujetos pasivos del grupo I y II se aplica la siguiente escala:

[692] Vid. artículo 31, del Decreto Legislativo autonómico 1/2013, de 21 mayo, por el que se aprueba el Texto Refundido de las disposiciones legales de la Comunidad Autónoma de Extremadura en materia de tributos cedidos por el Estado.

[693] Vid. artículo 21 de la Ley autonómica 9/2008, de 28 de julio, de medidas tributarias en relación con el Impuesto sobre Sucesiones y Donaciones.

Base liquidable hasta euros	Cuota íntegra euros.	Resto base liquidable hasta euros	Tipo aplicable porcentaje
0	0	200.000	5%
200.000	10.000	400.000	7%
600.000	38.000	En adelante	9%

Para las adquisiciones lucrativas "inter vivos" y "mortis causa" y la percepción de cantidades por los beneficiarios de los seguros de vida, cuando el contratante sea persona distinta del beneficiario, por sujetos pasivos del grupo III y IV, se aplica la siguiente escala, de estructura igual a la estatal:

Base liquidable hasta euros	Cuota íntegra. Euros.	Resto base liquidable hasta euros	Tipo aplicable porcentaje
0,00		7.993,46	7,65%
7.993,46	611,50	7.987,45	8,50%
15.980,91	1.290,43	7.987,45	9,35%
23.968,36	2.037,26	7.987,45	10,20%
31.955,81	2.851,98	7.987,45	11,05%
39.943,26	3.734,59	7.987,46	11,90%
47.930,72	4.685,10	7.987,45	12,75%
55.918,17	5.703,50	7.987,45	13,60%
63.905,62	6.789,79	7.987,45	14,45%
71.893,07	7.943,98	7.987,45	15,30%
79.880,52	9.166,06	39.877,15	16,15%
119.757,67	15.606,22	39.877,16	18,70%
159.634,83	23.063,25	79.754,30	21,25%
239.389,13	40.011,04	159.388,41	25,50%
398.777,54	80.655,08	398.777,54	29,75%
797.555,08	199.291,40	En adelante	34,00%

b´) Coeficientes multiplicadores

La cuota tributaria se obtendrá aplicando a la cuota íntegra el coeficiente multiplicador que corresponda de los que se indican a continuación, establecidos en función del patrimonio preexistente del contribuyente y del grupo, según el grado de parentesco[694]:

Patrimonio preexistente. Euros	Grupo I y II	Grupo III	Grupo IV
De 0 a 402.678,11	1	1,5882	2
De más de 402.678,11 a 2.007.380,43	1	1,6676	2,1
De más de 2.007.380,43 a 4.020.770,98	1	1,7471	2,2
Más de 4.020.770,98	1	1,9059	2,4

c´) Deducciones y bonificaciones

En las adquisiciones "mortis causa" por sujetos pasivos incluidos en el grupo I, incluidas las cantidades percibidas por las personas beneficiarias de seguros sobre la vida, se practicará una deducción del 99% del importe de la cuota[695].

En las adquisiciones "mortis causa" por sujetos pasivos incluidos en el grupo II, se aplicará una deducción del 100% de la cuota tributaria siempre que su base imponible fuese igual o inferior a 125.000 euros.

Para el cómputo del límite de 125.000 euros, se tendrán en cuenta las bases imponibles de los pactos sucesorios realizados. También se computarán las bases imponibles de las donaciones y demás transmisiones "inter vivos" equiparables que sean acumulables de acuerdo con lo establecido en el artículo 30 de la Ley 29/1987, de 18 de diciembre, del Impuesto estatal de Sucesiones y Donaciones, así como el valor de los usufructos y otras instituciones a que se refiere el artículo 26 de dicha Ley que se tengan en cuenta para la determinación del tipo medio de gravamen aplicable[696].

J. Comunidad Autónoma de las Illes Balears[697].

a´) Cuota íntegra

La cuota íntegra en las adquisiciones por causa de muerte se obtendrá aplicando a la base liquidable la siguiente escala:

---

[694] Vid. artículo 22 de la Ley autonómica 9/2008, de 28 de julio, de medidas tributarias en relación con el Impuesto sobre Sucesiones y Donaciones.

[695] Vid. artículo 23 de la Ley autonómica 9/2008, de 28 de julio, de medidas tributarias en relación con el Impuesto sobre Sucesiones y Donaciones.

[696] Vid. artículo 24 de la Ley autonómica 9/2008, de 28 de julio, de medidas tributarias en relación con el Impuesto sobre Sucesiones y Donaciones.

[697] Vid. artículos 13 y 31 de la Ley autonómica 22/2006, de 19 de diciembre, de reforma del Impuesto sobre Sucesiones y Donaciones.

Base liquidable hasta (euros)	Cuota íntegra (euros)	Resto base liquidable hasta (euros)	Tipo aplicable Porcentaje
0,00	0,00	8.000,00	7,65
8.000,00	612,00	8.000,00	8,50
16.000,00	1.292,00	8.000,00	9,35
24.000,00	2.040,00	8.000,00	10,20
32.000,00	2.856,00	8.000,00	11,05
40.000,00	3.740,00	8.000,00	11,90
48.000,00	4.692,00	8.000,00	12,75
56.000,00	5.712,00	8.000,00	13,60
64.000,00	6.800,00	8.000,00	14,45
72.000,00	7.956,00	8.000,00	15,30
80.000,00	9.180,00	40.000,00	16,15
120.000,00	15.640,00	40.000,00	18,70
160.000,00	23.120,00	80.000,00	21,25
240.000,00	40.120,00	160.000,00	25,50
400.000,00	80.920,00	400.000,00	29,75
800.000,00	199.920,00	Exceso	34,00

La cuota íntegra en las adquisiciones "inter vivos" se obtendrá aplicando a la base liquidable la misma escala anterior[698].

b´) Coeficientes multiplicadores[699]:

La cuota íntegra corregida se obtendrá aplicando a la cuota íntegra el coeficiente multiplicador que corresponda en función de la cuantía del patrimonio preexistente del sujeto pasivo y de su parentesco con el transmitente, de acuerdo con las cuantías y grupos siguientes:

---

[698] Vid. artículo 31 de la citada Ley autonómica 22/2006, de 19 de diciembre, de reforma del Impuesto sobre Sucesiones y Donaciones.

[699] Vid. artículos 14 y 32 de la Ley autonómica 22/2006, de 19 de diciembre, de reforma del Impuesto sobre Sucesiones y Donaciones, en su redacción dada por el artículo 8 del Decreto Ley 6/2011, de 2 de diciembre, de Medidas Tributarias Urgentes.

Patrimonio preexistente. Euros	Grupos de parentesco			
	I y II	III Colaterales de segundo y tercer grado por consanguinidad, y ascendientes y descendientes por afinidad.	III Colaterales de segundo y tercer grado por afinidad.	IV
De 0 a 400.000,00	1,0000	1,5882	1,9500	2,0000
De 400.000,00 a 2.000.000,00	1,0500	1,6676	2,0000	2,1000
De 2.000.000,00 a 4.000.000,00	1,1000	1,7471	2,1000	2,2000
Más de 4.000.000,00	1,2000	1,9059	2,3000	2,4000

c´) Deducciones y bonificaciones

Se establece una bonificación del 99% en la cuota tributaria del impuesto en las adquisiciones por causa de muerte, para los sujetos pasivos por obligación personal de contribuir que estén comprendidos en el grupo I del artículo 2 de la Ley 22/2006, de 19 de diciembre, es decir, que el adquirente sea descendiente o adoptado del causante menor de 21 años[700], residentes en Baleares.

En las adquisiciones por causa de muerte, a los sujetos pasivos incluidos en los grupos I y II (descendientes, ascendientes y cónyuge), con efectos desde el día 1 de enero de 2007, se les aplicará una deducción cuyo importe será el resultado de restar a la cuota bonificada la cuantía derivada de multiplicar la base imponible por un tipo porcentual T del 1%.

Esto es:

Da = Cb-(BI x T), siendo:

Da: deducción autonómica

Cb: cuota bonificada

BI: base imponible

T: 0,01

[700] Vid. artículo 16 de la Ley autonómica 22/2006, de 19 de diciembre, de reforma del Impuesto sobre Sucesiones y Donaciones.

Cuando el resultado de multiplicar la base imponible por T sea superior al importe de la cuota líquida, la cuantía de la deducción será igual a cero[701].

En las adquisiciones lucrativas entre vivos, a los sujetos pasivos incluidos en los grupos I y II (descendientes, ascendientes y cónyuge), les será de aplicación una deducción cuyo importe será el resultado de restar a la cuota líquida la cuantía derivada de multiplicar la base liquidable por un tipo porcentual T del 7%[702].

Esto es:

Da = CL-(BL x T), siendo:

Da: deducción autonómica

CL: cuota líquida

BL: base liquidable

T: 0,07

Cuando el resultado de multiplicar la base liquidable por T sea superior al importe de la cuota líquida, la cuantía de la deducción será igual a cero.

Finalmente, se regula la deducción por doble imposición internacional en los mismos términos que la norma estatal[703].

K. Comunidad Autónoma de La Rioja

a´) Cuota

Se aplica la tarifa estatal

b´) Coeficientes multiplicadores

Se aplican los estatales

c´) Deducciones y bonificaciones

En el caso de adquisiciones "mortis causa" se establece una deducción del 99% en las adquisiciones por sujetos pasivos incluidos en los Grupos I y II[704].

En el caso de adquisiciones lucrativas "inter vivos" se fija una deducción del 100% en la donación de dinero para la adquisición de la vivienda habitual dentro del territorio efectuadas de padres a hijos, ambos con residencia

[701] Vid. artículo 19 de la Ley autonómica 22/2006, de 19 de diciembre, de reforma del Impuesto sobre Sucesiones y Donaciones.

[702] Vid. artículo 35 de la Ley autonómica 22/2006, de 19 de diciembre, de reforma del Impuesto sobre Sucesiones y Donaciones.

[703] Vid. artículo 34 de la Ley autonómica 22/2006, de 19 de diciembre, de reforma del Impuesto sobre Sucesiones y Donaciones.

[704] Vid. artículo 8 de la Ley autonómica 10/2010, de 16 de diciembre, de medidas fiscales y administrativas para el año 2011.

en la Comunidad Autónoma de la Rioja, importe que ha de destinarse íntegramente a tal fin de forma inmediata dentro del plazo de declaración del impuesto. También se podrá aplicar la deducción si depositan las cantidades recibidas en las cuentas a las que se refiere la normativa estatal reguladora del Impuesto sobre la Renta de las Personas Físicas, a condición de que las destinen a la adquisición de la vivienda habitual, en los términos y plazos previstos en la citada normativa o si destinan las cantidades recibidas a cancelar o amortizar parcialmente el préstamo hipotecario suscrito para la adquisición de la vivienda habitual[705].

Se establece, también, una deducción en donaciones de la primera vivienda habitual de padres a hijos, exigiéndose que la vivienda esté ya construida, con su calificación definitiva y ubicada dentro de la Comunidad, ser la primera vivienda habitual para el adquirente, ser el adquirente menos de 36 años, tener una renta no superior a 3,5 veces el indicador público de renta de efectos múltiples y conservar en su patrimonio la vivienda durante al menos los cinco años siguientes a la donación[706].

Asimismo, han de cumplirse las siguientes obligaciones formales:

Si las cantidades recibidas se destinan a la inmediata adquisición de la vivienda habitual, deberá hacerse constar en el mismo documento en que se formalice la compraventa la donación recibida y su aplicación al pago del precio. No se aplicará la deducción si no consta dicha declaración en el documento, ni tampoco se aplicará cuando se produzcan rectificaciones del documento que subsanen su omisión.

También deberá presentarse copia de dicho documento de compraventa junto con la declaración del impuesto.

Si las cantidades recibidas se aportan a una cuenta ahorro vivienda, deberá acompañarse, junto con la declaración del impuesto, certificación de la entidad financiera que justifique dicho depósito.

Si las cantidades se destinan a cancelar o amortizar parcialmente el préstamo hipotecario, deberá acompañarse, junto con la declaración del impuesto, certificación de la entidad financiera que justifique la cancelación o amortización.

La deducción se aplica según la siguiente tabla (en las donaciones de vivienda de padres a hijos)[707].

[705] Vid. artículo 12 de la Ley autonómica 10/2010, de 16 de diciembre, de medidas fiscales y administrativas para el año 2011.

[706] Vid. artículo 13 de la Ley autonómica 10/2010, de 16 de diciembre, de medidas fiscales y administrativas para el año 2011.

[707] Vid. artículo 13. 3 de la Ley autonómica 10/2010, de 16 de diciembre, de medidas fiscales y administrativas para el año 2011.

VALOR REAL	DEDUCCIONES EN CUOTA
Hasta 150.253,00 euros	100%
De 150.253,01 euros a 180.304,00 euros	80%
De 180. 304,01 euros a 210. 354,00 euros	60%
De 210.354,01 euros a 240.405,00 euros	40%
De 240.405,01 euros a 270.455,00 euros	20%
Más de 300.506,00 euros	0%

Deducción, por otra parte, condicionada a cumplir los siguientes requisitos:

La vivienda deberá estar ya construida, con su calificación definitiva en su caso, y hallarse dentro del territorio de la Comunidad Autónoma de La Rioja, y deberá donarse en su integridad y en pleno dominio, sin que los donantes puedan reservarse parte del inmueble o derechos de uso y habitación sobre la misma.

La vivienda deberá ser la primera vivienda habitual para el adquirente.

El adquirente ha de ser menor de 36 años, y su renta no debe superar 3,5 veces el Indicador público de renta de efectos múltiples (IPREM).

El adquirente ha de conservar en su patrimonio la vivienda durante los cinco años siguientes a la donación, salvo que fallezca durante ese plazo.

En el supuesto de que una misma vivienda se done por los padres a más de uno de sus hijos, éstos deberán reunir individualmente las condiciones especificadas en los apartados anteriores.

Deberá constar en el documento público en el que se formalice la donación que el inmueble va a constituir la primera vivienda habitual para el donatario o donatarios.

L. Comunidad Autónoma de Madrid

a´) Cuota íntegra

Con efectos a partir del 26 de octubre de 2010, la tarifa del Impuesto será la siguiente[708]:

Base liquidable (hasta euros)	**Cuota íntegra (euros)**	**Resto base liquidable (hasta euros)**	**Tipo aplicable (porcentaje)**
0,00	0,00	8.313,20	7,65
8.313,20	635,96	7.688,15	8,50

[708] Vid. artículo 23 del Decreto Legislativo autonómico 1/2010, de 21 de octubre, por el que se aprueba el Texto Refundido de las disposiciones legales de la Comunidad de Madrid en materia de tributos cedidos.

16.001,35	1.289,45	8.000,66	9,35
24.002,01	2.037,51	8.000,69	10,20
32.002,70	2.853,58	8.000,66	11,05
40.003,36	3.737,66	8.000,68	11,90
48.004,04	4.689,74	8.000,67	12,75
56.004,71	5.709,82	8.000,68	13,60
64.005,39	6.797,92	8.000,66	14,45
72.006,05	7.954,01	8.000,68	15,30
80.006,73	9.178,12	39.940,85	16,15
119.947,58	15.628,56	39.940,87	18,70
159.888,45	23.097,51	79.881,71	21,25
239.770,16	40.072,37	159.638,43	25,50
399.408,59	80.780,17	399.408,61	29,75
798.817,20	199.604,23	En adelante	34,00

b´) Coeficientes multiplicadores

Con efectos a partir del 26 de octubre de 2010, los coeficientes multiplicadores aplicables son los siguientes[709]:

Patrimonio Preexistente en euros	**Grupos de parentesco**		
	I y II	III	IV
De 0 a 403.000	1,00	1,5882	2,00
De más de 403.000 a 2.008.000	1,05	1,6676	2,1
De más de 2.008.000 a 4.021.000	1,10	1,7471	2,2
De más de 4.021.000	1,20	1,9059	2,4

Cuando la diferencia entre la cuota tributaria obtenida por aplicación del coeficiente multiplicador que corresponda, y la que resultaría de aplicar a la misma cuota íntegra el coeficiente multiplicador inmediato inferior, sea mayor que la que exista entre el importe del patrimonio preexistente tenido en cuenta para la liquidación y el importe máximo del tramo del patrimonio

[709] Vid. artículo 24 del Decreto Legislativo autonómico 1/2010, de 21 de octubre, por el que se aprueba el Texto Refundido de las disposiciones legales de la Comunidad de Madrid en materia de tributos cedidos.

preexistente que motivaría la aplicación del citado coeficiente multiplicador inferior, aquélla se reducirá en el importe del exceso.

En los casos de seguros sobre la vida se aplicará el coeficiente que corresponda al patrimonio preexistente del beneficiario y al grupo en que por su parentesco con el contratante estuviese encuadrado.

En los seguros colectivos o contratados por las empresas en favor de sus empleados se estará al coeficiente que corresponda al patrimonio preexistente del beneficiario y al grado de parentesco entre éste y el asegurado.

Si no fuesen conocidos los causahabientes en una sucesión, se aplicará el coeficiente establecido para los colaterales de cuarto grado y extraños cuando el patrimonio preexistente exceda de 4.021.000 euros, sin perjuicio de la devolución que proceda una vez que aquéllos fuesen conocidos.

c´) Deducciones y bonificaciones[710]

Se establece una bonificación en adquisiciones "mortis causa" consistente en un 99 por 100 de la cuota que resulte después de aplicar las deducciones estatales y autonómicas que, en su caso, resulten aplicables para las adquisiciones "mortis causa" por Grupos I y II.

Igualmente se establece una bonificación en las adquisiciones "inter vivos" consistente en un 99 por 100 para las donaciones a los sujetos pasivos de los grupos I y II, es decir, las percibidas por ascendientes, descendientes, cónyuges, adoptados y adoptantes, cualquiera que sea su edad, exigiéndose los siguientes requisitos:

En todo caso la donación deberá formalizarse en documento público.

Cuando la donación sea en metálico o se realice en un depósito en cuenta corriente o de ahorro, a la vista o a plazo es necesario que el origen de los fondos esté justificado y que en el documento público de formalización se manifieste el origen de los fondos.

M. Comunidad Autónoma de Murcia

a´) Cuota

La tarifa aplicable al Impuesto de Sucesiones y Donaciones vigente al 1 de enero de 2013 será la siguiente[711]:

[710] Vid. artículo 25 del Decreto Legislativo autonómico 1/2010, de 21 de octubre, por el que se aprueba el Texto Refundido de las disposiciones legales de la Comunidad de Madrid en materia de tributos cedidos.

[711] Vid. artículo 1. Dos, de la Ley autonómica 14/2012, de 27 de diciembre, de medidas tributarias, administrativas y de reordenación del sector público regional.

Base liquidable aplicable, hasta Euros.	Cuota íntegra, Euros.	Resto base liquidable, Hasta Euros.	Tipo porcentaje, aplicable.
0,00	0,00	7.993,46	7,65
7.993,46	611,50	7.987,45	8,50
15.980,91	1.290,43	7.987,45	9,35
23.968,36	2.037,26	7.987,45	10,20
31.955,81	2.851,98	7.987,45	11,05
39.943,26	3.734,59	7.987,46	11,90
47.930,72	4.685,10	7.987,45	12,75
55.918,17	5.703,50	7.987,45	13,60
63.905,62	6.789,79	7.987,45	14,45
71.893,07	7.943,98	7.987,45	15,30
79.880,52	9.166,06	39.877,15	16,15
119.757,67	15.606,22	39.877,16	18,70
159.634,83	23.063,25	79.754,30	21,25
239.389,13	40.011,04	159.388,41	25,50
398.777,54	80.655,08	398.777,54	31,75
797.555,08	207.266,95	En adelante	36,50

b´) Coeficientes multiplicadores

Se aplican los coeficientes estatales

c´) Deducciones y bonificaciones en cuota

Para los hechos imponibles que se produzcan en 2012 y 2013, se aplicarán las siguientes deducciones autonómicas:

Deducción por sujetos pasivos incluidos en el grupo I del artículo 20. 2. a) de la Ley 29/1987, de 18 de diciembre, del Impuesto sobre Sucesiones y Donaciones, del 99% de la cuota que resulte después de aplicar, en su caso, las deducciones estatales y autonómicas.

Deducción por sujetos pasivos incluidos en el grupo II del artículo 20. 2. a) de la Ley 29/1987, de 18 de diciembre, del Impuesto sobre Sucesiones y Donaciones, del 99% de la cuota que resulte de aplicar, en su caso, las deducciones estatales y autonómicas.

Será requisito indispensable para la aplicación de la deducción establecida en el apartado anterior, que la base imponible del sujeto pasivo no sea superior a 300.000 euros. Este límite será de 450.000 euros si el sujeto pasivo fuese discapacitado con un grado de minusvalía igual o superior al 65 por ciento[712].

N. Comunidad Autónoma de Valencia

a´) Cuota íntegra[713]

La cuota íntegra se obtendrá aplicando a la base liquidable la siguiente escala:

Base liquidable (Hasta Euros)	Cuota íntegra (Euros)	Resto base liquidable (Hasta Euros)	Tipo aplicable (Porcentaje)
		7.993,46	7,65%
7.993,46	611,50	7.668,91	8,50%
15.662,38	1.263,36	7.831,19	9,35%
23.493,56	1.995,58	7.831,19	10,20%
31.324,75	2.794,36	7.831,19	11,05%
39.155,94	3.659,70	7.831,19	11,90%
46.987,13	4.591,61	7.831,19	12,75%
54.818,31	5.590,09	7.831,19	13,60%
62.649,50	6.655,13	7.831,19	14,45%
70.480,69	7.786,74	7.831,19	15,30%
78.311,88	8.984,91	39.095,84	16,15%
117.407,71	15.298,89	39.095,84	18,70%
156.503,55	22.609,81	78.191,67	21,25%
234.695,23	39.225,54	156.263,15	25,50%
390.958,37	79.072,64	390.958,37	29,75%
781.916,75	195.382,76	en adelante	34,00%

712 Vid. artículo 3, apartado dos del Texto Refundido de las disposiciones legales vigentes en la Región de Murcia en materia de tributos cedidos, aprobado por Decreto Legislativo 1/2010, de 5 de noviembre, en su redacción dada por el artículo 1 de la Ley autonómica 3/2012, de 24 de mayo, de medidas urgentes para el reequilibrio presupuestario.

713 Vid. artículo 11 de la Ley autonómica 13/1997, de 23 de diciembre, por la que se regula el tramo autonómico del Impuesto sobre la Renta de las Personas Físicas y restantes tributos cedidos, en su redacción dada por el artículo 38 de la Ley autonómica 9/1999, de 30 de diciembre, de Medidas Fiscales, de Gestión Administrativa y Financiera y de Organización de la Comunidad. Por el artículo 35 de la Ley autonómica 16/2003, de 17 de diciembre, de Medidas Fiscales, de Gestión Administrativa y Financiera y de Organización de la Comunidad se modifica "sustituyéndose en el encabezamiento de la tabla de escala de tarifas la expresión Cuota liquidable en euros por la expresión Cuota ïntegra en euros".

b´) Coeficientes multiplicadores[714]:

Patrimonio preexistente Euros	Grupos del artículo 20		
	I y II	III	IV
De 0,00 a 390.657,87	1,0000	1,5882	2,0000
De más de 390.657,87 a 1.965.309,58	1,0500	1,6676	2,1000
De más de 1.965.309,58 a 3.936.629,28	1,1000	1,7471	2,2000
De más de 3.936.629,28	1,2000	1,9059	2,4000

c´) Deducciones y bonificaciones en la cuota[715]

Gozarán de una bonificación del 99% de la cuota tributaria del Impuesto sobre Sucesiones y Donaciones:

Las adquisiciones "mortis causa" por parientes del causante pertenecientes al Grupo I y II de grado de parentesco (antes se refería únicamente a los parientes del Grupo I) y que tengan su residencia habitual en la Comunitat Valenciana.

Las adquisiciones "mortis causa" por parientes del causante que sean discapacitados físicos o sensoriales con grado de minusvalía igual o superior al 65 por 100 o por discapacitados psíquicos con un grado de minusvalía igual o superior al 33 por ciento.

Bonificación en cuota del 99% con un límite de 420.000 euros, las adquisiciones "inter vivos" por los hijos, adoptados, padres y adoptantes del donante, que tengan un patrimonio preexistente de hasta 2.000.000 de euros y tuviese su residencia habitual en la Comunidad Valenciana a fecha de devengo.

Igual bonificación, con el mismo límite y requisitos, se aplicará a los nietos, siempre que su progenitor, que era hijo del donante, hubiera fallecido con anterioridad al momento del devengo, y a los abuelos, siempre que su hijo que era progenitor del donante, hubiera fallecido con anterioridad al momento del devengo.

No resultará de aplicación esta bonificación en los siguientes supuestos: cuando quien transmita hubiera tenido derecho a la bonificación en la transmisión de los mismos bienes o de otros hasta un valor equivalente, efectuada en el mismo día o en los diez años inmediatamente anteriores a la fecha del devengo; cuando el sujeto pasivo hubiera efectuado, en el mismo día o en los

---

714 Vid. artículo 12 de la Ley autonómica 13/1997, de 23 de diciembre, por la que se regula el tramo autonómico del Impuesto sobre la Renta de las Personas Físicas y restantes tributos cedidos, en su redacción dada por el artículo 39 de la Ley autonómica 9/1999, de 30 de diciembre, de Medidas Fiscales, de Gestión Administrativa y Financiera y de Organización de la Comunidad.

715 Nuevo artículo 12 bis de la Ley autonómica 13/1997, de 23 de diciembre, incorporado por el artículo 39 de la Ley 9/1999, de 30 de diciembre, de Medidas fiscales, de gestión administrativa y financiera, y de organización de la comunidad.

diez años inmediatamente anteriores a la fecha del devengo, una transmisión, a donatario distinto del ahora donante, de otros bienes hasta un valor equivalente, a la que igualmente resultara de aplicación la bonificación; cuando quien transmita hubiera adquirido "mortis causa" los mismos bienes, u otros hasta un valor equivalente, en los diez años inmediatamente anteriores al momento del devengo, como consecuencia de la renuncia pura y simple del sujeto pasivo, y hubiera tenido derecho a la aplicación de la bonificación establecida en el artículo 12 bis de la Ley 13/1997 de 23 diciembre.

No obstante, cuando se trate de donaciones de bienes diferentes, y en el segundo supuesto del citado párrafo, procederá la bonificación sobre la cuota que corresponda al exceso del valor equivalente de lo donado, si lo hubiere, una vez aplicado el tipo medio efectivo de gravamen correspondiente a la totalidad del valor de la donación[716].

Bonificación en la cuota del 99% en las adquisiciones "inter vivos" por discapacitados físicos o sensoriales con un grado de minusvalía igual o superior al 65% o por discapacitados psíquicos, con un grado de minusvalía igual o superior al 33% que sean padres, adoptantes, hijos o adoptados del donante. Igual bonificación, con los mismos requisitos se aplicará a los nietos, siempre que su progenitor, que era hijo del donante, hubiera fallecido con anterioridad al momento del devengo, y a los abuelos, siempre que su hijo, que era progenitor del donante, hubiera fallecido con anterioridad al momento del devengo[717].

Ñ. Comunidad Autónoma de Canarias

a´) Cuota íntegra

Se aplica la escala estatal.

b´) Coeficientes multiplicadores

Se aplican los estatales.

A los efectos de aplicación de los coeficientes multiplicadores, las personas sujetas a acogimiento familiar permanente o preadoptivo se equiparan a los adoptados y quienes realicen un acogimiento familiar permanente o preadoptivo se equiparan a los adoptantes.

Asimismo, a todos los efectos del impuesto asimila a los cónyuges a los miembros de las parejas de hecho[718].

---

[716] Vid. artículo doce bis, c) de la Ley autonómica 13/1997, de 23 de diciembre en su redacción dada por el artículo 33.1 de la Ley autonómica 16/2008, de 22 de diciembre, de Medidas fiscales, de gestión administrativa y financiera de la Comunidad.

[717] Vid. artículo doce bis, d) de la Ley autonómica 13/1997, de 23 de diciembre en su redacción dada por el artículo 31 de la Ley autonómica 14/2007, de 26 de diciembre, de Medidas fiscales, de gestión administrativa y financiera y de organización de la Comunidad.

[718] Vid. artículo 12 de la Ley autonómica 5/2003, de 6 de marzo, de parejas de hecho, en su redacción dada por el artículo 41 del Decreto Legislativo 1/2009, de 21 de abril, por el que se

c´) Deducciones y bonificaciones

La cuota del Impuesto sobre Sucesiones y Donaciones derivada de las adquisiciones "mortis causa" y de cantidades percibidas por los beneficiarios de seguros sobre la vida que se acumulen al resto de bienes y derechos que integran la porción hereditaria del beneficiario, se bonificará en el 99% siempre que el adquirente sea descendiente o adoptado del causante y menor de 21 años[719].

Los sujetos pasivos incluidos en los grupos I y II, aplicarán[720]:

Una bonificación del 99,9% de la cuota tributaria derivada de las adquisiciones "mortis causa" y de cantidades percibidas por los beneficiarios de seguros sobre la vida que se acumulen al resto de bienes y derechos que integran la porción hereditaria del beneficiario.

Una bonificación del 99,9% de la cuota tributaria derivada de las adquisiciones "inter vivos", siempre que la donación se formalice en documento público. No será necesaria esta formalización cuando se trate de contratos de seguros que deban tributar como donación. Esta bonificación no será aplicable a aquellas adquisiciones "inter vivos" que en los 3 años anteriores se hayan beneficiado de la bonificación prevista en este apartado, salvo que, en dicho plazo, se produzca su adquisición "mortis causa".

La cuota del Impuesto sobre Sucesiones y Donaciones derivada de la transmisión "inter vivos", del pleno dominio o del derecho de usufructo, de la vivienda habitual del transmitente, se bonificará en el 100% siempre que el adquirente sea descendiente o adoptado discapacitado con un grado de minusvalía igual o superior al 65%[721].

La Ley autonómica 4/2012, de 25 de junio, de medidas administrativas y fiscales, suprime toda bonificación en la cuota, pasando las bonificaciones indicadas reguladas en los artículos 23, 24 y 25 del Decreto Legislativo 1/2009, de 21 de abril a ser tratadas como reducciones de la base.

O. Ceuta y Melilla

En el Impuesto sobre Sucesiones y Donaciones existe una bonificación específica para los territorios de Ceuta y Melilla que se aplica de la manera siguiente:

Se establece una bonificación del 50% de la cuota en las cuotas derivadas de:

— Adquisiciones "mortis causa":

---

aprueba el Texto Refundido de las disposiciones legales vigentes dictadas por la Comunidad Autónoma de Canarias en materia de tributos cedidos.

719 Vid. artículo 23 del Decreto Legislativo 1/2009, de 21 de abril en redacción vigente hasta 30 de junio de 2012.

720 Vid. artículo 25 del Decreto Legislativo 1/2009, de 21 de abril en redacción vigente hasta 30 de junio de 2012.

721 Vid. artículo 24 del Decreto Legislativo 1/2009, de 21 de abril en redacción vigente hasta 30 de junio de 2012.

— Cantidades percibidas por los beneficiarios de seguros sobre la vida[722], bonificación que se elevará al 99 por ciento para los causahabientes comprendidos según el grado de parentesco, en los grupos I y II señalados en el artículo 20 de la Ley del Impuesto sobre Sucesiones y Donaciones[723].

Para aplicar esta bonificación es necesario que el causante hubiera tenido su residencia habitual a la fecha del devengo en Ceuta o Melilla y durante los cinco años anteriores, contados fecha a fecha, que finalicen el día anterior al del devengo. Para ello se tendrán en cuenta las normas establecidas sobre residencia habitual y puntos de conexión en el artículo 28. 1 de la Ley 22/2009 de 18 diciembre, por la que se regula el Sistema de Financiación de las Comunidades Autónomas de Régimen Común y Ciudades con Estatuto de Autonomía y se modifican determinadas normas tributarias.

En los supuestos de adquisiciones "inter vivos", se aplicará una bonificación del 50% de la parte de la cuota que proporcionalmente corresponda a los inmuebles situados en Ceuta o Melilla. A los efectos de esta bonificación, tendrán la consideración de bienes inmuebles las transmisiones a título gratuito de los valores a que se refiere el artículo 108 de la Ley 24/1988 de 28 julio 1988[724].

En el caso de las demás adquisiciones "inter vivos", se aplicará una bonificación del 50% de la cuota que corresponda cuando el adquirente tenga su residencia habitual en Ceuta o Melilla.

---

[722] Vid. artículo 23 bis, 1 de la Ley 29/1987, de 18 de diciembre del Impuesto sobre Sucesiones y Donaciones.

[723] Vid. artículo 23 bis, 1, apartado segundo de la Ley 29/1987, de 18 de diciembre del Impuesto sobre Sucesiones y Donaciones en su redacción dada por la Ley 62/2003, de 30 de diciembre.

[724] Vid. artículo 23 bis, 2, de la Ley 29/1987, de 18 de diciembre del Impuesto sobre Sucesiones y Donaciones.

VII. Cuadros resumen de las reducciones de la base imponible y deducciones y bonificaciones de la cuota.

1. BASE LIQUIDABLE: EN ADQUISICIONES "MORTIS CAUSA"

ESTADO	ANDALUCÍA	ARAGÓN	ASTURIAS
*Reducciones personales. *Reducciones como consecuencia de la condición física o psíquica del adquirente. *Reducción por transmisiones consecutivas. *Reducciones en la transmisión de la empresa familiar, negocio profesional o participaciones en entidades. *Reducciones en la transmisión de la vivienda habitual. *Reducciones transmisión de bienes integrantes del Patrimonio Histórico Español o del Patrimonio Histórico o Cultural de las Comunidades Autónomas. *Reducciones en las adquisiciones por herencia o legado de explotaciones familiares agrarias.	*Mejora reducción personal por discapacidad. *Reducción propia adicional por parentesco. *Mejora reducción por la adquisición "mortis causa" de la vivienda habitual. *Mejora reducción por adquisición "mortis causa" de empresas individuales, negocios profesionales y participaciones en entidades. *Reducción propia por la adquisición "mortis causa" de empresas individuales, negocios profesionales y participaciones en entidades por personas sin relación de parentesco con el transmitente.	*Reducción propia a cónyuge, ascendientes y descendientes. *Reducción propia por hijos menores. *Reducción propia por minusvalías. *Mejora reducción por adquisición de la vivienda habitual. *Reducción propia por adquisición de empresa individual o negocio profesional por cónyuges, ascendientes o descendientes. *Mejora reducción por adquisición de empresa individual, negocio profesional o participaciones en entidades por causahabientes distintos del cónyuge o descendientes. *Reducción propia por creación de empresas y empleo.	*Reducción propia por adquisición "mortis causa" de empresa individual, negocio profesional o participación en entidades. *Reducción propia por adquisición "mortis causa" de la vivienda habitual.

CANTABRIA	CASTILLA-LA MANCHA	CASTILLA Y LEÓN	CATALUÑA
*Reducción propia en función del grado de parentesco con el causante. *Reducción propia por discapacidad. *Seguros sobre la vida. *Reducción empresa individual, negocio profesional o participación en entidades. *Reducción vivienda habitual. *Reducción por adquisición bienes del Patrimonio Histórico o Cultural. *Reducción por transmisiones consecutivas.	*Reducción propia adicional en adquisiciones "mortis causa" de una empresa individual, un negocio profesional o participaciones en entidades.	*Mejora reducción por parentesco. * Mejora reducción en discapacidad. *Mejora reducción en explotaciones agrarias. *Reducción propia en adquisición de empresas individual, negocio profesional o participaciones en entidades. *Reducción propia por Indemnizaciones por daños síndrome tóxico y actos de terrorismo. *Reducción adquisición Bienes muebles integrantes del Patrimonio Histórico-Artístico. * Mejora reducción por mantenimiento empleo	*Reducción en función del grado de parentesco con el causante. *Reducción por discapacidad. *Reducción propia para personas de la tercera edad. *Reducción por seguros sobre la vida. *Reducción por la adquisición de bienes y derechos afectos a una actividad económica. *Reducción por la adquisición de participaciones en entidades. *Reducción propia por la adquisición de participaciones en entidades por parte de personas con vínculos laborales o profesionales. *Reducción por adquisición de la vivienda habitual del causante. *Reducción por adquisición de determinadas fincas rústicas de dedicación forestal. *Reducción propia por adquisición de bienes del causante utilizados en la explotación agraria del causahabiente. *Reducción propia por la adquisición de bienes del patrimonio cultural. *Reducción propia por la adquisición de bienes del patrimonio natural. *Reducción por sobre imposición decenal. *Reducción propia adicional. *Reducción propia por derechos de pago único sobre adquisiciones "inter vivos" o "mortis causa".

EXTREMADURA	GALICIA	ISLAS BALEARES	LA RIOJA
*Reducción propia en función del grado de parentesco. *Mejora de reducción por parentesco. *Mejora reducción en función de discapacidad. *Mejora reducción adquisición vivienda habitual. *Mejora reducción explotaciones agrarias. *Reducción propia por adquisición empresa individual, negocio profesional o participación en entidades. *Reducción a favor del cónyuge, los descendientes y los ascendientes por herencias en las que el caudal hereditario no sea superior a 600.000 euros. * Reducción adquisición empresa individual negocio profesional o participación en entidades sin relación de parentesco.	*Reducción propia por parentesco. *Mejora reducción por discapacidad. *Reducción propia por indemnizaciones por daños del síndrome tóxico y por daños derivados del terrorismo. *Mejora reducción por adquisición de vivienda habitual. *Reducción propia por adquisición de bienes y derechos afectos a una actividad económica y de participaciones en entidades. *Reducción propia por adquisición de explotaciones agrarias y de elementos afectos. *Reducción propia por adquisición de fincas rústicas incluidas en la Red gallega de espacios protegidos. *Reducción propia por adquisición de fincas forestales que formen parte de la superficie de gestión y comercialización conjunta de producciones que realicen agrupaciones de propietarios forestales dotadas de personalidad jurídica. *Reducción propia por adquisición de bienes destinados a adquisición, creación o constitución de empresa o negocio profesional.	*Mejora reducción en función del parentesco. * Mejora reducción discapacidad. *Mejora reducción vivienda habitual. *Mejora reducción seguros de vida. * Reducción propia adquisición terrenos rústicos. *Mejora reducción adquisición empresa individual, negocio profesional y participaciones en entidades. * Mejora reducción adquisición bienes integrantes del patrimonio histórico o cultural de las Illes Balears. *Reducción por adquisiciones de dinero por causa de muerte por creación de nuevas empresas y empleo.	*Empresa individual o negocio profesional y participaciones en entidades * Explotación agraria *Vivienda habitual

MADRID	MURCIA	VALENCIA	CANARIAS
*Reducciones en función del grado de parentesco con el causante. *Reducciones por discapacidad. *Reducciones por seguros sobre la vida. *Reducción por adquisición de empresa, negocio o participaciones. *Reducción por adquisición de vivienda habitual. *Reducción por adquisición de bienes de interés cultural. *Reducción por adquisiciones "mortis causa" de indemnizaciones.	*Reducción propia por transmisión de una empresa individual o de un negocio profesional. * Reducción propia por adquisición de participaciones en entidades.	*Mejora reducción en función del parentesco. *Mejora reducción por discapacidad. * Reducción propia adquisición empresas individuales agrícolas. *Reducción propia adquisición bienes del Patrimonio Histórico Artístico. * Reducción propia adquisición empresa individual, negocio profesional y participaciones en entidades.*	*Reducción de mejora por parentesco. *Reducción de mejora por discapacidad. *Reducción de mejora por edad. *Reducción de mejora por seguros de vida. *Reducción de mejora por adquisición de bienes del Patrimonio Histórico Español o Cultural de las Comunidades Autónomas. *Reducción adquisición bienes integrantes del Patrimonio Natural. *Reducción de mejora por sobreimposición decenal. *Reducción de mejora por adquisición de empresas individuales, negocios profesionales y participaciones en determinadas entidades. *Reducción de mejora por adquisición de vivienda habitual.

2. BASE LIQUIDABLE: EN ADQUISICIONES "INTER VIVOS"

ESTADO	ANDALUCÍA	ARAGÓN	ASTURIAS
*Reducción por participaciones en empresas individuales, negocios profesionales y en entidades exentas del Impuesto sobre el Patrimonio. *Reducción por bienes del Patrimonio Histórico o Cultural. *Reducción por explotaciones agrarias.	*Reducción propia por adquisiciones "inter vivos" de empresas individuales, negocios profesionales y participaciones en entidades. *Reducción propia por donación de dinero a parientes para la constitución o ampliación de una empresa individual o negocio profesional. *Mejora reducción por la adquisición "inter vivos" de empresas individuales, negocios profesionales y participaciones en entidades por parientes dentro de ciertos grados y por personas sin relación de parentesco con el transmitente cumpliendo ciertos requisitos. *Reducción propia por donación de dinero para la adquisición de la primera vivienda habitual.	*Reducción propia por partición en entidades por donatarios distintos del cónyuge o descendiente o creación de empresas y empleo. *Reducción propia en adquisiciones incluidos derechos sobre empresas individual, negocio profesional o participaciones en entidades por causahabientes distintos de cónyuge y descendientes.	*Reducción propia en donaciones dinerarias para adquisiciones de la primera vivienda habitual que tenga la consideración de protegida.

CANTABRIA	CASTILLA-LA MANCHA	CASTILLA Y LEÓN	CATALUÑA
*Reducciones por adquisiciones "inter vivos" de empresa, negocio profesional y participaciones en entidades. *Reducción por adquisición Bienes del Patrimonio Histórico Español o Cultural de las Comunidades.	*Reducción propia por adquisiciones "inter vivos" de una empresa individual, un negocio profesional o participaciones en entidades.	*Reducción propia por donaciones de empresas individuales, negocios profesionales y de dinero destinado a su constitución y ampliación. *Reducción propia por donaciones al patrimonio especialmente protegido de discapacitados. *Reducción propia por donación de dinero para adquisición de la vivienda habitual a descendientes que reúnan ciertos requisitos. * Mejora reducción por mantenimiento empleo.	*Reducción por derechos de pago único sobre adquisiciones "inter vivos". *Reducción por donación de un negocio empresarial o profesional, a favor de cónyuge, descendientes, ascendientes o colaterales hasta el tercer grado, tanto por consanguinidad o adopción como por afinidad. *Reducción por donación de negocio empresarial o profesional en el caso de personas sin parentesco pero con vinculación laboral o de prestación de servicios. *Reducción por donación de participaciones en entidades. *Reducción por donación de participaciones en entidades a personas con vínculos laborales o profesionales. *Reducción propia por donación de dinero a favor de descendientes menores de 41 años para constituir o adquirir una empresa individual, negocio profesional o para adquirir participaciones en entidades. *Reducción por la donación de bienes del Patrimonio Histórico español o patrimonio cultural de las Comunidades a favor de cónyuge y descendientes. *Reducción propia a favor descendientes por donación de una vivienda que ha de ser primera vivienda habitual o dinero destinado a la adquisición de dicha vivienda. *Reducción propia por aportaciones a patrimonios protegidos de discapacitados.

EXTREMADURA	GALICIA	ISLAS BALEARES	LA RIOJA
*Reducción propia por donación a hijos y descendientes de dinero destinado a adquisición de su primera vivienda habitual. *Reducción propia por donación de vivienda a hijos y descendientes que vaya a ser su vivienda habitual. *Mejora en la reducción en donación a descendientes y cónyuge de una explotación agraria. *Reducción propia de donación a descendientes de solar o del derecho de sobreedificación destinado a la construcción de su primera vivienda habitual. *Reducción propia a descendientes de cantidades destinadas a construir o ampliar una empresa individual, negocio profesional o participación en entidades. *Reducción propia en donación a descendientes de cantidades destinadas a formación. *Reducción propia de las donaciones a descendientes de inmuebles destinados a desarrollar una actividad empresarial o negocio profesional. * Reducción adquisición empresa individual, negociocio profesional o participación en entidades sin relación de parentesco. *Reducción propia en donaciones de empresas individuales, negocios profesionales o adquisiciones en participaciones.	*Reducción propia por donación de dinero destinado a la adquisición de una vivienda habitual en Galicia. *Reducción propia por adquisición de bienes y derechos afectos a una actividad económica y de participaciones en entidades. *Reducción propia por adquisición de explotaciones agrarias. *Reducción por adquisición de bienes y derechos afectos a una actividad económica, de participaciones en entidades y de explotaciones agrarias en los pactos sucesorios. *Reducción propia por la adquisición de fincas forestales que formen parte de la superficie de gestión y comercialización conjunta de producciones que realicen agrupaciones de propietarios forestales dotadas de personalidad jurídica. *Reducción propia por la adquisición de bienes destinados a la creación de empresa individual o negocio profesional.	*Mejora reducción por adquisición de bienes y derechos afectos a empresa individual, negocio profesional y participación en entidades. *Reducción adquisición de bienes y derechos afectos a actividades económicas o por adquisición de participaciones sociales en entidades cuando se mantengan los puestos de trabajo. *Mejora reducción por adquisición de Bienes integrantes del patrimonio histórico o cultural. *Reducción propia por adquisición de vivienda habitual por determinados colectivos. *Reducción en las donaciones a patrimonios protegidos titularidad de personas con discapacidad. *Reducción propia por donaciones dinerarias de padres a hijos u otros descendientes para la adquisición de la primera vivienda habitual. *Reducción propia por donaciones dinerarias de padres a hijos o a otros descendientes o entre colaterales hasta tercer grado por creación de nuevas empresas y empleo. *Reducción por donaciones dinerarias de padres a hijos u otros descendientes para la constitución o adquisición de una empresa individual o negocio profesional o para la adquisición de participación en entidades cuando se creen nuevos puestos de trabajo.	*Reducción propia por adquisiciones de empresa individual, negocio profesional y participaciones en entidad. *Reducción propia por adquisición de explotación agraria. *Mejora de reducción por donaciones de dinero de padres a hijos para la adquisición de vivienda habitual. *Reducción para las donaciones de primera vivienda habitual de padres a hijos.

MADRID	MURCIA	VALENCIA	CANARIAS
	*Reducción propia por adquisición "inter vivos" de empresa individual o negocio profesional. *Reducción propia por adquisición "inter vivos" de participaciones en entidades. *reducción propia por adquisiciones "inter vivos" de inmuebles destinados a vivienda habitual. *Reducción propia por adquisiciones "inter vivos" de dinero destinado a adquisiciones, construcción o rehabilitación por el donatario de la que vaya a ser su vivienda habitual. *Reducción propia en donaciones dinerarias para la construcción o adquisición de empresa individual, negocio profesional o para la adquisición de participaciones en entidades. *Reducción propia en las donaciones de solares a favor de parientes de los Grupos I y II en el que los adquirentes vayan a construir su vivienda habitual. *Reducción propia par las donaciones de explotaciones agrarias a favor de cónyuge, descendientes y adoptados.	*Reducción propia por transmisiones "inter vivos" de empresa individual, negocio profesional o participaciones en entidades. *Reducción propia en adquisiciones "inter vivos" por sujetos pasivos con discapacidad. *Reducción propia por hijos o adoptados, padres o adoptantes, y por abuelos y nietos en caso de premoriencia del padre. Reducción propia en transmisiones "inter vivos" de empresas individuales agrícolas.	*Mejora de reducción por adquisiciones "inter vivos" de empresa individual o negocio profesional. *Reducción de mejora por la adquisición de participaciones en entidades. * Reducción propia por la donación de dinero con destino a la adquisición o rehabilitación de la vivienda habitual. *Reducción propia por donación de cantidades en metálico con destino a la constitución o adquisición de una empresa individual, negocio profesional o participación en entidades. *Reducción propia por aportaciones a patrimonios protegidos de personas con discapacidad.

3. REDUCCIÓN POR TRANSMISIÓN “MORTIS CAUSA” VIVIENDA HABITUAL

	ESTADO	ANDALUCÍA		ARAGÓN		ASTURIAS		CANARIAS	
Reducción	95%	Mejora	99,99%	Mejora	99%	Mejora	Variable según valor real	Mejora	99%
Límites Reducción	122.606,47 euros.	122.606,47 euros		125.000 euros		122.606,47		200.000 euros Sin límite menores de edad.	
Permanencia	10 años	5 años		5 años		10 años		5 años	
Otros	Si residencia habitual del adquirente al tiempo de fallecimiento	Si residencia habitual del adquirente al tiempo de fallecimiento		Si residencia habitual del adquirente al tiempo de fallecimiento		Si residencia habitual del adquirente al tiempo de fallecimiento		Si residencia habitual del adquirente al tiempo de fallecimiento	
Beneficiarios	Cónyuge, ascendientes, descendientes, colateral mayor de 65 años, con convivencia en dos años anteriores.	Cónyuge, ascendientes, descendientes, colateral mayor de 65 años, con convivencia en dos años anteriores.		Cónyuge, ascendientes, descendientes, colateral mayor de 65 años, con convivencia en dos años anteriores.		Cónyuge, pareja de hecho, ascendientes, descendientes, colateral mayor de 65 años, con convivencia en dos años anteriores.		Cónyuge, ascendientes, descendientes, colateral mayor de 65 años, con convivencia en dos años anteriores.	

	Cantabria	Cataluña	Extremadura		Galicia		Illes Balears	
Reducción	99%	95%	Mejora	Variable según valor real.	Mejora	Variable según parentesco y valor real.	Mejora	100%
Límites reducción	122.606,47 euros.	500.000 euros	122.606,47 euros		600.000 euros		180.000 euros	
Permanencia	5 años	5 años	10 años		5 años		5 años	
Otros	Si residencia habitual del adquirente al tiempo de fallecimiento	Si residencia habitual del adquirente al tiempo de fallecimiento	Si residencia habitual del adquirente al tiempo del fallecimiento y vivienda de protección oficial.		Si residencia habitual del adquirente al tiempo de fallecimiento		Si residencia habitual del adquirente al tiempo de fallecimiento	
Beneficiarios	Cónyuge, pareja de hecho, ascendientes, descendientes, colateral mayor de 65 años, con convivencia en dos años anteriores	Cónyuge, pareja de hecho, ascendientes, descendientes, colateral mayor de 65 años, con convivencia en dos años anteriores	Cónyuge, ascendientes, adoptantes, descendientes o adoptados y colaterales mayores de 65 años, con convivencia en dos años anteriores		Cónyuge, pareja de hecho, ascendientes, descendientes, colateral mayor de 65 años, con convivencia en dos años anteriores		Cónyuge, pareja de hecho, ascendientes, descendientes, colateral mayor de 65 años, con convivencia en dos años anteriores	

	Madrid		LA RIOJA	
Reducción	**95%**	**Mejora**	**95%**	**Mejora**
Límites reducción	123.000 euros		122.606,47 euros	
Permanencia	5 años		5 años	
Otros	Si residencia habitual del adquirente al tiempo del fallecimiento.		Si residencia habitual del adquirente al tiempo del fallecimiento.	
Beneficiarios	Cónyuge, pareja de hecho, ascendientes, descendientes, y colaterales mayores de 65 años, con convivencia en dos años anteriores.		Cónyuge, pareja de hecho, ascendientes, descendientes, y colaterales mayores de 65 años, con convivencia en dos años anteriores.	

4. REDUCCIÓN POR TRANSMISIÓN LUCRATIVA "INTER VIVOS" DE VIVIENDA HABITUAL, DE DINERO PARA SU ADQUISICIÓN, Y DE SOLARES O DERECHOS PARA SU CONSTRUCCIÓN

	ASTURIAS		ANDALUCÍA		CASTILLA Y LEÓN		CATALUÑA	EXTREMADURA	
Reducción. Bonificación.	Propia 95%	Del importe de la donación.	Propia 99%	De la base Imponible del Impuesto.	99% Base Imponible del Impuesto.	Propia. Dinero.	95% del valor vivienda o del importe donado. Mejora. Dinero o especie.	Reducción propia. Dinero. Vivienda. Terrenos para construir.	99%
Límites reducción	La base de la reducción no puede ser superior a 60.000 euros, salvo si el sujeto pasivo es discapacitado con discapacidad igual o superior al 65% que será de 120.000 euros.		120.000 euros. Si discapacitado 180.000 euros.		120.00 euros, general. 180.000 euros si discapacitado.		General: 60.000 euros Minusválidos con minusvalía igual o superior a 65%: 120.000 euros.	99% valor adquisición vivienda en los primeros 122.000 euros. 99% valor adquisición terrenos en los primeros 80.000 euros. 99% del importe donaciones en dinero en los primeros 122.000 euros.	
Permanencia. Adquisición	5 años Debe adquirirse en el plazo de seis meses.		———		El donatario deberá efectuar adquisición durante período autoliquidación.		Caso donación en dinero adquisición en tres meses a partir devengo.	El donatario que ha percibido dinero debe adquirir vivienda en plazo de seis meses. En caso de adquisición de vivienda esta debe estar ya construida. En caso adquisición solar para construir la construcción debe estar realizada en el plazo máximo de cuatro años.	

Otros	Donación en dinero. Adquisición de vivienda protegida.	Destino: primera vivienda habitual. Ubicación en la comunidad. Adquisición en período autoliquidación.	Patrimonio preexistente debe ser inferior a 402.678, 11.	Vivienda o dinero. Destino: primera vivienda habitual. Ubicación en la comunidad. La base imponible del donatario en IRPF no puede ser superior restando los mínimos personal y familiar a 36.000 euros.	Destino: primera vivienda habitual. Ubicación en la comunidad. Respecto a adquisición de dinero para vivienda y de vivienda no tienen derecho a reducción los contribuyentes a los que corresponda la aplicación de coeficiente multiplicador superior al de primer tramo de la escala del Impuesto.
Beneficiarios	Descendientes menores de 35 años o discapacitados, cuyas rentas no deben superar el 4,5% del IPREM.	Descendientes menores de 35 años o con grado de discapacidad igual o superior al 33%.	Descendientes menores de 35 años o minusválidos.	Hijos, descendientes, o equiparados, hasta 36 años o menos o minusválidos con minusvalía igual o superior al 65%.	Hijos y descendientes.

	GALICIA	ILLES BALEARS	MURCIA	CANARIAS
Reducción. Bonificación	Propia.	Mejora. Dinero o inmueble.	Propia. Vivienda habitual, dinero o solar para adquisición, construcción o rehabilitación.	Propia
	95% Base Imponible del Impuesto.	57%del valor de la donación del inmueble o de la donación del dinero para adquisición.	99% del valor del inmueble, del dinero donado, o del solar.	85% del dinero donado. Si discapacidad igual o superior al 33% y menor del 65%: 90%. Si discapacidad igual o superior al 65%: 95%
Límites reducción	No podrá superar los 60.000 euros.	El valor del inmueble no puede superar los 180.000 euros. El importe máximo de la donación de dinero susceptible de integrar la base de la reducción es de 60.000 euros, excepto en caso de minusválidos con grado igual o superior al 33% que será de 90.000 euros.	Caso inmueble o dinero donado el límite de la base sobre la que aplicar la reducción será de 150.000 euros, tributando el exceso al 7%. En caso donación de solares si el valor real del inmueble supera el resultado de multiplicar 50.000 euros por el número de donatarios, la reducción se aplicará con el límite de esa cuantía, tributando el exceso al 7%	24.040 euros en las donaciones de ascendientes a favor descendientes o adoptados menores de 35 años. Si donatario tiene minusvalía igual o superior al 33% e inferior al 65% el límite de la reducción será de 25.242 euros y si la minusvalía es igual o superior al 65% el límite de 26.444 euros.
Permanencia. Adquisición.	La adquisición habrá de realizarse en el plazo de seis meses.	El donatario tiene que residir un mínimo de tres años. En caso donación dineraria la adquisición debe realizarse en plazo máximo de seis meses.		Permanencia 5 años en poder donatario. La adquisición ha de realizarse en el plazo de seis meses a contar devengo.
Otros	Dinero. La suma de la Base Imponible total menos el mínimo personal y familiar a efectos del IRPF del donatario correspondiente al último período impositivo no podrá superar los 30.000 euros.	En caso de adquisición de vivienda el máximo de la superficie construida del inmueble no puede superar los 120 metros cuadrados.	El donatario no disponga de otra vivienda habitual. En caso adquisición de solares la vivienda deberá estar construida en el plazo máximo de cuatro años y mantenerse en el patrimonio del donatario durante cinco años.	Destino donación: adquisición o rehabilitación de la vivienda habitual del donatario. Que el importe donado hasta el límite de la reducción se ha de aplicar íntegramente a la adquisición o rehabilitación de la vivienda.

Patrimonio/Renta.	———	En caso adquisición vivienda habitual la renta del donatario en el IRPF en el ejercicio anterior al de adquisición no podrá superar los 18.000 euros. En el caso de donación de dinero el donatario tiene que tener un patrimonio inferior a 400.000 euros.	El patrimonio preexistente del donatario no podrá exceder de 402.678,11 euros y su renta familiar debe ser inferior a 4 veces el IPREM.	———
Beneficiarios	Hijos y descendientes. La persona donataria deberá ser menor de 35 años o mujer víctima de violencia de género.	Hijos o descendientes menores de 36 años o con minusvalía.	Parientes incluidos en los Grupos I y II de parentesco.	Donaciones de dinero de ascendientes a descendientes o adoptados menores de 35 años. Se equiparan a adoptados las personas sujetas a acogimiento familiar permanente o preadoptivo respecto de las que realicen el acogimiento que se equiparan a adoptantes.

5. DEDUCCIONES Y BONIFICACIONE EN LA CUOTA EN LA ADQUISICIÓN VIVIENDA HABITUAL

	CANTABRIA	**LA RIOJA**
Bonificación	Bonificación "inter vivos" Bonificación cuota 99%: -En donación vivienda que vaya a constituir vivienda habitual o terreno para ello a favor descendientes o adoptados. -En donación en metálico para adquisición vivienda a descendientes o adoptados, cónyuges o pareja por ruptura. -En donación vivienda o terreno a favor cónyuge o pareja por causa ruptura.	Deducción "inter vivos". Deducción 100% del dinero donado. Donación primera vivienda habitual, según cantidad valor real del bien inmueble donado.
Límite reducción	-Donación vivienda hasta los primeros 200.000 euros o hasta 60.000 euros en caso terrenos. -Donación en metálico hasta los primeros 100.000 euros o hasta los primeros 30.000 euros en caso de terrenos. -Donación vivienda hasta los primeros 200.000 o de terrenos hasta los primeros 60.000 euros en caso de ruptura matrimonial o de hecho.	Dinero: el donado. Vivienda (en euros): Hasta 150.253: 100%. De 150.253 a 180.304: 80% De 180.304,01 a 210.354: 60% De 210.354,01 a 240.405: 40% De 240.405, 01 a 270.455:20% DE 270.455,01 a 300.506: 10% Más de 300.506: 0%
Permanencia. Adquisición.	La vivienda donada o construida deberá permanecer en patrimonio del donatario los 5 años siguientes.	La adquisición debe realizarse dentro del plazo de declaración del Impuesto, o debe depositarse en cuenta ahorro-vivienda. El adquirente de la vivienda debe conservarla en su patrimonio al menos 5 años.
Otros	Destino: primera vivienda habitual. Ubicación en la comunidad. El donatario ha de tener una renta inferior a 4 veces el IPREM. Adquisición en seis meses a partir de devengo. Si terreno la construcción ha de hacerse en período dos años.	Destino: vivienda habitual. Tanto donante como donatario han de tener residencia habitual en la Comunidad. En caso donación vivienda está debe estar ya construida
Patrimonio/renta	Patrimonio preexistente no superior a 402.678,11 euros.	En caso de donación para vivienda el adquirente ha de ser menor de 36 años y su renta no debe superar 3,5 veces el IPREM.
Beneficiarios	-En donación vivienda que vaya a constituir vivienda habitual o terreno para ello: descendientes o adoptados. -En donación en metálico para adquisición vivienda: descendientes o adoptados. Cónyuges o pareja de hecho por ruptura. -En donación vivienda o terreno a favor de cónyuge o pareja por causa ruptura: el beneficiado.	Hijos

6. DEDUCCIONES Y BONIFICACIONES EN LA CUOTA TANTO "MORTIS CAUSA" COMO "INTER VIVOS"

ESTADO	ANDALUCÍA	ARAGÓN	ASTURIAS
*Deducción por doble imposición.	*Deducción por doble imposición	*Deducción por doble imposición. *Bonificación en la cuota en adquisiciones "mortis causa" a los sujetos pertenecientes a los grupos de parentesco I y II. Es incompatible con reducción por adquisiciones por hijos menores de edad, por adquisiciones por cónyuge, ascendientes y descendientes y por adquisiciones "mortis causa" destinadas a la creación de empresa, negocio profesional o entidad societaria. *Bonificación a favor sujetos pasivos incluidos en los grupos I y II derivada de adquisiciones lucrativas ínter vivos.	*Deducción por doble imposición. *Bonificación por parentesco Grupo II, sujeta a determinados requisitos y patrimonio preexistente. *Bonificación por discapacidad sujeta a determinados requisitos de patrimonio preexistente.
CANTABRIA	**CASTILLA-LA MANCHA**	**CASTILLA Y LEÓN**	**CATALUÑA**
*Deducción por doble imposición. *Bonificación por adquisiciones "mortis causa" de contribuyentes incluidos en los grupos I y II. *Bonificación en donación vivienda que vaya a constituir la residencia habitual del donatario a favor de descendientes y adoptados, hasta los primeros 200.000 euros del valor de la vivienda donada o hasta los primeros 60.000 euros del valor real en caso de terreno destinad a vivienda habitual.	*Deducción por doble imposición *Bonificación "mortis causa" de la cuota a los sujetos pasivos incluidos en los grupos I y II de parentesco. *Bonificación a favor de los sujetos pasivos con discapacidad, compatible con la establecida anteriormente y se aplicará con posterioridad a la misma.	*Deducción por doble imposición.	*Deducción por doble imposición. *Bonificación en adquisiciones por causa de muerte para los parientes del los Grupos I y II de parentesco.

CANTABRIA (continuación)			
*Bonificación hasta los primeros 100.000 euros donados en metálico a favor de descendientes, adoptados, cónyuges o parejas de hecho para adquisición de vivienda habitual cuando en estos dos últimos supuestos, la donación se produzca como consecuencia de un proceso de ruptura o hasta los primeros 30.000 euros en el caso de que el dinero se destine a adquisición de terreno para la construcción vivienda. *Bonificación "inter vivos" hasta 200.000 euros del valor de la vivienda donada o hasta 60.000 euros del valor del terreno para construir dicha vivienda a favor de cónyuge, o pareja de hecho cuando donación sea consecuencia de proceso de ruptura matrimonial o de la convivencia de hecho. *Bonificación de las donaciones de metálico hasta 60.000 euros a favor de descendientes o adoptados par la puesta en marcha de una actividad económica o adquisición de una ya existente o de participación en determinadas entidades.			
EXTREMADURA	**GALICIA**	**ISLAS BALEARES**	**LA RIOJA**
*Deducción por doble imposición.	*Deducción por doble imposición. *Bonificación en adquisiciones "mortis causa" por razón de parentesco a los sujetos incluidos en los Grupos I y II. *Deducción en cuota de la tasa para satisfecha correspondiente a valoración previa de bienes.	*Deducción por doble imposición. *Bonificación por adquisiciones "mortis causa" por sujetos pasivos sujetos por obligación personal del Grupo I *Bonificación en adquisiciones mortis causa por sujetos pasivos incluidos en los Grupos I y II. *Deducción en cuota en adquisiciones "inter vivos" por sujetos pasivos incluidos en los Grupos I y II.	*Deducción por doble imposición. *Bonificación "mortis causa" por parentesco Grupos I y II. *Bonificación "mortis causa" en dinero de padres a hijos para adquisición de vivienda habitual. *Bonificación "mortis causa" por donación de primera vivienda habitual de padres a hijos. *Deducciones en la cuota "inter vivos" en las donaciones en dinero de padres a hijos para adquisición de vivienda habitual. *Deducción "inter vivos" en la cuota de donaciones de padres a hijos de la primera vivienda habitual.

MADRID	MURCIA	VALENCIA	CANARIAS
*Deducción por doble imposición. *Bonificación en adquisiciones "mortis causa" por parentesco grupos I y II.	*Deducción por doble imposición *Deducciones en adquisiciones "mortis causa" por parientes Grupos I y II. *Bonificación mortis causa por parentesco Grupos I y II, con límite de aplicación que la base imponible del sujeto pasivo no exceda de 300.000 euros en general y de 450.000 euros en caso de discapacitados..	*Deducción por doble imposición. *Bonificaciones "mortis causa" por parentesco Grupos I y II, con residencia habitual en la Comunidad. *Bonificaciones "mortis causa" por discapacidad, cualquiera que sea el parentesco con causante. *Bonificación con límite de 420.000 euros en adquisiciones lucrativas "inter vivos" por hijos o adoptados o padres o adoptantes del donante y por abuelos y nietos en caso de premoriencia del padre, con patrimonio preexistente de hasta 2.000.000 euros. *Bonificación en adquisiciones "inter vivos" por sujetos pasivos con discapacidad.	*Deducción por doble imposición.
CEUTA Y MELILLA: *Bonificación en las cuotas del Impuesto derivadas de las transmisiones "mortis causa" y las cantidades percibidas de los seguros de vida del 50% en los casos en los que el causante hubiera tenido su residencia habitual en dichas ciudades en fecha de devengo y durante los cinco años anteriores. Bonificación que será del 99% para los causahabientes comprendidos según grado de parentesco en los Grupos I y II. *En los supuestos de adquisiciones "inter vivos", se aplicará una bonificación del 50% de l parte de la cuota que corresponda a los inmuebles situados en dichas ciudades. *En las demás adquisiciones "inter vivos" se aplicará una bonificación del 50% de la cuota que corresponda cuando el adquirente tenga su residencia habitual en dichas ciudades.			

7. CUADRO RECAPITULATIVO GENERAL DE REDUCCIONES Y BONIFICACIONES EN ADQUISICIONES "INTER VIVOS". CUANTÍAS Y CONCEPTOS

	Andalucía	**Aragón**	**Asturias**	**Cantabria**	**Castilla La Mancha**	**Estado**
Grupo I		Reducción 100% Max: 300.000 euros (con requisitos) Bonificación adquisiciones "mortis causa" o "inter vivos" del 50% a partir del 01/01/2014			Bonificación del 95% de la cuota	
Grupo II		Reducción 100% Max: 300.000 euros (con requisitos).			Bonificación del 95% de la cuota	
Discapacitados					Bonificación del 95% de la cuota (>=65%). Bonificación del 95% aportación patrimonio protegido de discapacitados.	
Reducciones empresa familiar, negocio profesional y participaciones en entidades.	95 % al 99% (también no parientes). Con requisitos.	99% (con límites igual Estado). También no parientes. Reducción 30% participación distinta de cónyuges y descendientes. 30% Destino a crear empleo.	4% (con límites, además de la del Estado)	95% con requisitos igual Estado. Incluye agric, ganadería y pesca.	**4%** **(con requisitos).**	**95%**
Bienes interés cultural.				95% Requisitos igual Estado.		95%
Donaciones padres a hijos para vivienda, dinero o inmuebles.	Reducción 99% de dinero (con límites)		Reducción 95% de dinero para vivienda protegida (con límites)	Bonif. 99% hasta 200.000 E. ó 100.000 E. si es dinero. Si terrenos 60.000 E. o 30.000.		
Donación dinero parientes para adquirir empresas	Reducción 99% Base máxima 120.000 ó 180.000 e.			Bonif. 95% hasta 60.000 E.		
Donación a descendientes para formación.						
Donación vivienda a pareja ruptura.				Bonif. 99% hasta 200.000 E. ó 60.000 si terrenos.		

	Castilla y León	Cataluña	Extremadura	Galicia	Illes Balears	Estado
Grupo I	Bonificación 99%				Deducción CL-(BLx0,07) CL.=cuota líquida. BL.: Base liquidable.	
Grupo II	Bonificación 99% para cónyuges, descendientes y adoptados.				Deducción CL-(BLx0,07) CL.=cuota líquida. BL.: Base liquidable.	
Discapacitados	Reducción 100% en aportación a patrimonio protegido. Límite 60.000 €.	Reducción 90%			Reducción 99%, en aportación a patrimonios protegidos.	
Reducciones empresa familiar.	Reducción 99%, igual requisitos Estado. También no parientes. Con requisitos.	95% (también a no parientes Exige ciertos requisitos.	Reducción 99% primeros 300.000 €. Exige requisitos. También no parientes. Con requisitos. Reducción 95%	99% , con requisitos iguales a los del Estado (incluye, agricultura con requisitos)	95 0 99%, si se mantienen puestos de trabajo, con requisitos similares a los del estado.	95%
Bienes interés cultural, o patrimonio cultural.		Reducción 95%			95% ó 99%, con mismos requisitos que Estado.	95%
Donaciones padres a hijos para vivienda, dinero o inmuebles.	Reducción 99% de dinero y 80% si es inmueble rural. Se establecen límites.	Reducción 95% para <37 años, Máximo 60.000 €. Ó 120.000 €.	Reducción 99%, con límites. Si se trata de solar 99%, los primeros 80.000 €.	Reducción 95% de dinero, con límites.	Reducción del 57% por donación del dinero o del inmueble, con límites.	
Donación dinero o bienes a parientes para adquirir empresas	Reducción 99%, con límites.	Reducción 95% Base máxima 125.000 €. Ó 250.000 €. Con requisitos.	Inmuebles, explotaciones agrarias, reducción 99%.	95% , con límite general de 118.750 €. Y en caso de discapacitados 237.500 €.	Reducción del 50%, con límites, ó del 99% si mantiene puestos de trabajo.	
Donación a descendientes para formación.			Reducción 99%. Límite conjunto con reducciones por adquisición de empresa y donaciones de inmuebles con la misma finalidad. 300.000 euros			
Donación vivienda a pareja ruptura.						

	Madrid	Murcia	La Rioja	Valencia	Canarias	Estado
Grupo I	Bonificación del 99%			Reducción 40.000 €. más 8.000 €. Año <21 años, con límites de patrimonio preexistente <2.000.000 €., también nietos . Bonificación 99% si se es residente.		
Grupo II	**Bonificación del 99%**			Sujeto residente padre, hijo, nieto o abuelo, si Patrimonio preexistente <2.00.000 €. Reducción 40.000 €. , con límites. Bonificación 99%.		
Discapacitados				Físicos, sensorial <= 65% y psíquicos >=33% Reducción 240.000 €. Si padres, hijos, nietos y abuelos, bonificación del 99%. Físicos/sensoriales<=33% si padres, hijos, nietos abuelos. Reducción: 120.000 €.	A parte exceda importe máximo para tener consideración de rendimiento de trabajo personal, reducción del 95% del excedente.	
Reducciones empresa familiar, negocio profesional y participaciones.		99% G I y II y explotaciones agrícolas.	99%, con mismos requisitos estado (incluye agricultura)		95%, con requisitos.	95%
Bienes interés cultural.						95%
Donaciones padres a hijos para vivienda, dinero o inmuebles.		Reducción 99% de dinero, solar o vivienda, con límites, para G i y II.	Deducción 100% de dinero Deducción del 0 al 100% del inmueble. Con límites.		Reducción 85% por dinero, del 90-95%, si son discapacitados, con límites.	
Donación dinero parientes para adquirir empresas		99% donaciones dinerarias G. I y II.			85% con límite de 100.000 €. Con requisitos.	
Donación a descendientes para formación.						
Donación vivienda a pareja ruptura.						

Fuente: Consejo Superior para la Dirección y Coordinación de la Gestión Tributaria, Secretaría Técnica Permanente, Medidas normativas aprobadas por las Comunidades Autónomas de Régimen Común en materia de tributos cedidos vigentes para el año 2011, con adaptación y actualización propias.

VIII. Gestión y aplicación del impuesto

1. Comunidad Autónoma de Andalucía

La Ley 23/2007, de 18 de diciembre, crea la Agencia tributaria de la Comunidad a la que se le asigna todo lo relativo a la aplicación de los impuestos.

a) Obligación de autoliquidar[725]

Se establece con carácter obligatorio el régimen de autoliquidación.

Se señala que el incumplimiento de los requisitos exigidos en la regulación de los beneficios fiscales, considerándose como tales aquéllos que establezcan exenciones, reducciones a la base imponible, deducciones en cuota y cualquier otro incentivo fiscal aprobados por la Comunidad Autónoma, en relación con el Impuesto sobre Sucesiones y Donaciones e Impuesto sobre Transmisiones Patrimoniales y Actos Jurídicos Documentados, determinará la obligación de regularizar la situación tributaria mediante la presentación de una declaración donde se exprese tal circunstancia, dentro del plazo de un mes desde que se produzca el hecho determinante del incumplimiento.

A dicha declaración se acompañará el ingreso mediante autoliquidación complementaria de la parte del impuesto que se hubiera dejado de ingresar como consecuencia de la aplicación del beneficio fiscal, más los intereses de demora correspondientes.

La obligación de declarar se extenderá a cualquier beneficio fiscal cuya efectividad dependa de condiciones futuras.

Cuando se hayan aplicado beneficios fiscales de la Comunidad Autónoma en la adquisición de la vivienda habitual, el incumplimiento de los requisitos regulados en la normativa estatal del Impuesto sobre la Renta de las Personas Físicas relativos a que se habite de forma efectiva y permanente y por plazo continuado, determinará la obligación de presentar la declaración y autoliquidación en la forma establecida anteriormente.

b) Comprobación y valoración

Se regulan las siguientes cuestiones en relación con la gestión del impuesto:

Para efectuar la comprobación de valores la Agencia tributaria podrá utilizar .indistintamente, cualquiera de los medios previstos en la Ley General Tributaria conforme a lo dispuesto en los siguientes apartados[726]:

---

[725] Vid. artículo 40 bis del Decreto Legislativo 1/2009, de 1 de septiembre, en su redacción dada por el *número 16 del artículo primero de la Ley autonómica 11/2010, de 3 diciembre, de medidas fiscales para la reducción del déficit público y para la sostenibilidad.*

[726] Vid. artículo 57 de la Ley 58/2003, de 17 de diciembre, General Tributaria.

Cuando se utilice el medio referido en el artículo 57. 1, b) de la Ley 58/2003 de 17 diciembre 2003, General Tributaria, el valor real de los bienes inmuebles de naturaleza urbana se podrá estimar a partir del valor catastral que figure en el correspondiente registro fiscal.

A tal efecto, al valor catastral actualizado a la fecha de realización del hecho imponible se le aplicará un coeficiente multiplicador que tendrá en cuenta el coeficiente de referencia al mercado establecido en la normativa reguladora del citado valor y la evolución del mercado inmobiliario desde el año de aprobación de la ponencia de valores.

Por Orden de la Consejería competente en materia de Hacienda se publicarán anualmente los coeficientes aplicables al valor catastral y la metodología seguida para su obtención.

La Orden del año anterior se considerará automáticamente prorrogada, en todos sus términos, hasta la aprobación de la nueva.

La Consejería de Economía y Hacienda podrá desarrollar reglamentariamente los procedimientos para la obtención de los precios medios de mercado de los bienes inmuebles de naturaleza rústica y urbana mediante el establecimiento de una metodología a seguir para la determinación del valor unitario por metro cuadrado. Asimismo, determinará los datos y parámetros objetivos que se tendrán en cuenta para la obtención del valor.

El dictamen de peritos de la Administración habrá de contener los datos objetivos utilizados para la identificación del bien o derecho cuyo valor se comprueba, obtenidos de documentación suficiente que permita su individualización.

Se entenderá que la documentación empleada permite la individualización del bien:

— Tratándose de bienes inmuebles de naturaleza urbana, cuando aquella documentación posibilite la descripción de las características físicas, económicas y jurídicas del bien que, según la normativa técnica vigente, haya que considerar para la obtención del valor catastral del bien.
— Tratándose de bienes inmuebles de naturaleza rústica, cuando la documentación proceda de sistemas de información geográfica gestionados por entidades dependientes de las Administraciones Públicas, siempre que posibiliten la ubicación en el territorio del inmueble y se disponga de los datos catastrales de cultivos del mismo.

Asimismo, el perito de la Administración para la emisión de su dictamen podrá utilizar:

— Los precios medios de mercado establecidos reglamentariamente conforme a lo establecido anteriormente.
— El precio de venta que aparezca en anteriores enajenaciones de los mismos bienes o de otros de análogas características situados en la misma manzana o polígono.

— El valor asignado en las escrituras de constitución de hipotecas para la subasta de las fincas hipotecadas en cumplimiento de lo prevenido en la legislación hipotecaria.
— El valor asignado en los certificados de tasación hipotecaria emitidos por las sociedades de tasación para la constitución de hipotecas, en cumplimiento de lo previsto en la legislación hipotecaria, de los mismos bienes o de otros de análogas características situados en la misma manzana o polígono.
— El valor catastral conforme a lo previsto en el artículo 37.2 del Decreto legislativo 1/2009, de 1 de septiembre, por el que se aprueba el Texto Refundido de las disposiciones dictadas por la Comunidad en materia de tributos cedidos. A tal efecto, al valor catastral actualizado a la fecha de realización del hecho imponible se le aplicará un coeficiente multiplicador que tendrá en cuenta el coeficiente de referencia al mercado establecido en la normativa reguladora del citado valor y la evolución del mercado inmobiliario desde el año de aprobación de la ponencia de valores[727].

La Consejería de Economía y Hacienda desarrollará reglamentariamente la metodología y supuestos de aplicación de estos métodos de comprobación para la emisión del dictamen del perito de la Administración.

c) Información sobre valores[728]

A efectos de determinar las bases imponibles del impuesto, la Agencia tributaria de Andalucía informará, a solicitud del interesado, sobre el valor de los bienes inmuebles radicados en el territorio de la Comunidad Autónoma de Andalucía.

Dicha información habrá de ser solicitada por escrito por el titular del inmueble o por cualquier persona siempre que cuente con su autorización, la cual deberá acompañarse a la solicitud.

La valoración realizada se emitirá por escrito dentro del plazo de 3 meses, con indicación, en su caso, de su carácter vinculante, del supuesto de hecho a que se refiere y del impuesto al que se aplica.

La valoración será vinculante, salvo que se modifique la legislación o varíen significativamente las circunstancias económicas que fundamentaron aquélla:

— Siempre que no hayan transcurrido más de 3 meses entre la notificación de la valoración y la presentación de la declaración.
— Cuando el interesado no declare un valor superior.

---

[727] Vid. artículo 37. 2 de dicho Decreto Legislativo en su redacción dada por el número 15 del artículo primero de la Ley autonómica 11/2010, 3 diciembre, de medidas fiscales para la reducción del déficit público y para la sostenibilidad.

[728] Vid. artículo 38 del Decreto Legislativo autonómico 1/2009, de 1 de septiembre, por el que se aprueba el Texto Refundido de las disposiciones dictadas por la Comunidad en materia de tributos cedidos.

— El contribuyente unirá a la autoliquidación por el correspondiente impuesto el escrito de valoración notificado por la Administración.
— Los solicitantes no podrán interponer recurso alguno contra los informes previos de valoración, sin perjuicio de que puedan hacerlo contra las liquidaciones administrativas que pudieran dictarse ulteriormente.

La Consejería de Economía y Hacienda podrá hacer públicos los valores mínimos a declarar para los bienes inmuebles basados en su valor catastral.

d) Tasación pericial contradictoria[729]

En corrección del resultado obtenido en la comprobación de valores del impuesto, los interesados podrán promover la práctica de la tasación pericial contradictoria mediante solicitud presentada dentro del plazo de la primera reclamación que proceda contra la liquidación efectuada sobre la base de los valores comprobados administrativamente.

Si el interesado estimase que la notificación no contiene expresión suficiente de los datos y motivos tenidos en cuenta para elevar los valores declarados y pusiere de manifiesto la omisión a través de un recurso de reposición o de una reclamación económico-administrativa, reservándose el derecho a promover tasación pericial contradictoria, el plazo se contará desde la fecha de firmeza en vía administrativa de la resolución del recurso o de la reclamación interpuesta.

Si la tasación pericial fuese promovida por los transmitentes, el escrito de solicitud deberá presentarse dentro de los 15 días siguientes a la notificación separada de los valores resultantes de la comprobación.

La presentación de la solicitud de tasación pericial contradictoria, o la reserva del derecho a promoverla, en caso de notificación conjunta de los valores y de las liquidaciones que los hayan tenido en cuenta, determinará la suspensión del ingreso de las liquidaciones practicadas y de los plazos de reclamación contra las mismas.

e) Suministro de información[730]

Cuando el pago de los tributos o la presentación de la declaración tributaria se haya realizado en otra Comunidad Autónoma a la que no corresponda el rendimiento de los impuestos, los Registradores de la Propiedad y Mercantiles con destino en el ámbito territorial de la Comunidad Autónoma de Andalucía deberán remitir a la Agencia tributaria de Andalucía, en

[729] Vid. artículo 41 del Decreto Legislativo 1/2009, de 1 de septiembre, por el que se aprueba el Texto Refundido de las disposiciones dictadas por la Comunidad en materia de tributos cedidos.

[730] Vid. artículo 40 del Decreto Legislativo 1/2009, de 1 de septiembre, por el que se aprueba el Texto Refundido de las disposiciones dictadas por la Comunidad en materia de tributos cedidos.

la primera quincena de cada trimestre, una declaración comprensiva de la relación de los documentos relativos a actos o contratos sujetos al Impuesto sobre Sucesiones y Donaciones que se presenten a inscripción en los citados registros. Dicha declaración irá referida al trimestre anterior.

El formato, condiciones, diseño y demás extremos necesarios para el cumplimiento de estas obligaciones formales podrá determinarse por Orden, pudiendo consistir en soporte directamente legible por ordenador o mediante transmisión por vía telemática.

Asimismo se establece que el cumplimiento de las obligaciones formales de los notarios establecidas en el Impuesto, se realizará en el formato, condiciones y diseño que apruebe la Consejería de Economía y Hacienda y podrá consistir en soporte directamente legible por ordenador o mediante transmisión por vía telemática.

Sin perjuicio de lo anterior, los Notarios con destino en el ámbito territorial de la Comunidad Autónoma de Andalucía remitirán por vía telemática a la Consejería de Economía y Hacienda, con la colaboración del Consejo General del Notariado, una ficha resumen de los elementos básicos de las escrituras por ellos autorizadas con trascendencia en el Impuesto, así como la copia electrónica de las mismas, de conformidad con lo dispuesto en la legislación notarial. La Consejería de Economía y Hacienda determinará los hechos imponibles a los que deban referirse los documentos citados, así como los procedimientos, estructura y plazos en los que debe ser remitida esta información.

2. *Comunidad Autónoma de Aragón*

La Comunidad Autónoma de Aragón ha establecido las siguientes reglas generales en la gestión de este impuesto:

a) Presentación de las declaraciones o declaraciones-liquidaciones[731].

Se ha establecido con carácter obligatorio el régimen de autoliquidación.

Sin perjuicio de que el Consejero competente en materia de Hacienda autorice su ingreso en entidades colaboradoras, las declaraciones o autoliquidaciones del Impuesto sobre Sucesiones y Donaciones deberán presentarse directamente en las correspondientes Direcciones de los Servicios Provinciales del Departamento competente en materia de Hacienda o en las Oficinas Liquidadoras de Distrito Hipotecario que sean competentes por razón del territorio.

No obstante, el citado Consejero podrá autorizar la presentación de las citadas declaraciones o declaraciones-liquidaciones por medios telemáticos

[731] Vid. artículo 133.1 del Decreto Legislativo autonómico 1/2005, de 26 de septiembre, por el que se aprueba el Texto Refundido de las disposiciones dictadas por la Comunidad Autónoma en materia de tributos cedidos.

y llegar a acuerdos con otras Administraciones públicas o formalizar convenios con las entidades, instituciones y organismos a que se refiere el artículo 92 de la Ley 58/2003, de 17 de diciembre, General Tributaria, para hacer efectiva la colaboración social en la presentación e ingreso de las citadas declaraciones o declaraciones-liquidaciones mediante la utilización de técnicas y medios electrónicos, informáticos o telemáticos.

Al objeto de facilitar el cumplimiento de las obligaciones tributarias de los contribuyentes, el Departamento competente en materia de Hacienda, en el ámbito de las competencias que tiene atribuidas, facilitará e impulsará la presentación telemática de las escrituras públicas que deban presentarse a liquidación, desarrollando los instrumentos jurídicos, técnicas y medios electrónicos, informáticos o telemáticos que sean necesarios para la consecución de este fin.

Para los hechos imponibles sujetos al Impuesto sobre Sucesiones y Donaciones, por las adquisiciones de bienes y derechos por donación o por cualquier otro negocio jurídico a título gratuito e ínter vivos realizados a partir del 1 de enero de 2008, el plazo de presentación de la autoliquidación es de un mes, contado a partir del día siguiente al de la fecha de devengo del impuesto. A estos efectos, cuando el último día del citado plazo coincidiese con sábado, domingo o festivo, se entenderá prorrogado al primer día hábil siguiente[732].

b) Procedimiento para liquidar las herencias ordenadas mediante fiducia[733].

El procedimiento establecido en este artículo se aplicará a toda sucesión por causa de muerte ordenada por uno o varios fiduciarios, conforme a lo dispuesto en el Título IV de la Ley 1/1999, de 24 de febrero, de sucesiones por causa de muerte.

Cuando en el plazo de presentación de la declaración del Impuesto sobre Sucesiones y Donaciones o, en su caso, en el plazo de presentación y pago de la correspondiente autoliquidación, no se hubiere ejecutado totalmente el encargo fiduciario, el cumplimiento de las obligaciones tributarias derivadas del fallecimiento corresponderá, respecto de la parte de herencia no asignada, a quien tuviera la condición legal de heredero conforme a lo previsto en el Título VII de la Ley 1/1999, de 24 de febrero, de sucesiones por causa de muerte, con arreglo a sus condiciones de patrimonio y parentesco con el causante.

En el caso de que, conforme a lo dispuesto en el apartado anterior, el pago del impuesto correspondiera a varias personas, la liquidación resultan-

---

[732] Este apartado fue incorporado por el artículo 5. 5 de la Ley autonómica 8/2007, de 29 de diciembre de Medidas Tributarias de la Comunidad.

[733] Vid. artículo 133. 2 del Decreto Legislativo autonómico 1/2005, de 26 de septiembre, por el que se aprueba el Texto Refundido de las disposiciones dictadas por la Comunidad Autónoma en materia de tributos cedidos.

te a cada una de ellas será la derivada de imputar a partes iguales el valor de la parte de la herencia no asignada.

Cuando, habiéndose ejecutado totalmente la fiducia, el destino de los bienes sea distinto del que fiscalmente se tomó en consideración, se girarán liquidaciones complementarias a las iniciales, atribuyendo a cada sujeto pasivo el valor del caudal relicto que realmente se le defirió.

Los sujetos pasivos podrán satisfacer con cargo al patrimonio hereditario la deuda tributaria correspondiente al valor de los bienes o derechos pendientes de asignación fiduciaria que les haya sido imputado fiscalmente, siempre y cuando opten por la modalidad de autoliquidación del impuesto, mediante su presentación y pago dentro del plazo voluntario establecido, en las siguientes condiciones:

Se exigirá el previo acuerdo de todos los sujetos pasivos de la liquidación provisional y, en su caso, de quien sea usufructuario de tal patrimonio. De igual modo, deberá constar la autorización del fiduciario o fiduciarios o, en el caso de la fiducia colectiva, la del administrador.

No obstante lo anterior, la opción podrá ser individual, por cada sujeto pasivo, si se acompaña a la autoliquidación un documento firmado por el propio obligado tributario y por el administrador del patrimonio hereditario en el que se haga constar la autorización expresa de este último para satisfacer el importe de la autoliquidación con efectivo, bienes o derechos del patrimonio hereditario pendiente de asignación.

En ningún caso el pago de las autoliquidaciones con cargo al caudal relicto supondrá la consideración de tales deudas tributarias como una carga deducible.

En las liquidaciones que puedan proceder con motivo de sucesivas ejecuciones fiduciarias, las cantidades detraídas del caudal relicto para el pago de las liquidaciones provisionales deberán ser consideradas a todos los efectos como bienes integrantes del mismo.

c) Incumplimiento de los requisitos de la reducción a cargo de los adquirentes de los bienes o derechos[734].

En caso de no cumplirse los requisitos de permanencia de la adquisición o de mantenimiento de la ubicación de la actividad, su dirección y control, o del derecho a la exención en el Impuesto sobre el Patrimonio a que se refieren los artículos 131. 3 y 132. 1, o en su caso, los requisitos de mantenimiento y permanencia que se establecen en el artículo 20 de la Ley 29/1987, de 18 de diciembre, del Impuesto sobre Sucesiones y Donaciones, deberá pagarse la parte de cuota dejada de ingresar a consecuencia de la reducción practicada y los correspondientes intereses de demora. A estos efectos, debe-

[734] Vid. artículo 133. 3 del Decreto Legislativo 1/2005, de 26 de septiembre, por el que se aprueba el Texto Refundido de las disposiciones dictadas por la Comunidad Autónoma en materia de tributos cedidos, en su redacción dada por la Ley autonómica 11/2008, de 29 de diciembre, de Medidas Tributarias de la Comunidad.

rá presentarse la autoliquidación en el plazo de un mes desde el día siguiente al de la fecha en que tenga lugar el incumplimiento.

d) Aplicación de beneficios fiscales[735].

En el Impuesto sobre Sucesiones y Donaciones, la opción por la aplicación del régimen de reducciones estatal o el propio de la Comunidad Autónoma de Aragón deberá ejercerse, expresamente, en el período voluntario de declaración o autoliquidación del impuesto. No obstante, cuando su aplicación no dependa del cumplimiento por el contribuyente de cualquier requisito en un momento posterior al de devengo del impuesto y no se hubiera ejercitado la opción en dicho plazo, la reducción que hubiera de practicarse será, conforme al artículo 20 de la Ley del impuesto, la regulada por el Estado.

A los efectos de la aplicación de beneficios fiscales en el Impuesto sobre Sucesiones y Donaciones, se entenderá que el parentesco por afinidad no se pierde por fallecimiento del cónyuge que sirve de nexo, salvo si hubiere segundas nupcias.

e) Prórroga de los plazos de presentación[736].

Podrá solicitarse prórroga para la presentación de autoliquidaciones relativas a adquisiciones por causa de muerte dentro del plazo de seis meses a contar desde la fecha de devengo del impuesto, con los requisitos y efectos que se determinen reglamentariamente.

f) Obligaciones de información[737]

Se establece la obligación a los Notarios de remitir por vía telemática al órgano directivo competente en materia de tributos una declaración informativa de los elementos básicos de las escrituras por ellos autorizadas, así como la copia electrónica de las mismas, en los supuestos, plazos, condiciones, forma y estructura que se determinen reglamentariamente.

Asimismo, se fija la obligación a los Registradores de la Propiedad y Mercantiles con destino en la Comunidad Autónoma de Aragón en cuyo registro se hayan presentado documentos que contengan actos o contratos sujetos al Impuesto sobre Sucesiones y Donaciones por la adquisición de bienes

[735] Vid. artículo 133. 4 del Decreto Legislativo 1/2005, de 26 de septiembre, por el que se aprueba el Texto Refundido de las disposiciones dictadas por la Comunidad Autónoma en materia de tributos cedidos.

[736] Este artículo fue incorporado por el artículo 5. 5 de la Ley autonómica 8/2007, de 29 de diciembre de Medidas Tributarias de la Comunidad.

[737] Vid. artículo 220. 1 del Decreto Legislativo 1/2005, de 26 de septiembre, por el que se aprueba el Texto Refundido de las disposiciones dictadas por la Comunidad Autónoma en materia de tributos cedidos y artículo 220. 2 del mismo texto en su redacción dada por el artículo 7 de la Ley 8/2007, de 29 de diciembre, de Medidas Tributarias de la Comunidad.

y derechos por herencia, legado o cualquier otro título sucesorio, cuando el pago de dicho tributo o la presentación de la declaración tributaria se haya realizado en otra Comunidad Autónoma y existan dudas sobre la residencia habitual del causante y se haya realizado la calificación y la inscripción u operación solicitada, de remitir al órgano directivo competente en materia de tributos, en los primeros quince días de cada trimestre, una copia del documento y de la carta de pago de la declaración tributaria.

Finalmente, se establece de conformidad con lo establecido en la legislación hipotecaria, respecto de los tributos cuyo punto de conexión corresponda a la Comunidad Autónoma, de archivar y conservar el original de los justificantes de pago y/o presentación relativos a los respectivos documentos objeto de inscripción, cualquiera que sea la forma o formato en el que hayan sido presentados.

También se establece la obligación de suministrar información tributaria en soporte informático o telemático[738].

g) Tasación pericial contradictoria

Los interesados podrán promover la tasación pericial contradictoria, en corrección de los medios de comprobación fiscal de valores, dentro del plazo del primer recurso o reclamación que proceda contra la liquidación efectuada de acuerdo con los valores comprobados administrativamente o cuando la normativa tributaria así lo prevea, contra el acto de comprobación de valores debidamente notificado.

No obstante lo anterior, el interesado podrá reservarse el derecho a promover la tasación pericial contradictoria cuando estime que la notificación no contiene expresión suficiente de los datos y motivos tenidos en cuenta para elevar los valores declarados y denuncie dicha omisión en un recurso de reposición o en una reclamación económico-administrativa. En este caso, el plazo a que se refiere el párrafo anterior se contará desde la fecha de firmeza en vía administrativa del acuerdo que resuelva el recurso o reclamación interpuesta[739].

Se regula, asimismo, el procedimiento a seguir[740].

A este respecto, destacamos que si la diferencia entre el valor comprobado por la Administración y la tasación practicada por el perito designado por el obligado tributario, considerada en valores absolutos, es igual o inferior

---

[738] Vid. artículo 220. 3 del Decreto Legislativo 1/2005, de 26 de septiembre, por el que se aprueba el Texto Refundido de las disposiciones dictadas por la Comunidad Autónoma en materia de tributos cedidos.

[739] Vid. artículo 211. 1, número 1, del Decreto Legislativo 1/2005, de 26 de septiembre, por el que se aprueba el Texto Refundido de las disposiciones dictadas por la Comunidad Autónoma en materia de tributos cedidos.

[740] Vid. artículo 211. 2, números 1 a 4, del Decreto Legislativo 1/2005, de 26 de septiembre, por el que se aprueba el Texto Refundido de las disposiciones dictadas por la Comunidad Autónoma en materia de tributos cedidos.

a 120.000 euros y al 10 por 100 de dicha tasación, esta última servirá de base para la liquidación. En tal supuesto, se girará la liquidación que proceda con los correspondientes intereses de demora.

Si la diferencia señalada en el apartado anterior es superior, deberá designarse un perito tercero y actuar conforme al fijado procedimiento[741].

h) Propuesta de liquidación con acuerdo

En los procedimientos de comprobación limitada, cuando para la elaboración de la propuesta de regularización sea preciso realizar valoraciones relevantes para la obligación tributaria que no puedan determinarse o cuantificarse de manera cierta, la Administración tributaria, con carácter previo a la liquidación de la deuda tributaria, podrá concretar dicha valoración mediante un acuerdo con el obligado tributario en los términos previstos legalmente.

La propuesta de liquidación con acuerdo, además de los requisitos exigidos por el ordenamiento administrativo y tributario para las comunicaciones dirigidas a los obligados tributarios, deberá incluir necesariamente los siguientes contenidos: el fundamento de la valoración realizada, los hechos, fundamentos jurídicos y cuantificación de la propuesta de regularización, y manifestación expresa de la conformidad del obligado tributario con la totalidad de los contenidos anteriores.

Para la suscripción de la propuesta de liquidación con acuerdo, será necesaria la autorización expresa del órgano competente para liquidar, que podrá ser previa o simultánea a la suscripción de la propuesta de liquidación con acuerdo.

El acuerdo se perfeccionará mediante la suscripción de la propuesta de liquidación por el obligado tributario o su representante y el órgano competente para efectuar la valoración.

El contenido de la propuesta de liquidación con acuerdo se entenderá íntegramente aceptado por el obligado tributario y la Administración tributaria. La liquidación derivada del acuerdo solo podrá ser objeto de impugnación o revisión en vía administrativa por el procedimiento de declaración de nulidad de pleno derecho previsto en el artículo 217 de la Ley General Tributaria, Ley 58/2003, de 17 de diciembre, sin perjuicio del recurso que pudiera proceder en vía contencioso-administrativa por la existencia de vicios en el consentimiento.

La falta de suscripción de una propuesta de liquidación con acuerdo no podrá ser motivo de recurso o reclamación contra las liquidaciones derivadas del procedimiento[742].

---

741 Vid. artículo 211. 2, números 5 y 6, del Decreto Legislativo 1/2005, de 26 de septiembre, por el que se aprueba el Texto Refundido de las disposiciones dictadas por la Comunidad Autónoma en materia de tributos cedidos.

742 Vid. artículos *215. 1 del* Decreto Legislativo 1/2005, de 26 de septiembre, por el que se aprueba el Texto Refundido de las disposiciones dictadas por la Comunidad Autónoma en ma-

Respecto a la tramitación de las propuestas de liquidación con acuerdo se establece que cuando de los datos y antecedentes obtenidos en las actuaciones de comprobación limitada, la unidad gestora entienda que pudiera proceder la conclusión de un acuerdo por concurrir el supuesto señalado en el artículo anterior, lo pondrá en conocimiento del obligado tributario. Tras esta comunicación, el obligado tributario podrá formular una propuesta con el fin de alcanzar un acuerdo.

Una vez desarrolladas las oportunas actuaciones para fijar los posibles términos del acuerdo, la unidad gestora solicitará la correspondiente autorización para la suscripción de la propuesta de liquidación con acuerdo del órgano competente para liquidar.

Una vez firmado el acuerdo, se entenderá dictada y notificada la liquidación de acuerdo con la propuesta formulada en el mismo si, transcurrido el plazo de 10 días contados a partir del día siguiente al de la fecha del acuerdo, no se ha notificado al obligado tributario una liquidación del órgano competente para rectificar, en su caso, los errores materiales que pudiera contener el acuerdo[743].

3. *Comunidad Autónoma del Principado de Asturias*

La aplicación de los tributos en la Comunidad está regulada básicamente por el Decreto autonómico 38/1991, de 4 de abril, por el Decreto 38/2005, de 12 de mayo por el que se aprueba el Reglamento de organización y funcionamiento del Ente Público de Servicios Tributarios del Principado, organismo creado por el artículo 10 de la Ley autonómica 15/2002, de 27 de diciembre, de Acompañamiento a la Ley de Presupuestos Generales para 2003 y por la Resolución del Consejero de Economía y Hacienda de 22 de septiembre de 2009 aplicable a la tramitación y resolución de las solicitudes de aplazamiento y fraccionamiento de pago de las deudas tributarias.

a) Liquidación del impuesto

Se establece con carácter obligatorio el régimen de autoliquidación.

La Consejería competente podrá autorizar la presentación telemática de las declaraciones o declaraciones-liquidaciones de aquellos tributos o modalidades de los mismos que resulten susceptibles de tal forma de presentación[744].

---

teria de tributos cedidos, introducidos *por el artículo 13 de la Ley autonómica 3/2012, 8 marzo, de Medidas Fiscales y Administrativas de la Comunidad Autónoma.*

[743] Vid. artículo *215. 2, del* Decreto Legislativo 1/2005, de 26 de septiembre, por el que se aprueba el Texto Refundido de las disposiciones dictadas por la Comunidad Autónoma en materia de tributos cedidos, introducido *por el artículo 13 de la Ley autonómica 3/2012, 8 marzo, de Medidas Fiscales y Administrativas de la Comunidad Autónoma.*

[744] Vid. artículo 17 de la Ley autonómica 15/2002, de 27 de diciembre, de Acompañamiento a los Presupuestos Generales de 2003.

b) Obligaciones de información[745]

Los Notarios con destino en el Principado de Asturias, con el fin de facilitar el cumplimiento de las obligaciones tributarias de los contribuyentes y el acceso telemático de documentos a los registros públicos, remitirán a la Consejería competente en materia tributaria, por vía telemática, en colaboración con el Consejo General del Notariado, una declaración informativa notarial de los elementos básicos de las escrituras por ellos autorizadas, así como la copia electrónica de las mismas de conformidad con lo dispuesto en la legislación notarial, relativa a los hechos imponibles que la citada Consejería determine.

Asimismo, los Registradores de la Propiedad y Mercantiles con destino en el Principado de Asturias remitirán a la Consejería competente en materia tributaria, por vía telemática, cuando así se determine, una declaración comprensiva de los documentos relativo a hechos imponibles que se presenten a inscripción en sus registros, cuando el pago de los tributos o la presentación de la declaración tributaria se haya realizado en otra comunidad autónoma.

c) Tasación pericial contradictoria

Se faculta al titular de la Consejería competente en materia de tributos para que regule la remuneración máxima de los peritos terceros que intervengan en procedimientos de tasación pericial contradictoria[746].

4. Comunidad Autónoma de Cantabria

a) Liquidación del impuesto

Se regula la declaración-liquidación del impuesto y de los documentos complementarios, así como el ingreso por vía telemática.

Se establece al respecto:

En las adquisiciones *"mortis causa"* y las cantidades percibidas por los beneficiarios de seguros sobre la vida que se acumulen al resto de bienes y derechos que integran la porción hereditaria del beneficiario, se considera producido el rendimiento del Impuesto sobre Sucesiones y Donaciones de los sujetos pasivos residentes en España, en el territorio de la Comunidad Autónoma donde el causante tenga su residencia habitual a la fecha del devengo.

En cuanto a los plazos de presentación se establece que cuando se trate de adquisiciones por causa de muerte, incluidas las de los beneficiarios de contratos de seguro de vida así como las adquisiciones del usufructo pen-

---

745 Vid. artículo 9 de la Ley autonómica 6/2004 de 28 diciembre, de Acompañamiento a los Presupuestos Generales autonómicos para 2005.

746 Vid. Disposición final tercera de la Ley autonómica 3/2012, de 28 de diciembre, de Presupuestos Generales para 2013.

dientes del fallecimiento del usufructuario, aunque la desmembración del dominio se hubiese realizado por actos "*inter vivos*", los documentos o declaraciones deberán presentarse en el plazo de **seis meses**, contados desde el día del fallecimiento del causante o desde aquél en que adquiera firmeza la declaración de fallecimiento[747].

Estos seis meses pueden ser prorrogados discrecionalmente por la oficina competente por otros seis meses más, siempre que por parte de los herederos, albaceas o administradores del caudal relicto se presente la solicitud de prórroga dentro de los cinco primeros meses del plazo de presentación[748].

Los sujetos pasivos del impuesto deberán presentar a la Administración tributaria para la práctica de las liquidaciones que procedan la documentación que viene determinada en el artículo 66 del Reglamento del Impuesto sobre Sucesiones y Donaciones, aprobado por Real Decreto 1629/1991, de 8 de noviembre, a saber: relación valorada de bienes, certificaciones de defunción del causante y del registro general de actos de última voluntad, copia autorizada de las disposiciones testamentarias si las hubiere y, en su defecto del acta de notoriedad o testimonio de la declaración de herederos. En el caso de la sucesión intestada, si no estuviere hecha la declaración judicial de herederos, se presentará una relación de los presuntos con expresión de su parentesco con el causante, un ejemplar de los contratos de seguros concertados por el causante o certificación expedida por la entidad aseguradora en caso de seguro colectivo, aun cuando hubieran sido objeto, con anterioridad, de liquidación parcial, justificación documental de las cargas, gravámenes, deudas y gastos cuya deducción se solicite, de la edad de los causahabientes menores de veintiún años, así como, en su caso, de los saldos de cuentas en entidades financieras, del valor teórico de las participaciones en el capital de entidades jurídicas cuyos títulos no coticen en Bolsa y del título de adquisición por el causante de los bienes inmuebles incluidos en la sucesión y relación del patrimonio preexistente de los sujetos pasivos valorado conforme a las reglas del Impuesto de Patrimonio o copia del Impuesto de Patrimonio del ejercicio anterior al fallecimiento cuando el primer tramo supere el establecido en el artículo 44.1 del Reglamento o en el artículo 3 de la Ley de Cantabria 11/2002.

b) Obligaciones de información[749]

Los Notarios con destino en la Comunidad Autónoma de Cantabria, con el fin de facilitar el cumplimiento de las obligaciones tributarias de los con-

---

[747] Vid. artículo 67 del Real Decreto 1629/1991, de 8 de noviembre, por el que se aprueba el Reglamento del Impuesto sobre Sucesiones y Donaciones.

[748] Vid. artículo 68 del Real Decreto 1629/1991, de 8 de noviembre, por el que se aprueba el Reglamento del Impuesto sobre Sucesiones y Donaciones.

[749] Vid. artículo 19. 2 del Decreto Legislativo autonómico 62/2008 de 19 junio 2008, por el que se aprueba el Texto Refundido de la Ley de Medidas Fiscales en materia de tributos cedidos por el Estado.

tribuyentes y facilitar el acceso telemático de los documentos de los registros públicos, remitirán con la colaboración del Consejo General del Notariado por vía telemática, a la Dirección General competente en materia de tributos una declaración informativa notarial de los elementos básicos de las escrituras por ellos autorizadas, así como una copia electrónica de las mismas de conformidad con lo dispuesto en la legislación notarial, de los hechos imponibles que determine la Consejería competente en materia de tributos, la cual, además, establecerá los procedimientos, estructura y plazos en los que debe ser remitida esta información.

Asimismo, los Registradores de la Propiedad y Mercantiles con destino en el ámbito territorial de la Comunidad Autónoma de Cantabria deberán remitir a la Consejería competente en materia de tributos, en la primera quincena de cada trimestre, una declaración con la relación de los documentos relativos a actos o contratos sujetos al Impuesto sobre Sucesiones y Donaciones o al Impuesto sobre Transmisiones Patrimoniales y Actos Jurídicos Documentados que se presenten a inscripción, cuando el pago o la presentación de la declaración se haya realizado en otra Comunidad Autónoma a la que no corresponda el rendimiento de los impuestos. Dicha declaración irá referida al trimestre anterior[750].

c) Acuerdos de valoración previa vinculantes[751]

Los obligados tributarios podrán solicitar de la Administración tributaria de la Comunidad Autónoma de Cantabria que establezca con carácter previo y vinculante la valoración a efectos fiscales de rentas, productos, bienes, gastos y demás elementos determinantes de la deuda tributaria, a efectos del Impuesto sobre Sucesiones y Donaciones.

Las solicitudes de los acuerdos de valoración previa vinculante deberán presentarse por escrito, acompañadas de todos los datos que sean necesarios y suficientes para la valoración. El solicitante podrá presentar además la documentación que estime procedente.

La Administración podrá comprobar los elementos de hecho y las circunstancias declaradas por el obligado tributario y requerir a los contribuyentes que soliciten los acuerdos de valoración previa, los documentos y los datos que consideren pertinentes a los efectos de la identificación y la valoración correcta de los bienes.

La Administración deberá dictar por escrito el acuerdo de valoración en el plazo máximo de 6 meses desde su solicitud.

El acuerdo de valoración tiene un plazo máximo de vigencia de 12 meses desde la fecha en que se dicta.

---

[750] Vid. artículo 19. 3 del Decreto Legislativo 62/2008 de 19 junio, por el que se aprueba el Texto Refundido de la Ley de Medidas Fiscales en materia de tributos cedidos por el Estado.

[751] Vid. artículo 20 del Decreto Legislativo autonómico 62/2008 de 19 junio, por el que se aprueba el Texto Refundido de la Ley de Medidas Fiscales en materia de tributos cedidos por el Estado.

En el supuesto de realización del hecho imponible con anterioridad a la finalización del plazo de 6 meses mencionado sin que la Administración tributaria haya dictado el acuerdo de valoración, se considerará que se ha producido el desistimiento de la solicitud de valoración previa.

d) Tasación pericial contradictoria[752]

El procedimiento de tasación pericial contradictoria se regirá en lo no dispuesto por la normativa propia, por las disposiciones relativas a dicho procedimiento, de la Ley General Tributaria, su Reglamento General de las actuaciones y los procedimientos de gestión e inspección tributaria y demás disposiciones reguladoras de los impuestos que procedan.

Cuando proceda la intervención de un tercer perito, previos los tramites legalmente establecidos para su designación, la Administración le entregará la relación de bienes y derechos a valorar y las copias de las hojas de aprecio, tanto de la valoración realizada por la Administración, como de la efectuada por el perito designado por el obligado tributario, para que, en el plazo de un mes, contado a partir del día siguiente a la entrega, realice su dictamen debidamente motivado, referido a la fecha de devengo del hecho imponible, garantizándose la realización por el perito designado por cualquier medio de prueba admitido en derecho. En el caso de que el órgano competente de la Administración observe que el informe adolece de algún defecto o vicio, deberá remitírselo de nuevo para que, en un plazo de quince días, lo subsane. Si el perito tercero no realiza la valoración en el plazo establecido o, en su caso, la subsanación de la misma, la Administración dejará sin efecto su designación.

El incumplimiento de lo indicado dará lugar a la exclusión como perito tercero en el ejercicio corriente y en los dos posteriores.

El perito tercero deberá abstenerse de intervenir en aquellos procedimientos donde se produzca alguno de los motivos regulados en el artículo 28 de la Ley 30/1992, de 26 de noviembre, de Régimen Jurídico de las Administraciones Públicas y del Procedimiento Administrativo Común, procediéndose a la designación de un nuevo perito tercero conforme al orden correlativo que proceda en la lista de profesionales.

El incumplimiento de este precepto implicará la nulidad absoluta de la actuación y la exclusión como perito tercero en el ejercicio corriente y en los dos posteriores.

La valoración realizada por el perito tercero, que deberá reunir los requisitos indicados, servirá de base a la liquidación administrativa que proceda, con los límites del valor declarado y el valor comprobado inicialmente por la Administración.

---

[752] Vid. artículo 17 del Decreto Legislativo autonómico 62/2008, de 19 de junio, incorporado por el artículo 10. 13 de la Ley autonómica 6/2009, de 28 de diciembre, de Medidas fiscales y de contenido financiero.

El órgano competente comunicará dicha valoración al interesado, con cuya notificación se dará por finalizado el procedimiento. En el caso en que se confirme la liquidación de la Administración, se levantará la suspensión y se dará un nuevo plazo de ingreso, girándose los intereses de demora correspondientes al periodo de la suspensión.

Cuando deba efectuarse una nueva liquidación, se girará la misma con los intereses de demora que procedan.

5. *Comunidad Autónoma de Castilla-La Mancha*

a) Comprobación y valoración

Por Orden de 19 de diciembre de 2012, de la Consejería de Hacienda, se aprueban los precios medios en el mercado para bienes rústicos y se dictan normas sobre el procedimiento de comprobación de valores en el ámbito de los Impuestos sobre Sucesiones y Donaciones y sobre Transmisiones Patrimoniales y Actos Jurídicos Documentados, para el año 2013.

Ha de tenerse en cuenta, asimismo, la Orden de 21de diciembre de 2012, de la Consejería de Hacienda, por la que se aprueban las normas para la aplicación de los medios de valoración previstos en el artículo 57 de la Ley 58/2003, de 17 de diciembre, General Tributaria, a los bienes inmuebles de naturaleza urbana en el ámbito de los Impuestos sobre Sucesiones y Donaciones.

b) Régimen de autoliquidación

Para los hechos imponibles sujetos al Impuesto sobre Sucesiones y Donaciones, por las adquisiciones a título de donación o equiparables, y al Impuesto sobre Transmisiones Patrimoniales y Actos Jurídicos Documentados realizados a partir de la entrada en vigor de esta ley, el plazo de presentación de las declaraciones y de las autoliquidaciones será de un mes, contado a partir de la fecha de devengo del correspondiente impuesto. A estos efectos, cuando el último día del citado plazo coincidiese con sábado, domingo o festivo, se entenderá prorrogado al primer día hábil siguiente[753].

No obstante lo dispuesto en el apartado anterior, los empresarios o profesionales que en el ejercicio de su actividad empresarial o profesional, adquieran objetos fabricados con metales preciosos y que estén obligados a la llevanza de los libros-registro a los que hace referencia el artículo 91 del Reglamento de la Ley de objetos fabricados con metales preciosos, aprobado por el Real Decreto 197/1988, de 22 de febrero, declararán conjuntamente todas las operaciones sujetas al Impuesto sobre Transmisiones Patrimoniales y Actos Jurídicos Documentados, en su modalidad de Transmisiones Patri-

---

[753] Vid. artículo 39. 1, de la Ley autonómica 8/2013, de 21 de noviembre, de Medidas Tributarias.

moniales Onerosas, devengadas en el mes natural. Para ello, presentarán una única autoliquidación acompañando fotocopia de aquellas hojas del libro-registro que comprendan las operaciones realizadas en el mes natural.

El plazo de ingreso y presentación de la autoliquidación será el mes natural inmediato posterior al que se refieran las operaciones declaradas[754].

c) Obligaciones de información

Los Notarios están obligados a la remisión por vía telemática de declaración informativa de las escrituras que contengan hechos imponibles y de copia electrónica de las mismas[755].

También se fija respecto a los Registradores de la Propiedad y Mercantiles de remitir información trimestral a sus respectivos órganos tributarios de documentos que contengan hechos imponibles del Impuesto sobre Sucesiones y Donaciones y del Impuesto sobre Transmisiones Patrimoniales y Actos Jurídicos Documentados cuyo pago o declaración tributaria se haya realizado en otra Comunidad Autónoma[756].

6. *Comunidad Autónoma de Castilla y León*

Se regulan las siguientes cuestiones en relación con la gestión del impuesto:

a) Liquidación

Se establece la autoliquidación con carácter obligatorio.

Se prevé la presentación y el pago por vía telemática, estableciéndose a tal efecto:

Que el pago de las deudas tributarias se considerará válido y tendrá efectos liberatorios únicamente en los supuestos en que dichos pagos se hayan efectuado en cuentas de titularidad de la Comunidad Autónoma a favor de ésta y utilizando a tal efecto los modelos de declaración aprobados por la consejería competente en materia de hacienda[757].

Los pagos que se realicen en órganos de recaudación incompetentes no liberarán en ningún caso, al deudor de su obligación de pago[758].

La presentación y/o el pago del impuesto solo se entenderán acreditados cuando el documento presentado lleve incorporada la nota justificativa de

---

[754] artículo 39. 2, de la Ley autonómica 8/2013, de 21 de noviembre, de Medidas Tributarias.

[755] artículo 40. 3, de la Ley autonómica 8/2013, de 21 de noviembre, de Medidas Tributarias.

[756] artículo 40. 1, de la Ley autonómica 8/2013, de 21 de noviembre, de Medidas Tributarias.

[757] Vid. artículo 47. 1º, del Decreto Legislativo autonómico 1/2013, de 12 de septiembre, por el que se aprueba el Texto Refundido de las disposiciones legales de la Comunidad de Castilla y León en materia de tributos propios y cedidos.

[758] Vid. artículo 47. 2º, del Decreto Legislativo autonómico 1/2013, de 12 de septiembre, por el que se aprueba el Texto Refundido de las disposiciones legales de la Comunidad de Castilla y León en materia de tributos propios y cedidos.

la presentación junto con el correspondiente ejemplar de autoliquidación y ambos debidamente sellados por los órganos tributarios de la Administración, y conste en ellos el pago del tributo o la declaración de no sujeción o del beneficio fiscal aplicable.

En el caso de declaraciones tributarias cuyo pago y/o presentación se haya realizado por medios telemáticos, la acreditación de la presentación y pago se ajustará a la normativa dictada al efecto por la consejería competente en materia de hacienda[759].

b) Acuerdos de valoración previa vinculante[760]

Los contribuyentes podrán solicitar a la Administración de la Comunidad que determine con carácter previo y vinculante la valoración de rentas, productos, bienes y gastos determinantes de la deuda tributaria, a efectos del Impuesto sobre Sucesiones y Donaciones y del Impuesto sobre Transmisiones Patrimoniales y Actos Jurídicos Documentados, de acuerdo con lo establecido en el artículo 91 de la Ley 58/2003, de 17 de diciembre, General Tributaria y de la normativa propia autonómica.

Las solicitudes de los acuerdos de valoración previa vinculante deberán presentarse acompañadas de una propuesta de valoración motivada, en la cual deberán describirse de manera detallada el bien y sus características. En el caso de bienes inmuebles esta propuesta de valoración deberá estar firmada por un técnico con la titulación adecuada para realizar dicha valoración.

La Administración podrá requerir a los contribuyentes que soliciten los acuerdos de valoración previa los documentos y los datos que considere pertinentes a los efectos de la identificación y la valoración correcta de los bienes.

La Administración deberá dictar el acuerdo de valoración en el plazo máximo de 4 meses desde su solicitud. En el supuesto de realización del hecho imponible con anterioridad a la finalización de dicho plazo sin que la Administración tributaria haya dictado el acuerdo de valoración, se considerará que se ha producido el desistimiento de la solicitud de valoración previa.

El acuerdo de valoración tiene un plazo máximo de vigencia de 12 meses desde la fecha en que se dicta.

c) Obligaciones de información

En el supuesto de adquisiciones "mortis causa", los sujetos pasivos están obligados a presentar juntamente con la declaración tributaria, un certificado emitido por la entidad financiera correspondiente por cada cuenta

---

[759] Vid. artículo 47. 3º y 4º, del Decreto Legislativo autonómico 1/2013, de 12 de septiembre, por el que se aprueba el Texto Refundido de las disposiciones legales de la Comunidad de Castilla y León en materia de tributos propios y cedidos.

[760] Vid. artículo 43 del Decreto Legislativo autonómico 1/2013, de 12 de septiembre, por el que se aprueba el Texto Refundido de las disposiciones legales de la Comunidad de Castilla y León en materia de tributos propios y cedidos.

bancaria de que fuera titular el causante, en el cual deben constar los movimientos efectuados en el período del año natural anterior al fallecimiento[761].

Con el fin de facilitar el cumplimiento de las obligaciones tributarias de los contribuyentes y el acceso telemático de los documentos a los registros públicos, los Notarios con destino en la Comunidad de Castilla y León remitirán, por vía telemática, al órgano directivo central competente en materia de tributos, un documento informativo de los elementos básicos de las escrituras por ellos autorizadas, así como la copia electrónica de las mismas de conformidad con lo dispuesto en la legislación notarial[762].

El justificante de la recepción por parte de la Administración de la copia electrónica de la escritura, junto con el ejemplar para el interesado de la autoliquidación en la que conste el pago del tributo o la no sujeción o exención, debidamente validada, serán requisitos suficientes para justificar el pago de la liquidación correspondiente, su exención o no sujeción, a efectos de lo dispuesto en el artículo 122 del Real Decreto 828/1995, de 29 de mayo, por el que se aprueba el Reglamento del Impuesto de Transmisiones Patrimoniales y Actos Jurídicos Documentados y en el artículo 99 del Real Decreto 1629/1991, de 8 de noviembre, por el que se aprueba el Reglamento del Impuesto sobre Sucesiones y Donaciones[763].

En todo caso, el justificante de presentación o pago telemático servirá, a todos los efectos, de justificante de presentación y pago de la autoliquidación[764].

Asimismo, los registradores de la propiedad y mercantiles con destino en el territorio de la Comunidad de Castilla y León en cuyo registro se hayan presentado a inscripción documentos que contengan actos o contratos sujetos al Impuesto sobre Sucesiones y Donaciones por la adquisición de bienes y derechos por herencia, legado o cualquier otro título sucesorio, cuando el pago de dicho tributo o la presentación de la declaración tributaria se haya realizado en otra Comunidad Autónoma y existan dudas sobre la residencia habitual del causante y se haya realizado la calificación y la inscripción u operación solicitada, remitirán al órgano directivo central competente en materia de tributos, dentro de los veinte días siguientes a la finalización de

[761] Vid. artículo 45 del Decreto Legislativo autonómico 1/2013, de 12 de septiembre, por el que se aprueba el Texto Refundido de las disposiciones legales de la Comunidad de Castilla y León en materia de tributos propios y cedidos.

[762] Vid. artículo 46. 1, del Decreto Legislativo autonómico 1/2013, de 12 de septiembre, por el que se aprueba el Texto Refundido de las disposiciones legales de la Comunidad de Castilla y León en materia de tributos propios y cedidos.

[763] Vid. artículo 46. 2, apartado primero, del Decreto Legislativo autonómico 1/2013, de 12 de septiembre, por el que se aprueba el Texto Refundido de las disposiciones legales de la Comunidad de Castilla y León en materia de tributos propios y cedidos.

[764] Vid. artículo 46. 2, apartado segundo, del Decreto Legislativo autonómico 1/2013, de 12 de septiembre, por el que se aprueba el Texto Refundido de las disposiciones legales de la Comunidad de Castilla y León en materia de tributos propios y cedidos.

cada trimestre natural y referida al mismo, una copia del documento y de la carta de pago de la declaración tributaria[765].

Igualmente, estarán obligados, respecto de los tributos cuya competencia corresponda a la Comunidad de Castilla y León, a archivar y conservar el original de los justificantes de pago y/o presentación que acompañen a los documentos objeto de inscripción, cualquiera que sea la forma o formato en el que hayan sido presentados[766].

d) Información previa sobre bienes inmuebles[767]

La consejería competente en materia de hacienda, a efectos de determinar las bases imponibles del Impuesto sobre Sucesiones y Donaciones, informará a los interesados sobre el valor a efectos fiscales de los bienes inmuebles radicados en el territorio de la Comunidad de Castilla y León.

La solicitud de información deberá formularse por escrito en el que deberán describirse de manera detallada el bien y sus características así como la estimación de valor del mismo.

La información solicitada la suministrará la consejería competente en materia de hacienda dentro del plazo de un mes. Esta información tendrá efectos vinculantes durante un plazo de 3 meses desde que se suministre, siempre que la solicitud se haya formulado con carácter previo a la finalización del plazo para presentar la correspondiente autoliquidación o declaración y se hayan proporcionado datos verdaderos y suficientes. En ningún caso, la Administración tributaria quedará vinculada cuando el interesado declare un valor superior.

El interesado no podrá entablar recurso alguno contra la información suministrada, sin perjuicio de que pueda hacerlo contra el acto o actos administrativos que se dicten posteriormente en relación con dicha información.

La falta de contestación no implicará la aceptación del valor que, en su caso, se hubiera incluido en la solicitud del interesado.

e) Información de entidades que realicen subastas de bienes muebles.

Las entidades que realicen subastas de bienes muebles en Castilla y León, deberán remitir al órgano directivo central competente en materia de tributos, en los veinte días siguientes a la finalización de cada semestre natural, una declaración comprensiva de la relación de las transmisiones de bienes

[765] Vid. artículo 48. 1, del Decreto Legislativo autonómico 1/2013, de 12 de septiembre, por el que se aprueba el Texto Refundido de las disposiciones legales de la Comunidad de Castilla y León en materia de tributos propios y cedidos.

[766] Vid. artículo 48. 2, del Decreto Legislativo autonómico 1/2013, de 12 de septiembre, por el que se aprueba el Texto Refundido de las disposiciones legales de la Comunidad de Castilla y León en materia de tributos propios y cedidos.

[767] Vid. artículo 44, números 1 a 5, del Decreto Legislativo autonómico 1/2013, de 12 de septiembre, por el que se aprueba el Texto Refundido de las disposiciones legales de la Comunidad de Castilla y León en materia de tributos propios y cedidos.

en las que haya intervenido y que hayan sido realizadas en el semestre anterior. Esta relación deberá comprender los datos de identificación del transmitente y del adquirente, la fecha de la transmisión, una descripción del bien subastado y el precio final de adjudicación[768].

f) Medios de comprobación de valores[769]

Sin perjuicio de lo establecido en los apartados anteriores el órgano directivo central en materia de tributos podrá hacer públicos los valores mínimos a declarar a efectos fiscales para bienes inmuebles basados en los precios medios de mercado.

g) Tasación pericial contradictoria[770]

Se establece que en caso de disconformidad con el resultado obtenido en la comprobación de valores del Impuesto sobre Sucesiones y Donaciones, los interesados podrán promover la práctica de la tasación pericial contradictoria mediante solicitud presentada dentro del plazo de la primera reclamación que proceda contra la liquidación efectuada sobre la base de los valores comprobados administrativamente.

Si el interesado estimase que la notificación no contiene expresión suficiente de los datos o motivos tenidos en cuenta para elevar los valores declarados y pusiere de manifiesto la omisión a través de un recurso de reposición o de una reclamación económico-administrativa, reservándose el derecho a promover tasación pericial contradictoria, el plazo a que se refiere el párrafo anterior se contará desde la fecha de firmeza en vía administrativa de la resolución del recurso o de la reclamación interpuesta.

En el supuesto de que la tasación pericial fuese promovida por los transmitentes, el escrito de solicitud deberá presentarse dentro de los 15 días siguientes a la notificación de los valores resultantes de la comprobación.

En caso de notificación conjunta de los valores y de las liquidaciones que los hayan tenido en cuenta, la presentación de la solicitud de tasación pericial contradictoria, o la reserva del derecho a promoverla determinará la suspensión del ingreso de las liquidaciones practicadas y de los plazos de reclamación contra las mismas[771].

---

768 Vid. artículo 49 del Decreto Legislativo autonómico 1/2013, de 12 de septiembre, por el que se aprueba el Texto Refundido de las disposiciones legales de la Comunidad de Castilla y León en materia de tributos propios y cedidos.

769 Vid. artículo 44, número 6, del Decreto Legislativo autonómico 1/2013, de 12 de septiembre, por el que se aprueba el Texto Refundido de las disposiciones legales de la Comunidad de Castilla y León en materia de tributos propios y cedidos.

770 Vid. artículo 42 del Decreto Legislativo autonómico 1/2013, de 12 de septiembre, por el que se aprueba el Texto Refundido de las disposiciones legales de la Comunidad de Castilla y León en materia de tributos propios y cedidos.

771 Vid. artículo 42. 1 del Decreto Legislativo autonómico 1/2013, de 12 de septiembre, por el que se aprueba el Texto Refundido de las disposiciones legales de la Comunidad de Castilla y

Cuando se practique la tasación pericial contradictoria en un expediente relativo al Impuesto sobre Sucesiones y Donaciones o al Impuesto sobre Transmisiones Patrimoniales y Actos Jurídicos Documentados y el perito tercero exija que con anterioridad al desempeño de su cometido se haga provisión de fondos por el importe de sus honorarios, los depósitos que corresponden a la Administración y al interesado se realizarán en el plazo de diez días en la Caja General de Depósitos de la Comunidad[772].

7. *Comunidad Autónoma de Cataluña*

La Comunidad Autónoma de Cataluña regula las siguientes normas relativas a la gestión del impuesto:

a) Liquidación

Se establece como obligatorio el régimen de autoliquidación.

La competencia en materia de gestión, liquidación, inspección y recaudación del impuesto sobre sucesiones y donaciones corresponde a la Agencia tributaria de Cataluña y, en los términos que se establezcan en la normativa vigente y en el convenio firmado a tal efecto, a las oficinas liquidadoras de los registros de distrito hipotecario[773].

En los procedimientos de gestión tributaria relativos al Impuesto sobre Sucesiones y Donaciones, el deber de notificación y el cómputo del plazo de resolución se rigen por las reglas que determina el artículo 104. 2 de la Ley 58/2003, de 17 de diciembre, General Tributaria.

El plazo de resolución de los procedimientos de gestión tributaria propios del impuesto sobre sucesiones y donaciones es de doce meses.

El plazo de resolución que se indica en líneas anteriores puede ampliarse, con el alcance y los requisitos que se determinen por reglamento, por un nuevo periodo de como máximo doce meses, si se produce alguna de las circunstancias siguientes:

— Si las actuaciones revisten una especial complejidad.
— Si en el curso de las actuaciones se constata que ha habido ocultación de bienes por parte del obligado tributario.
— Si en el curso de las actuaciones se inicia un procedimiento de comprobación de valores.

La especial complejidad a que se alude se determina atendiendo:

El número de causahabientes o donatarios o la existencia de desavenencias entre ellos, si inciden en la tramitación del procedimiento.

León en materia de tributos propios y cedidos.

[772] Vid. artículo 42. 2 del Decreto Legislativo autonómico 1/2013, de 12 de septiembre, por el que se aprueba el Texto Refundido de las disposiciones legales de la Comunidad de Castilla y León en materia de tributos propios y cedidos.

[773] Vid. artículo 68 de la Ley autonómica 19/2010, de 7 de junio, de regulación del Impuesto sobre Sucesiones y Donaciones.

El número de bienes transmitidos respeto a los cuales los obligados tributarios soliciten la aplicación de la reducción correspondiente entre las que establecen los títulos I y II, especialmente en caso de las participaciones en entidades y de la actividad empresarial o profesional del transmitente.

La dispersión geográfica de los bienes o las actividades del transmitente, especialmente en caso de bienes situados fuera del territorio de Cataluña.

Las demás circunstancias que se establezcan por reglamento.

El acuerdo de ampliación a que se alude debe adoptarse en todo caso por medio de resolución motivada, que debe exponer los hechos e indicar los fundamentos de derecho[774].

Los interesados en una sucesión hereditaria pueden hacer una autoliquidación parcial del Impuesto sobre Sucesiones y Donaciones, con el único objeto de cobrar seguros sobre la vida, créditos del causante o haberes devengados y no percibidos por éste, retirar bienes, valores, efectos o dinero del causante que se encuentren en depósito y otros supuestos análogos. La forma y el plazo de presentación de esta autoliquidación y los requisitos para que los interesados puedan cobrar las cantidades o retirar los bienes en depósito deben regularse por reglamento. Las autoliquidaciones parciales tienen el carácter de ingresos a cuenta de la autoliquidación o liquidación definitiva correspondiente[775].

El pago de la deuda tributaria por el Impuesto de Sucesiones y Donaciones puede hacerse mediante la entrega de bienes culturales de interés nacional, bienes culturales de interés local y bienes muebles catalogados que hayan sido calificados e inscritos de acuerdo con la Ley 9/1993, de 30 de septiembre, del patrimonio cultural catalán; bienes integrantes del patrimonio histórico o cultural de otras comunidades autónomas que hayan sido calificados e inscritos de acuerdo con la normativa específica correspondiente, y bienes integrantes del patrimonio histórico español que hayan sido inscritos en el Inventario general de bienes muebles o en el Registro general de bienes de interés cultural, de acuerdo con el artículo 69. 2 de la Ley del Estado 16/1985, de 25 de junio, del patrimonio histórico español[776].

El aplazamiento y el fraccionamiento del pago del Impuesto sobre Sucesiones y Donaciones se rigen por las normas que establece la normativa general sobre recaudación vigente en Cataluña, sin perjuicio de lo dispuesto en las líneas siguientes:

Los órganos de la Agencia tributaria de Cataluña competentes en materia de gestión del Impuesto sobre Sucesiones y Donaciones pueden acordar, a solicitud del contribuyente, un aplazamiento de hasta un año del pago

---

[774] Vid. artículo 69 de la Ley autonómica 19/2010, de 7 de junio, de regulación del Impuesto sobre Sucesiones y Donaciones.

[775] Vid. artículo 70 de la Ley autonómica 19/2010, de 7 de junio, de regulación del Impuesto sobre Sucesiones y Donaciones.

[776] Vid. artículo 71 de la Ley autonómica 19/2010, de 7 de junio, de regulación del Impuesto sobre Sucesiones y Donaciones.

de las liquidaciones practicadas por causa de muerte, siempre y cuando el inventario de la herencia no comprenda suficiente dinero efectivo o bienes fácilmente realizables para pagar las cuotas liquidadas y siempre y cuando el aplazamiento se solicite antes de la finalización del plazo reglamentario de pago. La concesión del aplazamiento implica la obligación de satisfacer el interés de demora correspondiente. Alternativamente, también a solicitud del interesado, y siempre y cuando lo autorice el departamento competente en materia de vivienda, los órganos de gestión mencionados pueden acordar que el pago se haga mediante bienes inmuebles constitutivos de la herencia.

En las mismas condiciones indicadas en el párrafo anterior y en los términos y con los requisitos que se fijen por reglamento, los órganos de gestión competentes pueden acordar el aplazamiento del pago de las liquidaciones practicadas por causa de muerte hasta que se hayan conocido los causahabientes de la sucesión, siempre y cuando aporten un compromiso de constitución de aval[777].

Los órganos de gestión pueden conceder el aplazamiento y el fraccionamiento de las autoliquidaciones o liquidaciones practicadas por herencia o legado en nuda propiedad, en los términos y con las condiciones que se establezcan por reglamento[778].

Se fija, también, la posibilidad de fraccionamiento de la liquidación por seguros que se perciben en forma de renta en los siguientes términos[779]:

— El pago del impuesto correspondiente a los seguros sobre la vida cuyo importe deba percibirse en forma de renta, tanto si el causante es el contratante del seguro como si se trata de un seguro colectivo, puede fraccionarse en el número de años de percepción de la pensión, si la renta es temporal, o en un número máximo de quince años, si la renta es vitalicia. Este fraccionamiento no comporta la constitución de ningún tipo de caución ni devenga ningún tipo de interés.
— El fraccionamiento queda anulado si el beneficiario ejerce el derecho de rescate, caso en que le son exigibles los pagos pendientes.
— En el supuesto de seguros de vida cuyo importe deba percibirse en forma de renta se extinguiera durante el periodo de fraccionamiento del pago del impuesto, los pagos pendientes dejan de ser exigibles.
— El procedimiento para aplicar los aplazamientos y fraccionamientos debe determinarse por reglamento.

---

[777] Vid. artículo 73. 2 de la Ley autonómica 19/2010, de 7 de junio, de regulación del Impuesto sobre Sucesiones y Donaciones.

[778] Vid. artículos 72 y 73 de la Ley autonómica 19/2010, de 7 de junio, de regulación del Impuesto sobre Sucesiones y Donaciones.

[779] Vid. artículo 74 de la Ley autonómica 19/2010, de 7 de junio, de regulación del Impuesto sobre Sucesiones y Donaciones.

b) Acuerdos de valoración previa vinculante[780]

Los contribuyentes pueden solicitar a la Administración tributaria que determine, con carácter previo y vinculante, la valoración de rentas, productos, bienes, gastos y otros elementos del hecho imponible, a los efectos de dichos impuestos.

Deben presentar su solicitud por escrito antes de que se produzca el hecho imponible y deben adjuntar a la misma una propuesta de valoración motivada, firmada por un técnico o técnica con la titulación adecuada según la naturaleza del bien valorado, en la cual deben describirse de manera detallada el bien y sus características.

La Administración puede comprobar los elementos de hecho y las circunstancias declaradas por los contribuyentes, a quienes puede requerir los documentos y los datos que considere pertinentes a los efectos de la identificación y la valoración correcta de los bienes.

La Administración debe dictar el acuerdo de valoración por escrito indicando su carácter vinculante, el bien valorado y el impuesto en el cual tiene efectos, en el plazo máximo de 4 meses desde su solicitud. La falta de respuesta de la Administración en el plazo indicado implica la aceptación de los valores propuestos por el contribuyente.

El acuerdo de valoración tiene un plazo máximo de vigencia de 18 meses desde la fecha en que se dicta. La Administración tributaria debe aplicar al contribuyente los valores establecidos en este acuerdo, a menos que se modifique la legislación o que cambien de forma significativa las circunstancias económicas que lo fundamentan.

En el supuesto de realización del hecho imponible con anterioridad a la finalización del plazo de 4 meses mencionado en líneas anteriores sin que la Administración tributaria haya dictado el acuerdo de valoración, debe considerarse desistida la solicitud de valoración previa.

Contra el acuerdo de valoración no puede interponerse ningún recurso, sin perjuicio de que los contribuyentes puedan hacerlo contra las liquidaciones que, si procede, se emitan con posterioridad.

c) Obligaciones de información[781]

Se establece que los Notarios están obligados, en los plazos y condiciones que se establezcan por reglamento, a enviar por vía telemática, a las delegaciones de la Dirección General de Tributos y las oficinas liquidadoras, los

---

[780] Vid. artículo 33 de la Ley autonómica 31/2002, de 30 de diciembre, de medidas fiscales y administrativas, artículo 61 de la Ley 19/2010, de 7 de junio, de regulación del Impuesto sobre Sucesiones y Donaciones y artículo 8 del Decreto 414/2011, de 13 de 13 de diciembre por el que se aprueba el Reglamento del Impuesto sobre Sucesiones y Donaciones.

[781] Vid. artículo 15 de la Ley autonómica 7/2004, de 16 de julio, de medidas fiscales y administrativas y Disposición Adicional segunda de la Ley 12/2004, de 27 de diciembre, de medidas financieras.

documentos a que se refieren el artículo 32. 3 de la Ley 29/1987 de 18 diciembre del Impuesto sobre Sucesiones y Donaciones.

A fin de cumplir con las obligaciones tributarias de los contribuyentes y facilitar el acceso telemático de los documentos a los registros públicos, los notarios con destino en Cataluña deben enviar por vía telemática, con la colaboración del Consejo General del Notariado, junto con la copia de las escrituras que autorizan, una declaración informativa notarial de los elementos básicos de las citadas escrituras, de conformidad con lo que dispone la legislación notarial. El Departamento de Economía y Finanzas debe determinar los hechos imponibles a que se refiere la declaración informativa y debe establecer los procedimientos, estructura y plazos en que debe enviarse dicha información[782].

8. Comunidad Autónoma de Extremadura

La Comunidad Autónoma de Extremadura ha fijado las siguientes reglas específicas de gestión:

a) Liquidación

El plazo de presentación de las declaraciones o autoliquidaciones derivadas de los hechos imponibles sujetos al Impuesto sobre Sucesiones y Donaciones en las adquisiciones "mortis causa", será de seis meses a contar desde la fecha de la sucesión o del contrato, y en las adquisiciones a título de donación y equiparables, será de un mes a contar desde la fecha en que se cause el acto o contrato[783].

A partir del 24 de diciembre de 2006, en el caso de transmisiones "mortis causa", los sujetos pasivos estarán obligados a presentar junto con la declaración tributaria a que se refiere el artículo 31 de la Ley 29/1987, de 18 de diciembre, del Impuesto sobre Sucesiones y Donaciones, un certificado emitido por la entidad financiera correspondiente por cada cuenta bancaria de la cual fuera titular el causante, en el que deberán constar los movimientos efectuados en el período del año natural anterior a su fallecimiento.

b) Comprobación de valores[784]

La Administración podrá comprobar el valor real de los bienes y derechos objeto de transmisión o adquisición por los medios de comprobación establecidos en la Ley General Tributaria, a los efectos de los tributos tanto propios como cedidos cuya gestión le corresponda.

---

782 Vid. artículo 67 de la Ley autonómica 19/2010, de 7 de junio, de regulación del Impuesto sobre Sucesiones y Donaciones.

783 Vid. artículo 65 del Decreto Legislativo 1/2013, de 21 de mayo, por el que se aprueba el Texto Refundido de las disposiciones legales de la Comunidad Autónoma en materia de Tributos Cedidos por el Estado.

784 Vid. artículo 70 del Decreto Legislativo autonómico 1/2013, de 21 de mayo, por el que se aprueba el Texto Refundido de las disposiciones legales de la Comunidad Autónoma de Extremadura en materia de Tributos Cedidos por el Estado.

c) Información previa sobre el valor de bienes inmuebles[785]

Se regula mediante remisión al artículo 90 de la Ley General Tributaria. La solicitud de información deberá formularse por escrito en el que deberán describirse de manera detallada el bien y sus características, así como la estimación de valor del mismo.

d) Acuerdos de valoración previa vinculante[786]

Los contribuyentes podrán solicitar a la Administración de la Comunidad que determine, con carácter previo y vinculante, la valoración de rentas, productos, bienes y gastos determinantes de la deuda tributaria, a efectos del Impuesto sobre Sucesiones y Donaciones y del Impuesto sobre Transmisiones Patrimoniales y Actos Jurídicos Documentados, de acuerdo con lo establecido en el artículo 91 de la Ley 58/2003, de 17 de diciembre, General Tributaria.

Las solicitudes de los acuerdos de valoración previa vinculante, deberán presentarse acompañadas de una propuesta de valoración motivada, en la cual deberán describirse de manera detallada el bien y sus características. En el caso de bienes inmuebles esta propuesta de valoración deberá estar firmada por un técnico con la titulación adecuada para realizar dicha valoración.

La Administración podrá requerir a los contribuyentes que soliciten los acuerdos de valoración previa, los documentos y los datos que considere pertinentes a los efectos de la identificación y la valoración correcta de los bienes.

La administración deberá dictar el acuerdo de valoración en el plazo máximo de cuatro meses desde su solicitud.

El acuerdo de valoración tiene un plazo máximo de vigencia de doce meses desde la fecha en que se dicta.

En el supuesto de realización del hecho imponible con anterioridad a la finalización del plazo de cuatro meses sin que la administración tributaria haya dictado el acuerdo de valoración, se considerará que se ha producido el desistimiento de la solicitud de valoración previa.

e) Valoración de inmuebles situados en otras Comunidades Autónomas[787]

La Comunidad Autónoma de Extremadura reconoce eficacia jurídica a los valores establecidos por otra Comunidad Autónoma para los bienes inmuebles situados en su territorio, en virtud de alguno de los medios de valo-

---

785 Vid. artículo 76 del Decreto Legislativo autonómico 1/2013, de 21 de mayo, por el que se aprueba el Texto Refundido de las disposiciones legales de la Comunidad Autónoma de Extremadura en materia de Tributos Cedidos por el Estado.

786 Vid. artículo 77 del Decreto Legislativo autonómico 1/2013, de 21 de mayo, por el que se aprueba el Texto Refundido de las disposiciones legales de la Comunidad Autónoma de Extremadura en materia de Tributos Cedidos por el Estado.

787 Vid. artículo 73 del Decreto Legislativo autonómico 1/2013, de 21 de mayo, por el que se aprueba el Texto Refundido de las disposiciones legales de la Comunidad Autónoma de Extremadura en materia de Tributos Cedidos por el Estado.

ración incluidos en el artículo 57. 1 de la Ley 58/2003, de 17 de diciembre, General Tributaria, y podrá aplicar dichos valores a los efectos de los Impuestos sobre Sucesiones y Donaciones y sobre Transmisiones Patrimoniales y Actos Jurídicos Documentados.

f) Propuestas de liquidación con acuerdo

Se fijan al respecto las siguientes reglas:

En los procedimientos de comprobación limitada, cuando para la elaboración de la propuesta de regularización sea preciso realizar valoraciones relevantes para la obligación tributaria que no puedan determinarse o cuantificarse de manera cierta, la Administración tributaria, con carácter previo a la liquidación de la deuda tributaria, podrá concretar dicha valoración mediante un acuerdo con el obligado tributario en los términos previstos en este artículo.

La propuesta de liquidación con acuerdo, además de los requisitos exigidos por el ordenamiento administrativo y tributario para las comunicaciones dirigidas a los obligados tributarios, deberá incluir necesariamente los siguientes contenidos:

— El fundamento de la valoración realizada.
— Los hechos, fundamentos jurídicos y cuantificación de la propuesta de regularización.
— Manifestación expresa de la conformidad del obligado tributario con la totalidad de los contenidos anteriores.

Para la suscripción de la propuesta de liquidación con acuerdo, será necesaria la autorización expresa del órgano competente para liquidar, que podrá ser previa o simultánea a la suscripción de la propuesta de liquidación con acuerdo.

El acuerdo se perfeccionará mediante la suscripción de la propuesta de liquidación por el obligado tributario o su representante y el órgano competente para efectuar la valoración.

El contenido de la propuesta de liquidación con acuerdo se entenderá íntegramente aceptado por el obligado tributario y la Administración tributaria. La liquidación derivada del acuerdo solo podrá ser objeto de impugnación o revisión en vía administrativa por el procedimiento de declaración de nulidad de pleno derecho previsto en el artículo 217 de la Ley 58/2003, de 17 de diciembre, General Tributaria, sin perjuicio del recurso que pudiera proceder en vía contencioso-administrativa por la existencia de vicios en el consentimiento.

La falta de suscripción de una propuesta de liquidación con acuerdo no podrá ser motivo de recurso o reclamación contra las liquidaciones derivadas del procedimiento[788].

---

[788] Vid. artículo 66 del Decreto Legislativo 1/2013, de 21 de mayo, por el que se aprueba el Texto Refundido de las disposiciones legales de la Comunidad Autónoma de Extremadura en materia de Tributos Cedidos por el Estado.

En cuanto a su tramitación se establecen las siguientes reglas:

— Cuando de los datos y antecedentes obtenidos en las actuaciones de comprobación limitada, la unidad gestora entienda que pudiera proceder la conclusión de un acuerdo por concurrir el supuesto señalado en el artículo anterior, lo pondrá en conocimiento del obligado tributario. Tras esta comunicación, el obligado tributario podrá formular una propuesta con el fin de alcanzar un acuerdo.
— Una vez desarrolladas las oportunas actuaciones para fijar los posibles términos del acuerdo, la unidad gestora solicitará la correspondiente autorización para la suscripción de la propuesta de liquidación con acuerdo del órgano competente para liquidar.
— Una vez firmado el acuerdo, se entenderá dictada y notificada la liquidación de acuerdo con la propuesta formulada si, transcurrido el plazo de 10 días contados a partir del día siguiente al de la fecha del acuerdo, no se ha notificado al obligado tributario una liquidación del órgano competente para rectificar, en su caso, los errores materiales que pudiera contener el acuerdo[789].

g) Tasación pericial contradictoria

El procedimiento de tasación pericial contradictoria se regirá por lo establecido al respecto por la Comunidad Autónoma y, en lo no previsto, por las disposiciones relativas a dicho procedimiento contenidas en el artículo 135 de la Ley 58/2003, de 17 de diciembre, General Tributaria, en los artículos 161 y 162 del Real Decreto 1065/2007, de 27 de julio, por el que se aprueba el Reglamento general de las actuaciones y los procedimientos de gestión e inspección tributaria y de desarrollo de las normas comunes de los procedimientos de aplicación de los tributos y demás disposiciones reguladoras de los impuestos que resulten de aplicación[790].

A partir del 24 de diciembre de 2006, en corrección del resultado obtenido en la comprobación de valores del Impuesto sobre Sucesiones y Donaciones, los interesados podrán promover la práctica de la tasación pericial contradictoria mediante solicitud presentada dentro del plazo del primer recurso o reclamación que proceda contra la liquidación efectuada de acuerdo con los valores comprobados administrativamente.

La presentación de la solicitud de tasación pericial contradictoria o la reserva del derecho a promoverla, en caso de notificación conjunta de los valores y de las liquidaciones que los hayan tenido en cuenta, determinará

---

[789] Vid. artículo 67 del Decreto Legislativo 1/2013, de 21 de mayo, por el que se aprueba el Texto Refundido de las disposiciones legales de la Comunidad Autónoma de Extremadura en materia de Tributos Cedidos por el Estado.

[790] Vid. artículo 74 del Decreto Legislativo 1/2013, de 21 de mayo, por el que se aprueba el Texto Refundido de las disposiciones legales de la Comunidad Autónoma de Extremadura en materia de Tributos Cedidos por el Estado.

la suspensión del ingreso de las liquidaciones practicadas y de los plazos de reclamación contra las mismas[791].

h) Obligaciones de información

Se regulan las siguientes obligaciones de información:

La Administración tributaria de la Comunidad podrá acordar la asignación de una dirección electrónica a los obligados tributarios que no sean personas físicas.

Asimismo, se podrá acordar la asignación de una dirección electrónica a las personas físicas que pertenezcan a los colectivos que, por razón de su capacidad económica o técnica, dedicación profesional u otros motivos acreditados, tengan garantizado el acceso y disponibilidad de los medios tecnológicos precisos.

La dirección electrónica asignada deberá reunir los requisitos establecidos en el ordenamiento jurídico para la práctica de notificaciones administrativas electrónicas con plena validez y eficacia, resultando de aplicación lo dispuesto en los apartados segundo y tercero del artículo 28 de la Ley 11/2007, de 22 de junio, de acceso electrónico de los ciudadanos a los Servicios Públicos.

La práctica de notificaciones en la dirección electrónica no impedirá que la Administración tributaria de la Comunidad Autónoma de Extremadura posibilite que los interesados puedan acceder electrónicamente al contenido de las actuaciones administrativas en la sede electrónica correspondiente con los efectos propios de la notificación por comparecencia.

Transcurrido un mes desde la publicación oficial del acuerdo de asignación, y previa comunicación de éste al obligado tributario, la Administración tributaria de la Comunidad Autónoma de Extremadura practicará, con carácter general, las notificaciones en la dirección electrónica asignada.

La Administración tributaria de la Comunidad Autónoma de Extremadura podrá utilizar la dirección electrónica previamente asignada por otra Administración tributaria, siempre que medie el correspondiente convenio de colaboración, que será objeto de publicidad oficial y comunicación previa al interesado en los términos del apartado anterior.

Asimismo, los obligados a recibir las notificaciones electrónicas podrán comunicar que también se considere como dirección electrónica cualquier otra que haya sido habilitada por otra Administración tributaria para recibir notificaciones administrativas electrónicas con plena validez y eficacia.

Fuera de los supuestos contemplados en este artículo, para que la notificación se practique utilizando algún medio electrónico, se requerirá que el

---

[791] Vid. artículos 135, de la Ley 58/2003, de 17 de diciembre, General Tributaria y artículos 161 y 162 del Real Decreto 1065/2007, de 27 de julio, por el que se aprueba el Reglamento general de las actuaciones y los procedimientos de gestión e inspección y de desarrollo de las normas comunes de los procedimientos de aplicación de los tributos y demás disposiciones reguladoras de los impuestos que resulten de aplicación.

interesado haya señalado dicho medio como preferente o haya consentido su utilización.

El régimen de asignación de la dirección electrónica en el ámbito de la Administración tributaria de la Comunidad Autónoma de Extremadura se regulará mediante Orden del Consejero competente en materia de hacienda[792].

A partir del 24 de diciembre de 2006, la Consejería de Hacienda y Presupuesto, a efectos de determinar las bases imponibles del Impuesto sobre Sucesiones y Donaciones, informará, a solicitud del interesado, sobre el valor fiscal de los bienes inmuebles radicados en el territorio de la Comunidad.

La solicitud de información deberá formularse por escrito en el que deberán describirse de manera detallada el bien y sus características, así como la estimación de valor del mismo[793].

A partir del 24 de diciembre de 2006, los Registradores de la Propiedad y Mercantiles con destino en la Comunidad Autónoma de Extremadura remitirán trimestralmente a la Dirección General de Ingresos relación de los documentos que contengan actos o contratos sujetos al Impuesto sobre Sucesiones y Donaciones que se presenten a inscripción en sus Registros cuando el pago de dichos tributos o la presentación de la declaración tributaria se haya realizado en otra Comunidad Autónoma, en la forma y condiciones que determine la Consejería competente en materia de Hacienda[794].

Los Notarios con destino en la Comunidad Autónoma y con el fin de facilitar el cumplimiento de las obligaciones tributarias de los contribuyentes y facilitar el acceso telemático de los documentos a los registros públicos, remitirán con la colaboración del Consejo General del Notariado por vía telemática a la Dirección General de Ingresos de la Consejería de Hacienda y Presupuesto, una declaración informativa notarial de los elementos básicos de las escrituras por ellos autorizadas, así como la copia electrónica de las mismas de conformidad con lo dispuesto en la legislación notarial, de los hechos imponibles que determine citada Consejería[795].

9. *Comunidad Autónoma de Galicia*

La Comunidad Autónoma de Galicia ha establecido las siguientes normas específicas de gestión:

---

[792] Vid. artículo 68 del Decreto Legislativo 1/2013, de 21 de mayo, por el que se aprueba el Texto Refundido de las disposiciones legales de la Comunidad Autónoma de Extremadura en materia de Tributos Cedidos por el Estado.

[793] Vid. artículo 76 del Decreto Legislativo 1/2013, de 21 de mayo, por el que se aprueba el Texto Refundido de las disposiciones legales de la Comunidad Autónoma de Extremadura en materia de Tributos Cedidos por el Estado.

[794] Vid. artículo 69. 2 del Decreto Legislativo autonómico 1/2013, de 21 de mayo, por el que se aprueba el Texto Refundido de las disposiciones legales de la Comunidad Autónoma de Extremadura en materia de Tributos Cedidos por el Estado.

[795] Vid. artículo 69. 1 del Decreto Legislativo autonómico 1/2013, de 21 de mayo, por el que se aprueba el Texto Refundido de las disposiciones legales de la Comunidad Autónoma de Extremadura en materia de Tributos Cedidos por el Estado.

a) Liquidación

Se establece con carácter obligatorio el régimen de autoliquidación.

Se fija la posibilidad de la presentación de declaraciones o declaraciones-liquidaciones del impuesto y de los documentos complementarios, así como celebrar acuerdos con otras administraciones públicas, así como con las entidades, instituciones y organismos a que se refiere el artículo 92 de la Ley 58/2003, de 17 de diciembre, General Tributaria, para hacer efectiva la colaboración social en la presentación e ingreso de las citadas declaraciones o declaraciones-liquidaciones mediante la utilización de las técnicas y medios electrónicos, informáticos y telemáticos[796].

b) Beneficios fiscales no aplicables de oficio

Los beneficios fiscales que dependan del cumplimiento por el contribuyente de cualquier requisito en un momento posterior al devengo no se aplicarán de oficio, habiendo de solicitarse expresamente por el contribuyente en el periodo reglamentario de presentación de la declaración del impuesto, practicándose dichos beneficios fiscales en la correspondiente autoliquidación.

En el caso de declaración extemporánea sin requerimiento previo, la solicitud deberá realizarse en la presentación de la declaración, practicándose dichos beneficios fiscales en la correspondiente autoliquidación.

En el supuesto de que en la autoliquidación presentada no se hubiesen aplicado los citados beneficios fiscales, no podrá rectificarse con posterioridad en cuanto a la aplicación del beneficio fiscal, salvo que la solicitud de rectificación se hubiese presentado en el periodo reglamentario de declaración.

La ausencia de solicitud del beneficio fiscal dentro del plazo reglamentario de declaración o su no aplicación en la autoliquidación se entenderá como una renuncia a la aplicación del mismo.

En caso de incumplimiento de los requisitos que hayan de cumplirse con posterioridad al devengo del impuesto, deberá ingresarse la cantidad derivada del beneficio fiscal junto con los intereses de demora. A estos efectos, el sujeto pasivo deberá practicar la correspondiente autoliquidación y presentarla en el plazo señalado en la norma que regula el beneficio fiscal, a computar desde el momento en que se incumplieran los requisitos.

Cuando la norma que regula el beneficio fiscal no establezca un plazo, el ingreso y presentación de la autoliquidación se hará dentro del plazo reglamentario de declaración establecido en las normas reguladoras de cada tributo[797].

---

[796] Vid. artículo 21 del Decreto Legislativo autonómico 1/2011 de 28 julio por el que se aprueba el Texto Refundido de las disposiciones legales de la Comunidad Autónoma de Galicia en materia de tributos cedidos por el Estado.

[797] Vid. artículo 23 del Decreto Legislativo autonómico 1/2011 de 28 julio por el que se aprueba el Texto Refundido de las disposiciones legales de la Comunidad Autónoma de Galicia

c) Obligaciones formales[798]

Sin perjuicio de que la persona titular de la consejería competente en materia de hacienda autorice su ingreso en entidades colaboradoras, las declaraciones o declaraciones-liquidaciones del impuesto deberán presentarse directamente en los servicios de gestión tributaria de las jefaturas territoriales de la consejería competente en materia de hacienda o en las oficinas liquidadoras de distrito hipotecario que, a cargo de registradores de la propiedad, tienen encomendadas todas o algunas de las funciones relativas a la aplicación de estos impuestos.

No obstante, la persona titular de la consejería competente en materia de hacienda podrá autorizar la presentación de las citadas declaraciones o declaraciones-liquidaciones por vía telemática, así como celebrar acuerdos con otras administraciones públicas, o con las entidades, instituciones y organismos a que se refiere el artículo 92 Ley 58/2003 de 17 diciembre, General Tributaria, para hacer efectiva la colaboración social en la presentación e ingreso de las citadas declaraciones o declaraciones-liquidaciones mediante la utilización de las técnicas y medios electrónicos, informáticos y telemáticos. Mediante orden se determinarán los supuestos y condiciones en los que los obligados tributarios deberán presentar por medios telemáticos sus declaraciones, declaraciones-liquidaciones o cualquier otro documento con trascendencia tributaria.

Al objeto de facilitar el cumplimiento de las obligaciones tributarias de los contribuyentes, la consejería competente en materia de hacienda, en el ámbito de sus competencias, facilitará e impulsará la presentación telemática de las escrituras públicas, y desarrollará los instrumentos jurídicos, técnicas y medios electrónicos, informáticos y telemáticos necesarios para tal fin.

Con efectos a partir del 1 de enero de 2012, se añade un apartado en el que se especifica que las declaraciones o declaraciones-liquidaciones se presentarán en los plazos y forma que se determine mediante orden de la consejería competente en materia de hacienda.

d) Comprobación de valores

Se establecen al respecto las siguientes reglas básicas:

Para efectuar la comprobación de valores, la Administración tributaria podrá utilizar, indistintamente, cualquier medio de los contemplados en el artículo 57 de la Ley 58/2003, de 17 de diciembre, General Tributaria.

La Comunidad Autónoma reconoce eficacia jurídica a los valores establecidos por otra Comunidad Autónoma para los bienes inmuebles ubicados en su territorio, en virtud de alguno de los medios de valoración incluidos en el artículo 57. 1º de la Ley 58/2003, de 17 de diciembre, General Tributaria, y

---

en materia de tributos cedidos por el Estado, en su redacción dada por el artículo 76, Uno, de la Ley autonómica 2/2013, de 27 de febrero de Presupuestos Generales de la Comunidad.

[798] Ibídem, artículo 21.

podrá aplicar estos valores a los efectos de los Impuestos sobre Sucesiones y Donaciones.

En las comprobaciones de valor de inmuebles por el medio establecido en el artículo 57. 1º, b) de la Ley 58/2003, General Tributaria, la Administración tributaria podrá aplicar coeficientes multiplicadores que se aprueben y publiquen mediante orden de la consejería competente en materia de hacienda a los valores contenidos en el catastro inmobiliario.

Tratándose de otro tipo de bienes, la comprobación de valores podrá referirse directamente a los que figuren en los registros oficiales de carácter fiscal que determine la Administración tributaria gallega, la cual podrá declarar el reconocimiento como registro oficial de carácter fiscal de cualquier registro elaborado o asumido como oficial por la Xunta de Galicia que incluya valores de esos bienes, siempre que se aprueben y publiquen mediante orden de la consejería competente en materia de hacienda. En la aplicación de los valores procedentes de estos registros podrá procederse a su actualización mediante los índices de variación de precios publicados por las distintas administraciones públicas o por instituciones especializadas.

En las comprobaciones de valor de inmuebles por el medio establecido en el artículo 57. 1º, c) de la Ley 58/2003, General Tributaria, la Administración tributaria aprobará y publicará la metodología empleada en su cálculo, que incluirá las tablas de los propios precios medios resultantes o bien las tablas de las componentes o valores básicos de construcción y gastos/ beneficios, así como de los coeficientes singularizadores en adaptación de los precios medios a la realidad física del bien a valorar. Esta normativa técnica se aprobará mediante orden de la consejería competente en materia de hacienda.

Las tablas se actualizarán periódicamente conforme a las variaciones del mercado inmobiliario, pudiendo adoptarse, para este caso, los índices de variación de precios inmobiliarios publicados por las distintas administraciones públicas o por instituciones especializadas en estadística inmobiliaria.

Será suficiente la motivación de la comprobación de valor que incluya una correcta identificación del bien, una aplicación del precio medio que corresponda y una adaptación del mismo al caso concreto a través de los coeficientes singularizadores que determine la normativa técnica señalada en el párrafo primero.

Las comprobaciones de valor de los inmuebles a través de precios medios de mercado podrán realizarse de forma automatizada a través de técnicas y medios electrónicos, informáticos y telemáticos de acuerdo con lo establecido en el artículo 96 de la Ley 58/2003, General Tributaria.

En las comprobaciones de valor de inmuebles por el medio establecido en el artículo 57. 1º, e) de la Ley 58/2003, de 17 de diciembre, General Tributaria, estas podrán tomar como referencia, a los efectos de motivación suficiente, los valores contenidos en los registros oficiales de carácter fiscal, los valores básicos y los precios medios de mercado.

Cuando en las comprobaciones de valor de empresas, negocios, participaciones en entidades y en general cualquier otra forma de actividad económica, por el medio establecido en el artículo 57. 1º, e) de la Ley 58/2003, de 17 de diciembre, General Tributaria, el perito utilice sistemas de capitalización, el tipo de interés a aplicar será el interés de demora[799].

e) Tasación pericial contradictoria[800]

En el transcurso de los procedimientos de tasación pericial contradictoria acordados por órganos u oficinas dependientes de la consejería competente en materia de hacienda y promovidos contra actos de comprobación de valor, cuando el perito tercero exija que con anterioridad al desempeño de su cometido se haga provisión de fondos por el importe de sus honorarios, los depósitos que corresponden a la Administración e interesado se realizarán en el plazo de diez días en la Caja de Depósitos de la jefatura territorial de la consellería competente en materia de hacienda en que se tramite la tasación pericial contradictoria[801].

La tramitación de la tasación pericial contradictoria se ajustará a las reglas establecidas por el artículo 29 del Decreto legislativo 1/2011 de 28 julio.

f) Obligaciones de información:

Con el fin de facilitar el cumplimiento de las obligaciones tributarias de los contribuyentes y el acceso telemático de los documentos a los registros públicos, los Notarios destinados en la Comunidad Autónoma de Galicia, en colaboración con el Consejo General del Notariado, remitirán por vía telemática a la consejería competente en materia de hacienda una declaración informativa notarial comprensiva de los elementos básicos de la escritura y confeccionada con los datos existentes en el índice único informatizado notarial al que se refiere el artículo 17 de la Ley, de 28 de mayo de 1862, del notariado[802].

La declaración informativa notarial o ficha notarial deberá reproducir fielmente los elementos básicos de la escritura, sobre todo aquellos que ten-

[799] Vid. artículo 76, Dos de la Ley autonómica 2/2013, de 27 de febrero, de Presupuestos Generales de la Comunidad para el año 2013, por el que se da nueva redacción al artículo 27 del Decreto Legislativo 1/2011 de 28 julio, por el que se aprueba el Texto Refundido de las disposiciones legales de la Comunidad Autónoma en materia de tributos cedidos por el Estado.

[800] Vid. artículo 29 del Decreto Legislativo 1/2011 de 28 julio por el que se aprueba el Texto Refundido de las disposiciones legales de la Comunidad Autónoma de Galicia en materia de tributos cedidos por el Estado.

[801] Vid. artículo 28 .4 del Decreto Legislativo 1/2011 de 28 julio por el que se aprueba el Texto Refundido de las disposiciones legales de la Comunidad Autónoma de Galicia en materia de tributos cedidos por el Estado.

[802] Vid. artículo 21 del Decreto Legislativo autonómico 1/2011 de 28 julio por el que se aprueba el Texto Refundido de las disposiciones legales de la Comunidad Autónoma de Galicia en materia de tributos cedidos por el Estado.

gan relevancia a efectos tributarios, y el notario velará por la más estricta veracidad de la ficha, así como por su correspondencia con los documentos públicos autorizados e intervenidos, y será responsable de cualquier discrepancia que exista entre aquella y estos. También deberán remitir, a solicitud de la consejería competente en materia de hacienda, copia electrónica de las mismas, de conformidad con lo dispuesto en la legislación notarial.

La ficha resumen notarial sustituirá al documento notarial en los supuestos que determine por orden la consejería competente en materia de hacienda, que, además, establecerá los procedimientos, estructura y plazos en que debe ser remitida la información.

También los Registradores de la Propiedad Inmobiliaria y Mercantiles con destino en la Comunidad Autónoma de Galicia estarán obligados a remitir trimestralmente a la consellería competente en materia de hacienda una relación de los documentos conteniendo actos o contratos sujetos al Impuesto sobre Sucesiones y Donaciones que se presenten a inscripción en sus registros, cuando el pago de dicho tributo o la presentación de la declaración tributaria se realizara en una comunidad autónoma distinta a esta[803].

La consejería competente en materia de hacienda determinará el contenido de la información a remitir, los modelos de declaración y plazos de presentación, así como las condiciones en que la presentación mediante soporte legible por ordenador o mediante transmisión por vía telemática será obligatoria.

Asimismo, se establece la obligación de suministro de información sobre otorgamiento de concesiones.

A este respecto se establece que las administraciones públicas que otorguen concesiones o actos y negocios administrativos, cualquiera que sea su modalidad o denominación, por los que, como consecuencia del otorgamiento de facultades de gestión de servicios públicos o de la atribución del uso privativo o de aprovechamiento especial de bienes de dominio o uso público, se origine un desplazamiento patrimonial en favor de particulares, están obligadas a poner en conocimiento de la Agencia tributaria de Galicia las citadas concesiones, actos o negocios otorgados, indicando su naturaleza, fecha y objeto de la concesión, así como los datos identificativos del concesionario o autorizado.

La consejería competente en materia de hacienda establecerá los procedimientos, estructura, formato, plazos y condiciones en que ha de ser remitida la declaración informativa[804].

---

803 Vid. artículo 33 del Decreto Legislativo 1/2011 de 28 julio, por el que se aprueba el Texto Refundido de las disposiciones legales de la Comunidad Autónoma de Galicia en materia de tributos cedidos por el Estado.

804 Vid. artículo 37 del Decreto Legislativo 1/2011 de 28 julio, por el que se aprueba el Texto Refundido de las disposiciones legales de la Comunidad Autónoma de Galicia en materia de tributos cedidos por el Estado, añadido por el artículo 76. Tres, de la Ley autonómica 2/2013, de 27 de febrero de Presupuestos Generales de la Comunidad para el año 2013.

Finalmente se fija la obligación del suministro de información sobre bienes muebles usados, estableciendo que los empresarios dedicados a la reventa, con o sin transformación, de bienes muebles usados, cuyas adquisiciones hayan de tributar por el Impuesto sobre Transmisiones Patrimoniales y Actos Jurídicos Documentados, en la modalidad de transmisiones patrimoniales onerosas, deberán presentar una declaración informativa de las adquisiciones de bienes realizadas.

Esta declaración informativa sustituye a la presentación del documento comprensivo del hecho imponible a que se refieren los artículos 98 y 101 del Reglamento del Impuesto sobre Transmisiones Patrimoniales y Actos Jurídicos Documentados, aprobado por Real Decreto 828/1995, de 29 de mayo.

La consejería competente en materia de hacienda determinará los modelos de declaración y plazos de presentación, el contenido de la información que ha de remitirse, así como las condiciones en las cuales la presentación mediante soporte directamente legible por ordenador o mediante transmisión por vía telemática será obligatoria. En ambos casos, estas declaraciones tendrán la consideración de tributarias para todos los efectos regulados en la Ley General Tributaria[805].

10. Comunidad Autónoma de les Illes Balears

La Ley 3/2008, de 14 de abril crea la Agencia tributaria de las Illes Balears, a la que se le asigna todo lo concerniente a la aplicación de los tributos propios y cedidos.

La Comunidad Autónoma de las Illes Balears ha establecido las siguientes normas específicas de gestión:

a) Liquidación del impuesto. Forma y lugar de presentación de declaraciones.

En el ámbito del Impuesto sobre Sucesiones y Donaciones y en relación con los diversos procedimientos de gestión tributaria, el plazo de caducidad será de 6 meses.

A los efectos de entender cumplida la obligación de notificar la resolución correspondiente dentro del mencionado plazo, serán aplicables las reglas que contiene el apartado 2 del artículo 104 de la Ley General Tributaria. En particular, y entre otros supuestos que pueden fijarse reglamentariamente, la tramitación de un procedimiento de comprobación de valores será causa de suspensión del cómputo del plazo de caducidad de los demás procedimientos de gestión.

---

805 Vid. artículo 38 del Decreto Legislativo 1/2011 de 28 julio, por el que se aprueba el Texto Refundido de las disposiciones legales de la Comunidad Autónoma de Galicia en materia de tributos cedidos por el Estado, añadido por el artículo 76. Cuatro, de la Ley autonómica 2/2013, de 27 de febrero, de Presupuestos Generales de la Comunidad para el año 2013.

El plazo de caducidad se puede ampliar, con el alcance y los requisitos que reglamentariamente se determinen, por otro período que no podrá exceder de 6 meses, cuando se produzca alguna de las circunstancias siguientes:

Cuando las actuaciones revistan una especial complejidad. A tales efectos, se entenderá que se cumple esta circunstancia, entre otros supuestos, cuando concurra alguno de los siguientes hechos:

Un número elevado de causahabientes en la sucesión o la existencia de desavenencias entre ellos que incidan en la tramitación del procedimiento.

Un número elevado de bienes de la herencia o donación respecto de los cuales el obligado o los obligados tributarios soliciten la aplicación de la reducción correspondiente de entre aquéllas reguladas en los títulos I y II, respectivamente, de esta ley, especialmente aquéllas referidas a la adquisición de bienes o derechos afectos a actividades económicas o a la adquisición de participaciones en entidades.

La dispersión geográfica de los bienes o las actividades del causante, especialmente en el caso de bienes situados fuera del territorio de las Illes Balears.

Cualesquiera otras circunstancias que se establezcan reglamentariamente.

Cuando en el desarrollo de las actuaciones se descubra que ha habido ocultación de bienes por parte del obligado tributario.

Los acuerdos de ampliación del plazo de caducidad, en todos los casos, deben que ser motivados, con referencia a los hechos y fundamentos de derecho[806].

Se otorga carácter obligatorio a la autoliquidación[807].

El consejero competente en materia de hacienda podrá autorizar la presentación de las declaraciones-liquidaciones o autoliquidaciones del impuesto ante las oficinas liquidadoras de distrito hipotecario a cargo de los registradores de la propiedad o ante las oficinas liquidadoras a cargo de los registradores mercantiles, a las cuales también se les podrá encomendar funciones de gestión y liquidación del impuesto. Asimismo, podrá subscribir acuerdos con otras administraciones públicas y entidades para hacer efectiva la colaboración externa en la presentación y en la gestión tributaria de dichas declaraciones.

Por otra parte, el consejero competente en materia de hacienda podrá autorizar la presentación de declaraciones-liquidaciones o autoliquidaciones por medios telemáticos en aquellos tributos o modalidades de estos tributos que resulten susceptibles de esta forma de presentación.

Los Notarios que ejerzan sus funciones dentro del ámbito de las Illes Balears y en relación con los documentos notariales por ellos autorizados so-

---

806 Vid. artículo 46 de la Ley autonómica 22/2006, de 19 de diciembre, de reforma del Impuesto sobre Sucesiones y Donaciones.

807 Vid. artículo 27 de la Ley 6/2007, de 27 de diciembre, de Medidas tributarias y económico-administrativas.

metidos a tributación por algún concepto impositivo cuya competencia de gestión tributaria corresponda a la comunidad autónoma de las Illes Balears, tendrán que remitir, a solicitud del contribuyente o de su representante, las copias autorizadas de las matrices a la Administración tributaria autonómica a efectos de la liquidación de los tributos correspondientes[808].

En relación con la gestión del impuesto se establece lo siguiente:

Cuando el órgano o la oficina liquidadora donde se presente la declaración o autoliquidación del impuesto se considere incompetente, dicho órgano u oficina deberá remitir la documentación correspondiente al órgano u oficina que considere competente. La remisión se hará de oficio y sin necesidad de notificación personal al presentador de los documentos.

Los Registradores de la Propiedad radicados en el ámbito territorial de las Illes Balears deben poner en conocimiento de la consejería competente en materia de hacienda los actos y contratos que se presenten a inscripción en los correspondientes registros y que hayan dado lugar a la liquidación del impuesto en otras comunidades autónomas.

El consejero competente en materia de hacienda deberá establecer la forma de justificación del pago y de la presentación de los documentos a liquidar por este impuesto ante los registros en los que tengan que inscribirse, así como el procedimiento para que los Registradores de la Propiedad radicados dentro del ámbito territorial de las Illes Balears puedan verificar por procedimientos telemáticos la realidad del ingreso y de la presentación de los documentos.

b) Tasación pericial contradictoria[809]

Por lo que respecta a la corrección del resultado obtenido en la comprobación de valores mediante cualquiera de los medios previstos en el artículo 57 de la Ley 58/2003, de 17 de diciembre, General Tributaria, en el ámbito del Impuesto sobre Sucesiones y Donaciones, las personas interesadas podrán promover la tasación pericial contradictoria mediante una solicitud presentada en el plazo del primer recurso o reclamación interpuestos contra la liquidación efectuada de acuerdo con los valores comprobados administrativamente, o contra el acto de comprobación de valores debidamente notificado.

En caso de que la persona interesada estime que la notificación no contiene la expresión suficiente de los datos y los motivos tenidos en cuenta para elevar los valores declarados y denuncie su omisión en un recurso de reposición o en una reclamación económico-administrativa y se reserve el derecho a

[808] Vid. artículo 28 de la Ley autonómica 6/2007, de 27 de diciembre, de Medidas tributarias y económico-administrativas.

[809] Vid. artículo 5 del Decreto Ley 4/2012 de 30 marzo, de Medidas tributarias para la reducción del déficit de la Comunidad, reemplazado por el artículo 5 de la Ley autonómica 12/2012, de 26 de septiembre, de medidas tributarias para la reducción del déficit de la Comunidad Autónoma de las Illes Balears.

promover una tasación pericial contradictoria, el plazo a que hace referencia el párrafo anterior se contará desde la fecha en que sea firme en vía administrativa el acuerdo que resuelva el recurso o la reclamación interpuestos.

La presentación de la solicitud de tasación pericial contradictoria, o la reserva del derecho a promoverla, determinará la suspensión de la ejecutividad de la liquidación y del plazo para la interposición de un recurso o una reclamación.

c) Acuerdos previos de valoración[810]

Los contribuyentes pueden solicitar a la Administración tributaria autonómica que determine, con carácter previo y vinculante, la valoración de las rentas, productos, bienes, gastos y otros elementos del hecho imponible del impuesto.

La solicitud debe presentarse por escrito dos meses antes de la realización del hecho imponible, a excepción de las adquisiciones por causa de muerte sujetas al Impuesto sobre Sucesiones y Donaciones, que deberá presentarse 3 meses antes de la finalización del plazo para la presentación de la declaración correspondiente. Deberá adjuntarse a la solicitud una propuesta de valoración que, en el caso de bienes inmuebles, tendrá que ser suscrita por un perito con título suficiente para realizar la valoración.

La Administración tributaria autonómica puede comprobar los elementos de hecho y las circunstancias declaradas por el contribuyente. Para hacerlo, puede requerir los documentos que considere oportunos para una valoración correcta de los bienes.

La valoración de la Administración tributaria autonómica debe emitirse por escrito, en el plazo máximo de dos meses desde que se presentó la solicitud, con indicación de las siguientes circunstancias:

— Su carácter vinculante.
— Supuesto de hecho al cual se refiere.
— Impuesto al cual se aplica.

La falta de contestación de la Administración tributaria en plazo, por causas no imputables al contribuyente, implicará la aceptación de los valores por él propuestos. La Administración tributaria está obligada a aplicar al contribuyente los valores expresados en el acuerdo, salvo que se modifique la legislación, o varíen significativamente las circunstancias económicas que fundamentaron su valoración.

El acuerdo tendrá un plazo máximo de vigencia de 6 meses.

Los contribuyentes no pueden interponer recurso contra los acuerdos de valoración, sin perjuicio de que lo puedan hacer contra las liquidaciones que se puedan dictar ulteriormente[811].

---

[810] Vid. artículo 13 de la Ley 11/2002 de 23 diciembre, de Medidas tributarias y administrativas. El artículo 50 de la Ley autonómica 22/2006, de 19 de diciembre, regula la consulta de carácter vinculante sobre información de valores de inmuebles ubicados en la Comunidad.

[811] Vid. artículo 51 de la Ley autonómica 22/2006, de 19 de diciembre, de reforma del Impuesto sobre Sucesiones y Donaciones.

d) Obligaciones formales del sujeto pasivo[812]

En las transmisiones por causa de muerte, junto con la declaración o autoliquidación, el sujeto pasivo debe aportar los documentos que se indican a continuación:

Certificaciones de defunción del causante y del registro general de actos de última voluntad.

Copia autorizada de las disposiciones testamentarias y, en su defecto, testimonio de la declaración de herederos.

Un ejemplar de los contratos de seguro concertados por el causante o de la certificación expedida por la entidad aseguradora en el caso del seguro colectivo.

Justificación documental de las cargas, los gravámenes, las deudas y los gastos cuya deducción se solicite, de la edad de los causahabientes menores de 21 años, así como, en su caso, de los saldos de depósitos y cuentas en entidades financieras.

Un certificado emitido por la entidad financiera correspondiente relativo a cada depósito o cuenta de que sea titular el causante.

11. Comunidad Autónoma de La Rioja

La Comunidad Autónoma de la Rioja ha establecido las siguientes especificidades en materia de gestión:

a) Liquidación

Se establece la previsión de la declaración liquidación del impuesto y de los documentos complementarios, así como que el ingreso pueda hacerse por vía telemática.

Se establecen los siguientes requisitos para la acreditación de la presentación y el pago junto con sus reglas de aplicación:

El pago de las deudas tributarias se considerará válido y tendrá efectos liberatorios únicamente en los supuestos en que dichos pagos se hayan efectuado en cuentas de titularidad de la Comunidad Autónoma de La Rioja a favor de ésta y utilizando a tal efecto los modelos de declaración aprobados por la Consejería competente en materia de hacienda.

Los pagos que se realicen en órganos de recaudación incompetentes, es decir, aquellos ajenos a la Comunidad Autónoma de La Rioja sin convenio al respecto con ésta, o a personas no autorizadas para ello, no liberarán en ningún caso al deudor de su obligación de pago, ni a las autoridades y funcionarios de las responsabilidades que se deriven de la admisión de documentos presentados a fin distinto de su liquidación sin la acreditación del pago de la deuda tributaria o la presentación de la declaración tributaria en oficinas de la Comunidad Autónoma de La Rioja.

---

[812] Vid. artículo 39 de la Ley autonómica 22/2006 de 19 diciembre, de reforma del Impuesto sobre Sucesiones y Donaciones.

La presentación y/o el pago del impuesto sólo se entenderán acreditados cuando el documento presentado lleve incorporada la nota justificativa de la presentación junto con el correspondiente ejemplar de la autoliquidación y ambos debidamente sellados por los órganos tributarios de la Administración de la Comunidad Autónoma de La Rioja, y conste en ellos el pago del tributo o la declaración de no sujeción o del beneficio fiscal aplicable.

En el supuesto de declaraciones tributarias cuyo pago y/o presentación se haya efectuado por los medios telemáticos habilitados por la Administración de la Comunidad Autónoma de La Rioja, la acreditación de la presentación y pago se ajustará a la normativa dictada al efecto por la Consejería competente en materia de hacienda[813].

b) Obligaciones de información

Los Notarios con destino en la Comunidad Autónoma de La Rioja remitirán por vía telemática a la Dirección General de Tributos del Gobierno de La Rioja, con la colaboración del Consejo General de Notariado y conforme a lo dispuesto en la legislación notarial, una ficha resumen de los elementos básicos de las escrituras que autoricen así como la copia electrónica de las mismas, sobre los hechos imponibles que determine la Consejería de Hacienda y Empleo[814].

Los Registradores de la Propiedad y Mercantiles con destino en el ámbito territorial de la Comunidad Autónoma de La Rioja deberán remitir a la Dirección General de Tributos, en la primera quincena de cada trimestre, una declaración con la relación de los documentos relativos a actos o contratos sujetos al impuesto sobre Sucesiones y Donaciones que se presenten a inscripción, cuando el pago o la presentación de la declaración se haya realizado en otra Comunidad Autónoma a la que no corresponda el rendimiento de los impuestos. Dicha declaración irá referida al trimestre anterior[815].

b) Comprobación e información sobre valores[816]

La Consejería de Hacienda y Empleo, a través de la Dirección General de Tributos, podrá hacer públicos los valores mínimos de referencia basados en los precios medios de mercado, a declarar por bienes inmuebles, a efectos del Impuesto sobre Sucesiones y Donaciones.

La difusión de la citada información no impedirá la posterior comprobación administrativa pero, cuando el contribuyente haya ajustado su decla-

---

[813] Vid. artículo 28 de la Ley autonómica 5/2008, de 23 de diciembre, de Medidas fiscales y administrativas para 2009.

[814] Vid. artículo 19 de la Ley autonómica 9/2004 de 22 diciembre, de Medidas Fiscales y Administrativas para el año 2005.

[815] Vid. artículo 21 de la Ley autonómica 13/2005 de 16 de diciembre, de Medidas Fiscales y Administrativas para el año 2006.

[816] Vid. artículo 22 de la Ley autonómica 13/2005, de 16 de diciembre, de Medidas Fiscales y Administrativas para el año 2006.

ración a los valores mínimos de referencia, no incurrirá en ningún tipo de responsabilidad derivada del valor declarado.

c) Tasación pericial contradictoria

La presentación de la solicitud de tasación pericial contradictoria o la reserva del derecho a promoverla, en caso de notificación conjunta de los valores y de las liquidaciones que los hayan tenido en cuenta, determinará la suspensión del ingreso de las liquidaciones practicadas y de los plazos de reclamación contra las mismas[817].

12. Comunidad Autónoma de Madrid

La Comunidad de Madrid ha establecido las siguientes especificaciones en materia de gestión:

a) Liquidación

Se establece la previsión de la presentación de la declaración liquidación del impuesto y de los documentos complementarios, así como el ingreso que pueda realizarse por vía telemática[818].

b) Obligaciones de información

Los Registradores de la Propiedad y Mercantiles con destino en el ámbito territorial de la Comunidad de Madrid deberán remitir a la Consejería de Hacienda, en la primera quincena de cada trimestre, una declaración con la relación de los documentos relativos a actos o contratos sujetos al impuesto que se presenten a inscripción, cuando el pago o la presentación de la declaración se haya realizado en otra Comunidad Autónoma a la que no corresponda el rendimiento de los impuestos. Dicha declaración irá referida al trimestre anterior.

Mediante convenio entre la Comunidad de Madrid y el Colegio de Registradores de la Propiedad y Mercantiles de Madrid o, en su defecto, por Orden de la Consejería de Hacienda, podrá establecerse el formato, condiciones, diseño y demás extremos necesarios para el cumplimiento de las obligaciones formales a que se refiere el apartado anterior, que podrá consistir en soporte legible por ordenador o mediante transmisión por vía telemática[819].

---

[817] Vid. artículo 14 de la Ley autonómica 10/2010, de 16 de diciembre, de Medidas Fiscales y Administrativas para el año 2011.

[818] Vid. artículo 52 del Decreto Legislativo autonómico 1/2010 de 21 octubre, por el que se aprueba el Texto Refundido de las disposiciones legales de la Comunidad de Madrid en materia de Tributos Cedidos por el Estado.

[819] Vid. artículo 49 del Decreto Legislativo autonómico 1/2010 de 21 octubre, por el que se aprueba el Texto Refundido de las disposiciones legales de la Comunidad de Madrid en materia de Tributos Cedidos por el Estado, anteriormente recogido en el artículo 7 de la Ley 5/2004, de 28 de diciembre, de Medidas Fiscales y Administrativas con efectos desde el 1 de enero de 2005.

Los Notarios con destino en la Comunidad de Madrid remitirán por vía telemática a la Dirección General de Tributos de la Consejería de Hacienda, un documento informativo de los elementos básicos de las escrituras por ellos autorizadas, así como la copia electrónica de las mismas de conformidad con lo dispuesto en la legislación notarial.

Este documento informativo deberá remitirse respecto de los hechos imponibles que determine la Consejería de Hacienda, quien, además, establecerá los procedimientos, estructura y plazos en los que debe ser remitida esta información, dentro de los límites establecidos en la Ley General Tributaria. El justificante de la recepción por parte de la Administración de la copia electrónica de la escritura, en los términos que determine la Consejería de Hacienda, junto con el ejemplar para el interesado de la autoliquidación en la que conste el pago del tributo o la no sujeción o exención, debidamente validada, en la forma determinada por la Consejería de Hacienda, serán requisitos suficientes para justificar el pago de la liquidación correspondiente, su exención o no sujeción.

En todo caso, el justificante de presentación o pago telemático regulado por la Consejería de Hacienda servirá, a todos los efectos, de justificante de presentación y pago de la autoliquidación[820].

La Consejería de Hacienda habilitará un sistema de confirmación permanente e inmediata que posibilite a las oficinas y registros públicos, juzgados y tribunales verificar la concordancia del justificante de presentación o pago telemático con los datos que constan en la Administración Tributaria[821].

13. Comunidad Autónoma de Murcia

La Ley autonómica 14/2012, de 27 de diciembre, de medidas tributarias, administrativas y de reordenación del sector público regional crea la Agencia Tributaria de la Región, pasando a depender las oficinas liquidadoras de la misma y asumiendo las distintas funciones de aplicación de los tributos.

La Comunidad Autónoma de la Región de Murcia regula las siguientes normas relativas a la gestión del impuesto:

a) Liquidación. Lugar de presentación de las declaraciones[822]

Se establece el carácter obligatorio de las autoliquidaciones.

---

[820] Vid, artículo 48. 2 del Decreto Legislativo autonómico 1/2010 de 21 octubre, por el que se aprueba el Texto Refundido de las disposiciones legales de la Comunidad de Madrid en materia de Tributos Cedidos por el Estado.

[821] Vid, artículo 48. 3, del Decreto Legislativo autonómico 1/2010 de 21 octubre, por el que se aprueba el Texto Refundido de las disposiciones legales de la Comunidad de Madrid en materia de Tributos Cedidos por el Estado.

[822] Vid. artículo 10. Uno, del Decreto Legislativo autonómico 1/2010 de 5 de noviembre, por el que se aprueba el Texto Refundido de las disposiciones legales vigentes en la región de Murcia en materia de Tributos Cedidos.

Las declaraciones-liquidaciones o autoliquidaciones del impuesto deberán presentarse en las oficinas de la Dirección General de Tributos de la Consejería de Economía y Hacienda.

El consejero de Economía y Hacienda podrá autorizar su presentación en las Oficinas de Distrito Hipotecario, a cargo de Registradores de la Propiedad, a las que también podrá encomendar funciones de gestión y liquidación, así como suscribir acuerdos con otras Administraciones Públicas, entidades, instituciones y organismos para hacer efectiva la colaboración externa de la presentación y gestión de dichas declaraciones-liquidaciones o autoliquidaciones.

Podrá establecer la presentación de las declaraciones por medios telemáticos en aquellos tributos o modalidades de los mismos que resulten susceptibles de tal forma de presentación. La justificación del pago y presentación de las declaraciones autoliquidaciones correspondientes a los Impuestos de Transmisiones Patrimoniales y Actos Jurídicos Documentados, y de Sucesiones y Donaciones, a efectos del cumplimiento de lo establecido en el artículo 122 del Reglamento del Impuesto sobre Transmisiones Patrimoniales y Actos Jurídicos Documentados, aprobado por Real Decreto 828/1995, de 29 de mayo, y el artículo 100 del Reglamento del Impuesto sobre Sucesiones y Donaciones, aprobado por Real Decreto 1629/1991, de 8 de noviembre, se realizará, exclusivamente, mediante la diligencia de pago y presentación expedida por el Órgano u Oficina competente de la Comunidad en la forma que determine la correspondiente Orden de la Consejería competente en materia de Hacienda[823].

Se establece con carácter obligatorio el régimen de autoliquidación.

b) Comprobación de valores[824]

Reglamentariamente se podrán regular los aspectos procedimentales de los medios de comprobación establecidos en el artículo 57. 1 de la Ley 58/2003 de 17 diciembre, General Tributaria.

c) Acuerdos previos de valoración[825]

Los contribuyentes podrán solicitar a la Administración Tributaria Regional que determine, con carácter previo y vinculante, cuál será la valoración

---

[823] Vid. artículo 10. Tres, del Decreto Legislativo autonómico 1/2010, de 5 de noviembre, por el que se aprueba el Texto Refundido de las Disposiciones Legales vigentes en la Región de Murcia en materia de Tributos Cedidos.

[824] Vid. artículo 10. Cuatro, del Decreto Legislativo 1/2010 de 5 de noviembre, por el que se aprueba el Texto Refundido de las disposiciones legales vigentes en la región de Murcia en materia de Tributos Cedidos.

[825] Vid. artículo 10. Cinco, del Decreto Legislativo 1/2010 de 5 de noviembre, por el que se aprueba el Texto Refundido de las disposiciones legales vigentes en la región de Murcia en materia de Tributos Cedidos.

a efectos exclusivamente del impuesto, de rentas, productos, bienes, gastos y demás elementos del hecho imponible.

La solicitud deberá presentarse por escrito un mes antes de la realización del hecho imponible acompañada de una propuesta de valoración formulada por el contribuyente.

En el caso de bienes inmuebles, esta valoración deberá ser realizada por un perito con título suficiente para realizarla.

La Administración tributaria podrá comprobar los elementos de hecho y las circunstancias declaradas por el contribuyente. Para ello, podrá requerir cuantos documentos considere oportuno para una correcta valoración de los bienes.

La valoración de la Administración tributaria se emitirá por escrito, en el plazo máximo de 2 meses desde que se presentó la solicitud, con indicación de las siguientes circunstancias: su carácter vinculante, supuesto de hecho al que se refiere, impuesto al que se aplica.

La falta de contestación de la Administración tributaria en los plazos indicados, por causas no imputables al contribuyente, implicará la aceptación de los valores por él propuestos.

La Administración tributaria estará obligada a aplicar al contribuyente los valores expresados en el acuerdo, salvo que se modifique la legislación, o varíen significativamente las circunstancias económicas que fundamentaron su valoración.

El acuerdo tendrá un plazo máximo de vigencia de 12 meses.

Los contribuyentes no podrán interponer recurso alguno contra los acuerdos regulados en este precepto, sin perjuicio de que puedan hacerlo contra las liquidaciones administrativas que pudieran dictarse ulteriormente.

d) Tasación pericial contradictoria[826]

En corrección del resultado obtenido en la comprobación de valores del Impuesto sobre Sucesiones y Donaciones, los interesados podrán promover la práctica de la tasación pericial contradictoria, en los términos previstos en el artículo 135.1 de la Ley 58/2003, de 17 de diciembre, General Tributaria.

La Consejería competente en materia de hacienda podrá determinar la remuneración máxima a satisfacer a los peritos terceros que intervengan en tasaciones periciales contradictorias, a fin de que exista información pública suficiente sobre los costes en que puede incurrir el interesado en la tramitación de este procedimiento.

Este importe máximo se fijará previa audiencia a los colegios profesionales a que pertenezcan los peritos que realicen estas tasaciones.

---

[826] Vid. artículo 10. Seis, del Decreto Legislativo 1/2010 de 5 de noviembre, por el que se aprueba el Texto Refundido de las disposiciones legales vigentes en la región de Murcia en materia de Tributos Cedidos.

e) Obligaciones de información

Los Registradores de la Propiedad y Mercantiles que ejerzan sus funciones en la Comunidad Autónoma de la Región de Murcia vendrán obligados a remitir, trimestralmente, a la Consejería de Hacienda relación de los documentos que contengan actos o contratos sujetos al impuesto que hayan sido objeto de inscripción o anotación en sus respectivos registros, cuando el pago de dichos tributos o la presentación de la declaración tributaria se haya realizado en una Comunidad Autónoma distinta.

Mediante convenio suscrito por la Consejería de Hacienda y el Colegio de Registradores de la Propiedad y Mercantiles de España, se determinará el contenido de la información a remitir, los modelos de declaración y plazos de presentación, así como los supuestos en los que la presentación se haya de hacer mediante soporte directamente legible por ordenador o transmisión por vía telemática.

En ambos casos, estas declaraciones tendrán la consideración de tributarias a todos los efectos regulados en la Ley General Tributaria[827].

Asimismo, los Notarios con destino en la Comunidad Autónoma de la Región de Murcia y con el fin de facilitar el cumplimiento de las obligaciones tributarias de los contribuyentes y facilitar el acceso telemático de los documentos a los registros públicos, remitirán con la colaboración del Consejo General del Notariado por vía telemática a la Dirección General de Tributos de la Consejería de Hacienda, una declaración informativa notarial de los elementos básicos de las escrituras por ellos autorizadas así como la copia electrónica de las mismas de conformidad con lo dispuesto en la legislación notarial, de los hechos imponibles que determine la Consejería de Hacienda, quien, además, establecerá los procedimientos, estructura y plazos en los que debe de ser remitida esta información[828].

14. Comunidad Autónoma de Valencia

La Comunidad Autónoma de Valencia ha establecido las siguientes especificidades en materia de gestión:

a) Liquidación del impuesto

Se establece el carácter obligatorio de la autoliquidación.

Se regula la posibilidad de la presentación de la declaración-liquidación o autoliquidación y de los documentos complementarios, así como que el ingreso pueda realizarse por vía telemática.

---

827 Vid. artículo 10. Ocho del Decreto Legislativo autonómico 1/2010 de 5 de noviembre, por el que se aprueba el Texto Refundido de las disposiciones legales vigentes en la región de Murcia en materia de Tributos Cedidos.

828 Vid. artículo 10. Siete, del Decreto Legislativo 1/2010 de 5 de noviembre, por el que se aprueba el Texto Refundido de las disposiciones legales vigentes en la región de Murcia en materia de Tributos Cedidos.

En cuanto a la acreditación de la presentación de documentos y autoliquidaciones así como del pago de deudas tributarias que resulten procedentes por el Impuesto sobre Sucesiones y Donaciones cuando deban llevarse a cabo ante la Generalitat, para permitir la admisión de documentos sujetos a los citados impuestos por autoridades, funcionarios, oficinas o dependencias administrativas y la producción de efectos de los mismos en Juzgados, Tribunales, oficinas o registros públicos, o a cualquier otro efecto previsto en las disposiciones vigentes, se efectuará mediante justificante expedido por la Administración tributaria de la Generalitat, en el que conste la presentación del documento y el pago del tributo, o la declaración de no sujeción o del beneficio fiscal aplicable.

A los efectos de la expedición del justificante al que se refiere el párrafo anterior, el pago del tributo deberá constar efectuado mediante ingreso a favor de la Generalitat, en cuentas de titularidad de la misma, y a través de los modelos de declaración e ingreso habilitados, a tal fin, por la Conselleria competente en materia de Hacienda.

En el supuesto de declaraciones tributarias cuya presentación, y, en su caso, pago, se hayan llevado a cabo por medios telemáticos habilitados por la Generalitat, la acreditación de tales circunstancias se considerará efectuada conforme a lo indicado anteriormente o por los procedimientos específicamente previstos, a tal efecto, mediante Orden del Conseller competente en materia de Hacienda[829].

b) Obligaciones de información

Los Registradores de la Propiedad y Mercantiles con destino en el ámbito territorial de la Comunidad Valenciana deberán remitir a la Consejería competente en materia de Hacienda una declaración con la relación de los documentos referentes a actos o contratos sujetos al Impuesto sobre Sucesiones y Donaciones que se presenten a inscripción, cuando el pago o la presentación de la declaración se haya realizado en otra Comunidad Autónoma distinta de la Valenciana a la que no corresponda el rendimiento de los impuestos.

La remisión de la información se efectuará en el formato, plazos y demás condiciones y con el contenido que se establezca mediante Orden del conseller competente en materia de Hacienda, debiéndose llevar a cabo en soporte directamente legible por ordenador o mediante transmisión por vía telemática en los supuestos en los que se establezca[830].

---

[829] Vid. Disposición Adicional Novena de la Ley 13/1997 de 23 diciembre, por la que se regula el tramo autonómico del Impuesto sobre la Renta de las Personas Físicas y restantes tributos cedidos, incorporada por el artículo 28 de la Ley autonómica 12/2009, de 23 de diciembre, de Medidas Fiscales, de Gestión Administrativa y Financiera, y de Organización de la Generalitat.

[830] Vid. Disposición Adicional Segunda de la Ley 13/1997 de 23 diciembre, por la que se regula el tramo autonómico del Impuesto sobre la Renta de las Personas Físicas y restantes tributos cedidos, incorporada por el artículo 46 de la Ley autonómica 12/2004, de 27 de diciembre, de Medidas Fiscales, de Gestión Administrativa y Financiera, y de Organización de la Generalitat.

Asimismo, se establece que el cumplimiento de las obligaciones formales de los Notarios establecidas en el impuesto, se realizará en el formato, condiciones y diseño que apruebe la Consejería de Economía y Hacienda y podrá consistir en soporte directamente legible por ordenador o mediante transmisión por vía telemática.

Los Notarios con destino en el ámbito territorial de la Comunidad Valenciana deberán remitir a la Conselleria competente en materia de Hacienda una ficha resumen de los documentos por ellos autorizados referentes a actos o contratos sujetos al impuesto, así como la copia electrónica de aquellos documentos. La determinación de los actos o contratos a los que se referirá la obligación, así como el formato, contenido, plazos y demás condiciones de su cumplimiento, se establecerán mediante Orden del conseller competente en materia de Hacienda, debiéndose llevar a cabo en soporte directamente legible por ordenador o mediante transmisión por vía telemática[831].

c) Tasación pericial contradictoria[832]

En corrección del resultado obtenido en la comprobación de valores por cualquiera de los medios previstos en el artículo 57 de la Ley 58/2003, de 17 de diciembre, General Tributaria, en el ámbito del Impuesto sobre Sucesiones y Donaciones, los interesados podrán promover la tasación pericial contradictoria mediante solicitud presentada dentro del plazo del primer recurso o reclamación que proceda contra la liquidación efectuada de acuerdo con los valores comprobados administrativamente o, cuando la normativa tributaria así lo prevea, contra el acto de comprobación de valores debidamente notificado.

Cuando el interesado estime que la notificación no contiene expresión suficiente de los datos y motivos tenidos en cuenta para elevar los valores declarados y denuncie la omisión en un recurso de reposición o en una reclamación económico-administrativa reservándose el derecho a promover tasación pericial contradictoria, el plazo a que se refiere el párrafo anterior se contará desde la fecha de firmeza en vía administrativa del acuerdo que resuelva el recurso o la reclamación interpuesta.

La presentación de la solicitud de tasación pericial contradictoria, o la reserva del derecho a promoverla determinará la suspensión de la ejecución de la liquidación y del plazo para interponer recurso o reclamación contra la misma.

---

[831] Vid. Disposición Adicional Primera de la Ley 13/1997 de 23 diciembre, por la que se regula el tramo autonómico del Impuesto sobre la Renta de las Personas Físicas y restantes tributos cedidos, incorporada por el artículo 39 de la Ley autonómica 11/2002, de 23 de diciembre, de Medidas Fiscales, de Gestión Administrativa y Financiera, y de Organización de la Generalitat.

[832] Vid. Disposición Adicional Octava de la Ley 13/1997, de 23 de diciembre, incorporada por el artículo 37 de la Ley autonómica 16/2008, de 22 de diciembre, de Medidas Fiscales, de Gestión Administrativa y de Organización de la Generalitat.

15. Comunidad Autónoma de Canarias

La Comunidad Autónoma de Canarias ha fijado las siguientes reglas específicas de gestión:

a) Liquidación del impuesto

Se establece como régimen obligatorio el de autoliquidación.

En relación a los documentos o declaraciones relativos a los hechos imponibles a que se refiere la Ley 29/1987, de 18 de diciembre, del Impuesto sobre Sucesiones y Donaciones, se presentarán en los siguientes plazos:

Cuando se trate de adquisiciones por causa de muerte, incluidas las de los beneficiarios de contratos de seguro de vida, en el de seis meses, contados desde el día del fallecimiento del causante o desde aquel en que adquiera firmeza la declaración de fallecimiento.

El mismo plazo será aplicable a las adquisiciones del usufructo pendientes del fallecimiento del usufructuario, aunque la desmembración del dominio se hubiese realizado por acto "inter vivos".

En los demás supuestos, en el de un mes, a contar desde el momento en que se cause el acto o contrato[833].

Se establece la previsión de la presentación de la declaración-liquidación del impuesto y de los documentos complementarios, así como la de que el ingreso pueda realizarse por vía telemática[834].

A los efectos de la presentación de autoliquidaciones de los tributos gestionados por la Comunidad Autónoma y, en su caso, del pago de las deudas tributarias resultantes de las mismas, cuando los plazos estén expresados en días hábiles, además de los domingos y declarados festivos, se excluyen del cómputo los sábados[835].

b) Obligación de información[836]

Respecto a los Registradores de la Propiedad y Mercantiles con destino en el ámbito territorial de la Comunidad de Canarias se establece que deberán remitir información trimestral a sus respectivos órganos tributa-

---

[833] Vid. el artículo 26 del Decreto Legislativo autonómico 1/2009, de 21 de abril, por el que se aprueba el Texto Refundido de las disposiciones legales vigentes de la comunidad en materia de Tributos Cedidos, en su redacción dada por el artículo 46 de la Ley 4/2012, de 25 junio, de Medidas Administrativas y Fiscales.

[834] Vid. artículo 26 de la Ley autonómica 9/2006, de 11 de diciembre, Tributaria de la Comunidad. Téngase en cuenta, además, la Orden de 4 de marzo de 2013, de la Consejería de Economía, Hacienda y Seguridad, por la que se establecen las condiciones generales y el procedimiento para la presentación telemática ante la Administración Tributaria Canaria de documentos con trascendencia tributaria.

[835] Vid. artículo 24. 1, de la Ley autonómica 9/2006, de 11 de diciembre, Tributaria de la Comunidad.

[836] Vid. artículo 13 de la Ley autonómica 9/2006, de 11 de diciembre, Tributaria de la Comunidad.

rios los documentos que contengan hechos imponibles del Impuesto sobre Sucesiones y Donaciones y sobre Transmisiones Patrimoniales y Actos Jurídicos Documentados cuyo pago se haya realizado en otra Comunidad Autónoma.

Y respecto a los Notarios se establece, asimismo, la obligación de remisión por vía telemática de declaración informativa de las escrituras que contengan hechos imponibles y de copia electrónica de las mismas.

c) Comprobación de valores

Tras la creación del Registro Fiscal de Valores Inmobiliarios los datos incorporados al mismo podrán ser utilizados como medio de comprobación de valores[837].

d) Información del valor de los bienes inmuebles previa a su adquisición[838]

A los efectos de determinar la base imponible del Impuesto sobre Transmisiones Patrimoniales y Actos Jurídicos Documentados y del Impuesto sobre Sucesiones y Donaciones, la Administración Tributaria Canaria informará, a solicitud del interesado, sobre el valor a efectos fiscales de los bienes inmuebles que, situados en el territorio de la Comunidad Autónoma de Canarias, vayan a ser objeto de adquisición o transmisión.

Esta información ha de ser solicitada por escrito por el interesado, sin perjuicio de que se pueda acceder a tal información a través de técnicas y medios electrónicos, informáticos y telemáticos.

En el caso de solicitudes presentadas por escrito, la Administración Tributaria Canaria emitirá la información sobre el valor al que se refiere tal solicitud dentro de los tres meses siguientes a la fecha en que el documento haya tenido entrada en el órgano o unidad competente para su tramitación.

La falta de contestación en ese plazo no implicará la aceptación del valor que, en su caso, se hubiera incluido en la solicitud del interesado.

La información sobre el valor a que se refiere el presente artículo que sea emitida por la Administración Tributaria Canaria tendrá efectos vinculantes para la misma durante un plazo de tres meses, contados desde la notificación al interesado, siempre que la solicitud se haya formulado con carácter previo a la finalización del plazo para presentar la correspondiente autoliquidación o declaración y se hayan proporcionado a la Administración datos verdaderos y suficientes. La información sobre el valor

---

837 Vid. artículo 23 de la Ley autonómica 9/2006, de 11 de diciembre, por la que se regula el Registro Fiscal de Valores Inmobiliarios de Canarias, en su redacción dada por el artículo único de la Ley autonómica 1/2008, de 16 de abril, Tributaria de la Comunidad.

838 Vid. artículo 11 de la Ley autonómica 9/2006, de 11 de diciembre, por la que se regula el Registro Fiscal de Valores Inmobiliarios de Canarias.

no vinculará a la Administración cuando el obligado tributario declare un valor superior. La información sobre el valor a efectos fiscales de los bienes inmuebles no impedirá la posterior comprobación administrativa de los elementos de hecho y circunstancias manifestados por el obligado tributario. El interesado no podrá interponer recurso alguno contra la información comunicada, sin perjuicio de que pueda hacerlo contra el acto o actos administrativos que se dicten posteriormente en relación con dicha información.

Sin perjuicio de lo anterior, la Administración Tributaria Canaria podrá hacer públicos los valores de referencia de los bienes inmuebles basados en registros oficiales de carácter fiscal a efectos del Impuesto sobre Transmisiones Patrimoniales y Actos Jurídicos Documentados y del Impuesto sobre Sucesiones y Donaciones. Estos valores podrán fijarse para todo o parte del territorio de la Comunidad Autónoma de Canarias.

e) Tasación pericial contradictoria y suspensión de las liquidaciones en supuestos especiales[839].

En corrección del resultado obtenido en la comprobación de valores del Impuesto sobre Sucesiones y Donaciones, los interesados podrán promover la práctica de la tasación pericial contradictoria, mediante solicitud presentada dentro del plazo de la primera reclamación que proceda contra la liquidación efectuada sobre la base de los valores comprobados administrativamente.

Si el interesado estimase que la notificación no contiene expresión suficiente de los datos y motivos tenidos en cuenta para elevar los valores declarados y pusiere de manifiesto la omisión a través de un recurso de reposición o de una reclamación económico-administrativa, reservándose el derecho a promover tasación pericial contradictoria, el plazo a que se refiere el párrafo anterior se contará desde la fecha de firmeza en vía administrativa de la resolución del recurso o de la reclamación interpuesta.

En el supuesto de que la tasación pericial fuese promovida por los transmitentes, el escrito de solicitud deberá presentarse en el plazo de un mes, contado a partir del día siguiente a la notificación separada de los valores resultantes de la comprobación.

La presentación de la solicitud de tasación pericial contradictoria, o la reserva del derecho a promoverla, en caso de notificación conjunta de los valores y de las liquidaciones que los hayan tenido en cuenta, determinará la suspensión del ingreso de las liquidaciones practicadas y de los plazos de reclamación contra las mismas.

---

[839] Vid. artículo 27 bis del Decreto Legislativo autonómico 1/2009, de 21 de abril, por el que se aprueba el Texto Refundido de las disposiciones legales vigentes de la comunidad en materia de Tributos Cedidos, en su redacción dada por el artículo 46 de la Ley 4/2012, de 25 junio, de Medidas Administrativas y Fiscales.

16. Ceuta y Melilla

a) Liquidación

Puede llevarse a efecto mediante declaración o autoliquidación.

Es opcional del contribuyente seguir uno u otro régimen de liquidación. Si se opta por la declaración, deberá acompañarse al modelo una copia del documento que contenga el acto sujeto a tributación. Si opta por el régimen de autoliquidación ésta podrá ser revisada y, en su caso, modificada por la Administración. Este procedimiento sólo resulta aplicable cuando el rendimiento del impuesto se entienda producido en Ceuta o en Melilla, o cuando el contribuyente no sea residente en España.

El plazo de presentación es de seis meses desde el fallecimiento del causante (en los supuestos de sucesiones) o de treinta días hábiles desde la celebración del acto o contrato (en los supuestos de donaciones o de percepciones derivadas de contratos de seguros de vida).

En cuanto a la tramitación se establece que la Agencia tributaria podrá requerir al contribuyente la aportación de los datos o documentos que considere necesarios para practicar la liquidación, concediendo al contribuyente un plazo de diez días para aportar los datos o documentos requeridos.

La Administración deberá dictar y notificar una liquidación provisional en el plazo de seis meses desde el inicio del procedimiento y trascurrido ese plazo sin dictarse ni notificarse la misma se producirá la caducidad del procedimiento, sin perjuicio de que la Administración pueda iniciar un nuevo procedimiento (procedimiento de oficio en este caso) dentro del plazo de prescripción.

b) Comprobación de valores

A tal efecto se seguirá lo establecido en el artículo 57. 1 de la Ley 58/2003 de 17 diciembre, General Tributaria.

IX. Infracciones y sanciones

Las Comunidades Autónomas califican y sancionan las infracciones en el Impuesto sobre Sucesiones y Donaciones siguiendo las pautas establecidas al respecto en la Ley 58/2003, de 17 de diciembre, General Tributaria, artículos 181 a 206, y de conformidad con su normativa específica.

B. REGÍMENES FORALES

a. Consideraciones generales

La Disposición Adicional Primera de la Constitución señala que “la Constitución ampara y respeta los derechos históricos de los territorios forales”.

Conviene tener en cuenta que los regímenes forales fundamentan su legitimidad en la citada disposición constitucional y no en su presunta legitimidad histórica.

A este respecto el Tribunal Constitucional ha declarado: "La Constitución no es el resultado de un pacto entre instancias territoriales históricas que conserven unos derechos anteriores a la constitución y superiores a ella, sino una norma del poder constituyente que se impone con fuerza vinculante general en su ámbito, sin que queden fuera de ella situaciones "históricas" anteriores. En este sentido y desde luego la actualización de los derechos históricos supone la supresión, o no reconocimiento, de aquellos que contradigan los principios constitucionales. Pues será de esta Disposición adicional primera CE y no de su legitimidad histórica de donde los derechos históricos obtendrán o conservarán su validez y vigencia"[840].

Al amparo de dicha norma la Comunidad Foral de Navarra y los Territorios históricos de Álava, Vizcaya y Guipúzcoa, se han dotado de un régimen fiscal especial.

b. Concreción de la fiscalidad territorial especial

1. Comunidad Foral de Navarra

A. Consideraciones generales

La normativa básica está constituida por la Ley 25/2003 de 15 de julio, de modificación del Convenio Económico entre el Estado y la Comunidad Foral de Navarra, que actualiza el Convenio Económico entre el Estado y la Comunidad Foral de Navarra, aprobado por Ley 28/1990, de 26 de diciembre.

En dichas disposiciones se parte de que el Estado y la Comunidad Foral de Navarra deben colaborar en la aplicación de sus respectivos regímenes tributarios y, a tal fin, se facilitarán mutuamente las informaciones y ayudas necesarias, debiéndose arbitrar los mecanismos que permitan la colaboración de la Comunidad Foral de Navarra en los Acuerdos internacionales que incidan en la aplicación del Convenio Económico.

Por otro parte, el Estado y la Comunidad Foral arbitrarán los procedimientos de intercambio de información que garanticen el adecuado cumplimiento de los Tratados y Convenios internacionales del Estado y, en particular, de la normativa procedente de la Unión Europea en materia de cooperación administrativa y asistencia mutua[841].

La Comunidad Foral de Navarra en la elaboración de su normativa tributaria, debe adecuarse a la Ley General Tributaria en cuanto a terminología

---

[840] Sentencia del Tribunal Constitucional 76/1988, de 26 de abril, Fundamento Jurídico 3.

[841] Sobre el Derecho Público de Navarra, vid., Del Burgo Tajadura, J. I., *Curso de Derecho Foral Público de Navarra*, Editorial Aranzadi, Pamplona, 1996.

y conceptos, sin perjuicio de las peculiaridades establecidas en el Convenio con el Estado, establecer y mantener una presión fiscal efectiva global equivalente a la existente en el resto del Estado, respetar y garantizar la libertad de circulación y establecimiento de las personas y la libre circulación de bienes, capitales y servicios en todo el territorio español, sin que se produzcan efectos discriminatorios; utilizar la misma clasificación de actividades industriales, comerciales, de servicios, profesionales, agrícolas, ganaderas y pesqueras que en territorio común, sin perjuicio del mayor desglose que de las mismas pueda llevar a cabo la Comunidad Foral[842].

El Estado tiene competencias exclusivas en la regulación, gestión, liquidación, recaudación, inspección y revisión de los derechos de importación y los gravámenes a la importación en los Impuestos Especiales y en el Impuesto sobre el Valor Añadido.

Queda siempre a salvo la alta inspección del Estado, en garantía de las facultades que se le reservan en el Convenio Económico.

Finalmente, ha de decirse que puesto que casi todos los tributos se regulan y recaudan por la Comunidad esta contribuye a los gastos generales del Estado a través de una cantidad, aportación, pactada, fijada de acuerdo con una metodología propia.

B. *Regulación del Impuesto sobre Sucesiones y Donaciones*

a) Consideraciones generales

Se regula por el Decreto Foral Legislativo 250/2002, de 16 de diciembre, por el que se aprueba el Texto Refundido de las disposiciones del Impuesto sobre Sucesiones y Donaciones y por el Decreto Foral 16/2004, de 26 de enero, por el que se aprueba el Reglamento del Impuesto sobre Sucesiones y Donaciones.

b) Estructura y elementos

a´) Hecho imponible[843].

El hecho imponible del gravamen está constituido por la adquisición "mortis causa" de bienes y derechos por herencia, legado o cualquier otro título sucesorio aun cuando no se hubieren formalizado los inventarios o particiones.

---

[842] Vid. Arcos León, B.: "La financiación de Navarra. El modelo de convenio económico", *Revista de Economía Pública*, número 13, pp. 167-189; y, Del Burgo Tajadura, J. I.: *Régimen fiscal de Navarra. Los Convenios Económicos,* Editorial Aranzadi, Pamplona, 1973.

[843] Vid. artículo 8 de Decreto Foral Legislativo 250/2002, de 16 de diciembre, por el que se aprueba el Texto Refundido de las disposiciones del Impuesto sobre Sucesiones y Donaciones.

Además de la herencia y el legado son títulos sucesorios, entre otros[844]:

Los contratos o pactos sucesorios.

La donación "mortis causa" y la a ella asimilada, en los términos del artículo 43, párrafo 1° del Decreto Foral legislativo 250/2002, de 16 de diciembre, por el que se aprueba el Texto Refundido del Impuesto sobre Sucesiones y Donaciones.

Los que atribuyan a los albaceas y a los herederos de confianza el derecho a la percepción de cantidades por la realización de sus trabajos como tales, en cuanto excedan de lo establecido por los usos y costumbres o del 10% del valor comprobado del caudal hereditario.

La adquisición de bienes y derechos por donación o cualquier otro negocio jurídico a título gratuito e "inter vivos".

Tienen la consideración de negocios jurídicos gratuitos e "inter vivos"[845]:

La donación "mortis causa" a que se refiere el artículo 43, párrafo 2 del Decreto Foral Legislativo 250/2002, de 16 de diciembre, por el que se aprueba el Texto Refundido de las disposiciones del Impuesto sobre Sucesiones y Donaciones, esto es, cuando, conforme a la ley 166 de la Compilación del Derecho Civil Foral de Navarra, la donación se hiciere con entrega de bienes.

Lo mismo que en el Estado:

Los pactos o contratos sucesorios con transmisión actual de los bienes, prevista en la Ley 177 de la Compilación.

La condonación de deuda, total o parcial, realizada con ánimo de liberalidad.

La renuncia de derechos a favor de persona determinada.

El desistimiento o el allanamiento en juicio o arbitraje en favor de la otra parte, realizados con ánimo de liberalidad, así como la transacción de la que resulte una renuncia, un desistimiento o un allanamiento realizados con el mismo ánimo.

La asunción liberatoria de la deuda de otro sin contraprestación[846], salvo en el caso previsto en el artículo 27 del Decreto Foral Legislativo 250/2002, de 16 de diciembre, por el que se aprueba el Texto Refundido de las disposiciones del Impuesto sobre Sucesiones y Donaciones[847].

---

[844] Vid. artículo 4 del Decreto Foral 16/2004, de 26 de enero, por el que se aprueba el Reglamento del Impuesto sobre Sucesiones y Donaciones.

[845] Vid. artículo 5 del Decreto Foral 16/2004, de 26 de enero, por el que se aprueba el Reglamento del Impuesto sobre Sucesiones y Donaciones.

[846] Vid. artículo 5 del Decreto Foral 16/2004, de 26 de enero, por el que se aprueba el Reglamento del Impuesto sobre Sucesiones y Donaciones.

[847] Dicho artículo 27, dice: "En las donaciones y demás adquisiciones lucrativas "inter vivos" equiparables serán deducibles las deudas que constituyan obligación personal del adquirente, así como las garantizadas por derechos reales, en la parte pendiente de pago, si concurren las circunstancias consignadas en el artículo 24 de esta Ley Foral y el adquirente ha asumido fehacientemente la obligación de pagar la deuda, todo ello sin perjuicio de la tributación que, en su caso, proceda conforme a lo dispuesto en la normativa reguladora del Impuesto sobre Transmisiones Patrimoniales y Actos Jurídicos Documentados (Redacción dada por la Ley Foral 35/2003, de 30

La percepción de cantidades por los beneficiarios de contratos de seguro sobre la vida para caso de muerte del asegurado, siempre que el contratante sea persona distinta del beneficiario y haya sido contratado por el asegurado o se trate de un seguro colectivo.

La percepción de cantidades por los beneficiarios de contratos de seguro sobre la vida para caso de sobrevivencia del asegurado, siempre que el contratante no sea el beneficiario.

La percepción de cantidades provenientes de contratos individuales de seguro para caso de fallecimiento del asegurado, cuando éste no sea el contratante.

Se presumirá la existencia de transmisión lucrativa cuando de los registros fiscales resultara la disminución del patrimonio de una persona y sincrónicamente con posterioridad, pero nunca después de 2 años, el incremento patrimonial del cónyuge o pareja estable, o de los descendientes o de los hijos adoptivos o cónyuges o parejas estables de cualquiera de ellos; cuando fallecida una persona sin dejar cónyuge viudo o pareja estable sin descendencia o hijos adoptivos, los mismos registros acusaren, en el desenvolvimiento del patrimonio del causante, disminuciones que, sincrónica o posteriormente, pero nunca después de 3 años, sean correlativas al incremento en el patrimonio de los herederos o legatarios; cuando de la investigación de las altas y bajas del Impuesto Industrial resultara el alta de descendiente o cónyuge por razón del mismo negocio en el que se dio de baja el ascendiente o el otro cónyuge o miembro de pareja estable[848].

b´) No sujeción[849].

No estarán sujetas al impuesto las transmisiones entre cónyuges o miembros de una pareja estable que se produzcan como consecuencia de lo establecido en el artículo 55. 1. 7 del Decreto Foral Legislativo 4/2008, de 2 de junio, por el que se aprueba el Texto Refundido del Impuesto foral sobre la Renta de las Personas Físicas, hasta el límite previsto en el citado precepto.

Las prestaciones percibidas por los beneficiarios de planes de pensiones, así como por los beneficiarios de contratos de seguros sobre la vida, cuando el contratante sea persona distinta del beneficiario, en los supuestos expresamente regulados en el artículo 14. 2. a) del Decreto Foral Legislativo 4/2008, de 2 de junio. Dicho artículo establece que tienen la consideración de rendimientos de trabajo las siguientes prestaciones:

Las pensiones y haberes pasivos percibidos de los regímenes públicos de la Seguridad Social y Clases Pasivas y demás prestaciones públicas por situa-

---

de diciembre, artículo 5, apartado cinco, con efectos para los hechos imponibles producidos a partir del 1 de enero de 2004).

848 Vid. artículo 10 del Decreto Foral Legislativo 250/2002, de 16 de diciembre, por el que se aprueba el Texto Refundido de las disposiciones del Impuesto sobre Sucesiones y Donaciones.

849 Vid. artículo 9 del Decreto Foral Legislativo 250/2002, de 16 de diciembre, por el que se aprueba el Texto Refundido de las disposiciones del Impuesto sobre Sucesiones y Donaciones.

ciones de incapacidad, jubilación, accidente, enfermedad, viudedad, orfandad o similares.

Las prestaciones percibidas por los beneficiarios de mutualidades generales obligatorias de funcionarios, colegios de huérfanos y otras instituciones similares.

Las prestaciones percibidas por los beneficiarios de planes de pensiones.

Las prestaciones percibidas por los beneficiarios de contratos de seguros concertados con mutualidades de previsión social cuyas aportaciones hayan podido ser, al menos en parte, gasto deducible para la determinación del rendimiento neto de las actividades empresariales o profesionales u objeto de reducción en la base imponible del impuesto. Dichas prestaciones se integrarán en la base imponible en la medida en que la cuantía percibida exceda de las aportaciones que no hayan podido ser objeto de reducción o minoración en la base imponible del impuesto por incumplir los requisitos previstos legalmente.

Las prestaciones percibidas por los beneficiarios de contratos de seguro colectivo que instrumenten los compromisos por pensiones asumidos por las empresas, en los términos previstos en la Ley de Presupuestos Generales de Navarra para el ejercicio de 1988, incluidos los planes de previsión.

A efectos de esta Ley Foral tendrán la consideración de planes de previsión social empresarial los regulados en la normativa estatal.

Las prestaciones percibidas por los beneficiarios de los planes de previsión asegurados.

A efectos de esta Ley Foral tendrán la consideración de planes de previsión asegurados los regulados en la normativa estatal.

Las prestaciones percibidas por los beneficiarios de los seguros de dependencia conforme a lo dispuesto en la normativa estatal.

Las cantidades que se abonen, por razón de su cargo a los miembros del Parlamento de Navarra, del Parlamento Europeo, de las Cortes Generales, de las Asambleas Legislativas Autonómicas y de las Corporaciones Locales.

Las retribuciones de los administradores y miembros de los Consejos de Administración, de las Juntas que hagan sus veces y demás miembros de otros órganos representativos.

Las pensiones compensatorias recibidas del cónyuge o pareja estable y las anualidades por alimentos.

Los derechos especiales de contenido económico que se reserven los fundadores o promotores de una sociedad como remuneración de servicios personales.

Las retribuciones percibidas por quienes colaboren en actividades humanitarias o de asistencia social promovidas por entidades sin ánimo de lucro.

Lo mismo que en el territorio común, tampoco estarán sujetas:

Las subvenciones, becas, premios, primas, gratificaciones y auxilios que se concedan por entidades públicas o privadas con fines benéficos, docentes, culturales, deportivos o de acción social.

Las cantidades percibidas por un acreedor, en cuanto beneficiario de un contrato de seguro sobre la vida celebrado con el objeto de garantizar el pago de una deuda anterior, siempre que resulten debidamente probadas estas circunstancias.

Con efectos a partir del 1 de enero de 2005, al igual que en el territorio común, no estará sujeta al Impuesto sobre Sucesiones y Donaciones la parte de las aportaciones que tenga para el perceptor la consideración de rendimientos del trabajo.

No obstante, en el caso de aportación no dineraria, a la parte sujeta al Impuesto sobre Sucesiones y Donaciones se aplicará, a efectos de calcular el valor y la fecha de adquisición, lo establecido en el artículo 42 del Decreto Foral Legislativo 4/2008, de 2 de junio[850].

c´) Exenciones

Gozarán de exención las adquisiciones "mortis causa" siguientes[851]:

Fincas rústicas o explotaciones agrarias en los términos establecidos en el Texto Refundido de la Ley Foral del Registro de Explotaciones Agrarias de Navarra, aprobado por Decreto Foral Legislativo 150/2002, de 2 de julio.

Obligaciones y bonos de caja emitidos por los Bancos industriales o de negocios en las condiciones señaladas en el Real Decreto Ley de 29 de noviembre de 1962, siempre que hubiesen sido adquiridos por el causante con anterioridad al 24 de junio de 1992.

Los títulos o bonos de caja de los mismos Bancos en que se hayan reinvertido aquéllos en caso de amortización de los títulos primitivos.

Estarán igualmente exentas las adquisiciones "mortis causa" que el cónyuge o miembro de pareja estable de la persona fallecida, o bien los parientes de ésta por consanguinidad que sean descendientes o ascendientes, de cualquier grado en ambos casos, o colaterales hasta el tercer grado inclusive, y también los adoptados o adoptantes de ella, efectúen de una empresa individual, de un negocio profesional o de participaciones en entidades cuando respecto de esas participaciones se den las condiciones recogidas en la letra b) del número 1 del artículo 33 de la Ley Foral 13/1992, de 19 de noviembre, del Impuesto sobre el Patrimonio. Asimismo estará exenta la adquisición hereditaria de derechos de usufructo sobre aquéllos. Dicha exención estará condicionada al cumplimiento de los siguientes requisitos:

---

[850] El citado artículo 42 del Decreto Foral 4/2008, de 2 de junio, dice: "Cuando la adquisición o la transmisión hubiere sido a título lucrativo, constituirán los valores respectivos aquellos que corresponderían por aplicación de las normas del Impuesto sobre Sucesiones y Donaciones, sin que puedan exceder del valor de mercado. A los citados valores les será de aplicación, en su caso, lo dispuesto en la letra b) del apartado 1 y en el apartado 2 del artículo anterior. En las adquisiciones lucrativas a que se refiere la letra c) del apartado 4 del artículo 39 de esta Ley Foral, el donatario se subrogará, respecto de los valores y fechas de adquisición de dichos bienes, en la posición del donante".

[851] Vid. artículo 11 Decreto Foral Legislativo 250/2002, de 16 de diciembre, por el que se aprueba el Texto Refundido de las disposiciones del Impuesto sobre Sucesiones y Donaciones.

Que el causante haya ejercido la actividad de forma habitual, personal y directa durante los 5 años anteriores al devengo del Impuesto o, tratándose de participaciones en entidades de las señaladas en esta letra, que el causante las hubiera adquirido con 5 años de antelación al fallecimiento y que la entidad haya realizado la actividad durante dicho plazo, o bien cuando tal plazo se complete por la suma del tiempo de ejercicio de la actividad por parte del fallecido y del de ejercicio de la misma a continuación por parte de entidad a la cual aquél hubiera aportado su negocio.

Que la adquisición se mantenga durante los 5 años siguientes al fallecimiento del causante, salvo que el adquirente falleciere dentro de este plazo.

Que el adquirente no practique actos de disposición ni operaciones societarias que, directa o indirectamente, puedan dar lugar a una minoración sustancial del valor de la adquisición. No obstante, se admitirá la subrogación real cuando se acredite fehacientemente y no dé lugar a la citada minoración.

En el caso de no cumplirse alguno de los requisitos anteriores, deberá pagarse la parte del impuesto que se hubiese dejado de ingresar como consecuencia de la exención, junto con los correspondientes intereses de demora.

A estos efectos, se entenderá por empresa individual o negocio profesional el conjunto de elementos patrimoniales afectos a las actividades empresariales o profesionales a que se refiere el artículo 33 de la Norma foral 35/1998, de 16 de diciembre.

Estarán exentas, asimismo, las adquisiciones a título gratuito "inter vivos" de[852]:

Fincas rústicas o explotaciones agrarias en los términos establecidos en el Texto Refundido de la Ley Foral del Registro de Explotaciones Agrarias de Navarra, aprobado por Decreto Foral Legislativo 150/2002, de 2 de julio.

Transmisiones y demás actos y contratos cuando tengan por exclusivo objeto salvar la ineficacia de otros anteriores por los que ya se hubiera satisfecho el Impuesto y estuvieran afectados de vicio que implique su inexistencia o nulidad.

Con efectos para los hechos imponibles producidos a partir del 1 de enero de 2006, las adquisiciones por cónyuges o miembros de una pareja estable, ascendientes o descendientes en línea recta por consanguinidad, adoptantes o adoptados de los siguientes vehículos: ciclomotores, motocicletas, automóviles de turismo y vehículos todo terreno, de diez o más años de antigüedad. Se exceptúan de lo dispuesto en el párrafo anterior las adquisiciones de los vehículos que de conformidad con la normativa vigente hayan sido calificados como históricos y los vehículos cuya base imponible sea igual o superior a 40.000 euros. Dicha base imponible será la determinada conforme a la Orden Foral que aprueba los precios medios de venta aplicables en

---

[852] Vid. artículo 12 del Decreto Foral Legislativo 250/2002 de 16 diciembre, por el que se aprueba el Texto Refundido de las disposiciones del Impuesto sobre Sucesiones y Donaciones.

la gestión del Impuesto. Los sujetos pasivos del Impuesto no estarán obligados a presentar ante los órganos competentes de la Administración tributaria los documentos y declaraciones establecidas en el Reglamento y relativos a dichas adquisiciones.

Las adquisiciones por donación o por cualquier otro negocio jurídico a título gratuito e "inter vivos" de una empresa individual, de un negocio profesional o de participaciones en entidades. Asimismo estará exenta la adquisición de derechos de usufructo sobre aquéllos.

Esta exención estará condicionada al cumplimiento de los siguientes requisitos[853]:

En cuanto a las participaciones han de concurrir las siguientes condiciones:

La plena propiedad, la nuda propiedad y el derecho de usufructo vitalicio sobre las participaciones en entidades, con o sin cotización en mercados organizados, siempre que concurran las condiciones siguientes:

Que la entidad, sea o no societaria, realice de manera efectiva una actividad empresarial o profesional y no tenga por actividad principal la gestión de un patrimonio mobiliario o inmobiliario. Se entenderá que una entidad gestiona un patrimonio mobiliario o inmobiliario y que, por lo tanto, no realiza una actividad empresarial o profesional cuando concurran, durante más de 90 días del ejercicio social, cualquiera de las condiciones siguientes:

Que más de la mitad de su activo esté constituida por valores o que más de la mitad de su activo no esté afecta a actividades empresariales o profesionales.

A los efectos previstos para determinar si existe actividad empresarial o profesional o si un elemento patrimonial se encuentra afecto a ella, se estará a lo dispuesto en el Impuesto sobre la Renta de las Personas Físicas.

Tanto el valor del activo como el de los elementos patrimoniales no afectos a actividades empresariales o profesionales serán los que se deduzcan de la contabilidad, siempre que ésta refleje fielmente la verdadera situación patrimonial de la entidad.

A efectos de determinar la parte del activo que está constituida por valores o elementos patrimoniales no afectos, no se computarán los valores siguientes:

Los poseídos para dar cumplimiento a obligaciones legales y reglamentarias.

Los que incorporen derechos de crédito nacidos de relaciones contractuales establecidas como consecuencia del desarrollo de actividades empresariales o profesionales.

Los poseídos por sociedades de valores como consecuencia del ejercicio de la actividad constitutiva de su objeto[854].

---

[853] Vid. artículo 12, letra d), del Decreto Foral Legislativo 250/2002, de 16 de diciembre, por el que se aprueba el Texto Refundido de las disposiciones del Impuesto sobre Sucesiones y Donaciones.

[854] Vid. artículo 33. 1, de la Ley Foral 13/1992 de 19 noviembre, del Impuesto sobre el Patrimonio.

Los que otorguen, al menos, el 5 por 100 de los derechos de voto y se posean con la finalidad de dirigir y gestionar la participación siempre que, a estos efectos, se disponga de la correspondiente organización de medios materiales y personales, y la entidad participada no esté comprendida en esta letra.

No se computarán como valores ni como elementos no afectos a actividades empresariales o profesionales aquellos cuyo precio de adquisición no supere el importe de los beneficios no distribuidos obtenidos por la entidad, siempre que dichos beneficios provengan de la realización de actividades empresariales o profesionales, y tomando como límite la suma de los beneficios obtenidos en el propio año y a lo largo de los diez años inmediatamente anteriores.

A estos efectos, se asimilan a los beneficios procedentes de actividades empresariales o profesionales los dividendos que deriven de los valores indicados cuando los ingresos obtenidos por la entidad participada procedan, al menos en el 90 por 100, de la realización de actividades empresariales o profesionales[855].

En cuanto al transmitente[856]:

Que el causante haya ejercido la actividad de forma habitual, personal y directa durante los cinco años anteriores al devengo del Impuesto o, tratándose de participaciones en entidades de las señaladas en esta letra, que el causante las hubiera adquirido con cinco años de antelación al fallecimiento y que la entidad haya realizado la actividad durante dicho plazo, o bien cuando tal plazo se complete por la suma del tiempo de ejercicio de la actividad por parte del fallecido y del de ejercicio de la misma a continuación por parte de entidad a la cual aquél hubiera aportado su negocio.

Que tenga una edad igual o superior a 60 años, o se encuentre en situación de invalidez absoluta o de gran invalidez.

En cuanto al adquirente[857]:

Deberá mantener la adquisición durante los 5 años siguientes a la fecha de la escritura pública en la que se documente la operación, salvo que falleciera dentro de este plazo.

Que no practique actos de disposición ni operaciones societarias que, directa o indirectamente, puedan dar lugar a una minoración sustancial del valor de la adquisición. No obstante, se admitirá la subrogación real cuando se acredite fehaciente-mente y no dé lugar a la citada minoración.

---

[855] Vid. artículo 33. 1, b, de la Ley Foral 13/1992, de 19 de noviembre, del Impuesto sobre el Patrimonio.

[856] Vid. artículo 12, d, b´), del Decreto Foral Legislativo 250/2002, de 16 de diciembre, por el que se aprueba el Texto Refundido de las disposiciones del Impuesto sobre Sucesiones y Donaciones.

[857] Vid. artículo 12, d, c´), del Decreto Foral Legislativo 250/2002, de 16 de diciembre, por el que se aprueba el Texto Refundido de las disposiciones del Impuesto sobre Sucesiones y Donaciones.

En caso de no cumplirse alguno de los requisitos, deberá pagarse la parte del Impuesto que se hubiese dejado de ingresar como consecuencia de la exención, junto con los correspondientes intereses de demora.

En el caso de percepciones de cantidades de las entidades aseguradoras por los beneficiarios de contratos de seguros sobre la vida a que se refiere el artículo 8, c) del Decreto Foral Legislativo de 16 de diciembre, por el que se aprueba el Texto Refundido de las disposiciones del Impuesto, que se hubieran celebrado antes del 24 de junio de 1992, estarán exentos los primeros 3.005,06 euros cuando el parentesco entre el contratante y el beneficiario sea el de ascendiente o descendiente por afinidad[858].

d´) Sujeto pasivo

Estarán obligados al pago como contribuyentes en las adquisiciones "mortis causa", los causahabientes, en las donaciones y demás adquisiciones "inter vivos" equiparables, el donatario o favorecido por ellas y en los seguros de vida, los beneficiarios, cualesquiera que sean las estipulaciones en contrario que establezcan éstos o las disposiciones ordenadas por el testador[859].

En este punto y en general en toda la regulación del impuesto se ha ido produciendo una unificación de términos y criterios entre la normativa foral y la de territorio común, sin perjuicio de las singularidades propias.

Así, a título de ejemplo, hemos de recordar que en el Acuerdo Foral de 10 de abril de 1970, precedente de la regulación actual, al definirse los sujetos pasivos se declaraban que eran tales las personas que viesen incrementado su capital como consecuencia de la transmisión lucrativa "inter vivos" o "mortis causa" de determinados bienes, derechos y acciones, término este último, que ha desaparecido de la normativa vigente, siguiendo las pautas de la regulación estatal, así como los beneficiarios de seguros de vida[860].

Serán subsidiariamente responsables del pago del Impuesto[861]:

En las transmisiones "mortis causa" de depósitos, garantías o cuentas corrientes, los intermediarios financieros y demás entidades o personas que hubieren entregado el metálico y valores depositados o devuelto las garantías constituidas.

En las entregas de cantidades que en concepto de herencia o como beneficiarios designados en las pólizas, las Compañías de Seguros que las verifiquen.

[858] Vid. artículo 13 del Decreto Foral Legislativo 250/2002, de 16 de diciembre, por el que se aprueba el Texto Refundido de las disposiciones del Impuesto sobre Sucesiones y Donaciones.

[859] Vid. artículo 14 del Decreto Foral Legislativo 250/2002, de 16 de diciembre, por el que se aprueba el Texto Refundido de las disposiciones del Impuesto sobre Sucesiones y Donaciones.

[860] Vid. Vilarroig Moya, R.: "Peculiaridades fiscales de Navarra", en Manual General de Derecho Financiero, Tomo IV, *Sistema Tributario Autonómico y Local,* (Coord. Lasarte, J.), edit. Comares, Granada, 1996, pp. 155-159.

[861] Vid. artículo 16 del Decreto Foral Legislativo 250/2002, de 16 de diciembre, por el que se aprueba el Texto Refundido de las disposiciones del Impuesto sobre Sucesiones y Donaciones.

En la transmisión de títulos valores que formen parte de la herencia, los mediadores.

Con efectos para los hechos imponibles producidos a partir del 1 de enero de 2004, también será responsable subsidiario el funcionario que autorizase el cambio de sujeto pasivo de cualquier tributo o exacción foral, estatal, autonómica o local, cuando tal cambio suponga, directa o indirectamente, una adquisición gravada por el Impuesto y no hubiere exigido previamente la justificación del pago del mismo.

A efectos de este impuesto se establece la equiparación entre los miembros de una pareja estable y los cónyuges de conformidad con lo establecido en los artículos Tercero. Siete y Quinto de la Ley Foral 38/2013, de 28 de diciembre, de modificación de diversos impuestos y otras medidas tributarias.

e´) Base imponible

A diferencia del territorio común, no se establece ninguna norma relativa a la presunción sobre la proporción atribuible al causante en bienes que se encuentren en indivisión.

Con efectos para los hechos imponibles producidos a partir del 1 de enero de 2004, la base imponible de los seguros sobre la vida contratados por cualquiera de los cónyuges con cargo a la sociedad de conquistas o gananciales, siendo el beneficiario el cónyuge sobreviviente, estará constituida por la totalidad de la cantidad percibida[862].

Con efectos para los hechos imponibles producidos a partir del 1 de enero de 2004, se suprime el concepto de ajuar doméstico[863], por lo que el caudal hereditario estará constituido por el valor real de los bienes y derechos adquiridos junto con el de los adicionados[864].

En cuanto a las presunciones se establece que formarán parte del caudal hereditario:

En las adquisiciones "mortis causa"[865]:

Los bienes de todas clases que hubieren pertenecido al causante de la sucesión hasta un periodo máximo de un año anterior a su fallecimiento, salvo prueba fehaciente de que tales bienes fueron transmitidos por aquél y se hallen en poder de persona distinta de un heredero, legatario, pariente dentro del tercer grado, cónyuge o pareja estable de cualquiera de ellos o del causante. Esta presunción quedará desvirtuada mediante la justificación suficiente de que en el caudal figuran incluidos el metálico u otros bienes subrogados en el lugar de los desaparecidos con valor equivalente.

---

[862] Vid. artículo 18 del Decreto Foral Legislativo 250/2002, de 16 de diciembre, por el que se aprueba el Texto Refundido de las disposiciones del Impuesto sobre Sucesiones y Donaciones.

[863] Derogado por el artículo 5, apartado cuatro de la Ley Foral 35/2003, de 30 de diciembre.

[864] Vid. artículo 20. 1 del Decreto Foral Legislativo 250/2002, de 16 de diciembre, por el que se aprueba el Texto Refundido de las disposiciones del Impuesto sobre Sucesiones y Donaciones.

[865] Vid. artículo 22 del Decreto Foral Legislativo 250/2002, de 16 de diciembre, por el que se aprueba el Texto Refundido de las disposiciones del Impuesto sobre Sucesiones y Donaciones.

Se estimará como prueba bastante de que tales bienes pertenecieron al causante, además de las generales de Derecho, la circunstancia de que los mismos figurasen a su nombre en depósito, cuentas corrientes, préstamos, etc., o bien inscritos en Catastros y Registros Públicos. Contra tales medios de prueba sólo podrá prevalecer la demostración fundada en cualquiera de los medios de prueba previstos en el artículo 107 de la Ley Foral General Tributaria de que, con anterioridad a un año, los bienes de que se trata habían dejado de pertenecer al causante.

Los bienes y derechos que, en periodo de tres años anteriores al fallecimiento, hubieran sido adquiridos a título oneroso en usufructo por el causante y en nuda propiedad por un heredero, legatario, pariente dentro del tercer grado, cónyuge o pareja estable de cualquiera de ellos o del causante.

Los bienes y derechos que hubieran sido transmitidos por el causante durante los cuatro años anteriores a su fallecimiento, reservándose el usufructo de los mismos o de otros del adquirente o cualquier otro derecho vitalicio, salvo cuando se trate de seguros de renta vitalicia contratados con entidades dedicadas legalmente a este género de operaciones.

Los valores o efectos depositados y cuyos resguardos se hubieran endosado, si con anterioridad al fallecimiento del endosante no se hubieran retirado aquéllos o tomado razón del endoso en los libros del depositario y los valores nominativos que hubieran sido igualmente objeto del endoso, si la transferencia no se hubiese hecho constar en los libros de la Entidad emisora con anterioridad también al fallecimiento del causante.

No tendrá lugar esta presunción cuando conste de un modo suficiente que el precio o equivalencia del valor de los bienes o efectos transmitidos se ha incorporado al patrimonio del vendedor o cedente y figura en el inventario de su herencia, que ha de ser tenido en cuenta para la liquidación del Impuesto, o si se justifica suficientemente que la retirada de valores o efectos o la toma de razón del endoso no ha podido verificarse con anterioridad al fallecimiento del causante por causas independientes de la voluntad de éste y del endosatario. Lo dispuesto en este párrafo se entenderá sin perjuicio de lo prevenido en los apartados anteriores.

El adquirente y los endosatarios serán considerados como legatarios si fuesen personas distintas del heredero.

El valor de estos bienes se adicionará al caudal hereditario, imputándolo al heredero o legatario respectivo, tanto si se hallasen en su poder como en el de su cónyuge o pareja estable.

Cuando en cumplimiento de lo dispuesto en este artículo resultare exigible por el Impuesto sobre Sucesiones y Donaciones una cuota superior a la que se hubiere obtenido, en su caso, en el Impuesto sobre Transmisiones Patrimoniales y Actos Jurídicos Documentados, lo satisfecho por este último se deducirá de lo que corresponda satisfacer por aquél.

Si los interesados rechazasen la incorporación al caudal hereditario de bienes y derechos en virtud de las presunciones establecidas se excluirá el valor de éstos de la base imponible, hasta la resolución definitiva en vía administrativa de la cuestión suscitada.

El importe de los bienes o valores retirados en virtud de poder o autorización con posterioridad al fallecimiento del poderdante, se adicionará al caudal líquido hereditario propiamente dicho y, en consecuencia, los interesados están obligados a incluir dichos bienes en el inventario de los relictos, sin que ello les releve de las responsabilidades en que, como consecuencia de haberlos retirado fuera de las condiciones legales, hayan podido incurrir en su caso.

A efectos de determinar la base imponible se admiten como deducibles las siguientes cargas, gravámenes y deudas:

En las adquisiciones por causa de muerte únicamente serán deducibles las cargas o gravámenes de naturaleza perpetua, temporal o redimible que aparezcan directamente establecidas sobre los bienes y disminuyan realmente su capital y valor, como los censos y las pensiones, sin que merezcan tal consideración las que constituyan obligación personal del adquirente ni las que, como las hipotecas y las prendas, no supongan disminución del valor de lo transmitido, sin perjuicio de que las deudas que garanticen puedan ser deducidas si concurren los requisitos establecidos en el artículo siguiente.

Cuando en los documentos presentados no constase expresamente la duración de las pensiones, cargas o gravámenes deducibles, se considerará ilimitada.

Se entenderá como valor del censo, a efectos de su deducción, el del capital que deba entregarse para su redención según las normas de la legislación civil.

A dichos efectos, el valor de las pensiones se obtendrá capitalizándolas al tipo de interés legal del dinero determinado en la Ley de Presupuestos Generales del Estado y tomando del capital resultante aquella parte que, según las reglas establecidas para valorar los usufructos, corresponda a la edad del pensionista, si la pensión es vitalicia, o la duración de la pensión si es temporal[866].

Con efectos para los hechos imponibles producidos a partir del 1 de enero de 2005, en las adquisiciones por causa de muerte serán deducibles con carácter general las deudas que dejare contraídas el causante de la sucesión siempre que su existencia se acredite por documento público o por documento privado que reúna los requisitos del artículo 1.227 del Código Civil o se justifique de otro modo la existencia de aquéllas, salvo que lo fuesen a favor de los herederos o de los legatarios de parte alícuota o de los cónyuges, miembros de parejas estables, ascendientes, descendientes o hermanos de dichos herederos o legatarios aunque renuncien a la herencia. La Administración podrá exigir que se ratifique la deuda en documento público por los herederos, con la comparecencia del acreedor.

En especial serán deducibles las cantidades que adeudare el causante por razón de tributos de la Comunidad Foral, del Estado, de Comunidades Autónomas o de Corporaciones Locales o por deudas de la Seguridad Social, y que se satisfagan por los herederos, albaceas o administradores del caudal

[866] Vid. artículo 23 del Decreto Foral Legislativo 250/2002, de 16 de diciembre, por el que se aprueba el Texto Refundido de las disposiciones del Impuesto sobre Sucesiones y Donaciones.

hereditario, aunque correspondan a liquidaciones giradas después del fallecimiento.

En el caso de que proceda la deducción de deudas y no haya metálico para satisfacerlas, si se hace adjudicación expresa de bienes en pago o para su pago, satisfará el impuesto el adjudicatario por el correspondiente concepto, según las normas establecidas en el Impuesto sobre Transmisiones Patrimoniales y Actos Jurídicos Documentados.

A estos efectos, se aplicarán en primer término, y hasta donde alcancen, los bienes muebles, y sólo en su defecto los inmuebles.

Con efectos a partir del 26 de febrero de 2004, se establece un procedimiento para la deducción de deudas del causante puestas de manifiesto con posterioridad al ingreso del impuesto que es idéntico al establecido en la normativa estatal, con la única diferencia de que no será aplicable cuando hubiesen transcurrido 4 años desde la fecha de expiración del plazo de presentación a liquidación del documento, declaración o declaración-liquidación[867].

Respecto a los gastos deducibles ha de decirse que lo mismo que en el Estado, serán deducibles los gastos de última enfermedad, entierro y funeral, en cuanto se justifiquen. Estos dos últimos deberán guardar la debida proporción con el caudal hereditario, conforme a los usos y costumbres de la localidad[868].

Para las adquisiciones "inter vivos" se establecen los siguientes requisitos:

A diferencia del Estado, en la donación por ambos cónyuges de bienes o derechos comunes de la sociedad conyugal se entenderá que existen dos donaciones.

En las donaciones y demás adquisiciones lucrativas "inter vivos" equiparables serán deducibles las deudas que constituyan obligación personal del adquirente[869], así como las garantizadas por derechos reales, en la parte pendiente de pago, siempre que el adquirente haya asumido fehacientemente la obligación de pagar la deuda y concurran las circunstancias del artículo 24 del Decreto foral legislativo 250/2002, de 16 de diciembre, por el que se aprueba el Texto Refundido de las disposiciones del Impuesto sobre Sucesiones y Donaciones[870].

Con efectos para los hechos imponibles producidos a partir del 1 de enero de 2004, si el adquirente no asumiese fehacientemente la obligación de pagar la deuda garantizada, su importe no será deducible, sin perjuicio del

[867] Vid. artículo 24 del Decreto Foral 16/2004, de 26 de enero, en su redacción dada por la Ley Foral 19/2004, de 29 de diciembre, artículo 5, apartado cuatro.

[868] Vid. artículo 25 del Decreto Foral Legislativo 250/2002, de 16 de diciembre, por el que se aprueba el Texto Refundido de las disposiciones del Impuesto sobre Sucesiones y Donaciones.

[869] Vid. artículo 26 del Decreto Foral Legislativo 250/2002, de 16 de diciembre, por el que se aprueba el Texto Refundido de las disposiciones del Impuesto sobre Sucesiones y Donaciones.

[870] Vid. artículo 27, apartado primero, del Decreto Foral Legislativo 250/2002, de 16 de diciembre, por el que se aprueba el Texto Refundido de las disposiciones del Impuesto sobre Sucesiones y Donaciones.

derecho a la devolución de la porción de la cuota correspondiente a dicho importe, si acreditase fehacientemente el pago de la deuda por su cuenta dentro del plazo de 4 años de prescripción del Impuesto[871].

f´) Base liquidable

La base liquidable del impuesto se obtiene aplicando a la imponible las reducciones previstas en la ley[872].

No se establecen reducciones en función del grado de parentesco.

A partir de 30 de diciembre de 2002, las adquisiciones "mortis causa" de ascendientes y descendientes por afinidad y las de colaterales de segundo y tercer grado vienen contempladas en la cuota tributaria, aplicando el tipo del 0,80% sobre una base liquidable hasta 7.813,16 euros, y sobre el exceso el tipo que corresponda según el caso de que se trate. Igual tratamiento recibirán las percepciones de seguros a que se refería el artículo 28. B) del Acuerdo de la Diputación Foral de 10 de abril de 1970, por el que se aprueban las Normas de los Impuestos Generales sobre Sucesiones y Transmisiones Patrimoniales y Actos Jurídicos Documentados[873].

A.-Reducciones por adquisiciones "mortis causa"

A partir de 1 de enero de 2002, se establecen las siguientes reducciones en la base imponible del impuesto:

Reducción del 95% en la base imponible de las adquisiciones "mortis causa" del pleno dominio o de la "nuda propiedad", de terrenos declarados como espacios naturales protegidos o propuestos como lugares de Interés Comunitario de la Red ecológica europea Natura 2000[874].

La misma reducción se practicará en la extinción del usufructo que se hubiera reservado el transmitente.

Gozarán también de reducción las adquisiciones "mortis causa" efectuadas por sujetos pasivos discapacitados que acrediten un grado de minusvalía igual o superior al 33 por 100 e inferior al 65 por 100 de 60.000 euros. Dicho importe será de 180.000 euros cuando el sujeto pasivo acredite un grado de minusvalía igual o superior al 65 por 100[875].

---

[871] Vid. artículo 27, apartado segundo, del Decreto Foral Legislativo 250/2002, de 16 de diciembre, por el que se aprueba el Texto Refundido de las disposiciones del Impuesto sobre Sucesiones y Donaciones, en su redacción dada por la Ley Foral 35/2003, de 30 de diciembre, artículo 5, apartado cinco.

[872] Vid. artículo 29 del Decreto Foral Legislativo 250/2002, de 16 de diciembre, por el que se aprueba el Texto Refundido de las disposiciones del Impuesto sobre Sucesiones y Donaciones.

[873] Vid. artículo 34. 1, b) del Decreto Foral Legislativo 250/2002, de 16 de diciembre, por el que se aprueba el Texto Refundido de las disposiciones del Impuesto sobre Sucesiones y Donaciones.

[874] Vid. artículo 31 del Decreto Foral Legislativo 250/2002, de 16 de diciembre, por el que se aprueba el Texto Refundido de las disposiciones del Impuesto sobre Sucesiones y Donaciones.

[875] Vid. artículo 32 bis del Decreto Foral Legislativo 250/2002, de 16 de diciembre, por el que se aprueba el Texto Refundido de las disposiciones del Impuesto sobre Sucesiones y Donaciones,

Las percepciones de cantidades de las entidades aseguradoras por los beneficiarios de contratos de seguros sobre la vida para caso de muerte del asegurado, que se hubieran celebrado antes del 24 de junio de 1992, disfrutarán de los siguientes beneficios fiscales:

Reducción del 90% sobre las cantidades que excedan de 3.005,06 euros cuando el parentesco entre el contratante y el beneficiario sea el de ascendiente o descendiente por afinidad.

Los primeros 3.005,06 euros gozarán de exención.

Reducción del 50% cuando el parentesco entre el contratante y el beneficiario sea el de colateral de segundo grado.

Reducción del 25% cuando el parentesco entre el contratante y el beneficiario sea el de colateral de tercero o cuarto grado.

Reducción del 10% cuando dicho parentesco sea más distante o no exista parentesco[876].

ESQUEMA: REDUCCIONES ADQUISICIONES "MORTIS CAUSA" AUTONÓMICA BASE IMPONIBLE

Reducción por las adquisiciones del pleno dominio o de la "nuda propiedad", de terrenos declarados como espacios naturales protegidos o propuestos como lugares de Interés Comunitario de la Red ecológica europea Natura 2000. Cuantía reducción: 95%. Igual reducción se aplicará en la extinción del usufructo.
Reducción por discapacidad. Los sujetos pasivos discapacitados que acrediten un grado de minusvalía igual o superior al 33 por 100 e inferior al 65 por 100 tendrán una reducción de de 60.000 euros. Dicho importe será de 180.000 euros cuando el sujeto pasivo acredite un grado de minusvalía igual o superior al 65 por 100.
Seguros concertados antes de 24 de junio de 1992. Cuantía reducción: 90% sobre las cantidades que excedan de 3.005,06 euros cuando el parentesco entre el contratante y el beneficiario sea el de ascendiente o descendiente por afinidad; 50% cuando el parentesco entre el contratante y el beneficiario sea el de colateral de segundo grado; 25% cuando el parentesco entre el contratante y el beneficiario sea el de colateral de tercero o cuarto grado; 10% cuando dicho parentesco sea más distante o no exista parentesco.

B.-Reducciones por adquisiciones "inter vivos"

Se ha establecido la siguiente reducción: por adquisiciones de terrenos declarados como espacios naturales protegidos o propuestos como lugares de interés Comunitario de la Red ecológica europea Natura 2000.

---

incorporado por el artículo 8 de la Ley Foral 21/2012, de 26 de diciembre, de modificación de diversos impuestos y otras medidas tributarias.

[876] Vid. artículo 32 del Decreto Foral Legislativo 250/2002, de 16 de diciembre, por el que se aprueba el Texto Refundido de las disposiciones del Impuesto sobre Sucesiones y Donaciones, en su redacción dada por el artículo 8 de la Ley Foral 21/2012, de 26 de diciembre.

Sus requisitos y aplicación son iguales a los establecidos para la misma reducción en las adquisiciones "mortis causa"[877].

ESQUEMA: REDUCCIONES ADQUISICIONES "INTER VIVOS" AUTONÓMICA BASE IMPONIBLE.

Reducción por las adquisiciones del pleno dominio o de la "nuda propiedad", de terrenos declarados como espacios naturales protegidos o propuestos como lugares de Interés Comunitario de la Red ecológica europea Natura 2000. Cuantía reducción: 95%. Igual reducción se aplicará en la extinción del usufructo.

g´) Deuda

A.-Tarifas

A diferencia con el territorio común, en la normativa foral no se establecen coeficientes reductores en función del patrimonio preexistente del contribuyente y del grado de parentesco.

La cuota del impuesto se obtendrá aplicando a la base imponible los tipos que correspondan según ley, en función del grado de parentesco:

a) Cónyuges o miembros de una pareja estable, según su legislación específica, ascendientes o descendientes en línea recta por consanguinidad, adoptantes o adoptados:

Tipo de gravamen: 0,80 por 100[878].

b) Ascendientes y descendientes por afinidad y colaterales de segundo y tercer grado, cuando se trate de adquisiciones "mortis causa" así como de percepciones de contratos de seguro sobre la vida para caso de muerte del asegurado a que se refiere la letra c) del artículo 8.

BASE LIQUIDABLE	TIPO DE GRAVAMEN
Hasta 7.813,16 euros	0,80
Exceso sobre 7.813,16 euros	El que corresponda conforme a las letras c), d) y e) siguientes.

c) Ascendientes y descendientes por afinidad.

En los supuestos previstos en la letra b) se gravará el exceso sobre la cantidad a que se refiere dicha letra:

---

[877] Vid. artículo 31 del Decreto Foral Legislativo 250/2002, de 16 de diciembre, por el que se aprueba el Texto Refundido de las disposiciones del Impuesto sobre Sucesiones y Donaciones, en su redacción dada por el artículo 8 de la Ley Foral 21/2012, de 26 de diciembre.

[878] Vid. artículo 34. 1, a) del Decreto Foral Legislativo 250/2002, de 16 de diciembre, por el que se aprueba el Texto Refundido de las disposiciones del Impuesto sobre Sucesiones y Donaciones, en su redacción dada por la Ley Foral 22/2008, de 24 de diciembre, artículo 4, apartado uno.

Base Liquidable.	Tipo de Gravamen				
Euros	Ascend. y descend. por afinidad	Colat. de 2º Grado	Colat. de 3er. Grado	Colat. de 4º Grado	Colat. de Grado más distante y extraños
Hasta 6.010,12	6,00%	8,00%	9,00%	11,00%	11,00%
De 6.010,13 a 12.020,24	7,00%	9,00%	10,00%	12,00%	12,00%
De 12.020,25 a 30.050,61	8,00%	10,00%	11,00%	13,00%	14,00%
De 30.050,62 a 60.101,21	10,00%	11,00%	13,00%	15,00%	16,00%
De 60.101,22 a 90.151,82	11,00%	13,00%	15,00%	17,00%	18,00%
De 90.151,83 a 120.202,42	13,00%	15,00%	17,00%	20,00%	21,00%
De 120.202,43 a 150.253,03	14,00%	17,00%	20,00%	23,00%	24,00%
De 150.253,04 a 300.506,05	16,00%	20,00%	23,00%	26,00%	29,00%
De 300.506,06 a 601.012,10	17,00%	23,00%	26,00%	31,00%	36,00%
De 601.012,11 a 1.803.036,31	18,00%	26,00%	30,00%	35,00%	40,00%
De 1.803.036,32 a 3.005.060,52	19,00%	30,00%	34,00%	39,00%	45,00%
De 3.005.060,53 en adelante	20,00%	35,00%	39,00%	43,00%	48,00%

La adquisición, "mortis causa" del pleno dominio de la vivienda habitual del causante, por uno o varios de sus hermanos, tributará al tipo especial de gravamen del 0,8% siempre que se cumplan las siguientes condiciones:

Que el adquirente hubiese convivido con el causante, en la vivienda habitual de éste, durante los cinco años anteriores al fallecimiento.

Que el adquirente no enajene la vivienda heredada dentro de los cinco años siguientes a su adquisición, salvo que falleciera durante ese plazo.

Que la vivienda heredada constituya la residencia habitual del adquirente.

La aplicación del tipo especial de gravamen procederá igualmente cuando la vivienda estuviera incluida dentro del lote adjudicado al heredero, siempre que tal adjudicación no conlleve exceso de adjudicación a favor del adjudicatario de la misma.

A estos efectos se atenderá al concepto de vivienda habitual definido en la normativa del Impuesto sobre la Renta de las Personas Físicas.

A partir del 31 de diciembre de 2002, se establece un tipo de gravamen para los ascendientes y descendientes por afinidad y colaterales de segundo y tercer grado, cuando se trate de[879]:

Adquisiciones "mortis causa".

Percepciones de contratos de seguro sobre la vida para caso de muerte del asegurado siempre que el contratante sea persona distinta del beneficiario y haya sido contratado por el asegurado o se trate de un seguro colectivo.

Base liquidable	Tipo de gravamen
Hasta 7.813,16 euros	0,80%
Exceso sobre 7.813,16 euros	El que corresponda conforme a lo previsto anteriormente para: Ascendientes y descendientes por afinidad. Colaterales de 2º grado. Colaterales de 3er. grado.

Las tarifas se aplican sobre el total de la base liquidable.

Cuando de la aplicación de los tipos resulte que a un incremento de la base le corresponde una porción de cuota mayor que dicho incremento, la cuota se reducirá de oficio en el importe de dicho exceso, evitándose de esta manera el "error de salto".

B. Cuota a ingresar.

La nueva norma foral prevé la deducción por doble imposición internacional definida en los mismos términos que en la normativa de régimen común[880].

h´) Devengo[881]

En las adquisiciones por causa de muerte y en la percepción de cantidades, cualquiera que sea su modalidad, por los beneficiarios de contratos de seguro sobre la vida para caso de muerte del asegurado, el impuesto se devengará:

El día del fallecimiento del causante o del asegurado.

En el caso de adquisiciones por causa de muerte por legado, herencia o cualquier otro título sucesorio, para exigir el pago del impuesto bastará que

---

879 Vid. artículo 34. 1, b) del Decreto Foral Legislativo 250/2002, de 16 de diciembre, por el que se aprueba el Texto Refundido de las disposiciones del Impuesto sobre Sucesiones y Donaciones.

880 Vid. artículo 35 del Decreto Foral Legislativo 250/2002, de 16 de diciembre, por el que se aprueba el Texto Refundido de las disposiciones del Impuesto sobre Sucesiones y Donaciones.

881 Vid. artículo 36 del Decreto Foral Legislativo 250/2002, de 16 de diciembre, por el que se aprueba el Texto Refundido de las disposiciones del Impuesto sobre Sucesiones y Donaciones.

esté probado el hecho originario de la transmisión, aunque los adquirentes no hayan presentado los documentos en que se justifique aquélla, ni formalizado los inventarios y particiones o bien cuando adquiera firmeza la declaración de fallecimiento del ausente[882].

En las adquisiciones por donación o por otros negocios jurídicos lucrativos e "inter vivos", el impuesto se devengará el día en que se cause el acto o contrato, entendiéndose por tal:

Cuando se trate de la adquisición de cantidades por el beneficiario de un seguro sobre la vida para caso de sobrevivencia del contratante o del asegurado, aquel en que la primera o única cantidad a percibir sea exigible por el beneficiario.

Con efectos para los hechos imponibles producidos a partir del 1 de enero de 2004, cuando se trate de adquisiciones producidas en vida del causante o donante como consecuencia de contratos y pactos sucesorios o de donaciones "mortis causa", el día en que se causen o celebren dichos acuerdos.

Toda adquisición de bienes o derechos, cuya efectividad se halle suspendida por la concurrencia de una condición, término, fideicomiso, una fiducia sucesoria de las reguladas en el título XI del libro II de la Compilación del Derecho Civil Foral de Navarra o cualquier otra limitación, se entenderá siempre realizada el día en que dichas limitaciones desaparezcan, atendiéndose a este momento para determinar el valor de los bienes y los tipos de gravamen[883].

i´) Prescripción[884]

Prescribirá a los 4 años el derecho de la Administración para determinar la deuda tributaria, la acción para exigir su pago, la acción para imponer sanciones tributarias y el derecho a la devolución de ingresos indebidos.

Además se establece que:

En los documentos que deban presentarse a liquidación, se presumirá que la fecha de los privados es la de su presentación, salvo que con anterioridad surta efectos frente a terceros conforme al artículo 1.227 del Código Civil, en cuyo caso se computará la fecha de la incorporación, inscripción, fallecimiento o entrega, respectivamente.

En los contratos no reflejados documentalmente se presumirá, a iguales efectos, que su fecha es la del día en que los interesados presenten la declaración tributaria[885].

---

[882] Vid. artículo 8 del Decreto Foral 16/2004 de 26 enero, por el que se aprueba el Reglamento del Impuesto sobre Sucesiones y Donaciones.

[883] Vid. artículo 36. 3 del Decreto Foral Legislativo 250/2002, de 16 de diciembre, por el que se aprueba el Texto Refundido de las disposiciones del Impuesto sobre Sucesiones y Donaciones.

[884] Vid. artículo 37 del Decreto Foral Legislativo 250/2002, de 16 de diciembre, por el que se aprueba el Texto Refundido de las disposiciones del Impuesto sobre Sucesiones y Donaciones.

[885] Vid. artículo 53 de la Ley Foral 13/2000 de 14 diciembre, General Tributaria.

El plazo de prescripción para liquidar el Impuesto que grave las adquisiciones derivadas de la renuncia de la herencia, comenzará a contarse desde la fecha de aquélla, sin que, a tales efectos exclusivamente fiscales, sea de aplicación lo dispuesto en el artículo 989 del Código Civil y en la ley 315 de la Compilación[886].

Interrumpe el plazo de prescripción en las adquisiciones "mortis causa" la presentación por los sujetos pasivos de los documentos y declaraciones necesarios para la determinación de la deuda tributaria[887].

j´) Reglas especiales

Se han establecido reglas especiales para el usufructo, uso y habitación, la dote, las sustituciones, los fideicomisos, las reservas, la acumulación de donaciones, la renuncia a la herencia, y para las instituciones equiparables al derecho de usufructo o de uso.

1. Usufructo, uso y habitación[888]

Para la valoración de los derechos de usufructo, uso, habitación y nuda propiedad se aplicarán las reglas siguientes:

El valor del usufructo temporal se reputará, según su duración, en un tanto por ciento del valor total de los bienes, que será del 10 por 100 hasta cinco años inclusive de duración; y por cada año más se aumentará la estimación del mismo en un 2 por 100 del valor total de los bienes, sin que, en ningún caso, pueda exceder del 70 por 100 de dicho valor total.

En los usufructos vitalicios se estimará que el valor es igual al 70 por 100 del valor total de los bienes cuando el usufructuario cuente menos de veinte años, minorándose el porcentaje a medida que aumenta la edad, en la proporción de un 1 por 100 menos por cada año más, con el límite mínimo del 10 por 100 del valor total.

El valor de la nuda propiedad se computará por la diferencia entre el valor del usufructo, uso y habitación y el valor total de los bienes. En los usufructos vitalicios que, a su vez, sean temporales, la nuda propiedad se valorará aplicando, de las reglas anteriores, aquella que le atribuya menor valor.

Cuando el usufructo se hubiese constituido a favor de una persona jurídica, para determinar el valor de la nuda propiedad atribuida a una persona física se aplicarán las reglas previstas en los apartados anteriores; y si se estableciere por tiempo indeterminado el usufructo se valorará en el 60 por 100 del valor total atribuido a los bienes.

[886] Vid. artículo 44 de la Ley Foral 13/2000, de 14 de diciembre, General Tributaria.

[887] Vid. artículo 27 del Decreto Foral 16/2004, de 26 de enero, por el que se aprueba el Reglamento del Impuesto sobre Sucesiones y Donaciones.

[888] Vid. artículo 38 del Decreto Foral Legislativo 250/2002, de 16 de diciembre, por el que se aprueba el Texto Refundido del Impuesto sobre Sucesiones y Donaciones.

El valor de los derechos reales de uso y habitación será el que resulte de aplicar al 75 por 100 del valor de los bienes sobre los que fueren fijados las reglas correspondientes a la valoración de los usufructos temporales o vitalicios, según los casos.

Siempre que el adquirente tenga facultad de disponer de los bienes, se liquidará el impuesto en pleno dominio, sin perjuicio de la devolución que, en su caso, proceda.

Al adquirirse los derechos de usufructo, uso y habitación se le exigirá el Impuesto al adquirente, conforme a la naturaleza jurídica de su título de adquisición, sobre la base del valor de estos derechos.

Al adquirente de la nuda propiedad se le exigirá el Impuesto, conforme a la naturaleza jurídica del título por el que adquiere, sobre la base del valor de la misma y aplicándose el tipo que corresponda al valor íntegro de los bienes.

Sin perjuicio de la liquidación anterior, al extinguirse el usufructo, el primer nudo propietario viene obligado por el mismo título de adquisición a pagar por el concepto de extinción de usufructo, sobre el tanto por ciento por el que no se haya liquidado el impuesto al adquirirse la nuda propiedad, cuyo porcentaje se aplicará sobre el valor que tuviesen los bienes en el momento de la consolidación del dominio, con sujeción a las tarifas vigentes en tal fecha y por el tipo que corresponda al valor íntegro de los bienes.

Cuando en la extinción de un usufructo no se acredite el título del primer nudo propietario se presumirá, a los efectos fiscales de dicha extinción, que el título fue el de herencia entre extraños.

Las obligaciones del nudo propietario nacidas de los apartados anteriores son, en todo caso, transmisibles a los adquirentes de la nuda propiedad, que tendrán que pagar, en el momento de la extinción del usufructo, lo que hubiera tenido que satisfacer el primer nudo propietario.

Si se transmite el usufructo o la nuda propiedad se girará una nueva liquidación evaluándolos con arreglo a las reglas anteriores y teniendo en cuenta el vínculo jurídico entre el transmitente y el adquirente, con independencia de las liquidaciones procedentes con arreglo a los apartados anteriores.

Si el usufructuario transmite su derecho al nudo propietario se le exigirá a éste la mayor de las liquidaciones entre la que se encuentre pendiente de ingreso por la desmembración del dominio y la correspondiente al negocio jurídico en cuya virtud adquiere el usufructo.

Si el nudo propietario transmite su derecho al usufructuario, o si ambos lo transmiten a un tercero, se exigirán únicamente las liquidaciones correspondientes a tales adquisiciones.

La renuncia, aunque sea pura y simple, de un usufructo ya aceptado se considerará a efectos fiscales como donación del usufructuario al nudo propietario, aplicándose lo dispuesto anteriormente.

En los usufructos sucesivos se exigirá el impuesto al nudo propietario teniendo en cuenta el usufructo de mayor porcentaje y a la extinción de este usufructo pagará el nudo propietario por el aumento de valor que la nuda propiedad experimenta como consecuencia de comenzar el usufructo de menor porcentaje, por título de consolidación parcial si el usufructo de mayor coeficiente era el primero y por cumplimiento de condición suspensiva o de plazo si era posterior, y así sucesivamente al extinguirse los demás usufructos.

Si el usufructo se establece con condición resolutoria distinta de la vida del usufructuario se liquidará por las reglas establecidas en los apartados anteriores para los usufructos vitalicios a reserva de que, cumplida la condición resolutoria, se practique nueva liquidación, conforme a las reglas establecidas para el usufructo temporal, y se hagan, en virtud de la misma, las rectificaciones que procedan en beneficio de la Comunidad Foral o del interesado.

Al extinguirse los derechos de uso y habitación se exigirá el impuesto al usufructuario, si lo hubiere, en razón del aumento del valor del usufructo, y si dicho usufructo no existiese se practicará al nudo propietario la liquidación correspondiente a la extinción de los mismos derechos. Si el usufructo se extinguiese antes que los derechos de uso y habitación, el nudo propietario pagará la correspondiente liquidación por la consolidación parcial operada por la extinción de dicho derecho de usufructo, en cuanto al aumento que, en virtud de la misma, experimente el valor de su nuda propiedad.

2. Dote

Se establece que cuando las dotes y dotaciones consistan en el abono de una renta o pensión, vitalicia o temporal, se tendrán en cuenta las siguientes reglas[889]:

Las pensiones constituidas a título gratuito tributarán según el parentesco entre el pensionista y el que la constituya. El valor de las pensiones se obtendrá capitalizándolas al tipo de interés legal del dinero determinado en la Ley de Presupuestos Generales del Estado y tomando del capital resultante aquella parte que, según las reglas establecidas para valorar los usufructos, corresponda a la edad del pensionista, si la pensión es vitalicia, o la duración de la pensión si es temporal[890].

En las pensiones constituidas por testamento, cuando el capital de las mismas se rebaje del caudal hereditario, al extinguirse aquéllas, el adquirente del bien vendrá obligado a satisfacer el Impuesto correspondiente al capital de la pensión, según la tarifa vigente en el momento de constituirse ésta.

Las pensiones constituidas a cambio de cesión de bienes o derechos, cuando el transmitente sea persona distinta del pensionista, tributarán por la tarifa del Impuesto correspondiente al grado de parentesco entre ambos.

---

[889] Vid. artículo 50 en relación con el artículo 39 del Decreto Foral Legislativo 250/2002 de 16 diciembre, por el que se aprueba el Texto Refundido de las disposiciones del Impuesto de Sucesiones y Donaciones.

[890] Vid. artículo 23. 4 del Decreto Foral Legislativo 250/2002, de 16 de diciembre, por el que se aprueba el Texto Refundido de las disposiciones del Impuesto de Sucesiones y Donaciones.

3. Sustituciones[891]

En la sustitución vulgar el testador puede designar uno o varios herederos sustitutos para el caso en que el heredero o herederos nombrados en primer lugar falleciesen antes que él o no quisieran o no pudieran aceptar la herencia, sólo se exigirá el Impuesto al sustituto y atendiendo a su grado de parentesco con el causante, cuando el heredero instituido falleciera antes que aquél o no pudiera aceptar la herencia. Si no quisiera aceptarla, se estará a lo prevenido para el caso de renuncia.

Lo mismo que en el Estado, en las instituciones pupilar y ejemplar se nombran sustitutos a los ascendientes de sus descendientes menores de 14 años o mayores de dicha edad declarados incapaces por enajenación mental. Se exigirá el impuesto al sustituto cuando se realice aquélla, atendiendo al grado de parentesco con el descendiente sustituido y sin perjuicio de lo satisfecho por éste al fallecimiento del testador.

En la sustitución fideicomisaria se pagará el impuesto en la institución y en cada sustitución con arreglo al parentesco entre el sustituto y el causante.

Si los herederos instituidos en tal concepto no tuviesen derecho a disponer de los bienes de la herencia sujetos a la sustitución se reputarán como meros usufructuarios.

Cuando la autorización para disponer de los bienes se halle afecta a una condición puramente potestativa, se liquidará por la plena propiedad de aquéllos. Los derechohabientes del heredero podrán solicitar la devolución del impuesto satisfecho por su causante en la parte correspondiente a la nuda propiedad si justifican el incumplimiento de la condición y la transmisión de los bienes afectados por la sustitución íntegramente al sustituto designado.

La misma norma se aplicará cuando el testador autorice al heredero para disponer de los bienes en caso de necesidad, enajenando antes sus bienes propios, así como cuando dicha autorización deban otorgarla los coherederos, albaceas, contadores-partidores u otra persona expresamente designada por el testador.

4. Fideicomisos[892]

Lo mismo que en el Estado, en los fideicomisos, cuando dentro de los plazos en que debe practicarse la liquidación no sea conocido el heredero fideicomisario, pagará el fiduciario con arreglo a los tipos establecidos para las herencias entre extraños, cualquiera que sea su parentesco con el causante.

Lo pagado con arreglo al párrafo precedente aprovechará al fideicomisario cuando sea conocido. La nueva norma foral prevé, con efectos a partir del 31

---

[891] Vid. artículo 45 del Decreto Foral Legislativo 250/2002, de 16 de diciembre, por el que se aprueba el Texto Refundido de las disposiciones del Impuesto de Sucesiones y Donaciones.

[892] Vid. artículo 46 del Decreto Foral Legislativo 250/2002, de 16 de diciembre, por el que se aprueba el Texto Refundido de las disposiciones del Impuesto de Sucesiones y Donaciones.

de diciembre de 2002, que si el tipo de gravamen que le correspondiese fuese inferior al aplicado al fiduciario, quien hubiese hecho el pago superior o sus causahabientes tendrán derecho a la devolución del exceso satisfecho.

Si dentro de dichos plazos se conociese el heredero fideicomisario, satisfará éste el impuesto con arreglo a la escala de las herencias que corresponde al grado de parentesco con el causante y al valor de los bienes adquiridos.

Si el fiduciario o persona encargada por el testador de transmitir la herencia pudiera disfrutarla en todo o en parte, temporal o vitaliciamente o tuviese la facultad de disponer de los productos o rentas de los bienes hasta su entrega al heredero fideicomisario, pagará el impuesto en concepto de usufructuario y con arreglo al grado de parentesco que le una con el causante. En este caso, el fideicomisario satisfará también al entrar en posesión de los bienes, el Impuesto correspondiente, no computándose en su favor lo pagado por el fiduciario.

En los fideicomisos en que se dejen en propiedad los bienes hereditarios al heredero fiduciario, aun cuando sea con la obligación de levantar alguna carga, se liquidará el impuesto como herencia en propiedad, con deducción de la carga, si fuese deducible, por la cual satisfará el Impuesto el que adquiera el beneficio consiguiente al gravamen impuesto al heredero, por el título o concepto que jurídicamente corresponda al acto, y si el beneficiario no fuese conocido, satisfará el Impuesto correspondiente a dicho concepto el heredero.

5. Reservas[893]

En la herencia de bienes reservables por disposición del Derecho Civil Foral Navarro o por el artículo 811 del Código Civil, satisfará el impuesto el reservista, en concepto de usufructuario.

Si la reserva se extinguiera, el reservista estará obligado a satisfacer el impuesto correspondiente a la nuda propiedad.

Si el reservista enajenare los bienes sobre los que está constituida la reserva con el consentimiento de todos los que en el momento de la enajenación sean presuntos reservatarios, se considerará fiscalmente extinguida la reserva y liquidará por tal concepto.

El reservatorio satisfará el Impuesto según la escala de herencias atendido el grado de parentesco entre aquél y la persona de quien procedan los bienes, prescindiendo del que le una con el reservista.

6. Acumulación de donaciones

Las donaciones y demás transmisiones "inter vivos" equiparables que se otorguen por un mismo donante a un mismo donatario dentro del plazo de 3 años, a contar desde la fecha de cada una, se considerarán como una

---

[893] Vid. artículo 48 del Decreto Foral Legislativo 250/2002, de 16 de diciembre, por el que se aprueba el Texto Refundido de las disposiciones del Impuesto de Sucesiones y Donaciones.

sola transmisión a los efectos de la liquidación del impuesto, y los tipos aplicables serán fijados en función de la suma de todas las bases determinadas.

Con efectos para los hechos imponibles producidos a partir del 1 de enero de 2004, también procederá la acumulación cuando, dentro de dicho plazo, se perciban cantidades por el beneficiario-donatario de un seguro sobre la vida para caso de sobrevivencia del asegurado-donante[894].

Las donaciones y demás transmisiones "inter vivos" equiparables serán acumulables a la sucesión que se cause por el donante a favor del donatario, siempre que el plazo que medie entre ésta y aquéllas no exceda de 3 años y se considerarán a los efectos de determinar el tipo aplicable, como una sola adquisición[895].

Con efectos para los hechos imponibles producidos a partir del 1 de enero de 2004, también procederá la acumulación cuando, dentro de dicho plazo, se perciban cantidades por el beneficiario-donatario de un seguro sobre la vida para caso de sobrevivencia del asegurado-donante[896].

La acumulación se efectuará sumando las bases liquidables de las donaciones, la de las transmisiones "inter vivos" equiparables anteriores que deban ser acumuladas y la de la adquisición actual o sucesión, en su caso; las cantidades percibidas por los beneficiarios-donatarios.

De la cuota tributaria obtenida por aplicación a la base liquidable total acumulada del tipo medio de gravamen resultante, se deducirán, sin que proceda devolución en ningún caso: las cuotas satisfechas con anterioridad por las donaciones, las demás transmisiones lucrativas equiparables y los seguros acumulados.

7. Renuncia[897]

La renuncia a la herencia hecha simple y gratuitamente a favor de todos los coherederos a quienes deba acrecer la porción renunciada, no constituye acto sujeto al impuesto; pero tanto en este caso como en el de renuncia simple y gratuita de legados a favor de todos los herederos, las personas a quienes la renuncia beneficie tributarán por la adquisición de la parte renunciada con arreglo al tipo de la escala de herencias que correspondería

---

[894] Vid. artículo 51 del Decreto Foral Legislativo 250/2002, de 16 de diciembre, por el que se aprueba el Texto Refundido de las disposiciones del Impuesto de Sucesiones y Donaciones, en su redacción dada por la Ley Foral 35/2003, de 30 de diciembre, artículo 5, apartado siete.

[895] Vid. artículo 52 del Decreto Foral Legislativo 250/2002, de 16 de diciembre, por el que se aprueba el Texto Refundido de las disposiciones del Impuesto de Sucesiones y Donaciones, en su redacción dada por la Ley Foral 35/2003, de 30 de diciembre, artículo 5, apartado ocho.

[896] Vid. artículo 51, apartado segundo, del Decreto Foral Legislativo 250/2002, de 16 de diciembre, por el que se aprueba el Texto Refundido de las disposiciones del Impuesto de Sucesiones y Donaciones, en su redacción dada por la Ley Foral 35/2003, de 30 de diciembre, artículo 5, apartado siete.

[897] Vid. artículo 44 del Decreto Foral Legislativo 250/2002, de 16 de diciembre, por el que se aprueba el Texto Refundido de las disposiciones del Impuesto de Sucesiones y Donaciones.

aplicar al renunciante, a no ser que por el parentesco del causante con el favorecido por la renuncia corresponda a éste un tipo superior a aquél.

En los demás casos de renuncia a que se refiere el artículo 1000 del Código Civil, se exigirá el impuesto correspondiente al renunciante por razón de la herencia, sin perjuicio de lo que proceda liquidar, además, por la cesión o donación de la parte renunciada.

Toda repudiación o renuncia hecha después de prescrito el Impuesto correspondiente a la herencia o legado, se reputará como donación del repudiante o renunciante hacia el favorecido por la misma.

Con efectos a partir del 26 de febrero de 2004, para que la renuncia del cónyuge sobreviviente a los efectos y consecuencias de la sociedad de conquistas o gananciales produzca el efecto de que los bienes renunciados pasen a formar parte del caudal hereditario del fallecido, será necesario que la renuncia, además de ser pura, simple y gratuita, se haya realizado por escritura pública con anterioridad al fallecimiento del causante. De lo contrario, se girará liquidación por el concepto de donación del renunciante a favor de los que resulten beneficiados por la renuncia[898].

8. Instituciones equiparables al derecho de usufructo o de uso[899]

Con efectos a partir del 26 de febrero de 2004, se establece, al igual que en el Estado, que todas aquellas instituciones que sean de contenido económico similar al del usufructo o derecho de uso, aunque no lo sean formal y jurídicamente se liquidarán, excepto que se establezca un régimen peculiar, de acuerdo con las siguientes reglas:

Cuando por disposición del causante o por la aplicación de las normas civiles reguladoras de la sucesión, se atribuya a una persona el derecho a disfrutar en todo o en parte de los bienes de una herencia, temporal o vitaliciamente, se entenderá la existencia de un derecho de usufructo o de uso, valorándose conforme a las reglas establecidas para los usufructos o derechos de uso temporales o vitalicios.

Si el adquirente tuviese el derecho a disponer de los bienes se le liquidará el impuesto por el pleno dominio, sin perjuicio de la devolución que proceda de la porción de impuesto que corresponda a la nuda propiedad si se justificara la transmisión de los mismos bienes a la persona indicada por el testador o por la normativa aplicable.

K. Comprobación

En la sustitución vulgar el testador puede designar uno o varios herederos sustitutos para el caso en que el heredero o herederos nombrados en

---

[898] Vid. artículo 29 del Decreto Foral 16/2004, de 26 de enero, por el que se aprueba el Reglamento del Impuesto sobre Sucesiones y Donaciones.

[899] Vid. artículo 28 del Decreto Foral 16/2004, de 26 de enero, por el que se aprueba el Reglamento del Impuesto sobre Sucesiones y Donaciones.

primer lugar falleciesen antes que él o no quisieran o no pudieran aceptar la herencia.

En la sustitución pupilar y en la ejemplar se nombran sustitutos a los ascendientes de sus descendientes menores de 14 años o mayores de dicha edad declarados incapaces por enajenación mental.

L. Comprobación de valores

La Administración podrá comprobar el valor de los bienes y derechos transmitidos, de conformidad con lo establecido en la regulación de su Impuesto sobre Sucesiones y Donaciones, por los siguientes medios de comprobación[900]:

La regulación del Impuesto sobre Sucesiones y Donaciones establece los siguientes medios de comprobación:

- Capitalización o imputación de rendimientos al porcentaje que la ley foral de cada tributo señale o estimación por los valores que figuren en los registros oficiales de carácter fiscal.
- Si se trata de bienes inmuebles, el registro oficial de carácter fiscal que se tomará como referencia para la valoración de dichos bienes será el Registro de la Riqueza Territorial de Navarra.
- Precios medios en el mercado.
- Cotizaciones en mercados nacionales y extranjeros.
- Dictamen de peritos de la Administración.
- Valor asignado a los bienes en las pólizas de contratos de seguros.
- Valor asignado para la tasación de las fincas hipotecadas en cumplimiento de la legislación hipotecaria.
- Precio o valor declarado respecto de otras transmisiones del mismo bien realizadas dentro del plazo que se establezca.
- Valor resultante de la comparación con valores comprobados con anterioridad por la Administración tributaria.
- Tasación pericial contradictoria.
- Cualesquiera otros medios que específicamente se determinen en la ley foral de cada tributo.

Por Orden Foral 1062/2012, de 24 de diciembre, se aprobaron precios medios de venta de vehículos y de embarcaciones usados aplicables en la gestión de los Impuestos sobre Sucesiones y Donaciones, sobre Transmisiones Patrimoniales y Actos Jurídicos Documentados y Especial sobre Determinados Medios de Transporte.

Por otra parte, a su vez, el Decreto Foral 334/2001, de 26 de noviembre aprueba el procedimiento para la valoración de determinados bienes inmuebles sitos en la Comunidad Foral de Navarra mediante la aplicación del método de comprobación de los precios medios en el mercado en relación con la gestión de los Impuestos sobre Sucesiones y Donaciones, sobre

[900] Vid. artículo 44 de la Ley Foral 13/2000, de 14 de diciembre, General Tributaria.

Transmisiones Patrimoniales y Actos Jurídicos Documentados, modificado por *Decreto Foral* 116/2003, de 19 de mayo[901].

La notificación de la comprobación de valores se efectuará conjuntamente con la liquidación que practique el Departamento de Economía y Hacienda.

Con efectos a partir del 1 de enero de 2012, el sujeto pasivo podrá, en todo caso, promover la tasación pericial contradictoria en corrección de los demás procedimientos de comprobación fiscal de valores señalados en el apartado anterior, dentro de los siguientes plazos[902]:

Cuando se realice conjuntamente la notificación del resultado de la comprobación y de la liquidación, dentro de los 15 días siguientes a aquél en que se entienda producida la notificación de la liquidación efectuada sobre la base de los valores comprobados administrativamente.

En el supuesto de notificación separada del resultado de la comprobación de valores, dentro del plazo de la primera reclamación que proceda contra el acto de comprobación de valores debidamente notificado.

En el caso de que no figurase ya en el expediente la valoración motivada de un perito de la Administración, la oficina gestora remitirá a los servicios técnicos correspondientes una relación de los bienes y derechos a valorar para que se proceda a la formulación, en el plazo de 15 días, de la correspondiente hoja de aprecio por duplicado en la que deberán constar el resultado de la valoración y los fundamentos tenidos en cuenta para el avalúo.

Recibida la valoración se trasladará a los interesados, concediéndoles un plazo de un mes para que puedan proceder al nombramiento de un perito, que deberá formular dentro de dicho plazo la hoja de aprecio debidamente fundamentada.

Transcurrido el plazo sin hacer la designación del perito o sin haber sido formulada la hoja de aprecio, se entenderá la conformidad del interesado con el valor comprobado, dándose por terminado el expediente y girándose la liquidación que corresponda con intereses de demora.

Si la tasación del perito de la Administración no excede en más del 10% y no es superior en 120.202,43 euros a la realizada por el del interesado, servirá de base el valor resultante de ésta, si fuese mayor que el valor declarado, o este valor en caso contrario, practicándose la liquidación que proceda con los correspondientes intereses de demora.

Si la tasación hecha por el perito de la Administración excede de los límites indicados deberá designarse un perito tercero para que en plazo de 15 días confirme las valoraciones de los peritos anteriores o realice una nueva valoración, que será definitiva.

En ningún caso podrá servir de base para la liquidación el resultado de la tasación pericial si fuese menor que el valor declarado por los interesados.

---

901 Vid., asimismo, artículo 44. 1, de la Ley Foral 13/2000, de 14 de diciembre, General Tributaria.

902 Vid. artículo 44. 2, de la Ley Foral 13/2000, de 14 de diciembre, General Tributaria.

A la vista del resultado obtenido, la Administración girará la liquidación que proceda con intereses de demora, sin perjuicio de su posible impugnación en reposición o en vía económico-administrativa[903].

L. Gestión:

Los aspectos principales de la gestión del impuesto son los siguientes: normas generales, régimen de declaración y plazos de presentación, lugar de presentación, aplazamiento de la liquidación, liquidaciones parciales, supuesto especial de fraccionamiento y régimen de autoliquidación.

1. Normas generales

La competencia para la gestión, inspección, liquidación y recaudación del Impuesto sobre Sucesiones y Donaciones corresponderá al Departamento de Economía y Hacienda[904].

El Consejero de Economía y Hacienda podrá encomendar a los Registradores de la Propiedad de la Comunidad Foral de Navarra funciones en la gestión y liquidación del Impuesto sobre Sucesiones y Donaciones, así como suscribir acuerdos con ellos en relación con dichas funciones[905].

Los sujetos pasivos podrán optar por el régimen de la autoliquidación en relación con los actos y negocios jurídicos que determine el consejero de Economía y Hacienda. En estos casos los sujetos pasivos deberán practicar las operaciones necesarias para determinar el importe de la deuda tributaria y habrán de aportar el documento o declaración en que se contenga o se constate el hecho imponible[906].

2. Régimen de declaración y plazos de presentación

Los documentos o declaraciones tributarias se presentarán en los siguientes plazos:

Seis meses cuando se trate de adquisiciones por causa de muerte, incluidas las de los beneficiarios de contratos de seguro sobre la vida, contados desde el día del fallecimiento o desde aquel en que adquiera firmeza la declaración de fallecimiento.

---

[903] Vid. artículo 26. 3 del Decreto Foral 16/2004, de 26 de enero, por el que se aprueba el Reglamento del Impuesto sobre Sucesiones y Donaciones.

[904] Vid. artículo 57. 1 del Decreto Foral Legislativo 250/2002, de 16 de diciembre, por el que se aprueba el Texto Refundido de las disposiciones del Impuesto de Sucesiones y Donaciones y artículo 32. 1 del Decreto Foral 16/2004 de 26 enero, por el que se aprueba el Reglamento del Impuesto sobre Sucesiones y Donaciones.

[905] Vid. artículo 32. 2 del Decreto Foral 16/2004 de 26 enero, por el que se aprueba el Reglamento del Impuesto sobre Sucesiones y Donaciones.

[906] Vid. artículo 57. 2 del Decreto Foral Legislativo 250/2002, de 16 de diciembre, por el que se aprueba el Texto Refundido de las disposiciones del Impuesto de Sucesiones y Donaciones.

El mismo plazo será aplicable a las adquisiciones del usufructo y pensiones pendientes del fallecimiento del usufructuario o pensionista, cuando la desmembración del dominio hubiere tenido lugar a título gratuito.

Diez meses cuando el fallecimiento hubiere tenido lugar fuera de España.

Dos meses en los demás supuestos[907].

Lo mismo que en el Estado, los plazos anteriores podrán ser prorrogados por la Administración tributaria, devengando el interés de demora correspondiente, previa solicitud por los herederos, albaceas o administradores del caudal relicto dentro de los primeros 5 meses del plazo de presentación o 9 si el fallecimiento hubiera tenido lugar fuera de España.

En caso de denegación de la prórroga solicitada, los plazos de presentación se entenderán ampliados en los días transcurridos desde el siguiente al de la presentación de la solicitud hasta el de la notificación del acuerdo denegatorio[908].

También podrán interrumpirse cuando se promueva litigio o juicio voluntario de testamentaría[909].

A partir del 1 de enero de 2012, los sujetos pasivos deberán presentar todas las declaraciones y documentos sometidos al régimen de declaración del Impuesto sobre Sucesiones y Donaciones en cualquiera de las Oficinas del Organismo Autónomo Hacienda Tributaria de Navarra para su liquidación por la Sección de los Impuestos sobre Sucesiones y Donaciones, Transmisiones Patrimoniales y Actos Jurídicos Documentados.

El lugar de presentación será el mencionado, con independencia de la fecha de devengo del impuesto y aunque hubieran sido objeto con anterioridad de liquidaciones parciales o provisionales[910].

3. Aplazamiento de la liquidación[911]

Tendrá lugar el aplazamiento de la liquidación en los siguientes supuestos:

Cuando en los actos o contratos medie alguna condición suspensiva.

En las adquisiciones a título lucrativo de créditos ilíquidos o de cuantía desconocida, hasta que sean líquidos.

Cuando no pueda determinarse de una manera cierta la cuantía de una adquisición, hasta que sea determinada ésta.

---

907 Vid. artículo 37 del Decreto Foral 16/2004 de 26 enero, por el que se aprueba el Reglamento del Impuesto sobre Sucesiones y Donaciones.

908 Vid. artículo 38 del Decreto Foral 16/2004, de 26 de enero, artículo 37 del Decreto Foral 16/2004 de 26 enero, por el que se aprueba el Reglamento del Impuesto sobre Sucesiones y Donaciones.

909 Vid. artículo 39 del Decreto Foral 16/2004 de 26 enero, por el que se aprueba el Reglamento del Impuesto sobre Sucesiones y Donaciones.

910 Vid. Orden Foral 4/2012, de 16 de enero, por la que se determina el lugar de presentación de los documentos y declaraciones sometidas al régimen de declaración del Impuesto sobre Sucesiones y Donaciones.

911 Vid. artículo 59 del Decreto Foral Legislativo 250/2002, de 16 de diciembre, por el que se aprueba el Texto Refundido de las disposiciones del Impuesto de Sucesiones y Donaciones.

Cuando no pueda determinarse de una manera cierta quien sea el adquirente de los bienes o derechos de una participación hereditaria, hasta que sea conocido éste.

4. Liquidaciones parciales

Los interesados en sucesiones hereditarias y en la percepción de cantidades por los beneficiarios de contratos de seguro sobre la vida para caso de muerte del asegurado, a que se refiere el artículo 8, c) del Decreto Foral Legislativo 250/2002, de 16 de diciembre, por el que se aprueba el Texto Refundido de las disposiciones del Impuesto sobre Sucesiones y Donaciones, podrán solicitar que se practique una liquidación parcial del Impuesto a los solos efectos de cobrar seguros sobre la vida, créditos del causante, haberes devengados y no percibidos por el mismo, retirar bienes, valores, efectos o dinero que se hallaren en depósito y demás supuestos análogos.

Las liquidaciones parciales tendrán el carácter de ingresos a cuenta de la liquidación definitiva que proceda por la sucesión hereditaria de que se trate[912].

Para la práctica de las liquidaciones parciales, los interesados deberán presentar en el Departamento de Economía y Hacienda un escrito relacionando los bienes para los que se solicita la liquidación parcial, con expresión de su valor y de la situación en que se encuentren, del nombre de la persona o entidad que, en su caso, deba proceder al pago o a la entrega de los bienes y del título acreditativo del derecho del solicitante o solicitantes.

A la vista de la declaración presentada, la Administración girará liquidación parcial y una vez ingresado el importe de la liquidación sé devolverá al interesado el documento presentado con la nota de ingreso[913].

5. Supuesto especial de fraccionamiento[914]

Con carácter general serán aplicables las normas sobre aplazamiento y fraccionamiento de pago establecidas en el Decreto Foral 177/2001, de 2 de julio, por el que se aprueba el Reglamento de Recaudación de la Comunidad.

A partir del 1 de enero de 2002, al igual que en el Estado, en los seguros sobre la vida a que se refiere el artículo 8, c) del Decreto Foral Legislativo 250/2002, de 16 de diciembre, por el que se aprueba el Texto Refundido de las disposiciones del Impuesto sobre Sucesiones y Donaciones, cuyo importe se perciba en forma de renta vitalicia o temporal, podrá solicitarse el plazo de 6 meses desde la fecha del devengo, el fraccionamiento de la cuota:

---

912 Vid. artículo 58 del Decreto Foral Legislativo 250/2002, de 16 de diciembre, por el que se aprueba el Texto Refundido de las disposiciones del Impuesto de Sucesiones y Donaciones.

913 Vid. artículo 46 del Decreto Foral 16/2004, de 26 de enero, por el que se aprueba el Reglamento del Impuesto sobre Sucesiones y Donaciones.

914 Vid. artículo 48 del Decreto Foral 16/2004, de 26 de enero, por el que se aprueba el Reglamento del Impuesto sobre Sucesiones y Donaciones.

En el número de años en los que perciba la pensión, si la renta fuera temporal.

En un número máximo de 15 años si fuere vitalicia, mientras no se ejercite el derecho de rescate.

Este aplazamiento no exigirá la constitución de ningún tipo de caución ni devengará interés de demora.

6. Régimen de autoliquidación

A. Aspectos generales

El Reglamento del Impuesto establece el régimen de autoliquidación[915]. En este sentido, los sujetos pasivos que opten por determinar el importe de sus deudas tributarias mediante autoliquidación, deberán presentarla en el modelo de impreso de declaración-liquidación especialmente aprobado al efecto por el Departamento de Economía y Hacienda, procediendo a ingresar su importe en los siguientes plazos:

Seis meses, cuando se trate de adquisiciones por causa de muerte, incluidas las de los beneficiarios de contratos de seguro sobre la vida, contados desde el día del fallecimiento o desde aquel en que adquiera firmeza la declaración de fallecimiento.

El mismo plazo será aplicable a las adquisiciones del usufructo y pensiones pendientes del fallecimiento del usufructuario o pensionista, cuando la desmembración del dominio hubiere tenido lugar a título gratuito.

Diez meses cuando el fallecimiento hubiere tenido lugar fuera de España.

Dos meses en los demás supuestos[916].

En la autoliquidación deberá incluirse el valor de la totalidad de los bienes y derechos transmitidos y, tratándose de adquisiciones por causa de muerte, todos los adquirentes interesados en la sucesión o el seguro deben estar en el mismo documento o declaración existiendo la conformidad de todos.

También deberán acompañarse los documentos a que se refiere el artículo 36 del Decreto Foral 16/2004, de 26 de enero, por el que se aprueba el reglamento del Impuesto sobre Sucesiones y Donaciones, a saber:

Cuando se trate de adquisiciones por causa de muerte, junto con el documento o declaración, se presentarán:

Certificado de defunción del causante expedido por el Registro Civil, Certificado del Registro de Actos de Ultima Voluntad y copia del Documento Nacional de Identidad del causante y de sus herederos y, en su caso, legatarios.

---

[915] Vid. artículo 50. 1, del Decreto Foral 16/2004, de 26 de enero, por el que se aprueba el Reglamento del Impuesto sobre Sucesiones y Donaciones.

[916] Vid. artículo 37 del Decreto Foral 16/2004, de 26 de enero, por el que se aprueba el Reglamento del Impuesto sobre Sucesiones y Donaciones.

Copia autorizada de las disposiciones testamentarias, si las hubiere y, en su defecto, testimonio de la declaración de herederos. En el caso de sucesión intestada, si no estuviere hecha la declaración judicial o notarial de herederos, se presentará una relación de los presuntos con expresión de su parentesco con el causante.

Justificación documental del título de adquisición por el causante de los bienes inmuebles incluidos en la sucesión, aportando copia de las escrituras públicas de los bienes y derechos, salvo en los casos de presentación a liquidación de documentos públicos.

Cuando entre los bienes y derechos objeto de la trasmisión figuren saldos en cuentas, imposiciones a plazo, libretas de ahorro o títulos cotizados deberán acompañarse los correspondientes certificados de Bancos, Cajas de Ahorros e Instituciones Financieras, así como de los depósitos de títulos de renta fija o variable admitidos a negociación en alguno de los mercados secundarios oficiales de valores.

Cuando entre los bienes y derechos objeto de la transmisión figuren títulos no admitidos a negociación en alguno de los mercados secundarios oficiales de valores se adjuntará copia del último balance aprobado con anterioridad a la fecha de fallecimiento, a efectos del Impuesto sobre Sociedades, y certificado del número de acciones o participaciones en que se divide el capital social.

Justificación documental de los demás bienes y derechos objeto de la transmisión.

Justificación documental de las cargas, deudas y gastos de última enfermedad, entierro y funeral cuya deducción se solicite.

En el supuesto de que se presenten para su liquidación pólizas de seguros de vida para el caso de fallecimiento, los sujetos pasivos del Impuesto deberán presentar la siguiente documentación:

Certificado de defunción del causante expedido por el Registro Civil.

Certificado de la Compañía de Seguros en el que se especifique el importe a percibir y la identificación de los beneficiarios.

Copia del Documento Nacional de Identidad de los beneficiarios y del causante.

Para el caso en el que la póliza del seguro no hiciese mención expresa y determinada de los beneficiarios por remitirse a los herederos legales, será necesaria la presentación de la copia autorizada de las disposiciones testamentarias del causante, si las hubiere, junto con el Certificado del Registro de Actos de Ultima Voluntad.

En caso de que no hubiera testamento se podrá sustituir por testimonio del correspondiente auto judicial o acta notarial de declaración de herederos.

En el supuesto de donaciones y demás adquisiciones lucrativas "inter vivos", junto con el documento o declaración, los sujetos pasivos deberán presentar:

Copia del Documento Nacional de Identidad del donante y de los donatarios.

Cuando entre los bienes y derechos objeto de la transmisión figuren títulos cotizados deberán acompañarse los correspondientes certificados de los depósitos de los mismos.

Cuando entre los bienes y derechos objeto de la transmisión figuren títulos no admitidos a negociación en alguno de los mercados secundarios oficiales de valores se adjuntará copia del último balance aprobado con anterioridad a la fecha de la donación, a efectos del Impuesto sobre Sociedades, y certificado de número de acciones o participaciones en que se divide el capital social.

Justificación documental de las cargas y deudas cuya deducción se solicite.

En el supuesto de que se presenten pólizas de seguro de vida, los sujetos pasivos deberán presentar el certificado de la Compañía de Seguros en el que se especifique el importe a percibir y la identificación del asegurado y los beneficiarios.

En las liquidaciones complementarias en que sea necesaria la aportación de nuevos datos o antecedentes por los interesados, se les concederá un plazo de quince días para que puedan presentarlos[917].

El importe ingresado por una autoliquidación que no reúna los requisitos establecidos en el párrafo anterior tendrá el carácter de mero ingreso a cuenta[918].

Ingresado el importe de las autoliquidaciones, deberá presentarse en el Departamento de Economía y Hacienda el original y copia simple del documento notarial, judicial o administrativo en el que conste o se relacione el acto o contrato que origine el tributo, con un ejemplar de cada autoliquidación practicada[919].

Cuando se proceda a la comprobación de valores se estará a lo dispuesto en el artículo 41. 2, reglas 3ª y 4ª, de este Reglamento, a saber: cuando disponiendo de todos los datos y antecedentes necesarios se tuviera que practicar comprobación de valores, sobre los obtenidos se practicarán las liquidaciones que procedan, que serán debidamente notificadas al presentador, junto con el resultado de esa comprobación. Cuando para la comprobación de valores se recurriere como medio de comprobación al "dictamen de peritos de la Administración", la oficina remitirá a los servicios técnicos correspondientes una relación de los bienes y derechos a valorar para que, por personal con título adecuado a la naturaleza de los mismos, se emita el dictamen solicitado, que deberá estar suficientemente razonado[920].

---

917 Vid. artículo 51. 2 del Decreto Foral 16/2004, de 26 de enero, por el que se aprueba el Reglamento del Impuesto sobre Sucesiones y Donaciones.

918 Vid. artículo 50. 5 del Decreto Foral 16/2004, de 26 de enero, por el que se aprueba el Reglamento del Impuesto sobre Sucesiones y Donaciones.

919 Vid. artículo 50. 2 del Decreto Foral 16/2004, de 26 de enero, por el que se aprueba el Reglamento del Impuesto sobre Sucesiones y Donaciones.

920 Vid. artículo 51. 3 del Decreto Foral 16/2004, de 26 de enero, por el que se aprueba el Reglamento del Impuesto sobre Sucesiones y Donaciones.

Cuando como consecuencia de las actuaciones efectuadas por el Departamento de Economía y Hacienda resultase una cantidad superior a la ingresada por el sujeto pasivo, se devengarán, por la diferencia entre ambas, intereses de demora desde la fecha del vencimiento del plazo para presentar la correspondiente declaración, sin perjuicio, en su caso, de los recargos y sanciones que procedan[921].

Las liquidaciones giradas por la oficina competente, se notificarán a los sujetos pasivos o al presentador del documento con indicación de su carácter y motivación, del lugar, plazos y forma de efectuar el ingreso, así como de los recursos que puedan ser interpuestos, con indicación de plazos y órganos ante los que habrán de interponerse[922].

B. Autoliquidaciones parciales[923]

Tratándose de adquisiciones por causa de muerte, los sujetos pasivos, previa conformidad de todos en caso de ser más de uno, podrán proceder a la práctica de una autoliquidación parcial del Impuesto a los solos efectos de cobrar seguros sobre la vida, créditos del causante, haberes devengados y no percibidos por el mismo o retirar bienes, valores, efectos o dinero que se encuentren en depósito, o bien en otros supuestos análogos en los que, con relación a otros bienes en distinta situación, existan razones suficientes que justifiquen la práctica de autoliquidación parcial.

Los sujetos pasivos que presenten la autoliquidación parcial deberán proceder posteriormente a presentar la autoliquidación por la totalidad de los bienes y derechos que hayan adquirido, en la forma prevista.

La autoliquidación deberá practicarse aplicando sobre el valor de los bienes a que se refiera la tarifa del Impuesto, teniendo en cuenta las exenciones previstas en el Texto Refundido del Impuesto.

Ingresado el importe de la autoliquidación parcial en la forma establecida en el artículo 50 de este Reglamento, se presentará en la oficina competente un ejemplar del impreso de autoliquidación donde conste el ingreso, acompañado de una relación por duplicado en la que se describan los bienes a que se refiera, su valor y la situación en que se encuentren, así como el nombre de la persona o entidad que deba proceder al pago o a la entrega de los bienes, y del título acreditativo del derecho del solicitante o solicitantes, devolviéndose por la oficina uno de los ejemplares de la relación con la nota del ingreso.

El ingreso efectuado en virtud de autoliquidación parcial tendrá el carácter de ingreso a cuenta de la liquidación definitiva que proceda por la sucesión hereditaria de que se trate.

---

921 Vid. artículo 51. 4, del Decreto Foral 16/2004, de 26 de enero, por el que se aprueba el Reglamento del Impuesto sobre Sucesiones y Donaciones.

922 Vid. artículo 51. 5, del Decreto Foral 16/2004, de 26 de enero, por el que se aprueba el Reglamento del Impuesto sobre Sucesiones y Donaciones.

923 Vid. artículo 52 del Decreto Foral 16/2004, de 26 de enero, por el que se aprueba el Reglamento del Impuesto sobre Sucesiones y Donaciones.

C. Aplazamiento y fraccionamiento de autoliquidaciones[924]

Serán aplicables las normas del Reglamento de Recaudación[925] de la Comunidad Foral de Navarra para la concesión de aplazamientos y fraccionamientos de pago de autoliquidaciones que los interesados deben satisfacer por el Impuesto sobre Sucesiones y Donaciones, así como lo dispuesto en el artículo 48 de este Reglamento[926].

---

[924] Vid. artículo 53 del Decreto Foral 16/2004, de 26 de enero, por el que se aprueba el Reglamento del Impuesto sobre Sucesiones y Donaciones.

[925] Vid. Reglamento de Recaudación, aprobado por Decreto Foral 177/2001, de 2 de julio.

[926] El artículo 48 del Reglamento de Recaudación, dice: "1. Las cantidades adeudadas a la Hacienda Tributaria de Navarra en concepto de tributos, exacciones parafiscales, precios y, en general, de las cantidades que como ingresos de derecho público deba percibir, podrán ser objeto de aplazamiento o fraccionamiento, tanto en periodo voluntario como ejecutivo, en las condiciones y con los requisitos que se establecen en el presente Reglamento, siempre que la situación económico-financiera del deudor le impida, transitoriamente, hacer frente a su pago en tiempo y que el solicitante quede al corriente en sus obligaciones tributarias con la concesión del aplazamiento, situación que deberá mantener durante toda la vigencia del mismo. No obstante, no será exigible el requisito de que el solicitante quede al corriente de sus obligaciones fiscales con la concesión del aplazamiento en el supuesto de que todas las deudas cuyo aplazamiento se solicita se encuentren en periodo ejecutivo. 2. Sin perjuicio de lo indicado en el apartado anterior, serán causas de denegación automática las solicitudes de aplazamiento de deudas para las que no se haya iniciado el periodo ejecutivo, cuyo titular se encuentre en alguna de las siguientes circunstancias: La existencia de dos o más aplazamientos de deudas tributarias o ingresos de otros derechos económicos de la Hacienda Pública de Navarra pendientes de cancelación total, salvo que las deudas cuyo aplazamiento se solicita se garanticen, o estén garantizadas las anteriores, exclusivamente, por los tipos de garantía indicados en los artículos 50.1 y 50.2.a) de este Reglamento. La existencia de deuda vencida y exigible en periodo ejecutivo. Cuando el titular de la deuda haya iniciado los trámites para solicitar la suspensión de pagos o quiebra o esté incurso en procedimiento concursal. Por otra parte, podrán ser causas de denegación las siguientes: insuficiente demostración de la capacidad de generación de recursos para hacer frente a los plazos del aplazamiento; cuando el importe de la deuda cuyo aplazamiento se solicita exceda a los fondos propios o patrimonio neto del titular de la deuda. 3. Salvo que concurran circunstancias excepcionales o las específicamente indicadas en el presente Reglamento, no podrán ser objeto de aplazamiento o fraccionamiento antes del inicio del periodo ejecutivo las siguientes deudas: a) Las deudas tributarias para cuyo pago sea preceptivo el uso de efectos timbrados; b) Las retenciones y pagos a cuenta correspondientes al Impuesto sobre la Renta de las Personas Físicas y al Impuesto sobre Sociedades, salvo que se garanticen, exclusivamente, por el tipo de garantía indicado en el artículo 50.1 de este Reglamento; c) Las deudas tributarias derivadas del Impuesto Especial sobre Determinados Medios de Transporte; d) Las deudas tributarias derivadas de las tasas que recaigan sobre rifas, tómbolas, apuestas, combinaciones aleatorias y juegos de suerte, envite o azar; e) Las cantidades adeudadas a la Hacienda Tributaria de Navarra que hayan sido objeto de aplazamiento o fraccionamiento de pago anteriormente.-4. Sin perjuicio de lo establecido en el apartado 2 anterior, en caso de concurso del obligado tributario no podrán aplazarse ni fraccionarse las deudas tributarias que, de acuerdo con la legislación concursal, tengan la consideración de créditos contra la masa".

7. Infracciones y sanciones

Las infracciones tributarias del impuesto regulado en la presente Texto Refundido serán calificadas y sancionadas con arreglo a lo dispuesto en la Ley Foral General Tributaria y sus normas de desarrollo[927].

C. Valoración

Navarra al ser una Comunidad uniprovincial, y por lo tanto carente de Diputación provincial, el órgano competente en materia fiscal es la Comunidad Autónoma, que es quien gestiona los tributos, realiza la aportación al Estado y financia mediante subvenciones, en su caso, a los municipios de su territorio[928].

Su régimen fiscal especial presenta notables ventajas frente al Territorio común, entre las que cabe destacar, tener una mayor autonomía fiscal, un mayor grado de suficiencia, derivado de la utilización de criterios ventajosos en la valoración del coste de las competencias traspasadas y del índice de imputación proporcional para el pago del cupo, aportación de Navarra a los gastos generales, que les permite apropiarse la progresividad del sistema fiscal, al encontrase la Comunidad entre las de elevada renta relativa[929].

2. Territorios históricos del País Vasco

A. Introducción

El régimen Foral de Navarra y el de los Territorios históricos del País Vasco, son similares, basándose sus diferencias en la distinta organización territorial de ambas Comunidades.

En efecto, Navarra por ser una Comunidad uniprovincial todas sus relaciones fiscales y financieras se establecen entre dos niveles de hacienda: la foral de Navarra, que es la titular del Convenio impositivo, regula por Ley del parlamento los impuestos convenidos y paga la correspondiente aportación a la Hacienda central y esta última, que trasfiere el importe del ajuste por el Impuesto sobre el valor Añadido e Impuestos Especiales a la Hacienda foral[930].

Mientras que en el caso del País Vasco, el sistema es más complejo pues con la creación de la Comunidad Autónoma por la Constitución de 27 de diciembre de 1978, como ente público, éste pasa a ser el sujeto activo del Concierto, y con ello se establece una relación triangular entre Haciendas.

---

[927] Vid. artículo 62 del Decreto Foral Legislativo 250/2002, de 16 de diciembre, por el que se aprueba el Texto Refundido de las disposiciones del Impuesto sobre Sucesiones y Donaciones.

[928] Monasterio Escudero, C. y Suárez Pandiello, J.: *Manual de Hacienda autonómica y local*, edit. Ariel, Barcelona, 1996, p. 257.

[929] Ibídem, p. 257.

[930] Monasterio Escudero, C.: El laberinto de la Hacienda Autonómica, edit. Civitas, Madrid, 2010, p. 264.

Por un lado, las Diputaciones forales de los Territorios históricos, Álava, Vizcaya y Guipúzcoa, que al ser los titulares del Concierto impositivo, son quienes regulan mediante normas forales, que no tienen rango de ley, los impuestos concertados de normativa foral, además de ocuparse de su gestión, recaudación e inspección.

Por otra lado, las Diputaciones forales son las que financian al Gobierno vasco, se ocupan de la tutela financiera y de las transferencias a los municipios de su respectivo ámbito territorial, y quienes trasfieren al Gobierno vasco, las cantidades necesarias para el pago del cupo al gobierno central.

Y por otro, el Gobierno vaco es el titular de la Hacienda general del País Vasco, se ocupa de la coordinación financiera interna y transfiere el cupo a la hacienda central.

La hacienda central negocia con la Comunidad Autónoma del País Vasco el Concierto impositivo, los acuerdos quinquenales para el pago del cupo, recibe anualmente el cupo de la Hacienda general del País Vasco y trasfiere el ajuste por el Impuesto sobre el valor Añadido y por los Impuestos Especiales a las Diputaciones forales[931].

La Ley Orgánica 1/2010, de 19 de febrero, ha venido innecesariamente y discriminatoriamente, a enturbiar aún más la compleja situación financiera en el País Vasco, al establecer que los recursos interpuestos contra las normas forales fiscales de los Territorios históricos vayan al Tribunal Constitucional, sin tener rango de ley; con ello, además, se produce una nueva incoherencia en el sistema de Organización jurídica que es que las normas forales fiscales han de ser impugnadas ante el Tribunal Constitucional y no así el resto de las normas forales.

A partir del 1 de enero de 2002, entró en vigor el nuevo Concierto Económico entre el Estado y el País Vasco[932].

El Concierto Económico regula las relaciones tributarias entre el Estado y los distintos Territorios históricos del País Vasco: Álava, Vizcaya y Guipúzcoa (Araba, Bizkaia y Gipuzkoa) y en él se establecen las competencias del Estado y de los Territorios históricos en materia tributaria[933].

Los Territorios históricos deben seguir los siguientes criterios en la elaboración de la normativa tributaria[934]:

Adecuarse a la Ley General Tributaria en cuanto a terminología y conceptos, sin perjuicio de las peculiaridades establecidas en el Concierto Económico.

Mantener una presión fiscal efectiva global equivalente a la existente en el resto del Estado.

---

931 Ibídem, pp. 267-268.

932 Vid. artículo 3 de la Ley 12/2002, de 23 de mayo, modificada por la Ley 28/2007, de 25 de octubre, por la que se aprueba el Concierto Económico con la Comunidad Autónoma del País Vasco.

933 De la Hucha Celador, F.: *Introducción al régimen jurídico de las Haciendas Forales*, edit. Civitas, Madrid 1995, pp.101-121.

934 Ibídem, pp. 121-143.

Respetar y garantizar la libertad de circulación y establecimiento de las personas y la libre circulación de bienes, capitales y servicios en todo el territorio español, asegurar la libre competencia empresarial, así como los principios de no discriminación ni distorsión en la asignación de recursos.

Utilizar la misma clasificación de actividades ganaderas, mineras, industriales, comerciales, de servicios, profesionales y artísticas que en territorio común, sin perjuicio del mayor desglose que de las mismas pueda llevarse a cabo.

Asimismo, se establece el principio de colaboración en materia tributaria que se extiende al intercambio de toda información en esta materia a la vez que además, a partir del 27 de octubre de 2007 se determina que el Estado y las Instituciones del País Vasco arbitrarán los procedimientos de intercambio de información que garanticen el adecuado cumplimiento de los Tratados y Convenios internacionales del Estado y, en particular, de la normativa procedente de la Unión Europea en materia de cooperación administrativa y asistencia mutua.

Se reconocen como competencias exclusivas del Estado las siguientes:

La regulación, gestión, inspección, revisión y recaudación de los derechos de importación y de los gravámenes a la importación en los Impuestos especiales y el Impuesto sobre el Valor Añadido.

La Inspección de la aplicación del Concierto Económico, con la colaboración del Gobierno Vasco y de las Diputaciones Forales.

De conformidad con su normativa especial, los impuestos en el País Vasco, se han clasificado tradicionalmente en concertados y no concertados y dentro de los primeros en concertados con normativa autónoma y con normativa común. Estos gravámenes son los que se tienen en cuenta a la hora de fijar el cupo o participación del País Vasco en los gastos correspondientes a las prestaciones realizadas por el Estado en dicha Comunidad.

La consideración de los tributos con una u otra categoría se ha ajustado a la evolución impositiva.

Los impuestos inicialmente concertados eran los más importantes de los que recaudaba la Hacienda del Estado, salvo las Aduanas: la Contribución territorial, Contribución industrial, Impuesto de Derechos Reales, Contribución del Timbre y Consumos. Desde estos cinco originales impuestos se fueron ampliando, en sucesivas renovaciones, el número de tributos sujetos a acuerdo.

EVOLUCIÓN TRIBUTOS CONCERTADOS

1878	1887	1893	1894	1900	1906	1913	1920	1925-1926
Concierto económico	Revisión general	Revisión parcial	Revisión general	Revisión parcial	Revisión general	Revisión parcial	Revisión parcial	Revisión general
Inmuebles cultivo, ganadería	Inmuebles, cultivo, ganadería	Inmuebles, cultivo, ganadería	Inmuebles, cultivo, ganadería	Inmuebles, cultivo, ganadería	Inmuebles, cultivo, ganadería	Inmuebles, cultivo, ganadería	Inmuebles, cultivo, ganadería	Inmuebles, cultivo, ganadería
Industrial y comercio	Industrial y comercio	Industrial y comercio	Industrial y comercio	Industrial y comercio	Industrial y comercio	Industrial y comercio	Industrial y comercio	Industrial y comercio
Derechos reales y transmisión de bienes	Derechos reales y transmisión de bienes	Derechos reales y transmisión de bienes	Derechos reales y transmisión de bienes	Derechos reales y transmisión de bienes	Derechos reales y transmisión de bienes	Derechos reales y transmisión de bienes	Derechos reales y transmisión de bienes	Derechos reales y transmisión de bienes
Papel sellado	Papel sellado	Papel sellado	Papel Sellado	Papel sellado	Papel sellado	Papel sellado	Papel sellado	Papel sellado
Consumo de cereales y sal	Consumos	Consumos	Consumos	Consumos	Consumos	Consumos	Consumos	Consumos
		1% sobre pagos	1% sobre pagos	1% sobre pagos	1% sobre pagos	1% sobre pagos	1% sobre pagos	1% sobre pagos
		Patente de alcoholes	Patente de alcoholes	Patente de alcoholes	Patente de alcoholes	Patente de alcoholes	Patente de alcoholes	Patente de alcoholes
			Sueldos provinciales y municipales	Sueldos provinciales y municipales	Sueldos provinciales y municipales	Sueldos provinciales y municipales	Sueldos provinciales y municipales	Sueldos provinciales y municipales

1878	1887	1893	1894	1900	1906	1913	1920	1925-1926
			Viajeros y mercancías (vías terrestre, marítima y fluvial)	Viajeros y mercancías (vías terrestre, marítima y fluvial)	Viajeros y mercancías (vías terrestre, marítima y fluvial)	Viajeros y mercancías (vías terrestre, marítima y fluvial)	Viajeros y mercancías (vías terrestre, marítima y fluvial)	Viajeros y mercancías (vías terrestre, marítima y fluvial)
			Carruajes de lujo	Carruajes de lujo	Carruajes de lujo	Carruajes de lujo	Carruajes de lujo	Carruajes de lujo
			Asignaciones de ferrocarriles para gastos inspección	Asignaciones de ferrocarriles para gastos inspección	Asignaciones de ferrocarriles para gastos inspección	Asignaciones de ferrocarriles para gastos inspección	Asignaciones de ferrocarriles para gastos inspección	Asignaciones de ferrocarriles para gastos inspección
				Casinos y círculos de recreo	Casinos y círculos de recreo	Casinos y círculos de recreo	Casinos y círculos de recreo	Casinos y círculos de recreo
				Utilidades enmarcadas Contribución Industrial	Utilidades enmarcadas Contribución Industrial	Utilidades enmarcadas Contribución Industrial	Utilidades enmarcadas Contribución Industrial	Utilidades enmarcadas Contribución Industrial
					Alumbrado	Alumbrado	Alumbrado	Alumbrado
							3% sobre el mineral	3% sobre el mineral

Fuente: Régimen del Concierto Económico y sus revisiones, Diputación de Vizcaya, Bilbao, 1927.

TRIBUTOS CONCERTADOS EN LA ACTUALIDAD

TRIBUTOS CONCERTADOS DE NORMATIVA AUTÓNOMA.	TRIBUTOS CONCERTADOS DE NORMATIVA COMÚN.
Impuesto Renta de las Personas Físicas	Impuesto sobre la Renta de no Residentes.
Impuesto sobre Sociedades	Impuesto sobre el Valor Añadido
Impuesto Patrimonio	Impuesto sobre Primas de Seguros
Impuesto Sucesiones y Donaciones	Impuestos especiales de fabricación.
Impuesto Transmisiones Patrimoniales y Actos Jurídicos Documentados.	Impuesto sobre Determinados Medios de Transporte.
Impuestos locales: Impuesto sobre Bienes Inmuebles, Impuesto sobre Incremento de Valor de los Bienes de Naturaleza Urbana, Impuesto sobre Construcciones, Instalaciones y Obras, Impuesto sobre Vehículos de Tracción Mecánica, Impuesto sobre Actividades Económicas.	Impuesto sobre el Carbón.
Otros tributos locales: Prohibición establecimiento de figuras de naturaleza indirecta distintas a las de régimen común que puedan ser trasladables fuera del ámbito de la Comunidad.	Impuesto sobre Ventas Minoristas de Determinados Hidrocarburos.

COMPETENCIAS SOBRE IMPUESTOS CONCERTADOS

IMPUESTO	COMPETENCIAS NORMATIVAS	GESTIÓN	RECAUDACIÓN FORAL
Impuesto Renta Personas Físicas.	Forales plenas	Sí	100% (a)
Impuesto de Sociedades.	Forales plenas	Sí	100%
Impuesto de Patrimonio.	Forales plenas	Sí	100%
Impuesto sobre Sucesiones y Donaciones.	Forales plenas	Sí	100%
Impuesto sobre el Valor Añadido	Comunes*	Sí	100% (a)
Impuestos especiales de Fabricación.	Comunes*	Sí	100% a)
Impuesto especial sobre el Carbón.	Comunes*	Sí	100%
Impuesto Primas de Seguros.	Comunes*	Sí	100%
Transmisiones Patrimoniales y Actos Jurídicos Documentados.	Forales limitadas	Sí	100%
Impuesto Ventas Minoristas Hidrocarburos.	Forales limitadas	Sí	100%
Tasas sobre el Juego	Forales limitadas	Sí	100%
Impuesto determinados medios de transporte.	Forales limitadas	Sí	100%

*Las competencias forales se limitan a modelos y plazos de declaración.
(a) Suponiendo que los correspondientes ajustes a la declaración corrigen toda la posible traslación territorial de la carga del impuesto.
Fuente: Monasterio Escudero, C.: *El laberinto de la Hacienda Autonómica*, obra citada, p. 276.

Por último, ha de resaltarse que en la Comunidad Autónoma del País Vasco, el Impuesto sobre Sucesiones y Donaciones configurado como un tributo concertado de normativa autónoma es aplicable a los sujetos pasivos que tengan en ella su residencia habitual, y le corresponde a cada uno de los tres Territorios históricos (Álava, Vizcaya y Guipúzcoa), a través de sus órganos competentes, las Juntas Generales, la regulación del impuesto, que será exigido por las respectivas Diputaciones Forales[935].

B. *Regulación del Impuesto sobre Sucesiones y Donaciones*

1. Álava

Su regulación básica está recogida en la Norma Foral 11/2005, de 16 de mayo, del Impuesto de Sucesiones y Donaciones y en el Decreto Foral 74/2006, del Consejo de Diputados, de 29 de noviembre, por el que se aprueba el Reglamento del Impuesto sobre Sucesiones y Donaciones.

a) Hecho imponible

Constituye el hecho imponible la adquisición de bienes y derechos por herencia, legado o cualquier otro título sucesorio, así como por donación o cualquier otro negocio a título gratuito e "inter vivos"[936]. Esta adquisición se entenderá realizada el día del fallecimiento del causante, por lo que para exigir el impuesto bastará que esté probado el hecho originario de la transmisión, aunque no se hayan formalizado los documentos, inventarios o particiones, o no se haya presentado la autoliquidación.

La normativa foral alavesa entiende por título sucesorio, además de lo establecido en el Estado, lo siguiente: la designación de sucesor en capitulaciones matrimoniales; los actos que resulten de la utilización del poder testatorio por el comisario, cualquiera que sea la forma que adopten; la adquisición de bienes y derechos por donación o cualquier otro negocio jurídico a título gratuito e "inter vivos"; la percepción de cantidades por los beneficiarios de contratos de seguro sobre la vida, cuando el contratante sea persona distinta del beneficiario, salvo en los supuestos expresamente regulados en el artículo 18, a) de la Norma Foral del Impuesto sobre la Renta de las Personas Físicas[937].

---

[935] Para un estudio completo del funcionamiento del sistema fiscal foral del País Vasco, puede verse: Larrea, J. L. y Lambarri, C.: *El Concierto Económico*, Instituto Vasco de Administración Pública, Oñati, 1991.

[936] Vid. artículo 7. 1, a) y b), de la Norma Foral 11/2005, de 16 de mayo, del Impuesto sobre Sucesiones y Donaciones.

[937] Vid. artículo 7. 1, c), de la Norma Foral 11/2005, de 16 de mayo, del Impuesto sobre Sucesiones y Donaciones, en su redacción dada por el apartado 1, del artículo 3, de la Norma Foral 14/2008, de 3 de julio de Medidas para incentivar la actividad económica, de adaptación del Impuesto de Sociedades a la reforma contable y otras medidas tributarias, modificado, a su vez, por el artículo 1 de la Norma Foral 32/2013, de 27 de noviembre.

Cuando el contrato de seguro quede sin efecto por mutuo acuerdo de las partes contratantes, no procederá devolución de las cuotas satisfechas y se considerará éste como un nuevo acto sujeto a tributación.

Igual consideración que el mutuo acuerdo tendrán la avenencia en acto de conciliación, el allanamiento total a la demanda y la confesión judicial del demandado, que implique reconocimiento de los hechos determinantes de la ineficacia del contrato.

a´) No sujeción

Dentro de los supuestos de no sujeción la peculiaridad que existe con respecto a la legislación estatal consiste en que los incrementos de patrimonio que constituyen el hecho imponible del Impuesto sobre Sucesiones y Donaciones obtenidos por personas jurídicas, se someterán al Impuesto sobre Sucesiones[938].

No están sujetos al Impuesto sobre Sucesiones y Donaciones:

— Los premios obtenidos en juegos autorizados.
— Los demás premios y las indemnizaciones sujetas al Impuesto sobre la Renta de las Personas Físicas.
— Las subvenciones, becas, premios, primas, gratificaciones y auxilios que se concedan por Entidades Públicas o privadas con fines benéficos, docentes, culturales, deportivos o de acción social.
— Las cantidades, prestaciones o utilidades entregadas por corporaciones, asociaciones, fundaciones, sociedades, empresas y demás entidades a sus trabajadores, empleados y asalariados, cuando deriven directa o indirectamente de un contrato de trabajo, aunque se satisfagan a través de un seguro concertado por aquéllas.
— Las cantidades que en concepto de prestaciones se perciban por los beneficiarios de Entidades de Previsión Social Voluntaria y de los Planes y Fondos de Pensiones, siempre que esté dispuesto que estas prestaciones se integren en la base imponible del Impuesto sobre la Renta de las Personas Físicas correspondiente al perceptor.
— Las cantidades percibidas por un acreedor, en cuanto beneficiario de un contrato de seguro sobre la vida celebrado con el objeto de garantizar el pago de una deuda anterior, siempre que resulten debidamente probadas estas circunstancias[939].

[938] Vid. artículo 7. 2 de la Norma Foral 11/2005, de 16 de mayo, del Impuesto sobre Sucesiones y Donaciones.

[939] Vid. artículo 3 del Decreto Foral 74/2006, del Consejo de Diputados, de 29 de noviembre, por el que se aprueba el Reglamento del Impuesto sobre Sucesiones y Donaciones.

b´) Exenciones

En relación con las exenciones la normativa foral establece las siguientes[940]:

— Los sueldos y demás emolumentos que dejen devengados y no percibidos a su fallecimiento los funcionarios activos y pasivos y los trabajadores, así como las cantidades percibidas del empleador para atender los gastos de sepelio.
— Las cantidades recibidas con motivo de los contratos de seguros sobre la vida cuando se concierten para actuar de cobertura de una operación principal de carácter civil o mercantil, hasta el importe de la cantidad debida.

b) Sujetos y responsables

En relación con los elementos personales del impuesto, las diferencias en relación con el régimen común están en el régimen de imputación, en el contribuyente y en el responsable subsidiario.

La peculiaridad respecto a la normativa del régimen común es el régimen de imputación, conforme al cual se prevé de manera expresa que en caso de contribuyentes que sean sociedades civiles, herencias yacentes, comunidades de bienes y demás entidades que, aún careciendo de personalidad jurídica, constituyan un patrimonio separado susceptible de imposición, los bienes y derechos adquiridos a título lucrativo se atribuirán a sus socios, herederos, comuneros y partícipes según las normas o pactos aplicables en cada caso y si éstos no constaran a la Administración, ésta tiene la facultad de atribuirlos por partes iguales a los mismos[941].

En relación con los contribuyentes, la peculiaridad con respecto a la normativa común, radica en que la disposición testamentaria por la que se ordene que la entrega de legados sea libre del impuesto o que el pago de éste sea con cargo a la herencia, no producirá variación alguna en cuanto a la persona obligada a satisfacerlo[942].

En Álava no se considera responsable subsidiario al funcionario que autorice el cambio de sujeto pasivo de cualquier tributo, cuando tal cambio suponga una adquisición gravada por el Impuesto sobre Sucesiones y Donaciones, y no hubiere exigido previamente la justificación del pago del mismo.

Por lo demás, lo mismo que en la normativa común se distingue entre obligación personal y real de contribuir.

---

[940] Vid. artículo 9 de la Norma Foral 11/2005, de 16 de mayo, del Impuesto sobre Sucesiones y Donaciones, en su redacción dada por el artículo 1. Dos, de la Norma Foral 32/2013, de 27 de noviembre.

[941] Vid. artículo 11 de la Norma Foral 11/2005, de 16 de mayo, del Impuesto sobre Sucesiones y Donaciones.

[942] Vid. artículo 12. 3, del Decreto Foral 74/2006, del Consejo de Diputados, de 29 de noviembre, por el que se aprueba el Reglamento del Impuesto sobre Sucesiones y Donaciones.

Los criterios de tributación se exponen en el esquema siguiente[943]:

OBLIGACIÓN PERSONAL[944]
(Criterios aplicables a Álava, Vizcaya y Guipúzcoa)

<table>
<tr><th colspan="2">HECHO IMPONIBLE</th><th>SUPUESTOS</th><th>NORMATIVA A APLICAR</th><th>Tributación</th></tr>
<tr><td colspan="2">Sucesiones</td><td>Cuando el causante tenga su residencia habitual en el País Vasco.</td><td rowspan="4">Normativa foral de la Diputación correspondiente.</td><td rowspan="4">Diputación Foral</td></tr>
<tr><td rowspan="2">Donaciones</td><td>Bienes inmuebles.</td><td>Cuando los bienes radiquen en el País Vasco.</td></tr>
<tr><td>Demás bienes y derechos</td><td>Cuando el donatario tenga su residencia habitual en el País Vasco.</td></tr>
<tr><td colspan="2">Seguros sobre la vida</td><td>Cuando el asegurado tenga su residencia habitual en el País Vasco*.</td></tr>
</table>

* El artículo 43 del Concierto Económico, aprobado por Ley 12/2002, de 23 de mayo, modificado por la Ley 28/2007, de 25 de octubre, establece cuando se entiende que una persona tiene la residencia habitual en el País Vasco.

---

943 Vid. artículos 2. 7 y 3 de la Norma Foral de Álava 11/2005, de 16 de mayo, del Impuesto sobre Sucesiones y Donaciones; artículos 1. 7 y 2 bis, del Decreto Foral de Vizcaya, 3/1993, de 22 de junio, por el que se aprueba el Texto Refundido de la Norma Foral 2/1989, de 15 de febrero, del Impuesto sobre Sucesiones y Donaciones; y, artículos 2, de la Norma Foral 1/2003, de 29 de enero, de Guipúzcoa, cuyo último párrafo del número 1 fue añadido, por el artículo 5, primero, dos de la Norma Foral 2/2004, de 6 de abril, por la que se aprobaron determinadas medidas tributarias, y 2 bis, añadido por el artículo 6, Dos, de la Norma Foral 1/2003, de 29 de enero, de Guipúzcoa, modificado parcialmente por el artículo 5, segundo, uno, de la citada Norma Foral 2/2004, de 6 de abril, por el que se aprueban determinadas normas tributarias.

944 Ciss. Equipo de publicaciones Fitax (col. Bouso Huerta, J. L., López de Calle Ochoa de Eribe, J., Orena Domínguez, A.): *Prontuario Fiscal Foral*, edit. Ciss, Valencia 2009, p. 150.

OBLIGACIÓN REAL DE CONTRIBUIR[945]
(Criterios aplicables a Álava, Vizcaya y Guipúzcoa)

<table>
<tr><th colspan="2">Sujeto pasivo</th><th colspan="2">Residencia</th></tr>
<tr><td colspan="2">Heredero o legatario</td><td colspan="2" rowspan="3">En el extranjero</td></tr>
<tr><td colspan="2">Donatario</td></tr>
<tr><td colspan="2">Seguros sobre la vida</td></tr>
<tr><td>Hecho imponible</td><td>Requisito</td><td>Normativa a aplicar</td><td>Tributación</td></tr>
<tr><td>Sucesiones</td><td rowspan="2">Que la totalidad de los bienes o derechos estuvieren situados, pudieran ejercitarse, o hubieran de cumplirse en el País Vasco y siempre que el valor de estos bienes y derechos que estuvieren situados, pudieran ejercitarse o hubiesen de cumplirse en uno de los Territorios históricos fuera mayor que el valor de los mismos en cado uno de los otros dos Territorios históricos.</td><td rowspan="3">Normativa foral de la Diputación correspondiente.</td><td rowspan="3">Diputación foral.</td></tr>
<tr><td>Donaciones</td></tr>
<tr><td>Seguros sobre la vida.</td><td>Que el contrato se haya realizado con entidades aseguradoras residentes en el País Vasco o se hayan celebrado en él con entidades extranjeras que operen en el mismo.</td></tr>
</table>

c) Base imponible

Las diferencias con el régimen común afectan al ajuar doméstico, a la fijación del valor real de los bienes y derechos, a la adición de bienes, a las cargas deducibles, a las deudas deducibles, a los gastos deducibles, a los bienes y derechos que disfruten de algún beneficio fiscal en su adquisición y en la comprobación de valores.

A partir del 28 de mayo de 2005, como consecuencia de la entrada en vigor de la Norma Foral 11/2005, de 16 de mayo, se elimina la figura del ajuar doméstico prevista en la anterior regulación del impuesto.

En relación con la fijación del valor real de bienes y derechos se establece que los interesados deberán consignar en la declaración que están obligados a presentar el valor real de cada uno de los bienes y derechos incluidos en el incremento de patrimonio gravado[946].

Se considera incremento de patrimonio sujeto al impuesto toda incorporación de bienes y derechos que se produzca en el patrimonio de una persona físicas cuando tenga su causa en la realización de hechos imponi-

[945] Ibídem, p. 150.

[946] Vid. artículo 13. 2, de la Norma Foral 11/2005, de 16 de mayo, del Impuesto sobre Sucesiones y Donaciones.

bles configurados en la norma foral del impuesto como determinantes del nacimiento de la obligación tributaria gravada.

El valor declarado por el sujeto pasivo prevalece sobre el comprobado, siempre y cuando aquél fuese superior, salvo en los siguientes supuestos[947]:

En las adquisiciones en que la fecha de transmisión sea anterior a 1 de enero de 1992.

La fijación del valor real se debe llevar a cabo a través de las siguientes normas:

Bienes inmuebles: su valor se efectúa con arreglo a las normas que dicte la Diputación Foral, que se irán actualizando según el Índice de Precios al Consumo del año anterior.

Este valor se considerará como valor mínimo computable sobre el que deberá practicarse la correspondiente declaración o autoliquidación.

Automóviles, embarcaciones y aeronaves: se valoran de acuerdo con las normas que disponga la Diputación Foral.

Los precios medios de venta para el ejercicio 2013 se actualizan por el Decreto Foral 4/2013, del Consejo de Diputados de 5 de febrero, que aprueba los precios medios de venta.

Usufructo temporal: su valor se reputará proporcional al valor total de los bienes, en razón del 2% por cada período de un año, sin exceder del 70%. Para este cómputo no se tendrán en cuenta las fracciones de tiempo inferiores al año, si bien el usufructo por tiempo inferior a un año se computará en el 2% del valor de los bienes[948].

Usufructo vitalicio: se estima que el valor es igual al 70% del valor total de los bienes cuando el usufructuario cuente menos de 20 años, minorando, a medida que aumente la edad, en la proporción de 1% menos por cada año más con el límite mínimo del 10% del valor total[949].

Nuda propiedad: su valor se computa por diferencia entre el valor del usufructo y el valor total de los bienes. En los usufructos vitalicios que, a su vez, sean temporales, la nuda propiedad se valorará aplicando, de las reglas anteriores, aquélla que le atribuya menos valor[950].

En la extinción del usufructo se exigirá el impuesto según el título de constitución.

En los derechos reales de uso y habitación se tomará como valor el que resulte de aplicar al 75% del valor de los bienes sobre los que fueron impuestos, las reglas correspondientes a la valoración de los usufructos temporales o vitalicios, según los casos.

---

[947] Vid. artículo 25. 3 del Decreto Foral 74/2006, de 29 de noviembre, por el que se aprueba el Reglamento del Impuesto sobre Sucesiones y Donaciones.

[948] Vid. artículo 13. 4, c), párrafos primero y segundo, de la Norma Foral 11/2005, de 16 de mayo, del Impuesto sobre Sucesiones y Donaciones.

[949] Vid. artículo 13. 4, c), párrafo tercero, de la Norma Foral 11/2005, de 16 de mayo, del Impuesto sobre Sucesiones y Donaciones.

[950] Vid. artículo 13. 4, c), párrafo cuarto, de la Norma Foral 11/2005, de 16 de mayo, del Impuesto sobre Sucesiones y Donaciones.

Las hipotecas, prendas y anticresis se valoran en el importe de la obligación o capital garantizado.

Los derechos reales no incluidos en apartados anteriores se imputarán por el capital, precio o valor que las partes hubiesen pactado al constituirlos, si fuere igual o mayor que el que resulte de la capitalización al interés básico del Banco de España de la renta o pensión anual, o éste si aquél fuere menor.

Las pensiones se capitalizan al interés básico del Banco de España y tomando del capital resultante aquella parte que, según las reglas establecidas para valorar los usufructos, corresponda a la edad del pensionista, si la pensión es vitalicia, o a la duración de la pensión, si es temporal. Cuando el importe de la pensión no se cuantifique en unidades monetarias, la base imponible se obtendrá capitalizando el importe anual del salario mínimo interprofesional. A estos efectos se capitalizará la cantidad que corresponda a una anualidad.

En las transmisiones de valores se tomará el valor efectivo que resulte de la cotización de Bolsa del día en que tenga lugar la adquisición o, en su defecto, la del primer día inmediato precedente en que se hubiere cotizado, dentro del trimestre inmediato precedente.

En las transmisiones de títulos valores que no coticen en Bolsa se tomará como valor el teórico resultante del último balance aprobado. Con anterioridad, se tenía en cuanta el valor efectivamente satisfecho, siempre que superara al teórico resultante del último balance aprobado.

En los préstamos sin otra garantía que la personal del prestatario, en los asegurados con fianza y en los contratos de reconocimiento de deuda y de depósito retribuido, se toma el capital de la obligación o valor de la cosa depositada[951].

En el caso de las cuentas de crédito se toma el valor que realmente hubiese utilizado el prestatario.

En los préstamos garantizados con prenda, hipoteca y anticresis: se toma el importe de la obligación o capital garantizado.

En relación con la adición de bienes a la base se establece[952]:

En las adquisiciones "mortis causa", la Norma Foral establece, al igual que la Ley estatal, ciertas presunciones relativas a la adición de bienes en el caudal hereditario relativas a:

Los bienes y derechos que pertenecían al causante hasta 1 año antes de su fallecimiento.

Las adquisiciones en usufructo realizadas a título oneroso por el causante durante los 3 años anteriores a su fallecimiento.

Las transmisiones a título oneroso realizadas por el causante durante los 4 años anteriores a su fallecimiento, reservándose el usufructo.

Los valores y efectos depositados.

---

[951] Vid. artículo 13. 4, j), de la Norma Foral 11/2005, de 16 de mayo, del Impuesto sobre Sucesiones y Donaciones, en su redacción dada por artículo 4 de la Norma Foral 38/2005, de 17 de octubre.

[952] Vid. artículo 15 de la Norma Foral 11/2005, de 26 de mayo, del Impuesto sobre Sucesiones y Donaciones.

Asimismo, serán de aplicación, en su caso, las presunciones de titularidad o cotitularidad contenidas en la Norma Foral General Tributaria y en la normativa del Impuesto sobre la Renta de las Personas Físicas y del Patrimonio; especialmente se presumirá, salvo prueba en contrario, que los bienes y valores depositados por el causante bajo cualquier tipo de contrato, civil o mercantil, en forma indistinta con otros titulares, les pertenecen por partes iguales[953].

Respecto a las cargas deducibles se establece que del valor real de los bienes únicamente serán deducibles las cargas o gravámenes de naturaleza perpetua, temporal o redimibles que aparezcan directamente establecidos sobre los mismos y disminuyan realmente su capital o valor, como los censos y las pensiones, sin que merezcan tal consideración las cargas que constituyan obligación personal del adquirente ni las que, como las hipotecas y las prendas, no suponen disminución del valor de lo transmitido, sin perjuicio, en su caso, de que las deudas que garanticen puedan ser deducidas si concurren los requisitos establecidos al efecto[954].

A su vez, en relación con las deudas deducibles se establece[955]:

En las transmisiones por causa de muerte, se pueden deducir las deudas contraídas por el causante siempre que no hubiesen sido contraídas un mes antes a su fallecimiento, salvo que se justifique su realidad mediante documento público o privado con los requisitos del artículo 1.227 del Código Civil o bien mediante cualquier otro medio de prueba admisible en Derecho excepto la testifical y por sí sola la de presunciones.

Las deudas entre padres e hijos no son deducibles salvo que se pruebe su realidad por los medios de prueba admisibles en Derecho, con la misma excepción anterior.

La Administración podrá exigir que se ratifique la deuda en documento público por los herederos, con la comparecencia del acreedor.

En relación con los bienes o derechos que disfrutan de beneficio fiscal en su adquisición, se determina que cuando los bienes afectados por la carga o los que disfruten del beneficio fiscal en su adquisición hayan sido atribuidos por el testador en favor de persona determinada, o cuando, por disposición del mismo, el pago de la deuda quede a cargo de uno de los causahabientes, la deducción afectará sólo a la persona o causahabientes de que se trate.

Finalmente, en relación con la comprobación de valores se determina que sin perjuicio de las reglas de valoración establecidas en la propia Norma Foral antes descritas y en la Norma Foral General Tributaria de Álava, la

[953] Vid. artículo 15. 5, de la Norma Foral 11/2005, de 16 de mayo, del Impuesto sobre Sucesiones y Donaciones, en su redacción dada por el apartado uno de la Disposición Adicional Cuarta de la Norma Foral 19/2011, de 22 de diciembre, reguladora del Impuesto sobre el patrimonio.

[954] Vid. artículo 16 de la Norma Foral 11/2005, de 16 de mayo, del Impuesto sobre Sucesiones y Donaciones.

[955] Vid. artículo 17 de la Norma Foral 11/2005, de 26 de mayo, del Impuesto sobre Sucesiones y Donaciones.

Administración también puede comprobar el valor real de los bienes y derechos transmitidos, por los siguientes medios[956]:

Valores asignados a los terrenos a efectos del Impuesto sobre el Incremento del Valor de los Terrenos de Naturaleza Urbana.

Precio en que, según la última enajenación, fueron vendidos los bienes de cuya adquisición se trate u otros de naturaleza y circunstancias análogas.

Capital asignado a los bienes en los contratos de seguros.

En la adquisición de fincas hipotecadas, el valor señalado a efectos hipotecarios, entendiendo por éste el principal del préstamo.

Balances, datos y valoraciones en poder de la Administración y aceptados por el contribuyente a efectos de otros impuestos.

El nuevo valor obtenido de la comprobación surtirá efectos en el Impuesto sobre el Patrimonio de los adquirentes, de conformidad con la normativa vigente.

Si de la comprobación resultasen valores diferentes a los declarados por los interesados, éstos podrán impugnarlos en los plazos de reclamación de las liquidaciones que hayan de tener en cuenta los nuevos valores. Cuando los nuevos valores puedan tener repercusiones tributarias para otros interesados diferentes a los sujetos pasivos de este Impuesto, se notificarán a éstos por separado para que puedan proceder a su impugnación en reposición o en vía económico-administrativa o solicitar su corrección mediante tasación pericial contradictoria y, si la reclamación o la corrección fuesen estimadas en todo o en parte, la resolución dictada beneficiará también a los sujetos pasivos del Impuesto sobre Sucesiones y Donaciones[957].

A diferencia del territorio común no se acumulan en la base imponible las pólizas de seguros de vida con los bienes adquiridos en herencia. Se establece, además, que el valor declarado prevalece sobre el comprobado si fuera superior, salvo en las adquisiciones "mortis causa" y las donaciones a favor de cónyuge, pareja de hecho, ascendientes, descendientes, adoptantes y adoptados.

d) Base liquidable[958]

A la base imponible le son de aplicación las siguientes reducciones:

---

956 Vid. artículo 21 de la Norma Foral 11/2005, de 26 de mayo, del Impuesto sobre Sucesiones y Donaciones.

957 El Decreto Foral 4/2013, del Consejo de Diputados de 5 de febrero, fija para el ejercicio 2013, como ya indicamos, los precios medios de los vehículos, embarcaciones y aeronaves a efectos de los Impuestos sobre Sucesiones y Donaciones, Impuesto sobre Transmisiones Patrimoniales y Actos Jurídicos Documentados e Impuesto Especial sobre Determinados Medios de Transporte.

958 Vid. artículo 22 de la Norma Foral 11/2005, de 16 de mayo, del Impuesto sobre Sucesiones y Donaciones, en su redacción dada en relación con el número 2 por el apartado tres del artículo 1 de la Norma Foral 32/2013, de 27 de noviembre, de modificación del Impuesto sobre Sucesiones y Donaciones; en relación con el número tres por el apartado cuatro del artículo 1 de la Norma Foral 32/2013, de 27 de noviembre de modificación del Impuesto sobre Sucesiones y Donaciones; en relación con su número 3 por el apartado tres del artículo 5 de la Norma Foral 15/2010, 20 diciembre, de medidas tributarias para el año 2011; en relación con el párrafo primero del número 7 por la disposición adicional tercera de la Norma Foral 9/2013, 11 marzo, del

Reducciones por adquisiciones "mortis causa": por parentesco, por seguros de vida, por adquisiciones de una empresa individual, de un negocio profesional o participaciones en entidades, por adquisición de vivienda habitual y reducciones relacionadas con la agricultura.

Reducciones por adquisiciones lucrativas "inter vivos": por adquisición de vivienda habitual y por reducciones relacionadas con la agricultura.

A. Reducciones por adquisiciones "mortis causa"

1. Reducciones por parentesco

Sin perjuicio de lo dispuesto en el apartado anterior, en las adquisiciones "mortis causa" y en las de cantidades percibidas por razón de los seguros de vida, la base liquidable de cada concepto impositivo se obtendrá aplicando en la base imponible la reducción que corresponda según los grados de parentesco siguientes. Esta reducción será única para ambos conceptos impositivos y se distribuirá, entre estos conceptos, en la cuantía que se considere oportuno:

— Grupo 0: Adquisición por el cónyuge o pareja de hecho, cuando se trate de parejas de hecho constituidas conforme a lo dispuesto en la Ley del Parlamento Vasco 2/2003, de 7 de mayo, descendientes o ascendientes en línea recta por consanguinidad o adoptantes o adoptados, 400.000 euros[959].
— Grupo I: adquisiciones por colaterales de segundo y tercer grado por consanguinidad, ascendientes y descendientes por afinidad, incluidos los resultantes de la constitución de la pareja de hecho por aplicación de la Ley del Parlamento Vasco 2/2003, de 7 de mayo, 38.156 euros.
— Grupo II: adquisiciones por colaterales de cuarto grado, colaterales de segundo y tercer grado por afinidad, grados más distantes y extraños, no hay lugar a reducción[960].

En las adquisiciones por personas que tengan la consideración legal de discapacitados, con un grado de discapacidad igual o superior al 33 por ciento e inferior al 65 por ciento de acuerdo con el baremo a que se refiere el artículo 148 del Real Decreto Legislativo 1/1994, de 20 de junio, se aplicará una reducción de 56.109 euros. La reducción será de 176.045 euros para aquellas personas que, con arreglo a la normativa anteriormente citada, acrediten un grado de minusvalía igual o superior al 65 por ciento.

Impuesto sobre el Patrimonio; en relación con el resto del número 7, por el apartado cinco del artículo 1 de la Norma Foral 32/2013, de 27 de noviembre de modificación del Impuesto sobre Sucesiones y Donaciones; en relación con el número 8 por el apartado tres del artículo 5 de la Norma Foral 15/2010, 20 diciembre, de medidas tributarias para el año 2011.

[959] Vid. número tres, artículo 1 de la Norma Foral 32/2013, de 27 de noviembre de modificación del Impuesto sobre Sucesiones y Donaciones.

[960] Vid. artículo 22. 2 de la Norma Foral 11/2005, de 16 de mayo, del Impuesto sobre Sucesiones y Donaciones, en su redacción dada por el apartado tres del artículo 5 de la Norma Foral 15/2010, 20 diciembre, de medidas tributarias para el año 2011.

Además de lo señalado en el párrafo anterior, a estas personas se les aplicarán las siguientes normas:

En lugar de la reducción a que se refiere el apartado 2 anterior se aplicará, con independencia del grado de parentesco, la reducción de 38.156 euros, más 4.770 euros por cada año menos de veintiuno que tenga el causahabiente, sin que la reducción pueda exceder de 119.930 euros.

Se aplicará la Tarifa I a que se refiere el artículo 24 de esta Norma Foral[961].

Estas disposiciones referentes a discapacitados no serán de aplicación a quienes se encuentre incluidos en el Grupo 0[962].

Se aplicará una reducción del 100 por 100 a los seguros de vida que traigan causa en actos de terrorismo, así como en servicios prestados en misiones internacionales humanitarias o de paz de carácter público. Esta reducción será aplicable a todos los posibles beneficiarios[963].

2. Reducciones por seguros de vida

En las adquisiciones "mortis causa" y en las cantidades percibidas por seguros de vida, para caso de fallecimiento, se aplican las reducciones siguientes:

— Grupo 0: Adquisición por el cónyuge o pareja de hecho, cuando se trate de parejas de hecho constituidas conforme a los dispuestos en la Ley del Parlamento Vasco 2/2003, de 7 de mayo, descendientes o ascendientes en línea recta por consanguinidad o adoptantes o adoptados, 400.000[964].
— Grupo I: Adquisiciones por colaterales de segundo y tercer grado por consanguinidad, ascendientes y descendientes por afinidad, incluidos los resultantes de la constitución de la pareja de hecho, según la Ley del Parlamento Vasco 2/2003, de 7 de mayo: 38.156 euros con efectos a partir del 1 de enero de 2008.
  Si son menores de 21 años y discapacitados, la reducción será, a partir del 30 de diciembre de 2010, de 38.156 euros, más 4.770,00 euros por cada año menos de 21 que tenga el causahabiente, sin que la reducción pueda exceder de 119.930 euros.
— Grupo II: Adquisiciones por colaterales de cuarto grado, colaterales de segundo y tercer grado por afinidad, grados más distantes y extraños: no hay reducción.

Adquisiciones por personas que tengan la consideración legal de discapacitados, con un grado de discapacidad:

---

961 Vid. artículo 22. 3 de la Norma Foral 11/2005, de 16 de mayo, del Impuesto sobre Sucesiones y Donaciones, en su redacción dada por el apartado tres del artículo 5 de la Norma Foral 15/2010, 20 diciembre, de medidas tributarias para el año 2011.

962 Vid. artículo 1, cuatro, de la Norma Foral 32/2013, de 27 de noviembre, de modificación del Impuesto sobre Sucesiones y Donaciones.

963 Vid. artículo 22. 5 de la Norma Foral 11/2005, de 16 de mayo, del Impuesto sobre Sucesiones y Donaciones.

964 Vid. artículo 1, tres de la Norma Foral 32/2013, de 27 de noviembre, de modificación del Impuesto sobre Sucesiones y Donaciones.

Igual o superior al 33% e inferior al 65%: 55.009,00 euros, con efectos a partir del 1 de enero de 2009, cantidad elevada posteriormente a 56.109 euros.

Igual o superior al 65%: 172.593,00 euros, con efectos a partir del 1 de enero de 2009, cantidad elevada con posterioridad a 176.045 euros.

Se aplicará una reducción del 100% cuando las cantidades percibidas por seguros de vida traigan causa en actos de terrorismo, así como en servicios prestados en misiones internacionales humanitarias o de paz de carácter público[965].

3. Reducciones adquisiciones de una empresa individual, de un negocio profesional o participaciones en entidades[966].

Las adquisiciones "mortis causa" de una empresa individual, de un negocio profesional o participaciones en entidades o de derechos de usufructo sobre los mismos, a las que sea de aplicación la exención regulada en el apartado Dos del artículo 6 de la Norma Foral del Impuesto sobre el Patrimonio (precepto relativo a bienes y derechos de las personas físicas necesarias para el desarrollo de su actividad empresarial o profesional, así como la plena propiedad, nuda propiedad y el usufructo vitalicio sobre las participaciones en entidades), por el cónyuge o pareja de hecho, ascendientes y descendientes, adoptantes o adoptados y por colaterales hasta el tercer grado de la persona fallecida y siempre que no existan descendientes o adoptados, gozarán de una reducción del 95 por ciento en la base imponible del Impuesto, siempre que la adquisición se mantuviera durante, los cinco años siguientes al fallecimiento del causante, salvo que falleciese el adquirente dentro de ese plazo.

Esta reducción será, asimismo, de aplicación a la adquisición de derechos de usufructo de la empresa individual, el negocio profesional o participaciones en entidades o de derechos económicos derivados de la extinción de dicho usufructo, siempre que con motivo del fallecimiento se consolidara el pleno dominio en el adquirente, o percibiera éste los derechos debidos a la finalización del usufructo en forma de participaciones en la empresa, negocio o entidad afectada.

En el caso de no cumplirse el requisito de permanencia indicado se deberá satisfacer la parte del impuesto que se hubiera dejado de ingresar como consecuencia de la reducción practicada y los intereses de demora correspondientes.

4. Reducciones por adquisición de vivienda habitual[967]

La adquisición lucrativa "mortis causa" del pleno dominio, del usufructo, la nuda propiedad, del derecho de superficie o del derecho de uso y

[965] Vid. artículo 22. 2, 3 y 5, de la Norma Foral 11/2005, de 16 de mayo, del Impuesto sobre Sucesiones y Donaciones, en su redacción dada por la Norma Foral 32/2013, de 27 de noviembre, de modificación del Impuesto sobre Sucesiones y Donaciones.

[966] Vid. artículo 22. 7, de la Norma Foral 11/2005, de 16 de mayo, del Impuesto sobre Sucesiones y Donaciones, según redacción dada por la Disposición Adicional Tercera de la Norma Foral 9/2013, de 11 de marzo, del Impuesto sobre el Patrimonio, modificado por el artículo 1, cinco, de la Norma Foral 32/2013, de 27 de noviembre.

[967] Vid. artículo 22. 8, de la Norma Foral 11/2005, de 16 de mayo, del Impuesto sobre Sucesiones y Donaciones.

habitación de la vivienda en la que el adquirente hubiese convivido con el transmitente durante los dos años anteriores a la transmisión, gozará de una reducción del 95 por ciento en la base imponible del Impuesto, con el límite máximo de 212.242 euros.

El requisito de convivencia quedará acreditado por cualquier medio de prueba admitido en derecho[968].

5. Reducciones relacionadas con la agricultura

Se establece una reducción del 50% en las adquisiciones lucrativas "inter vivos" o "mortis causa" de terrenos por los titulares de explotaciones agrarias para completar bajo una sola linde el 50%, al menos, de la superficie de una explotación cuya renta unitaria de trabajo esté dentro de los límites establecidos en la Ley 19/1995, de 5 de julio, de Modernización de las Explotaciones Agrarias[969].

Para la aplicación de la reducción es preciso que en el documento público de adquisición se haga constar la indivisibilidad de la finca resultante durante 5 años, salvo fuerza mayor.

En las transmisiones "mortis causa" y en las donaciones "inter vivos" equiparables de terrenos rústicos con plantación o población forestal, tanto en pleno dominio como en nuda propiedad, se practicará una reducción en la base imponible del Impuesto correspondiente, según la siguiente escala:

Del 95% para superficies incluidas en Espacios Naturales Protegidos.

Del 90% para superficies con un Plan de Ordenación Forestal o un Plan Técnico de Gestión y Mejora Forestal, o figuras equivalentes de planificación forestal, aprobado por el Departamento de Agricultura de la Diputación Foral de Álava.

Del 75% para las demás superficies rústicas con plantación o población forestal, siempre que, como consecuencia de dicha transmisión, no se altere el carácter forestal del predio y no sea transferido por razón de "inter vivos", arrendada o cedida su explotación por el adquirente, durante los cinco años siguientes al de la adquisición.

De la misma reducción gozará la extinción del usufructo que se hubiera reservado el transmitente.

Las bonificaciones fiscales referidas serán de aplicación, en la escala que corresponda, a la totalidad de la explotación agraria en la que la superficie de dedicación forestal sea superior al 50% de la superficie total de la explotación[970].

---

[968] Vid. artículo 22. 8, de la Norma Foral 11/2005, de 16 de mayo, del Impuesto sobre Sucesiones y Donaciones, en su redacción dada por el apartado tres del artículo 5 de la Norma Foral 15/2010, 20 diciembre, de medidas tributarias para el año 2011.

[969] Vid. artículo 4. 2 de la Norma Foral 17/1997, de 9 de junio, de medidas fiscales relacionadas con la agricultura.

[970] Vid. artículo 11 de la Norma Foral 17/1997, de 9 de junio, de medidas fiscales relacionadas con la agricultura.

ESQUEMA: REDUCCIONES ADQUISICIONES "MORTIS CAUSA" AUTONÓMICA BASE IMPONIBLE

Reducción personal, según parentesco. Cuantía reducción: Grupo 0: cónyuges, parejas de hecho, descendientes, ascendientes en línea recta por consanguinidad o adoptantes o adoptados, 400.000 euros. Reducción personal, según grado de parentesco. Cuantía reducción: Grupo I, 38.156 euros. Grupo II, 0. Minusválidos 38.156 euros. Minusválidos menores de 21 años, 38.156 euros más 4.770,00 euros por cada año menos de 21 que tenga el causahabiente, sin que la reducción pueda exceder de 119.930 euros. Cualquier beneficiario en seguros de vida por actos de terrorismo, servicios prestados en misiones internacionales humanitarias o de paz de carácter público, tendrá reducción del 100%.
Reducción por seguros de vida. Cuantía reducción según grado de parentesco. Grupo 0: Adquisiciones por el cónyuge, pareja de hecho, descendientes o ascendientes en línea recta por consanguinidad, o adoptantes o adoptados, 400.000 euros. Grupo I: 38.156 euros. Minusválidos, 38.156 euros. Minusválidos y menos de 21 años, más 4.770,00 euros por cada año menos de 21 que tenga el causahabiente, sin que la reducción pueda exceder de 119.930 euros. Adquisiciones por personas que tengan la consideración legal de discapacitados, con un grado de discapacidad: igual o superior al 33% e inferior al 65%: 55.009,00 euros; igual o superior al 65%: 172.593,00 euros, con efectos a partir del 1 de enero de 2009. Cantidades elevadas posteriormente a 56.109 euros y 176.045 euros, respectivamente.
Reducción por adquisición de empresa individual, negocio profesional o participaciones en entidades que gocen de exención en el Impuesto sobre el Patrimonio. A favor de cónyuge, pareja de hecho, ascendientes, descendientes en línea recta por consanguinidad, adoptantes o adoptados y colaterales hasta el tercer grado y siempre que no existan descendientes o adoptados. Cuantía reducción: 95% del valor de adquisición. Permanencia, 5 años.
Reducción por adquisición vivienda habitual. Se establece a favor de persona que convivió con causante los dos años anteriores al fallecimiento. Cuantía de la reducción, 95% del valor de la adquisición, con el límite de 21.242 euros.
Reducciones relacionadas con la agricultura. Reducción por adquisición de terrenos para unificar bajo una sola linde el 50% de una explotación prioritaria. Cuantía reducción: 50%.
Reducción por adquisición lucrativa de superficies rústicas de dedicación forestal. Por adquisición de superficies incluidas en espacios naturales protegidos. Cuantía reducción: 95%. Por adquisición de superficies con Planes de Ordenación Forestal o figuras equivalentes. Reducción: 90%. Por adquisición de demás superficies rústicas con plantación o población forestal, siempre que no se altere el carácter forestal del predio por la adquisición y no se transmita por actos "inter vivos" en los cinco años siguientes. Cuantía reducción: 75%.

B. Reducciones por adquisiciones "inter vivos"

Se establecen las siguientes: por vivienda habitual y por reducciones relacionadas con la agricultura.

Las condiciones y requisitos con las que se regulan y exigen son las mismas que para el caso de ser las adquisiciones por vía "mortis causa", por lo que lo que dijimos al hablar de estas, son ahora, "mutatis mutandis", aquí aplicables.

ESQUEMA REDUCCIONES AUTONÓMICA "INTER VIVOS" BASE IMPONIBLE.

Reducción por adquisición vivienda habitual. Se establece a favor de persona que convivió con causante los dos años anteriores al fallecimiento. Cuantía de la reducción: 95% con el límite de 212.242 euros.
Reducción por adquisición de terrenos para unificar bajo una sola linde el 50% de una explotación prioritaria. Cuantía reducción: 50%.
Reducción por adquisición lucrativa de superficies rústicas de dedicación forestal. Por adquisición de superficies incluidas en espacios naturales protegidos. Cuantía reducción: 95%. Por adquisición de superficies con Planes de Ordenación Forestal o figuras equivalentes. Reducción: 90%. Por adquisición de demás superficies rústicas con plantación o población forestal, siempre que no se altere el carácter forestal del predio por la adquisición y no se transmita por actos "inter vivos" en los cinco años siguientes. Cuantía reducción: 75%.

e) Cuota

A.-Tarifas

La cuota íntegra se obtiene aplicando a la base liquidable la tarifa que corresponda en función de los grupos de grado de parentesco y de las personas que tengan la consideración legal de discapacitados[971].

A diferencia con el territorio común, en la normativa foral no se establecen coeficientes reductores en función del patrimonio preexistente del contribuyente y del grado de parentesco.

Se establece un tipo fijo con el siguiente alcance:

Tipo fijo

Campo de aplicación Grupo, 0. Será de aplicación al tipo impositivo del 1,50 por ciento.

[971] Vid. artículo 24 de la Norma Foral 11/2005, de 16 de mayo, del Impuesto sobre Sucesiones y Donaciones reenumerado por el apartado 4 del artículo 7 de la Norma Foral 18/2011, de 22 de diciembre, de Medidas Tributarias para el año 2012,modificado por el artículo 1. Seis, de la Norma Foral 32/2013, de 27 de noviembre.

Tarifa I. (Adquisiciones por discapacitados)

BASE LIQUIDABLE		CUOTA	TIPO MARGINAL
DESDE EUROS	HASTA EUROS	EUROS	PORCENTAJE
0,00	9.086,00	0,00	3,80
9.086,01	27.261,00	345,27	5,32
27.261,01	45.431,00	1.312,18	6,84
45.431,01	90.850,00	2.555,01	8,36
90.850,01	181.706,00	6.352,03	10,64
181.706,01	454.259,00	16.019,11	13,68
454.259,01	908.518,00	53.304,36	16,72
908.518,01	2.271.297,00	129.256,47	21,28
2.271.297,01	En adelante	419.255,84	26,60

Tarifa II. (Grupo I: Colaterales de 2° y 3° grado, por consanguinidad ascendientes y descendientes por afinidad, incluidos los resultantes de constitución de pareja de hecho)

BASE LIQUIDABLE		CUOTA	TIPO MARGINAL
DESDE EUROS	HASTA EUROS	EUROS	PORCENTAJE
0,00	9.086,00	0,00	5,70
9.086,01	27.261,00	517,90	7,98
27.261,01	45.431,00	1.968,27	10,26
45.431,01	90.850,00	3.832,51	12,54
90.850,01	181.706,00	9.528,05	15,58
181.706,01	454.259,00	23.683,42	19,38
454.259,01	908.518,00	76.504,19	23,18
908.518,01	2.271.297,00	181.801,42	28,50
2.271.297,01	En adelante	570.193,44	34,58

Tarifa III. (Grupo II: colaterales de 4° grado, grados más distantes y extraños)

BASE LIQUIDABLE		CUOTA	TIPO MARGINAL
DESDE EUROS	HASTA EUROS	EUROS	PORCENTAJE
0,00	9.086,00	0,00	7,60
9.086,01	27.261,00	690,54	10,64
27.261,01	45.431,00	2.624,36	13,68
45.431,01	90.850,00	5.110,01	16,72
90.850,01	181.706,00	12.704,07	20,52
181.706,01	454.259,00	31.347,72	25,08
454.259,01	908.518,00	99.704,01	29,64
908.518,01	2.271.297,00	234.346,38	35,72
2.271.297,01	En adelante	721.131,04	42,56

Con efectos desde el 17 de septiembre de 2013[972]:

Adquisición por cónyuge, pareja de hecho constituidas conforme a la Ley 2/2003, descendientes, ascendientes, en línea recta por consanguinidad, adoptantes o adoptados del transmitente.	Tipo de gravamen
Donaciones o cualquier otro negocio jurídico a título gratuito e ínter vivos.	1,5%

B.-Cuota a ingresar

La cuota a ingresar resulta de restar a la cuota íntegra la deducción por doble imposición internacional definida en los mismos términos que en la normativa de régimen común, de conformidad con lo establecido en el artículo 25 de la Norma Foral 11/2005, de 16 de mayo.

f) Reglas de liquidación

Las reglas para liquidación del Impuesto sobre Sucesiones y Donaciones son:

Las adquisiciones por causa de muerte o a título lucrativo tributarán con cargo al grado de parentesco que medie entre el causante o donante y el causahabiente o donatario. En caso de ser desconocidos los causahabientes, se gira la liquidación por la tarifa correspondiente a la sucesión entre extraños, sin perjuicio de la devolución que proceda una vez aquéllos fueren conocidos.

Las cantidades percibidas por seguros de vida se deben liquidar separadamente, a las que se aplica la misma tarifa que rija para el resto de los bienes y derechos que integran la masa hereditaria. Los seguros sobre la vida tributarán por el grado de parentesco entre el contratante o tomador del seguro y el beneficiario. En los seguros colectivos o contratados por las empresas a favor de sus empleados se estará al grado de parentesco entre el asegurado y el beneficiario.

Con efectos desde el 1 de abril de 2012, la adquisición de bienes o derechos por donación o cualquier otro negocio jurídico a título gratuito e ínter vivos a favor de descendientes o adoptados, precedida de otra adquisición de los mismos bienes o derechos, realizada dentro de los últimos 5 años inmediatamente anteriores a la citada adquisición, por donación o negocio jurídico a título gratuito e ínter vivos a favor del ascendiente o adoptante y realizada por otro descendiente o adoptado del mismo, tributará teniendo en cuenta el parentesco del primer donante con respecto al último donatario, descontándose, en su caso, la cuota ingresada correspondiente a la primera donación[973].

---

[972] Vid. artículo 24. 2 de la Norma Foral 11/2005, de 16 de mayo, del Impuesto sobre Sucesiones y Donaciones, modificado por el artículo 1. Seis de la Norma Foral 32/2013, de 27 de noviembre.

[973] Vid. artículo 23 de la Norma Foral 11/2005, de 16 de mayo, del Impuesto sobre Sucesiones y Donaciones.

g) Devengo

En las adquisiciones por causa de muerte y en los seguros sobre la vida, el impuesto se devengará el día del fallecimiento del causante o del asegurado o cuando adquiera firmeza la declaración del fallecimiento del ausente, conforme al artículo 196 del Código Civil. No obstante, en las adquisiciones producidas en vida del causante como consecuencia de contratos y pactos sucesorios, el Impuesto se devengará el día en que se cause o celebre dicho acuerdo.

En las transmisiones lucrativas "inter vivos" el Impuesto se devengará el día en que se cause o celebre el acto o contrato.

Toda adquisición de bienes cuya efectividad se halle suspendida por la existencia de una condición, un término, un fideicomiso o cualquier otra limitación, se entenderá siempre realizada el día en que dichas limitaciones desaparezcan.

En las herencias que, según lo dispuesto en los artículos 32, 140 y concordantes de la Ley 3/1992, de 1 de julio, del Derecho Civil Foral del País Vasco, se defieran por usufructo poderoso o por testamento por comisario, el Impuesto se devengará:

Para las adquisiciones de bienes y derechos no afectados por el usufructo poderoso o por el testamento por comisario, de acuerdo con la regla general relativa al devengo del Impuesto, contenida en los apartados anteriores de este artículo.

Por lo que se refiere a los bienes y derechos afectados por un usufructo poderoso o por un testamento por comisario, para determinar el momento en que se devengará el Impuesto, es preciso distinguir los siguientes supuestos:

En las adquisiciones de bienes o derechos que traigan su causa del ejercicio de la facultad de disponer o del poder testatorio atribuidos al usufructuario poderoso o al comisario o, en su caso, del ejercicio de cualquier otra facultad que pudieran tener atribuida y que determine el nacimiento del hecho imponible de este Impuesto, el día en que se ejerciten en todo o en parte.

En las adquisiciones de bienes o derechos afectados por un usufructo poderoso o por un testamento por comisario, en los supuestos en que la facultad de disposición o el poder testatorio se hubiesen extinguido antes de haber sido ejercitados en todo o en parte, el día en que se produzca la circunstancia que determina la extinción de la facultad o del poder.

En el usufructo poderoso y, en aquellos casos en que, en el testamento por comisario, exista o se otorgue a favor de persona determinada, el derecho a usufructuar todos o parte de los bienes o derechos de la herencia mientras no se haga uso del poder, el Impuesto correspondiente al derecho de usufructo se devengará el día del fallecimiento del constituyente del usufructo o aquél en que adquiera firmeza la declaración de fallecimiento del ausente conforme al artículo 196 del Código Civil[974].

---

[974] Vid. artículo 26 de la Norma Foral 11/2005, de 16 de mayo, del Impuesto sobre Sucesiones y Donaciones.

h) Prescripción[975]

Prescribirá a los cinco años el derecho de la Administración para determinar la deuda tributaria mediante la oportuna liquidación y la acción para imponer sanciones tributarias.

i) Normas especiales de valoración

Entre estas se encuentran: sustitución, fideicomisos, reserva de bienes, otras instituciones, partición y excesos de adjudicación, especialidades del Derecho civil foral, repudiación y renuncia de la herencia, acumulación de donaciones y demás transmisiones lucrativas equiparables, acumulación de las cantidades percibidas de los seguros de vida.

1. Sustitución[976]

En la sustitución vulgar el testador puede designar uno o varios herederos sustitutos para el caso en que el heredero o herederos nombrados, en primer lugar, falleciera antes que él o no quisieran o no pudieran aceptar la herencia.

En la sustitución pupilar y en la ejemplar se nombran sustitutos a los ascendientes de sus descendientes menores de 14 años o mayores de dicha edad declarados incapaces por enajenación mental.

En las sustituciones fideicomisarias el heredero (fiduciario) recibe el encargo de conservar y transmitir a un tercero (fideicomisario) el todo o parte de la herencia, surtiendo efecto siempre que no pasen del segundo grado o que se hagan a favor de personas que vivan al fallecimiento del testador. El fideicomisario adquiere derecho a la sucesión desde la muerte del testador, aunque muera antes que el fiduciario. El derecho de aquél pasa a sus herederos.

En la sustitución vulgar sólo se exigirá el impuesto al sustituto y atendiendo a su grado de parentesco con el causante, cuando el heredero instituido falleciera antes que aquél o no pudiera aceptar la herencia. Si no quisiera aceptarla, se estará a lo dispuesto para el caso de renuncia a la herencia.

En las sustituciones pupilar y ejemplar se exigirá el impuesto al sustituto cuando se realice aquélla atendiendo al grado de parentesco con el descendiente sustituido y sin perjuicio de lo satisfecho por éste al fallecimiento del testador.

En las sustituciones fideicomisarias se exigirá el impuesto en la institución y en cada sustitución con arreglo al parentesco entre el causante y el instituido o el sustituto, reputándose al fiduciario y a los fideicomisarios, con excepción del último, como meros usufructuarios, salvo que pudiesen disponer de los

[975] Vid. artículo 27 de la Norma Foral 11/2005, de 16 de mayo, del Impuesto sobre Sucesiones y Donaciones, en su redacción dada por el artículo 2 de la Norma Foral 8/2013, de 11 marzo, de modificación del plazo de prescripción.

[976] Vid. artículo 28 de la Norma Foral 11/2005, de 16 de mayo, del Impuesto sobre Sucesiones y Donaciones.

bienes por actos "inter vivos" o "mortis causa", en cuyo supuesto se liquidará por el pleno dominio. En este caso, los causahabientes del heredero podrán solicitar la devolución del Impuesto satisfecho por su causante, en la parte correspondiente a la nuda propiedad, si justifican que los bienes afectados por la sustitución han sido transmitidos al sustituto designado por el testador.

2. Fideicomisos

En los fideicomisos, cuando dentro de los plazos en que deba procederse a la liquidación no sea conocido el heredero fideicomisario, el fiduciario pagará con arreglo a los tipos establecidos para las herencias entre extraños, sin establecer un criterio distinto para el caso en que el fideicomisario sea designado de entre un grupo de personas. Lo pagado aprovechará al fideicomisario cuando sea conocido[977].

Si dentro de dichos plazos se conociese el fideicomisario, satisfará éste el impuesto con arreglo a la Tarifa que corresponda al grado de parentesco con el causante y al valor de los bienes adquiridos[978].

Si el fiduciario, o persona encargada por el testador de transmitir la herencia, pudiera disfrutarla en todo o en parte, temporal o vitaliciamente, o tuviese la facultad de disponer de los productos o rentas de los bienes hasta su entrega al heredero fideicomisario, pagará el Impuesto en concepto de usufructuario y con arreglo al grado de parentesco que le una con el causante.

En este caso el fideicomisario satisfará también, al entrar en posesión de los bienes, el Impuesto correspondiente, no computándose en su favor lo pagado por el fiduciario[979].

En los fideicomisos en que se dejan en propiedad los bienes hereditarios al heredero fiduciario, aun cuando sea con la obligación de levantar alguna carga, en los términos que establece el artículo 788 del Código Civil, se liquidará el Impuesto como herencia en propiedad, con deducción de la carga, si fuere deducible, por la cual satisfará el Impuesto el que adquiere el beneficio consiguiente al gravamen impuesto al heredero, por el título o concepto que jurídicamente corresponda al acto, y si el beneficiario no fuere conocido satisfará el Impuesto correspondiente a dicho concepto el heredero, quien podrá descontarlo o repercutirlo al beneficiario[980].

---

[977] Vid. artículo 29. 1, de la Norma Foral 11/2005, de 16 de mayo, del Impuesto sobre Sucesiones y Donaciones, redactado por el apartado seis del artículo 36 de la Norma Foral 14/2009, 17 diciembre, de ejecución presupuestaria para el 2010.

[978] Vid. artículo 29. 3, de la Norma Foral 11/2005, de 16 de mayo, del Impuesto sobre Sucesiones y Donaciones, redactado, por el apartado seis del artículo 36 de la Norma Foral 14/2009, 17 diciembre, de ejecución presupuestaria para el 2010.

[979] Vid. artículo 29. 4, de la Norma Foral 11/2005, de 16 de mayo, del Impuesto sobre Sucesiones y Donaciones, redactado, por el apartado seis del artículo 36 de la Norma Foral 14/2009, 17 diciembre, de ejecución presupuestaria para el 2010.

[980] Vid. artículo 29. 5, de la Norma Foral 11/2005, de 16 de mayo, del Impuesto sobre Sucesiones y Donaciones, redactado, por el apartado seis del artículo 36 de la Norma Foral 14/2009, 17 diciembre, de ejecución presupuestaria para el 2010.

3. Reserva de bienes[981]

En la herencia de bienes reservables, satisfará el Impuesto el reservista en concepto de usufructuario, pero si por fallecimiento de todos los parientes en cuyo favor se halle establecida la reserva o por su renuncia se extinguiese ésta, vendrá obligado el reservista a satisfacer el Impuesto correspondiente a la nuda propiedad.

Si el reservista enajena los bienes sobre los que está constituida la reserva, aun con el consentimiento de todos los presuntos reservatarios, se considera fiscalmente extinguida la reserva y se liquida por tal concepto.

4. Otras Instituciones[982]

Salvo en el caso de usufructuarios poderosos o comisarios de las herencias que se defieran por usufructo poderoso o testamento por comisario, siempre que el adquirente tenga facultad de disponer de los bienes, se liquida el impuesto en pleno dominio, sin perjuicio de la devolución que, en su caso, proceda.

5. Partición y excesos de adjudicación[983]

Se liquidarán excesos de adjudicación cuando el valor comprobado de lo adjudicado a uno de los herederos o legatarios exceda del 50% del valor que le corresponda en virtud de su título, salvo en el supuesto de que los valores declarados sean iguales o superiores a los que resultan de aplicar las reglas contenidas en la propia Norma Foral.

Los excesos generados como consecuencia de las distribuciones realizadas en la partición hereditaria se liquidan atendiendo a la residencia habitual del causante.

6. Especialidades del Derecho Civil Foral

a) Usufructo poderoso y testamento por comisario

Si en una misma herencia existen bienes o derechos afectados por usufructo poderoso o por testamento por comisario y otros no afectados por estas figuras forales, en estos últimos el impuesto se exige con arreglo a las reglas generales de la Norma Foral.

No obstante, en los bienes o derechos afectados por dichas instituciones, se deben tener en cuenta que[984]:

---

[981] Vid. artículo 30 de la Norma Foral 11/2005, de 16 de mayo, del Impuesto sobre Sucesiones y Donaciones.

[982] Vid. artículo 31 de la Norma Foral 11/2005, de 16 de mayo, del Impuesto sobre Sucesiones y Donaciones.

[983] Vid. artículo 32 de la Norma Foral 11/2005, de 16 de mayo, del Impuesto sobre Sucesiones y Donaciones.

[984] Vid. artículo 33. 1, de la Norma Foral 11/ 2005, de 16 de mayo, del Impuesto sobre Sucesiones y Donaciones.

Si se trata de un usufructo poderoso:

De una parte el impuesto se exige al usufructuario poderoso por el derecho de usufructo que se le atribuye en relación con los bienes o derechos del causante.

A estos efectos, se practicará una doble liquidación con arreglo al parentesco del usufructuario con el constituyente del usufructo:

Una liquidación a cuenta, con devengo en el momento del fallecimiento del constituyente del usufructo o aquél en que adquiera firmeza la declaración de fallecimiento del ausente, por las normas del usufructo vitalicio.

Otra, de regularización, con devengo en el momento en que el usufructuario realice el acto de disposición que agote la facultad de disponer que tiene adjudicada, en aquellos supuestos en que la facultad de disponer se materialice a través de un acto único; en cada uno de los momentos en que el usufructuario realice un acto de disposición, en aquellos supuestos en que la facultad de disponer se realice a través de varios actos; o bien, en el momento en que por cualquier otra causa distinta a las anteriores, se extinga el usufructo. Esta posterior liquidación se practicará con arreglo a las normas del usufructo temporal, tomando como fecha de inicio el fallecimiento del causante constituyente del usufructo, o cuando adquiera firmeza la declaración de fallecimiento del ausente constituyente del usufructo y en ella se computará como ingreso a cuenta lo pagado en la primera liquidación. En el caso de que la facultad de disposición se realice a través de una pluralidad de actos, en cada liquidación de regularización se computará como ingreso a cuenta la parte de la cuota de la primera liquidación correspondiente a los bienes o derechos adjudicados en el acto que se liquida.

De otra parte, en el usufructo poderoso el impuesto se exigirá en cada una de las declaraciones de herederos, conforme al grado de parentesco con el causante y sobre el importe total de los bienes o derechos adjudicados en cada acto u otorgamiento liquidándose conforme a la tarifa vigente y valor que los bienes o derechos tuviesen en ese momento[985].

En el testamento por comisario, el impuesto se exigirá en cada una de las declaraciones de herederos, conforme al grado de parentesco con el causante y recae sobre los bienes y derechos adjudicados en cada acto u otorgamiento. Ahora bien, cuando en el testamento se otorgue a favor de persona determinada el derecho a usufructuar todos o parte de los bienes o derechos de la herencia mientras no se haga uso del poder testatorio, se exige el impuesto al usufructuario por el derecho de usufructo que se le atribuye en relación con los bienes o derechos del causante. A estos efectos se practicará una doble liquidación con arreglo al parentesco del usufructuario con el constituyente del usufructo, que es igual a la explicada en el apartado anterior[986].

---

[985] Apartado redactado por el apartado dos del artículo 36, de la Norma Foral 14/2009, 17 diciembre, de ejecución presupuestaria para el 2010.

[986] Vid. artículo 33. 1. Segunda. Dos. 1°, de la Norma Foral 11/ 2005, de 16 de mayo, del Impuesto sobre Sucesiones y Donaciones, en su redacción dada por el apartado ocho del artículo 36

Cuando las declaraciones de herederos se efectúen a través de más de un acto u otorgamiento, en el momento en que se realiza el acto u otorgamiento que agote la facultad de disposición atribuida en relación con los bienes del causante, se debe realizar, en su caso, la regularización correspondiente respecto a cada uno de los herederos[987].

b) Repudiación y renuncia a la herencia o legado[988]

En la repudiación o renuncia pura, simple y gratuita de la herencia o legado, los beneficiarios de la misma tributan por la adquisición de la parte repudiada o renunciada con arreglo a la tarifa que correspondería aplicar al renunciante, o al que repudia salvo que por el parentesco del causante con el favorecido proceda la aplicación de otra tarifa más gravosa.

En los demás casos de renuncia en favor de persona determinada se exigirá el impuesto al renunciante, sin perjuicio de lo que deba liquidarse, además, por la cesión o donación de la parte renunciada.

La repudiación o renuncia hecha después de prescrito el impuesto correspondiente a la herencia o legado se reputará a efectos fiscales como donación.

c) Acumulación de donaciones y demás transmisiones lucrativas equiparables[989]

Se consideran como una sola transmisión, a efectos del impuesto, las donaciones y demás transmisiones lucrativas "inter vivos" otorgadas por un mismo donante a un mismo donatario dentro del plazo de 3 años (siendo en la normativa común el plazo de 4 años), a contar desde la fecha de cada una y que no hubieran sido declaradas exentas. En dicho caso, la cuota tributaria se obtiene en función de la suma de todas las bases imponibles, cuota de la que se deducirán las cuotas satisfechas en las anteriores donaciones.

Asimismo, las donaciones y demás transmisiones lucrativas a que se refiere el apartado anterior serán acumulables a la base imponible en la sucesión que se cause por el donante a favor del donatario, salvo que se trate de "adquisiciones mortis causa", de bienes declarados exentos, siempre que el plazo que medie entre ésta y aquéllas no exceda de 3 años, y se considerarán a los efectos de determinar la cuota tributaria como una sola adquisición. De la liquidación practicada por la sucesión será deducible, en su caso, el

---

de la Norma Foral 14/2009, 17 diciembre, de ejecución presupuestaria para el 2010.

[987] Vid. artículo 33. 1. Tercera, de la Norma Foral 11/ 2005, de 16 de mayo, del Impuesto sobre Sucesiones y Donaciones.

[988] Vid. artículo 34 de la Norma Foral 11/2005, de 16 de mayo, del Impuesto sobre Sucesiones y Donaciones.

[989] Vid. artículo 36 de la Norma Foral 11/2005, de 16 de mayo, del Impuesto sobre Sucesiones y Donaciones, en su redacción dada por el apartado cinco del artículo 7 de la Norma Foral 18/2011, de 22 diciembre, de Medidas Tributarias para el año 2012, modificado por el artículo 1, siete, de la Norma Foral 32/2013, de 27 de noviembre.

importe de lo ingresado por las donaciones y demás transmisiones lucrativas acumuladas, procediéndose a la devolución de todo o parte de lo ingresado por éstas, cuando la suma de los importes sea superior al de la liquidación que se practique por la sucesión.

d) Acumulación de las cantidades percibidas por razón de los seguros de vida[990].

A efectos de determinar la base imponible, son objeto de acumulación las cantidades percibidas por el beneficiario por razón de todos los seguros sobre la vida constituidos sobre el fallecido.

7. Procedimientos especiales

Este Territorio histórico ha regulado los siguientes procedimientos especiales: sobre presunciones de hechos imponibles, adición de bienes a la masa hereditaria, deducción de deudas del causante puestas de manifiesto con posterioridad al ingreso del impuesto, deducción de deudas del donante satisfechas por el donatario.

a. Procedimiento sobre presunciones de hechos imponibles

En cuanto a este procedimiento la peculiaridad foral reside en el plazo establecido para la formulación de alegaciones a solicitud de los interesados, el cual es de quince días y durante el cual hay que aportar las pruebas y documentos pertinentes[991].

b. Procedimiento para la adición de bienes a la masa hereditaria[992]

Si se presentase una autoliquidación comprensiva de una adquisición por causa de muerte, y la Oficina Liquidadora del Impuesto comprobase la omisión en el inventario de bienes del causante de los que se encuentren en alguna de las situaciones a que se refiere el artículo 15 de la Norma foral 11/2005, de 16 de mayo, lo pondrá en conocimiento de los interesados, concediéndoles un plazo de quince días para que puedan dar su conformidad a su adición al caudal relicto del causante.

Si la adición fuese admitida por los interesados, las liquidaciones que se practiquen incluirán, en la base imponible, el valor de los bienes adicionables.

En el caso de que los interesados, en el plazo concedido, rechazasen la propuesta de adición o dejaren transcurrir el mismo sin contestar, sin perjuicio de

990 Vid. artículo 37 de la Norma Foral 11/2005, de 16 de mayo, del Impuesto sobre Sucesiones y Donaciones.

991 Vid. artículo 47 del Decreto Foral 74/2006, de 29 de noviembre que aprueba el Reglamento del Impuesto sobre Sucesiones y Donaciones, en su redacción dada por el apartado treinta y dos del artículo único del Decreto Foral 63/2009,de 22 de septiembre.

992 Vid. artículo 48 del Decreto Foral 74/2006, de 29 de noviembre que aprueba el Reglamento del Impuesto sobre Sucesiones y Donaciones, en su redacción dada por el apartado treinta y tres del artículo único del Decreto Foral 63/2009, de 22 de septiembre.

continuar las actuaciones establecidas, la Oficina Liquidadora procederá a instruir un expediente a efectos de decidir en definitiva sobre la adición, concediendo a los interesados un plazo de 15 días para formular alegaciones y aportar los documentos o pruebas que estimen convenientes a su derecho. Transcurrido este plazo se dictará acuerdo sobre la procedencia o no de la adición.

El acuerdo favorable a la adición será recurrible en reposición o en vía económico-administrativa.

Ultimada la vía administrativa en sentido favorable a la adición, la Administración podrá proceder a la rectificación que proceda.

c. Procedimiento para la deducción de deudas del causante puestas de manifiesto con posterioridad al ingreso del impuesto[993]

El procedimiento para la deducción de las deudas del causante que se pongan de manifiesto con posterioridad al ingreso de las cuotas tributarias se ajustará a las siguientes reglas:

La deducción se hará efectiva mediante la devolución de la porción del Impuesto que corresponda al importe de la deuda no deducida, entendiéndose por tal la diferencia que exista entre la cantidad ingresada y la que se hubiese ingresado, si al practicar la autoliquidación se hubiese deducido el importe de la deuda.

Los interesados presentarán un escrito ante la Oficina Liquidadora solicitando la rectificación correspondiente, acompañado de los documentos acreditativos de la existencia de la deuda o del pago de la misma realizado con posterioridad al ingreso.

Si la Oficina Liquidadora estimase acreditada fehacientemente la existencia o el pago de la deuda, se practicará la devolución que corresponda. En caso contrario, se notificará a los interesados el acuerdo denegatorio con expresión de los recursos procedentes contra el mismo.

Lo dispuesto en este artículo no será aplicable cuando hubiesen transcurrido 4 años desde la fecha de expiración del plazo de presentación de la autoliquidación o cuando se trate de liquidaciones administrativas firmes de carácter definitivo.

d. Procedimiento para la deducción de deudas del donante satisfechas por el donatario[994]

El procedimiento para la devolución de la porción de impuesto que corresponde a una deuda del donante, garantizada con el derecho real que

---

[993] Vid. artículo 49 del Decreto Foral 74/2006, de 29 de noviembre, por el que se aprueba el Reglamento del Impuesto sobre Sucesiones y Donaciones, modificado por el *Decreto Foral 63/2009, de 22 de septiembre*, y por el Decreto Foral 35/2009, de 21 de abril.

[994] Vid. artículo 50 del Decreto Foral 74/2006, de 29 de noviembre, por el que se aprueba el Reglamento del Impuesto sobre Sucesiones y Donaciones, en su redacción dada por el apartado 35 del artículo único del Decreto Foral 63/2009, de 22 de septiembre.

recaiga sobre los bienes que hubiesen sido donados por el mismo, cuando haya sido pagada por el donatario después de ingresado el Impuesto correspondiente a la donación, se ajustará a las reglas siguientes:

Se entenderá como porción de impuesto correspondiente a la deuda pagada y no deducida en la base imponible de la donación la diferencia entre la cantidad ingresada y la que se hubiese ingresado si, al practicar la autoliquidación, se hubiese deducido el importe de la deuda.

El interesado deberá solicitar la rectificación mediante escrito presentado dentro del plazo de cuatro años, contado desde el día en que hubiese finalizado el plazo reglamentario para presentar la correspondiente autoliquidación en la Oficina Liquidadora del impuesto acompañando los documentos que acrediten el pago de la deuda por su cuenta.

Si la Oficina Liquidadora estimase acreditado fehacientemente el pago de la deuda por el donatario, procederá a la devolución.

En otro caso, se denegará la devolución y se notificará al interesado con expresión de los recursos procedentes contra la misma.

Todo ello sin perjuicio de la liquidación que corresponda practicar por el Impuesto sobre Transmisiones Patrimoniales y Actos Jurídicos Documentados.

8. Obligaciones formales

Los sujetos pasivos están obligados a presentar una declaración tributaria comprensiva de los hechos imponibles a que se refiere la Norma Foral del impuesto en las condiciones, forma y plazos que se fijen en el Reglamento de los Impuestos sobre Sucesiones y Transmisiones Patrimoniales y Actos Jurídicos Documentados de 30 de setiembre de 1975.

Con efectos a partir del 28 de mayo de 2005, se prevé el sistema de autoliquidación en los términos que reglamentariamente se determinen, aspecto que con anterioridad no se contemplaba[995].

El plazo de presentación son seis meses y, con efectos a partir del 28 de mayo de 2005, diez meses, cuando el fallecimiento o los hechos del artículo 966 del Código Civil hubiesen ocurrido en el extranjero, con derecho a prórroga de otros seis. Existe, además, la posibilidad de prórroga extraordinaria por otros seis meses más.

En los supuestos de prórroga, ordinaria o extraordinaria de los plazos señalados para presentación de documentos en las adquisiciones "mortis causa", se liquidará en todo caso el interés de demora, junto con un recargo del 5% en el caso de prórroga extraordinaria.

El plazo para la presentación de las autoliquidaciones de donaciones y demás transmisiones lucrativas será de treinta días hábiles a contar desde el día siguiente al momento en que se produzca el hecho imponible.

---

[995] Vid. artículo 38 de la Norma Foral 11/2005, de 16 de mayo, del Impuesto sobre Sucesiones y Donaciones, en su redacción dada por los apartados nueve a trece del artículo 36 de la Norma Foral 14/2009, 17 diciembre, de ejecución presupuestaria para el 2010.

En caso de presentar las declaraciones fuera de plazo, además de girarse los intereses de demora, se sanciona:

Si no hubiere mediado requerimiento previo de la Administración se exigirá un recargo del 10% de las cuotas.

En caso de requerimiento previo se aplica lo dispuesto en la Norma Foral 6/2005, de 28 de febrero, General Tributaria[996].

Entre los casos de suspensión de los plazos de presentación, están:

La promoción de la división judicial de patrimonios interrumpirá los plazos, que empezarán a contarse de nuevo desde el día siguiente a aquél en que quede firme el auto, aprobando las operaciones divisorias o la sentencia que ponga término al pleito en caso de oposición, o bien desde que todos los interesados desistan del juicio promovido.

Se entenderá que la cuestión litigiosa comienza en la fecha de presentación de la demanda. Se asimilan a las cuestiones litigiosas los procedimientos penales que versen sobre la falsedad del testamento o del documento determinante de la transmisión.

Si las partes litigantes dejan de instar la continuación del litigio durante un plazo de seis meses, la Diputación Foral podrá exigir la presentación del documento y practicar la liquidación oportuna respecto al acto o contrato litigioso, a reserva de la devolución que proceda si al terminar aquél se declarase que no surtió efecto.

Si se da lugar a que los Tribunales declaren la caducidad de la instancia que dio origen al litigio, no se reputarán suspendidos los plazos y en consecuencia se exigirán las sanciones e intereses de demora correspondientes a partir del día siguiente a aquél en que hubieran expirado los plazos para la presentación de los documentos.

La suspensión del curso de los autos, por conformidad de las partes, producirá el efecto de que, a partir de la fecha en que la soliciten, comience a correr de nuevo el plazo de presentación interrumpido.

9. Gestión

A efectos de la gestión del impuesto es necesario tener en cuenta los siguientes apartados: liquidación, régimen de autoliquidación, documentación complementaria, pago, aplazamiento y fraccionamiento del pago.

a. Autoliquidación

La gestión del Impuesto sobre Sucesiones y Donaciones corresponderá a la Diputación Foral de Álava que la ejercerá a través de los servicios correspondientes de la Dirección de Hacienda.

---

[996] Vid., fundamentalmente, el artículo 27 de la Norma Foral 6/2005, de 28 de febrero, General Tributaria, en su redacción dada al apartado 1 por el número Uno del artículo 1 de la Norma Foral 13/2013, 15 abril, de medidas tributarias para el año 2013.

La Diputación Foral puede regular los procedimientos de declaración, liquidación y pago del Impuesto, incluyendo el régimen de autoliquidación, que podrá establecerse con carácter general o para supuestos especiales[997].

La autoliquidación parcial, sin reducción alguna, tendrá el carácter de ingresos a cuenta de la autoliquidación definitiva que proceda por la sucesión hereditaria de que se trate.

b. Régimen de autoliquidación. Normas generales[998]

a´) Normas generales

A partir del 15 de octubre de 2009, en la autoliquidación se incluirá el valor de la totalidad de los bienes y derechos transmitidos, así como la relación de todos los interesados en la adquisición.

Los sujetos pasivos deberán presentar ante la Administración tributaria junto con la autoliquidación, original y copia de los documentos en los que se hayan incorporado los actos o contratos sujetos.

El documento objeto de autoliquidación, deberá contener, además de los datos identificativos del transmitente y adquirente y de la designación de un domicilio para la práctica de las notificaciones que procedan, una relación detallada de los bienes y derechos adquiridos que integren el incremento de patrimonio gravado, con expresión del valor real que atribuyen a cada uno, así como de las cargas, gravámenes, deudas y gastos cuya deducción se solicite.

Si el documento no contuviese todos los datos mencionados, se presentará acompañado de una relación en la que figuren los omitidos.

En el caso de no existir documento, se presentará una declaración, en la que se harán constar todos los datos indicados en este apartado.

Transcurridos los plazos establecidos en el artículo 37 del Decreto Foral 74/2006, de 29 de noviembre, que aprueba el Reglamento del Impuesto sobre Sucesiones y Donaciones sin que se haya presentado la oportuna autoliquidación, la Administración tributaria requerirá para que en el plazo de los 15 días siguientes proceda a su presentación. En su caso, practicará de oficio las liquidaciones que procedan en base a los datos de que disponga, con imposición de las sanciones que sean aplicables.

No obstante, se admitirá la autoliquidación parcial referida a una parte de los bienes o derechos en los supuestos previstos en el artículo 37 del citado Decreto Foral 74/2006, de 29 de noviembre[999].

---

[997] Vid. artículo 41 de la Norma Foral 11/2005, de 16 de mayo del Impuesto sobre Sucesiones y Donaciones en su redacción dada por el apartado diecisiete del artículo 36 de la Norma Foral 14/2009, de 17 de diciembre, de ejecución presupuestaria para el año 2010.

[998] Vid. artículo 34 del Decreto Foral 74/2006, de 29 de noviembre, por el que se aprueba el Reglamento del Impuesto sobre Sucesiones y Donaciones, modificado por el *Decreto Foral 63/2009, de 22 de septiembre.*

[999] Vid. artículo 34 del Decreto Foral 74/2006, de 29 de noviembre, por el que se aprueba el Reglamento del Impuesto sobre Sucesiones y Donaciones, en su redacción dada por el Decreto Foral 63/2009, de 22 de septiembre.

b´) Documentación complementaria[1000]

Cuando se trate de adquisiciones por causa de muerte, junto con la autoliquidación se presentará la siguiente documentación:

Certificado de defunción del causante expedido por el Registro Civil, Certificado del Registro de Actos de Última Voluntad y fotocopia del Número de Identificación Fiscal (NIF) del causante y de sus herederos y/o legatarios.

Copia autorizada de las disposiciones testamentarias, si las hubiere y, en su defecto, testimonio de la declaración de herederos.

Justificación documental del título de adquisición por el causante de los bienes inmuebles incluidos en la sucesión, aportando fotocopia de las escrituras públicas de los bienes y derechos, salvo en los casos de presentación de documentos públicos, y del último recibo del Impuesto sobre Bienes Inmuebles.

Cuando entre los bienes y derechos objeto de la transmisión figurasen saldos en cuentas o títulos cotizados, deberán acompañarse certificados de Bancos, Cajas de Ahorros e Instituciones Financieras, de libretas de ahorro, cuentas corrientes e imposiciones a plazo, así como de los depósitos de títulos de renta fija o variable que coticen en Bolsa.

Cuando entre los bienes y derechos objeto de transmisión figuren acciones que no coticen en Bolsa, se adjuntará fotocopia del último Balance aprobado con anterioridad a la fecha de fallecimiento, a efectos del Impuesto sobre Sucesiones, y certificado del número de acciones o participaciones en que se divide el capital social.

Justificación documental de los demás bienes y derechos objeto de transmisión.

Justificación documental de las cargas, deudas y gastos de última enfermedad, entierro y funeral cuya deducción se solicite.

Certificado acreditativo de la fecha de adquisición y números de títulos e importe, así como las condiciones de las emisiones de cualquier tipo de endeudamiento emitido por la Comunidad Autónoma del País Vasco, Diputaciones Forales y Entidades Locales territoriales de los tres Territorios históricos.

Acreditación de la residencia del causante en el País Vasco durante el período de los cinco años anteriores al fallecimiento.

Acreditación de la convivencia del sujeto pasivo con el causante durante los dos años anteriores al fallecimiento de éste, expedida por el Ayuntamiento correspondiente.

Documento acreditativo del grado de parentesco con el causante.

En el supuesto de que se presente autoliquidación relativa a pólizas de seguros de vida para el caso de fallecimiento, los sujetos pasivos del Impuesto deberán presentar la siguiente documentación:

[1000] Vid. artículo 36 del Decreto Foral 74/2006, de 29 de noviembre por el que se aprueba el Reglamento del Impuesto sobre Sucesiones y Donaciones, en su redacción dada por el artículo único. Catorce del Decreto Foral 63/2009, de 22 de septiembre.

Certificado de defunción expedido por el Registro Civil.

Certificado de la Compañía de Seguros en el que se especifique el importe a percibir y la identificación de los beneficiarios.

Fotocopia del Número de Identificación Fiscal de los beneficiarios y del causante.

Acreditación de la residencia del causante en el País Vasco durante el período de los cinco años anteriores al fallecimiento.

Documento acreditativo del grado de parentesco con el asegurado.

Para el caso en el que la póliza del seguro no hiciese mención expresa y determinada de los beneficiarios por remitirse a los herederos legales, será necesaria la presentación de la copia autorizada de las disposiciones testamentarias del causante, si las hubiere, junto con el Certificado del Registro de Actos de Última Voluntad. En caso de que no hubiera testamento, se podrá sustituir por testimonio del correspondiente auto judicial o acta notarial de declaración de herederos.

En el supuesto de donaciones y demás adquisiciones lucrativas "inter vivos", los sujetos pasivos del impuesto deberán presentar la siguiente documentación junto con la autoliquidación:

Fotocopia del Número de Identificación fiscal del donante y de los donatarios.

En el caso de que se trasmitan bienes inmuebles, fotocopia del último recibo del Impuesto sobre Bienes Inmuebles.

Cuando entre los bienes y derechos objeto de transmisión figuren acciones que no coticen en Bolsa, fotocopia del último Balance aprobado con anterioridad a la fecha de la donación, a efectos del Impuesto sobre Sucesiones y Donaciones, y certificado del número de acciones o participaciones en que se divide el capital social.

Certificado acreditativo de la fecha de adquisición y números de títulos e importe, así como las condiciones de las emisiones de cualquier tipo de endeudamiento emitido por la Comunidad Autónoma del País Vasco, Diputaciones Forales y Entidades Locales territoriales de los tres Territorios históricos.

Cuando se trate de transmisiones lucrativas de dinero, deberá adjuntarse copia del comprobante bancario de la transferencia de esa cantidad de dinero, o en su defecto, copia del talón bancario por el que se realice la transmisión.

Acreditación de la residencia del donatario en el País Vasco durante el período de los cinco años anteriores al devengo del Impuesto, cuando se trate de adquisiciones de bienes o derechos distintos de los bienes inmuebles.

Acreditación de la convivencia del sujeto pasivo con el donante durante los dos años anteriores a la donación, expedido por el Ayuntamiento correspondiente.

Documento acreditativo del grado de parentesco con el donante.

En los supuestos en que el obligado tributario considere que cumple los requisitos para gozar de una exención, reducción o bonificación por este

Impuesto deberá acompañar a la autoliquidación los documentos justificativos del cumplimiento de los requisitos establecidos para su disfrute.

No será necesario aportar los documentos referidos cuando la Diputación Foral tenga en su poder la información correspondiente.

10. Pago[1001]

Para satisfacer el impuesto por las autoliquidaciones presentadas por transmisiones hereditarias, a solicitud de los interesados, la Oficina Liquidadora del impuesto podrá autorizar a las entidades financieras a enajenar, en la cuantía necesaria, valores mobiliarios y productos financieros en ellas depositados a nombre del causante, para que con el producto obtenido o, en su caso, con el del saldo existente en sus cuentas, ingresar a favor de la Diputación Foral el importe de las citadas autoliquidaciones.

La solicitud a que se refiere el apartado anterior deberá presentarse junto con las autoliquidaciones. Recibida la solicitud, se resolverá respecto de la misma, en el plazo de 5 días, suspendiéndose el plazo de ingreso voluntario, en el caso de enajenación de valores mobiliarios, no excediendo la suspensión, en ningún caso, de 3 meses.

11. Aplazamiento y fraccionamiento del pago

La Administración tributaria, puede acordar el aplazamiento de pago de las cuotas liquidadas por herencia o legado en nuda propiedad hasta la consolidación del dominio, siempre que concurran los siguientes requisitos[1002]:

— Que se cumplan las obligaciones formales y se solicite dentro del plazo de pago.
— Que el interesado declare carecer de bienes bastantes para satisfacer el pago.
— Que sea posible garantizar el pago mediante hipoteca legal, especial sobre otros bienes, o fianza bancaria de carácter solidario.

Se establecen los siguientes supuestos especiales de aplazamiento:

— Liquidaciones giradas como consecuencia de la transmisión por herencia, legado o donación de una empresa individual[1003] que ejerza una actividad industrial, comercial, artesanal, agrícola o profesional o de participaciones en entidades a las que sea de aplicación la exención regulada en el artículo 4. 10. 2 de la Norma Foral 19/2011, de 22 de diciembre, del Impuesto sobre el Patrimonio[1004].

[1001] Vid. artículo 46 del Decreto Foral 74/2006, de 29 de noviembre, en su redacción dada por el *Decreto Foral 63/2009, de 22 de septiembre.*

[1002] Vid. artículo 87 del Decreto Foral 48/1994, de 10 de mayo, por el que se aprueba el Reglamento General de Recaudación.

[1003] Vid. artículo 87 bis, del Decreto Foral 48/1994, de 10 de mayo, por el que se aprueba el Reglamento General de Recaudación.

[1004] El artículo 4. Diez. 2, de la Ley del Patrimonio de Álava, dice: [...] Estarán exentos de este impuesto "2. La plena propiedad, la nuda propiedad y el derecho de usufructo vitalicio sobre las

— Liquidaciones giradas como consecuencia de la transmisión hereditaria de la vivienda habitual de una persona, siempre que el causahabiente sea pariente colateral mayor de 65 años, que hubiese convivido con el causante durante los dos años anteriores al fallecimiento.

Además, la normativa estatal regula este mismo supuesto de aplazamiento para los casos en que el causahabiente sea cónyuge, ascendiente o descendiente.

Cantidades percibidas a través de contratos de seguro sobre la vida en los que el causante sea a su vez el contratante o el asegurado en el seguro colectivo y cuyo importe se perciba en forma de renta.

12. Infracciones y sanciones[1005]

Las infracciones tributarias del Impuesto regulado en la presente Norma Foral serán sancionadas con arreglo a lo dispuesto en la Norma Foral General Tributaria de Álava[1006].

---

participaciones en entidades, con o sin cotización en mercados organizados, siempre que concurran las siguientes condiciones: a) Que la entidad no tenga por actividad principal la gestión de un patrimonio mobiliario o inmobiliario. Se entenderá que una entidad no gestiona un patrimonio mobiliario o inmobiliario y que, por lo tanto, realiza una actividad empresarial cuando, por aplicación de lo establecido en el artículo 66 de la Norma Foral 24/1996, de 5 de julio, del Impuesto sobre Sociedades, dicha entidad no reúna las condiciones para considerar que más de la mitad de su activo está constituido por valores o no esté afecto a actividades económicas. b) Que, cuando la entidad revista forma societaria, no concurran los supuestos establecidos en el artículo 66 de la Norma Foral 24/1996, de 5 de julio, del Impuesto sobre Sociedades. c) Que la participación del sujeto pasivo en el capital de la entidad sea al menos del 5 por ciento, computado de forma individual, o del 20 por ciento conjuntamente con su cónyuge, pareja de hecho, cuando se trate de parejas de hecho constituidas conforme a lo dispuesto en la Ley del Parlamento Vasco 2/2003, de 7 de mayo, ascendientes, descendientes o colaterales de segundo grado, ya tenga su origen el parentesco en la consanguinidad, en la afinidad, en la que resulte de la constitución de la pareja de hecho por aplicación de la Ley del Parlamento Vasco 2/2003, de 7 de mayo, o en la adopción. d) Que el sujeto pasivo ejerza efectivamente funciones de dirección en la entidad, percibiendo por ello una remuneración que represente más del 50 por ciento de la totalidad de los rendimientos de actividades económicas y del trabajo personal. A efectos del cálculo anterior, no se computarán entre los rendimientos de actividades económicas y del trabajo personal los rendimientos de la actividad empresarial a que se refiere el número 1 de este apartado. Cuando la participación en la entidad sea conjunta con alguna o algunas personas a las que se refiere la letra anterior, las funciones de dirección y las remuneraciones derivadas de la misma deberán de cumplirse al menos en una de las personas del grupo de parentesco, sin perjuicio de que todas ellas tengan derecho a la exención. La exención sólo alcanzará al valor de las participaciones, determinado conforme a las reglas que se establecen en el apartado Uno del artículo 16 de esta Norma Foral, en la parte que corresponda a la proporción existente entre el valor de los activos necesarios para el ejercicio de la actividad empresarial o profesional, minorado en el importe de las deudas derivadas de la misma, y el valor del patrimonio neto de la entidad".

[1005] Vid. artículo 46 de la Norma Foral 11/2005, de 16 de mayo del Impuesto sobre Sucesiones y Donaciones.

[1006] Vid., principalmente, artículos 195 a 211, de la Norma Foral 6/2005, de 28 de febrero, General Tributaria de Álava.

2. Vizcaya

Su regulación básica está recogida en el Decreto Foral normativo 3/1993, de 22 de junio, por el que se aprueba el Texto Refundido de la Norma Foral 2/1989, de 15 de febrero, del Impuesto de Sucesiones y Donaciones y en el Decreto Foral 107/2001, de 5 de junio, por el que se aprueba el Reglamento del Impuesto sobre Sucesiones y Donaciones.

a) Peculiaridades del Derecho Civil Foral

En Vizcaya, existen determinadas peculiaridades en la normativa civil que inciden en la liquidación del impuesto.

El Derecho Civil Foral de Vizcaya, que es aplicable a los residentes en el Infanzonado o Tierra Llana, comprende toda la provincia, con la excepción de la parte no aforada de las Villas de Balmaseda, Bermeo, Durango, Ermua, Gernika-Lumo, Lanestosa, Lekeitio, Markina-Xemein, Ondarroa, Otxandio, Portugalete y Plentzia, la ciudad de Orduña y el actual término municipal de Bilbao. La parte no aforada se refiere al núcleo urbano de las mencionadas Villas y al suelo contiguo a dicho núcleo que esté calificado como urbano[1007].

a´) Troncalidad

En virtud de la troncalidad, el titular de los bienes raíces solamente puede disponer de los mismos respetando los derechos de los parientes tronqueros.

Se consideran parientes tronqueros: los hijos y demás descendientes, en línea descendente, los ascendientes de la línea de donde proceda el bien raíz, en línea ascendente, el padre o madre supervivientes, respecto de los bienes comprados o ganados constante el matrimonio y heredados del cónyuge premuerto por sus hijos comunes, los parientes que lo sean por la línea paterna o materna de donde proceda la raíz troncal hasta el cuarto grado civil inclusive, en la colateral[1008].

Tienen la consideración de bienes troncales: en la línea descendiente, todos los bienes raíces sitos en el Infanzonado; en las líneas ascendente y colateral, todos los bienes raíces sitos en el Infanzonado, que hayan pertenecido al tronco común del sucesor (o adquirente) y del causante (o transmitente) de la sucesión (o donación)[1009].

b´) Poder testatorio y testamento por comisario

Permite al testador encomendar a uno o varios comisarios la designación de sucesor, la distribución de los bienes y cuantas facultades le correspondan en orden a la transmisión sucesoria de los mismos[1010].

[1007] Vid. artículo 6 de la Ley 3/1992 de 1 julio del Derecho Civil Foral vasco.

[1008] Vid. artículo 20 de la Ley 3/1992 de 1 julio del Derecho Civil Foral vasco.

[1009] Vid. artículo 22 de la Ley 3/1992 de 1 julio del Derecho Civil Foral vasco.

[1010] Vid. artículo 32 de la Ley 3/1992 de 1 julio del Derecho Civil Foral vasco.

El nombramiento de comisario habrá de hacerse en testamento ante Notario. Los cónyuges, antes o después del matrimonio, podrán además nombrarse recíprocamente comisario en la escritura de capitulaciones o pacto sucesorio. A esta designación entre cónyuges se le denomina "alkar poderoso"[1011].

El comitente podrá señalar plazo para el ejercicio del poder testatorio. Si el comisario fuese el cónyuge, el poder podrá serle conferido por plazo indefinido o por los años que viviere.

A falta de señalamiento de plazo, éste será de un año desde la muerte del testador, o desde la declaración judicial de su fallecimiento, si todos los presuntos sucesores fuesen mayores de edad. En otro caso desde que alcanzaren la mayoría de edad todos ellos, sin que sea suficiente, a estos efectos, la emancipación[1012].

c´) Régimen económico del matrimonio de comunicación foral

El régimen económico del matrimonio será el que libremente pacten los cónyuges en escritura pública, antes o después de su celebración, y podrá ser modificado mediante el otorgamiento de capitulaciones matrimoniales[1013].

A falta de pacto, se entenderán sujetos a comunicación foral los matrimonios en que ambos contrayentes sean vizcaínos aforados o, a falta de vecindad común, si fijan la residencia habitual común inmediatamente posterior a su celebración en la Tierra Llana, y, a falta de dicha residencia común, si en ella ha tenido lugar la celebración del matrimonio[1014].

En virtud de la comunicación foral se harán comunes por mitad entre marido y mujer, todos los bienes pertenecientes a ambos por cualquier título, tanto los aportados como los adquiridos en constante matrimonio, y sea cual fuese el lugar en que los mismos radiquen[1015].

La comunicación foral, que nace con el matrimonio, se consolida en el momento de la disolución del matrimonio, por fallecimiento de uno de los cónyuges con hijos o descendientes comunes[1016].

b) Hecho imponible

Constituye el hecho imponible:

La adquisición de bienes y derechos por herencia, legado o cualquier otro título sucesorio.

La adquisición de bienes y derechos por donación o por cualquier otro negocio jurídico a título gratuito e "inter vivos".

La percepción de cantidades por los beneficiarios de contratos de seguro sobre la vida, cuando el contratante sea persona distinta del beneficiario,

---

[1011] Vid. artículo 33 de la Ley 3/1992 de 1 julio del Derecho Civil Foral vasco.
[1012] Vid. artículo 44 de la Ley 3/1992 de 1 julio del Derecho Civil Foral vasco.
[1013] Vid. artículo 93 de la Ley 3/1992 de 1 julio del Derecho Civil Foral vasco.
[1014] Vid. artículo 94 de la Ley 3/1992 de 1 julio del Derecho Civil Foral vasco.
[1015] Vid. artículo 95 de la Ley 3/1992 de 1 julio del Derecho Civil Foral vasco.
[1016] Vid. artículo 96 de la Ley 3/1992 de 1 julio del Derecho Civil Foral vasco.

salvo en los supuestos expresamente regulados en el apartado a) del artículo 18 de la Norma Foral del Impuesto sobre la Renta de las Personas Físicas, de conformidad con lo establecido en el artículo 1.Uno, c) de la Norma Foral 10/2013, de 5 de diciembre, de modificación del Texto Refundido de la Norma Foral 2/1989, de 15 de febrero, del Impuesto sobre Sucesiones y Donaciones y de la Norma Foral 1/2001, de 24 de marzo, del Impuesto sobre Transmisiones Patrimoniales y Actos Jurídicos Documentados.

Las adquisiciones a que se alude se entenderán realizadas el día del fallecimiento del causante, por lo que para exigir el Impuesto bastará con que esté probado el hecho originario de la transmisión, aunque no se hayan formalizado ni presentado a liquidación los documentos, inventarios o particiones.

Lo dispuesto anteriormente no resultará de aplicación a las adquisiciones hereditarias que sean consecuencia de pactos sucesorios con eficacia de presente o de los actos que resulten de la utilización del poder testatorio por el comisario, cualquiera que sea la forma que adopten estos últimos.

A efectos del impuesto, se consideran títulos sucesorios además de la herencia y el legado, los siguientes:

La donación "mortis causa".

Los contratos o pactos sucesorios, independientemente del momento en que opere su eficacia.

La designación de sucesor en capitulaciones matrimoniales.

Los actos que resulten de la utilización del poder testatorio por el comisario, cualquiera que sea la forma que adopten.

Los que atribuyan el derecho a la percepción de las cantidades que, cualquiera que sea su modalidad o denominación, las empresas y entidades en general entreguen a los familiares de miembros o empleados fallecidos, siempre que no esté dispuesto expresamente que estas percepciones deban tributar por la letra c) del apartado 1 del artículo 9 del Reglamento del Impuesto o en el Impuesto sobre la Renta de las Personas Físicas.

Los que atribuyan el derecho a la percepción de las cantidades asignadas por los testadores a los albaceas por la realización de sus trabajos como tales, en cuanto excedan del 10 por 100 del valor comprobado del caudal hereditario.

La liquidación de los incrementos de patrimonio que se deriven de las adquisiciones lucrativas por cualquiera de los títulos sucesorios a las que se ha hecho referencia anteriormente se realizará, a todos los efectos tributarios, aplicando las normas establecidas para las adquisiciones "mortis causa" o por herencia, legado o cualquier otro título sucesor[1017]

a´) No sujeción

Respecto a la no sujeción del impuesto se establece que no lo estarán:

[1017] Vid. artículo 3. 1 y 2 del Decreto Foral Normativo 3/1993, de 22 de junio, por el que se aprueba el Texto Refundido de la Norma Foral 2/1989, de 15 de febrero, del Impuesto sobre Sucesiones y Donaciones y artículos 9 y 10 del Decreto Foral 107/2001, de 5 de junio, por el que se aprueba el Reglamento del Impuesto sobre Sucesiones y Donaciones.

Las prestaciones de Planes de Pensiones acogidos al Real Decreto Legislativo 1/2002, de 29 de noviembre, por el que se aprueba el Texto Refundido de la Ley de Regulación de Planes y Fondos de Pensiones

Las cantidades que se perciban por los beneficiarios de Entidades de Previsión Social Voluntaria, acogidas a la Norma Foral 6/1988, de 30 de julio, sobre régimen fiscal de Entidades de Previsión Social Voluntaria.

Las prestaciones recibidas por los beneficiarios de Planes de Previsión Asegurados y de los Planes de Previsión Social Empresarial a que se refiere la Norma Foral del Impuesto sobre la Renta de las Personas Físicas, según modificación del Texto Refundido del Impuesto sobre Sucesiones y Donaciones por el artículo 1, dos, de la Norma Foral 10/2013, de 5 de diciembre.

Las prestaciones percibidas por los beneficiarios de los planes de pensiones regulados en la Directiva 2003/41/CE del Parlamento Europeo y del Consejo, de 3 de junio de 2003, relativa a las actividades y la supervisión de fondos de pensiones de empleo.

Las adjudicaciones que se hagan a favor del cónyuge viudo o pareja de hecho, constituida conforme a lo dispuesto en la Ley 2/2003, de 7 de mayo, al disolverse la Comunidad Foral Vizcaína, en pago de la mitad de los bienes comunicados[1018].

b´) Exenciones

En relación con las exenciones, se han establecido las siguientes:

Las adquisiciones hereditarias subsiguientes al fallecimiento del cónyuge o pareja de hecho, cuando se trate de parejas de hecho constituidas conforme a lo dispuesto en la Ley 2/2003, de 7 de mayo, de un ascendiente, descendiente en línea directa por consanguinidad, o de un adoptante o adoptado del sujeto pasivo.

Las cantidades percibidas de las Compañías aseguradoras en los seguros sobre la vida para el caso de muerte, siempre que el parentesco entre el contratante o tomador del seguro y el beneficiario, sea el de cónyuge o pareja de hecho, cuando se trate de parejas de hecho constituidas conforme a lo dispuesto en la Ley 2/2003, de 7 de mayo, ascendiente o descendiente en línea directa por consanguinidad, o adoptante o adoptado.

No obstante en los seguros colectivos o contratados por las empresas a favor de sus empleados, se estará a la relación entre el asegurado y el beneficiario[1019].

Las transmisiones a título lucrativo del pleno dominio o del usufructo vitalicio de la casería y sus pertenecidos que se verifiquen a favor de parientes

[1018] Vid. artículo 3. 3 y 4 del Decreto Foral Normativo 3/1993, de 22 de junio, por el que se aprueba el Texto Refundido de la Norma Foral 2/1989, de 15 de febrero, del Impuesto sobre Sucesiones y Donaciones.

[1019] Vid. artículo 5 del Decreto Foral Normativo 3/1993, de 22 de junio, por el que se aprueba el Texto Refundido de la Norma Foral 2/1989, de 15 de febrero, del Impuesto sobre Sucesiones y Donaciones y artículo 17 del Decreto Foral 107/2001, de 5 de junio, por el que se aprueba el Reglamento del Impuesto sobre Sucesiones y Donaciones.

tranqueros, siempre que la finca estuviese destinada a su explotación agrícola, forestal o ganadera y que el transmitente la lleva a cabo de manera personal.

La exención estará condicionada a que, durante el plazo mínimo de seis años, el adquirente se ocupe de manera personal de la explotación de la casería y sus pertenecidos[1020].

Las cantidades percibidas por razón de contratos de seguros sobre la vida cuando se concierten para actuar de cobertura de una operación principal de carácter civil o mercantil[1021].

La adquisición lucrativa, "inter vivos" o "mortis causa" de terrenos, que se realice para completar bajo una sola linde la superficie suficiente para constituir una explotación prioritaria, siempre que en el documento público de adquisición se haga constar la indivisibilidad de la finca resultante durante el plazo de cinco años salvo supuestos de fuerza mayor[1022].

La transmisión lucrativa, "inter vivos" o "mortis causa", del pleno dominio o del usufructo vitalicio de una explotación agraria o de parte de la misma o de una finca rústica, en favor de un agricultor joven o un asalariado agrario, que reúna las características y requisitos contemplados en la Ley 19/1995, de 5 de julio de Modernización de las Explotaciones Agrarias, para su primera instalación en una explotación prioritaria, siempre que se haga constar en la escritura pública de adquisición, y en el Registro de la Propiedad, en su caso, que si las fincas adquiridas fuesen enajenadas, arrendadas o cedidas durante el plazo de los cinco años siguientes, deberá justificarse previamente el pago del impuesto, o de la parte del mismo, que se hubiese dejado de ingresar como consecuencia de la presente exención y los intereses de demora, excepción hecha de los supuestos de fuerza mayor[1023].

Con efectos exclusivamente desde el día 1 de abril de 2012 y hasta el 31 de diciembre de 2013, pasan a tributar a un tipo único del 1,5% las adquisiciones a título gratuito e "inter vivos" cuando el transmitente sea el cónyuge o la pareja de hecho, cuando se trate de parejas de hecho constituidas con-

---

[1020] Vid. artículo 5. 4 del Decreto Foral Normativo 3/1993, de 22 de junio, por el que se aprueba el Texto Refundido de la Norma Foral 2/1989, de 15 de febrero, del Impuesto sobre Sucesiones y Donaciones y artículo 19 del Decreto Foral 107/2001, de 5 de junio, por el que se aprueba el Reglamento del Impuesto sobre Sucesiones y Donaciones.

[1021] Vid. artículo 5. 5 del Decreto Foral Normativo 3/1993, de 22 de junio, por el que se aprueba el Texto Refundido de la Norma Foral 2/1989, de 15 de febrero, del Impuesto sobre Sucesiones y Donaciones y artículo 20. 1 del Decreto Foral 107/2001, de 5 de junio, por el que se aprueba el Reglamento del Impuesto sobre Sucesiones y Donaciones.

[1022] Vid. artículo 5. 6 del Decreto Foral Normativo 3/1993, de 22 de junio, por el que se aprueba el Texto Refundido de la Norma Foral 2/1989, de 15 de febrero, del Impuesto sobre Sucesiones y Donaciones y artículo 18. 1 del Decreto Foral 107/2001, de 5 de junio, por el que se aprueba el Reglamento del Impuesto sobre Sucesiones y Donaciones.

[1023] Vid. artículo 5. 7 del Decreto Foral Normativo 3/1993, de 22 de junio por el que se aprueba el Texto Refundido de la Norma Foral 2/1989, de 15 de febrero, del Impuesto sobre Sucesiones y Donaciones, y artículo 18. 2 del Decreto Foral 107/2001, de 5 de junio, por el que se aprueba el Reglamento del Impuesto sobre Sucesiones y Donaciones.

forme a lo dispuesto en la Ley 2/2003, de 7 de mayo, un ascendiente o descendiente en línea recta por consanguinidad, o un adoptante o adoptado del adquirente[1024].

Con efectos del 1 de enero de 2014, se modifica el artículo 5 de la Norma Foral 2/1989, de 15 de febrero, reguladora del Texto Refundido del Impuesto sobre Sucesiones y Donaciones, en el sentido de reducir las exenciones a las transmisiones a título lucrativo del pleno dominio o del usufructo vitalicio de la casería y sus pertenecidos, a las cantidades percibidas por razón de contratos de seguros sobre la vida cuando se concierten para actuar de cobertura de una operación principal de carácter civil o mercantil, la adquisición lucrativa, "inter vivos" o "mortis causa" de terrenos, que se realice para completar bajo una sola linde la superficie suficiente para constituir una explotación prioritaria y la transmisión lucrativa, "inter vivos" o "mortis causa", del pleno dominio o del usufructo vitalicio de una explotación agraria o de parte de la misma o de una finca rústica, en favor de un agricultor joven o un asalariado agrario, con las mismas condiciones en que ya estaban reguladas, pasando a tributar los demás conceptos recogidos en dicho precepto con anterioridad a su modificación al tipo proporcional del 1,5% con un mínimo exento de 400.000 euros por cada sucesor, modificado, a su vez, por el artículo 1, cuatro de la Norma Foral 10/2013, de 5 de diciembre.

Las aportaciones a que se refiere el artículo 74 de la Norma foral 6/2006 de 29 de diciembre del Impuesto sobre la Renta de las Personas Físicas realizadas a las Entidades de Previsión Social Vasca, planes de pensiones y a mutualidades de previsión social, así como las adquisiciones de bienes y derechos que correspondan a las aportaciones al patrimonio protegido de las persona con discapacidad del artículo 87 de la citada Norma Foral 6/2006 de 29 de diciembre del Impuesto sobre la Renta de las Personas Físicas, siempre que no estén exentas por razón de parentesco[1025].

Con efectos desde el día 1 de abril de 2012 y hasta el 31 de diciembre de 2013 se establece[1026] en relación con las presunciones que se presumirá, al igual que en territorio común, la existencia de una transmisión lucrativa cuando de los Registros Fiscales o de los datos que obren en la Administración resulte la disminución del patrimonio de una persona y simultáneamente o con posterioridad, pero siempre dentro del plazo de prescripción, el incremento patrimonial correspondiente en el cónyuge, miembro de la pareja de hecho, ascendientes, descendientes, adoptantes y adoptados.

[1024] Vid. artículo 21. 2 de la Norma Foral 3/1993, de 22 de junio, por el que se aprueba el Texto Refundido de la Norma Foral 2/1989, de 15 de febrero del Impuesto sobre Sucesiones y Donaciones y artículo 63. 2 del Decreto Foral 107/2001, de 5 de junio, por el que se aprueba el Reglamento del Impuesto sobre Sucesiones y Donaciones.

[1025] Vid. artículo 20. 2 del Decreto Foral 107/2001, de 5 de junio, por el que se aprueba el Reglamento del Impuesto sobre Sucesiones y Donaciones.

[1026] Vid. artículo 14 del Reglamento del Impuesto sobre Sucesiones y Donaciones aprobado por el Decreto Foral 107/2001, de 5 de junio, en su redacción dada por el artículo 3 del Decreto Foral 94/2012, de 15 de mayo, por el que se modifican diversos reglamentos tributarios.

Con los mismos efectos, al igual que en territorio común, se establece que en las adquisiciones a título oneroso realizadas por los ascendientes como representantes de los descendientes menores de edad, se presumirá la existencia de una transmisión lucrativa a favor de éstos por el valor de los bienes o derechos transmitidos, a menos que se pruebe la previa existencia de bienes o medios suficientes del menor para realizarla y su aplicación a este fin[1027].

Por otra parte, en Vizcaya existe una presunción de inexistencia de donación que no se contempla en la legislación estatal:

Se establece que a efectos tributarios, las donaciones entre cónyuges, miembros de la pareja de hecho constituida conforme a lo dispuesto en la Ley 2/2003, de 7 de mayo, ascendientes y descendientes o adoptantes y adoptados, se tendrán por no hechas si no puede acreditarse que el incremento de patrimonio del donatario es simultáneo a una disminución patrimonial equivalente del donante[1028].

Las adquisiciones de bienes y derechos por herencia, legado o cualquier otro título sucesorio, se entenderán realizadas el día del fallecimiento del causante, por lo que para exigir el impuesto bastará con que esté probado el hecho originario de la transmisión, aunque no se hayan formalizado a liquidación los documentos, inventarios o particiones.

Lo dispuesto en el párrafo anterior no será de aplicación a las adquisiciones hereditarias que sean consecuencia de pactos sucesorios con eficacia de presente o con los actos que resulten de la autorización del poder testatario del comisario, en los que el impuesto se devengará en vida del instituyente, cuando tenga lugar la transmisión[1029].

c) Elementos subjetivos

Están obligados al pago del impuesto a título de contribuyentes:

— En las adquisiciones "mortis causa", los causahabientes.
— En las donaciones y demás transmisiones lucrativas "inter vivos", el donatario o el favorecido por ellas.
— En los seguros sobre la vida, los beneficiarios.

A estos efectos tienen tal consideración: el beneficiario del seguro de vida para caso sobrevivencia del asegurado; el beneficiario de seguro individual en el caso de fallecimiento del asegurado que sea persona distinta del con-

[1027] Vid. artículo 4. 1 y 2, del Decreto Foral Normativo 3/1993, de 22 de junio por el que se aprueba el Texto Refundido de la Norma Foral 2/1989, de 15 de febrero del Impuesto sobre Sucesiones y Donaciones, y artículo 14. 1 y 2 del Decreto Foral 107/2001, de 5 de junio, por el que se aprueba el Reglamento del Impuesto sobre Sucesiones y Donaciones.

[1028] Vid. artículo 4. 3 del Decreto Foral Normativo 3/1993, de 22 de junio por el que se aprueba el Texto Refundido de la Norma Foral 2/1989, de 15 de febrero del Impuesto sobre Sucesiones y Donaciones y artículo 14. 3 del Decreto Foral 107/2001, de 5 de junio, por el que se aprueba el Reglamento del Impuesto sobre Sucesiones y Donaciones.

[1029] Vid. artículo 9. 2 del Decreto Foral 107/2001, de 25 de junio por el que se aprueba el Reglamento del Impuesto sobre Sucesiones y Donaciones.

tratante; en los casos de seguro sobre la vida para caso de muerte del asegurado y en los seguros de accidentes, el beneficiario[1030].

Se prevé de manera expresa que en caso de contribuyentes que sean sociedades civiles, herencias yacentes, comunidades de bienes y demás entidades que, aún careciendo de personalidad jurídica, constituyan un patrimonio separado susceptible de imposición, los bienes y derechos adquiridos a título lucrativo se atribuirán a sus socios, herederos, comuneros y partícipes según las normas o pactos aplicables en cada caso y si éstos no constaran a la Administración, ésta tiene la facultad de atribuirlos por partes iguales a los mismos[1031].

Se establece, también, que serán responsables subsidiarios:

Serán subsidiariamente responsables del pago del impuesto, en la parte de la cuota que corresponda al bien entregado, salvo que resultaren de aplicación las normas sobre responsabilidad solidaria contenidas en la Norma Foral General Tributaria: los intermediarios financieros y demás entidades, sociedades o personas que en las transmisiones "mortis causa" de depósitos, garantías o cuentas corrientes, hubieren entregado el metálico o valores depositados o devuelto las garantías constituidas.

A estos efectos no se considerará entrega de metálico o de valores depositados, ni devolución de garantías, el libramiento de cheques bancarios con cargo a los depósitos, garantías o al resultado de la venta de los valores que sea necesario, que tenga como exclusivo fin el pago del propio Impuesto sobre Sucesiones y Donaciones que grave la transmisión "mortis causa", siempre que el cheque sea expedido a nombre de la Administración acreedora del Impuesto.

Las compañías o entidades aseguradoras que entreguen las cantidades estipuladas en las pólizas de seguro sobre la vida.

A estos efectos no se considerará entrega de cantidades de contratos de seguro el pago a cuenta de la prestación que tenga como exclusivo fin el pago del propio Impuesto sobre Sucesiones y Donaciones que grave la percepción de dicha prestación, siempre que se realice mediante la entrega a los beneficiarios de cheque bancario expedido a nombre de la Administración acreedora del Impuesto.

Los mediadores en la transmisión de títulos valores que formen parte de la herencia.

A estos efectos no se considerará que estos mediadores son responsables del tributo cuando se limiten a realizar, por orden de los herederos, la venta de los valores necesarios que tenga como exclusivo fin el pago del propio

---

[1030] Vid. artículo 6 del Decreto Foral Normativo 3/1993, de 22 de junio por el que se aprueba el Texto Refundido de la Norma Foral 2/1989, de 15 de febrero del Impuesto sobre Sucesiones y Donaciones y artículo 21 del Decreto Foral 107/2001, de 5 de junio, por el que se aprueba el Reglamento del Impuesto sobre Sucesiones y Donaciones.

[1031] Vid. artículo 7 del Decreto Foral Normativo 3/1993, de 22 de junio, por el que se aprueba el Texto Refundido de la Norma Foral 2/1989, de 15 de febrero del Impuesto sobre Sucesiones y Donaciones y 22 del Decreto Foral 107/2001, de 5 de junio, por el que se aprueba el Reglamento del Impuesto sobre Sucesiones y Donaciones.

Impuesto sobre Sucesiones y Donaciones que grave la transmisión "mortis causa", siempre que contra el precio obtenido en dicha venta se realice la entrega a los beneficiarios de cheque bancario expedido a nombre de la Administración acreedora del Impuesto.

Será también responsable subsidiario el funcionario que autorizase el cambio de sujeto pasivo, de cualquier tributo o exacción estatal, autonómica o local, cuando tal cambio suponga directa o indirectamente, una adquisición gravada por el presente impuesto y no hubiere exigido previamente la justificación del pago del mismo[1032].

d) Base imponible

Constituye la base imponible:

En las transmisiones mortis causa, el valor neto de la adquisición individual de cada causahabiente, entendiéndose como tal el valor real de los bienes y derechos minorado por las cargas y deudas que fueren deducibles.

En las donaciones y demás transmisiones lucrativas inter vivos equiparables, el valor neto de los bienes y derechos adquiridos, entendiéndose como tal el valor real de los bienes y derechos minorado por las cargas y deudas que fueren deducibles.

En los seguros sobre la vida, las cantidades percibidas por el beneficiario[1033].

A la hora de determinar la base imponible es necesario resaltar las peculiaridades que afectan a : la fijación del valor real de bienes y derechos, los seguros de vida, el ajuar doméstico, adición de bienes, deducción de deudas, donación de bienes comunes de la sociedad conyugal, seguros contratados por un cónyuge con cargo a la sociedad conyugal, la comprobación valores.

1. Fijación del valor real de bienes y derechos

Lo mismo que en el territorio común, constituye la base imponible el valor real de los bienes y derechos transmitidos minorado por las cargas, gravámenes, deudas y gastos deducibles.

El Reglamento del impuesto desarrolla una serie de normas especiales de valoración en relación a determinados bienes y derechos, a saber:

Usufructo temporal: su valor se reputará proporcional al valor total de los bienes, en razón del 2% por cada período de un año, sin exceder del 70%.

[1032] Vid. artículo 8 del Decreto Foral Normativo 3/1993, de 22 de junio, por el que se aprueba el Texto Refundido de la Norma Foral 2/1989, de 15 de febrero, del Impuesto sobre Sucesiones y Donaciones y 23 del Decreto Foral 107/2001, de 5 de junio, por el que se aprueba el Reglamento del Impuesto sobre Sucesiones y Donaciones.

[1033] Vid. artículo 9 del Decreto Foral Normativo 3/1993, de 22 de junio, por el que se aprueba el Texto Refundido de la Norma Foral 2/1989, de 15 de febrero, del Impuesto sobre Sucesiones y Donaciones.

Usufructo vitalicio: se estima que el valor es igual al 70% del valor total de los bienes cuando el usufructuario cuente menos de 20 años, minorando, a medida que aumente la edad, en la proporción de 1% menos por cada año más con el límite mínimo del 10% del valor total.

Nuda propiedad: su valor se computa por diferencia entre el valor del usufructo y el valor total de los bienes. En los usufructos vitalicios que, a su vez, sean temporales, la nuda propiedad se valorará aplicando, de las reglas anteriores, aquélla que le atribuya menos valor.

Al adquirir la nuda propiedad se efectuará una liquidación teniendo en cuenta el valor correspondiente a aquélla, minorado, en su caso, por el importe de todas las reducciones a que tenga derecho el nudo propietario por su parentesco con el causante.

En el usufructo constituido a favor de persona jurídica para calcular el valor de la nuda propiedad atribuido a la persona física no debe computarse para el usufructo un valor superior al 60% del total atribuido a los bienes.

En los derechos reales de uso y habitación se tomará como valor el que resulte de aplicar al 75% del valor de los bienes sobre los que fueron impuestos, las reglas correspondientes a la valoración de los usufructos temporales o vitalicios, según los casos[1034].

El usufructo en las herencias bajo "alkar poderoso" o poder testatorio, se regirá por las siguientes reglas:

Si en el "alkar poderoso" o poder testatorio se otorgase en favor de persona determinada el derecho a usufructuar los bienes de la herencia mientras no se haga uso del poder, se practicará una doble liquidación de ese usufructo con arreglo al parentesco del usufructuario con el causante: una provisional, con devengo al abrirse la sucesión, por las normas del usufructo vitalicio, y otra, con carácter definitivo, al hacerse uso de "alkar poderoso" o poder testatorio, con arreglo a las normas del usufructo temporal, por el tiempo transcurrido desde la muerte del causante, y se tendrá en cuenta como ingreso a cuenta lo pagado por la provisional, devolviéndose la diferencia al usufructuario si resultase a su favor. Esta liquidación definitiva por usufructo temporal, deberá practicarse al tiempo de realizarse la de los herederos, que resulten serlo por el ejercicio del "alkar poderoso" o poder testatorio, o por las demás causas de extinción del mismo. Si el poder testatorio tuviera un plazo determinado para su ejercicio, la liquidación provisional se practicará según las normas del usufructo temporal por el plazo máximo establecido para ejercitar el poder.

No obstante, en los poderes otorgados al cónyuge viudo antes de la entrada en vigor de la Ley 3/1992, de 1 de julio, de Derecho Civil Foral del País

---

[1034] Vid. artículo 25, a) y b) del Decreto Foral Normativo 3/1993, de 22 de junio, por el que se aprueba el Texto Refundido de la Norma Foral 2/1989, de 15 de febrero, del Impuesto sobre Sucesiones y Donaciones y artículos 67 a 70 del Decreto Foral 107/2001, de 5 de junio, por el que se aprueba el Reglamento del Impuesto sobre Sucesiones y Donaciones.

Vasco, sólo se practicará una liquidación definitiva con arreglo a las normas del usufructo vitalicio[1035].

En el caso de que el comisario, cónyuge viudo o pareja de hecho, cuando se trate de parejas de hecho constituidas conforme a lo dispuesto en la Ley 2/2003, de 7 de mayo, hiciera uso del poder adjudicando un bien concreto de la comunidad postconyugal a favor de un descendiente común del comisario y del causante, sin proceder a la partición y liquidación de la herencia, se liquidará como donación por la mitad correspondiente al cónyuge viudo o a la pareja de hecho y como sucesión por la otra mitad, correspondiente al causante.

En las sucesiones bajo poder testatorio, en las que el causante fallezca siendo vizcaíno no aforado, se deberá proceder a realizar dos liquidaciones: una, inmediata a la muerte del causante, sobre el importe de la herencia no afectado por el poder y, en todo caso, sobre el tercio de legítima estricta; y otra, sobre el importe de la herencia afectado por el poder, una vez se ejercite el mismo con carácter irrevocable o se produzca alguna de las demás causas de extinción de éste.

En todos los casos de utilización del poder testatorio se procederá a acumular todas las adquisiciones que concurran en un mismo sucesor a efectos de la liquidación del impuesto y de la aplicación de las reducciones en la base imponible previstas en esta Norma Foral. Además, las cuotas satisfechas con anterioridad por las liquidaciones acumuladas serán deducibles de la liquidación que se practique como consecuencia de la acumulación[1036].

Las hipotecas, prendas y anticresis se valoran en el importe de la obligación o capital garantizado.

Los derechos reales no incluidos en apartados anteriores (en particular censos, servidumbres reales y derecho de superficie) se imputarán por el capital, precio o valor que las partes hubiesen pactado al constituirlos, si fuere igual o mayor que el que resulte de la capitalización al interés legal del dinero de la renta o pensión anual, o éste si aquél fuere menor.

Las pensiones se capitalizan al interés legal del dinero y tomando del capital resultante aquella parte que, según las reglas establecidas para valorar los usufructos, corresponda a la edad del pensionista, si la pensión es vitalicia, o a la duración de la pensión, si es temporal. Cuando el importe de la pensión no se cuantifique en unidades monetarias, la base imponible se obtendrá capitalizando el importe anual del salario mínimo interprofesional.

En las transmisiones de valores que se negocien en un mercado secundario oficial se estará al valor efectivo que resulte de la cotización de Bolsa del día en que tenga lugar el devengo de este impuesto o, en su defecto, la del

---

[1035] Vid. artículo 26 del Decreto Foral Normativo 3/1993, de 22 de junio, por el que se aprueba el Texto Refundido de la Norma Foral 2/1989, de 15 de febrero del Impuesto sobre Sucesiones y Donaciones.

[1036] Vid. artículo 26 bis del Decreto Foral Normativo 3/1993, de 22 de junio, por el que se aprueba el Texto Refundido de la Norma Foral 2/1989, de 15 de febrero del Impuesto sobre Sucesiones y Donaciones.

primer día inmediato precedente en que se hubiere negociado, dentro del trimestre precedente.

En las transmisiones de participaciones en el capital de entidades cuyos títulos no se negocien en un mercado secundario oficial se tomará como base imponible el valor teórico de las participaciones resultante del último balance aprobado siempre que éste haya sido auditado.

En las transmisiones de cualquier otro valor negociable se tiene en cuenta el valor nominal.

En los préstamos sin otra garantía que la personal del prestatario, en los asegurados con fianza y en los contratos de reconocimiento de deuda y de depósito retribuido se toma el capital de la obligación o valor de la cosa depositada.

En los supuestos de cuentas de crédito se toma el valor que realmente hubiese utilizado el prestatario.

En los préstamos garantizados con prenda, hipoteca y anticresis se toma el importe de la obligación o capital garantizado.

2. Seguros de vida

En la percepción de cantidades procedentes de contratos de seguro sobre la vida para caso de muerte del asegurado, constituirá la base imponible el importe de las cantidades percibidas por el beneficiario.

Las cantidades percibidas por seguros de vida, en los casos en que no proceda su exención total, no se acumulan al valor del resto de bienes y derechos que integran la porción hereditaria del beneficiario, sino que se liquidan separadamente[1037].

3. Ajuar doméstico

No se asigna valor alguno al ajuar doméstico, por lo tanto queda exento de tributación.

4. Adición de bienes

En las adquisiciones "mortis causa", se establece, al igual que la Ley estatal, ciertas presunciones relativas a la adición de bienes en el caudal hereditario, destacando las siguientes peculiaridades:

En relación a la presunción de que forman parte del caudal hereditario los bienes que hubiesen pertenecido al causante hasta un año antes de su fallecimiento, el Reglamento foral, a diferencia de la normativa estatal, establece que la presunción queda desvirtuada si el poseedor de los bienes los adquirió a título lucrativo y la transmisión estuvo exenta.

No tendrá lugar la presunción de que forman parte del caudal hereditario los bienes y derechos que, durante los 3 años anteriores al fallecimiento del causante, hubiesen sido adquiridos por éste a título oneroso

---

[1037] Vid. artículo 27. 3 del Decreto Foral 107/2001, de 5 de junio, por el que se aprueba el Reglamento del Impuesto sobre Sucesiones y Donaciones.

en usufructo y en nuda propiedad por un heredero, legatario, pariente dentro del tercer grado o cónyuge de cualquiera de ellos o del causante, cuando el titular de la nuda propiedad fuere cónyuge, descendiente o ascendiente en línea recta por consanguinidad, adoptante o adoptado del usufructuario.

Se establece también la presunción de que forman parte del caudal hereditario los bienes y derechos que hubieran sido transmitidos por el causante durante los 5 años anteriores a su fallecimiento, reservándose el usufructo de los mismos o de otros del adquirente o cualquier otro derecho vitalicio, salvo cuando se trate de seguros de renta vitalicia contratados con entidades dedicadas legalmente a este género de operaciones. Los valores y efectos depositados y cuyos resguardos se hubiesen endosado, si con anterioridad al fallecimientos del endosante no se hubiesen retirado aquellos o tomado razón del endoso en los libros del depositario, y los valores nominativos que hubieran sido objeto de endoso si la transferencia no se hubiere hecho constar con anterioridad al fallecimiento del causante, según redacción dada por el artículo 1, cinco, de la Norma Foral 10/2013, de 5 de diciembre [1038].

La Norma Foral difiere de lo establecido en la ley estatal, donde desde 1 de enero de 2001 el plazo de cinco 5 años pasa a ser de cuatro[1039].

Se establece , asimismo, que no habrá lugar a las adiciones a que se refiere el apartado 1 anterior, cuando por la transmisión onerosa de los bienes se hubiese satisfecho por el Impuesto sobre Transmisiones Patrimoniales y Actos Jurídicos Documentados una cantidad superior a la que resulte de aplicar a su valor comprobado al tiempo de adquisición el tipo medio efectivo que correspondería en el Impuesto sobre Sucesiones y Donaciones al heredero o legatario afectado por la presunción, si en la liquidación se hubiese incluido dicho valor. El tipo medio efectivo de gravamen se calculará en la forma reglamentariamente establecida.

Si la cantidad ingresada por el Impuesto sobre Transmisiones Patrimoniales y Actos Jurídicos Documentados fuese inferior, habrá lugar a la adición, pero el sujeto pasivo tendrá derecho a que se le deduzca de la liquidación practicada por el Impuesto sobre Sucesiones y Donaciones lo satisfecho por aquél, según el artículo 1, cinco de la Norma Foral 10/2013, de 5 de diciembre.

[1038] Vid. artículo 11. 1, letras a), b) y c) del Decreto Foral Normativo 3/1993, de 22 de junio, por el que se aprueba el Texto Refundido de la Norma Foral 2/1989, de 15 de febrero del Impuesto sobre Sucesiones y Donaciones y artículo 36 del Decreto Foral 107/2001, de 5 de junio, por el que se aprueba el Reglamento del Impuesto sobre Sucesiones y Donaciones, modificado por el artículo 1, cinco, de la Ley Foral 10/2013, de 5 de diciembre.

[1039] Vid. artículo 11. 1, c) de la Ley 29/1987, de 18 de diciembre, del Impuestos estatal sobre Sucesiones y Donaciones, en su redacción dada por el artículo 4.Tres de la Ley 14/2000, de 29 de diciembre, de Medidas Fiscales, Administrativas y del Orden Social.

Se asimila al cónyuge la pareja de hecho constituida conforme a lo dispuesto en la Ley 2/2003, de 7 de mayo, reguladora de las parejas de hecho[1040].

5. Cargas deducibles[1041]

Del valor real de los bienes, únicamente serán deducibles las cargas o gravámenes de naturaleza perpetua, temporal o redimibles que aparezcan directamente establecidos sobre los mismos y disminuyan realmente su capital o valor, como los censos y las pensiones, sin que merezcan tal consideración las cargas que constituyan obligación personal del adquirente ni las que, como las hipotecas y las prendas, no suponen disminución del valor de lo transmitido, sin perjuicio, en su caso, de que las deudas que garanticen puedan ser deducidas si concurren los requisitos establecidos al efecto.

6. Deducción de deudas[1042]

Entre las deudas no deducibles se incluyen aquellas a favor de los miembros de las parejas de hecho de los herederos o legatarios, constituidas conforme a lo dispuesto en la Ley 2/2003, de 7 de mayo, aunque renuncien a la herencia.

El procedimiento no será aplicable cuando hubiesen transcurrido 3 años desde la fecha de expiración del plazo de presentación a liquidación del documento, declaración o declaración-liquidación o cuando se trate de liquidaciones administrativas firmes de carácter definitivo.

Por lo demás, la tramitación se realiza de manera idéntica al Estado.

Lo mismo que en el Estado, cuando después de ingresado el importe del Impuesto el donatario acreditase, fehacientemente, el pago de deudas garantizadas con derecho real que recaiga sobre los mismos bienes o derechos adquiridos, tendrá derecho a la devolución de la porción de Impuesto que corresponda a la deuda pagada por él.

La devolución se realiza por medio de un procedimiento cuya tramitación es igual a la establecida en el territorio común. La diferencia radica en que la acreditación del pago de la deuda debe realizarse dentro del plazo de 3 años contados desde el día en que hubiese finalizado el plazo reglamentario para la presentación del correspondiente documento, declaración o declaración-liquidación.

[1040] Vid., fundamentalmente, artículo 2 de dicha Ley 2/2003, de 7 de mayo, reguladora de las parejas de hecho, de la Comunidad Autónoma del País Vasco.

[1041] Vid. artículo 12 del Decreto Foral Normativo 3/1993, de 22 de junio, por el que se aprueba el Texto Refundido de la Norma Foral 2/1989, de 15 de febrero, del Impuesto sobre Sucesiones y Donaciones y artículo 38 del Decreto Foral 107/2001, de 5 de junio, por el que se aprueba el Reglamento del Impuesto sobre Sucesiones y Donaciones.

[1042] Vid. artículo 13 del Decreto Foral Normativo 3/1993, de 22 de junio, por el que se aprueba el Texto Refundido de la Norma Foral 2/1989, de 15 de febrero, del Impuesto sobre Sucesiones y Donaciones y artículos 39 y 40 del Decreto Foral 107/2001, de 5 de junio, por el que se aprueba el Reglamento del Impuesto sobre Sucesiones y Donaciones.

7. Seguros contratados por un cónyuge con cargo a la sociedad conyugal

En aquellos casos en que cualquiera de los cónyuges hubiese contratado un seguro con cargo a la sociedad de gananciales y el beneficiario fuese el cónyuge sobreviviente, la base imponible estará constituida por la totalidad de la cantidad percibida (en el territorio común únicamente se tiene en consideración la mitad de dicha cantidad).

El mismo precepto resultará de aplicación cuando el régimen económico del matrimonio hubiera sido el de comunicación foral de bienes y el seguro se hubiere contratado con cargo a los bienes ganados o a bienes procedentes del cónyuge fallecido, siempre que en este último caso se hubiera producido la consolidación de la comunicación foral[1043].

Lo previsto en los párrafos anteriores también será aplicable a las parejas de hecho constituidas conforme a lo dispuesto en la Ley foral 2/2003, de 7 de mayo[1044].

8. Comprobación de valores

A partir del 1 de enero de 2010, los interesados deberán consignar en la declaración que están obligados a presentar, el valor real que atribuyen a cada uno de los bienes y derechos obtenidos a título lucrativo.

La Administración podrá comprobar el valor real de esos bienes y derechos obtenidos a título lucrativo. El valor comprobado por la Administración prevalecerá, en su caso, frente al declarado por los interesados aún cuando este último sea superior.

No obstante, cuando los interesados hubieren consignado como valor real de los bienes transmitidos uno igual al resultante de la aplicación de las normas técnicas para la determinación del valor mínimo atribuible reglamentariamente establecidas, no procederá la comprobación por ningún otro medio diferente[1045].

A partir del 9 de mayo de 2012, toda referencia hecha a las Normas Técnicas para determinar el Valor Mínimo atribuible se entenderá hecha a las Normas Técnicas para la valoración a efectos fiscales de los bienes muebles de naturaleza urbana[1046].

La administración tributaria informará, a solicitud del interesado, sobre el valor de bienes inmuebles, en relación con los tributos que graven su ad-

---

[1043] Vid. artículo 46. 1 y 2 del Decreto Foral 107/2001 de 5 junio, por el que se aprueba el Reglamento del Impuesto sobre Sucesiones y Donaciones.

[1044] Vid. artículo 46. 3 del Decreto Foral 107/2001 de 5 junio, por el que se aprueba el Reglamento del Impuesto sobre Sucesiones y Donaciones.

[1045] Vid. artículo 17, números 1 a 4 del Decreto Foral Normativo 3/1993, de 22 de junio, por el que se aprueba el Texto Refundido de la Norma Foral 2/1989, de 15 de febrero, del Impuesto sobre Sucesiones y Donaciones.

[1046] Vid. Disposición Adicional una del Decreto Foral 83/2012 de 24 de abril, por el que se aprueban las Normas Técnicas para la valoración a efectos fiscales de los bienes inmuebles de naturaleza urbana.

quisición y transmisión y cuya base imponible se determine en función del valor de los mismos.

Asimismo, tratándose de bienes respecto de cuyos precios medios de mercado se aprueben periódicamente tablas oficiales por la Administración Tributaria, cuando los interesados hubieren consignado como valor real de los bienes transmitidos el resultante de la aplicación de las mismas, tampoco procederá la comprobación por ningún otro medio diferente.

La comprobación se llevará a cabo por:

Los medios establecidos en el artículo 55. 1 de la Norma Foral 2/2005, de 10 de marzo, General Tributaria de Vizcaya.

Las normas técnicas para la valoración a efectos fiscales de los bienes inmuebles de naturaleza urbana, siempre que resulten aplicables a los bienes de que se trate.

Cuando se trate de bienes respecto de cuyos precios medios de mercado se aprueben periódicamente tablas oficiales por la Administración tributaria, éstas pueden constituir medio de comprobación de valores[1047].

Los interesados podrán solicitar, en todo caso, la práctica de la tasación pericial contradictoria, con objeto de mostrar su disconformidad con el resultado comprobatorio[1048].

Si existiese disconformidad entre los peritos sobre el valor de los bienes y derechos y la tasación del perito de la Administración no fuese inferior o superior en más del 10% a la realizada por el del interesado, prevalecerá la realizada por el perito de la Administración para la determinación de la base imponible. Si la tasación del perito de la Administración excede de los límites indicados se procederá por el órgano competente a designar un perito tercero.

El resultado de la comprobación de valores realizada por la Administración tributaria, se notificará expresamente a los sujetos pasivos, mediante acto administrativo suficientemente motivado e independiente del acto administrativo de liquidación posterior.

En este caso, no se practicará la liquidación del impuesto hasta que no adquiera firmeza la comprobación de valores realizada, devengándose los intereses de demora correspondientes durante ese tiempo.

Cuando los valores comprobados por la Administración puedan tener repercusiones tributarias para los transmitentes, (transmisiones lucrativas "inter vivos"), el acto de comprobación de valores se notificará a éstos por separado para que puedan proceder a su impugnación[1049].

[1047] La Orden Foral 3212/2012, de 26 de diciembre aprueba los precios medios de venta aplicables en la gestión del Impuesto sobre Sucesiones y Donaciones.

[1048] Vid. artículo 17. 5 del Decreto Foral Normativo 3/1993, de 22 de junio, por el que se aprueba el Texto Refundido de la Norma Foral 2/1989, de 15 de febrero, del Impuesto sobre Sucesiones y Donaciones.

[1049] Vid. artículo 48. 2 del Decreto Foral 107/2001, de 5 de junio, por el que se aprueba el Reglamento del Impuesto sobre Sucesiones y Donaciones.

No obstante la Administración podrá notificar a los interesados, conjuntamente y en un solo acto administrativo, la comprobación de valores realizada. En tal caso cuando se impugne el acto administrativo dictado o se solicite la tasación pericial contradictoria para fijar el valor de los bienes y derechos se suspenderá automáticamente, y sin necesidad de prestar garantía, el ingreso de la deuda tributaria resultante de la liquidación[1050].

Los actos administrativos derivados de la comprobación de valores son impugnables en vía económico administrativa[1051].

9. Tasación pericial contradictoria[1052]

La tramitación de la tasación pericial contradictoria procederá cuando los interesados lo soliciten dentro del plazo de la primera reclamación que proceda contra la liquidación efectuada o cuando la Oficina Liquidadora así lo acuerde, y se ajustará a las siguientes reglas:

Formulación, en el plazo de 15 días, de un informe técnico por parte de un perito de la Administración en el que conste la valoración de los bienes y derechos incluidos en la relación que la Oficina Liquidadora haya remitido a los servicios técnicos correspondientes.

No procederá realizar el informe en el caso de que la Administración haya utilizado como medio de comprobación de valores el de "dictamen de peritos de la Administración".

Traslado del informe a los interesados concediéndoles un plazo de 15 días para que puedan proceder al nombramiento de un perito.

Designado el perito por el contribuyente se le entregará la relación de bienes y derechos para que en un nuevo plazo de 15 días formule el informe técnico correspondiente, que deberá estar fundamentado.

Transcurrido el plazo de 15 días sin que se haya hecho designación del perito se entenderá la conformidad del interesado con el valor comprobado, dándose por terminado el expediente y procediéndose, a girar liquidación complementaria con los correspondientes intereses de demora.

Si existiese disconformidad de los peritos sobre el valor de los bienes y derechos y la tasación del perito de la Administración no fuese inferior o superior en más del 10% a la realizada por el del interesado, prevalecerá la realizada por el perito de la Administración.

Si la tasación del perito de la Administración excede de los límites indicados, se designará por sorteo público un perito tercero. Realizada la desig-

---

1050 Vid. artículo 49. 1 del Decreto Foral 107/2001, de 5 de junio, por el que se aprueba el Reglamento del Impuesto sobre Sucesiones y Donaciones.

1051 Vid. artículo 50 del Decreto Foral 107/2001, de 5 de junio, por el que se aprueba el Reglamento del Impuesto sobre Sucesiones y Donaciones.

1052 Vid. artículo 17, números 1 a 4 del Decreto Foral Normativo 3/1993, de 22 de junio, por el que se aprueba el Texto Refundido de la Norma Foral 2/1989, de 15 de febrero, del Impuesto sobre Sucesiones y Donaciones y artículos 52 y 53 del Decreto Foral 107/2001, de 5 de junio, por el que se aprueba el Reglamento del Impuesto sobre Sucesiones y Donaciones.

nación, se le remitirá la relación de bienes y derechos a valorar, para que en el plazo de 15 días confirme las valoraciones realizadas o realice una nueva, que será definitiva y contra la que no cabrá recurso alguno.

A la vista del resultado obtenido de la tasación pericial contradictoria, la Oficina Liquidadora confirmará la liquidación inicial o girará la complementaria que proceda con intereses de demora, sin perjuicio de su posible impugnación en reposición o en vía económico-administrativa.

10. Derecho de adquisición por la Diputación Foral

La Diputación Foral tiene derecho a adquirir los bienes y derechos transmitidos, cuando su valor comprobado exceda en más del 50% del declarado y éste sea inferior al que resultaría de aplicar las reglas del Impuesto sobre el Patrimonio, derecho que podrá ser ejercido dentro de los 6 meses siguientes a la fecha en que adquiera firmeza la liquidación del impuesto.

Siempre que se haga efectivo el derecho de adquisición por la Diputación Foral y antes de la ocupación del bien o derecho de que se trate se abonará al interesado la cantidad que hubiere asignado como valor del mismo. En el supuesto en que el interesado hubiere ingresado por el Impuesto sobre Sucesiones y Donaciones alguna cantidad por la adquisición de bienes o derechos sobre los que la Diputación Foral haya ejercitado el derecho reconocido en este artículo se procederá a la devolución del impuesto.

Se entiende como porción de impuesto a devolver la diferencia entre la cantidad ingresada y la que se hubiese ingresado, si en la base tenida en cuenta para la liquidación se hubiese computado para el bien adquirido el valor declarado por el interesado en lugar del comprobado.

El Reglamento Foral regula un procedimiento específico para el ejercicio del derecho de adquisición por la Diputación Foral[1053].

e) Base liquidable

Se obtiene de aplicar a la base imponible las siguientes reducciones:

Reducciones "mortis causa": reducciones por razón de parentesco, reducciones relacionadas con la deuda pública del País Vasco, reducciones relacionadas con la vivienda habitual, reducciones relacionadas con la empresa, reducciones relacionadas con la agricultura y explotaciones forestales y reducciones por seguros de vida.

Reducciones "inter vivos": reducciones relacionadas con la agricultura, forestal y vivienda habitual.

[1053] Vid. artículo 18 del Decreto Foral Normativo 3/1993, de 22 de junio, por el que se aprueba el Texto Refundido de la Norma Foral 2/1989, de 15 de febrero, del Impuesto sobre Sucesiones y Donaciones y artículos 54 y 55 del Decreto Foral 107/2001, de 5 de junio, por el que se aprueba el Reglamento del Impuesto sobre Sucesiones y Donaciones.

A. Reducciones por adquisiciones "mortis causa"

1. Reducciones por razón de parentesco[1054]

En las adquisiciones "mortis causa", sin incluir las cantidades percibidas por seguros de vida, se aplican las reducciones siguientes:

Grupo I. Adquisiciones por cónyuges, parejas de hecho, descendientes o ascendientes por línea recta por consanguinidad, adoptantes o adoptados: 400.000 euros.

Grupo II: Adquisiciones por colaterales de segundo grado por consanguinidad: 40.000 euros.

Grupo III: Adquisiciones por colaterales de tercer grado, por consanguinidad, ascendientes y descendientes por afinidad, incluidos los resultantes de la constitución de una pareja de hecho: 20.000 euros.

En las adquisiciones "mortis causa" por personas con minusvalía física, psíquica o sensorial (se considerarán personas con discapacidad con derecho a la reducción las que cumplan los requisitos establecidos en el artículo 84 de la Norma Foral 6/2006, de 29 de diciembre del Impuesto sobre la Renta de las Personas Físicas y sus disposiciones de desarrollo), se aplicará una reducción adicional de 100.000 euros.

2. Reducciones relacionadas con la Deuda Pública del País Vasco[1055]

Las adquisiciones por herencia o legado de cualquier tipo de endeudamiento emitido por la Comunidad Autónoma del País Vasco, las Diputaciones Forales o las Entidades Locales territoriales de los tres Territorios históricos, gozarán, en su base imponible, de una reducción del 90 por 100, siempre que hubieran permanecido en el patrimonio del causante durante el plazo mínimo de un año inmediatamente anterior a la fecha de devengo del Impuesto.

Del mismo porcentaje de reducción gozarán, siempre que se cumpla el requisito de permanencia establecido en el párrafo anterior:

Las adquisiciones por herencia o legado de títulos o participaciones de Instituciones de Inversión Colectiva que tengan al menos el 90 por 100 de su activo invertido en los valores a los que se refiere el párrafo anterior. Este

---

[1054] Vid. artículo 19. 9 del Decreto Foral Normativo 3/1993, de 22 de junio, por el que se aprueba el Texto Refundido de la Norma Foral 2/1989, de 15 de febrero, del Impuesto sobre Sucesiones y Donaciones y artículo 58. 1 del Decreto Foral 107/2001, de 5 de junio, por el que se aprueba el Reglamento del Impuesto sobre Sucesiones y Donaciones, modificado por el artículo 1. siete, de la Norma Foral 10/2013, de 5 de diciembre.

[1055] Vid. artículo 19. 1 del Decreto Foral Normativo 3/1993, de 22 de junio, por el que se aprueba el Texto Refundido de la Norma Foral 2/1989, de 15 de febrero, del Impuesto sobre Sucesiones y Donaciones y artículo 59 del Decreto Foral 107/2001, de 5 de junio, por el que se aprueba el Reglamento del Impuesto sobre Sucesiones y Donaciones.

requisito se entenderá cumplido siempre que el porcentaje del 90% se mantenga, al menos, durante 300 días del año natural.

Cuando las adquisiciones se realicen en un día distinto al 1 de enero de cada año, dicho porcentaje deberá haberse mantenido durante un mínimo de 300 días de los 365 inmediatamente anteriores a la fecha de devengo del impuesto.

Las adquisiciones por herencia o legado de títulos representativos del endeudamiento emitido por los Organismos Autónomos de las Entidades Locales de la Comunidad Autónoma del País Vasco, así como por las Sociedades Mercantiles cuyo capital social pertenezca íntegramente a dichas entidades.

De idéntico porcentaje de reducción podrán gozar, siempre que se cumpla el requisito de permanencia establecido, las emisiones de deuda efectuadas por un Consorcio o cualquier otro Ente en el que la participación en el capital social de las Entidades Locales de la Comunidad Autónoma del País Vasco sea mayoritaria, si así lo acuerda, de forma expresa para cada caso, el Consejo de Gobierno de la Diputación Foral de Vizcaya, previa petición al respecto efectuada con anterioridad a la emisión de que se trate. Para ello se requiere la permanencia en el patrimonio del causante durante, al menos, un año antes a la fecha de devengo del impuesto.

Los titulares de cualquier tipo de endeudamiento indicado así como a los titulares de acciones o participaciones en Instituciones de Inversión Colectiva en los supuestos en los que no puedan reinvertir las cantidades obtenidas como consecuencia de la amortización de los correspondientes títulos en otros que les permitieran mantener la aplicación de la reducción de la base imponible, podrán optar por la aplicación del régimen establecido si cumplan los siguientes requisitos: que el titular hubiera mantenido en su patrimonio los títulos, acciones o participaciones durante el plazo de un año inmediato anterior al momento en que se produzca la amortización de los títulos de deuda pública o en que la Institución de Inversión Colectiva deje de cumplir los requisitos establecidos al respecto; que las cantidades percibidas por la amortización de los títulos o, las que, en su caso, pudieran obtenerse de la enajenación de las acciones o participaciones de las Instituciones de Inversión Colectiva, no puedan ser objeto de reinversión en otros títulos de endeudamiento o en acciones o participaciones de otras Instituciones de Inversión Colectiva que habiliten para la aplicación de la reducción de la base imponible por inexistencia de oferta en el mercado; que las cantidades a que se hace referencia en líneas anteriores se reinviertan en cualquier bien o derecho que permanezca en el patrimonio del futuro causante hasta la fecha de devengo del Impuesto sobre Sucesiones y Donaciones, pudiendo, en su caso, ser objeto de reinversiones sucesivas en distintos bienes o derechos; que comuniquen a la Administración tributaria su opción por la aplicación de lo dispuesto en líneas anteriores y la descripción de los bienes o derechos en los que las cantidades obtenidas hayan sido reinvertidas en el plazo de tres meses desde que se produzca la amortización de los títulos o desde que la Institución de Inversión Colectiva de que se trate haya incumplido las condiciones para la aplicación de la reducción de la base imponible.

El mencionado importe será objeto de actualización por medio de la aplicación del coeficiente vigente en el momento del devengo del Impuesto sobre Sucesiones y Donaciones a que se refiere la Norma Foral del Impuesto sobre la Renta de las Personas Físicas, que corresponda atendiendo al año en que se haya optado por la aplicación de lo dispuesto. El importe de la base imponible objeto de reducción será distribuido proporcionalmente entre los causahabientes, salvo que conste fehacientemente a la Administración tributaria la voluntad del causante de atribuir el derecho a aplicar la reducción de la base imponible en otras proporciones a todos o alguno de los causahabientes[1056].

3. Reducciones relacionadas con la vivienda habitual[1057]

Se establece una reducción del 95% de la adquisición lucrativa "inter vivos" o "mortis causa" del pleno dominio, del usufructo, de la nuda propiedad, del derecho de superficie, o del derecho de uso y habitación de la vivienda siempre que se cumplan los siguientes requisitos:

Que se trate de la vivienda habitual. A tales efectos se entiende como vivienda habitual la que cumpla los requisitos establecidos en el artículo 68 del Decreto foral 207/2007, de 20 de noviembre por el que se aprueba el Reglamento del Impuesto sobre la Renta de las Personas Físicas, en la que el adquirente hubiese convivido con el transmitente durante los 2 años anteriores a la transmisión.

Que la reducción no supere la cuantía de 212.242, euros, con efectos a partir del 1 de enero de 2011.

El requisito de convivencia quedará acreditado mediante certificación de empadronamiento y certificación de convivencia de manera ininterrumpida durante ese período, sin perjuicio de la posible acreditación por cualquier medio de prueba admitido en Derecho.

4. Reducciones relacionadas con la empresa[1058]

Gozarán de una reducción del 95% las adquisiciones "mortis causa" de: una empresa individual, un negocio profesional, participaciones en entida-

---

[1056] Vid. Disposición transitoria Quinta del Decreto Foral Normativo 3/1993, de 22 de junio, por el que se aprueba el Texto Refundido de la Norma Foral 2/1989, de 15 de febrero, del Impuesto sobre Sucesiones y Donaciones en su redacción dada por el artículo 1, trece, de la Norma Foral 10/2013, de 5 de diciembre.

[1057] Vid. artículo 19. 7 del Decreto Foral Normativo 3/1993, de 22 de junio, por el que se aprueba el Texto Refundido de la Norma Foral 2/1989, de 15 de febrero, del Impuesto sobre Sucesiones y Donaciones y artículo 60 del Decreto Foral 107/2001, de 5 de junio, por el que se aprueba el Reglamento del Impuesto sobre Sucesiones y Donaciones.

[1058] Vid. artículo 19. 8 del Decreto Foral Normativo 3/1993, de 22 de junio, por el que se aprueba el Texto Refundido de la Norma Foral 2/1989, de 15 de febrero, del Impuesto sobre Sucesiones y Donaciones y artículo 61. 1 del Decreto Foral 107/2001, de 5 de junio, por el que se aprueba el Reglamento del Impuesto sobre Sucesiones y Donaciones.

des o de derechos de usufructo sobre las mismas a las que sea de aplicación la exención regulada en el artículo 4. 10. 2 de la Norma Foral 4/2011, de 28 de diciembre[1059], de conformidad con lo establecido en el artículo 1.Seis, de la Norma Foral 10/2013, de 5 de diciembre.

Esta reducción será de aplicación a la adquisición de los derechos de usufructo sobre la empresa individual, el negocio profesional o participaciones en entidades, o de derechos económicos derivados de la extinción de dicho usufructo, siempre que con motivo del fallecimiento se consolidara el pleno dominio en el adquirente, o percibiera éste los derechos debidos a la finalización del usufructo en forma de participaciones en la empresa, negocio o entidad afectada.

Para la aplicación de dicha reducción deben cumplirse los siguientes requisitos:

[1059] Vid. artículo 1, seis, de la Norma Foral 10/2013, de 5 de diciembre, de modificación del Texto Refundido de la Norma Foral 1/1989, de 15 de febrero del Impuesto sobre Sucesiones y Donaciones y de la Norma Foral 1/2011, de 24 de marzo del Impuesto sobre Transmisiones Patrimoniales y Actos jurídicos Documentados. El citado artículo 4. 10. 2 de la Norma Foral 4/2011, de 28 de diciembre, por la que se establece el Impuesto sobre el Patrimonio para 2011 y 2012, establece que están exentos del mismo: "La plena propiedad, la nuda propiedad y el derecho de usufructo vitalicio sobre las participaciones en entidades con o sin cotización en mercados organizados, siempre que concurran las siguientes condiciones: Que la entidad no tenga por actividad principal la gestión de un patrimonio mobiliario o inmobiliario. Se entenderá que una entidad no gestiona un patrimonio mobiliario o inmobiliario y que, por lo tanto, realiza una actividad empresarial cuando, por aplicación de lo establecido en el artículo 66 de la Norma Foral 3/1996, de 21 de junio, del Impuesto sobre Sociedades, dicha entidad no reúna las condiciones para considerar que más de la mitad de su activo está constituido por valores o no esté afecto a actividades económicas; Que, cuando la entidad revista forma societaria, no concurran los supuestos establecidos en el artículo 66 de la Norma Foral 3/1996, de 21 de junio, del Impuesto sobre Sociedades; Que la participación del sujeto pasivo en el capital de la entidad sea al menos del 5 por 100, computado de forma individual, o del 20 por 100 conjuntamente con su cónyuge, pareja de hecho, cuando se trate de parejas de hecho constituidas conforme a lo dispuesto en la Ley 2/2003, de 7 de mayo, ascendientes, descendientes o colaterales de segundo grado, ya tenga su origen el parentesco en la consanguinidad, en la afinidad, en la relación que resulte de la constitución de la pareja de hecho o en la adopción; Que el sujeto pasivo ejerza efectivamente funciones de dirección en la entidad, percibiendo por ello una remuneración que represente más del 50 por 100 de la totalidad de los rendimientos de actividades económicas y del trabajo personal. A efectos del cálculo anterior, no se computarán entre los rendimientos de actividades económicas y del trabajo personal los rendimientos de la actividad empresarial a que se refiere el número uno de este apartado. Cuando la participación en la entidad sea conjunta con alguna o algunas de las personas a las que se refiere la letra anterior, las funciones de dirección y las remuneraciones derivadas de la misma deberán de cumplirse al menos en una de las personas del grupo de parentesco, sin perjuicio de que todas ellas tengan derecho a la exención. La exención sólo alcanzará al valor de las participaciones, determinado conforme a las reglas que se establecen en el apartado 1 del artículo 16 de esta Norma Foral, en la parte que corresponda a la proporción existente entre el valor de los activos necesarios para el ejercicio de la actividad empresarial o profesional, minorado en el importe de las deudas derivadas de la misma, y el valor del patrimonio neto de la entidad".

Que la adquisición se realice por cónyuge o pareja de hecho, ascendientes, descendientes o adoptantes o adoptados colaterales hasta el tercer grado de la persona fallecida, y siempre que no existan descendientes o adoptados.

Que la adquisición se mantenga durante, con efectos desde el día 1 de julio de 2006, los cinco años siguientes al fallecimiento del causante, salvo que falleciese el adquirente dentro de ese plazo.

5. Reducciones relacionadas con la agricultura y las explotaciones forestales.

Se establece una reducción del 90% en las adquisiciones lucrativas "inter vivos" o "mortis causa" del pleno dominio o del usufructo vitalicio de una explotación agraria entendiéndose por tal el conjunto de bienes y derechos organizados empresarialmente por su titular en el ejercicio de la actividad agraria, con fines de mercado y que constituye en sí misma una unidad técnico-económica.

Se entiende que hay transmisión de una explotación agraria en su integridad aun cuando se excluya la vivienda en su integridad, por el titular de otra explotación prioritaria, siempre que, como consecuencia de dicha transmisión, no se altere la condición de prioritaria[1060].

Para que una explotación cuyo titular sea una persona física tenga la condición de prioritaria, se requiere que la explotación posibilite la ocupación, al menos, de una unidad de trabajo agrario y cuya renta unitaria de trabajo que se obtenga de la misma sea igual o superior al 35% de la renta de referencia e inferior al 120% de ésta[1061].

Además el titular ha de reunir los siguientes requisitos:

Ser agricultor profesional, poseer un nivel de capacitación agraria suficiente, haber cumplido dieciocho años, y no haber cumplido 65 años, estar dado de alta en el Régimen Especial Agrario de la Seguridad Social o en el Régimen especial de trabajadores por cuenta propia o autónomos en función de su actividad agraria. Los agricultores profesionales que no estén encuadrados en los regímenes anteriores, deberán cumplir los requisitos indicativos de su profesionalidad agraria establecidos a estos efectos por las Comunidades Autónomas, residir en la comarca donde radique la explotación o en las comarcas limítrofes definidas por la legislación autonómica sobre organización territorial, teniéndose en cuenta en su defecto la comarcalización agraria establecida en el Censo agrario del Instituto Nacional de Estadística.

La transmisión de la explotación deberá realizarse en escritura pública.

Se establece una reducción del 75% en las adquisiciones lucrativas "inter vivos" o "mortis causa" del pleno dominio o del usufructo vitalicio de una

---

[1060] Vid. artículo 61. 1 del Decreto Foral 107/2001, de 5 de junio, por el que se aprueba el Reglamento del Impuesto sobre Sucesiones y Donaciones.

[1061] Vid. artículo 2 de la Ley 19/1995, de 4 de julio, de Modernización de las Explotaciones Agrarias.

finca rústica o de parte de una explotación agraria, por el titular de una explotación prioritaria. Para que sea de aplicación esta reducción, la transmisión deberá efectuarse en escritura pública[1062].

Las dos últimas reducciones mencionadas se incrementarán en 10 puntos porcentuales, en cada caso, si el adquirente es un agricultor joven, entendiéndose por tal la persona que haya cumplido los dieciocho años y no haya cumplido los cuarenta y ejerza o pretenda ejercer la actividad agraria o un asalariado agrario[1063] que reúna los requisitos contemplados en la Ley 19/1995, de 4 de julio de Modernización de las Explotaciones Agrarias y la adquisición se realice durante los cinco años siguientes a la primera instalación[1064].

Se establece, asimismo, una reducción del 50% en las adquisiciones lucrativas "inter vivos" o "mortis causa" de terrenos por los titulares de explotaciones agrarias para completar bajo una sola linde el 50%, al menos, de la superficie de una explotación cuya renta unitaria de trabajo esté dentro de los límites establecidos en la Ley 19/1995, de 5 de julio, de Modernización de las Explotaciones Agrarias[1065].

Para la aplicación de la reducción es preciso que en el documento público de adquisición se haga constar la indivisibilidad de la finca resultante durante 5 años, salvo fuerza mayor.

La adquisición lucrativa "inter vivos" o "mortis causa" de superficies rústicas de dedicación forestal, tanto en pleno dominio como en nuda propiedad, gozará de una reducción en la base imponible del impuesto, según la siguiente escala:

— El 90% para superficies incluidas en Planes de Protección por Razones de Interés Natural.
— El 75% para superficies con un Plan de Ordenación Forestal o un Plan Técnico de Gestión y Mejora Forestal o figuras equivalentes de planificación forestal.
— El 50% para las demás superficies rústicas de dedicación forestal, siempre que como consecuencia de la transmisión, no se altere el carácter forestal del predio y no sea transferido por razón de "inter

[1062] Vid. artículo 19. 3 del Decreto Foral Normativo 3/1993, de 22 de junio, por el que se aprueba el Texto Refundido de la Norma Foral 2/1989, de 15 de febrero, del Impuesto sobre Sucesiones y Donaciones y artículo 61. 2 del Decreto Foral 107/2001, de 5 de junio, por el que se aprueba el Reglamento del Impuesto sobre Sucesiones y Donaciones.

[1063] Vid. artículo 19. 5 del Decreto Foral Normativo 3/1993, de 22 de junio, por el que se aprueba el Texto Refundido de la Norma Foral 2/1989, de 15 de febrero, del Impuesto sobre Sucesiones y Donaciones y artículo 61. 4 del Decreto Foral 107/2001, de 5 de junio, por el que se aprueba el Reglamento del Impuesto sobre Sucesiones y Donaciones.

[1064] Vid. artículo 2 de la Ley 19/1995, de 4 de julio, de Modernización de las Explotaciones Agrarias.

[1065] Vid. artículo 19. 4 del Decreto Foral Normativo 3/1993, de 22 de junio, por el que se aprueba el Texto Refundido de la Norma Foral 2/1989, de 15 de febrero, del Impuesto sobre Sucesiones y Donaciones y artículo 61. 3 del Decreto Foral 107/2001, de 5 de junio, por el que se aprueba el Reglamento del Impuesto sobre Sucesiones y Donaciones.

vivos", arrendada o cedida su explotación por el adquirente durante los 5 años siguientes al de la adquisición.

De la misma reducción gozará la extinción del usufructo que se hubiera reservado el transmitente.

Las citadas bonificaciones serán de aplicación, en la escala que corresponda, a la totalidad de la explotación agraria en la que la superficie de dedicación forestal sea superior al 80% de la superficie total de la explotación[1066].

6. Reducciones por seguros de vida[1067]

En las adquisiciones de cantidades percibidas por razón de los seguros sobre la vida, la base liquidable se obtendrá aplicando en la base imponible las siguientes reducciones en función del parentesco entre el contratante o tomador del seguro y el beneficiario:

— 400.000 euros, cuando sea el señalado en el grupo I.
— El 50% con el límite de 200.000 euros, cuando sea el señalado en los grupos II y III.
— El 10%, con el límite de 40.000 euros, cuando sea el señalado en el grupo IV.

No obstante, en los seguros colectivos o contratados por las empresas a favor de sus empleados, las anteriores reducciones se practicarán en función del parentesco entre el asegurado y el beneficiario.

A partir del 1 de enero de 2003, al igual que en el Estado, se aplicará una reducción del 100% a los seguros de vida que traigan causa en actos de terrorismo, así como en servicios prestados en misiones internacionales humanitarias o de paz de carácter público. Esta reducción será aplicable a todos los posibles beneficiarios.

[1066] Vid. artículo 19. 6 del Decreto Foral Normativo 3/1993, de 22 de junio, por el que se aprueba el Texto Refundido de la Norma Foral 2/1989, de 15 de febrero, del Impuesto sobre Sucesiones y Donaciones y artículo 61. 7 del Decreto Foral 107/2001, de 5 de junio, por el que se aprueba el Reglamento del Impuesto sobre Sucesiones y Donaciones.

[1067] Vid. Vid. artículo 19. 12 del Decreto Foral Normativo 3/1993, de 22 de junio, por el que se aprueba el Texto Refundido de la Norma Foral 2/1989, de 15 de febrero, del Impuesto sobre Sucesiones y Donaciones y artículo 58. 4 del Decreto Foral 107/2001, de 5 de junio, por el que se aprueba el Reglamento del Impuesto sobre Sucesiones y Donaciones, modificado por el artículo 1. Ocho, de la Norma Foral 10/2013, de 5 de diciembre.

ESQUEMAS REDUCCIÓN ADQUISICIONES "MORTIS CAUSA" AUTONÓMICA BASE IMPONIBLE

Reducción por parentesco: Grupo I: adquisiciones por cónyuges, parejas de hecho, descendientes o ascendientes por línea recta por consanguinidad, adoptantes y adoptados: 400.000 euros. Grupo II: adquisiciones por colaterales de segundo grado: 40.000 euros. Grupo III: adquisiciones por colaterales de tercer grado, por consanguinidad, ascendientes, y descendientes por afinidad, incluidos los resultantes de la constitución de una pareja de hecho: 20.000 euros.
Reducción por discapacidad: Minusválidos con minusvalía física, psíquica o sensorial, se aplicará reducción adicional de 100.000 euros.
Reducciones relacionadas con la Deuda Pública del País Vasco: Adquisiciones de deuda: cuantía 90%. Exigencia de permanencia en patrimonio del causante un año. Adquisiciones de títulos o participaciones de Instituciones de Inversión Colectiva que tengan al menos el 90 por 100 de su activo invertido en deuda del País Vasco. Cuantía: 90%.-Permanencia: se mantengan, al menos durante 300 días del año natural. Adquisiciones por herencia o legado de títulos representativos del endeudamiento emitido por los Organismos Autónomos de las Entidades Locales de la Comunidad Autónoma del País Vasco, así como por las Sociedades Mercantiles cuyo capital social pertenezca íntegramente a dichas entidades. Las emisiones de deuda efectuadas por un Consorcio o cualquier otro ente en el que la participación en el capital social de las Entidades Locales de la Comunidad Autónoma del País Vasco sea mayoritaria, Para ello se requiere la permanencia en el patrimonio del causante durante, al menos, un año antes a la fecha de devengo del impuesto. Cuantía reducción: 90%.
Reducciones relacionadas con la vivienda habitual. Cuantía 95% de la adquisición del pleno dominio, del usufructo, de la nuda propiedad, del derecho de superficie, o del derecho de uso y habitación de la vivienda siempre que se cumplan los siguientes requisitos: que se trate de la vivienda habitual y que la reducción no supere la cuantía de 212.242 euros.
Reducción del 95% de las adquisiciones de una empresa individual, un negocio profesional, participaciones en entidades o de derechos de usufructo sobre las mismas en determinadas circunstancias. Para la aplicación de dicha reducción deben cumplirse, además, los siguientes requisitos: que la adquisición se realice por cónyuge, pareja de hecho, ascendientes y descendientes o adoptantes y adoptados y por colaterales hasta el tercer grado de la persona fallecida, y siempre que no existan descendientes o adoptados; y que la adquisición se mantenga durante los cinco años siguientes al fallecimiento del causante.
Reducciones relacionadas con la agricultura. Reducción por adquisición en pleno dominio o en usufructo vitalicio de una explotación agraria. Se exige en el titular el cumplimiento de ciertos requisitos, entre ellos: ser agricultor profesional, poseer un nivel de capacitación agraria suficiente, haber cumplido dieciocho años, y no haber cumplido 65 años, estar dado de alta en el Régimen especial agrario de la Seguridad Social o en el Régimen especial de trabajadores por cuenta propia o autónomos en función de su actividad agraria, residir en la comarca donde radique la explotación o en las comarcas limítrofes. Cuantía reducción: 90%. Reducción por adquisición del pleno dominio o del usufructo vitalicio de una finca rústica o de parte de una explotación agraria, por el titular de una explotación prioritaria. Cuantía reducción: 75%. Las dos últimas reducciones mencionadas se incrementarán en 10 puntos porcentuales, en cada caso, si el adquirente

es un agricultor joven. Reducción del 50% en las adquisiciones de terrenos por los titulares de explotaciones agrarias para completar bajo una sola linde la superficie de una explotación en determinadas circunstancias y con el cumplimiento de ciertos requisitos. Adquisición de superficies rústicas de dedicación forestal, tanto en pleno dominio como en nuda propiedad.-Cuantía reducción: 90% para superficies incluidas en Planes de Protección por Razones de Interés Natural; 75% para superficies con un Plan de Ordenación Forestal o un Plan Técnico de Gestión y Mejora Forestal o figuras equivalentes de planificación forestal; 50% para las demás superficies rústicas de dedicación forestal. Requisito de permanencia: 5 años. Las citadas bonificaciones serán de aplicación, en la escala que corresponda, a la totalidad de la explotación agraria en la que la superficie de dedicación forestal sea superior al 80% de la superficie total de la explotación.
Reducción por seguros de vida: 400.000 euros, cuando el beneficiario sea cónyuge o pareja de hecho, ascendientes y descendientes o adoptantes y adoptados o por colaterales hasta el tercer grado, es decir, para los beneficiarios encuadrados en el Grupo I; el 50%, con el límite de 200.000 euros cuando sea el señalado en los grupos II y III; el 10%, con el límite de 40.000 euros cuando sea el señalado en el grupo IV. No obstante, en los seguros colectivos o contratados por las empresas a favor de sus empleados, las anteriores reducciones se practicarán en función del parentesco entre el asegurado y el beneficiario. Reducción del 100% a los seguros de vida que traigan causa en actos de terrorismo, así como en servicios prestados en misiones internacionales humanitarias o de paz de carácter público. Esta reducción será aplicable a todos los posibles beneficiarios.

B. Reducciones por adquisiciones "inter vivos"

En las adquisiciones por título de donación o equivalente, la base liquidable coincidirá con la imponible, salvo si es de aplicación las reducciones relacionadas con la vivienda habitual, con la agricultura o con las explotaciones forestales[1068].

Al tratar de las adquisiciones "mortis causa" ya hemos hecho referencia a este tipo de reducciones, las cuales se aplican tanto a aquéllas como a las "inter vivos", por lo que cuanto dijimos es ahora, "mutatis mutandis", aquí aplicable.

f) Deuda

Las peculiaridades establecidas afectan a las reglas de liquidación y cuota íntegra.

1. Reglas de liquidación

Las reglas para liquidación del Impuesto son:

[1068] Vid. artículo 19. 11 del Decreto Foral Normativo 3/1993, de 22 de junio, por el que se aprueba el Texto Refundido de la Norma Foral 2/1989, de 15 de febrero, del Impuesto sobre Sucesiones y Donaciones y artículo 58. 3 del Decreto Foral 107/2001, de 5 de junio, por el que se aprueba el Reglamento del Impuesto sobre Sucesiones y Donaciones.

Las adquisiciones por causa de muerte o por título de donación o equiparable tributarán con cargo al grado de parentesco que medie entre el causante o donante y el causahabiente o donatario. En caso de ser desconocidos los causahabientes, se girará la liquidación por la tarifa correspondiente a la sucesión entre extraños, sin perjuicio de la devolución que proceda una vez aquéllos fueren conocidos.

Las cantidades percibidas por seguros de vida se deben liquidar separadamente por el sistema de autoliquidación, a las que se aplicará la misma tarifa que rija para el resto de los bienes y derechos que integran la masa hereditaria. Los seguros sobre la vida tributarán por el grado de parentesco entre el contratante o tomador del seguro y el beneficiario. En los seguros colectivos o contratados por las empresas a favor de sus empleados se estará al grado de parentesco entre el asegurado y el beneficiario.

La adquisición de bienes o derechos por donación o cualquier otro negocio jurídico a título gratuito e "ínter vivos" a favor de descendientes o adoptados, precedida de otra adquisición de los mismos bienes o derechos, realizada dentro de los últimos 5 años inmediatamente anteriores a la citada adquisición, por donación o negocio jurídico a título gratuito e "inter vivos" a favor del ascendiente o adoptante y realizada por otro descendiente o adoptado del mismo, tributará teniendo en cuenta el parentesco del primer donante con respecto al último donatario, descontándose, en su caso, la cuota ingresada correspondiente a la primera donación[1069].

2. Cuotas

A. Tarifas

La cuota íntegra se obtiene aplicando a la base liquidable la tarifa que corresponda en función del grado de parentesco entre el causante o donante y el causahabiente o donatario.

A diferencia del territorio común, en la normativa foral no se establecen coeficientes reductores en función del patrimonio preexistente del contribuyente y del grado de parentesco.

[1069] Vid. artículo 20.3 del Decreto Foral Normativo 3/1993, de 22 de junio, por el que se aprueba el Texto Refundido de la Norma Foral 2/1989, de 15 de febrero, del Impuesto sobre Sucesiones y Donaciones y artículo 62 del Decreto Foral 107/2001, de 5 de junio, por el que se aprueba el Reglamento del Impuesto sobre Sucesiones y Donaciones, prorrogado por el artículo 1. Nueve, de la Norma Foral 10/2013, de 5 de diciembre.

A los Grupos I, II y III, les será de aplicación las siguientes tarifas[1070]:

		Tarifa I		Tarifa II	
		Grupos I y II		Grupo III	
Base liquidable entre (€)		Cuota íntegra	Tipo	Cuota integra	Tipo
0,00	8.436,00	0,00	5,70	0,00	7,60
8.436,01	25.308,00	480,85	7,98	641,14	10,64
25.308,01	42.180,00	1.827,24	10,26	2.436,32	13,68
42.180,01	84.360,00	3.558,30	12,54	4.744,40	16,72
84.360,01	168.720,00	8.847,67	15,58	11.796,90	20,52
168.720,01	421.800,00	21.990,96	19,38	29.107,57	25,08
421.800,01	843.600,00	71.037,86	23,18	92.580,03	29,64
843.600,01	2.109.000,00	168.811,10	28,50	217.601,55	35,72
2.109.000,01	En adelante	529.450,10	34,58	669.602,42	42,56

La tarifa, con efectos desde el día 1 de abril de 2012, aplicable es la siguiente[1071]:

Grupo I: Será de aplicación el tipo impositivo del 1,50%.

Grupos II, III y IV, les será de aplicación las siguientes tarifas:

		Tarifa I		**Tarifa II**	
		Grupos II y III		**Grupo IV**	
Base liquidable entre (Euros)		**Cuota íntegra**	**Tipo**	**Cuota integra**	**Tipo**
0,00	9.086,00	0,00	5,70	0,00	7,60
9.086,01	27.261,00	517,90	7,98	690,54	10,64
27.261,01	45.431,00	1.968,27	10,26	2.624,36	13,68
45.431,01	90.850,00	3.832,51	12,54	5.110,01	16,72
90.850,01	181.706,00	9.528,05	15,58	12.704,07	20,52
181.706,01	454.259,00	23.683,42	19,38	31.347,72	25,08
454.259,01	908.518,00	76.504,19	23,18	99.704,01	29,64
908.518,01	2.271.297,00	181.801,42	28,50	234.346,38	35,72
2.271.297,01	En adelante	570.193,44	34,58	721.131,04	42,56

Tratándose de donaciones o cualquier otro negocio jurídico a título gratuito e ínter vivos, si el adquirente fuese cónyuge o pareja de hecho, des-

[1070] Vid. artículo 21 del Decreto Foral Normativo 3/1993, de 22 de junio, por el que se aprueba el Texto Refundido de la Norma Foral 2/1989, de 15 de febrero del Impuesto sobre Sucesiones y Donaciones, en su redacción dada por el Decreto Foral Normativo 1/2006, de 20 de junio y artículo 63 del Decreto Foral 107/2001, de 5 de junio, por el que se aprueba el Reglamento del Impuesto sobre Sucesiones y Donaciones.

[1071] Vid. artículo 21 del Decreto Foral Normativo 3/1993, de 22 de junio, por el que se aprueba el Texto Refundido de la Norma Foral 2/1989, de 15 de febrero del Impuesto sobre Sucesiones y Donaciones y artículo 63. 1 del Decreto Foral 107/2001, de 5 de junio, por el que se aprueba el Reglamento del Impuesto sobre Sucesiones y Donaciones, modificado por el artículo 1.Diez, de la Norma Foral 10/2013, de 5 de diciembre.

cendiente o ascendiente en línea recta por consanguinidad o adoptante o adoptado del transmitente, para el cálculo de la cuota íntegra se aplicará un tipo fijo del 1,5% sobre la base liquidable[1072].

B. Cuota a ingresar

La cuota a ingresar resulta de restar a la cuota íntegra la deducción por doble imposición internacional definida en los mismos términos que en la normativa de régimen común[1073].

g) Devengo[1074]

En las adquisiciones por causa de muerte y en los seguros sobre la vida, el impuesto se devengará el día del fallecimiento del causante o del asegurado o cuando adquiera firmeza la declaración de fallecimiento del ausente, conforme al artículo 196 del Código Civil.

En las herencias que se defieran por "alkar-poderoso" o poder testatorio, el impuesto se devengará cuando se haga uso del poder con carácter irrevocable o se produzca alguna de las causas de extinción del mismo. En el supuesto de pacto sucesorio con eficacia de presente, se devengará el impuesto en vida del instituyente, cuando tenga lugar la transmisión.

En las transmisiones lucrativas "inter vivos" el impuesto se devengará el día en que se cause o celebre el contrato.

Toda adquisición de bienes cuya efectividad se halle suspendida por la existencia de una condición, un término, un fideicomiso o cualquier otra limitación, se entenderá siempre realizada el día en que dichas limitaciones desaparezcan.

h) Prescripción[1075]

Con efectos a partir del 1 de julio de 2005, el plazo de prescripción se fija en 4 años.

[1072] Vid. artículo 21 del Decreto Foral Normativo 3/1993, de 22 de junio, por el que se aprueba el Texto Refundido de la Norma Foral 2/1989, de 15 de febrero del Impuesto sobre Sucesiones y Donaciones y artículo 63 del Decreto Foral 107/2001, de 5 de junio, por el que se aprueba el Reglamento del Impuesto sobre Sucesiones y Donaciones, en su redacción dada por el Decreto Foral 94/2012, de 15 de mayo.

[1073] Vid. artículo 22 de la Ley 29/1987, de 18 de diciembre, del Impuesto sobre Sucesiones y Donaciones.

[1074] Vid. artículo 23 del Decreto Foral Normativo 3/1993, de 22 de junio, por el que se aprueba el Texto Refundido de la Norma Foral 2/1989, de 15 de febrero del Impuesto sobre Sucesiones y Donaciones y artículo 65 del Decreto Foral 107/2001, de 5 de junio, por el que se aprueba el Reglamento del Impuesto sobre Sucesiones y Donaciones.

[1075] Vid. artículo 24 del Decreto Foral Normativo 3/1993, de 22 de junio, por el que se aprueba el Texto Refundido de la Norma Foral 2/1989, de 15 de febrero del Impuesto sobre Sucesiones y Donaciones y artículo 66 del Decreto Foral 107/2001, de 5 de junio, por el que se aprueba el Reglamento del Impuesto sobre Sucesiones y Donaciones.

El plazo de prescripción para liquidar el Impuesto que grave las adquisiciones derivadas de la renuncia y repudiación de la herencia, comenzará a contarse desde la fecha en que éstas se produzcan.

En el supuesto de escrituras autorizadas por funcionarios extranjeros, el plazo de prescripción se computará desde la fecha de su presentación ante cualquier Administración española, salvo que un Tratado, Convenio o Acuerdo Internacional, suscrito por España, fije otra fecha para el inicio de dicho plazo.

h) Normas especiales de valoración[1076]

Analizaremos las normas especiales relativas a las siguientes figuras: sustituciones, fideicomisos, usufructo en las herencias bajo "alkar poderoso" o poder testatorio, reglas de liquidación en la reversiones, partición y excesos de adjudicación, la repudiación y renuncia de la herencia, acumulación de adquisiciones hereditarias, la acumulación de donaciones y demás transmisiones lucrativas equiparables y la acumulación de las cantidades percibidas de los seguros de vida.

1. Sustituciones

En la sustitución vulgar el testador puede designar uno o varios herederos sustitutos para el caso en el que el heredero o herederos nombrados en primer lugar falleciesen antes que él o no quisieran o no pudieran aceptar la herencia.

En la sustitución fideicomisaria el heredero (fiduciario) recibe el encargo de conservar y transmitir a un tercero (fideicomisario) el todo o parte de la herencia, surtiendo efecto siempre que no pasen del segundo grado o que se hagan a favor de personas que vivan al fallecimiento del testador. El fideicomisario adquiere derecho a la sucesión desde el momento de la muerte testador aunque muera antes que el fiduciario. El derecho de aquél pasa a sus herederos.

Se exigirá el Impuesto en la institución y en cada sustitución con arreglo al parentesco entre el causante y el instituido o el sustituto, reputándose al fiduciario y a los fideicomisarios, con excepción del último, como meros usufructuarios, salvo que pudiesen disponer de los bienes por actos "inter vivos" o "mortis causa", en cuyo supuesto se liquidará por el pleno dominio. En este caso, los causahabientes del heredero pueden solicitar la devolución del impuesto satisfecho por su causante, en la parte correspondiente a la nuda propiedad, si justifican que los bienes afectados por la sustitución han sido transmitidos al sustituto designado por el testador[1077].

[1076] Vid. artículos 25 a 31 del Decreto Foral Normativo 3/1993, de 22 de junio, por el que se aprueba el Texto Refundido de la Norma Foral 2/1989, de 15 de febrero, del Impuesto sobre Sucesiones y Donaciones y artículos 67 a 84 del Decreto Foral 107/2001, de 5 de junio, por el que se aprueba el Reglamento del Impuesto sobre Sucesiones y Donaciones.

[1077] Vid. artículo 71 del Decreto Foral 107/ 2001, de 5 de junio, por el que se aprueba el Reglamento del Impuesto sobre Sucesiones y Donaciones.

2. Fideicomisos

En los fideicomisos, cuando dentro de los plazos en que deba practicarse la liquidación no sea conocido el heredero fideicomisario, pagará el fiduciario el resultado de aplicar a la base liquidable la tarifa correspondiente a la sucesión entre extraños cualquiera que sea el parentesco con el causante.

La regla establecida en el apartado anterior no será aplicable cuando el fideicomisario tuviese que ser designado de entre un grupo determinado de personas, en cuyo caso se aplicará a la base liquidable la tarifa del grupo correspondiente a la persona de parentesco más lejano con el causante.

Lo pagado con arreglo a lo señalado anteriormente aprovechará al fideicomisario cuando sea conocido, pero éste no tendrá derecho a reclamar la devolución de cantidad alguna cuando, por razón de su parentesco con el causante, sea aplicable otra tarifa.

Si la tarifa que le correspondiese fuese menos gravosa que la aplicada al fiduciario, quien hubiese hecho el pago superior o sus causahabientes tendrán derecho a la devolución del exceso satisfecho.

Si dentro de los plazos para practicar la liquidación se conociese el fideicomisario, éste satisfará el Impuesto con arreglo a la tarifa que corresponda a su grado de parentesco con el causante.

Si el fiduciario o persona encargada por el testador de transmitir la herencia pudiera disfrutar en todo o en parte, temporal o vitaliciamente, o tuviera la facultad de disponer de los productos o rentas de los bienes hasta su entrega al heredero fideicomisario, pagará el Impuesto en concepto de usufructuario con arreglo a su parentesco con el causante.

En este caso, el fideicomisario satisfará también al entrar en posesión de los bienes el impuesto correspondiente, no computándose en su favor lo pagado por el fiduciario.

En los fideicomisos en que se dejen en propiedad los bienes hereditarios al heredero fiduciario, aun cuando sea con la obligación de levantar alguna carga, se liquidará el Impuesto a cargo de éste por la adquisición de la propiedad, con deducción de la carga, si fuera deducible, por la cual satisfará el Impuesto el que adquiera el beneficio consiguiente al gravamen, si fuere conocido, por el título o concepto que jurídicamente corresponda al acto; y si el beneficiario no fuere conocido, satisfará el Impuesto correspondiente a dicho concepto el heredero, pudiendo repercutir el Impuesto satisfecho por la carga al beneficiario cuando fuere conocido[1078].

3. Usufructo en las herencias bajo "alkar poderoso" o poder testatorio

Cuando en el "alkar poderoso" o poder testatorio, se otorgue, a favor de persona determinada, el derecho a usufructuar los bienes de la herencia,

---

1078 Vid. artículo 72 del Decreto Foral 107/ 2001, de 5 de junio, por el que se aprueba el Reglamento del Impuesto sobre Sucesiones y Donaciones.

mientras no se haga uso del poder, se practicará una doble liquidación de ese usufructo con arreglo al parentesco del usufructuario con el causante:

Una provisional, con devengo al abrirse la sucesión, por las normas del usufructo vitalicio.

Si el poder testatorio tuviera un plazo determinado para su ejercicio, la liquidación provisional se practicará según las normas del usufructo temporal por el plazo máximo establecido para ejercitar el poder.

Otra definitiva, al hacerse uso de "alkar poderoso" o poder testatorio, con arreglo a las normas del usufructo temporal, por el tiempo transcurrido desde la muerte del causante y se contará como ingreso a cuenta lo pagado por la provisional, devolviéndose la diferencia al usufructuario si resultase a su favor. Esta liquidación se practicará al tiempo de realizarse la de los herederos, que resulten serlo por el ejercicio del "alkar poderoso" o poder testatorio, o por las demás causas de extinción del mismo, tomando en consideración el valor de los bienes en el momento del fallecimiento del causante.

En los poderes otorgados al cónyuge viudo antes de la entrada en vigor de la Ley 3/1992, de 1 de julio, de Derecho Civil Foral del País Vasco, sólo se practicará una liquidación definitiva con arreglo a las normas del usufructo vitalicio[1079].

4. Uso del poder testatorio

En el caso de que el comisario, cónyuge viudo o pareja de hecho constituida conforme a lo dispuesto en la Ley 2/2003, de 7 de mayo, hiciera uso del poder adjudicando un bien concreto de la comunidad posconyugal, consecuencia de la consolidación del régimen económico matrimonial de la comunicación foral de bienes producida por el fallecimiento del causante, a favor de un descendiente común del comisario y del causante, sin proceder a la partición y liquidación de la herencia, se liquidará:

— Como donación por la mitad correspondiente al cónyuge viudo.

— Como sucesión por la otra mitad, correspondiente al causante.

En las sucesiones bajo poder testatorio, en las que el causante fallezca siendo vizcaíno no aforado, deberán realizarse dos liquidaciones:

Una, inmediata a la muerte del causante, sobre el importe de la herencia no afectado por el poder y, en todo caso, sobre el tercio de legítima estricta.

Otra, sobre el importe de la herencia afectado por el poder, una vez se ejercite el mismo con carácter irrevocable o se produzca alguna de las demás causas de extinción de éste, sin perjuicio de proceder a efectuar las liquidaciones correspondientes al derecho de usufructo de los bienes de la herencia afectados por el poder testatorio según las reglas establecidas en apartado anterior.

1079 Vid. artículo 26 del Decreto Foral Normativo 3/1993, de 22 de junio, por el que se aprueba el Texto Refundido de la Norma Foral 2/1989, de 15 de febrero, del Impuesto sobre Sucesiones y Donaciones y artículo 73 del Decreto Foral 107/2001, de 5 de junio, por el que se aprueba el Reglamento del Impuesto sobre Sucesiones y Donaciones.

En todos los casos de utilización del "alkar poderoso" o poder testatorio se acumularán todas las adquisiciones que concurran en un mismo sucesor a efectos de la liquidación del impuesto y de la aplicación de las reducciones en la base imponible.

Además, las cuotas satisfechas con anterioridad por las liquidaciones acumuladas serán deducibles de la liquidación que se practique como consecuencia de la acumulación. El valor de los bienes y derechos correspondientes a dichas adquisiciones será el que tuvieren en el momento de su devengo[1080].

5. Reglas de liquidación en las reversiones

En los casos en que se produzca la reversión a favor del instituyente o del donante en los supuestos de transmisión de bienes objeto de pacto sucesorio con eficacia de presente o de donación de bienes con carga de alimentos, se practicará una liquidación con arreglo a las normas del usufructo temporal con devolución del exceso pagado en su caso, respecto a la liquidación inicialmente practicada por la transmisión de los bienes objeto de reversión[1081].

No procederá la acumulación en la herencia del causante respecto de los bienes que hayan sido objeto de reversión[1082].

6. Partición y excesos de adjudicación

No implica exceso de adjudicación, las realizadas a favor del cónyuge viudo o la pareja de hecho constituida conforme a lo dispuesto en la Ley 2/2003, de 7 de mayo, o de alguno de los herederos o legatarios de parte alícuota, de la vivienda habitual, de bienes troncales o del caserío y sus pertenecidos y terrenos anejos, cuando el valor de los mismos respecto del total de la herencia supere la cuota hereditaria del adjudicatario[1083].

En las sucesiones por causa de muerte, cualesquiera que sean las particiones y adjudicaciones que los interesados hagan, se considerará a efectos del impuesto, como si se hubiesen hecho con estricta proporcionalidad[1084].

[1080] Vid. artículo 26 bis del Decreto Foral Normativo 3/1993, de 22 de junio, por el que se aprueba el Texto Refundido de la Norma Foral 2/1989, de 15 de febrero, del Impuesto sobre Sucesiones y Donaciones y artículo 74 del Decreto Foral 107/2001, de 5 de junio, por el que se aprueba el Reglamento del Impuesto sobre Sucesiones y Donaciones, en su redacción dada por el artículo 1. Once, de la Norma Foral 10/2013, de 5 de diciembre.

[1081] Vid. artículo 26 ter del Decreto Foral Normativo 3/1993, de 22 de junio, por el que se aprueba el Texto Refundido de la Norma Foral 2/1989, de 15 de febrero, del Impuesto sobre Sucesiones y Donaciones y artículo 76. 1 del Decreto Foral 107/2001, de 5 de junio, por el que se aprueba el Reglamento del Impuesto sobre Sucesiones y Donaciones.

[1082] Vid. artículo 76. 2 del Decreto Foral 107/2001, de 5 de junio, por el que se aprueba el Reglamento del Impuesto sobre Sucesiones y Donaciones.

[1083] Vid. artículo 27. 3 del Decreto Foral Normativo 3/1993, de 22 de junio, por el que se aprueba el Texto Refundido de la Norma Foral 2/1989, de 15 de febrero, del Impuesto sobre Sucesiones y Donaciones y artículo 78. 5 del Decreto Foral 107/2001, de 5 de junio, por el que se aprueba el Reglamento del Impuesto sobre Sucesiones y Donaciones.

[1084] Vid. artículo 27. 1 del Decreto Foral Normativo 3/1993, de 22 de junio, por el que se aprueba el Texto Refundido de la Norma Foral 2/1989, de 15 de febrero, del Impuesto sobre

7. Repudiación y renuncia a la herencia

En la repudiación o renuncia pura, simple y gratuita de la herencia o legado, los beneficiarios de la misma tributarán por la adquisición de la parte repudiada o renunciada con arreglo a la tarifa que correspondería aplicar al renunciante o al que repudia salvo que por el parentesco del causante con el favorecido proceda la aplicación de otra tarifa más gravosa.

Si el beneficiario de la renuncia pura, simple y gratuita de la herencia o legado recibiese directamente otros bienes del causante, sólo se aplicará lo dispuesto en el párrafo anterior cuando la suma de las liquidaciones practicadas por la adquisición separada de ambos grupos de bienes fuese superior a la girada sobre el valor de todos, con aplicación a la base liquidable de la tarifa que corresponda al grupo de grado de parentesco del beneficiario con el causante.

La repudiación o renuncia en favor de persona determinada, hecha después de prescrito el derecho de la Administración a determinar la deuda tributaria correspondiente al Impuesto que recae sobre la herencia o legado, se reputará a efectos fiscales como donación[1085].

Para que la renuncia del cónyuge sobreviviente a los efectos y consecuencias de la sociedad de gananciales y de la sociedad conyugal resultante del régimen de comunicación foral de bienes produzca el efecto de que los bienes renunciados pasen a formar parte, a los efectos de la liquidación del Impuesto, del caudal relicto del fallecido será necesario que la renuncia, además de ser pura, simple y gratuita, se haya realizado por escritura pública y con anterioridad al fallecimiento del causante. No concurriendo estas condiciones se girará liquidación por el concepto de donación del renunciante a favor de los que resulten beneficiados por la renuncia[1086].

Lo previsto en el párrafo anterior será aplicable a las parejas de hecho constituidas conforme a lo dispuesto en la Ley 2/2003, de 7 de mayo[1087].

8. Donaciones especiales

Las donaciones con causa onerosa y las remuneratorias tributarán por tal concepto y por su total importe. Si existieran recíprocas prestaciones o se

Sucesiones y Donaciones y artículo 78. 1 del Decreto Foral 107/2001, de 5 de junio, por el que se aprueba el Reglamento del Impuesto sobre Sucesiones y Donaciones.

[1085] Vid. artículo 28. 3 del Decreto Foral Normativo 3/1993, de 22 de junio, por el que se aprueba el Texto Refundido de la Norma Foral 2/1989, de 15 de febrero, del Impuesto sobre Sucesiones y Donaciones y artículo 80. 3 del Decreto Foral 107/2001, de 5 de junio, por el que se aprueba el Reglamento del Impuesto sobre Sucesiones y Donaciones.

[1086] Vid. artículo 80. 4, apartado primero, del Decreto Foral 107/2001, de 5 de junio, por el que se aprueba el Reglamento del Impuesto sobre Sucesiones y Donaciones.

[1087] Vid. artículo 80. 4, apartado segundo, del Decreto Foral 107/2001, de 5 de junio, por el que se aprueba el Reglamento del Impuesto sobre Sucesiones y Donaciones.

impusiera algún gravamen al donatario, tributarán por el mismo concepto solamente por la diferencia[1088].

8. Acumulación de adquisiciones hereditarias[1089]

Deberán considerarse como una sola adquisición hereditaria todos los incrementos de patrimonio que obtenga un causahabiente, que sean consecuencia de una misma sucesión respecto a un causante determinado, con independencia de que su obtención derive de distintos títulos sucesorios.

Tales incrementos se considerarán como una sola adquisición hereditaria a los efectos de la liquidación del impuesto, por lo que la cuota tributaria se obtendrá en función de la suma de todas las bases imponibles, aplicando una sola vez las reducciones de la base imponible correspondientes.

Además, las cuotas satisfechas con anterioridad por las liquidaciones acumuladas serán deducibles de la liquidación que se practique como consecuencia de la acumulación.

Como excepción, no procederá la acumulación en la herencia del causante, respecto de los bienes que hayan sido objeto de reversión y a los que se haya aplicado lo dispuesto en el artículo 76 del Decreto Foral 107/2001, de 5 de junio, por el que se aprueba el Reglamento del Impuesto sobre Sucesiones y Donaciones[1090].

9. Acumulación de donaciones y demás transmisiones lucrativas equiparables

Con efectos desde el día 1 de abril de 2012, se considerarán como una sola transmisión a los efectos de la liquidación del impuesto, las donaciones y demás transmisiones lucrativas "inter vivos" equiparables que se otorguen

---

[1088] Vid. artículo 29 del Decreto Foral Normativo 3/1993, de 22 de junio, por el que se aprueba el Texto Refundido de la Norma Foral 2/1989, de 15 de febrero, del Impuesto sobre Sucesiones y Donaciones y artículo 81 del Decreto Foral 107/2001, de 5 de junio, por el que se aprueba el Reglamento del Impuesto sobre Sucesiones y Donaciones.

[1089] Vid. artículo 75 del Decreto Foral 107/2001, de 5 de junio, por el que se aprueba el Reglamento del Impuesto sobre Sucesiones y Donaciones.

[1090] El artículo 76 del Decreto Foral 107/2001, de 5 de junio, por el que se aprueba el Reglamento del Impuesto sobre Sucesiones y Donaciones, en su redacción dada por el Decreto Foral 183/2002, de 15 de octubre, de Adaptación del Sistema Tributario del Territorio Histórico de Vizcaya a las peculiaridades del Derecho Civil Foral del País Vasco, establece: "1. En los casos en que se produzca la reversión de los bienes a favor del instituyente o del donante, que hayan sido objeto de transmisión por medio de pacto sucesorio con eficacia de presente o de donación de bienes con carga de alimentos, se procederá a practicar una nueva liquidación con arreglo a las normas de los usufructos temporales establecidas en el artículo 67. a) de este Reglamento, con devolución al sujeto pasivo del exceso pagado, en su caso, respecto a la liquidación inicialmente practicada por la transmisión de los bienes objeto de reversión. 2. No procederá la acumulación en la herencia del causante a que se refiere el artículo 75 de este Reglamento respecto de los bienes que hayan sido objeto de reversión y a los que se haya aplicado lo dispuesto en el apartado anterior de este artículo".

por un mismo donante a un mismo donatario dentro del plazo de 3 años (a contar desde la fecha de cada una), siempre que no hubieran sido declaradas exentas[1091].

Asimismo, en cuanto a la posibilidad de que estas donaciones y demás transmisiones lucrativas sean acumulables a la base imponible en la sucesión que se cause por el donante a favor del donatario, se añade una excepción que hace referencia a que se trate de adquisiciones "mortis causa" de bienes declarados exentos[1092].

10. Acumulación de las cantidades percibidas por razón de los seguros de vida

A efectos de determinar la base imponible, son objeto de acumulación las cantidades percibidas por el beneficiario por razón de todos los seguros sobre la vida constituidos sobre el fallecido[1093].

Si se hubieren liquidado las cantidades percibidas y, con posterioridad, hubiese que realizar la acumulación, se practicará una nueva liquidación teniendo en cuenta la base imponible correspondiente a la acumulación, pudiendo deducir de la cuota resultante las cantidades satisfechas con anterioridad a que se produjera la misma[1094].

En la sustitución vulgar el testador puede designar uno o varios herederos sustitutos para el caso en el que el heredero o herederos nombrados en primer lugar falleciesen antes que él o no quisieran o no pudieran aceptar la herencia.

En la sustitución fideicomisaria el heredero (fiduciario) recibe el encargo de conservar y transmitir a un tercero (fideicomisario) el todo o parte de la herencia, surtiendo efecto siempre que no pasen del segundo grado o que se hagan a favor de personas que vivan al fallecimiento del testador. El fideicomisario adquiere derecho a la sucesión desde el momento de la muerte

---

[1091] Vid. artículo 30. 1 del Decreto Foral Normativo 3/1993, de 22 de junio, por el que se aprueba el Texto Refundido de la Norma Foral 2/1989, de 15 de febrero, del Impuesto sobre Sucesiones y Donaciones y artículo 82. 1 del Decreto Foral 107/2001, de 5 de junio, por el que se aprueba el Reglamento del Impuesto sobre Sucesiones y Donaciones.

[1092] Vid. artículo 30. 2 del Decreto Foral Normativo 3/1993, de 22 de junio, por el que se aprueba el Texto Refundido de la Norma Foral 2/1989, de 15 de febrero, del Impuesto sobre Sucesiones y Donaciones y artículo 83.1 del Decreto Foral 107/2001, de 5 de junio, por el que se aprueba el Reglamento del Impuesto sobre Sucesiones y Donaciones, en su redacción dada por el artículo 3, Siete, del Decreto Foral 94/2012, de 15 de mayo, por el que se modifican diversos reglamentos tributarios, modificado por el artículo 1. Doce, de la Norma Foral 10/2013, de 5 de diciembre.

[1093] Vid. artículo 31 del Decreto Foral Normativo 3/1993, de 22 de junio, por el que se aprueba el Texto Refundido de la Norma Foral 2/1989, de 15 de febrero, del Impuesto sobre Sucesiones y Donaciones y artículo 84.1 del Decreto Foral 107/2001, de 5 de junio, por el que se aprueba el Reglamento del Impuesto sobre Sucesiones y Donaciones.

[1094] Vid. artículo 84. 2 del Decreto Foral 107/2001, de 5 de junio, por el que se aprueba el Reglamento del Impuesto sobre Sucesiones y Donaciones.

testador aunque muera antes que el fiduciario. El derecho de aquél pasa a sus herederos.

i) Obligaciones formales

Los sujetos pasivos vendrán obligados a presentar una declaración tributaria comprensiva de los hechos imponibles a que se refiere la Norma Foral. Los plazos para su presentación son los siguientes:

Cuando se trate de adquisiciones "mortis causa" o por cualquier título sucesorio, incluidas las de beneficiarios de contratos de seguros de vida para el caso de fallecimiento, el plazo de presentación será de 1 año a contar desde el día del fallecimiento del causante o aquel en que adquiera firmeza la declaración de fallecimiento, o en su caso, desde el día en que se devengue el Impuesto en los pactos sucesorios con eficacia de presente.

En las adquisiciones de bienes que se hallen pendientes del ejercicio de un poder testatorio o "alkar poderoso", el plazo empezará a contarse el día en que se haga uso del poder o se produzca alguna de las demás causas de extinción del mismo.

En los restantes supuestos, el plazo de presentación será de 30 días hábiles a contar desde el siguiente a aquel en que se cause o celebre el acto o contrato.

En las adquisiciones de bienes o derechos cuya efectividad se halle suspendida, los plazos empezarán a contarse a partir del día en que se entiendan realizadas.

En las herencias bajo "alkar poderoso" o poder testatorio, el comisario está obligado a presentar, en el plazo de 1 año desde el fallecimiento del causante, o desde la fecha en que gane firmeza la declaración de fallecimiento, un inventario de todos los bienes de la herencia y la justificación documental del poder testatorio.

Asimismo, en el plazo de 1 mes contado a partir de la fecha en que haga uso parcial o total del poder testatorio con carácter irrevocable o se produzca alguna de las causas de extinción del mismo, deberá comunicar tales extremos y presentar la documentación acreditativa de dicha utilización o justificar su extinción[1095].

El comisario deberá comunicar a la Administración tributaria las alteraciones producidas en el inventario de los elementos patrimoniales que formen parte de la herencia que se halle pendiente del ejercicio de un poder testatorio, siempre que las correspondientes alteraciones patrimoniales no impliquen el devengo del Impuesto sobre Sucesiones y Donaciones. La citada comunicación se deberá presentar en el plazo de un mes desde que se

[1095] Vid. artículo 32 del Decreto Foral Normativo 3/1993, de 22 de junio, por el que se aprueba el Texto Refundido de la Norma Foral 2/1989, de 15 de febrero, del Impuesto sobre Sucesiones y Donaciones y artículo 85 del Decreto Foral 107/2001, de 5 de junio, por el que se aprueba el Reglamento del Impuesto sobre Sucesiones y Donaciones.

produzca la alteración patrimonial y a la misma deberá adjuntarse copia de la documentación justificativa de la alteración[1096].

Al igual que en el Estado se establecen determinados supuestos de suspensión de los plazos de presentación de la declaración tributaria, por el contrario la normativa foral no establece la posibilidad de solicitud de prórroga de los mismos[1097].

La declaración tributaria debe contener los siguientes datos[1098]:

— Datos identificativos de transmitente y adquirente.
— Designación de un domicilio para la práctica de las notificaciones.
— Relación detallada de los bienes y derechos adquiridos, con expresión de su valor real.
— Relación de las cargas, deudas y gastos cuya deducción se solicite.

Además, dependiendo del carácter de la transmisión de que se trate "inter vivos", "mortis causa", seguros de vida o supuestos de "alkar poderoso" o poder testatorio) debe presentarse una serie de documentos complementarios, junto con una copia simple de los mismos, especificados detalladamente en el artículo 87 del Decreto Foral 107/2001, de 5 de junio.

Las declaraciones y demás documentos deberán presentarse en el lugar que se determine por el titular del Departamento de Hacienda y Finanzas de la Diputación Foral de Vizcaya.

No obstante, los sujetos pasivos podrán optar por presentarlos en las Oficinas Liquidadoras de Distrito Hipotecario que resulten competentes en función de lo dispuesto en el artículo 91 del Decreto Foral 107/2001, de 5 de junio por el que se aprueba el reglamento del Impuesto sobre Sucesiones y Donaciones[1099].

Con efectos a partir del 1 de enero de 2003, además de las obligaciones establecidas en el territorio común, los Notarios estarán obligados a remitir a la Diputación Foral, dentro de la primera quincena de cada mes, una relación de los testamentos que hayan autorizado durante el mes inmediato anterior en los que se haya producido el ejercicio con carácter irrevocable de un poder testatorio por parte del comisario de una herencia, especificando la identidad del comisario y la del causante de la herencia cuyo poder se ejercita.

[1096] Vid. artículo 32. 4, apartado segundo, del Decreto Foral Normativo 3/1993, de 22 de junio, por el que se aprueba el Texto Refundido de la Norma Foral 2/1989, de 15 de febrero, del Impuesto sobre Sucesiones y Donaciones y artículo 84. 3 del Decreto Foral 107/2001, de 5 de junio, por el que se aprueba el Reglamento del Impuesto sobre Sucesiones y Donaciones.

[1097] Vid. artículo 89 del Decreto Foral 107/2001, de 5 de junio, por el que se aprueba el Reglamento del Impuesto sobre Sucesiones y Donaciones.

[1098] Vid. artículo 87. 2 del Decreto Foral 107/2001, de 5 de junio, por el que se aprueba el Reglamento del Impuesto sobre Sucesiones y Donaciones.

[1099] Vid. artículo 90 del Decreto Foral 107/2001, de 5 de junio, por el que se aprueba el Reglamento del Impuesto sobre Sucesiones y Donaciones.

La citada relación deberá incluir todos los documentos autorizados por los Notarios en los que se produzca el ejercicio de un poder testatorio, incluso cuando el ejercicio se produzca en el propio testamento del comisario[1100].

Con efectos a partir del 1 de enero de 2004, entre las excepciones al deber de información a la Diputación Foral se incluyen los instrumentos públicos relativos a parejas de hecho constituidas conforme a lo dispuesto en la Ley 2/2003, de 7 de mayo, con excepción de los referentes al régimen económico patrimonial de las mismas. No obstante, surtirá efectos desde el 24 de mayo de 2003, cuando su aplicación resulte más favorable para el obligado tributario[1101].

j) Gestión

Se establecen las siguientes disposiciones en relación con la gestión: liquidación, aplazamiento y fraccionamiento del pago, devoluciones, infracciones y sanciones.

1. Liquidación

La Diputación Foral puede regular los procedimientos de liquidación y pago del impuesto, incluyendo el régimen de autoliquidación[1102].

El régimen de autoliquidación es de carácter optativo, si bien existen una serie de supuestos en los que su presentación se establece de forma obligatoria, a saber:

La adquisición de bienes y derechos por donación o por cualquier otro negocio jurídico a título gratuito e "inter vivos", la percepción de cantidades por los beneficiarios de contratos de seguro sobre la vida cuando el contratante sea persona distinta del beneficiario[1103].

Aquel nudo propietario que consolide el dominio de un bien como consecuencia de la extinción de un usufructo por muerte del usufructuario o por el cumplimiento del plazo previsto, cuando dicho usufructo hubiese sido constituido en virtud de una transmisión lucrativa "inter vivos" o "mortis causa".

1100 Vid. artículo 33. 3 del Decreto Foral Normativo 3/1993, de 22 de junio, por el que se aprueba el Texto Refundido de la Norma Foral 2/1989, de 15 de febrero, del Impuesto sobre Sucesiones y Donaciones.

1101 Vid. artículo 33. 3 del Decreto Foral Normativo 3/1993, de 22 de junio, por el que se aprueba el Texto Refundido de la Norma Foral 2/1989, de 15 de febrero, del Impuesto sobre Sucesiones y Donaciones y 111. 3 del Decreto Foral 107/2001, de 5 de junio por el que se aprueba el Reglamento del Impuesto sobre Sucesiones y Donaciones.

1102 Vid. artículo 35. 2 del Decreto Foral Normativo 3/1993, de 22 de junio, por el que se aprueba el Texto Refundido de la Norma Foral 2/1989, de 15 de febrero, del Impuesto sobre Sucesiones y Donaciones y 105 del Decreto Foral 107/2001, de 5 de junio por el que se aprueba el Reglamento del Impuesto sobre Sucesiones y Donaciones.

1103 Vid. artículo 85. 2 del Decreto Foral 107/2001, de 5 de junio por el que se aprueba el Reglamento del Impuesto sobre Sucesiones y Donaciones.

También se utilizará cuando el nudo propietario consolide el dominio por una causa diferente de las anteriores, por ejemplo por compraventa, donación o renuncia del usufructo, siempre que la liquidación que se encuentre pendiente por la desmembración del dominio sea mayor que la que corresponda al negocio jurídico en cuya virtud se extingue el usufructo.

2. Liquidaciones parciales a cuenta

A diferencia de la normativa estatal, la legislación foral no establece el supuesto de liquidación parcial a cuenta a los efectos de cobrar seguros sobre la vida[1104].

Las liquidaciones parciales tendrán el carácter de ingresos a cuenta de la liquidación definitiva que proceda por la sucesión hereditaria de que se trate.

3. Aplazamiento y fraccionamiento del pago

Los órganos competentes podrán acordar el aplazamiento de las cuotas liquidadas por herencia o legado de bienes o derechos en nuda propiedad hasta la consolidación del dominio, siempre que concurran los siguientes requisitos:

— Que el documento haya sido presentado y se solicite en los plazos reglamentariamente establecidos.
— Que el interesado declare carecer de bienes bastantes para satisfacer el pago.
— Que sea posible garantizar el pago mediante hipoteca legal, especial sobre otros bienes o fianza bancaria de carácter solidario.

En los mismos supuestos podrán acordar el fraccionamiento de pago, en cinco anualidades como máximo, siempre que se garantice el pago mediante compromiso de constituir garantía suficiente que cubra el importe de la deuda principal e intereses de demora, más un 25% de la suma de ambas partidas. En este supuesto no es necesario garantizar el pago mediante hipoteca legal[1105].

Se establece un plazo de 5 años para el aplazamiento de las liquidaciones giradas como consecuencia de la transmisión por herencia, legado o donación de una empresa individual que ejerza una actividad industrial, comercial, artesanal, agrícola o profesional.

[1104] Vid. artículo 36. 1 del Decreto Foral Normativo 3/1993, de 22 de junio, por el que se aprueba el Texto Refundido de la Norma Foral 2/1989, de 15 de febrero, del Impuesto sobre Sucesiones y Donaciones y artículos 96 y 108. 1 del Decreto Foral 107/2001, de 5 de junio por el que se aprueba el Reglamento del Impuesto sobre Sucesiones y Donaciones.

[1105] Vid. artículo 39. 1 y 2, del Decreto Foral Normativo 3/1993, de 22 de junio, por el que se aprueba el Texto Refundido de la Norma Foral 2/1989, de 15 de febrero, del Impuesto sobre Sucesiones y Donaciones.

Pasado el plazo de 5 años, existe la posibilidad de acordar el fraccionamiento del pago en 10 plazos semestrales sucesivos, devengándose durante ese período el interés legal del dinero.

Con efectos a partir de 13 de julio de 2001 la norma foral contempla, equiparándose en este punto a lo establecido en la legislación estatal, un nuevo supuesto de fraccionamiento para las cantidades percibidas a través de contratos de seguro sobre la vida.

Así, se establece que en los seguros sobre la vida en los que el causante sea, a su vez, el contratante o el asegurado en el seguro colectivo y cuyo importe se perciba en forma de renta, vitalicia o temporal, se fraccionará a solicitud del beneficiario el pago del impuesto correspondiente, para lo cual se tendrán en consideración las siguientes reglas: en los supuestos a que se refiere este apartado, el beneficiario deberá integrar en la base imponible el valor actual de dicha renta, determinado de acuerdo con criterios de cálculo actuarial.

Los órganos competentes acordarán el fraccionamiento del pago de las cuotas tributarias correspondientes a que hace referencia este apartado, siempre que concurran las siguientes condiciones: que la declaración-liquidación haya sido presentada ante la Oficina correspondiente dentro de los plazos previstos y que se solicite el fraccionamiento antes de expirar el plazo reglamentario de pago de la deuda tributaria.

Los órganos competentes acordarán el fraccionamiento en el número de años en que se perciba la renta, si ésta fuera temporal, o en un número máximo de quince años, si la renta fuera vitalicia.

La concesión del fraccionamiento no requerirá que se constituya ningún tipo de caución ni implicará la obligación de pagar el interés de demora correspondiente.

La solicitud deberá resolverse en el plazo de tres meses desde su presentación, considerándose estimada si transcurrido dicho plazo no se ha notificado al contribuyente la desestimación de la misma.

El importe del ingreso anual correspondiente al pago fraccionado será el que resulte de dividir el importe de la cuota que se fracciona entre el número de años en que se perciba la renta, si fuera temporal, o entre quince, si fuera vitalicia.

El pago anual fraccionado se ingresará durante el mes de enero siguiente a la percepción íntegra de cada anualidad de renta.

Por otra parte, la normativa del territorio común regula, como hemos señalado, además la posibilidad de aplazamiento para la transmisión hereditaria de la vivienda habitual[1106].

La concesión de los aplazamientos no implicará la obligación de pagar el interés de demora correspondiente.

[1106] Cfr. artículo 39 de la Ley estatal 29/1987, de 18 de diciembre del Impuesto sobre Sucesiones y Donaciones.

En el caso de autoliquidaciones, los interesados también podrán solicitar de los órganos competentes, la concesión de los citados beneficios en los mismos términos establecidos para el régimen general de presentación de documentos[1107].

4. Devoluciones[1108]

Procederá la devolución de la cuota del impuesto cuando se declare o reconozca judicial o administrativamente, por resolución firme, haber tenido lugar la nulidad, rescisión o resolución de un acto o contrato y se cumplan los siguientes requisitos:

— Que la resolución no hubiere producido efectos lucrativos al contribuyente.
— Que la reclamación de la devolución se efectúe en el plazo de 3 años, a contar desde que la resolución quede firme.

No será precisa la declaración judicial o administrativa cuando la resolución sea consecuencia del cumplimiento de una condición establecida por las partes.

Si el acto o contrato hubiere producido efecto lucrativo, se rectificará la liquidación practicada, tomando por base el valor del usufructo temporal de los bienes o derechos transmitidos.

No procederá la devolución del impuesto en los siguientes casos:

Cuando la rescisión o resolución se declarase por incumplimiento de las obligaciones del contratante obligado al pago del Impuesto.

Cuando el contrato quede sin efecto por mutuo acuerdo como tal se estimarán la avenencia en acto de conciliación y el simple allanamiento a la demanda, de las partes contratantes.

5. Infracciones y sanciones

Las infracciones tributarias en el Impuesto sobre Sucesiones y Donaciones son calificadas y sancionadas con arreglo a lo previsto en la Norma Foral General Tributaria[1109].

La presentación fuera de plazo de las declaraciones o autoliquidaciones de bienes o derechos consecuentes a adquisiciones exentas o aquellas en las que las reducciones aplicables a la base imponible igualen o superen su importe, se sancionarán con multa pecuniaria proporcional del 0,1 por 100 del valor neto de los bienes y derechos adquiridos, con un mínimo de 600 y un máximo de 9.000 euros por cada sujeto pasivo.

1107 Vid. artículo 109. 2 del Decreto Foral 107/2001, de 5 de junio, por el que se aprueba el Reglamento del Impuesto sobre Sucesiones y Donaciones.

1108 Vid. artículo 110 del Decreto Foral 107/2001, de 5 de junio, por el que se aprueba el Reglamento del Impuesto sobre Sucesiones y Donaciones.

1109 Vid. Norma Foral 2/2005, de 10 de marzo, General Tributaria, del Territorio Histórico de Vizcaya.

El incumplimiento, dentro del plazo establecido para ello, de las obligaciones impuestas al comisario de las herencias que se defieran por "alkarpoderoso" o poder testatorio será considerado como infracción tributaria, que se sancionará con arreglo a lo dispuesto en las siguientes reglas:

La falta de presentación del inventario de los bienes de la herencia o de la justificación documental del poder por parte del comisario será sancionada con multa pecuniaria fija de 600 euros.

La falta de comunicación del ejercicio del poder testatorio o de la concurrencia de alguna de las demás causas de extinción del mismo será sancionada con multa pecuniaria proporcional del 0,1 por 100 del valor neto de los bienes y derechos, con un mínimo de 600 y un máximo de 9.000 euros por cada sujeto pasivo[1110].

Como mutuo acuerdo se estimarán la avenencia en acto de conciliación y el simple allanamiento a la demanda.

3. Guipúzcoa

a) Consideraciones generales

Ha de tenerse en cuenta, además, la Ley 3/1992, de 1 de julio, del Derecho Civil Foral vasco que en su Título III regula con efectos desde el 31 de diciembre de 1999 las peculiaridades forales relativas a la ordenación sucesoria del caserío guipuzcoano.

Asimismo, ha de tenerse en cuenta la Norma Foral 3/1990, de 11 de enero, del Impuesto sobre Sucesiones y Donaciones y el Decreto Foral 42/2012, de 22 de octubre, por el que se aprueba el Reglamento sobre Sucesiones y Donaciones.

b) Hecho imponible

Constituye el hecho imponible:

La adquisición de bienes y derechos por herencia, legado o cualquier otro título sucesorio.

La adquisición de bienes y derechos por donación o cualquier otro negocio jurídico a título gratuito e "inter vivos"[1111].

La percepción de cantidades por los beneficiarios de contratos de seguro sobre la vida, cuando el contratante sea persona distinta del beneficiario, salvo en los supuestos expresamente regulados en el artículo 18, a) de la

---

[1110] Vid. artículo 41 del Decreto Foral Normativo 3/1993, de 22 de junio, por el que se aprueba el Texto Refundido de la Norma Foral 2/1989, de 15 de febrero, del Impuesto sobre Sucesiones y Donaciones, en su redacción dada por el artículo 7 de la Norma Foral 3/2013, de 27 de febrero, de Medidas tributarias por la que se aprueban medidas adicionales para reforzar la lucha contra el fraude fiscal y otras modificaciones tributarias.

[1111] Vid. artículo 3. 1, a) y b) de la Norma Foral 31/1990, de 11 de enero, del Impuesto sobre Sucesiones y Donaciones.

Norma foral 10/2006, de 29 de diciembre [1112] del Impuesto sobre la Renta de las Personas Físicas de Guipúzcoa[1113].

c) Supuestos de no sujeción[1114]

Los incrementos de patrimonio obtenidos por personas jurídicas, que se someterán al Impuesto sobre Sociedades.

[1112] Este artículo, dice: "También se considerarán rendimientos del trabajo: a) Las siguientes prestaciones: 1.ª Las pensiones y haberes pasivos percibidos de los regímenes públicos de la Seguridad Social y Clases Pasivas y demás prestaciones públicas por situaciones de incapacidad, jubilación, accidente, enfermedad, viudedad o similares, sin perjuicio de lo dispuesto en el artículo 9 de esta Norma Foral. No obstante lo dispuesto en el párrafo anterior, las prestaciones y cantidades recibidas por quienes ejerzan actividades económicas en cualquiera de los conceptos establecidos en la Ley General de la Seguridad Social que impliquen una situación de incapacidad temporal para dichas actividades, se computarán como rendimiento de las mismas; 2.ª Las prestaciones percibidas por los beneficiarios de mutualidades generales obligatorias de funcionarios, colegios de huérfanos y otras entidades similares; 3.ª Las percepciones que a continuación se relacionan: a') Las cantidades percibidas por los socios de número y los beneficiarios de las entidades de previsión social voluntaria, incluyendo las que se perciban como consecuencia de baja voluntaria o forzosa o de la disolución y liquidación de la entidad o en los supuestos de enfermedad grave y desempleo de larga duración. No obstante, no se incluirán en la base imponible del Impuesto las cantidades percibidas como consecuencia de baja voluntaria o forzosa o de la disolución y liquidación de la entidad, cuando las cantidades percibidas se aporten íntegramente a otra entidad de previsión social voluntaria en un plazo no superior a dos meses. b') Las prestaciones percibidas por los beneficiarios de los planes de pensiones, incluyendo las cantidades dispuestas anticipadamente en los supuestos de enfermedad grave y desempleo de larga duración y las percibidas de los planes de pensiones regulados en la Directiva 2003/41/CE del Parlamento Europeo y del Consejo, de 3 de junio de 2003, relativa a las actividades y la supervisión de fondos de pensiones de empleo. 4.ª Las prestaciones percibidas por los beneficiarios de contratos de seguros concertados con mutualidades de previsión social cuyas aportaciones hayan podido ser, al menos en parte, gasto deducible para la determinación del rendimiento neto de actividades económicas u objeto de reducción en la base imponible de este Impuesto. Las prestaciones por jubilación e invalidez derivadas de dichos contratos se integrarán en la base imponible en la medida en que la cuantía percibida exceda de las aportaciones que no hayan podido ser objeto de reducción o minoración en la base imponible del Impuesto por incumplir los requisitos previstos en la letra a) del apartado 4 del artículo 72 o en la disposición adicional séptima de esta Norma Foral. 5.ª Las prestaciones percibidas por los beneficiarios de los planes de previsión social empresarial. 6.ª Las prestaciones por jubilación e invalidez percibidas por los beneficiarios de contratos de seguro colectivo, distintos de los planes de previsión social empresarial, que instrumenten los compromisos por pensiones asumidos por las empresas, en los términos previstos en la disposición adicional primera del Texto Refundido de la Ley de Regulación de Planes y Fondos de Pensiones aprobado por Real Decreto Legislativo 1/2002, de 29 de noviembre, y en su normativa de desarrollo, en la medida en que su cuantía exceda de las contribuciones imputadas fiscalmente y de las aportaciones directamente realizadas por el trabajador. 7.ª Las prestaciones percibidas por los beneficiarios de los planes de previsión asegurados, incluyendo las cantidades dispuestas anticipadamente en los supuestos de enfermedad grave y desempleo de larga duración. 8 ª Las prestaciones percibidas por los beneficiarios de los seguros de dependencia conforme a lo dispuesto en la Ley de promoción de la autonomía personal y atención a las personas en situación de dependencia".

[1113] Vid. artículo 3. 1, c) de la Norma Foral 31/1990, de 11 de enero, del Impuesto sobre Sucesiones y Donaciones, en su redacción dada por la Norma Foral 3/2008, de 9 de julio.

[1114] Vid. artículo 3. 2 de la Norma Foral 3/1990, de 11 de enero, del Impuesto sobre Sucesiones y Donaciones.

Los premios obtenidos en juegos autorizados.

Los demás premios e indemnizaciones sujetas al Impuesto sobre la Renta de las Personas Físicas.

Las subvenciones, becas, premios, primas, gratificaciones y auxilios que se concedan por Entidades públicas o privadas con fines benéficos, docentes, culturales, deportivos o de acción social.

Las cantidades que en concepto de prestaciones se perciban por los beneficiarios de planes de previsión social, siempre que esté dispuesto que estas prestaciones se integren en la base imponible del Impuesto sobre la Renta de las Personas Físicas correspondiente al perceptor.

Las cantidades, prestaciones o utilidades entregadas por corporaciones, asociaciones, fundaciones, sociedades, empresas y demás entidades a sus trabajadores, empleados y asalariados, cuando deriven directa o indirectamente de un contrato de trabajo, aunque se satisfagan a través de un seguro concertado por aquéllas.

Las cantidades percibidas por un acreedor, en cuanto beneficiario de un contrato de seguro sobre la vida celebrado con el objeto de garantizar el pago de una deuda anterior, siempre que resulten debidamente probadas estas circunstancias.

Las aportaciones a favor de terceras personas realizadas a seguros privados que cubran exclusivamente el riesgo de dependencia severa o de gran dependencia y las realizadas a favor del cónyuge o pareja de hecho, así como las realizadas a sistemas de previsión social constituidos a favor de personas con discapacidad, a que se refieren los artículos 72 y 74 de la Norma Foral 10/2006, de 29 de diciembre, del Impuesto sobre la Renta de las Personas Físicas del Territorio Histórico de Guipúzcoa.

d) Exenciones

Se establecen las siguientes exenciones:

Las transmisiones a título lucrativo del caserío y sus pertenecidos, otorgadas por los ascendientes a favor de sus descendientes, siempre que la finca estuviera destinada a su explotación agrícola, forestal o ganadera y que el transmitente la lleve a cabo de manera personal.

La exención estará condicionada a que, durante el plazo mínimo de 5 años, el adquirente se ocupe de manera personal de la explotación del caserío y sus pertenecidos

Los sueldos y demás emolumentos que dejen devengados y no percibidos a su fallecimiento los funcionarios activos y pasivos, y los trabajadores.

Las cantidades percibidas por razón de contratos de seguros sobre la vida cuando se concierten para actuar de cobertura de una operación principal de carácter civil o mercantil[1115].

[1115] Vid. artículo 5 de la Norma Foral 3/1990, de 11 de enero, del Impuesto sobre Sucesiones y Donaciones, en su redacción dada por la Norma Foral 13/2012, de 27 de diciembre, por la que se aprueban determinadas modificaciones tributarias.

e) Presunciones

Lo mismo que en territorio de régimen fiscal común, se presumirá la existencia de una transmisión lucrativa cuando de los Registros Fiscales o de los datos que obren en la Administración, resultare la disminución del patrimonio de una persona y simultáneamente o con posterioridad, pero siempre dentro del plazo de prescripción del Impuesto, el incremento patrimonial correspondiente en el cónyuge o pareja de hecho, herederos o legatarios.

La presunción se pondrá en conocimiento de los interesados para que puedan formular cuantas alegaciones y pruebas estimen convenientes a su derecho, antes de girar las liquidaciones correspondientes[1116].

A diferencia del territorio común en Guipúzcoa se establece la presunción de la adquisición de bienes o derechos por donación o cualquier otro negocio jurídico a título gratuito e "inter vivos" a favor de descendientes o adoptados, precedida de otra adquisición de los mismos bienes o derechos, realizada dentro de los últimos 5 años inmediatamente anteriores a la citada adquisición, por donación o negocio jurídico a título gratuito e "inter vivos" a favor del ascendiente o adoptante y realizada por otro descendiente o adoptado del mismo, tributará teniendo en cuenta el parentesco del primer donante con respecto al último donatario[1117].

f) Sujetos pasivos y responsables

Estarán obligados al pago del impuesto a título de contribuyentes:

— En las adquisiciones "mortis causa", los causahabientes.
— En las donaciones y demás transmisiones lucrativas "inter vivos" equiparables, el donatario o el favorecido por ellas.
— En los seguros sobre la vida, los beneficiarios[1118].

A su vez, se establece que serán subsidiariamente responsables del pago del impuesto, salvo que resultaren de aplicación las normas sobre responsabilidad solidaria de la Norma Foral General Tributaria:

En las transmisiones "mortis causa" de depósitos, garantías o cuentas corrientes, los intermediarios financieros y las demás entidades o personas que hubieren entregado el metálico y valores depositados o devuelto las garantías constituidas.

A estos efectos, no se considerará entrega de metálico o de valores depositados, ni devolución de garantías, el pago del propio Impuesto sobre Sucesiones y Donaciones que grave la transmisión "mortis causa".

En las entregas de cantidades a quienes resulten beneficiarios como herederos o designados en los contratos, las Entidades de Seguros que las verifiquen.

[1116] Vid. artículo 4. 1 a 3, de la Norma Foral 3/1990, de 11 de enero, del Impuesto sobre Sucesiones y Donaciones.

[1117] Vid. artículo 4. 4 de la Norma Foral 3/1990, de 11 de enero, del Impuesto sobre Sucesiones y Donaciones.

[1118] Vid. artículo 6 de la Norma Foral 3/1990, de 11 de enero, del Impuesto sobre Sucesiones y Donaciones.

A estos efectos, no se considerará entrega de cantidades a los beneficiarios de contratos de seguro el pago a cuenta de la prestación que tenga como exclusivo fin el pago del propio Impuesto sobre Sucesiones y Donaciones.

Los mediadores en la transmisión de títulos valores que formen parte de la herencia.

Tampoco se considerará que estos mediadores son responsables del tributo cuando se limiten a realizar, por orden de los herederos, la venta de los valores necesarios que tenga como exclusivo fin el pago del propio Impuesto sobre Sucesiones y Donaciones que grave la transmisión "mortis causa"[1119].

Será también responsable subsidiario el funcionario que autorizase el cambio de sujeto pasivo de cualquier tributo o exacción estatal, autonómica o local, cuando tal cambio suponga directa o indirectamente, una adquisición gravada por el presente impuesto y no hubiere exigido previamente la justificación del pago del mismo[1120].

g) Régimen de imputación

Se prevé de manera expresa que en caso de contribuyentes que sean sociedades civiles, herencias yacentes, comunidades de bienes y demás entidades que, aún careciendo de personalidad jurídica, constituyan un patrimonio separado susceptible de imposición, los bienes y derechos adquiridos a título lucrativo se atribuirán a sus socios, herederos, comuneros y partícipes según las normas o pactos aplicables en cada caso y si éstos no constaran a la Administración, ésta tiene la facultad de atribuirlos por partes iguales a los mismos[1121].

h) Base imponible

Constituye la base imponible en las transmisiones "mortis causa" el valor neto de la adquisición individual de cada causahabiente, entendiéndose como tal el valor real de los bienes y derechos minorado por las cargas y deudas que fueren deducibles.

En las donaciones y demás transmisiones lucrativas "inter vivos" equiparables, el valor neto de los bienes y derechos adquiridos, entendiéndose como tal el valor real de los bienes y derechos minorado por las cargas y deudas que fueren deducibles.

En los seguros sobre la vida, las cantidades percibidas por el beneficiario[1122].

[1119] Vid. artículo 8. 1 de la Norma Foral 3/1990, de 11 de enero, del Impuesto sobre Sucesiones y Donaciones, en su redacción dada por la Norma Foral 3/2008, de 9 de julio.

[1120] Vid. artículo 8. 2 de la Norma Foral 3/1990, de 11 de enero, del Impuesto sobre Sucesiones y Donaciones.

[1121] Vid. artículo 7 de la Norma Foral 3/1990, de 11 de enero, del Impuesto sobre Sucesiones y Donaciones.

[1122] Vid. artículo 9 de la Norma Foral 3/1990, de 11 de enero, del Impuesto sobre Sucesiones y Donaciones.

Las peculiaridades respecto a la normativa de territorio común en el ámbito de la base imponible son las relativas a: los seguros de vida, el ajuar doméstico, la comprobación de valores y al derecho de adquisición por la Diputación Foral.

En la determinación de la base imponible haremos referencia a las siguientes cuestiones: determinación del caudal hereditario, determinación del valor neto de la participación individual, bienes adicionables, deducción de deudas en las transmisiones lucrativas "inter vivos", donación de bienes comunes de la sociedad conyugal o pareja de hecho, seguros contratados con cargo a los bienes comunes de la sociedad conyugal o pareja de hecho, ajuar doméstico, comprobación de valores y derecho de adquisición por la Diputación Foral.

1. Determinación del caudal hereditario

A efectos de determinar la participación individual de cada causahabiente, se incluirán también en el caudal hereditario del causante los bienes que resulten adicionados por el juego de las presunciones establecidas, salvo que con arreglo a las mismas deban ser imputados en la base imponible de personas determinadas.

Lo dispuesto en el número anterior no se aplicará para determinar la participación individual de aquellos causahabientes a quienes el testador hubiese atribuido bienes determinados con exclusión de cualesquiera otros del caudal hereditario. En el caso de que les atribuyera bienes determinados y una participación en el resto de la masa hereditaria, se les computará la parte de bienes adicionados que proporcionalmente les corresponda, según su participación en el resto de la masa hereditaria.

En el caso de los legados el importe del Impuesto no incrementará la base imponible de la liquidación a girar a cargo del legatario, pero en ningún caso será deducible a los efectos de determinar la de los demás causahabientes[1123].

2. Determinación del valor neto de la participación individual

A efectos de fijar el valor neto de la participación individual de cada causahabiente se deducirá del valor de los bienes o derechos:

El de las cargas o gravámenes que pesaren sobre los mismos y que sean deducibles según lo establecido en la Norma Foral del Impuesto y en este Reglamento.

El de las deudas que reúnan las condiciones exigidas para su deducción.

El de aquéllos que disfruten de algún beneficio fiscal en su adquisición, en la proporción que para el beneficio se establezca.

El importe de los gastos deducibles, según lo establecido.

Cuando los bienes afectados por la carga o los que disfruten del beneficio fiscal en su adquisición hayan sido atribuidos por el testador a favor de per-

---

[1123] Vid. artículo 12 del Decreto Foral 42/2012, de 22 de octubre, por el que se aprueba el Reglamento del Impuesto sobre Sucesiones y Donaciones.

sona determinada, o cuando por disposición del mismo el pago de la deuda quede a cargo de uno de los causahabientes, la deducción afectará sólo a la persona o causahabientes de que se trate[1124].

3. Bienes adicionables

Se establecen los siguientes supuestos de adición de bienes al caudal hereditario:

Bienes adicionables por haber pertenecido al causante el año anterior al fallecimiento. Se presumirá que los bienes pertenecieron al causante por la circunstancia de que los mismos figuren a su nombre.

La adición realizada al amparo de esta presunción afectará a todos los causahabientes en la misma proporción en que fuesen herederos, salvo que fehacientemente se acredite la transmisión a persona distinta de un heredero, legatario, pariente dentro del tercer grado o cónyuge o pareja de hecho, en cuyo caso afectará sólo a ésta, que asumirá a efectos fiscales, si ya no la tuviese, la condición de heredero o legatario[1125].

Bienes adicionables por haberlos adquirido en usufructo el causante en los 3 años anteriores al fallecimiento. La presunción de que los bienes y derechos que durante los 3 años anteriores al fallecimiento hubieran sido adquiridos a título oneroso en usufructo por el causante y en nuda propiedad por un heredero, legatario, pariente dentro del tercer grado o cónyuge o pareja de hecho quedará desvirtuada mediante la justificación suficiente de que el adquirente de la nuda propiedad satisfizo al transmitente el dinero o le entregó los bienes o derechos de valor equivalente, suficientes para su adquisición.

La adición realizada al amparo de dicha presunción perjudicará exclusivamente al adquirente de la nuda propiedad, al que se le liquidará por la adquisición "mortis causa" del pleno dominio del bien o derecho de que se trate. La práctica de esta liquidación excluirá la que hubiese correspondido por la consolidación del pleno dominio[1126].

Bienes adicionables por haber transmitido el causante su nuda propiedad en los 4 años anteriores al fallecimiento. La presunción establecida que fija que los bienes y derechos que hubieran sido transmitidos por el causante durante los 4 años anteriores a su fallecimiento, reservándose el usufructo de los mismos o de otros del adquirente o cualquier otro derecho vitalicio, salvo cuando se trate de seguros de renta vitalicia contratados con entidades dedicadas legalmente a este género de operaciones, quedará desvirtuada mediante la justificación suficiente de que en el caudal hereditario figura

[1124] Vid. artículo 13 del Decreto Foral 42/2012, de 22 de octubre, por el que se aprueba el Reglamento del Impuesto sobre Sucesiones y Donaciones.

[1125] Vid. artículo 14 del Decreto Foral 42/2012, de 22 de octubre, por el que se aprueba el Reglamento del Impuesto sobre Sucesiones y Donaciones.

[1126] Vid. artículo 11. 1, b) de la Norma Foral 3/1990, de 11 de enero, del Impuesto sobre Sucesiones y Donaciones y artículo 15 del Decreto Foral 42/2012, de 22 de octubre, por el que se aprueba el Reglamento del Impuesto sobre Sucesiones y Donaciones.

dinero u otros bienes recibidos en contraprestación de la transmisión de la nuda propiedad por valor equivalente.

La adición realizada al amparo de dicha presunción perjudicará exclusivamente al adquirente de la nuda propiedad, que será considerado como legatario si fuese persona distinta de un heredero, y al que se liquidará por la adquisición "mortis causa" del pleno dominio del bien o derecho de que se trate. La práctica de esta liquidación excluirá la que hubiese correspondido por la consolidación del pleno dominio[1127].

La adición que establece que los valores y efectos depositados y cuyos resguardos se hubieren endosado, si con anterioridad al fallecimiento del endosante no se hubieren retirado aquéllos o tomado razón del endoso en los libros del depositario, y los valores nominativos que hubieren sido igualmente objeto de endoso, si la transferencia no se hubiere hecho constar en los libros de la entidad emisora con anterioridad también al fallecimiento del causante, afectará exclusivamente al endosatario de los valores, que será considerado como legatario si no tuviese la condición de heredero[1128].

4. Deducción de deudas en las transmisiones lucrativas "inter vivos"

Al igual que en la normativa del Impuesto sobre Sucesiones y Donaciones estatal, del valor de los bienes o derechos donados o adquiridos por otro negocio jurídico lucrativo equiparable, sólo se deducirá el importe de las deudas que estén garantizadas con derecho real que recaiga sobre los mismos bienes o derechos adquiridos, siempre que el adquirente haya asumido fehacientemente la obligación de pagar la deuda garantizada con liberación del primitivo deudor.

Se establece la peculiaridad foral de que cuando después de ingresado el importe del impuesto el adquirente acreditase, fehacientemente, dentro del plazo de cuatro años contados desde el día en que hubiese finalizado el plazo reglamentario para la presentación de la autoliquidación, el pago de la deuda por su cuenta, tendrá derecho a la devolución de la porción de impuesto que corresponda a la deuda pagada por él[1129].

5. Donación de bienes comunes de la sociedad conyugal o pareja de hecho

A diferencia del territorio común, se establece que en las donaciones de bienes gananciales realizadas conjuntamente por ambos cónyuges o parejas de hecho y en los supuestos en que proceda aplicar una presunción de do-

[1127] Vid. artículo 11. 1, c) de la Norma Foral 3/1990, de 11 de enero, del Impuesto sobre Sucesiones y Donaciones y artículo 16 del Decreto Foral 42/2012, de 22 de octubre, por el que se aprueba el Reglamento del Impuesto sobre Sucesiones y Donaciones.

[1128] Vid. artículo 11. 1, d) de la Norma Foral 3/1990, de 11 de enero, del Impuesto sobre Sucesiones y Donaciones y artículo 17 del Decreto Foral 42/2012, de 22 de octubre, por el que se aprueba el Reglamento del Impuesto sobre Sucesiones y Donaciones.

[1129] Vid. artículo 21. 2 del Decreto Foral 42/2012, de 22 de octubre, por el que se aprueba el Reglamento del Impuesto sobre Sucesiones y Donaciones.

nación de bienes de tal naturaleza, se entenderá, a efectos de liquidación del impuesto, que existen dos transmisiones distintas, determinándose la base y el tipo de gravamen de cada una con arreglo a la mitad del valor total de los bienes donados.

Lo dispuesto en líneas anteriores será igualmente de aplicación a las parejas de hecho[1130].

6. Seguros contratados con cargo a los bienes comunes de la sociedad conyugal o pareja de hecho.

Cuando el seguro se hubiera contratado por cualquiera de los cónyuges con cargo a la sociedad de gananciales y el beneficiario fuese el cónyuge supérstite, la base imponible estará constituida por la totalidad de la cantidad percibida.

Asimismo, será igualmente de aplicación a las parejas de hecho cuando el régimen económico patrimonial establecido por los miembros de la pareja sea el de gananciales[1131].

7. Ajuar doméstico

En relación con el ajuar doméstico no se asigna valor alguno al ajuar doméstico, por lo que quedará exento de tributación.

8. Comprobación de valores

Se fija, también, que la Administración podrá comprobar el valor de los bienes y derechos transmitidos por los medios de comprobación establecidos al efecto.

Los interesados deberán consignar en la declaración que están obligados a presentar, el valor real que atribuyen a cada uno de los bienes y derechos incluidos en el incremento de patrimonio gravado.

El valor comprobado prevalecerá, en su caso, frente al declarado por los interesados aun cuando este último sea superior.

El nuevo valor obtenido de la comprobación será el aplicable a los bienes y derechos transmitidos a efectos del Impuesto sobre el Patrimonio de los adquirentes[1132].

Por Orden foral 15/2013, de 15 de enero se regulan para el ejercicio 2013 los precios medios de venta de vehículos y embarcaciones aplicables en la gestión del Impuesto sobre Transmisiones Patrimoniales y Actos Jurídicos Documentados, Sucesiones y Donaciones, Impuesto Especial sobre Deter-

---

[1130] Vid. artículo 23 del Decreto Foral 42/2012, de 22 de octubre, por el que se aprueba el Reglamento del Impuesto sobre Sucesiones y Donaciones.

[1131] Vid. artículo 24 del Decreto Foral 42/2012, de 22 de octubre, por el que se aprueba el Reglamento del Impuesto sobre Sucesiones y Donaciones.

[1132] Vid. artículo 17. 1 y 2 de la Norma Foral 3/1990, de 11 de enero, del Impuesto sobre Sucesiones y Donaciones.

minados Medios de Transporte, e Impuesto sobre la Riqueza y las Grandes Fortunas.

9. Derecho de adquisición por la Diputación Foral

Se reglamenta, también, la posibilidad de que la Diputación Foral pueda adquirir los bienes y derechos transmitidos, cuando su valor comprobado exceda en más del 100% del declarado, derecho que podrá ser ejercido dentro de los 6 meses siguientes a la fecha en que adquiera firmeza la liquidación del impuesto.

Siempre que se haga efectivo el derecho de adquisición por la Diputación Foral, y antes de la ocupación del bien o derecho de que se trate, se abonará al interesado la cantidad que hubiere asignado como valor real del mismo.

En el supuesto de que el interesado hubiere ingresado por el Impuesto sobre Sucesiones y Donaciones alguna cantidad por la adquisición de bienes o derechos sobre los que la Diputación Foral haya ejercitado el derecho reconocido en este artículo, se procederá a la devolución de la porción del impuesto que corresponda al exceso sobre la cantidad abonada al interesado[1133].

i) Base imponible

Sigue las reglas generales.

En el caso de adquisiciones "mortis causa", estará determinada por el valor neto de la adquisición individual de cada causahabiente, a saber: valor real de bienes y derechos menos cargas, deudas y gastos deducibles.

En las donaciones estará determinada por el valor neto de los bienes y derechos adquiridos, a saber: valor real de bienes y derechos menos cargas y deudas.

En los seguros de vida, por la cantidad percibida por el beneficiario[1134].

i) Base liquidable

A la base imponible le son de aplicación las siguientes reducciones:

Reducciones en adquisiciones "mortis causa": reducciones relacionadas con la vivienda habitual, reducciones personales, reducciones por seguros sobre la vida, reducciones relacionadas con la empresa y reducciones relacionadas con la agricultura.

Reducciones en las adquisiciones "inter vivos": reducciones relacionadas con la vivienda habitual, reducciones por seguros sobre la vida, reducciones relacionadas con la empresa y reducciones relacionadas con la agricultura.

[1133] Vid. artículo 18 de la Norma Foral 3/1990, de 11 de enero, del Impuesto sobre Sucesiones y Donaciones.

[1134] Ciss. Equipo de publicaciones Fitax (col. Bouso Huerta, J. L., López de Calle Ochoa de Eribe, J., Orena Domínguez, A.): *Prontuario Fiscal Foral*, obra citada, pp. 153-154.

A. Reducciones en las adquisiciones "mortis causa"

1. Reducciones relacionadas con la vivienda habitual[1135]

Se establece una reducción del 95% en la adquisición "mortis causa" del pleno dominio, del usufructo, la nuda propiedad o el derecho de superficie de la vivienda en la que el adquirente hubiese convivido con el transmitente durante los 2 años anteriores a la transmisión, con el límite máximo, con efectos a partir del 28 de diciembre de 2011, de 220.000 euros.

2. Reducciones personales

En las adquisiciones "mortis causa", sin perjuicio de las reducciones anteriores, se aplicarán, con efectos a partir del 22 de enero de 2014, las siguientes:

— Grupo I: Descendientes y adoptados, cónyuge o pareja de hecho, cuando se trate de parejas de hecho constituidas conforme a lo dispuesto en la Ley 2/2003, de 7 de mayo, ascendientes o adoptantes: 400.000 euros.
— Grupo II: Colaterales de segundo y tercer grado por consanguinidad, ascendientes y descendientes por afinidad, incluidos los resultantes de la constitución de una pareja de hecho por aplicación de la Ley 2/2003, de 7 de mayo: 16.150 euros.
— Grupo III: Colaterales de cuarto grado, colaterales de segundo y tercer grado por afinidad, incluidos los resultantes de la constitución de una pareja de hecho por aplicación de la Ley 2/2003, de 7 de mayo, grados más distantes y extraños: 8.075 euros.

Además de las que pudieran corresponder en función del parentesco con el causante, se aplicará una reducción de 80.000 euros en las adquisiciones por personas con minusvalía física, psíquica o sensorial, así como por las personas en situación de dependencia.

A estos efectos, se considerarán personas con minusvalía o personas en situación de dependencia con derecho a la reducción, aquéllas que determinan derecho a deducción del impuesto sobre la Renta de las Personas Físicas según la legislación propia de este Impuesto[1136].

3. Reducciones por seguros sobre la vida

En las adquisiciones de cantidades percibidas por razón de los seguros sobre la vida se aplicarán las siguientes reducciones, en función del parentesco entre el contratante o tomador del seguro y el beneficiario:

— Grupo I: 400.000 euros.

[1135] Vid. artículo 19. 1 de la Norma Foral 3/1990, de 11 de enero, del Impuesto sobre Sucesiones y Donaciones, en su redacción dada por la Norma Foral 5/2011, de 26 de diciembre.

[1136] Vid. artículo 19. 2 de la Norma Foral 3/1990, de 11 de enero, del Impuesto sobre Sucesiones y Donaciones, según redacción dada por el artículo único, Uno, de la Norma Foral 1/2014, de 17 de enero.

— Grupo II: 16.150 euros, así como del 25% de la cantidad restante.
— Grupo III: 8.075 euros.

En los seguros colectivos o contratados por las empresas en favor de sus empleados, las anteriores reducciones se practicarán en función del parentesco entre el asegurado y el beneficiario.

Para gozar de esta reducción, el seguro deberá haber sido concertado, al menos, con 2 años de antelación a la fecha en que el evento previsto en la póliza se produzca, salvo que ésta se hubiera concertado en forma colectiva.

Al igual que en el territorio común, se aplica una reducción del 100% cuando se trate de cantidades percibidas por razón de los seguros sobre la vida que traigan causa en actos de terrorismo, así como en servicios prestados en misiones internacionales humanitarias o de paz de carácter público[1137].

4. Reducciones relacionadas con la empresa

Las adquisiciones "mortis causa" de una empresa individual, de un negocio profesional o de participaciones en entidades, así como de derechos de usufructo sobre los mismos, a los que sea de aplicación la bonificación regulada en el artículo 27 de la Norma Foral del Impuesto sobre la Riqueza y las Grandes Fortunas[1138], Norma Foral 10/2012, de 18 de diciembre, por el cónyuge o pareja de hecho, cuando se trate de parejas de hecho constituidas conforme a lo dispuesto en la Ley 2/2003, de 7 de mayo, ascendientes o adoptantes, descendientes o adoptados o colaterales hasta el tercer grado de la persona fallecida, gozarán de una reducción del 75 por 100 en la base imponible del impuesto, siempre que la adquisición se mantuviera durante los 10 años siguientes al fallecimiento del causante, salvo que falleciese el adquirente dentro de ese plazo.

En las adquisiciones de participaciones en entidades y derechos de usufructo sobre las mismas a que se refiere el párrafo anterior, la reducción se calculará teniendo en cuenta la proporción existente entre el valor de los activos afectos a la actividad económica, minorado en el importe de las deudas derivadas de la misma, y el valor del patrimonio neto de la entidad, aplicándose, en su caso, estas mismas reglas en la valoración de las participacio-

[1137] Vid. artículo 19. 4 de la Norma Foral 3/1990, de 11 de enero, del Impuesto sobre Sucesiones y Donaciones,según redacción dada por el artículo único, Dos, de la Norma Foral 1/2014, de 17 de enero.

[1138] Ese artículo 27 regula una bonificación en el mencionado impuesto de los bienes y derechos de las personas físicas afectos a su actividad económica, siempre que ésta se ejerza de forma habitual, personal y directa por el contribuyente y constituya su principal fuente de renta, incluyéndose entre dichos bienes y derechos aquéllos cuya titularidad resulte común a ambos cónyuges o miembros de la pareja de hecho. Asimismo, declara objeto de bonificación la plena propiedad, la nuda propiedad y el derecho de usufructo vitalicio sobre las acciones y participaciones en entidades, con o sin cotización en mercados organizados, siempre que concurran las siguientes condiciones.

nes de entidades participadas para determinar el valor de las de su entidad tenedora.

En el caso de no cumplirse el requisito de permanencia al que se refiere el primer párrafo de este apartado, se deberá pagar la parte del Impuesto que se hubiera dejado de ingresar como consecuencia de la reducción practicada y los intereses de demora correspondientes.

A efectos de la aplicación de la bonificación recogida en este apartado, el cumplimiento de los requisitos y condiciones previstos en el artículo 27 de la Norma Foral del Impuesto sobre la Riqueza y las Grandes Fortunas habrá de referirse al momento en el que se produzca el devengo del Impuesto sobre Sucesiones y Donaciones. En particular, el cumplimiento de la condición prevista en la letra c) del apartado 3 de dicho artículo 27[1139] deberá referirse a la autoliquidación del Impuesto sobre la Renta de las Personas Físicas del causante correspondiente al período impositivo de su fallecimiento[1140].

5. Reducciones relacionadas con la agricultura

Este tipo de reducciones se pueden clasificar del siguiente modo:

a. Reducciones por adquisición lucrativa de explotación agraria prioritaria.

A este respecto se establece que "La transmisión o adquisición por cualquier título, oneroso o lucrativo, "inter vivos" o "mortis causa", del pleno dominio o del usufructo vitalicio de una explotación agraria en su integridad, en favor o por el titular de otra explotación que sea prioritaria o que alcance esta consideración como consecuencia de la adquisición, gozará de una reducción del 90 por 100 de la base imponible del impuesto que grave

---

[1139] Dicho precepto, dice: "c) Que el contribuyente ejerza efectivamente funciones de dirección en la entidad, percibiendo por ello una remuneración que represente más del 50 por 100 de la totalidad de los rendimientos de actividades económicas y de trabajo personal. A efectos del cálculo anterior, no se computarán entre los rendimientos de actividades económicas y de trabajo personal, los rendimientos de actividades económicas a que se refiere el apartado 2 de este artículo. Cuando la participación en la entidad sea conjunta con alguna o algunas de las personas a las que se refiere la letra b) anterior, las funciones de dirección y las remuneraciones derivadas de la misma deberán cumplirse al menos en una de las personas del grupo del parentesco, sin perjuicio de que todas ellas tengan derecho a la bonificación. En ningún caso será de aplicación esta bonificación a las participaciones en instituciones de inversión colectiva. La bonificación sólo alcanzará al valor de las acciones y participaciones, determinado conforme a las reglas que se establecen en la letra a) del apartado 5 del artículo 14 de esta Norma Foral, en la parte que corresponda a la proporción existente entre el valor de los activos afectos a la actividad económica, minorado en el importe de las deudas derivadas de la misma, y el valor del patrimonio neto de la entidad, aplicándose estas mismas reglas en la valoración de las participaciones de entidades participadas para determinar el valor de las de su entidad tenedora".

[1140] Vid. artículo 19. 5 de la Norma Foral 3/1990, de 11 de enero, del Impuesto sobre Sucesiones y Donaciones, en su redacción dada por la *Norma Foral 5/2011, de 26 de diciembre*, de modificación del Impuesto sobre la Renta de las Personas Físicas tendente a la recuperación de la equidad, y de aprobación de otras medidas tributarias.

la transmisión o adquisición de la explotación o de sus elementos integrantes, siempre que, como consecuencia de dicha transmisión, no se altere la condición de prioritaria de la explotación del adquirente. La transmisión de la explotación deberá realizarse en escritura pública. La reducción se elevará al 100 por 100 en caso de continuación de la explotación por el cónyuge supérstite o por la pareja de hecho, cuando se trate de parejas de hecho constituidas conforme a lo dispuesto en la Ley 2/2003, de 7 de mayo"[1141].

A los efectos indicados se entenderá que hay transmisión de una explotación agraria en su integridad aun cuando se excluya la vivienda.

Para que se proceda a dicha reducción, se hará constar en la escritura pública de adquisición y en el Registro de la Propiedad, si las fincas transmitidas estuviesen inscritas en el mismo, que si las fincas adquiridas fuesen enajenadas, arrendadas o cedidas durante el plazo de los cinco años siguientes, deberá justificarse previamente el pago del impuesto correspondiente, o de la parte del mismo, que se hubiese dejado de ingresar como consecuencia de la reducción practicada y los intereses de demora, excepción hecha de los supuestos de fuerza mayor[1142].

En el caso de transmisión o adquisición en el caso de agricultor joven o asalariado agrario y si la transmisión se efectúa dentro de los cinco años siguientes a la primera instalación del mismo la reducción será del 100%[1143].

b. Adquisición lucrativa de fincas rústicas o de parte de explotación agraria

En la transmisión o adquisición por cualquier título, oneroso o lucrativo, "inter vivos" o "mortis causa", del pleno dominio o del usufructo vitalicio de una finca rústica o de parte de una explotación agraria prioritaria, en favor de un titular de explotación prioritaria que no pierda o que alcance esta condición como consecuencia de la adquisición, se aplicará una reducción del 75 por 100 en la base imponible de los impuestos que graven la transmisión o adquisición. Para la aplicación del beneficio deberá realizarse la transmisión en escritura pública y en el Registro de la Propiedad, si las fincas transmitidas estuviesen inscritas en el mismo, que si las fincas adquiridas fuesen enajenadas, arrendadas o cedidas durante el plazo de los cinco años siguientes, deberá justificarse previa-

[1141] Vid. artículo 2. 1, del Decreto Foral 109/1995, de 21 de noviembre, por el que se adapta la normativa fiscal del Territorio histórico de Guipúzcoa a las medidas tributarias recogidas en la Ley 19/1995, de 4 de julio, de Modernización de las Explotaciones Agrarias, en su redacción dada por el artículo 9 de la Norma Foral 20/2003, de 15 de diciembre, sobre régimen fiscal de las parejas de hecho.

[1142] Vid. artículo 2. 2 del Decreto Foral 109/1995, de 21 de noviembre, por el que se adapta la normativa fiscal del Territorio histórico de Guipúzcoa a las medidas tributarias recogidas en la Ley 19/1995, de 4 de julio, de Modernización de las Explotaciones Agrarias, en su redacción dada por la Disposición Adicional de la Norma Foral 3/1997, de 23 de mayo, por la que se modifica la Norma Foral 3/1990, de 11 de enero, del Impuesto sobre Sucesiones y Donaciones

[1143] Vid. artículo 8. 2, del Decreto Foral 109/1995, de 21 de noviembre, por el que se adapta la normativa fiscal del Territorio histórico de Guipúzcoa a las medidas tributarias recogidas en la Ley 19/1995, de 4 de julio, de Modernización de las Explotaciones Agrarias.

mente el pago del impuesto correspondiente, o de la parte del mismo, que se hubiese dejado de ingresar como consecuencia de la reducción practicada y los intereses de demora, excepción hecha de los supuestos de fuerza mayor.

La transmisión o adquisición por cualquier título, oneroso o lucrativo, "inter vivos" o "mortis causa", del pleno dominio o del usufructo vitalicio de una explotación agraria o de parte de la misma o de una finca rústica, en favor de un agricultor joven o asalariado agrario para su primera instalación en una explotación prioritaria, gozará de una reducción del 85%[1144].

c. Adquisición de terrenos para unificar explotación bajo una sola linde

La transmisión o adquisición de terrenos por cualquier título, oneroso o lucrativo, "inter vivos" o "mortis causa" que se realicen para completar bajo una sola linde la superficie suficiente para constituir una explotación prioritaria, estará exenta del impuesto que grave la transmisión o adquisición, siempre que en el documento público de adquisición se haga constar la indivisibilidad de la finca resultante durante el plazo de cinco años, salvo supuestos de fuerza mayor.

Cuando la transmisión o adquisición de los terrenos se realicen por los titulares de explotaciones agrarias con la pretensión de completar bajo una sola linde el 50 por 100 al menos de la superficie de una explotación cuya renta unitaria de trabajo esté dentro de los límites2 establecidos en la presente Ley 19/1995, de 4 de julio, de Modernización de las Explotaciones Agrarias, a efectos de concesión de beneficios fiscales para las explotaciones prioritarias, se aplicará una reducción del 50 por 100 en la base imponible del impuesto que grave la transmisión o adquisición. La aplicación de la reducción estará sujeta a las mismas exigencias de indivisibilidad y documento público de adquisición señalados en el apartado anterior[1145].

d. Adquisición lucrativa de superficies rústicas de dedicación forestal

Se establece una reducción del 90% por la adquisición "mortis cusa" o "inter vivos" de superficies ubicadas en espacios incluidos en los Planes de Protección por razones de interés natural.

Asimismo, se concede una reducción del 75% en el caso de adquisición de superficies con Plan de Ordenación Forestal o Plan Técnico de Mejora Forestal o figuras equivalentes.

Finalmente, se concede una reducción del 50% en la adquisición de superficies rústicas con plantación o población forestal, siempre que no se altere el carácter forestal del predio por la adquisición, y no se transmita por actos "inter vivos" en los cinco años siguiente.

[1144] Ibídem.

[1145] Vid. artículo 3 del Decreto Foral 109/1995, de 21 de noviembre, por el que se adapta la normativa fiscal del Territorio histórico de Guipúzcoa a las medidas tributarias recogidas en la Ley 19/1995, de 4 de julio, de Modernización de las Explotaciones Agrarias.

ESQUEMA: REDUCCIONES ADQUISICIONES "MORTIS CAUSA" AUTONÓMICA. BASE IMPONIBLE

Reducciones por parentesco. Grupo I, 400.000 euros. Grupo II, 16.150 euros. Grupo III, 8.075 euros.
Reducciones por minusvalía. Personas con derecho a deducción por discapacidad en el Impuesto sobre la Renta de las Personas Físicas, 80.000 euros.-
Reducción por adquisición de vivienda habitual. Se establece en favor de persona que convivió con causante los dos años anteriores al fallecimiento. Cuantía, 95% del valor de la adquisición, con el límite de 220.000 euros.
Reducciones por seguros de vida según grado de parentesco. Grupo I, 400.000. Grupo II, 16.150 euros más el 25% de la cantidad restante. Grupo III, 8.075 euros. Cualquier beneficiario en seguros de vida por actos de terrorismo, servicios prestados en misiones internacionales humanitarias o de paz de carácter público, 100%.
Reducción por adquisiciones de una empresa individual, de un negocio profesional o de participaciones en entidades, así como de derechos de usufructo sobre los mismos. Se establece a favor de ascendientes o adoptantes, descendientes o adoptados o colaterales hasta el tercer grado. Cuantía: 75% en la base imponible del impuesto. Requisito de permanencia, durante 10 años.
Reducción por adquisición lucrativa de pleno dominio o usufructo vitalicio de explotación agraria prioritaria. Cuantía de la reducción: 90% o 100% caso de agricultor joven o asalariado agrario, si transmisión se efectúa dentro de los 5 años siguientes.
Reducción por adquisición lucrativa de superficies rústicas o parte de explotación agraria prioritaria. Cuantía reducción: 75% u 85% en caso de agricultor joven o asalariado agrario y si transmisión se efectúa dentro de los 5 años siguientes a la primera instalación del mismo.
Reducción por adquisición de terrenos para unificar bajo una sola linde el 50% de una explotación prioritaria. Cuantía reducción: 50%.
Reducción por adquisición lucrativa de superficies rústicas de dedicación forestal. Por adquisición de superficies incluidas en espacios naturales protegidos. Cuantía reducción: 90%. Por adquisición de superficies con Planes de ordenación Forestal o figuras equivalentes. Reducción: 75%. Por adquisición de demás superficies rústicas con plantación o población forestal, siempre que no se altere el carácter forestal del predio por la adquisición y no se transmita por actos "inter vivos" en los cinco años siguientes. Cuantía reducción: 50%.

B. Reducciones en las adquisiciones "inter vivos"

En las adquisiciones por título de donación o equiparable, la base imponible se reducirá, en su caso, en el importe previsto en el caso de adquisiciones relacionadas con la vivienda habitual, adquisiciones de una empresa individual, de un negocio profesional o de participaciones en entidades, así como de derechos de usufructo sobre los mismos, reducciones por seguros de vida según grado de parentesco y reducciones relacionadas con la agricultura.[1146].

Remitimos a lo señalado al hablar de las reducciones "mortis causa" ya que son aplicables, mutatis mutandis, a los mismos supuestos y con similares características.

ESQUEMA: REDUCCIONES ADQUISICIONES "INTER VIVOS" AUTONÓMICA. BASE IMPONIBLE

Reducción por adquisición de vivienda habitual. Se establece en favor de persona que convivió con causante los dos años anteriores al fallecimiento. Cuantía, 95% del valor de la adquisición, con el límite de 220.000 euros.
Reducciones por seguros de vida según grado de parentesco. Grupo I, 400.000. Grupo II, 16.150 euros más el 25% de la cantidad restante. Grupo III, 8.075 euros. Cualquier beneficiario en seguros de vida por actos de terrorismo, servicios prestados en misiones internacionales humanitarias o de paz de carácter público, 100%.
Reducción por adquisiciones de una empresa individual, de un negocio profesional o de participaciones en entidades, así como de derechos de usufructo sobre los mismos. Se establece a favor de cónyuges y parejas de hecho, ascendientes o adoptantes, descendientes o adoptados, o colaterales hasta el tercer grado. Cuantía: 75% en la base imponible del impuesto. Requisito de permanencia, durante 10 años.
Reducción por adquisición lucrativa de pleno dominio o usufructo vitalicio de explotación agraria prioritaria. Cuantía de la reducción: 90% o 100% caso de agricultor joven o asalariado agrario, si transmisión se efectúa dentro de los 5 años siguientes.
Reducción por adquisición lucrativa de superficies rústicas o parte de explotación agraria prioritaria. Cuantía reducción: 75% u 85% en caso de agricultor joven o asalariado agrario y si transmisión se efectúa dentro de los 5 años siguientes a la primera instalación del mismo.
Reducción por adquisición de terrenos para unificar bajo una sola linde el 50% de una explotación prioritaria. Cuantía reducción: 50%.
Reducción por adquisición lucrativa de superficies rústicas de dedicación forestal. Por adquisición de superficies incluidas en espacios naturales protegidos. Cuantía reducción: 90%. Por adquisición de superficies con Planes de ordenación Forestal o figuras equivalentes. Reducción: 75%. Por adquisición de demás superficies rústicas con plantación o población forestal, siempre que no se altere el carácter forestal del predio por la adquisición y no se transmita por actos "inter vivos" en los cinco años siguientes. Cuantía reducción: 50%.

j) Reglas de liquidación

Las reglas para liquidación del Impuesto sobre Sucesiones y Donaciones son:

[1146] Vid. artículo 19. 3 de la Norma Foral 3/1990, de 11 de enero, del Impuesto sobre Sucesiones y Donaciones.

Las adquisiciones por causa de muerte o por título de donación o equiparable tributarán con arreglo al grado de parentesco que medie entre el causante o donante y el causahabiente o donatario.

Las cantidades percibidas por razón de los seguros sobre la vida se liquidarán aplicando la misma tarifa que rija para las transmisiones por causa de muerte con separación de los bienes y derechos que integran la masa hereditaria.

Los seguros sobre la vida tributarán por el grado de parentesco entre el contratante o tomador del seguro y el beneficiario.

En los seguros colectivos o contratados por las empresas en favor de sus empleados se estará al grado de parentesco entre el asegurado y el beneficiario[1147].

k) Cuotas[1148]

A. Tarifas

La cuota íntegra se obtiene aplicando a la base liquidable la tarifa que corresponda en función del grado de parentesco entre el causante o donante y el causahabiente o donatario, definidos en los Grupos I, II y III.

A diferencia con el territorio común, en la normativa foral no se establecen coeficientes reductores en función del patrimonio preexistente del contribuyente y del grado de parentesco.

A partir del 28 de diciembre de 2011, se establecen las siguientes tarifas:

GRUPO I

Será de aplicación el tipo impositivo del 1,5%.

TARIFA II-GRUPO II

Base liquidable hasta Euros	Cuota íntegra Euros	Resto base hasta Euros	Tipo marginal %
0	0,00	8.075	5,70
8.075	460,28	16.145	7,98
24.220	1.748,65	16.145	10,26
40.365	3.405,12	40.375	12,54
80.740	8.468,15	80.755	15,58
161.495	21.049,78	242.350	19,38
403.845	68.017,21	403.675	23,18
807.520	161.589,07	1.211.285	28,50
2.018.805	506.805,30	Exceso	34,58

[1147] Vid. artículo 20 de la Norma Foral 3/1990 de 11 enero, del Impuesto sobre Sucesiones y Donaciones, en su redacción dada por la Norma Foral 5/2011, de 26 de diciembre, de modificación del Impuesto sobre la Renta de las Personas Físicas, tendente a la recuperación de la equidad y de aprobación de otras medidas tributarias.

[1148] Vid. artículo 21 de la Norma Foral 3/1990 de 11 de enero, del Impuesto sobre Sucesiones y Donaciones.

TARIFA III-GRUPO III

Base liquidable hasta Euros	**Cuota íntegra Euros**	**Resto base hasta Euros**	**Tipo marginal %**
0	0,00	8.075	7,60
8.075	613,70	16.145	10,64
24.220	2.331,53	16.145	13,68
40.365	4.540,16	40.375	16,72
80.740	11.290,86	80.755	20,52
161.495	27.861,79	242.350	25,08
403.845	88.643,17	403.675	29,64
807.520	208.292,44	1.211.285	35,72
2.018.805	640.963,44	Exceso	42,56

B. Cuota a ingresar

La cuota a ingresar resulta de restar a la cuota íntegra la deducción por doble imposición internacional definida en los mismos términos que en la normativa de régimen común[1149].

l) Devengo[1150]

En las adquisiciones por causa de muerte y en los seguros sobre la vida, el impuesto se devengará el día del fallecimiento del causante o del asegurado o cuando adquiera firmeza la declaración de fallecimiento del ausente.

A partir del 4 de noviembre de 2005, no se concreta el devengo en las adquisiciones producidas en vida del causante como consecuencia de contratos y pactos sucesorios, devengo que estaba fijado el día que se cause o celebre dicho acuerdo.

En el supuesto de pacto sucesorio con eficacia de presente, se devengará el impuesto en vida del instituyente, cuando tenga lugar la transmisión[1151].

En las transmisiones lucrativas "inter vivos" el impuesto se devengará el día en que se cause o celebre el acto o contrato.

Toda adquisición de bienes cuya efectividad se halle suspendida por la existencia de una condición, un término, un fideicomiso o cualquier otra limitación, se entenderá siempre realizada el día en que dichas limitaciones desaparezcan[1152].

[1149] Vid. artículo 22 de la Norma Foral 3/1990 de 11 enero, del Impuesto sobre Sucesiones y Donaciones.

[1150] Vid. artículo 23. 1 de la Norma Foral 3/1990 de 11 enero, del Impuesto sobre Sucesiones y Donaciones.

[1151] Vid. artículo 23. 1 de la Norma Foral 3/1990 de 11 enero, del Impuesto sobre Sucesiones y Donaciones, en su redacción dada por el artículo 6, tres, de la Norma Foral 10/2005, de 28 de octubre.

[1152] Vid. artículo 23. 2 y 3 de la Norma Foral 3/1990 de 11 enero, del Impuesto sobre Sucesiones y Donaciones.

ll) Prescripción[1153]

Prescribirá a los 4 años el derecho de la Administración para determinar la deuda tributaria mediante la oportuna liquidación y la acción para imponer sanciones tributarias.

El cómputo del plazo comienza a contar desde el día en que finalice el plazo ordinario o, en su caso, el de prórroga establecido para la presentación de la declaración tributaria.

En el supuesto de escrituras autorizadas por funcionarios extranjeros, desde la fecha de su presentación ante cualquier Administración española, salvo que un Tratado, Convenio o Acuerdo Internacional, suscrito por España, fije otra fecha para el inicio de dicho plazo.

m) Normas especiales de valoración

Se regulan los siguientes supuestos: valoración del usufructo, partición y excesos de adjudicación, la repudiación y renuncia de la herencia, la acumulación de donaciones y demás transmisiones lucrativas equiparables y la acumulación de las cantidades percibidas de los seguros de vida.

1. Valoración del usufructo y otras instituciones

El valor del usufructo temporal se reputará proporcional al valor total de los bienes, en razón del 5% por cada período de un año, sin exceder del 70%.

Al igual que en el territorio común, en los usufructos vitalicios se estimará que el valor es igual al 70% del valor total de los bienes cuando el usufructuario cuente menos de 20 años, minorando a medida que aumente la edad, en la proporción de un 1% menos por cada año más, con el límite mínimo del 10% del valor total.

El valor del derecho de nuda propiedad se computará por la diferencia entre el valor del usufructo y el valor total de los bienes. En los usufructos vitalicios que, a su vez, sean temporales, la nuda propiedad se valorará aplicando, de las reglas anteriores, aquella que le atribuya menor valor.

Al adquirir la nuda propiedad se efectuará la liquidación teniendo en cuenta el valor correspondiente a aquélla, minorado, en su caso, por el importe de todas las reducciones a que tenga derecho el contribuyente[1154].

El valor de los derechos reales de uso y habitación será el que resulte de aplicar al 75 por 100 del valor de los bienes sobre los que fueron impuestos, las reglas correspondientes a la valoración de los usufructos temporales o vitalicios, según los casos[1155].

[1153] Vid. artículo 24 de la Norma Foral 3/1990 de 11 enero, del Impuesto sobre Sucesiones y Donaciones.

[1154] Vid. artículo 25, a) de la Norma Foral 3/1990, de 11 de enero, del Impuesto sobre Sucesiones y Donaciones.

[1155] Vid. artículo 25, b) de la Norma Foral 3/1990, de 11 de enero, del Impuesto sobre Sucesiones y Donaciones.

En la extinción del usufructo se exigirá el impuesto según el título de constitución.

Siempre que el adquirente tenga facultad de disponer de los bienes, el impuesto se liquidará en pleno dominio, sin perjuicio de la devolución que, en su caso, proceda.

La atribución del derecho a disfrutar de todo o parte de los bienes de la herencia, temporal o vitaliciamente, tendrá a efectos fiscales la consideración de usufructo y se valorará conforme a las reglas anteriores[1156].

En la sustitución vulgar se entenderá que el sustituto hereda al causante, y en las sustituciones pupilar y ejemplar, que hereda al sustituido[1157].

2. Partición y excesos de adjudicación[1158]

En las sucesiones por causa de muerte, cualesquiera que sean las participaciones y adjudicaciones que los interesados hagan, se considerará para los efectos del impuesto como si se hubieren hecho con estricto respecto a la igualdad o proporcionalidad que resulten de la aplicación de las normas reguladoras de la sucesión, estén o no los bienes sujetos al pago del impuesto por la condición del territorio o por cualquier otra causa y, en consecuencia, los aumentos que en la comprobación de valores resulten se prorratearán entre los distintos adquirientes o herederos.

Si los bienes en cuya comprobación resultare aumento de valores o a los que deba aplicarse la no sujeción fuesen atribuidos específicamente por el testador a persona determinada y adjudicados en concepto distinto del de herencia, los aumentos o disminuciones afectarán sólo al que adquiera dichos bienes.

Se liquidarán excesos de adjudicación, según las normas establecidas en el Impuesto sobre Transmisiones Patrimoniales y Actos Jurídicos Documentados cuando existan diferencias, según el valor declarado, en las adjudicaciones efectuadas a los herederos o legatarios, en relación con el titulo hereditario; también se liquidarán los excesos de adjudicación cuando el valor comprobado de lo adjudicado a uno de los herederos o legatarios exceda del 50% del valor que le correspondería en virtud de su titulo, salvo en

---

[1156] Vid. artículo 25, c), d) y e) de la Norma Foral 3/1990, de 11 de enero, del Impuesto sobre Sucesiones y Donaciones, en su redacción dada por el artículo 119 de la Norma Foral 3/2003 de 18 de marzo, por la que se modifica la normativa reguladora de los Impuestos sobre la Renta de las Personas Físicas, sobre Sociedades, sobre la Renta de No Residentes, sobre el Patrimonio, sobre Sucesiones y Donaciones y sobre Transmisiones Patrimoniales y Actos Jurídicos Documentados.

[1157] Vid. artículo 25, f) de la Norma Foral 3/1990, de 11 de enero, del Impuesto sobre Sucesiones y Donaciones, en su redacción dada por el artículo 119 de la Norma Foral 3/2003 de 18 de marzo, por la que se modifica la normativa reguladora de los Impuestos sobre la Renta de las Personas Físicas, sobre Sociedades, sobre la Renta de No Residentes, sobre el Patrimonio, sobre Sucesiones y Donaciones y sobre Transmisiones Patrimoniales y Actos Jurídicos Documentados.

[1158] Vid. artículo 26 de la Norma Foral 3/1990, de 11 de enero, del Impuesto sobre Sucesiones y Donaciones.

el supuesto de que los valores declarados sean iguales o superiores a los que resultarían de la aplicación de las reglas del Impuesto sobre la Riqueza y las Grandes Fortunas.

No implica exceso de adjudicación, las realizadas a favor del cónyuge viudo o de alguno de los herederos o legatarios de parte alícuota, de la vivienda habitual o del caserío y sus pertenecidos y terrenos anejos, cuando el valor de los mismos respecto del total de la herencia supere la cuota hereditaria del adjudicatario.

Con efectos a partir del 1 de enero de 2004, se asimila al cónyuge la pareja de hecho constituida conforme a lo dispuesto en la Ley 2/2003, de 7 de mayo. No obstante, surtirá efectos desde el 24 de mayo de 2003, cuando su aplicación resulte más favorable para el obligado tributario.

3. Repudiación y renuncia a la herencia[1159]

En la repudiación o renuncia pura, simple y gratuita de la herencia o legado, los beneficiarios de la misma tributarán por la adquisición de la parte repudiada o renunciada con arreglo a la tarifa que correspondería aplicar al renunciante o al que repudia salvo que por el parentesco del causante con el favorecido proceda la aplicación de otra tarifa más gravosa.

En los demás supuestos de renuncia en favor de persona determinada, se exigirá el impuesto al renunciante, sin perjuicio de lo que deba liquidarse, además, por la cesión o donación de la parte repudiada.

La repudiación o renuncia hecha después de prescrito el impuesto correspondiente a la herencia o legado se reputará a efectos fiscales como donación.

4. Acumulación de donaciones y demás transmisiones lucrativas equiparables[1160]

Las donaciones y demás transmisiones lucrativas "inter vivos" equiparables que no estén exentas y correspondan a los grupos II o III, otorgadas por un mismo donante a un mismo donatario, dentro del plazo de 3 años, a contar desde la fecha de cada una, se considerarán como una sola transmisión a los efectos de la liquidación del impuesto, por lo que la cuota tributaria se obtendrá en función de la suma de todas las bases imponibles.

Las cuotas satisfechas con anterioridad por las donaciones y demás transmisiones lucrativas equiparables acumuladas serán deducibles de la liquidación que se practique como consecuencia de la acumulación.

[1159] Vid. artículo 27 de la Norma Foral 3/1990, de 11 de enero, del Impuesto sobre Sucesiones y Donaciones, en su redacción dada por el artículo 1 de la Norma Foral 3/1997, de 23 de mayo.

[1160] Vid. artículo 29 de la Norma Foral 3/1990, de 11 de enero, del Impuesto sobre Sucesiones y Donaciones, en su redacción dada por la Norma Foral 5/2011, de 26 de diciembre, de modificación del Impuesto sobre la Renta de las Personas Físicas tendente a la recuperación de la equidad, y de aprobación de otras medidas tributarias.

Las donaciones y demás transmisiones lucrativas equiparables, serán acumulables a la base imponible en la sucesión que se cause por el donante a favor del donatario, siempre que el plazo que medie entre ésta y aquéllas no exceda de 4 años, y se considerarán a los efectos de determinar la cuota tributaria como una sola adquisición.

De la liquidación practicada por la sucesión será deducible, en su caso, el importe de lo ingresado por las donaciones y demás transmisiones lucrativas equiparables acumuladas, procediéndose a la devolución de todo o parte de lo ingresado por éstas cuando la suma de sus importes sea superior al de la liquidación que se practique por la sucesión.

Según establece la Disposición transitoria 4 de la Norma Foral 3/1990, de 11 de enero, del Impuesto sobre Sucesiones y Donaciones a diferencia de territorio común:

No se acumularán las donaciones y demás trasmisiones lucrativas "inter vivos" exentas.

La determinación de grupos se realizará de conformidad con la normativa aplicable en el momento en el que se realice la acumulación.

5. Acumulación de las cantidades percibidas por razón de los seguros de vida[1161]

A efectos de determinar la base imponible, son objeto de acumulación las cantidades percibidas por el beneficiario por razón de todos los seguros sobre la vida constituidos sobre el fallecido.

n) Gestión

La gestión y liquidación del Impuesto sobre Sucesiones y Donaciones corresponde a la Diputación Foral y se ejercerá por el Departamento de Hacienda, Finanzas y Presupuestos a través del correspondiente órgano competente, que tendrá el carácter de Oficina Liquidadora Central, y de las Oficinas Tributarias[1162]

1. Autoliquidación

La Diputación Foral puede regular los procedimientos de liquidación y pago del impuesto, incluyendo el régimen de autoliquidación[1163].

Los sujetos pasivos, al tiempo de presentar la declaración del impuesto, deben determinar la deuda tributaria correspondiente e ingresarla[1164]:

[1161] Vid. artículo 30 de la Norma Foral 3/1990, de 11 de enero, del Impuesto sobre Sucesiones y Donaciones.

[1162] Vid. artículo 34. 1 de la Norma Foral 3/1990, de 11 de enero, del Impuesto sobre Sucesiones y Donaciones.

[1163] Vid. artículo 34. 2 de la Norma Foral 3/1990, de 11 de enero, del Impuesto sobre Sucesiones y Donaciones.

[1164] Vid. artículo 39. 1 del Decreto Foral 42/2012, de 22 de octubre, por el que se aprueba el Reglamento del Impuesto sobre Sucesiones y Donaciones.

En las adquisiciones de bienes y derechos por herencia, legado o cualquier otro título sucesorio, así como en las adquisiciones lucrativas "inter vivos" el sujeto pasivo debe presentar la correspondiente declaración-liquidación.

En las cantidades percibidas por contratos de seguros sobre la vida se aplica también el sistema de declaración-liquidación.

El plazo de presentación es el mismo que en la normativa estatal, aunque se prevé la posibilidad de una prórroga de 6 meses para presentar la autoliquidación correspondiente a las adquisiciones "mortis causa"[1165].

La solicitud de prórroga se presentará por los herederos, albaceas o administradores del caudal relicto, acompañada de la certificación del acta de defunción del causante. La concesión será automática y comenzará a contarse desde que finalice el plazo de 6 meses inicial, llevando consigo la obligación de satisfacer el interés de demora correspondiente[1166].

Si finalizado el plazo de prórroga no se hubiera presentado la autoliquidación, el órgano de gestión tributaria requerirá a los interesados para que en el plazo de un mes procedan a su presentación. En otro caso, el órgano mencionado practicará de oficio las liquidaciones que procedan en base a los datos de que disponga, con imposición de las sanciones que sean aplicables[1167].

En relación con la documentación a presentar, se establecen las siguientes reglas[1168]:

Ingresado el importe de la autoliquidación, los sujetos pasivos deberán presentar ante la Administración tributaria original y copia simple del documento notarial, judicial, administrativo o privado en el que conste o se relacione el acto o contrato que origina el tributo y en el que se especifique el valor real de cada uno de los bienes o derechos incluidos en la base imponible del tributo.

Cuando lo que se transmitan sean bienes inmuebles, deberá hacerse constar en dichos documentos la referencia catastral y el número fijo de los mismos, asignados a efectos del Impuesto sobre Bienes Inmuebles.

Además, deberán presentar la siguiente documentación:

Cuando se trate de adquisiciones por causa de muerte se adjuntará:

Certificaciones de defunción del causante y del Registro General de actos de última voluntad. Asimismo deberán presentar fotocopia del Documento Nacional de Identidad del causante y de sus herederos y/o legatarios, salvo

---

[1165] Vid. artículo 40 del Decreto Foral 42/2012, de 22 de octubre, por el que se aprueba el Reglamento del Impuesto sobre Sucesiones y Donaciones.

[1166] Vid. artículo 41 del Decreto Foral 42/2012, de 22 de octubre, por el que se aprueba el Reglamento del Impuesto sobre Sucesiones y Donaciones.

[1167] Vid. artículo 41, párrafo último, en relación con el artículo 39. 3 del Decreto Foral 42/2012, de 22 de octubre, por el que se aprueba el Reglamento del Impuesto sobre Sucesiones y Donaciones.

[1168] Vid. artículo 44 del Decreto Foral 42/2012, de 22 de octubre, por el que se aprueba el Reglamento del Impuesto sobre Sucesiones y Donaciones.

que los números de los documentos consten en alguno de los documentos públicos presentados y no sea necesaria tener en cuenta su edad. Además, se deberá acreditar el grado de parentesco con el causante, mediante la presentación del libro de familia y otros documentos que lo acrediten, salvo que se trate del parentesco más lejano.

Las disposiciones testamentarias, si las hubiere, o, en su defecto, testimonio de la declaración de herederos. En el caso de sucesión intestada, si no estuviera hecha la declaración judicial de herederos u otorgada acta de notoriedad, se presentará una relación de los presuntos con expresión de su parentesco con el causante.

Justificación documental de las cargas, gravámenes, deudas y gastos cuya deducción se practique, así como, en su caso, de los saldos de cuentas en entidades financieras y del valor teórico de las participaciones en el capital de entidades jurídicas cuyos títulos no coticen en Bolsa. En el caso de tratarse de vehículos, deberá adjuntarse fotocopia del permiso de circulación y de la ficha técnica del vehículo.

Documento que acredite el título de adquisición por el causante de los bienes inmuebles incluidos en la sucesión, aportando fotocopia de las escrituras públicas de los bienes y derechos, salvo en el caso de presentación de documentos públicos en los que conste la descripción y título de aquéllos.

Los certificados a efectos de la acreditación del grado de discapacidad y del de dependencia.

Cuando se trate de donaciones y demás adquisiciones lucrativas "inter vivos" se adjuntará:

Fotocopia del Documento Nacional de Identidad del donante y de los donatarios, salvo que los números de los documentos consten en alguno de los documentos públicos presentados y no sea necesaria tener en cuenta su edad. Además, se deberá acreditar el grado de parentesco con el causante, mediante la presentación del libro de familia y otros documentos que lo acrediten, salvo que se trate del parentesco más lejano.

Justificación documental de las cargas, gravámenes y deudas cuya deducción se practique. En el caso de tratarse de vehículos, deberá adjuntarse fotocopia del permiso de circulación y de la ficha técnica del vehículo.

Cuando se trate de percepciones de cantidades de contratos de seguro, se adjuntará:

Un ejemplar de los contratos concertados por el causante, o certificación expedida por la entidad aseguradora en el caso del seguro colectivo, donde conste el capital a percibir y las personas beneficiarias.

Certificado de defunción expedido por el Registro Civil. Además, se deberá acreditar el grado de parentesco con el causante, mediante la presentación del libro de familia y otros documentos que lo acrediten, salvo que se trate del parentesco más lejano.

El Documento Nacional de Identidad del beneficiario y del causante.

Cuando la póliza del seguro no hiciese mención expresa y determinada de los beneficiarios por remitirse a los herederos legales, será necesaria la presentación de las disposiciones testamentarias del causante, si las hubiere, junto con el certificado de actos de última voluntad. En caso de que no hubiera testamento, se sustituirá por el correspondiente auto judicial o acta notarial de declaración de herederos.

Certificado de empadronamiento y certificado de convivencia, de manera ininterrumpida, del adquirente con el causante o el transmitente a título lucrativo, durante los dos años anteriores a la transmisión de la vivienda, expedido por el Ayuntamiento correspondiente, cuando sea aplicable la reducción prevista en el apartado 1 del art. 19 de la Norma Foral del Impuesto; ello sin perjuicio de que se acredite la convivencia mediante cualquier otro medio admitido en derecho.

Cuando al presentar la autoliquidación el sujeto pasivo considere exenta la adquisición por ser una transmisión a título lucrativo del caserío y sus pertenecidos, otorgadas por los ascendientes a favor de sus descendientes, siempre que la finca estuviera destinada a su explotación agrícola, forestal o ganadera y que el transmitente la lleve a cabo de manera personal, deberá adjuntar:

Certificación expedida por el departamento de la Diputación Foral de Guipúzcoa competente en materia de agricultura, en el que conste la identificación del titular, así como que la finca objeto de transmisión se encuentra inscrita en el Registro de Explotaciones Agrarias.

Justificación documental que acredite la situación de alta en el censo fiscal oportuno, tanto del transmitente como del adquirente.

Documento acreditativo del alta del transmitente en la Seguridad Social en el régimen que corresponda por la actividad agraria, debiendo, asimismo, adjuntar la solicitud de alta del adquirente.

La diputada o el diputado foral del Departamento de Hacienda y Finanzas podrá establecer la forma de presentación de la documentación relacionada en este artículo, la obligación de presentación de documentación complementaria que se estime necesaria para acreditar la valoración de bienes y derechos, así como para la aplicación de las exenciones, reducciones y demás beneficios fiscales.

En relación con la posible suspensión de los plazos, se establecen, a su vez, las siguientes reglas:

Cuando, en relación a actos o contratos relativos a hechos imponibles gravados por el Impuesto sobre Sucesiones y Donaciones, se promueva litigio o juicio voluntario de testamentaría, los interesados deberán poner el hecho en conocimiento de la Administración tributaria.

Cuando dentro del plazo establecido para la presentación se promueva litigio o juicio voluntario de testamentaría, se interrumpirán los plazos establecidos para la presentación de la autoliquidación, empezando a contarse de nuevo desde el día siguiente a aquél en que sea firme la resolución definitiva que ponga término al procedimiento judicial. Si se promoviera después de practicada la autoliquidación o, en su caso, la liquidación girada por la Administración tributaria, podrá acordarse el aplazamiento de pago.

No se considerarán cuestiones litigiosas a los efectos de la suspensión de los plazos a que se refiere este artículo, las diligencias judiciales que tengan por objeto la apertura de testamentos o elevación de éstos a escritura pública, la formación de inventarios para aceptar la herencia con dicho beneficio o con el de deliberar, el nombramiento de tutor, curador o defensor judicial, la prevención del abintestato o del juicio de testamentaría, la declaración de herederos cuando no se formule oposición y, en general, las actuaciones de jurisdicción voluntaria cuando no adquieran carácter contencioso. Tampoco producirá la suspensión la demanda de retracto legal o la del beneficio de justicia gratuita, ni las reclamaciones que se dirijan a hacer efectivas deudas contra la testamentaría o abintestato, mientras no se prevenga a instancia del acreedor el correspondiente juicio universal.

La promoción del juicio voluntario de testamentaría interrumpirá los plazos, que empezarán a contarse de nuevo desde el día siguiente a aquél en que fuera firme el auto aprobatorio de las operaciones divisorias o la sentencia que pusiera término al pleito en caso de oposición, o bien desde que todos los interesados desistieran del juicio promovido.

A los efectos de este artículo se entenderá que la cuestión litigiosa comienza en la fecha de presentación de la demanda.

A los mismos efectos, se asimilan a las cuestiones litigiosas los procedimientos penales que versen sobre la falsedad del testamento o del documento determinante de la transmisión.

Si las partes litigantes dejaran de instar la continuación del litigio durante un plazo de seis meses, deberán presentar la oportuna autoliquidación respecto al acto o contrato litigioso, a reserva de la devolución que proceda si al terminar aquél se declarase que no surtió efecto. Si se diera lugar a que los Tribunales declaren la caducidad de la instancia que dio origen al litigio, no se reputarán suspendidos los plazos y la Administración exigirá las sanciones e intereses de demora correspondientes a partir del día siguiente a aquél en que hubieran expirado los plazos reglamentarios para la presentación de la autoliquidación. La suspensión del curso de los autos, por conformidad de las partes, producirá el efecto de que, a partir de la fecha en que la soliciten, comience a correr de nuevo el plazo de presentación interrumpido.

En caso de adquisiciones por causa de muerte, cuando no fueren conocidos los herederos, los administradores o poseedores de los bienes hereditarios deberán presentar, antes del vencimiento de los plazos señalados para ello, los documentos que se exigen para practicar autoliquidación, excepto la relación de herederos, pudiendo solicitar la suspensión en el plazo de presentación para la práctica de la autoliquidación si justifican la existencia de causa justa.

Si a juicio de la Administración tributaria no se justificara la misma, girará liquidación provisional a cargo de la representación del causante, aplicándose a la base liquidable la tarifa correspondiente a la sucesión entre extraños definida en la Norma Foral del Impuesto, sin perjuicio de la devolución que proceda de lo satisfecho de más, una vez que sean conocidos los herederos y éstos justifiquen su parentesco con el causante[1169].

2. Aplazamiento y fraccionamiento del pago

Los órganos competentes podrán acordar el aplazamiento, por término de hasta un año, del pago de las cuotas resultantes de las autoliquidaciones presentadas por causa de muerte, siempre que no exista inventariado efectivo o bienes de fácil realización suficientes para el abono de las cuotas liquidadas y se solicite antes de expirar el plazo reglamentario de pago.

La concesión del aplazamiento implicará la obligación de abonar el interés de demora correspondiente[1170].

A diferencia de territorio común:

También podrán acordar el aplazamiento de pago de las cuotas resultantes por herencia o legado en nuda propiedad hasta la consolidación del dominio, siempre que el documento haya sido presentado y se solicite en los indicados plazos, que el interesado declare carecer de bienes bastantes para satisfacerlo y sea posible garantizar el pago mediante hipoteca legal, especial sobre otros bienes o fianza bancaria de carácter solidario[1171].

En los seguros sobre la vida en los que el causante sea a su vez el contratante o el asegurado en el seguro colectivo y cuyo importe se perciba en forma de renta, se fraccionará a solicitud del beneficiario, siempre que se presente antes de finalizar el plazo de presentación de la autoliquidación, el pago del impuesto correspondiente en el número de años en los que se perciba la pensión, si la renta fuera temporal, o en un número máximo de quince años si fuera vitalicia, mientras no se ejercite el derecho de rescate[1172].

El aplazamiento no exigirá la constitución de ningún tipo de caución sin que devengue tampoco ningún tipo de interés.

Por la extinción de la pensión dejarán de ser exigibles los pagos fraccionados pendientes que, no obstante, lo serán en caso de ejercitarse el derecho de rescate[1173].

Se establecen además los siguientes supuestos especiales de aplazamiento[1174]:

[1169] Vid. artículo 42 del Decreto Foral 42/2012, de 22 de octubre, por el que se aprueba el Reglamento del Impuesto sobre Sucesiones y Donaciones.

[1170] Vid. artículo 38. 1, párrafo primero de la Norma Foral 3/1990, de 11 de enero, del Impuesto sobre Sucesiones y Donaciones.

[1171] Vid. artículo 38. 1, párrafo segundo de la Norma Foral 3/1990, de 11 de enero, del Impuesto sobre Sucesiones y Donaciones.

[1172] Vid. artículo 38. 4, párrafo primero, de la Norma Foral 3/1990, de 11 de enero, del Impuesto sobre Sucesiones y Donaciones.

[1173] Vid. artículo 38. 4, párrafos segundo y tercero, de la Norma Foral 3/1990, de 11 de enero, del Impuesto sobre Sucesiones y Donaciones.

[1174] Vid. artículo 39 de la Norma Foral 3/1990, de 11 de enero, del Impuesto sobre Sucesiones y Donaciones.

El pago de las cuotas resultantes de las autoliquidaciones presentadas como consecuencia de la transmisión por herencia, legado o donación de una empresa individual que ejerza una actividad industrial, comercial, artesanal, agraria o profesional podrá aplazarse, a solicitud del sujeto pasivo presentada antes de finalizar el plazo de presentación de la autoliquidación, durante los 5 años siguientes al día en que termine el plazo para el pago, con obligación de constituir caución suficiente y sin que proceda el abono de intereses durante el período de aplazamiento.

Terminado el plazo de 5 años podrá, con las mismas condiciones y requisitos, fraccionarse el pago en 7 plazos semestrales, con el correspondiente abono del interés legal del dinero durante el tiempo de fraccionamiento[1175].

o. Infracciones y sanciones

Las infracciones tributarias en el Impuesto sobre Sucesiones y Donaciones son calificadas y sancionadas con arreglo a lo previsto en la Norma Foral General Tributaria[1176].

C. Valoración

En el caso del País Vasco, ya hemos señalado, que los órganos competentes para la gestión de los tributos concertados son las Diputaciones forales y no la Comunidad Autónoma, de donde surge la necesidad de articular, a su vez, un conjunto de relaciones financieras internas entre las distintas Administraciones públicas que operan en la Comunidad Autónoma del País Vasco, de modo que queden perfectamente delimitados los flujos entre las Diputaciones forales y la Comunidad Autónoma, por un lado, entre los municipios y las Diputaciones por otro, y finalmente, entre la Comunidad Autónoma y el Estado[1177].

Su régimen fiscal especial presenta notables ventajas frente al Territorio común, similares a las ya indicadas al hablar del régimen foral de Navarra, y que lo mismo que en relación con aquélla Comunidad, se han resumido en las siguientes: los Territorios históricos gozan de una mayor autonomía fiscal, un mayor grado de suficiencia, derivado de la utilización de criterios

---

[1175] Vid. artículo 39 de la Norma Foral 3/1990, de 11 de enero, del Impuesto sobre Sucesiones y Donaciones, en su redacción dada por la *Norma Foral 5/2011, de 26 de diciembre*, de modificación del Impuesto sobre la Renta de las Personas Físicas tendente a la recuperación de la equidad, y de aprobación de otras medidas tributarias.

[1176] Vid. artículo 40 de la Norma Foral 3/1990, de 11 de enero, del Impuesto sobre Sucesiones y Donaciones, en su redacción dada por la *Norma Foral 5/2011, de 26 de diciembre*, de modificación del Impuesto sobre la Renta de las Personas Físicas tendente a la recuperación de la equidad, y de aprobación de otras medidas tributarias. Vid. asimismo, la Norma Foral 2/2005, de 8 de marzo, General Tributaria del Territorio Histórico de Guipúzcoa y el Decreto Foral 41/2006, de 26 de septiembre, por el que se aprueba su Reglamento de desarrollo.

[1177] Monasterio Escudero, C. y Suárez Pandiello, J.: *Manual de Hacienda autonómica y local*, obra citada, p. 257.

ventajosos en la valoración del coste de las competencias traspasadas y del índice de imputación proporcional para el pago del cupo, aportación del País Vasco a los gastos generales, que les permite apropiarse la progresividad del sistema fiscal, al encontrarse la Comunidad entre las de elevada renta relativa[1178].

[1178] Cfr. Monasterio Escudero, C. y Suárez Pandiello, J.: *Manual de Hacienda autonómica y local*, edit. Ariel, Barcelona, 1996, p. 257.

VII. CONCLUSIONES

Muchas son las objeciones que pueden hacerse a la tributación de los gravámenes sucesorios, y que tras el estudio realizado, sintetizamos en las siguientes:

En primer lugar, hemos visto como los gravámenes sucesorios son de las figuras impositivas más ideologizadas. Enormes pasiones les rodean, a favor y en contra, por lo que resulta muy difícil su correcta comprensión.

Desde esta perspectiva de defensa a ultranza se ve en ellos un instrumento eficaz para evitar la acumulación de capital, pero ya hemos visto que esto no le justifica, porque, en primer lugar, no puede decirse que sea mala la acumulación de capital por sí misma y, en segundo lugar, porque para ello están como gravámenes más adecuados los que recaen sobre la renta de las personas físicas.

En segundo lugar, se quiere utilizar este gravamen con una finalidad redistributiva; pero una vez más ha de señalarse que no es el elemento más adecuado para ello, porque esa función, en su caso, tienen que desempeñarla otros gravámenes. Y eso, en el caso, que se considere que la función de los tributos deba ser redistributiva.

En tercer lugar, con carácter particular, una de las objeciones esenciales que se puede hacer a la actual regulación del Impuesto sobre Sucesiones y Donaciones proviene de su inequidad, tanto interna como interterritorial.

En efecto, este gravamen encierra un tratamiento diferente entre las donaciones y sucesiones, en detrimento de las primeras, sin perjuicio de que esta situación esté corregida en algunos casos en ciertas Comunidades Autónomas. La inequidad es palmaria entre las Comunidades Autónomas que en el ejercicio de su capacidad normativa han regulado según su conveniencia, dando como resultado que se tribute de forma diferente en cada una de ellas.

En esta línea, pues, la cuestión a valorar es la desigualdad creada dentro del propio Estado español que, mediante la coexistencia de competencias de todas las Comunidades Autónomas, no procede a una redistribución de los propios recursos. Habría, en su caso, que buscar una solución al ejercicio de las competencias que el Ordenamiento jurídico nacional atribuye a dichas Comunidades, en ocasiones, con carácter exclusivo, con el propósito de evitar comportamientos abusivos o desleales en el ejercicio de las mismas. No hay que olvidar que los beneficios fiscales pueden provocar muchas distorsiones y disfunciones, como el cambio de domicilio fiscal de los ciudadanos o la deslocalización de explotaciones, a fin de minimizar el pago del impuesto, atrayendo hacia las Comunidades, con un sistema fiscal más benigno, la riqueza del país. En este sentido está latente la necesidad de reafirmar definitivamente el principio de cooperación, no previsto expresamente en la Constitución, aunque sí definido por la jurisprudencia del Tribunal Constitucional, configurado como ejercicio necesario o de articulación de competencias, presidido por la voluntariedad[1179]. A este principio hay que unir el de lealtad, que, si bien no aparece definido como tal, podría quedar subsumido en el de solidaridad intercomunitaria del artículo 138 CE[1180].

Así las cosas, el ejercicio leal de las competencias supone que todos tengan en cuenta los intereses del resto en el momento de la adopción de medidas normativas. Las grandes diferencias existentes dan lugar al aprovechamiento desigual de los beneficios, de tal suerte que éstos sean utilizados no sólo por sus destinatarios naturales (residentes), sino por aquellas personas que tienen posibilidades para ello, produciendo una quiebra del sistema y un fraude de ley[1181].

En cuarto lugar, hemos de resaltar que a pesar de las esfuerzos realizados para lograr, a través de las exenciones y reducciones, la neutralidad del Impuesto sobre Sucesiones y Donaciones, no se puede negar que éste incide de lleno en el derecho de propiedad tal y como ha sido concebido por el Tribunal Constitucional, afectando de forma negativa, fundamentalmente, a los patrimonios medios, entre los que suelen encontrarse los agrarios, cuyos beneficiarios pueden verse obligados a desmembrar sus bienes, consecuencia todo ello de las desigualdades en función de la residencia, a cuyo traslado sólo pueden acceder los grandes patrimonios[1182].

En quinto lugar, ha de señalarse que la aplicación de exenciones que dejan al margen de tributación determinadas transmisiones sin una justificación suficiente desde el punto de vista de la eficiencia económica, produce inequidades muy importantes, como, por ejemplo, la reducción del 95% de la adquisición de una empresa familiar por el cónyuge, descendientes o adoptados de la persona fallecida[1183].

En sexto lugar, la normativa aplicable para la valoración del patrimonio objeto de la herencia o donación puede afectar seriamente al principio de

---

[1179] Vid. Sentencia del Tribunal Constitucional 13/1992, de 6 de febrero, Fundamentos Jurídicos 2 y 7.

[1180] Feltrer Rambaud, L. y Lamo de Espinosa Rocamora, P.: "El debate del impuesto sobre sucesiones y sus consecuencias en las explotaciones agrarias", *Estudios Agrosociales y Pesqueros*, número 201, 2004, p. 52.

[1181] Ibídem, p. 52.

[1182] Ibídem, p. 51.

[1183] De Pablos Escobar, L.: "Incidencia y tipos efectivos del Impuesto sobre el Patrimonio e Impuesto sobre Sucesiones y Donaciones", *Papeles de Trabajo*, 4/2006, Instituto de Estudios Fiscales, Madrid, 2006, p. 33.

seguridad jurídica ya que conduce a situaciones de gran incertidumbre jurídica para el contribuyente[1184].

En séptimo lugar, la aplicación de la tarifa conjuntamente con las correcciones por patrimonio preexistente de los causahabientes produce error de salto si bien corregido legalmente y tipos excesivamente progresivos que en absoluto suponen un estímulo a mayores grados de cumplimiento tributario.

Esa autonomía normativa que en elementos esenciales de este impuesto tiene reconocida las Comunidades Autónomas ha llevado a que en los últimos años éstas hayan fijado una tendencia a rebajar significativamente la carga del impuesto aumentando las reducciones y bonificaciones de las que pueden disfrutar los contribuyentes.

Esto ha ocasionado una desfiscalización progresiva del Impuesto que parece conducir a una desaparición gradual del mismo.

En octavo lugar, la introducción de coeficientes multiplicadores a aplicar sobre la cuota íntegra en función de la cuantía del patrimonio preexistente del contribuyente, penaliza claramente a los beneficiarios ahorradores frente a los gastizos.

En noveno lugar, ha de indicarse que la minoración fiscal del Impuesto sobre Sucesiones y Donaciones supondría una medida tendente a aligerar la presión contributiva que sufre el ahorro, primero en su fase de generación a través del Impuesto sobre la Renta de las Personas Físicas, segundo por su mera tenencia, por medio del Impuesto sobre el Patrimonio y el Impuesto sobre Bienes Inmuebles, finalmente en su transmisión a través del Impuesto sobre Sucesiones y Donaciones, pero ello podría contribuir a paliar en algún caso sus problemas de aplicación, pero no a suprimirlos; incluso podría generar nuevas situaciones perversas, pues al tener las Comunidades competencias normativas en este impuesto, las medidas reduccionistas no van a ser iguales ni con el mismo alcance en todas ellas.

En décimo lugar, a nuestro juicio también creemos que dada la multiimposición existente en España el gravamen de Sucesiones y Donaciones puede llegar a alcanzar límites confiscatorios, no en el sentido en que ha sido entendido hasta la fecha por el Tribunal Constitucional que considera que este principio se predica del sistema en su conjunto, pero sí en el sentido del Impuesto sobre Sucesiones y Donaciones, individualmente considerado, que puede llegar a agotar la renta o la riqueza de los bienes y derechos gravados[1185].

Finalmente, como conclusión jurídica global podemos decir:

Se puede afirmar la posible vulneración de diferentes principios constitucionales: igualdad, generalidad, seguridad jurídica, libertad de circulación o establecimiento, y no mencionamos ahora aquí el principio y/o valor de

---

[1184] Ibídem, p. 33.

[1185] Cfr. Feltrer Rambaud, L. y Lamo de Espinosa Rocamora, P.: "El debate del impuesto sobre sucesiones y sus consecuencias en las explotaciones agrarias", *Estudios Agrosociales y Pesqueros*, artículo citado, p. 52.

la justicia por entender que en un sistema positivo y positivizado como es el Ordenamiento jurídico español, este valor no es implícito al impuesto, lo que unido a su anacrónica configuración y las dudas del legislador sobre la oportunidad de someter a tributación determinados patrimonios, explotaciones agrícolas, cuya integración en el patrimonio familiar ya ha sido objeto de tributación, primero vía Impuesto sobre la Renta de las Personas Físicas, luego sobre sus rentas y más tarde durante años en el Impuesto sobre el Patrimonio y en el Impuesto sobre Bienes Inmuebles, nos lleva a considerar la necesaria y urgente supresión del Impuesto sobre Sucesiones y Donaciones, al menos, entre padres y descendientes, ascendientes y cónyuges.

"Aeterne pungit, cito volta et occidit"
(Antonio de Pereda: Sueño del caballero)

BIBLIOGRAFÍA CITADA

Albiñana García-Quintana, C.: "Evolución histórica del sistema fiscal español y líneas idóneas de su reforma", Boletín de Estudios Económicos, nº 99, Bilbao, 1976.

Albiñana García-Quintana, C.: "Impuesto General sobre las Sucesiones", en Comentarios a la Ley de Reforma del Sistema Tributario, Madrid, año 1965.

Alonso González, L. M.: La Inconstitucionalidad del Impuesto sobre Sucesiones y Donaciones, Instituto de Estudios Económicos, Madrid, 2001.

Aparicio Pérez, A.: "La falacia de la capacidad económica como criterio informador de los tributos", Información Fiscal, número 79, enero-febrero 1979.

Aparicio Pérez, A.: "Perspectivas del gravamen de las sucesiones en el marco de la financiación autonómica de la Comunidad Autónoma de Castilla y León", Comunicación al IX Congreso de Economía de Castilla y León, edit. Junta de Castilla y León, Valladolid, 2004.

Aparicio Pérez, A.: Ética fiscal y jurisprudencia, Documentos, 16, febrero 2004, Instituto de Estudios Fiscales, Madrid.

Aparicio Pérez, A.: Historia de la fiscalidad en España (Edad Media, años 476 a 1469), edit. Grupo Editorial Universitario, Granada, 2007.

Aparicio Pérez, A.: La autonomía financiera de las regiones en Italia, edit. Servicio de Publicaciones de la Universidad de Oviedo, 1991.

Aparicio Pérez, A.: La fiscalidad en la Historia de España. Época antigua: años 753 a.C. a 476 d. C., Instituto de Estudios Fiscales, Madrid, 2008.

Aparicio Pérez, A.: La Hacienda Pública en el Bajo Imperio Romano (Años 284 a 476 d. C.), Dykinson, Madrid, 2012.

Arangio Ruiz, V.: Historia del derecho romano, traducción de la segunda edición italiana por Pelsmaeker, F., edit. Reus, Madrid, 1980.

Arcos León, B.: "La financiación de Navarra. El modelo de convenio económico", Revista de Economía Pública, número 13, pp. 167-189.

Bartlett, B.:"The end of State Tax?, Special Report, Tax Notes, año 1997, nº 7 julio.

Bas y Rivas, F.: "Impuestos de Derechos reales y sobre transmisiones de bienes" (comentarios), tomo I, Revista de Derecho Privado, Madrid, 1960.

Bastable, C. F.: Public Finance, Mac Millan Company, Londres, 1927.

Beltrán Flórez, L.: El Impuesto sobre las herencias, edit. Bosch, Barcelona, 1945.

Beltrán Flórez, L.: Lecciones de Derecho fiscal, Valladolid, 1965 y 1968, edit. Lex Nova.

Benítez de Lugo, F.: "Evolución histórica de los Impuestos sobre las Sucesiones y sobre las Transmisiones Patrimoniales y Actos Jurídicos Documentados", Hacienda Pública Española, nº 2, año 1970.

Bouzas, A., Cappa, A. y Girard, M.:"Impuesto a la Herencia: Una herramienta distributiva", La revista del CCC [en línea]. Mayo / Diciembre 2010, nº 9/10.

Bücher, R.: Tratado de Finanzas, tomo II, dirigido por W. Gerloff y F. Neumark, El Ateneo, Buenos Aires, 1961.
Cagnat, R.: Studio storico sulle imposte indirette presso i romani, edit. Imprimerie Nationale, París, 1882.
Campillo Sáenz, J.: La constitución mexicana y los nuevos derechos sociales, Constitución mexicana: Rectoría del Estado y Economía Mixta, edit. Purrúa S.A., Mexico, 1985.
Canga Argüelles, J.: Voz "registro (contribución)", Diccionario de la Hacienda para el uso de los encargados de la suprema dirección de ella, tomo V, Imp. Macintosh, Londres, 1927.
Cazorla Prieto, L. M. y Montejo Velilla, S.: El Impuesto de Sucesiones y Donaciones, edit. Civitas, Madrid, 1991.
Cencerrado Millán, E.: El mínimo exento, edit. Marcial Pons, Madrid, 1999.
Cimbali, E.: La nueva fase del Derecho civil, edit. Sucesores de Rivadeneyra, Madrid, 1893.
Ciss. Equipo de publicaciones Fitax (col. Bouso Huerta, J. L., López de Calle Ochoa de Eribe, J., Orena Domínguez, A.): Prontuario Fiscal Foral, edit. Ciss, Valencia 2009.
Coca Payeras, M.: Tanteo y retracto, función social de la propiedad y competencia autonómica, Publicaciones del Real Colegio de España, Bolonia, 1988.
Código de Justiniano, VI, XXXIII, 3, traducción I. L. García del Corral, edit. Lex Nova, Valladolid 1988.
Colmeiro, M.: Historia de la economía política española, tomo II, 1863, Fundación Banco Exterior, Madrid, 1988.
Collatio 16.9.3, Mosaicarum et romanarum legum collatio, P. F. Girard & F. Senn, Textes de droit romain, I, París, 1967.
Checa González, C.: La supresión del Impuesto sobre Sucesiones y Donaciones: materiales para la reflexión, edit. Marcial Pons-Idelco, Madrid, 1996.
Consejo Superior par al Dirección y Coordinación de la Gestión Tributaria, Secretaría Técnica Permanente, Medidas normativas aprobadas por las Comunidades Autónomas de Régimen Común en materia de tributos cedidos vigentes para el año 201.
Dalton, A. M.: Principles of Public Finance, Rutledge, Londres, 1954.
De la Hucha Celador, F.: Introducción al régimen jurídico de las Haciendas Forales, edit. Civitas, Madrid 1995.
De Laet, S. J.: "Note sur l´organisation et la nature juridique de la vicésima hereditatium", Ant. Class., 1947.
Del Burgo Tajadura, J. I.: Régimen fiscal de Navarra. Los Convenios Económicos, Editorial Aranzadi, Pamplona, 1973.
Del Burgo Tajadura, J. I., Curso de Derecho Foral Público de Navarra, Editorial Aranzadi, Pamplona, 1996.
De Pablos Escobar, L.: "Incidencia y tipos efectivos del Impuesto sobre el Patrimonio e Impuesto sobre Sucesiones y Donaciones", Papeles de Trabajo, 4/2006, Instituto de Estudios Fiscales, Madrid, 2006.
Diario de Sesiones de las Cortes, nº 15, 1910, de 2 de julio.
Diario de Sesiones de las Cortes, nº 68, 1910, de 19 de noviembre, apéndice 6º.
Diario de Sesiones del Congreso, Congreso de los Diputados, legislatura de 1872 a 1873, Apéndice primero al número 12 (27 de septiembre de 1872).
Digesto: Instituta, Digesto, y Código de Justiniano, publicados por los hermanos Kriegel, Hermann y Osenbrüggen, editados por Lex Nova, Valladolid, 1988, traducción al español y anotaciones por García del Corral I. l.; versión castellana de D´Ors, A., Hernández-Tejero, F., Fuenteseca, P., García-Garrido, M. y Burillo, J., edit. Aranzadi, Pamplona, 1968.

Dión Casio Coceiano: Historia romana. Pueden utilizarse la traducción de Domingo Plácido Suárez, libros I-XXXV, y la traducción de Candau Morón, J. Mª y Puertas Castaños, Mª Luisa, libros XXXVI-XLV, edit. Gredos, Madrid, 2004, o bien la edición Loeb Classical Library, transl. E. Cary, 1969; o bien la traducción al francés y comentarios de Freyburger-Galland, M. L. y Roddaz, J. M., edit. Les Belles Lettres, París 1994.

Diputación de Vizcaya: Régimen del Concierto Económico y sus revisiones, Bilbao, 1927.

Dureau de la Malle, M.: Economie politique des romains, vol. II, edit. Librairie Hachette, Paris, 1840.

Eck, Werner: Die Staatliche Organisation Italiens in der hohen Kaisergeit, traducción al italiano con el título L'Italia nell'Impero Romano, por Klaus Fabian y Silvia Strassi, edit. Elipuglia, Bari, 1999.

Escriche, J.: Diccionario razonado de legislación y jurisprudencia, Viuda e Hijos de D. Antonio Calleja Fernández, 3ª edición corregida y aumentada, Madrid, 1847.

Estapé, F.: La reforma tributaria de 1845, edit. Instituto de Estudios Fiscales, Madrid, 1971.

Extracto de las Leyes del Fuero Viejo de Castilla, con el primitivo Fuero de León, Asturias y Galicia, por el Licenciado D. Juan de la Reguera Valaelomar, Imprenta de la viuda e hijo de Marín, Madrid, 1798.

Fagan, E. D.: "Teorías crecientes y contemporáneas de la imposición progresiva", en AA. VV., Ensayos de economía impositiva, R. A. Musgrave y C. S. Shoup, editores, Fondo de Cultura Económica, México, 1964.

Falcón y Tella, R.: "Las reducciones en la base imponible del ISD en materia de vivienda habitual y empresa familiar: el discutible criterio de la Dirección General de Tributos", Quincena Fiscal, nº 8, 1999.

Feltrer Rambaud, L. y Lamo de Espinosa Rocamora, P.: "El debate del impuesto sobre sucesiones y sus consecuencias en las explotaciones agrarias", Estudios Agrosociales y Pesqueros, número 201, 2004.

Feltrer Rambaud, L. y Lamo de Espinosa, P.: "El Impuesto de Sucesiones", Actualidad Jurídica Aranzadi, año XIII, 2003, número 566.

Ferreiro Lapatza, J. J.: Curso de Derecho Financiero español, tomo I, edit. Marcial Pons, Madrid, 2003.

Friedman, M.: Capitalismo y libertad, traducción Lueje, A., edit. Rialp, Madrid 1966.

Fuentes Quintana, E.: Hacienda Pública. Principios y estructura de la Imposición, Edit. Rufino García Blanco, Madrid, 1987.

Fuero de Calatayud: Algora Hernando, Jesús Ignacio y Arranz Sacristán, Felicísimo, Zaragoza, 1982, Centro de Estudios Bilbilitanos, 31-53.

Fuero de León: García de Valdeavellano, L., Hulleras Vasco Leonesas, 1983.

Fuero de Sepúlveda, Segovia, 1983, 45-51: Sáez, E. y otros, traducción de Alberte, A.

Gale, W. G. y Slemrod, J. B.: "Policy Watch. Death Watch for Estate Tax?", Journal of Economic Perspectives, año 2001, volumen 15, nº 1, Winter.

Gale, W. G. y Slemrod, J.: "Rethinking the State and Gift Tax: Overview", National Bureau of Economic Research, abril, 2001.

Gallego Peragón, J. M.: Los principios materiales de justicia tributaria, edit. Comares, Granada, 2003.

García de Pablos, J. F.: "El Impuesto sobre Sucesiones y Donaciones: supresión o reforma", Crónica Tributaria, núm. 139/2011.

García de Pablos, J. F.: El Impuesto sobre Sucesiones y Donaciones en España. Problemas Constitucionales y Comunitarios, edit. Aranzadi/Thomson Reuters, Cizur Menor, 2010.

García Martín, J. A.: "La Constitución y los criterios de distribución de los tributos", en AA.VV., Hacienda y Constitución, edit. Instituto de Estudios Fiscales, Madrid, 1979.

García Novoa, C.: El principio de seguridad jurídica en materia tributaria, edit. Marcial Pons, Madrid, 2000.

Garrido Falla, F.: "Artículo 33", en Comentarios a la Constitución, edit. Civitas, Madrid, 1985.

Gide, A.: Ètude sur la condition privée de la femme, París, 1867.

Gide, Ch. y Rist, Ch.: Historia de las doctrinas económicas, edit. Reus, Madrid, 1926.

Harcourt, W.: discurso presupuestario citado por Pigou, A. C. en Hacienda Pública, edit. Instituto de Estudios Fiscales, Madrid, 1974.

Hayeck, F. A.: Los fundamentos de la libertad, tomo II, Fondo de Cultura Económica, Ediciones Valencia, 1961.

Heller, H.: Teoría del Estado, Fondo de Cultura Económica, México, 1961.

Herrera Molina, P. M.: Capacidad económica y sistema fiscal. Análisis del ordenamiento español a la luz del derecho alemán, edit. Marcial Pons, Madrid, 1998.

Iglesias Santos, J.: Derecho romano, edit. Ariel, Barcelona, 1958, 3ª edic.

Jarach, D.: "Impuesto sobre el Patrimonio y las Sucesiones y Donaciones", en El Impuesto sobre el Patrimonio, edit. Instituto de Estudios Fiscales, Madrid, 1972.

Jaurés, J.: Pollémique sur le collectivisme citado por Castán Tobeñas, J. en Derecho civil español común y foral, tomo Vi, volumen 1, edit. Reus, Madrid 1989.

Joulfaian, D.: The Federal Estate and Gilf Tax: Description, Profile of Taxpayer and Economic Consecuences, OTA Paper 80, U.S. Department of the Treasury, December 1998.

Jove y Hevia, P.: D.S.C. de 1872 a 1873, Congreso de los Diputados, número 74, (9 de diciembre de 1872).

Justiniano: Digesto, X, XLII, 2, publicado por los hermanos Kriegel, Hermann y Osenbrüggen, editados por Lex Nova, Valladolid, 1988, traducción al español y anotaciones por García del Corral I. l.

Justiniano: Novelas y Constituciones, traducción al español a cargo de García del Corral, I., edit. Lex Nova, Valladolid, 1988

Kipp, T.: Tratado de Derecho civil, tomo V, volumen 1º, edit. Bosch, Barcelona, 1951.

Kunkel, J.: Derecho privado romano, traducción de Prieto Castro, L., Sexta parte: derecho hereditario, edit. Labor, Barcelona, 1937.

Libro de los Privilegios concedidos a las Villas y Pobladores de Alicante y Orihuela por el Rey D. Alfonso de Castilla su Conquistador, Archivo Municipal de Alicante, número 76, folio 66.

Larrea, J. L. y Lambarri, C.: El Concierto Económico, Instituto Vasco de Administración Pública, Oñati, 1991.

López Díaz, A.:"La amenaza del derecho comunitario para ciertas deducciones autonómicas en el impuesto sobre sucesiones y donaciones", Quincena Fiscal, número 9, año 2009.

Lumbroso, G.: Recherches sur l' economie politique de l' Egipte au temps des Lagides, edit. Utet, Torino, 1870, in 8º.

Luzzatto, G. I.: "Vicessima hereditatium et manumissionum", Novissimo Digesto Italiano, edit. Utet, Torino, 1975.

Macer: Digesto, XI, 7, 37 pr (ad. vic.), Instituta, Digesto y Código de Justiniano, publicados por los hermanos Kriegel, Hermann y Osenbrüggen, editados por Lex Nova, Valladolid, 1988, traducción al español y anotaciones por García del Corral I. l.

Marquardt, J.: Römische Staatsverwaltung, Leipzig, 1873-1874, II.

Martín Niño, J.: La Hacienda española y la Revolución de 1868, edit. Instituto de Estudios Fiscales, Madrid, 1972.

Martín Queralt, J.: "El diseño constitucional de la hacienda de las Comunidades Autónomas", Revista Española de Derecho Financiero, número 101, 1998.
McCaffery, E. J.: "The Uneasy Case for Weallth Transfer Taxation", The Yale Law Journal, volumen 104, número 2, noviembre 1994.
Meade, J. E.: Eficiencia, justicia y propiedad, edit. Tecnos, Madrid, 1972.
Memento, Francis Lefebvre, Fiscal 2013, Madrid, 2013.
Mill, J. S.: Principios de Economía Política, traducción de Ortiz, T., Fondo de Cultura Económica, México, 1978.
Mommsen, T.: Die röm. Tribus.
Monasterio Escudero, C.: El laberinto de la Hacienda Autonómica, edit. Civitas, Madrid, 2010.
Monasterio Escudero, C. y Suárez Pandiello, J.: Manual de Hacienda autonómica y local, edit. Ariel, Barcelona, 1996.
Montesquieu: El espíritu de las Leyes, traducción de Blázquez, M. y de Vega, P., edit.Tecnos, Madrid, 2007.
Musgrave y Shoup: Ensayos sobre economía impositiva, edit. Fondo de Cultura Económica, México, 1964.
Naquet, H.: Des impôts indirets chez les romains sous la Republique et sous l'Empire, París, 1875.
Navau Martínez-Val, M. P.: El Impuesto de Sucesiones ¿Un impuesto injusto?, Dykinson, Madrid, 2009.
Neumark, F.: Principios de la imposición, traducción de Zamit Ferrer, J., edit. Instituto de Estudios Fiscales, Madrid, 1974.
Nocizick, R.: Anarchy, State and Utopia, Basic Books, New York, 1964.
Novísima Recopilación, Libro X, Título XXI, impreso en Madrid, 1805.
Ottmar Bühler, Walter Jellinek y Costantino Mortati: La Constitución de Weimar: (Texto de la Constitución alemana de 11 de agosto de 1919), Clásicos del Pensamiento, edit. Tecnos, Madrid, 2010.
Papiniano, 19 Responsa: Digesto, obra citada, L, XV, 5.
Peña Amorós, M. M.: "Los límites generales al ejercicio de competencias normativas por parte de las Comunidades Autónomas sobre los tributos cedidos", Crónica Tributaria, número 132, 2009.
Pérez de Ayala Becerril, R.: "El objeto del Impuesto: la doble imposición y el artículo 6. 2 de la LOFCA", Revista de Derecho Financiero y Hacienda Pública, número 240, 1996.
Pérez de Ayala, J. L.: "Las cargas públicas: principios para su distribución", Hacienda Pública Española, nº 59, año 1979.
Pigou, A. C.: Hacienda Pública, estudio introductorio de Sánchez Asiaín, J. A., edit. Instituto de Estudios Fiscales, Madrid, 1974.
Pigou, A.: La Economía del Bienestar, edit. M. Aguilar, Madrid, 1946.
Planitz, H.: Principios de derecho privado germánico, traducción al español por Melón Infante, edit. Bosch, Barcelona, 1957.
Plinio Cecilio Segundo, G. (Plinio el Joven): Panegírico del emperador Trajano, edición y traducción de Martín, J. C., edit. Cátedra, Madrid, 2007. Existe una excelente traducción al francés de Marcel Durry, M., edit. Les Belles Letras, París, 1947.
Polacco, V.: De las sucesiones, traducción de Sentís Melendo, S., Edic. Jª Europa-América, Buenos Aires, tomo I, 1950.
Posner, R.: El análisis económico del Derecho, México, edit. Fondo de Cultura Económica, 1998.
Pozuelo Antoni, F.: "Principales normas autonómicas para 2010 en los impuestos cedidos", Revista de Contabilidad y Tributación, número 326, año 2010.

Pozuelo Antoni, F.: "Principales modificaciones introducidas en 2010 por las leyes estatales y autonómicas en el Impuesto sobre Sucesiones y Donaciones y en el Impuesto sobre Transmisiones Patrimoniales y Actos Jurídicos Documentados", Revista de Contabilidad y Tributación, número 337, año 2011.

Preámbulo del Proyecto de Ley relativo al Presupuesto de ingresos para el año económico 1869-1870, Diario de Sesiones de las Cortes, 1869, apéndice 1º al nº 53.

Proyectos de ley presentados por el Sr. Ministro de Hacienda, referentes al presupuesto general de gastos y al de ingresos para el año 1845, DSC, 61, 8-1-1845, apéndice 2, p. 1092.

Real provisión de Hidalguía a favor de D. Vicente de Malvido y su hijo, documento 1793 expedido en la Real Chancillería de Valladolid.

Registro de Economistas Asesores Fiscales: Panorama de la Fiscalidad Autonómica y Foral, Consejo General del Colegio de Economistas, Madrid, 2013.

Rentas de mudéjares en el obispado de Málaga (A.G.S., Expedientes Hacienda, Legajo 12, folio 30).

Ribes Ribes, A.: Poder normativo autonómico y tributos cedidos, edit. Tirant lo Blanch, Valencia, 2012.

Rignano, E.: Di un Socialismo in accordo colla dottrina económica liberale, edit. Bocca, Torino 1901.

Roca Sastre: "Crítica institucional del Código Civil", en Revista Crítica de Derecho Inmobiliario, 1940.

Rotondi, G.: Leges publicae populi romani, Hildesheim, 1966.

Rubio, L.: D. S. C. C. de 1869, número 107, p. 2971.

Ruiz Almendral, V.: "Entre la discriminación y armonización: el régimen fiscal del no residente en España a la luz del derecho comunitario", Centro de Estudios Financieros, Revista de Contabilidad y Tributación, núm. 307, octubre 2008.

Santillán, R.: Memoria histórica de las reformas hechas en el sistema general de impuestos de España (1888), Madrid, FIES, 1997.

Schmoller, G.: Principes d´Economie politique, tomo II, V. Girard & E. Briere, Paris, 1905.

Seligman, E. R. A.: Essays in taxation, Mac Millan Company, Nueva York, 1931.

Shoup, C. S.: Hacienda Pública, versión española a cargo de Albi Ibañez, E., edit. Instituto de Estudios Fiscales, Madrid, 1980.

Smith, A.: Investigación sobre la naturaleza y causas de la riqueza de las naciones, traducción española de Gabriel Franco, Fondo de Cultura Económica, Méjico 1958.

Smith, A.: Investigación sobre la naturaleza y las causas de la riqueza de las naciones, tomo II, Oikos-tau, Barcelona, 1987.

Solchaga Loitegui, J.: "Elementos personales del impuesto sobre sucesiones", en Impuestos sobre Sucesiones, Transmisiones Patrimoniales y Actos Jurídicos Documentados, tomo I, Instituto de Estudios Fiscales, Madrid 1977.

Tamames, R.: Introducción a la Constitución española, Alianza Editorial, Madrid, 1980.

Toledano, E.: Curso de Instituciones de la Hacienda Pública en España, Instituto de Estudios Políticos, Madrid, 1963.

Torres Parra, Mª J.: "Algunos aspectos de la Lex Iulia de Vicesima Hereditatium", IV Congreso Iberoamericano de Derecho Romano, tomo II, Servicio de Publicaciones de la Universidad de Vigo, 1998.

Ulpiano: Digesto, I, I, 10, 2, L, IV, 4, 2, 2 opin., L, V, 1, pr., 3 censibus, L, XV, 4.1.

Valverde y Valverde, C.: Tratado de Derecho civil español, tomo V, Talleres tipográficos Cuesta, Valladolid, 1926.

Vallejo, R.: "Actores y naturaleza de la Reforma tributaria de 1845", Revista de Economía Aplicada, número 21 (vol. VII), 1999.

Vilarroig Moya, R.: "Peculiaridades fiscales de Navarra", en Manual General de Derecho Financiero, Tomo IV, Sistema Tributario Autonómico y Local, (Coord. Lasarte, J.), edit. Comares, Granada, 1996.

VV.AA.: El Impuesto progresivo un tema difícil, edit. Instituto de Estudios Fiscales, Madrid, 1972.

Wagner, A.: Traité de la science des finances, tomo II, Giard & Brière, París, 1909.

Made in United States
Orlando, FL
04 November 2026

90209473R00359